OEUVRES COMPLÈTES
DE MOLIÈRE

NOUVELLE ÉDITION

ACCOMPAGNÉES DE NOTES TIRÉES DE TOUS LES COMMENTATEURS

AVEC DES REMARQUES NOUVELLES
PAR M. FÉLIX LEMAISTRE

PRÉCÉDÉE
DE LA VIE DE MOLIÈRE PAR VOLTAIRE

TOME TROISIÈME

PARIS
GARNIER FRÈRES, LIBRAIRES-ÉDITEURS
6, RUE DES SAINTS-PÈRES, ET PALAIS-ROYAL, 215

OEUVRES COMPLÈTES

DE MOLIÈRE

TOME III

PARIS. — IMP. SIMON RAÇON ET COMP., RUE D'ERFURTH, 1.

# OEUVRES COMPLÈTES

DE MOLIÈRE

NOUVELLE ÉDITION

ACCOMPAGNÉES DE NOTES TIRÉES DE TOUS LES COMMENTATEURS

AVEC DES REMARQUES NOUVELLES

PAR M. FÉLIX LEMAISTRE

PRÉCÉDÉE

DE LA VIE DE MOLIÈRE PAR VOLTAIRE

TOME TROISIÈME

PARIS
GARNIER FRÈRES, LIBRAIRES-ÉDITEURS
6, RUE DES SAINTS-PÈRES, ET PALAIS-ROYAL, 215

1867

OEUVRES
COMPLÈTES
DE MOLIÈRE

MONSIEUR DE POURCEAUGNAC[1]
COMÉDIE-BALLET EN TROIS ACTES
1669

PERSONNAGES DE LA COMÉDIE

MONSIEUR DE POURCEAUGNAC.
ORONTE.
JULIE, fille d'Oronte.
ÉRASTE, amant de Julie.
NÉRINE, femme d'intrigue, feinte Picarde.
LUCETTE, feinte Gasconne.
SBRIGANI, Napolitain, homme d'intrigue.
PREMIER MÉDECIN.
SECOND MÉDECIN.
UN APOTHICAIRE.
UN PAYSAN.
UNE PAYSANNE.
PREMIER SUISSE.
SECOND SUISSE.
UN EXEMPT.
DEUX ARCHERS.

PERSONNAGES DU BALLET

UNE MUSICIENNE.
DEUX MUSICIENS.
TROUPE DE DANSEURS.
DEUX MAITRES A DANSER.
DEUX PAGES dansants.
QUATRE CURIEUX DE SPECTACLES dansants.
DEUX SUISSES dansants.
DEUX MÉDECINS GROTESQUES.

---

[1] Cette pièce, composée pour le roi, fut jouée devant lui à Chambord, en septembre 1669, et représentée sur le théâtre du Palais-Royal, le 15 novembre de la même année. Ce fut à cette représentation que la troupe de Molière prit pour la première fois le titre de troupe du roi.

MATASSINS[1] dansants.
DEUX AVOCATS chantants.
DEUX PROCUREURS dansants.
DEUX SERGENTS dansants.
TROUPE DE MASQUES.
UNE ÉGYPTIENNE chantante.
UN ÉGYPTIEN chantant.
UN PANTALON[2] chantant.
CHŒUR DE MASQUES chantants.
SAUVAGES dansants.
BISCAYENS dansants.

La scène est à Paris.

ACTE PREMIER

SCÈNE I. — ÉRASTE; UNE MUSICIENNE, DEUX MUSICIENS chantants, plusieurs autres jouant des instruments; TROUPE DE DANSEURS.

ÉRASTE, aux musiciens et aux danseurs.

Suivez les ordres que je vous ai donnés pour la sérénade. Pour moi, je me retire, et ne veux point paroître ici.

SCÈNE II. — UNE MUSICIENNE, DEUX MUSICIENS chantants; plusieurs autres jouant des instruments; TROUPE DE DANSEURS.

Cette sérénade est composée de chant, d'instruments et de danse. Les paroles qui s'y chantent ont rapport à la situation où Éraste se trouve avec Julie, et expriment les sentiments de deux amants qui sont traversés dans leurs amours par le caprice de leurs parents.

UNE MUSICIENNE.

Répands, charmante nuit, répands sur tous les yeux
   De tes pavots la douce violence;
Et ne laisse veiller en ces aimables lieux
Que les cœurs que l'amour soumet à sa puissance.
   Tes ombres et ton silence,
   Plus beaux que le plus beau jour,
Offrent de doux moments à soupirer d'amour.

PREMIER MUSICIEN.

   Que soupirer d'amour
   Est une douce chose,
Quand rien à nos vœux ne s'oppose!
A d'aimables penchants notre cœur nous dispose :

---

[1] Danseurs bouffons. Ce mot vient de l'espagnol *matachines*. (Mén.)

[2] *Pantalon*, personnage de la comédie italienne, espèce de bouffon qui forme des danses grotesques avec des gestes violents et des postures extravagantes. (Laveaux.)

Mais on a des tyrans à qui l'on doit le jour.
>Que soupirer d'amour
>Est une douce chose,
>Quand rien à nos vœux ne s'oppose!

SECOND MUSICIEN.

Tout ce qu'à nos vœux on oppose
Contre un parfait amour ne gagne jamais rien :
>Et pour vaincre toute chose
>Il ne faut que s'aimer bien.

TOUS TROIS ENSEMBLE.

Aimons-nous donc d'une ardeur éternelle.
Les rigueurs des parents, la contrainte cruelle,
L'absence, les travaux, la fortune rebelle,
Ne font que redoubler une amitié fidèle.
Aimons-nous donc d'une ardeur éternelle :
>Quand deux cœurs s'aiment bien,
>Tout le reste n'est rien.

PREMIÈRE ENTRÉE DE BALLET.

Danse de deux maîtres à danser.

SECONDE ENTRÉE DE BALLET.

Danse de deux pages.

TROISIÈME ENTRÉE DE BALLET.

Quatre curieux de spectacles, qui ont pris querelle pendant la danse des deux pages, dansent en se battant l'épée à la main.

QUATRIÈME ENTRÉE DE BALLET.

Deux suisses séparent les quatre combattants, et, après les avoir mis d'accord, dansent avec eux.

SCÈNE III. — JULIE, ÉRASTE, NÉRINE.

JULIE.

Mon Dieu! Éraste, gardons d'être surpris. Je tremble qu'on ne nous voie ensemble, et tout seroit perdu, après la défense que l'on m'a faite.

ÉRASTE.

Je regarde de tous côtés, et je n'aperçois rien.

JULIE, à Nérine.

Aie aussi l'œil au guet, Nérine, et prends bien garde qu'il ne vienne personne.

NÉRINE, se retirant dans le fond du théâtre.

Reposez-vous sur moi, et dites hardiment ce que vous avez à vous dire.

JULIE.

Avez-vous imaginé pour notre affaire quelque chose de favorable? et croyez-vous, Éraste, pouvoir venir à bout de détourner ce fâcheux mariage que mon père s'est mis en tête?

ÉRASTE.

Au moins y travaillons-nous fortement; et déjà nous avons préparé un bon nombre de batteries pour renverser ce dessein ridicule.

NÉRINE, accourant, à Julie.

Par ma foi, voilà votre père.

JULIE.

Ah! séparons-nous vite.

NÉRINE.

Non, non, non, ne bougez; je m'étois trompée.

JULIE.

Mon Dieu! Nérine, que tu es sotte de nous donner de ces frayeurs!

ÉRASTE.

Oui, belle Julie, nous avons dressé pour cela quantité de machines; et nous ne feignons point de mettre tout en usage, sur la permission que vous m'avez donnée. Ne nous demandez point tous les ressorts que nous ferons jouer; vous en aurez le divertissement; et, comme aux comédies, il est bon de vous laisser le plaisir de la surprise et de ne vous avertir point de tout ce qu'on vous fera voir : c'est assez de vous dire que nous avons en main divers stratagèmes tout prêts à produire dans l'occasion, et que l'ingénieuse Nérine et l'adroit Sbrigani entreprennent l'affaire.

NÉRINE.

Assurément. Votre père se moque-t-il, de vouloir vous anger[1] de son avocat de Limoges, monsieur de Pourceaugnac, qu'il n'a vu de sa vie, et qui vient par le coche vous enlever à notre barbe? Faut-il que trois ou quatre mille écus de plus, sur la parole de votre oncle, lui fassent rejeter un amant qui vous agrée? Et une personne comme vous est-elle faite pour un Limosin? S'il a envie de se marier, que ne prend-il une Limosine, et ne laisse-t-il en repos les chrétiens? Le seul nom de monsieur de Pourceaugnac m'a mise dans une colère effroyable. J'enrage de monsieur de Pourceaugnac. Quand il n'y auroit que ce nom-là, monsieur de Pourceaugnac, j'y brûlerai mes livres, ou je romprai ce mariage; et vous ne serez point madame de Pourceaugnac. Pourceaugnac! cela se peut-il souffrir? Non, Pourceaugnac est une chose que je ne saurois supporter; et nous lui jouerons tant de pièces, nous lui ferons tant de niches sur niches, que nous renverrons à Limoges monsieur de Pourceaugnac.

ÉRASTE.

Voici notre subtil Napolitain, qui nous dira des nouvelles

[1] Embarrasser.

SCÈNE IV. — JULIE, ÉRASTE, SBRIGANI, NÉRINE.

SBRIGANI.

Monsieur, votre homme arrive. Je l'ai vu à trois lieues d'ici, où a couché le coche; et, dans la cuisine, où il est descendu pour déjeuner, je l'ai étudié une bonne grosse demi-heure, et je le sais déjà par cœur. Pour sa figure, je ne veux point vous en parler : vous verrez de quel air la nature l'a dessinée, et si l'ajustement qui l'accompagne y répond comme il faut; mais, pour son esprit, je vous avertis, par avance, qu'il est des plus épais qui se fassent; que nous trouvons en lui une matière tout à fait disposée pour ce que nous voulons, et qu'il est homme enfin à donner dans tous les panneaux qu'on lui présentera.

ÉRASTE.

Nous dis-tu vrai?

SBRIGANI.

Oui, si je me connois en gens.

NÉRINE.

Madame, voilà un illustre. Votre affaire ne pouvoit être mise en de meilleures mains, et c'est le héros de notre siècle pour les exploits dont il s'agit; un homme qui, vingt fois en sa vie, pour servir ses amis, a généreusement affronté les galères; qui, au péril de ses bras et de ses épaules, sait mettre noblement à fin les aventures les plus difficiles, et qui, tel que vous le voyez, est exilé de son pays pour je ne sais combien d'actions honorables qu'il a généreusement entreprises.

SBRIGANI.

Je suis confus des louanges dont vous m'honorez, et je pourrois vous en donner avec plus de justice sur les merveilles de votre vie et principalement sur la gloire que vous acquîtes, lorsque avec tant d'honnêteté vous pipâtes au jeu, pour douze mille écus, ce jeune seigneur étranger que l'on mena chez vous; lorsque vous fîtes galamment ce faux contrat qui ruina toute une famille; lorsque avec tant de grandeur d'âme vous sûtes nier le dépôt qu'on vous avoit confié; et que si généreusement on vous vit prêter votre témoignage à faire pendre ces deux personnes qui ne l'avoient pas mérité.

NÉRINE.

Ce sont petites bagatelles qui ne valent pas qu'on en parle; et vos éloges me font rougir [1].

---

[1] Sous la casaque de Sbrigani, Molière a caché un de ces Sosies, de ces Daves de la comédie antique qu'il nous avait déjà fait voir sous le manteau de Mascarille, et qu'un dernier caprice de son génie doit nous montrer encore sous celui de Scapin. C'est la même fourberie, la même impudence, le même orgueil des méfaits commis, des dangers courus, des châtiments éludés avec adresse, ou soufferts avec constance. Voy. l'*Asinaire*, acte III, scène II. (Auger.)

SBRIGANI.

Je veux bien épargner votre modestie; laissons cela, et, pour commencer notre affaire, allons vite joindre notre provincial, tandis que, de votre côté, vous nous tiendrez prêts au besoin les autres acteurs de la comédie.

ÉRASTE.

Au moins, madame, souvenez-vous de votre rôle, et, pour mieux couvrir notre jeu, feignez, comme on vous a dit, d'être la plus contente du monde des résolutions de votre père.

JULIE.

S'il ne tient qu'à cela, les choses iront à merveille.

ÉRASTE.

Mais, belle Julie, si toutes nos machines venoient à ne pas réussir?

JULIE.

Je déclarerai à mon père mes véritables sentiments.

ÉRASTE.

Et si, contre vos sentiments, il s'obstinoit à son dessein?

JULIE.

Je le menacerai de me jeter dans un couvent.

ÉRASTE.

Mais si, malgré tout cela, il vouloit vous forcer à ce mariage?

JULIE.

Que voulez-vous que je vous dise?

ÉRASTE.

Ce que je veux que vous me disiez?

JULIE.

Oui.

ÉRASTE.

Ce qu'on dit quand on aime bien.

JULIE.

Mais quoi?

ÉRASTE.

Que rien ne pourra vous contraindre; et que, malgré tous les efforts d'un père, vous me promettez d'être à moi.

JULIE.

Mon Dieu! Éraste, contentez-vous de ce que je fais maintenant, et n'allez point tenter sur l'avenir les résolutions de mon cœur; ne fatiguez point mon devoir par les propositions d'une fâcheuse extrémité dont peut-être n'aurons-nous pas besoin; et, s'il y faut venir, souffrez au moins que j'y sois entraînée par la suite des choses.

ÉRASTE.

Eh bien...

SBRIGANI.

Ma foi! voici notre homme : songeons à nous.

NÉRINE.

Ah! comme il est bâti!

SCÈNE V. — MONSIEUR DE POURCEAUGNAC, SBRIGANI.

MONSIEUR DE POURCEAUGNAC, *se tournant du côté d'où il est venu, et parlant à des gens qui le suivent.*

Eh bien, quoi? qu'est-ce? qu'y a-t-il? Au diantre soit la sotte ville, et les sottes gens qui y sont! Ne pouvoir faire un pas sans trouver des nigauds qui vous regardent et se mettent à rire! Eh! messieurs les badauds, faites vos affaires, et laissez passer les personnes sans leur rire au nez. Je me donne au diable, si je ne baille un coup de poing au premier que je verrai rire.

SBRIGANI, *parlant aux mêmes personnes.*

Qu'est-ce que c'est, messieurs? que veut dire cela? A qui en avez-vous? Faut-il se moquer ainsi des honnêtes étrangers qui arrivent ici?

MONSIEUR DE POURCEAUGNAC.

Voilà un homme raisonnable, celui-là.

SBRIGANI.

Quel procédé est le vôtre? et qu'avez-vous à rire?

MONSIEUR DE POURCEAUGNAC.

Fort bien.

SBRIGANI.

Monsieur a-t-il quelque chose de ridicule en soi?

MONSIEUR DE POURCEAUGNAC.

Oui.

SBRIGANI.

Est-il autrement que les autres?

MONSIEUR DE POURCEAUGNAC.

Suis-je tortu ou bossu?

SBRIGANI.

Apprenez à connoître les gens.

MONSIEUR DE POURCEAUGNAC.

C'est bien dit.

SBRIGANI.

Monsieur est d'une mine à respecter.

MONSIEUR DE POURCEAUGNAC.

Cela est vrai.

SBRIGANI.

Personne de condition.

MONSIEUR DE POURCEAUGNAC.

Oui; gentilhomme limosin.

SBRIGANI.

Homme d'esprit.

MONSIEUR DE POURCEAUGNAC.

Qui a étudié en droit.

SBRIGANI.

Il vous fait trop d'honneur de venir dans votre ville.

MONSIEUR DE POURCEAUGNAC.

Sans doute.

SBRIGANI.

Monsieur n'est point une personne à faire rire.

MONSIEUR DE POURCEAUGNAC.

Assurément.

SBRIGANI.

Et quiconque rira de lui aura affaire à moi.

MONSIEUR DE POURCEAUGNAC, à Sbrigani.

Monsieur, je vous suis infiniment obligé.

SBRIGANI.

Je suis fâché, monsieur, de voir recevoir de la sorte une personne comme vous; et je vous demande pardon pour la ville [1].

MONSIEUR DE POURCEAUGNAC.

Je suis votre serviteur.

SBRIGANI.

Je vous ai vu, ce matin, monsieur, avec le coche, lorsque vous avez déjeuné; et la grâce avec laquelle vous mangiez votre pain m'a fait naître d'abord de l'amitié pour vous; et, comme je sais que vous n'êtes jamais venu en ce pays et que vous y êtes tout neuf, je suis bien aise de vous avoir trouvé, pour vous offrir mon service à cette arrivée et vous aider à vous conduire parmi ce peuple, qui n'a pas parfois, pour les honnêtes gens, toute la considération qu'il faudroit.

MONSIEUR DE POURCEAUGNAC.

C'est trop de grâce que vous me faites.

SBRIGANI.

Je vous l'ai déjà dit : du moment que je vous ai vu, je me suis senti pour vous de l'inclination.

MONSIEUR DE POURCEAUGNAC.

Je vous suis obligé.

SBRIGANI.

Votre physionomie m'a plu.

MONSIEUR DE POURCEAUGNAC.

Ce m'est beaucoup d'honneur.

SBRIGANI.

J'y ai vu quelque chose d'honnête.

MONSIEUR DE POURCEAUGNAC.

Je suis votre serviteur.

---

[1] L'entrée de Pourceaugnac le met en scène du premier abord avec tous ses ridicules et toute sa crédulité. (A. M.)

ACTE I, SCÈNE V.

SBRIGANI.

Quelque chose d'aimable.

MONSIEUR DE POURCEAUGNAC.

Ah! ah!

SBRIGANI.

De gracieux.

MONSIEUR DE POURCEAUGNAC

Ah! ah!

SBRIGANI.

De doux.

MONSIEUR DE POURCEAUGNAC.

Ah! ah!

SBRIGANI.

De majestueux.

MONSIEUR DE POURCEAUGNAC.

Ah! ah!

SBRIGANI.

De franc.

MONSIEUR DE POURCEAUGNAC.

Ah! ah!

SBRIGANI.

Et de cordial.

MONSIEUR DE POURCEAUGNAC.

Ah! ah!

SBRIGANI.

Je vous assure que je suis tout à vous.

MONSIEUR DE POURCEAUGNAC.

Je vous ai beaucoup d'obligation.

SBRIGANI.

C'est du fond du cœur que je parle.

MONSIEUR DE POURCEAUGNAC.

Je le crois.

SBRIGANI.

Si j'avois l'honneur d'être connu de vous, vous sauriez que je suis un homme tout à fait sincère.

MONSIEUR DE POURCEAUGNAC.

Je n'en doute point.

SBRIGANI.

Ennemi de la fourberie.

MONSIEUR DE POURCEAUGNAC.

J'en suis persuadé.

SBRIGANI.

Et qui n'est pas capable de déguiser ses sentiments.

MONSIEUR DE POURCEAUGNAC.

C'est ma pensée.

SBRIGANI.

Vous regardez mon habit, qui n'est pas fait comme les autres ; mais je suis originaire de Naples, à votre service, et j'ai voulu conserver un peu et la manière de s'habiller, et la sincérité de mon pays[1].

MONSIEUR DE POURCEAUGNAC.

C'est fort bien fait. Pour moi, j'ai voulu me mettre à la mode de la cour pour la campagne.

SBRIGANI.

Ma foi, cela vous va mieux qu'à tous nos courtisans.

MONSIEUR DE POURCEAUGNAC.

C'est ce que m'a dit mon tailleur. L'habit est propre et riche, et il fera du bruit ici.

SBRIGANI.

Sans doute. N'irez-vous pas au Louvre?

MONSIEUR DE POURCEAUGNAC.

Il faudra bien aller faire ma cour.

SBRIGANI.

Le roi sera ravi de vous voir.

MONSIEUR DE POURCEAUGNAC.

Je le crois.

SBRIGANI.

Avez-vous arrêté un logis?

MONSIEUR DE POURCEAUGNAC.

Non ; j'allois en chercher un.

SBRIGANI.

Je serai bien aise d'être avec vous pour cela ; et je connois tout ce pays-ci.

SCÈNE VI. — ÉRASTE, MONSIEUR DE POURCEAUGNAC, SBRIGANI.

ÉRASTE.

Ah! qu'est-ce ci? Que vois-je? Quelle heureuse rencontre! Monsieur de Pourceaugnac! Que je suis ravi de vous voir! Comment! il semble que vous ayez peine à me reconnoître!

MONSIEUR DE POURCEAUGNAC.

Monsieur, je suis votre serviteur.

ÉRASTE.

Est-il possible que cinq ou six années m'aient ôté de votre mémoire, et que vous ne reconnoissiez pas le meilleur ami de toute la famille des Pourceaugnac?

MONSIEUR DE POURCEAUGNAC.

Pardonnez-moi. (Bas, à Sbrigani.) Ma foi, je ne sais qui il est.

---

[1] Notez que, soit à tort, soit à raison, on accuse les Napolitains de manquer de franchise. (A. M.)

ÉRASTE.

Il n'y a pas un Pourceaugnac à Limoges que je ne connoisse, depuis le plus grand jusques au plus petit; je ne fréquentois qu'eux dans le temps que j'y étois, et j'avois l'honneur de vous voir presque tous les jours.

MONSIEUR DE POURCEAUGNAC.

C'est moi qui l'ai reçu, monsieur.

ÉRASTE.

Vous ne vous remettez point mon visage?

MONSIEUR DE POURCEAUGNAC.

Si fait. (A Sbrigani.) Je ne le connois point.

ÉRASTE.

Vous ne vous ressouvenez pas que j'ai eu le bonheur de boire je ne sais combien de fois avec vous?

MONSIEUR DE POURCEAUGNAC.

Excusez-moi. (A Sbrigani.) Je ne sais ce que c'est.

ÉRASTE.

Comment appelez-vous ce traiteur de Limoges qui fait si bonne chère?

MONSIEUR DE POURCEAUGNAC.

Petit-Jean?

ÉRASTE.

Le voilà. Nous allions le plus souvent ensemble chez lui nous réjouir. Comment est-ce que vous nommez à Limoges ce lieu où l'on se promène?

MONSIEUR DE POURCEAUGNAC.

Le cimetière des Arènes?

ÉRASTE.

Justement. C'est où je passois de si douces heures à jouir de votre agréable conversation. Vous ne vous remettez pas tout cela?

MONSIEUR DE POURCEAUGNAC.

Excusez-moi; je me le remets. (A Sbrigani.) Diable emporte si je m'en souviens.

SBRIGANI, bas, à monsieur de Pourceaugnac.

Il y a cent choses comme cela qui passent de la tête.

ÉRASTE.

Embrassez-moi donc, je vous prie, et resserrons les nœuds de notre ancienne amitié.

SBRIGANI, à monsieur de Pourceaugnac.

Voilà un homme qui vous aime fort.

ÉRASTE.

Dites-moi un peu des nouvelles de toute la parenté. Comment se porte monsieur votre... la... qui est si honnête homme?

MONSIEUR DE POURCEAUGNAC.

Mon frère le consul?

ÉRASTE.

Oui.

MONSIEUR DE POURCEAUGNAC.

Il se porte le mieux du monde.

ÉRASTE.

Certes, j'en suis ravi. Et celui qui est de si bonne humeur? La... monsieur votre...

MONSIEUR DE POURCEAUGNAC.

Mon cousin l'assesseur?

ÉRASTE.

Justement.

MONSIEUR DE POURCEAUGNAC.

Toujours gai et gaillard.

ÉRASTE.

Ma foi, j'en ai beaucoup de joie. Et monsieur votre oncle? Le...

MONSIEUR DE POURCEAUGNAC.

Je n'ai point d'oncle.

ÉRASTE.

Vous aviez pourtant en ce temps-là...

MONSIEUR DE POURCEAUGNAC.

Non : rien qu'une tante.

ÉRASTE.

C'est ce que je voulois dire, madame votre tante. Comment se porte-t elle?

MONSIEUR DE POURCEAUGNAC

Elle est morte depuis six mois.

ÉRASTE.

Hélas! la pauvre femme! elle étoit si bonne personne!

MONSIEUR DE POURCEAUGNAC.

Nous avons aussi mon neveu le chanoine qui a pensé mourir de la petite vérole.

ÉRASTE.

Quel dommage ç'auroit été!

MONSIEUR DE POURCEAUGNAC.

Le connoissez-vous aussi?

ÉRASTE.

Vraiment; si je le connois! Un grand garçon bien fait.

MONSIEUR DE POURCEAUGNAC.

Pas des plus grands.

ÉRASTE.

Non; mais de taille bien prise.

MONSIEUR DE POURCEAUGNAC.

Eh! oui.

ÉRASTE.

Qui est votre neveu?

MONSIEUR DE POURCEAUGNAC.

Oui.

ÉRASTE.

Fils de votre frère ou de votre sœur?

MONSIEUR DE POURCEAUGNAC.

Justement.

ÉRASTE.

Chanoine de l'église de... Comment l'appelez-vous

MONSIEUR DE POURCEAUGNAC.

De Saint-Étienne.

ÉRASTE.

Le voilà : je ne connois autre.

MONSIEUR DE POURCEAUGNAC, à Sbrigani.

Il dit toute la parenté[1].

SBRIGANI.

Il vous connoît plus que vous ne croyez.

MONSIEUR DE POURCEAUGNAC.

A ce que je vois, vous avez demeuré longtemps dans notre ville?

ÉRASTE.

Deux ans entiers.

MONSIEUR DE POURCEAUGNAC.

Vous étiez donc là quand mon cousin l'élu fit tenir son enfant à monsieur notre gouverneur?

ÉRASTE.

Vraiment oui; j'y fus convié des premiers.

MONSIEUR DE POURCEAUGNAC.

Cela fut galant.

ÉRASTE.

Très-galant. Oui.

MONSIEUR DE POURCEAUGNAC.

C'étoit un repas bien troussé.

ÉRASTE.

Sans doute.

MONSIEUR DE POURCEAUGNAC.

Vous vîtes donc aussi la querelle que j'eus avec ce gentilhomme périgordin?

ÉRASTE.

Oui.

MONSIEUR DE POURCEAUGNAC.

Parbleu! il trouva à qui parler.

[1] Mot charmant qui termine on ne peut mieux cette risible reconnaissance. (Auger.)

ÉRASTE.

Ah! ah!

MONSIEUR DE POURCEAUGNAC.

Il me donna un soufflet; mais je lui dis bien son fait.

ÉRASTE.

Assurément. Au reste, je ne prétends pas que vous preniez d'autre logis que le mien.

MONSIEUR DE POURCEAUGNAC.

Je n'ai garde de...

ÉRASTE.

Vous moquez-vous? je ne souffrirai point du tout que mon meilleur ami soit autre part que dans ma maison.

MONSIEUR DE POURCEAUGNAC.

Ce seroit vous...

ÉRASTE.

Non. Vous avez beau faire! vous logerez chez moi.

SBRIGANI, à monsieur de Pourceaugnac.

Puisqu'il le veut obstinément, je vous conseille d'accepter l'offre.

ÉRASTE.

Où sont vos hardes?

MONSIEUR DE POURCEAUGNAC.

Je les ai laissées, avec mon valet, où je suis descendu.

ÉRASTE.

Envoyons-les querir par quelqu'un.

MONSIEUR DE POURCEAUGNAC.

Non. Je lui ai défendu de bouger, à moins que j'y fusse moi-même, de peur de quelque fourberie.

SBRIGANI.

C'est prudemment avisé.

MONSIEUR DE POURCEAUGNAC.

Ce pays-ci est un peu sujet à caution.

ÉRASTE.

On voit les gens d'esprit en tout.

SBRIGANI.

Je vais accompagner monsieur, et le ramènerai où vous voudrez.

ÉRASTE.

Oui. Je serai bien aise de donner quelques ordres, et vous n'avez qu'à revenir à cette maison-là.

SBRIGANI.

Nous sommes à vous tout à l'heure.

ÉRASTE, à monsieur de Pourceaugnac.

Je vous attends avec impatience.

MONSIEUR DE POURCEAUGNAC, à Sbrigani.

Voilà une connoissance où je ne m'attendois point.

SBRIGANI.

Il a la mine d'être honnête homme.

ÉRASTE, seul.

Ma foi, monsieur de Pourceaugnac, nous vous en donnerons de toutes les façons : les choses sont préparées, et je n'ai qu'à frapper. Holà!

SCÈNE VII. — ÉRASTE, UN APOTHICAIRE.

ÉRASTE.

Je crois, monsieur, que vous êtes le médecin à qui l'on est venu parler de ma part?

L'APOTHICAIRE.

Non, monsieur; ce n'est pas moi qui suis le médecin, à moi n'appartient pas cet honneur; et je ne suis qu'apothicaire, apothicaire indigne, pour vous servir.

ÉRASTE.

Et monsieur le médecin est-il à la maison?

L'APOTHICAIRE.

Oui. Il est là embarrassé à expédier quelques malades; et je vais lui dire que vous êtes ici.

ÉRASTE.

Non : ne bougez; j'attendrai qu'il ait fait. C'est pour lui mettre entre les mains certain parent que nous avons, dont on lui a parlé, et qui se trouve attaqué de quelque folie, que nous serions bien aises qu'il pût guérir avant que de le marier.

L'APOTHICAIRE.

Je sais ce que c'est, je sais ce que c'est; et j'étois avec lui quand on lui a parlé de cette affaire. Ma foi, ma foi, vous ne pouviez pas vous adresser à un médecin plus habile. C'est un homme qui sait la médecine à fond, comme je sais ma croix de par Dieu, et qui, quand on devroit crever, ne démordroit pas d'un *iota* des règles des anciens. Oui, il suit toujours le grand chemin, le grand chemin, et ne va point chercher midi à quatorze heures; et, pour tout l'or du monde, il ne voudroit pas avoir guéri une personne avec d'autres remèdes que ceux que la Faculté permet.

ÉRASTE.

Il fait fort bien. Un malade ne doit point vouloir guérir que la Faculté n'y consente.

L'APOTHICAIRE.

Ce n'est pas parce que nous sommes grands amis que j'en parle; mais il y a plaisir d'être son malade; et j'aimerois mieux mourir de ses remèdes que de guérir de ceux d'un autre. Car, quoi qu'il puisse arriver, on est assuré que les choses sont toujours dans l'ordre; et, quand on meurt sous sa conduite, vos héritiers n'ont rien à vous reprocher.

ÉRASTE.

C'est une grande consolation pour un défunt.

L'APOTHICAIRE.

Assurément. On est bien aise au moins d'être mort méthodiquement. Au reste, il n'est pas de ces médecins qui marchandent les maladies; c'est un homme expéditif, expéditif, qui aime à dépêcher ses malades; et, quand on a à mourir, cela se fait avec lui le plus vite du monde.

ÉRASTE.

En effet, il n'est rien tel que de sortir promptement d'affaire.

L'APOTHICAIRE.

Cela est vrai. A quoi bon tant barguigner et tant tourner autour du pot? Il faut savoir vitement le court ou le long d'une maladie.

ÉRASTE.

Vous avez raison.

L'APOTHICAIRE.

Voilà déjà trois de mes enfants dont il m'a fait l'honneur de conduire la maladie, qui sont morts en moins de quatre jours, et qui, entre les mains d'un autre, auroient langui plus de trois mois.

ÉRASTE.

Il est bon d'avoir des amis comme cela.

L'APOTHICAIRE.

Sans doute. Il ne me reste plus que deux enfants, dont il prend soin comme des siens; il les traite et gouverne à sa fantaisie, sans que je me mêle de rien; et, le plus souvent, quand je reviens de la ville, je suis tout étonné que je les trouve saignés ou purgés par son ordre.

ÉRASTE.

Voilà les soins les plus obligeants du monde.

L'APOTHICAIRE.

Le voici, le voici, le voici qui vient.

SCÈNE VIII. — ÉRASTE, PREMIER MÉDECIN, UN APOTHICAIRE, UN PAYSAN, UNE PAYSANNE.

LE PAYSAN, au médecin.

Monsieur, il n'en peut plus; et il dit qu'il sent dans la tête les plus grandes douleurs du monde.

PREMIER MÉDECIN.

Le malade est un sot; d'autant plus que, dans la maladie dont il est attaqué, ce n'est pas la tête, selon Galien, mais la rate, qui lui doit faire mal.

LE PAYSAN.

Quoi que c'en soit, monsieur, il a toujours, avec cela, son cours de ventre depuis six mois.

PREMIER MÉDECIN.

Bon! c'est signe que le dedans se dégage. Je l'irai visiter dans deux ou trois jours; mais, s'il mouroit avant ce temps-là, ne manquez pas de m'en donner avis; car il n'est pas de la civilité qu'un médecin visite un mort.

LA PAYSANNE, au médecin.

Mon père, monsieur, est toujours malade de plus en plus.

PREMIER MÉDECIN.

Ce n'est pas ma faute. Je lui donne des remèdes : que ne guérit-il? Combien a-t-il été saigné de fois?

LA PAYSANNE.

Quinze, monsieur, depuis vingt jours.

PREMIER MÉDECIN.

Quinze fois saigné?

LA PAYSANNE.

Oui.

PREMIER MÉDECIN.

Et il ne guérit point?

LA PAYSANNE.

Non, monsieur.

PREMIER MÉDECIN.

C'est signe que la maladie n'est pas dans le sang. Nous le ferons purger autant de fois, pour voir si elle n'est pas dans les humeurs; et, si rien ne nous réussit, nous l'enverrons aux bains.

L'APOTHICAIRE.

Voilà le fin, cela; voilà le fin de la médecine.

SCÈNE IX. — ÉRASTE, PREMIER MÉDECIN, UN APOTHICAIRE.

ÉRASTE, au médecin.

C'est moi, monsieur, qui vous ai envoyé parler, ces jours passés, pour un parent un peu troublé d'esprit, que je veux vous donner chez vous, afin de le guérir avec plus de commodité et qu'il soit vu de moins de monde.

PREMIER MÉDECIN.

Oui, monsieur : j'ai déjà disposé tout, et promets d'en avoir tous les soins imaginables.

ÉRASTE.

Le voici fort à propos.

PREMIER MÉDECIN.

La conjoncture est tout à fait heureuse, et j'ai ici un ancien de mes amis, avec lequel je serai bien aise de consulter sa maladie

SCÈNE X. — MONSIEUR DE POURCEAUGNAC, ÉRASTE, PREMIER MÉDECIN, UN APOTHICAIRE.

ÉRASTE, à monsieur de Pourceaugnac.

Une petite affaire m'est survenue, qui m'oblige à vous quitter. (Montrant le médecin.) Mais voilà une personne entre les mains de qui je vous laisse, qui aura soin pour moi de vous traiter du mieux qu'il lui sera possible.

PREMIER MÉDECIN.

Le devoir de ma profession m'y oblige, et c'est assez que vous me chargiez de ce soin.

MONSIEUR DE POURCEAUGNAC, à part.

C'est son maître d'hôtel, sans doute; et il faut que ce soit un homme de qualité.

PREMIER MÉDECIN, à Éraste.

Oui; je vous assure que je traiterai monsieur méthodiquement, et dans toutes les régularités de notre art.

MONSIEUR DE POURCEAUGNAC.

Mon Dieu! il ne me faut point tant de cérémonies; et je ne viens pas ici pour incommoder.

PREMIER MÉDECIN.

Un tel emploi ne me donne que de la joie.

ÉRASTE, au médecin.

Voilà toujours dix pistoles d'avance, en attendant ce que j'ai promis.

MONSIEUR DE POURCEAUGNAC.

Non, s'il vous plaît; je n'entends pas que vous fassiez de dépense et que vous envoyiez rien acheter pour moi.

ÉRASTE.

Mon Dieu! laissez faire. Ce n'est pas pour ce que vous pensez.

MONSIEUR DE POURCEAUGNAC.

Je vous demande de ne me traiter qu'en ami.

ÉRASTE.

C'est ce que je veux faire. (Bas, au médecin.) Je vous recommande surtout de ne le point laisser sortir de vos mains; car, parfois, il veut s'échapper.

PREMIER MÉDECIN.

Ne vous mettez pas en peine.

ÉRASTE, à monsieur de Pourceaugnac.

Je vous prie de m'excuser de l'incivilité que je commets.

MONSIEUR DE POURCEAUGNAC.

Vous vous moquez; et c'est trop de grâce que vous me faites.

SCÈNE XI. — MONSIEUR DE POURCEAUGNAC, PREMIER MÉDECIN, SECOND MÉDECIN, UN APOTHICAIRE.

PREMIER MÉDECIN.

Ce m'est beaucoup d'honneur, monsieur, d'être choisi pour vous rendre service.

MONSIEUR DE POURCEAUGNAC.

Je suis votre serviteur.

PREMIER MÉDECIN.

Voici un habile homme, mon confrère, avec lequel je vais consulter la manière dont nous vous traiterons.

MONSIEUR DE POURCEAUGNAC.

Il ne faut point tant de façons, vous dis-je; et je suis homme à me contenter de l'ordinaire.

PREMIER MÉDECIN.

Allons, des siéges. (Des laquais entrent et donnent des siéges.)

MONSIEUR DE POURCEAUGNAC, à part.

Voilà, pour un jeune homme, des domestiques bien lugubres.

PREMIER MÉDECIN.

Allons, monsieur : prenez votre place, monsieur. (Les deux médecins font asseoir monsieur de Pourceaugnac entre eux deux.)

MONSIEUR DE POURCEAUGNAC, s'asseyant.

Votre très-humble valet. (Les deux médecins lui prennent chacun une main pour lui tâter le pouls.) Que veut dire cela?

PREMIER MÉDECIN.

Mangez-vous bien, monsieur?

MONSIEUR DE POURCEAUGNAC.

Oui; et bois encore mieux.

PREMIER MÉDECIN.

Tant pis! Cette grande appétition du froid et de l'humide est une indication de la chaleur et sécheresse qui est au dedans. Dormez-vous fort?

MONSIEUR DE POURCEAUGNAC.

Oui; quand j'ai bien soupé.

PREMIER MÉDECIN.

Faites-vous des songes?

MONSIEUR DE POURCEAUGNAC.

Quelquefois.

PREMIER MÉDECIN.

De quelle nature sont-ils?

MONSIEUR DE POURCEAUGNAC.

De la nature des songes. Quelle diable de conversation est-ce là?

PREMIER MÉDECIN.

Vos déjections, comment sont-elles?

MONSIEUR DE POURCEAUGNAC.

Ma foi, je ne comprends rien à toutes ces questions; et je veux plutôt boire un coup.

PREMIER MÉDECIN.

Un peu de patience. Nous allons raisonner sur votre affaire devant vous; et nous le ferons en françois, pour être plus intelligibles.

MONSIEUR DE POURCEAUGNAC.

Quel grand raisonnement faut-il pour manger un morceau?

PREMIER MÉDECIN.

Comme ainsi soit qu'on ne puisse guérir une maladie qu'on ne la connoisse parfaitement, et qu'on ne la puisse parfaitement connoître sans en bien établir l'idée particulière et la véritable espèce par ses signes diagnostiques et prognostiques, vous me permettrez, monsieur notre ancien, d'entrer en considération de la maladie dont il s'agit, avant que de toucher à la thérapeutique et aux remèdes qu'il nous conviendra faire pour la parfaite curation d'icelle. Je dis donc, monsieur, avec votre permission, que notre malade ici présent est malheureusement attaqué, affecté, possédé, travaillé de cette sorte de folie que nous nommons fort bien mélancolie hypocondriaque; espèce de folie très-fâcheuse, et qui ne demande pas moins qu'un Esculape comme vous, consommé dans notre art; vous, dis-je, qui avez blanchi, comme on dit, sous le harnois, et auquel il en a tant passé par les mains, de toutes les façons. Je l'appelle mélancolie hypocondriaque, pour la distinguer des deux autres; car le célèbre Galien établit doctement, à son ordinaire, trois espèces de cette maladie, que nous nommons mélancolie, ainsi appelée, non-seulement par les Latins, mais encore par les Grecs, ce qui est bien à remarquer pour notre affaire. La première, qui vient du propre vice du cerveau; la seconde, qui vient de tout le sang, fait et rendu atrabilaire; la troisième, appelée hypocondriaque, qui est la nôtre, laquelle procède du vice de quelque partie du bas-ventre et de la région inférieure, mais particulièrement de la rate, dont la chaleur et l'inflammation porte au cerveau de notre malade beaucoup de fuligines épaisses et crasses, dont la vapeur noire et maligne cause dépravation aux fonctions de la faculté princesse, et fait la maladie dont, par notre raisonnement, il est manifestement atteint et convaincu. Qu'ainsi ne soit, pour diagnostique incontestable de ce que je vous dis, vous n'avez qu'à considérer ce grand sérieux que vous voyez, cette tristesse accompagnée de crainte et de défiance, signes pathognomoniques et individuels de cette maladie, si bien marquée chez le divin vieillard Hippocrate : cette physionomie, ces yeux rouges et hagards, cette grande barbe, cette habitude du corps, menue, grêle, noire et velue, lesquels signes le dénotent très-affecté de cette maladie, procédante du vice des hypocondres; laquelle maladie, par laps de temps, naturalisée, envieillie, habituée et ayant pris droit de bourgeoisie chez lui, pourroit bien dégénérer ou en manie, ou en phthisie, ou en apoplexie, ou même en fine frénésie et fureur. Tout ceci supposé, puisqu'une maladie bien connue est à demi guérie, car, *ignoti nulla est curatio morbi*, il ne vous sera pas difficile de convenir des remèdes que nous devons faire à monsieur. Premièrement, pour remédier à cette pléthore obturante et à cette cacochymie luxuriante par tout le corps, je suis d'avis qu'il soit phlébotomisé libéralement; c'est-à-dire, que les saignées soient fréquentes et plantureuses : en premier lieu, de la basilique, puis de la céphalique [1], et même, si le mal est opiniâtre, de lui ouvrir la veine du front, et que l'ouverture soit large, afin que le gros sang puisse sortir; et, en même temps, de le purger, désopiler, et évacuer par purgatifs propres et convenables; c'est-à-dire, par cholagogues, mélanogogues [2], *et cætera*; et, comme la véritable source de tout le mal est ou une humeur crasse et féculente, ou une vapeur noire et grossière, qui obscurcit, infecte et salit les esprits animaux, il est à propos ensuite qu'il prenne un bain d'eau pure et nette, avec force petit-lait clair, pour purifier, par l'eau, la féculence de l'humeur crasse, et éclaircir, par le lait clair, la noirceur de cette vapeur. Mais, avant toute chose, je trouve qu'il est bon de le réjouir par d'agréables conversations, chants et instruments de musique; à quoi il n'y a pas d'inconvénient de joindre des danseurs, afin que leurs mouvements, disposition [3] et agilité, puissent exciter et réveiller la paresse de ses esprits engourdis, qui occasionne l'épaisseur de son sang, d'où procède la maladie. Voilà les remèdes que j'imagine, auxquels pourront être ajoutés beaucoup d'autres meilleurs par monsieur notre maître et ancien, suivant l'expérience, jugement, lumière et suffisance qu'il s'est acquise dans notre art. *Dixi*.

SECOND MÉDECIN.

A Dieu ne plaise, monsieur, qu'il me tombe en pensée d'ajouter rien à ce que vous venez de dire! Vous avez si bien discouru sur tous les signes, les symptômes et les causes de la maladie de monsieur; le raisonnement que vous en avez fait est si docte et si beau, qu'il est impossible qu'il ne soit pas fou et mélancolique hypocondriaque; et, quand il ne le seroit pas, il faudroit qu'il le devînt, pour la beauté des choses que vous avez dites et la justesse du raisonnement que vous avez fait.

---

[1] La *basilique*, veine qui monte le long de la partie interne de l'os du bras jusqu'à l'axillaire, où elle se rend. La *céphalique*, l'une des veines du bras, qu'on croyait autrefois venir de la tête, et qu'on ouvrait, par cette raison, dans les cas où la tête avait besoin d'être soulagée. (*Dictionn. de l'Acad.*)

[2] *Cholagogues*, remèdes propres à chasser la bile. *Mélanogogues*, remèdes propres à chasser la bile noire, que les anciens appelaient *mélancolie*. (Lav.)

[3] Ce mot est employé ici dans le sens de *dispos*. Cette acception était nouvelle, et n'a pas été adoptée. (Aimé Martin.)

Oui, monsieur, vous avez dépeint fort graphiquement, *graphice depinxisti*, tout ce qui appartient à cette maladie. Il ne se peut rien de plus doctement, sagement, ingénieusement conçu, pensé, imaginé, que ce que vous avez prononcé au sujet de ce mal, soit pour la diagnose ou la prognose, ou la thérapie[1]; et il ne me reste rien ici que de féliciter monsieur d'être tombé entre vos mains et de lui dire qu'il est trop heureux d'être fou, pour éprouver l'efficace et la douceur des remèdes que vous avez si judicieusement proposés. Je les approuve tous, *manibus et pedibus descendo in tuam sententiam*. Tout ce que j'y voudrois ajouter, c'est de faire les saignées et les purgations en nombre impair, *numero Deus impare gaudet*; de prendre le lait clair avant le bain; de lui composer un fronteau[2] où il entre du sel : le sel est symbole de la sagesse; de faire blanchir les murailles de sa chambre, pour dissiper les ténèbres de ses esprits, *album est disgregativum visus*[3]; et de lui donner tout à l'heure un petit lavement, pour servir de prélude et d'introduction à ces judicieux remèdes, dont, s'il a à guérir, il doit recevoir du soulagement. Fasse le ciel que ces remèdes, monsieur, qui sont les vôtres, réussissent au malade selon notre intention!

MONSIEUR DE POURCEAUGNAC.

Messieurs, il y a une heure que je vous écoute. Est-ce que nous jouons ici une comédie?

PREMIER MÉDECIN.

Non, monsieur, nous ne jouons point.

MONSIEUR DE POURCEAUGNAC.

Qu'est-ce que tout ceci? et que voulez-vous dire, avec votre galimatias et vos sottises?

PREMIER MÉDECIN.

Bon! dire des injures! voilà un diagnostique qui nous manquoit pour la confirmation de son mal; et ceci pourroit bien tourner en manie.

MONSIEUR DE POURCEAUGNAC, à part.

Avec qui m'a-t-on mis ici? (Il crache deux ou trois fois.)

PREMIER MÉDECIN.

Autre diagnostique : la sputation fréquente.

MONSIEUR DE POURCEAUGNAC.

Laissons cela, et sortons d'ici.

PREMIER MÉDECIN.

Autre encore : l'inquiétude de changer de place.

---

[1] *Diagnose*, pour *diagnostic*, connaissance des symptômes; *prognose*, jugement d'après les symptômes; *thérapie*, pour *thérapeutique*, traitement de la maladie. (*Dictionn. de l'Acad.*)

[2] Médicament qu'on applique sur le front pour calmer les douleurs de tête.

[3] C'est-à-dire : *le blanc blesse la vue ou la fatigue*. Cette citation à contre-sens n'est pas un des traits les moins comiques de cette scène. (Aimé Martin.)

MONSIEUR DE POURCEAUGNAC.

Qu'est-ce donc que toute cette affaire? et que me voulez-vous?

PREMIER MÉDECIN.

Vous guérir, selon l'ordre qui nous a été donné.

MONSIEUR DE POURCEAUGNAC.

Me guérir?

PREMIER MÉDECIN.

Oui.

MONSIEUR DE POURCEAUGNAC.

Parbleu! je ne suis pas malade.

PREMIER MÉDECIN.

Mauvais signe, lorsqu'un malade ne sent pas son mal.

MONSIEUR DE POURCEAUGNAC.

Je vous dis que je me porte bien.

PREMIER MÉDECIN.

Nous savons mieux que vous comment vous vous portez; et nous sommes médecins qui voyons clair dans votre constitution.

MONSIEUR DE POURCEAUGNAC.

Si vous êtes médecins, je n'ai que faire de vous; et je me moque de la médecine.

PREMIER MÉDECIN.

Hom! hom! voici un homme plus fou que nous ne pensons.

MONSIEUR DE POURCEAUGNAC.

Mon père et ma mère n'ont jamais voulu de remèdes, et ils sont morts tous deux sans l'assistance des médecins.

PREMIER MÉDECIN.

Je ne m'étonne pas s'ils ont engendré un fils qui est insensé. (Au second médecin.) Allons, procédons à la curation; et, par la douceur exhilarante de l'harmonie, adoucissons, lénifions, et accoisons[1] l'aigreur de ses esprits, que je vois prêts à s'enflammer.

SCÈNE XII. — MONSIEUR DE POURCEAUGNAC.

Que diable est-ce là? Les gens de ce pays-ci sont-ils insensés? Je n'ai jamais rien vu de tel, et je n'y comprends rien du tout.

SCÈNE XIII. — MONSIEUR DE POURCEAUGNAC, DEUX MÉDECINS
grotesques.

Ils s'asseyent d'abord tous trois; les médecins se lèvent à différentes reprises pour saluer monsieur de Pourceaugnac, qui se lève autant de fois pour les saluer.

LES DEUX MÉDECINS.

Buon dì, buon dì, buon dì,

---

[1] *Accoiser*, rendre *coi*, calmer, apaiser.

Non vi lasciate uccidere
Dal dolor malinconico,
Noi vi faremo ridere
Col nostro canto armonico;
Sol per guarirvi
Siamo venuti qui.
Buon dì, buon dì, buon dì.

PREMIER MÉDECIN.

Altro non è la pazzia
Che malinconia.
Il malato
Non è disperato,
Se vol pigliar un poco d'allegria,
Altro non è la pazzia
Che malinconia.

SECOND MÉDECIN.

Sù, cantate, ballate, ridete;
E, se far meglio, volete,
Quando sentite il deliro vicino,
Pigliate del vino,
E qualche volta un poco di tabac,
Allegramente, monsu Pourceaugnac[1].

SCÈNE XIV. — MONSIEUR DE POURCEAUGNAC, DEUX MÉDECINS grotesques, MATASSINS.

ENTRÉE DE BALLET.

Danse des matassins autour de monsieur de Pourceaugnac.

SCÈNE XV. — MONSIEUR DE POURCEAUGNAC; UN APOTHICAIRE, tenant une seringue.

L'APOTHICAIRE.

Monsieur, voici un petit remède, un petit remède, qu'il vous faut prendre, s'il vous plaît, s'il vous plaît.

MONSIEUR DE POURCEAUGNAC.

Comment? Je n'ai que faire de cela.

---

[1] « Bonjour, bonjour, bonjour. Ne vous laissez pas tuer par les souffrances de la mélancolie. Nous vous ferons rire avec nos chants harmonieux. Nous ne sommes venus ici que pour vous guérir. Bonjour, bonjour, bonjour.

« La folie n'est pas autre chose que la mélancolie. Le malade n'est pas désespéré, s'il veut prendre un peu de divertissement. La folie n'est pas autre chose que la mélancolie.

« Allons, courage. Chantez, dansez, riez; et, si vous voulez encore mieux faire, quand vous sentirez approcher votre accès de folie, prenez un verre de vin, et quelquefois une prise de tabac. Allons, gai, monsieur de Pourceaugnac. » (Auger.)

L'APOTHICAIRE.

Il a été ordonné, monsieur, il a été ordonné.

MONSIEUR DE POURCEAUGNAC.

Ah! que de bruit!

L'APOTHICAIRE.

Prenez-le, monsieur, prenez-le ; il ne vous fera point de mal, il ne vous fera point de mal.

MONSIEUR DE POURCEAUGNAC.

Ah!

L'APOTHICAIRE.

C'est un petit clystère, un petit clystère, benin, benin; il est benin, benin : là, prenez, prenez, monsieur; c'est pour déterger, pour déterger, déterger.

SCÈNE XVI. — MONSIEUR DE POURCEAUGNAC, UN APOTHICAIRE, DEUX MÉDECINS grotesques ; MATASSINS, avec des seringues.

LES DEUX MÉDECINS.

Piglialo sù,
Signor monsu,
Piglialo, piglialo, piglialo sù,
Che non ti farà male.
Piglialo sù questo serviziale ;
Piglialo sù,
Signor monsu ;
Piglialo, piglialo, piglialo sù [1]

MONSIEUR DE POURCEAUGNAC.

Allez-vous-en au diable! (Monsieur de Pourceaugnac, mettant son chapeau pour se garantir des seringues, est suivi par les deux médecins et par les matassins ; il passe par derrière le théâtre, et revient se mettre sur sa chaise, auprès de laquelle il trouve l'apothicaire qui l'attendoit : les deux médecins et les matassins rentrent aussi.)

LES DEUX MÉDECINS.

Piglialo sù,
Signor monsu ;
Piglialo, piglialo, piglialo sù,
Che non ti farà male.
Piglialo sù questo serviziale,
Piglialo sù,
Signor monsu ;
Piglialo, piglialo, piglialo sù.

Monsieur de Pourceaugnac s'enfuit avec la chaise : l'apothicaire appuie sa seringue contre, et les médecins et les matassins le suivent.

[1] « Prenez-le, monsieur, prenez-le (le clystère) ; il ne vous fera point de mal. »

ACTE SECOND

SCÈNE I. — PREMIER MÉDECIN, SBRIGANI.

PREMIER MÉDECIN.

Il a forcé tous les obstacles que j'avois mis, et s'est dérobé aux remèdes que je commençois de lui faire.

SBRIGANI.

C'est être bien ennemi de soi-même, que de fuir des remèdes aussi salutaires que les vôtres.

PREMIER MÉDECIN.

Marque d'un cerveau démonté et d'une raison dépravée, que de ne vouloir pas guérir.

SBRIGANI.

Vous l'auriez guéri haut la main.

PREMIER MÉDECIN.

Sans doute : quand il y auroit eu complication de douze maladies.

SBRIGANI.

Cependant voilà cinquante pistoles bien acquises qu'il vous fait perdre.

PREMIER MÉDECIN.

Moi, je n'entends point les perdre, et je prétends le guérir en dépit qu'il en ait. Il est lié et engagé à mes remèdes, et je veux le faire saisir où je le trouverai, comme déserteur de la médecine et infracteur de mes ordonnances.

SBRIGANI.

Vous avez raison. Vos remèdes étoient un coup sûr, et c'est de l'argent qu'il vous vole.

PREMIER MÉDECIN.

Où puis-je en avoir des nouvelles?

SBRIGANI.

Chez le bonhomme Oronte assurément, dont il vient épouser la fille, et qui, ne sachant rien de l'infirmité de son gendre futur, voudra peut-être se hâter de conclure le mariage.

PREMIER MÉDECIN.

Je vais lui parler tout à l'heure.

SBRIGANI.

Vous ne ferez point mal.

PREMIER MÉDECIN.

Il est hypothéqué à mes consultations, et un malade ne se moquera pas d'un médecin.

SBRIGANI.

C'est fort bien dit à vous; et, si vous m'en croyez, vous ne souffrirez point qu'il se marie, que vous ne l'ayez pansé tout votre soûl.

PREMIER MÉDECIN.

Laissez-moi faire.

SBRIGANI, à part, en s'en allant.

Je vais, de mon côté, dresser une autre batterie; et le beau-père est aussi dupe que le gendre.

SCÈNE II. — ORONTE, PREMIER MÉDECIN.

PREMIER MÉDECIN.

Vous avez, monsieur, un certain monsieur de Pourceaugnac qui doit épouser votre fille?

ORONTE.

Oui, je l'attends de Limoges, et il devroit être arrivé.

PREMIER MÉDECIN.

Aussi l'est-il, et il s'en est fui de chez moi, après y avoir été mis; mais je vous défends, de la part de la médecine, de procéder au mariage que vous avez conclu, que je ne l'aie dûment préparé pour cela, et mis en état de procréer des enfants bien conditionnés de corps et d'esprit.

ORONTE.

Comment donc?

PREMIER MÉDECIN.

Votre prétendu gendre a été constitué mon malade; sa maladie, qu'on m'a donnée à guérir, est un meuble qui m'appartient, et que je compte entre mes effets; et je vous déclare que je ne prétends point qu'il se marie, qu'au préalable il n'ait satisfait à la médecine et subi les remèdes que je lui ai ordonnés.

ORONTE.

Il a quelque mal?

PREMIER MÉDECIN.

Oui.

ORONTE.

Et quel mal, s'il vous plaît?

PREMIER MÉDECIN.

Ne vous en mettez pas en peine.

ORONTE.

Est-ce quelque mal...

PREMIER MÉDECIN.

Les médecins sont obligés au secret. Il suffit que je vous ordonne, à vous et à votre fille, de ne point célébrer, sans mon consentement, vos noces avec lui, sur peine d'encourir la disgrâce de la Faculté et d'être accablés de toutes les maladies qu'il nous plaira.

ORONTE.

Je n'ai garde, si cela est, de faire le mariage.

PREMIER MÉDECIN.

On me l'a mis entre les mains, et il est obligé d'être mon malade.

ORONTE.

A la bonne heure.

PREMIER MÉDECIN.

Il a beau fuir; je le ferai condamner, par arrêt, à se faire guérir par moi.

ORONTE.

J'y consens.

PREMIER MÉDECIN.

Oui, il faut qu'il crève, ou que je le guérisse.

ORONTE.

Je le veux bien.

PREMIER MÉDECIN.

Et, si je ne le trouve, je m'en prendrai à vous, et je vous guérirai au lieu de lui.

ORONTE.

Je me porte bien.

PREMIER MÉDECIN.

Il n'importe. Il me faut un malade, et je prendrai qui je pourrai.

ORONTE.

Prenez qui vous voudrez; mais ce ne sera pas moi. (Seul.) Voyez un peu la belle raison!

SCÈNE III. — ORONTE; SBRIGANI, en marchand flamand.

SBRIGANI.

Montsir, afec le fôtre permission, je suisse un trancher marchand flamanne, qui foudroit bienne fous temandair un petit nouvel.

ORONTE.

Quoi, monsieur?

SBRIGANI.

Mettez le fôtre chapeau sur le tête, montsir, si ve plaît.

ORONTE.

Dites-moi, monsieur, ce que vous voulez.

SBRIGANI.

Moi le dire rien, montsir, si fous le mettre pas le chapeau sur le tête.

ORONTE.

Soit. Qu'y a-t-il, monsieur?

SBRIGANI.

Fous connoître point en sti file un certe montsir Oronte?

ORONTE.

Oui, je le connois.

ACTE II, SCÈNE III.

SBRIGANI.

Et quel homme est-il, montsir, si ve plaît?

ORONTE.

C'est un homme comme les autres.

SBRIGANI.

Je fous temande montsir, s'il est un homme riche qui a du bienne?

ORONTE.

Oui.

SBRIGANI.

Mais riche beaucoup grandement, montsir?

ORONTE.

Oui.

SBRIGANI.

J'en suis aise beaucoup, montsir.

ORONTE.

Mais pourquoi cela?

SBRIGANI.

L'est, montsir, pour un petite raisonne de conséquence pour nous.

ORONTE.

Mais encore, pourquoi?

SBRIGANI.

L'est, montsir, que sti montsir Oronte donne son fille en mariage à un certe montsir de Pourcegnac.

ORONTE.

Eh bien?

SBRIGANI.

Et sti montsir de Pourcegnac, montsir, l'est un homme que doivre beaucoup grandement à dix ou douze marchands flamannes qui être venu ici.

ORONTE.

Ce monsieur de Pourceaugnac doit beaucoup à dix ou douze marchands?

SBRIGANI.

Oui, montsir; et, depuis huite mois, nous afoir obtenir **un petit sentence** contre lui; et lui a remettre à payer tou ce créanciers de sti mariage que sti montsir Oronte donne pour son fille.

ORONTE.

Hon! hon! il a remis là à payer ses créanciers?

SBRIGANI.

Oui, montsir, et avec un grant défotion nous tous attendre sti mariage.

ORONTE, à part.

L'avis n'est pas mauvais. (Haut.) Je vous donne le bonjour.

SBRIGANI.

Je remercie, montsir, de la faveur grande.

ORONTE.

Votre très-humble valet.

SBRIGANI.

Je le suis, montsir, obliger plus que beaucoup du bon nouvel que montsir m'afoir donné. (Seul, après avoir ôté sa barbe et dépouillé l'habit de Flamand qu'il a par-dessus le sien.) Cela ne va pas mal. Quittons notre ajustement de Flamand, pour songer à d'autres machines ; et tâchons de semer tant de soupçons et de division entre le beau-père et le gendre, que cela rompe le mariage prétendu. Tous deux également sont propres à gober les hameçons qu'on leur veut tendre ; et, entre nous autres fourbes de la première classe, nous ne faisons que nous jouer, lorsque nous trouvons un gibier aussi facile que celui-là.

SCÈNE IV. — MONSIEUR DE POURCEAUGNAC, SBRIGANI.

MONSIEUR DE POURCEAUGNAC, se croyant seul.

Piglialo sù, piglialo sù, signor monsu. Que diable est-ce cela? (Apercevant Sbrigani.) Ah !

SBRIGANI.

Qu'est-ce, monsieur? Qu'avez-vous?

MONSIEUR DE POURCEAUGNAC.

Tout ce que je vois me semble lavement.

SBRIGANI.

Comment?

MONSIEUR DE POURCEAUGNAC.

Vous ne savez pas ce qui m'est arrivé dans ce logis à la porte duquel vous m'avez conduit?

SBRIGANI.

Non, vraiment. Qu'est-ce que c'est?

MONSIEUR DE POURCEAUGNAC.

Je pensois y être régalé comme il faut.

SBRIGANI.

Eh bien?

MONSIEUR DE POURCEAUGNAC.

Je vous laisse entre les mains de monsieur. Des médecins habillés de noir. Dans une chaise. Tâter le pouls. Comme ainsi soit. Il est fou. Deux gros joufflus. Grands chapeaux. *Buon dì, buon dì.* Six pantalons. Ta, ra, ta, ta ; ta, ra, ta, ta. *Allegramente, monsu Pourceaugnac.* Apothicaire. Lavement. Prenez, monsieur ; prenez, prenez. Il est benin, benin, benin. C'est pour déterger, pour déterger, déterger. *Piglialo sù, signor monsu ; piglialo, piglialo, piglialo sù.* Jamais je n'ai été si soûl de sottises.

ACTE II, SCÈNE IV.

SBRIGANI.

Qu'est-ce que tout cela veut dire?

MONSIEUR DE POURCEAUGNAC.

Cela veut dire que cet homme-là, avec ses grandes embrassades, est un fourbe qui m'a mis dans une maison pour se moquer de moi, et me faire une pièce.

SBRIGANI.

Cela est-il possible?

MONSIEUR DE POURCEAUGNAC.

Sans doute. Ils étaient une douzaine de possédés après mes chausses, et j'ai eu toutes les peines du monde à m'échapper de leurs pattes.

SBRIGANI.

Voyez un peu; les mines sont bien trompeuses : je l'aurois cru le plus affectionné de vos amis. Voilà un de mes étonnements, comme il est possible qu'il y ait des fourbes comme cela dans le monde.

MONSIEUR DE POURCEAUGNAC.

Ne sens-je point le lavement? Voyez, je vous prie..

SBRIGANI.

Eh! il y a quelque petite chose qui approche de cela.

MONSIEUR DE POURCEAUGNAC.

J'ai l'odorat et l'imagination tout remplis de cela; et il me semble toujours que je vois une douzaine de lavements qui me couchent en joue.

SBRIGANI.

Voilà une méchanceté bien grande; et les hommes sont bien traîtres et scélérats!

MONSIEUR DE POURCEAUGNAC.

Enseignez-moi, de grâce, le logis de monsieur Oronte; je suis bien aise d'y aller tout à l'heure.

SBRIGANI.

Ah! ah! vous êtes donc de complexion amoureuse? et vous avez ouï parler que ce monsieur Oronte a une fille?

MONSIEUR DE POURCEAUGNAC.

Oui, je viens l'épouser.

SBRIGANI.

L'é... l'épouser?

MONSIEUR DE POURCEAUGNAC.

Oui.

SBRIGANI.

En mariage?

MONSIEUR DE POURCEAUGNAC.

De quelle façon, donc?

SBRIGANI.

Ah! c'est une autre chose; et je vous demande pardon.
MONSIEUR DE POURCEAUGNAC.
Qu'est-ce que cela veut dire?
SBRIGANI.

Rien.
MONSIEUR DE POURCEAUGNAC.

Mais encore?
SBRIGANI.

Rien, vous dis-je. J'ai un peu parlé trop vite.
MONSIEUR DE POURCEAUGNAC.
Je vous prie de me dire ce qu'il y a là-dessous.
SBRIGANI.

Non : cela n'est point nécessaire.
MONSIEUR DE POURCEAUGNAC.

De grâce.
SBRIGANI.

Point. Je vous prie de m'en dispenser.
MONSIEUR DE POURCEAUGNAC.
Est-ce que vous n'êtes pas de mes amis?
SBRIGANI.

Si fait. On ne peut pas l'être davantage.
MONSIEUR DE POURCEAUGNAC.

Vous devez donc ne me rien cacher.
SBRIGANI.

C'est une chose où il y va de l'intérêt du prochain.
MONSIEUR DE POURCEAUGNAC.

Afin de vous obliger à m'ouvrir votre cœur, voilà une petite bague que je vous prie de garder pour l'amour de moi.
SBRIGANI.

Laissez-moi consulter un peu si je le puis faire en conscience. (Après s'être un peu éloigné de monsieur de Pourceaugnac.) C'est un homme qui cherche son bien, qui tâche de pourvoir sa fille le plus avantageusement qu'il est possible; et il ne faut nuire à personne. Ce sont des choses qui sont connues, à la vérité; mais j'irai les découvrir à un homme qui les ignore; et il est défendu de scandaliser son prochain. Cela est vrai; mais, d'autre part, voilà un étranger qu'on veut surprendre, et qui, de bonne foi, vient se marier avec une fille qu'il ne connoît pas et qu'il n'a jamais vue; un gentilhomme plein de franchise, pour qui je me sens de l'inclination, qui me fait l'honneur de me tenir pour son ami, prend confiance en moi, et me donne une bague à garder pour l'amour de lui. (A monsieur de Pourceaugnac.) Oui, je trouve que je puis vous dire les choses sans blesser ma conscience : mais tâchons de vous les dire le plus doucement qu'il nous sera possible, et d'épargner les gens le plus que nous pourrons. De vous dire que cette fille-là mène une vie déshonnête, cela seroit un peu trop fort. Cherchons, pour nous expliquer, quelques termes plus doux. Le mot de galante aussi n'est pas assez : celui de coquette achevée me semble propre à ce que nous voulons, et je m'en puis servir pour vous dire honnêtement ce qu'elle est.

MONSIEUR DE POURCEAUGNAC.

L'on me veut donc prendre pour dupe?

SBRIGANI.

Peut-être, dans le fond, n'y a-t-il pas tant de mal que tout le monde croit; et puis il y a des gens, après tout, qui se mettent au-dessus de ces sortes de choses, et qui ne croient pas que leur honneur dépende...

MONSIEUR DE POURCEAUGNAC.

Je suis votre serviteur; je ne me veux point mettre sur la tête un chapeau comme celui-là; et l'on aime à aller le front levé dans la famille des Pourceaugnac.

SBRIGANI.

Voilà le père.

MONSIEUR DE POURCEAUGNAC.

Ce vieillard-là?

SBRIGANI.

Oui. Je me retire.

SCÈNE V. — ORONTE, MONSIEUR DE POURCEAUGNAC.

MONSIEUR DE POURCEAUGNAC.

Bonjour, monsieur, bonjour.

ORONTE.

Serviteur, monsieur, serviteur.

MONSIEUR DE POURCEAUGNAC.

Vous êtes monsieur Oronte, n'est-ce pas?

ORONTE.

Oui.

MONSIEUR DE POURCEAUGNAC.

Et moi, monsieur de Pourceaugnac.

ORONTE.

A la bonne heure.

MONSIEUR DE POURCEAUGNAC.

Croyez-vous, monsieur Oronte, que les Limosins soient des sots?

ORONTE.

Croyez-vous, monsieur de Pourceaugnac, que les Parisiens soient les bêtes?

MONSIEUR DE POURCEAUGNAC.

Vous imaginez-vous, monsieur Oronte, qu'un homme comme moi soit si affamé de femme?

ORONTE.

Vous imaginez-vous, monsieur de Pourceaugnac, qu'une fille comme la mienne soit si affamée de mari?

SCÈNE VI. — MONSIEUR DE POURCEAUGNAC, JULIE, ORONTE.

JULIE.

On vient de me dire, mon père, que monsieur de Pourceaugnac est arrivé. Ah! le voilà sans doute, et mon cœur me le dit. Qu'il est bien fait! qu'il a bon air! et que je suis contente d'avoir un tel époux! Souffrez que je l'embrasse, et que je lui témoigne...

ORONTE.

Doucement, ma fille, doucement.

MONSIEUR DE POURCEAUGNAC, à part.

Tudieu! Quelle galante! Comme elle prend feu d'abord!

ORONTE.

Je voudrois bien savoir, monsieur de Pourceaugnac, par quelle raison vous venez...

JULIE s'approche de monsieur de Pourceaugnac, le regarde d'un air languissant, et lui veut prendre la main.

Que je suis aise de vous voir! et que je brûle d'impatience!...

ORONTE.

Ah! ma fille! Otez-vous de là, vous dis-je!

MONSIEUR DE POURCEAUGNAC, à part.

Oh! oh! quelle égrillarde!

ORONTE.

Je voudrois bien, dis-je, savoir par quelle raison, s'il vous plaît, vous avez la hardiesse de... (Julie continue le même jeu.)

MONSIEUR DE POURCEAUGNAC, à part.

Vertu de ma vie!

ORONTE, à Julie.

Encore! Qu'est-ce à dire, cela?

JULIE.

Ne voulez-vous pas que je caresse l'époux que vous m'avez choisi?

ORONTE.

Non. Rentrez là dedans.

JULIE.

Laissez-moi le regarder.

ORONTE.

Rentrez, vous dis-je!

JULIE.

Je veux demeurer là, s'il vous plaît.

ORONTE.

Je ne veux pas, moi; et, si tu ne rentres tout à l'heure, je...

JULIE.

Eh bien, je rentre.

ORONTE.

Ma fille est une sotte qui ne sait pas les choses.

MONSIEUR DE POURCEAUGNAC, à part.

Comme nous lui plaisons!

ORONTE, à Julie, qui est restée après avoir fait quelques pas pour s'en aller.

Tu ne veux pas te retirer?

JULIE.

Quand est-ce donc que vous me marierez avec monsieur?

ORONTE.

Jamais; et tu n'es pas pour lui.

JULIE.

Je le veux avoir, moi, puisque vous me l'avez promis.

ORONTE.

Si je te l'ai promis, je te le dépromets.

MONSIEUR DE POURCEAUGNAC, à part.

Elle voudroit bien me tenir.

JULIE.

Vous avez beau faire, nous serons mariés ensemble en dépit de tout le monde.

ORONTE.

Je vous en empêcherai bien tous deux, je vous assure. Voyez un peu quel *vertigo* lui prend.

SCÈNE VII. — ORONTE, MONSIEUR DE POURCEAUGNAC.

MONSIEUR DE POURCEAUGNAC.

Mon Dieu! notre beau-père prétendu, ne vous fatiguez point tant; on n'a pas envie de vous enlever votre fille, et vos grimaces n'attraperont rien.

ORONTE.

Toutes les vôtres n'auront pas grand effet.

MONSIEUR DE POURCEAUGNAC.

Vous êtes-vous mis dans la tête que Léonard de Pourceaugnac soit un homme à acheter chat en poche, et qu'il n'ait pas là dedans quelque morceau de judiciaire pour se conduire, pour se faire informer de l'histoire du monde, et voir, en se mariant, si son honneur a bien toutes ses sûretés?

ORONTE.

Je ne sais pas ce que cela veut dire; mais vous êtes-vous mis dans la tête qu'un homme de soixante et trois ans ait si peu de cervelle, et considère si peu sa fille, que de la marier avec un homme qui a ce que vous savez, et qui a été mis chez un médecin pour être pansé?

MONSIEUR DE POURCEAUGNAC.
C'est une pièce que l'on m'a faite, et je n'ai aucun mal.
ORONTE.
Le médecin me l'a dit lui-même.
MONSIEUR DE POURCEAUGNAC.
Le médecin en a menti. Je suis gentilhomme, et je le veux voir l'épée à la main.
ORONTE.
Je sais ce que j'en dois croire; et vous ne m'abuserez pas là-dessus, non plus que sur les dettes que vous avez assignées sur le mariage de ma fille.
MONSIEUR DE POURCEAUGNAC.
Quelles dettes?
ORONTE.
La feinte ici est inutile; et j'ai vu le marchand flamand qui, avec les autres créanciers, a obtenu depuis huit mois sentence contre vous.
MONSIEUR DE POURCEAUGNAC.
Quel marchand flamand? Quels créanciers? Quelle sentence obtenue contre moi?
ORONTE.
Vous savez bien ce que je veux dire.

SCÈNE VIII. — MONSIEUR DE POURCEAUGNAC, ORONTE, LUCETTE.

LUCETTE, contrefaisant une Languedocienne.
Ah! tu es assi, et à la fi yeu te trobi après abé fait tant de passés. Podes-tu, scélérat, podes-tu sousteni ma bisto[1]?
MONSIEUR DE POURCEAUGNAC.
Qu'est-ce que veut cette femme-là?
LUCETTE.
Que te boli, infâme! Tu fas semblan de nou me pas connouisse, et nou rougisses pas, impudint que tu sios, tu ne rougisses pas de me beyre? (A Oronte.) Nou sabi pas, moussur, saquos bous dont m'an dit que bouillo espousa la fillo; may yeu bous déclari que yeu soun sa femno, et que y a set ans, moussur, qu'en passan à Pézénas, el auguet l'adresse, dambé sas mignardisos, commo sap tapla fayre, de me gaigna lou cor, et m'obligel pra quel mouyen à ly douna la man per l'espousa[2].

---

[1] « Ah! tu es ici, et à la fin je te trouve après avoir fait tant d'allées et de venues. Peux-tu, scélérat, peux-tu soutenir ma vue? » (Luneau Boisgermain.)

[2] « Ce que je te veux, infâme! tu fais semblant de ne me pas connaître, et tu ne rougis pas, impudent que tu es, tu ne rougis pas de me voir? (A Oronte.) J'ignore, monsieur, si c'est vous dont on m'a dit qu'il voulait épouser la fille; mais je vous déclare que je suis sa femme, et qu'il y a sept ans, qu'en passant à Pézénas, il eut l'adresse, par ses mignardises qu'il sait si bien faire, de me gagner le cœur, et m'obligea, par ce moyen, à lui donner la main pour l'épouser. » (L. B.)

ACTE II, SCÈNE VIII.

ORONTE.

Oh! oh!

MONSIEUR DE POURCEAUGNAC.

Que diable est-ce ci?

LUCETTE.

Lou traité me quittel trés ans après, sul préteste de qualques affayres que l'apelabon dins soun pays, et despey noun ly resçau put quaso de noubelo; may dins lou tens qui soungeabi lou mens, m'an dounat abist, que begnio dins aquesto bilo, per se remarida dambé un autro jouena fillo, que sous parens ly an proucurado, sensse saupré res de son prumié mariatge. Yeu ai tout quitat en diligensso, et me souy rendue dedins aqueste loc lou pu leu qu'ay pouscut, per m'oupousa en aquel criminel mariatge, et confondre as elys de tout le mounde lou plus méchant day hommes[1].

MONSIEUR DE POURCEAUGNAC.

Voilà une étrange effrontée!

LUCETTE.

Impudint! n'as pas honte de m'injuria, alloc d'être confus day reproches secrets que ta conssiensso te deu fayre[2]?

MONSIEUR DE POURCEAUGNAC.

Moi, je suis votre mari?

LUCETTE.

Infame! gausos-tu dire lou contrari? Eh! tu sabes bé, per ma penno, que n'es que trop bertat; et plaguesso al cel qu'aco non fougesso pas, et que m'auquessos layssado dins l'état d'innoussenço, et dins la tranquillitat oun moun amo bibio daban que tous charmes et tas trounpariés nou m'en benguesson malhurousomen fayre sourty! yeu nou serio pas réduito à fayré lou tristé persounatge que yeu fave présentomen; à beyre un marit cruel mespresa touto l'ardou que yeu ay per el, et me laissa sensse cap de piétat abandounado à las mourtéles doulous que yeu ressenti de sas perfidos acciús[3].

---

[1] « Le traître me quitta trois ans après, sous prétexte de quelque affaire qui l'appelait dans son pays, et depuis je n'en ai point eu de nouvelles; mais, dans le temps que j'y songeais le moins, on m'a donné avis qu'il venait dans cette ville pour se remarier avec une autre jeune fille que ses parents lui ont promise, sans savoir rien de son premier mariage. J'ai tout quitté aussitôt, et je me suis rendue dans ce lieu le plus promptement que j'ai pu pour m'opposer à ce criminel mariage, et pour confondre aux yeux de tout le monde le plus méchant des hommes. » (L. B.)

[2] « Impudent! n'as-tu pas honte de m'injurier, au lieu d'être confus des reproches secrets que ta conscience doit te faire? » (L. B.)

[3] « Infâme! oses-tu dire le contraire? Ah! tu sais bien, pour mon malheur, que tout ce que je te dis n'est que trop vrai; et plût au ciel que cela ne fût pas, et que tu m'eusses laissée dans l'état d'innocence et dans la tranquillité où mon âme vivait avant que tes charmes et tes tromperies m'en vinssent malheureusement faire sortir! je ne serais point réduite à faire le triste personnage que je fais présentement, à voir un mari cruel mépriser toute l'ardeur que j'ai eue pour lui, et me laisser sans aucune pitié à la douleur mortelle que j'ai ressentie de ses perfides actions. » (L. B.)

ORONTE.

Je ne saurois m'empêcher de pleurer. (A monsieur de Pourceaugnac.) Allez, vous êtes un méchant homme.

MONSIEUR DE POURCEAUGNAC.

Je ne connois rien à tout ceci.

SCÈNE IX. — MONSIEUR DE POURCEAUGNAC, NÉRINE, LUCETTE ORONTE.

NÉRINE, contrefaisant une Picarde.

Ah! je n'en pis plus; je sis tout essoflée! Ah! finfaron, tu m'as bien fait courir : tu ne m'écaperas mie. Justiche, justiche! je boute empêchement au mariage. (A Oronte.) Chés mon méri, monsieur, et je veux faire pindre che bon pindard-là.

MONSIEUR DE POURCEAUGNAC.

Encore!

ORONTE, à part.

Quel diable d'homme est-ce ci?

LUCETTE.

Et que boulez-bous dire, ambe bostre empachomen et bostro pendarie? Quaquel homo es bostre marit [1]?

NÉRINE.

Oui, medéme, et je sis sa femme.

LUCETTE.

Aquos es faus, aquos yeu que soun sa fenno, et se deu estre pendut, aquo sera yeu que l'ou farai pendat [2].

NÉRINE.

Je n'entains mie che baragoin-là.

LUCETTE.

Yeu bous disi que yeu soun sa fenno [3].

NÉRINE.

Sa femme?

LUCETTE.

Oy [4].

NÉRINE.

Je vous dis que chest mi, encore in coup, qui le sis.

LUCETTE.

Et yeu bous sousteni yeu, qu'aquos yeu [5].

---

[1] « Et que voulez-vous dire avec votre empêchement et votre pendaison? Cet homme est votre mari? » (L. B.)

[2] « Cela est faux, et c'est moi qui suis sa femme; et, s'il doit être pendu, ce sera moi qui le ferai pendre. » (L. B.)

[3] « Je vous dis que je s sa femme. » (L. B.)

[4] « Oui. » (L. B.)

[5] « Et je vous soutiens, moi, que c'est moi. » (L. B.)

NÉRINE.
Il y a quetre ans qu'il m'a éposée.
LUCETTE.
Et yeu set ans y a que m'a preso per fenno¹.
NÉRINE.
J'ai des gairans de tout cho que je di.
LUCETTE.
Tout mon pay lo sap ².
NÉRINE.
No ville en est témoin.
LUCETTE.
Tout Pézénas a bist nostre mariatge ³.
NÉRINE.
Tout Chin-Quentin a assisté à no noche.
LUCETTE.
Nou y a res de tant béritable ⁴.
NÉRINE.
Il gn'y a rien de plus chertain.
LUCETTE, à monsieur de Pourceaugnac.
Gausos-tu dire lou contrari, valisquos ⁵?
NÉRINE, à monsieur de Pourceaugnac.
Est-che que tu me démaintiras, méchaint homme?
MONSIEUR DE POURCEAUGNAC.
Il est aussi vrai l'un que l'autre.
LUCETTE.
Quaingn impudensso! Et coussy, misérable, nou te soubennes plus de la pauro Françon, et del paure Jeanet, que soun lous fruits de nostre mariatge ⁶?
NÉRINE.
Bayez un peu l'insolence! Quoi! tu ne te souviens mie de chette pauvre ainfain, no petite Madeleine, que m'as laichée pour gaige de ta foi?
MONSIEUR DE POURCEAUGNAC.
Voilà deux impudentes carognes!
LUCETTE.
Beni, Françon, beni Jeanet, beni touston, beni toustone, beni fayre beyre à un payre dénaturat la duretat quel a per nautres ⁷.

---

¹ « Et moi, il y a sept ans qu'il m'a prise pour femme. » (L. B.)
² « Tout mon pays le sait. » (L. B.)
³ « Tout Pézénas a vu notre mariage. » (L. B.)
⁴ « Il n'y a rien de plus véritable. » (L. B.)
⁵ « Oses-tu dire le contraire, vilain? » (L. B.)
⁶ « Quelle impudence! Comment, misérable, tu ne te souviens plus de la pauvre Françoise et du pauvre Jean, qui sont les fruits de notre mariage? » (L. B.)
⁷ « Venez, Françoise, venez, Jean, venez tous, venez toutes, venez faire voir à un père dénaturé l'insensibilité qu'il a pour nous tous. » (L. B.)

NÉRINE.

Venez, Madeleine, men ainfaint, venez-ves-en ichi faire honte à vo père de l'impudainche qu'il a [1].

SCÈNE X. — MONSIEUR DE POURCEAUGNAC, ORONTE, LUCETTE, NÉRINE, PLUSIEURS ENFANTS.

LES ENFANTS.

Ah! mon papa! mon papa! mon papa!

MONSIEUR DE POURCEAUGNAC.

Diantre soit des petits fils de putains!

LUCETTE.

Coussy, trayte, tu nou sios pas dins la darnière confusiu de ressaupre à tal tous enfants, et de ferma l'aureillo à la tendresso paternello? Tu nou m'escaperas pas, infâme! yeu te boly seguy pertout, et te reproucha ton crime jusquos à tant que me sio beniado, et que t'ayo fayt penjat; couquy, te boly fayré penjat [2]!

NÉRINE.

Ne rougis-tu mie de dire ches mots-là, et d'être insainsible aux cairesses de chette pauvre aimaint? Tu ne te sauveras mie de mes pattes; et, en dépit de tes dains, je ferai bien voir que je sis ta femme, et je te ferai pindre.

LES ENFANTS.

Mon papa! mon papa! mon papa!

MONSIEUR DE POURCEAUGNAC.

Au secours! au secours! Où fuirai-je? Je n'en puis plus!

ORONTE.

Allez, vous ferez bien de le faire punir; et il mérite d'être pendu.

SCÈNE XI. — SBRIGANI, seul.

Je conduis de l'œil toutes choses, et tout ceci ne va pas mal. Nous fatiguerons tant notre provincial, qu'il faudra, ma foi, qu'il déguerpisse.

SCÈNE XII. — MONSIEUR DE POURCEAUGNAC, SBRIGANI.

MONSIEUR DE POURCEAUGNAC.

Ah! je suis assommé! Quelle peine! Quelle maudite ville! Assassiné de tous côtés!

---

[1] « Venez, Madeleine, mon enfant, venez vite ici faire honte à votre père de l'impudence qu'il a. » (L. B.)

[2] « Comment, traître, tu n'es pas dans la dernière confusion de recevoir ainsi tes enfants, et de fermer l'oreille à la tendresse paternelle! Tu ne m'échapperas pas, infâme! je veux te suivre partout, et te reprocher ton crime jusqu'à tant que je me sois vengée et que je t'aie fait pendre; coquin, je veux te faire pendre! » (L. B.)

SBRIGANI.

Qu'est-ce, monsieur? Est-il encore arrivé quelque chose?

MONSIEUR DE POURCEAUGNAC.

Oui. Il pleut en ce pays des femmes et des lavements.

SBRIGANI.

Comment donc?

MONSIEUR DE POURCEAUGNAC.

Deux carognes de baragouineuses me sont venues accuser de les avoir épousées toutes deux, et me menacent de la justice.

SBRIGANI.

Voilà une méchante affaire; et la justice, en ce pays-ci, est rigoureuse en diable contre cette sorte de crime.

MONSIEUR DE POURCEAUGNAC.

Oui; mais, quand il y auroit information, ajournement, décret, et jugement obtenu par surprise, défaut et contumace, j'ai la voie de conflit de juridiction pour temporiser, et venir aux moyens de nullité qui seront dans les procédures.

SBRIGANI.

Voilà en parler dans tous les termes; et l'on voit bien, monsieur, que vous êtes du métier.

MONSIEUR DE POURCEAUGNAC.

Moi! point du tout, je suis gentilhomme.

SBRIGANI.

Il faut bien, pour parler ainsi, que vous ayez étudié la pratique.

MONSIEUR DE POURCEAUGNAC.

Point. Ce n'est que le sens commun qui me fait juger que je serai toujours reçu à mes faits justificatifs, et qu'on ne me sauroit condamner sur une simple accusation, sans un récolement et confrontation avec mes parties.

SBRIGANI.

En voilà du plus fin encore.

MONSIEUR DE POURCEAUGNAC.

Ces mots-là me viennent sans que je les sache.

SBRIGANI.

Il me semble que le sens commun d'un gentilhomme peut bien aller à concevoir ce qui est du droit et de l'ordre de la justice, mais non pas à savoir les vrais termes de la chicane.

MONSIEUR DE POURCEAUGNAC.

Ce sont quelques mots que j'ai retenus en lisant les romans.

SBRIGANI.

Ah! fort bien.

MONSIEUR DE POURCEAUGNAC.

Pour vous montrer que je n'entends rien du tout à la chicane, je vous prie de me mener chez quelque avocat, pour consulter mon affaire.

SBRIGANI.

Je le veux, et vais vous conduire chez deux hommes fort habiles ; mais j'ai auparavant à vous avertir de n'être point surpris de leur manière de parler ; ils ont contracté du barreau certaine habitude de déclamation qui fait que l'on diroit qu'ils chantent ; et vous prendrez pour musique tout ce qu'ils vous diront.

MONSIEUR DE POURCEAUGNAC.

Qu'importe comme ils parlent, pourvu qu'ils me disent ce que je veux savoir !

SCÈNE XIII. — MONSIEUR DE POURCEAUGNAC, SBRIGANI, DEUX AVOCATS, DEUX PROCUREURS, DEUX SERGENTS.

PREMIER AVOCAT, traînant ses paroles en chantant.
La polygamie est un cas,
   Est un cas pendable.

SECOND AVOCAT, chantant fort vite en bredouillant.
  Votre fait
  Est clair et net ;
  Et tout de droit,
  Sur cet endroit,
  Conclut tout droit.
Si vous consultez nos auteurs
Législateurs et glossateurs,
Justinian, Papinian,
Ulpian, et Tribonian,
Fernand, Rebuffe, Jean Imole,
Paul, Castre, Julian, Barthole,
Jason, Alciat, et Cujas,
  Ce grand homme si capable ;
La polygamie est un cas,
   Est un cas pendable.

ENTRÉE DE BALLET.

Danse de deux procureurs et de deux sergents, pendant que le SECOND AVOCAT chante les paroles qui suivent :

  Tous les peuples policés
   Et bien sensés ;
Les François, Anglois, Hollandois,
Danois, Suédois, Polonois,
Portugois, Espagnols, Flamands,

Italiens, Allemands,
Sur ce fait tiennent loi semblable;
Et l'affaire est sans embarras :
La polygamie est un cas,
  Est un cas pendable.

LE PREMIER AVOCAT chante celles-ci :
La polygamie est un cas,
  Est un cas pendable.

Monsieur de Pourceaugnac, impatienté, les chasse.

ACTE TROISIÈME

SCÈNE I. — ÉRASTE, SBRIGANI.

SBRIGANI.

Oui, les choses s'acheminent où nous voulons; et, comme ses lumières sont fort petites et son sens le plus borné du monde, je lui ai fait prendre une frayeur si grande de la sévérité de la justice de ce pays et des apprêts qu'on faisoit déjà pour sa mort, qu'il veut prendre la fuite; et, pour se dérober avec plus de facilité aux gens que je lui ai dit qu'on avoit mis pour l'arrêter aux portes de la ville, il s'est résolu à se déguiser; et le déguisement qu'il a pris est l'habit de femme.

ÉRASTE.

Je voudrois bien le voir en cet équipage.

SBRIGANI.

Songez, de votre part, à achever la comédie; et, tandis que je jouerai mes scènes avec lui, allez-vous-en... (Il lui parle bas à l'oreille.) Vous entendez bien?

ÉRASTE.

Oui...

SBRIGANI.

Et lorsque je l'aurai mis où je veux... (Il lui parle à l'oreille.)

ÉRASTE.

Fort bien.

SBRIGANI.

Et quand le père aura été averti par moi... (Il lui parle encore à l'oreille.)

ÉRASTE.

Cela va le mieux du monde.

SBRIGANI.

Voici notre demoiselle. Allez vite, qu'il ne nous voie ensemble.

SCÈNE II. — MONSIEUR DE POURCEAUGNAC, en femme; SBRIGANI.

SBRIGANI.

Pour moi, je ne crois pas qu'en cet état on puisse jamais vous connoître; et vous avez la mine, comme cela, d'une femme de condition.

MONSIEUR DE POURCEAUGNAC.

Voilà qui m'étonne, qu'en ce pays-ci les formes de la justice ne soient point observées.

SBRIGANI.

Oui, je vous l'ai déjà dit, ils commencent par faire pendre un homme, et puis ils lui font son procès.

MONSIEUR DE POURCEAUGNAC.

Voilà une justice bien injuste!

SBRIGANI.

Elle est sévère comme tous les diables, particulièrement sur ces sortes de crimes.

MONSIEUR DE POURCEAUGNAC.

Mais quand on est innocent?

SBRIGANI.

N'importe, ils ne s'enquêtent point de cela; et puis, ils ont en cette ville une haine effroyable pour les gens de votre pays; et ils ne sont point plus ravis que de voir pendre un Limosin.

MONSIEUR DE POURCEAUGNAC.

Qu'est-ce que les Limosins leur ont fait?

SBRIGANI.

Ce sont des brutaux, ennemis de la gentillesse et du mérite des autres villes. Pour moi, je vous avoue que je suis pour vous dans une peur épouvantable; et je ne me consolerois de ma vie, si vous veniez à être pendu.

MONSIEUR DE POURCEAUGNAC.

Ce n'est pas tant la peur de la mort qui me fait fuir que de ce qu'il est fâcheux à un gentilhomme d'être pendu, et qu'une preuve comme celle-là feroit tort à nos titres de noblesse.

SBRIGANI.

Vous avez raison; on vous contesteroit après cela le titre d'écuyer. Au reste, étudiez-vous, quand je vous mènerai par la main, à bien marcher comme une femme, et à prendre le langage et toutes les manières d'une personne de qualité.

MONSIEUR DE POURCEAUGNAC.

Laissez-moi faire. J'ai vu les personnes du bel air. Tout ce qu'il y a, c'est que j'ai un peu de barbe.

SBRIGANI.

Votre barbe n'est rien; il y a des femmes qui en ont autant que vous

Çà, voyons un peu comme vous ferez. (Après que monsieur de Pourceaugnac a contrefait la femme de condition.) Bon.

MONSIEUR DE POURCEAUGNAC.

Allons donc, mon carrosse! Où est-ce qu'est mon carrosse? Mon Dieu! qu'on est misérable d'avoir des gens comme cela! Est-ce qu'on me fera attendre toute la journée sur le pavé, et qu'on ne me fera point venir mon carrosse?

SBRIGANI.

Fort bien.

MONSIEUR DE POURCEAUGNAC.

Holà! ho! cocher, petit laquais! Ah! petit fripon, que de coups de fouet je vous ferai donner tantôt! Petit laquais! petit laquais! Où est-ce donc qu'est ce petit laquais? Ce petit laquais ne se trouvera-t-il point? Ne me fera-t-on point venir ce petit laquais? Est-ce que je n'ai point un petit laquais dans le monde?

SBRIGANI.

Voilà qui va à merveille; mais je remarque une chose : cette coiffe est un peu trop déliée : j'en vais querir une un peu plus épaisse, pour vous mieux cacher le visage, en cas de quelque rencontre.

MONSIEUR DE POURCEAUGNAC.

Que deviendrai-je cependant?

SBRIGANI.

Attendez-moi là. Je suis à vous dans un moment; vous n'avez qu'à vous promener. (Monsieur de Pourceaugnac fait plusieurs tours sur le théâtre, en continuant à contrefaire la femme de qualité.)

SCÈNE III. — MONSIEUR DE POURCEAUGNAC, DEUX SUISSES.

PREMIER SUISSE, sans voir monsieur de Pourceaugnac.

Allons, dépêchons, camerade; li faut allair tous deux nous à la Crève, pour regarter un peu chousticier sti monsiu de Pourcegnac, qui l'a été contané par ortonnance à l'être pendu par son cou.

SECOND SUISSE, sans voir monsieur de Pourceaugnac.

Li faut nous loër un ienêtre pour foir sti choustice.

PREMIER SUISSE.

Li disent que l'on fait téjà planter un grand potence tout neuve, pour l'y accrocher sti Porcegnac.

SECOND SUISSE.

Li sira, mon foi, un grand plaisir, d'y regarter pendre sti Limossin.

PREMIER SUISSE.

Oui, de li foir gambiller les pieds en haut tevant tout le monde.

SECOND SUISSE.

Li est un plaiçant trôle, oui; li disent que s'être marié troy foie.

PREMIER SUISSE.

Sti tiable ti fouloir trois femmes à li tout seul! li est bien assez une.

SECOND SUISSE, en apercevant monsieur de Pourceaugnac.

Ah! ponchour, mameselle.

PREMIER SUISSE.

Que faire fous là tout seul?

MONSIEUR DE POURCEAUGNAC.

J'attends mes gens, messieurs.

SECOND SUISSE.

Li est belle, par mon foi!

MONSIEUR DE POURCEAUGNAC.

Doucement, messieurs.

PREMIER SUISSE.

Fous, mameselle, fouloir fenir rechouir fous à la Crève? Nous faire foir à fous un petit pendement pien choli.

MONSIEUR DE POURCEAUGNAC.

Je vous rends grâce.

SECOND SUISSE.

L'est un gentilhomme limossin, qui sera pendu chentiment à un grand potence.

MONSIEUR DE POURCEAUGNAC.

Je n'ai pas de curiosité.

PREMIER SUISSE.

Li est là un petit teton qui l'est trôle.

MONSIEUR DE POURCEAUGNAC.

Tout beau!

PREMIER SUISSE.

Mon foi, moi couchair pien afec fous.

MONSIEUR DE POURCEAUGNAC.

Ah! c'en est trop! et ces sortes d'ordures-là ne se disent point à une femme de ma condition.

SECOND SUISSE.

Laisse, toi; l'est moi qui le veut couchair afec elle pour mon pistole.

PREMIER SUISSE.

Moi, ne fouloir pas laisser.

SECOND SUISSE.

Moi, ly fouloir, moi. (Les deux Suisses tirent monsieur de Pourceaugnac avec violence.)

PREMIER SUISSE.

Moi, ne faire rien.

SECOND SUISSE.

Toi, l'afoir menti.

PREMIER SUISSE.

Parti, toi, l'afoir menti toi-même.

MONSIEUR DE POURCEAUGNAC.

Au secours! à la force!

SCÈNE IV. — MONSIEUR DE POURCEAUGNAC, UN EXEMPT, DEUX ARCHERS, DEUX SUISSES.

L'EXEMPT.

Qu'est-ce? Quelle violence est-ce là? et que voulez-vous faire à madame? Allons, que l'on sorte de là, si vous ne voulez que je vous mette en prison.

PREMIER SUISSE.

Parti, pon, toi ne l'afoir point.

SECOND SUISSE.

Parti, pon, aussi; toi ne l'afoir point encore.

SCÈNE V. — MONSIEUR DE POURCEAUGNAC, UN EXEMPT, DEUX ARCHERS.

MONSIEUR DE POURCEAUGNAC.

Je vous suis bien obligée, monsieur, de m'avoir délivrée de ces insolents.

L'EXEMPT.

Ouais! voilà un visage qui ressemble bien à celui que l'on m'a dépeint.

MONSIEUR DE POURCEAUGNAC.

Ce n'est pas moi, je vous assure.

L'EXEMPT.

Ah! ah! qu'est-ce que veut dire...

MONSIEUR DE POURCEAUGNAC.

Je ne sais pas.

L'EXEMPT.

Pourquoi donc dites-vous cela?

MONSIEUR DE POURCEAUGNAC.

Pour rien.

L'EXEMPT.

Voilà un discours qui marque quelque chose; et je vous arrête prisonnier.

MONSIEUR DE POURCEAUGNAC.

Eh! monsieur, de grâce!

L'EXEMPT.

Non, non : à votre mine et à vos discours, il faut que vous soyez ce monsieur de Pourceaugnac, que nous cherchons, qui se soit déguisé de la sorte; et vous viendrez en prison tout à l'heure.

MONSIEUR DE POURCEAUGNAC.

Hélas!

SCÈNE VI. — MONSIEUR DE POURCEAUGNAC, SBRIGANI, UN EXEMPT, DEUX ARCHERS.

SBRIGANI, à monsieur de Pourceaugnac.

Ah! ciel! que veut dire cela?

MONSIEUR DE POURCEAUGNAC.

Ils m'ont reconnu.

L'EXEMPT.

Oui, oui : c'est de quoi je suis ravi.

SBRIGANI, à l'exempt.

Eh! monsieur, pour l'amour de moi! vous savez que nous sommes amis, il y a longtemps; je vous conjure de ne le point mener en prison.

L'EXEMPT.

Non : il m'est impossible.

SBRIGANI.

Vous êtes homme d'accommodement. N'y a-t-il pas moyen d'ajuster cela avec quelques pistoles?

L'EXEMPT, à ses archers.

Retirez-vous un peu.

SCÈNE VII. — MONSIEUR DE POURCEAUGNAC, SBRIGANI, UN EXEMPT.

SBRIGANI, à monsieur de Pourceaugnac.

Il faut lui donner de l'argent pour vous laisser aller. Faites vite.

MONSIEUR DE POURCEAUGNAC, donnant de l'argent à Sbrigani.

Ah! maudite ville!

SBRIGANI.

Tenez, monsieur.

L'EXEMPT.

Combien y a-t-il?

SBRIGANI.

Un, deux, trois, quatre, cinq, six, sept, huit, neuf, dix.

L'EXEMPT.

Non; mon ordre est trop exprès.

SBRIGANI, à l'exempt qui veut s'en aller.

Mon Dieu! attendez. (A monsieur de Pourceaugnac.) Dépêchez; donnez-lui-en encore autant.

MONSIEUR DE POURCEAUGNAC.

Mais...

SBRIGANI.

Dépêchez-vous, vous dis-je, et ne perdez point de temps. Vous auriez un grand plaisir, quand vous seriez pendu!

MONSIEUR DE POURCEAUGNAC.

Ah! (Il donne encore de l'argent à Sbrigani.)

SBRIGANI, à l'exempt.

Tenez, monsieur.

L'EXEMPT, à Sbrigani.

Il faut donc que je m'enfuie avec lui; car il n'y auroit point ici de sûreté pour moi. Laissez-le-moi conduire, et ne bougez d'ici.

SBRIGANI.

Je vous prie donc d'en avoir un grand soin.

L'EXEMPT.

Je vous promets de ne le point quitter que je ne l'aie mis en lieu de sûreté.

MONSIEUR DE POURCEAUGNAC, à Sbrigani.

Adieu. Voilà le seul honnête homme que j'aie trouvé en cette ville.

SBRIGANI.

Ne perdez point de temps. Je vous aime tant, que je voudrois que vous fussiez déjà bien loin. (Seul.) Que le ciel te conduise! Par ma foi, voilà une grande dupe! Mais voici...

SCÈNE VIII. — ORONTE, SBRIGANI.

SBRIGANI, feignant de ne point voir Oronte.

Ah! quelle étrange aventure! Quelle fâcheuse nouvelle pour un père! Pauvre Oronte, que je te plains! Que diras-tu? et de quelle façon pourras-tu supporter cette douleur mortelle?

ORONTE.

Qu'est-ce? Quel malheur me présages-tu?

SBRIGANI.

Ah! monsieur! ce perfide de Limosin, ce traître de monsieur de Pourceaugnac vous enlève votre fille!

ORONTE.

Il m'enlève ma fille!

SBRIGANI.

Oui. Elle en est devenue si folle, qu'elle vous quitte pour le suivre; et l'on dit qu'il a un caractère pour se faire aimer de toutes les femmes.

ORONTE.

Allons, vite à la justice! Des archers après eux!

SCÈNE IX. — ORONTE, ÉRASTE, JULIE, SBRIGANI.

ÉRASTE, à Julie.

Allons, vous viendrez malgré vous, et je veux vous remettre entre les mains de votre père. Tenez, monsieur, voilà votre fille que j'ai tirée de force d'entre les mains de l'homme avec qui elle s'enfuyoit; non pas pour l'amour d'elle, mais pour votre seule considération. Car, après l'action qu'elle a faite, je dois la mépriser et me guérir absolument de l'amour que j'avois pour elle.

ORONTE.

Ah! infâme que tu es!

ÉRASTE, à Julie.

Comment! me traiter de la sorte après toutes les marques d'amitié que je vous ai données! Je ne vous blâme point de vous être soumise aux volontés de monsieur votre père; il est sage et judicieux dans les choses qu'il fait; et je ne me plains point de lui, de m'avoir rejeté pour un autre. S'il a manqué à la parole qu'il m'avoit donnée, il a ses raisons pour cela. On lui a fait croire que cet autre est plus riche que moi de quatre ou cinq mille écus, et quatre ou cinq mille écus est un denier considérable, et qui vaut bien la peine qu'un homme manque à sa parole; mais oublier en un moment toute l'ardeur que je vous ai montrée! vous laisser d'abord enflammer d'amour pour un nouveau venu, et le suivre honteusement, sans le consentement de monsieur votre père, après les crimes qu'on lui impute! c'est une chose condamnée de tout le monde, et dont mon cœur ne peut vous faire d'assez sanglants reproches.

JULIE.

Eh bien, oui. J'ai conçu de l'amour pour lui, et je l'ai voulu suivre, puisque mon père me l'avoit choisi pour époux. Quoi que vous me disiez, c'est un fort honnête homme; et tous les crimes dont on l'accuse sont faussetés épouvantables.

ORONTE.

Taisez-vous; vous êtes une impertinente, et je sais mieux que vous ce qui en est.

JULIE.

Ce sont, sans doute, des pièces qu'on lui fait, et (Montrant Éraste.) c'est peut-être lui qui a trouvé cet artifice pour vous en dégoûter.

ÉRASTE.

Moi! je serois capable de cela!

JULIE.

Oui, vous.

ORONTE.

Taisez-vous, vous dis-je. Vous êtes une sotte!

ÉRASTE.

Non, non; ne vous imaginez pas que j'aie aucune envie de détourner ce mariage, et que ce soit ma passion qui m'ait forcé à courir après vous. Je vous l'ai déjà dit, ce n'est que la seule considération que j'ai pour monsieur votre père; et je n'ai pu souffrir qu'un honnête homme comme lui fût exposé à la honte de tous les bruits qui pourroient suivre une action comme la vôtre.

ORONTE.

Je vous suis, seigneur Éraste, infiniment obligé.

ÉRASTE.

Adieu, monsieur. J'avois toutes les ardeurs du monde d'entrer dans votre alliance; j'ai fait tout ce que j'ai pu pour obtenir un tel honneur : mais j'ai été malheureux, et vous ne m'avez pas jugé digne de cette grâce. Cela n'empêchera pas que je ne conserve pour vous les sentiments d'estime et de vénération où votre personne m'oblige; et, si je n'ai pu être votre gendre, au moins serai-je éternellement votre serviteur.

ORONTE.

Arrêtez, seigneur Éraste. Votre procédé me touche l'âme, et je vous donne ma fille en mariage.

JULIE.

Je ne veux point d'autre mari que monsieur de Pourceaugnac.

ORONTE.

Et je veux, moi, tout à l'heure, que tu prennes le seigneur Éraste. Çà, la main.

JULIE.

Non, je n'en ferai rien.

ORONTE.

Je te donnerai sur les oreilles.

ÉRASTE.

Non, non, monsieur; ne lui faites point de violence, je vous en prie.

ORONTE.

C'est à elle à m'obéir, et je sais me montrer le maître.

ÉRASTE.

Ne voyez-vous pas l'amour qu'elle a pour cet homme-là? et voulez-vous que je possède un corps dont un autre possède le cœur?

ORONTE.

C'est un sortilége qu'il lui a donné; et vous verrez qu'elle changera de sentiment avant qu'il soit peu. Donnez-moi votre main. Allons.

JULIE.

Je ne...

ORONTE.

Ah! que de bruit! Çà, votre main, vous dis-je. Ah! ah! ah!

ÉRASTE, à Julie.

Ne croyez pas que ce soit pour l'amour de vous que je vous donne la main : ce n'est que de monsieur votre père dont je suis amoureux, et c'est lui que j'épouse.

ORONTE.

Je vous suis beaucoup obligé; et j'augmente de dix mille écus le mariage de ma fille. Allons, qu'on fasse venir le notaire pour dresser le contrat.

ÉRASTE.

En attendant qu'il vienne, nous pouvons jouir du divertissement de la saison, et faire entrer les masques que le bruit des noces, de monsieur de Pourceaugnac a attirés ici de tous les endroits de la ville.

SCÈNE X. — TROUPE DE MASQUES, dansants et chantants.

UN MASQUE, en Égyptienne.

Sortez, sortez de ces lieux,
Soucis, Chagrins et Tristesse;
Venez, venez, Ris et Jeux,
Plaisir, Amour et Tendresse;
Ne songeons qu'à nous réjouir :
La grande affaire est le plaisir.

CHŒUR DE MASQUES CHANTANTS.

Ne songeons qu'à nous réjouir :
La grande affaire est le plaisir.

L'ÉGYPTIENNE.

A me suivre tous ici
Votre ardeur est non commune,
Et vous êtes en souci
De votre bonne fortune :
Soyez toujours amoureux,
C'est le moyen d'être heureux.

UN MASQUE, en Égyptien.

Aimons jusques au trépas,
La raison nous y convie.
Hélas! si l'on n'aimoit pas,
Que seroit-ce de la vie ?
Ah! perdons plutôt le jour
Que de perdre notre amour.

L'ÉGYPTIEN.

Les biens,

L'ÉGYPTIENNE.

La gloire,

L'ÉGYPTIEN.

Les grandeurs,

L'ÉGYPTIENNE.

Les sceptres qui font tant d'envie,

L'ÉGYPTIEN.

Tout n'est rien, si l'amour n'y mêle ses ardeurs.

L'ÉGYPTIENNE.

Il n'est point, sans l'amour, de plaisir dans la vie.

TOUS DEUX ENSEMBLE.

Soyons toujours amoureux ;
C'est le moyen d'être heureux.

CHŒUR.

Sus, sus, chantons ensemble ;
Dansons, sautons, jouons-nous.

UN MASQUE, en Pantalon.

Lorsque pour rire on s'assemble,
Les plus sages, ce me semble,
Sont ceux qui sont les plus fous.

TOUS ENSEMBLE.

Ne songeons qu'à nous réjouir :
La grande affaire est le plaisir.

PREMIÈRE ENTRÉE DE BALLET.

Danse de Sauvages.

SECONDE ENTRÉE DE BALLET.

Danse de Biscaïens.

LES AMANTS MAGNIFIQUES[1]

COMÉDIE-BALLET EN CINQ ACTES

1670

AVANT-PROPOS

Le roi, qui ne veut que des choses extraordinaires dans tout ce qu'il entreprend, s'est proposé de donner à sa cour un divertissement qui fût composé de tous ceux que le théâtre peut fournir ; et, pour embrasser cette vaste idée et enchaîner ensemble tant de choses diverses, Sa Majesté a choisi pour sujet deux princes rivaux, qui, dans le champêtre séjour de la vallée de Tempé, où l'on doit célébrer la fête des jeux Pythiens, régalent à l'envi une jeune princesse et sa mère de toutes les galanteries dont ils se peuvent aviser.

---

[1] Cette comédie-ballet fut représentée pour la première fois à Saint-Germain. Louis XIV lui-même en avait donné le sujet. La musique est de Lulli. Cette pièce ne fut jouée qu'à la cour, et ne pouvait guère réussir que par le mérite du divertissement et celui de l'à-propos. (Voltaire.)

PERSONNAGES DE LA COMÉDIE

ARISTIONE, princesse, mère d'Ériphile.
ÉRIPHILE, fille de la princesse.
IPHICRATE, prince, amant d'Ériphile.
TIMOCLÈS, prince, amant d'Ériphile.
SOSTRATE, général d'armée, amant d'Ériphile.
CLÉONICE, confidente d'Ériphile.
ANAXARQUE, astrologue.
CLÉON, fils d'Anaxarque.
CHORÈBE, de la suite d'Aristione.
CLITIDAS, plaisant de cour, de la suite d'Ériphile.
UNE FAUSSE VÉNUS, d'intelligence avec Anaxarque.

PERSONNAGES DES INTERMÈDES

PREMIER INTERMÈDE.

ÉOLE.
TRITONS chantants.
FLEUVES chantants.
AMOURS chantants.
PÊCHEURS DE CORAIL dansants.
NEPTUNE.
SIX DIEUX MARINS dansants.

SECOND INTERMÈDE.

TROIS PANTOMIMES dansants.

TROISIÈME INTERMÈDE.

LA NYMPHE de la vallée de Tempé.

PERSONNAGES DE LA PASTORALE

EN MUSIQUE.

TIRCIS, berger, amant de Caliste.
CALISTE, bergère.
LICASTE, berger, ami de Tircis.
MÉNANDRE, berger, ami de Tircis.
PREMIER SATYRE, amant de Caliste.
SECOND SATYRE, amant de Caliste.
SIX DRYADES dansantes.
SIX FAUNES dansants.
CLIMÈNE, bergère.
PHILINTE, berger.
TROIS PETITES DRYADES dansantes.
TROIS PETITS FAUNES dansants.

QUATRIÈME INTERMÈDE.

HUIT STATUES qui dansent.

CINQUIÈME INTERMÈDE.

QUATRE PANTOMIMES dansants.

SIXIÈME INTERMÈDE.

FÊTE DES JEUX PYTHIENS.

LA PRÊTRESSE.
DEUX SACRIFICATEURS chantants.
SIX MINISTRES DU SACRIFICE, portant des haches, dansants.
CHŒUR DE PEUPLES.
SIX VOLTIGEURS sautant sur des chevaux de bois.
QUATRE CONDUCTEURS D'ESCLAVES dansants.
HUIT ESCLAVES dansants.
QUATRE HOMMES armés à la grecque.
QUATRE FEMMES armées à la grecque.
UN HÉRAUT.
SIX TROMPETTES.
UN TIMBALIER.
APOLLON.
SUIVANTS D'APOLLON dansants.

La scène est en Thessalie, dans la délicieuse vallée de Tempé.

PREMIER INTERMÈDE

Le théâtre s'ouvre à l'agréable bruit de quantité d'instruments; et d'abord il offre aux yeux une vaste mer bordée de chaque côté de quatre grands rochers, dont le sommet porte chacun un Fleuve accoudé sur les marques de ces sortes de déités. Au pied de ces rochers sont douze Tritons de chaque côté; et, dans le milieu de la mer, quatre Amours montés sur des dauphins, et derrière eux le dieu Éole, élevé au-dessus des ondes sur un petit nuage. Éole commande aux vents de se retirer; et, tandis que quatre Amours, douze Tritons et huit Fleuves lui répondent, la mer se calme, et du milieu des ondes on voit s'élever une île. Huit Pêcheurs sortent du fond de la mer, avec des nacres de perles et des branches de corail, et, après une danse agréable, vont se placer chacun sur un rocher au-dessus d'un Fleuve. Le chœur de la musique annonce la venue de Neptune; et, tandis que ce dieu danse avec sa suite, les Pêcheurs, les Tritons et les Fleuves accompagnent ses pas de gestes différents et de bruit de conques de perles. Tout ce spectacle est d'une magnifique galanterie, dont l'un des princes régale sur la mer la promenade des princesses.

PREMIÈRE ENTRÉE DE BALLET.

NEPTUNE, et SIX DIEUX MARINS.

SECONDE ENTRÉE DE BALLET.

HUIT PÊCHEURS DE CORAIL.

Vers chantés.

RÉCIT D'ÉOLE.

Vents, qui troublez les plus beaux jours,
Rentrez dans vos grottes profondes,
Et laissez régner sur les ondes
  Les Zéphyrs et les Amours.

UN TRITON.

Quels beaux yeux ont percé nos demeures humides?
Venez, venez, Tritons; cachez-vous, Néréides.

TOUS LES TRITONS.

Allons tous au-devant de ces divinités;
Et rendons par nos chants hommage à leurs beautés.

UN AMOUR.

Ah! que ces princesses sont belles!

UN AUTRE AMOUR.

Quels sont les cœurs qui ne s'y rendroient pas?

UN AUTRE AMOUR.

La plus belle des immortelles,
Notre mère, a bien moins d'appas.

CHŒUR.

Allons tous au-devant de ces divinités;
Et rendons par nos chants hommage à leurs beautés.

UN TRITON.

Quel noble spectacle s'avance?
Neptune, le grand dieu Neptune, avec sa cour,
  Vient honorer ce beau séjour
    De son auguste présence.

CHŒUR.

Redoublons nos concerts,
Et faisons retentir dans le vague des airs
    Notre réjouissance.

Vers pour le Roi, *représentant Neptune.*

Le ciel, entre les dieux les plus considérés,
Me donne pour partage un rang considérable,
Et, me faisant régner sur les flots azurés,
Rend à tout l'univers mon pouvoir redoutable.

Il n'est aucune terre, à me bien regarder,
Qui ne doive trembler que je ne m'y répande;

Point d'États qu'à l'instant je ne pusse inonder
Des flots impétueux que mon pouvoir commande.

Rien n'en peut arrêter le fier débordement;
Et d'une triple digue à leur force opposée
On les verroit forcer le ferme empêchement
Et se faire en tous lieux une ouverture aisée.

Mais je sais retenir la fureur de ces flots
Par la sage équité du pouvoir que j'exerce,
Et laisser en tous lieux, au gré des matelots,
La douce liberté d'un paisible commerce.

On trouve des écueils parfois dans mes États;
On voit quelques vaisseaux y périr par l'orage;
Mais contre ma puissance on n'en murmure pas,
Et chez moi la vertu ne fait jamais naufrage.

Pour M. LE GRAND [1], *représentant un dieu marin.*

L'empire où nous vivons est fertile en trésors,
Tous les mortels en foule accourent sur ses bords:
Et, pour faire bientôt une haute fortune,
Il ne faut rien qu'avoir la faveur de NEPTUNE.

Pour le marquis DE VILLEROI, *représentant un dieu marin.*

Sur la foi de ce dieu de l'empire flottant,
On peut bien s'embarquer avec toute assurance:
    Les flots ont de l'inconstance,
    Mais le NEPTUNE est constant.

Pour le marquis DE RASSENT, *représentant un dieu marin.*

Voguez sur cette mer d'un zèle inébranlable:
C'est le moyen d'avoir NEPTUNE favorable.

ACTE PREMIER

SCÈNE I. — SOSTRATE, CLITIDAS.

CLITIDAS, à part.

Il est attaché à ses pensées..

---

[1] On appelait, par abréviation, le grand écuyer, M. *le Grand*, et le premier écuyer, M. *le Premier*. (Aimé Martin.)

SOSTRATE, se croyant seul.

Non, Sostrate, je ne vois rien où tu puisses avoir recours; et tes maux sont d'une nature à ne te laisser nulle espérance d'en sortir.

CLITIDAS, à part.

Il raisonne tout seul.

SOSTRATE, se croyant seul.

Hélas!

CLITIDAS, à part.

Voilà des soupirs qui veulent dire quelque chose; et ma conjecture se trouvera véritable.

SOSTRATE, se croyant seul.

Sur quelles chimères, dis-moi, pourrois-tu bâtir quelque espoir? et que peux-tu envisager, que l'affreuse longueur d'une vie malheureuse, et des ennuis à ne finir que par la mort?

CLITIDAS, à part.

Cette tête-là est plus embarrassée que la mienne.

SOSTRATE, se croyant seul.

Ah! mon cœur! ah! mon cœur! où m'avez-vous jeté?

CLITIDAS.

Serviteur, seigneur Sostrate.

SOSTRATE.

Où vas-tu, Clitidas?

CLITIDAS.

Mais vous, plutôt, que faites-vous ici? et quelle secrète mélancolie, quelle humeur sombre, s'il vous plaît, vous peut retenir dans ces bois, tandis que tout le monde a couru en foule à la magnificence de la fête dont l'amour du prince Iphicrate vient de régaler sur la mer la promenade des princesses; tandis qu'elles y ont reçu des cadeaux merveilleux de musique et de danse, et qu'on a vu les rochers et les ondes se parer de divinités pour faire honneur à leurs attraits?

SOSTRATE.

Je me figure assez, sans la voir, cette magnificence; et tant de gens, d'ordinaire, s'empressent à porter de la confusion dans ces sortes de fêtes, que j'ai cru à propos de ne pas augmenter le nombre des importuns.

CLITIDAS.

Vous savez que votre présence ne gâte jamais rien, et que vous n'êtes point de trop en quelque lieu que vous soyez. Votre visage est bien venu partout, et il n'a garde d'être de ces visages disgraciés qui ne sont jamais bien reçus des regards souverains. Vous êtes également bien auprès des deux princesses; et la mère et la fille vous font assez connoître l'estime qu'elles font de vous, pour n'appréhender pas de fatiguer leurs yeux; et ce n'est pas cette crainte, enfin, qui vous a retenu.

SOSTRATE.

J'avoue que je n'ai pas naturellement grande curiosité pour ces sortes de choses.

CLITIDAS.

Mon Dieu! quand on n'auroit nulle curiosité pour les choses, on en a toujours pour aller où l'on trouve tout le monde; et, quoi que vous puissiez dire, on ne demeure point tout seul, pendant une fête, à rêver parmi les arbres, comme vous faites, à moins d'avoir en tête quelque chose qui embarrasse.

SOSTRATE.

Que voudrois-tu que j'y pusse avoir?

CLITIDAS.

Ouais, je ne sais d'où cela vient; mais il sent ici l'amour. Ce n'est pas moi. Ah! par ma foi, c'est vous.

SOSTRATE.

Que tu es fou, Clitidas!

CLITIDAS.

Je ne suis point fou. Vous êtes amoureux; j'ai le nez délicat, et j'ai senti cela d'abord.

SOSTRATE.

Sur quoi prends-tu cette pensée?

CLITIDAS.

Sur quoi? Vous seriez bien étonné si je vous disois encore de qui vous êtes amoureux.

SOSTRATE.

Moi?

CLITIDAS.

Oui. Je gage que je vais deviner tout à l'heure celle que vous aimez. J'ai mes secrets, aussi bien que notre astrologue, dont la princesse Aristione est entêtée; et, s'il a la science de lire dans les astres la fortune des hommes, j'ai celle de lire dans les yeux le nom des personnes qu'on aime. Tenez-vous un peu, et ouvrez les yeux. É, par soi, é[1]: r, i, ri, éri; p, h, i, phi, ériphi; l, e, le: Ériphile. Vous êtes amoureux de la princesse Ériphile.

SOSTRATE.

Ah! Clitidas, j'avoue que je ne puis cacher mon trouble, et tu me frappes d'un coup de foudre.

CLITIDAS.

Vous voyez que je suis savant!

SOSTRATE.

Hélas! si, par quelque aventure, tu as pu découvrir le secret de mon cœur, je te conjure au moins de ne le révéler à qui que ce soit, et

---

[1] *É, par soi, é.* — *Par soi* signifie faisant à lui seul une syllabe.

surtout de le tenir caché à la belle princesse dont tu viens de dire le nom.

CLITIDAS.

Et, sérieusement parlant, si dans vos actions j'ai bien pu connoître depuis un temps la passion que vous voulez tenir secrète, pensez-vous que la princesse Ériphile puisse avoir manqué de lumières pour s'en apercevoir? Les belles, croyez-moi, sont toujours les plus clairvoyantes à découvrir les ardeurs qu'elles causent; et le langage des yeux et des soupirs se fait entendre, mieux qu'à tout autre, à celle à qui il s'adresse.

SOSTRATE.

Laissons-la, Clitidas, laissons-la voir, si elle peut, dans mes soupirs et mes regards, l'amour que ses charmes m'inspirent; mais gardons bien que, par nulle autre voie, elle en apprenne jamais rien.

CLITIDAS.

Et qu'appréhendez-vous? Est-il possible que ce même Sostrate qui n'a pas craint ni Brennus ni tous les Gaulois, et dont le bras a si glorieusement contribué à nous défaire de ce déluge de barbares qui ravageoient la Grèce; est-il possible, dis-je, qu'un homme si assuré dans la guerre soit si timide en amour, et que je le voie trembler à dire seulement qu'il aime?

SOSTRATE.

Ah! Clitidas, je tremble avec raison; et tous les Gaulois du monde ensemble sont bien moins redoutables que deux beaux yeux pleins de charmes.

CLITIDAS.

Je ne suis pas de cet avis; et je sais bien, pour moi, qu'un seul Gaulois, l'épée à la main, me feroit beaucoup plus trembler que cinquante beaux yeux ensemble, les plus charmants du monde. Mais, dites-moi un peu, qu'espérez-vous faire?

SOSTRATE.

Mourir sans déclarer ma passion.

CLITIDAS.

L'espérance est belle! Allez, allez, vous vous moquez; un peu de hardiesse réussit toujours aux amants : il n'y a en amour que les honteux qui perdent; et je dirois ma passion à une déesse, si j'en devenois amoureux.

SOSTRATE.

Trop de choses, hélas! condamnent mes feux à un éternel silence.

CLITIDAS.

Et quoi?

SOSTRATE.

La bassesse de ma fortune, dont il plait au ciel de rabattre l'ambition de mon amour; le rang de la princesse, qui met entre elle et mes désirs une distance si fâcheuse; la concurrence de deux princes appuyés de tous les grands titres qui peuvent soutenir les prétentions de leurs flammes; de deux princes qui, par mille et mille magnificences, se disputent à tous moments la gloire de sa conquête, et sur l'amour de qui on attend tous les jours de voir son choix se déclarer; mais plus que tout, Clitidas, le respect inviolable où ses beaux yeux assujettissent toute la violence de mon ardeur.

CLITIDAS.

Le respect bien souvent n'oblige pas tant que l'amour; et je me trompe fort, ou la jeune princesse a connu votre flamme et n'y est pas insensible.

SOSTRATE.

Ah! ne t'avise point de vouloir flatter par pitié le cœur d'un misérable.

CLITIDAS.

Ma conjecture est fondée. Je lui vois reculer beaucoup le choix de son époux, et je veux éclaircir un peu cette petite affaire-là. Vous savez que je suis auprès d'elle en quelque espèce de faveur, que j'y ai les accès ouverts, et qu'à force de me tourmenter je me suis acquis le privilége de me mêler à la conversation et de parler à tort et à travers de toutes choses. Quelquefois cela ne me réussit pas, mais quelquefois aussi cela me réussit. Laissez-moi faire, je suis de vos amis; les gens de mérite me touchent, et je veux prendre mon temps pour entretenir la princesse de...

SOSTRATE.

Ah! de grâce, quelque bonté que mon malheur t'inspire, garde-toi bien de lui rien dire de ma flamme. J'aimerois mieux mourir que de pouvoir être accusé par elle de la moindre témérité; et ce profond respect où ses charmes divins....

CLITIDAS.

Taisons-nous, voici tout le monde.

SCÈNE II. — ARISTIONE, IPHICRATE, TIMOCLÈS, SOSTRATE, ANAXARQUE, CLÉON, CLITIDAS.

ARISTIONE, à Iphicrate.

Prince, je ne puis me lasser de le dire, il n'est point de spectacle au monde qui puisse le disputer en magnificence à celui que vous venez de nous donner. Cette fête a eu des ornements qui l'emportent sans doute sur tout ce que l'on sauroit voir; et elle vient de produire à nos yeux quelque chose de si noble, de si grand et de si majestueux, que le ciel même ne sauroit aller au delà; et je puis dire assurément qu'il n'y a rien dans l'univers qui s'y puisse égaler.

TIMOCLÈS.

Ce sont des ornements dont on ne peut pas espérer que toutes les fêtes soient embellies; et je dois fort trembler, madame, pour la simplicité du petit divertissement que je m'apprête à vous donner dans le bois de Diane.

ARISTIONE.

Je crois que nous n'y verrons rien que de fort agréable; et, certes, il faut avouer que la campagne a lieu de nous paroître belle, et que nous n'avons pas le temps de nous ennuyer dans cet agréable séjour qu'ont célébré tous les poëtes sous le nom de Tempé. Car enfin, sans parler des plaisirs de la chasse que nous y prenons à toute heure, et de la solennité des jeux Pythiens que l'on y célèbre tantôt, vous prenez soin l'un et l'autre de nous y combler de tous les divertissements qui peuvent charmer les chagrins des plus mélancoliques. D'où vient, Sostrate, qu'on ne vous a point vu dans notre promenade?

SOSTRATE.

Une petite indisposition, madame, m'a empêché de m'y trouver.

IPHICRATE.

Sostrate est de ces gens, madame, qui croient qu'il ne sied pas bien d'être curieux comme les autres; et il est beau d'affecter de ne pas courir où tout le monde court.

SOSTRATE.

Seigneur, l'affectation n'a guère de part à tout ce que je fais; et, sans vous faire compliment, il y avoit des choses à voir dans cette fête qui pouvoient m'attirer, si quelque autre motif ne m'avoit retenu.

ARISTIONE.

Et Clitidas a-t-il vu cela?

CLITIDAS.

Oui, madame; mais du rivage.

ARISTIONE.

Et pourquoi du rivage?

CLITIDAS.

Ma foi, madame, j'ai craint quelqu'un des accidents qui arrivent d'ordinaire dans ces confusions. Cette nuit, j'ai songé de poisson mort et d'œufs cassés; et j'ai appris du seigneur Anaxarque que les œufs cassés et le poisson mort signifient malencontre.

ANAXARQUE.

Je remarque une chose : que Clitidas n'auroit rien à dire, s'il ne parloit de moi.

CLITIDAS.

C'est qu'il y a tant de choses à dire de vous, qu'on n'en sauroit parler assez.

ANAXARQUE.

Vous pourriez prendre d'autres matières, puisque je vous en ai prié.

CLITIDAS.

Le moyen? ne dites-vous pas que l'ascendant est plus fort que tout?

et, s'il est écrit dans les astres que je sois enclin à parler de vous, comment voulez-vous que je résiste à ma destinée?

ANAXARQUE.

Avec tout le respect, madame, que je vous dois, il y a une chose qui est fâcheuse dans votre cour, que tout le monde y prenne liberté de parler, et que le plus honnête homme y soit exposé aux railleries du premier méchant plaisant.

CLITIDAS.

Je vous rends grâce de l'honneur.

ARISTIONE, à Anaxarque.

Que vous êtes fou de vous chagriner de ce qu'il dit!

CLITIDAS.

Avec tout le respect que je dois à madame, il y a une chose qui m'étonne dans l'astrologie : comment des gens qui savent tous les secrets des dieux, et qui possèdent des connoissances à se mettre au-dessus de tous les hommes, aient besoin de faire leur cour et de demander quelque chose.

ANAXARQUE.

Vous devriez gagner un peu mieux votre argent, et donner à madame de meilleures plaisanteries.

CLITIDAS.

Ma foi, on les donne telles qu'on peut. Vous en parlez fort à votre aise; et le métier de plaisant n'est pas comme celui d'astrologue : bien mentir et bien plaisanter sont deux choses fort différentes; et il est bien plus facile de tromper les gens que de les faire rire.

ARISTIONE.

Eh! qu'est-ce donc que cela veut dire?

CLITIDAS, se parlant à lui-même.

Paix, impertinent que vous êtes! ne savez-vous pas bien que l'astrologie est une affaire d'État, et qu'il ne faut point toucher à cette corde-là? Je vous l'ai dit plusieurs fois, vous vous émancipez trop, et vous prenez de certaines libertés qui vous joueront un mauvais tour, je vous en avertis. Vous verrez qu'un de ces jours on vous donnera du pied au cul, et qu'on vous chassera comme un faquin. Taisez-vous, si vous êtes sage.

ARISTIONE.

Où est ma fille?

TIMOCLÈS.

Madame, elle s'est écartée; et je lui ai présenté une main qu'elle a refusé d'accepter.

ARISTIONE.

Princes, puisque l'amour que vous avez pour Ériphile a bien voulu se soumettre aux lois que j'ai voulu vous imposer, puisque j'ai su obtenir de vous que vous fussiez rivaux sans devenir ennemis, et qu'avec pleine soumission aux sentiments de ma fille vous attendez un choix dont je l'ai faite seule maîtresse, ouvrez-moi tous deux le fond de votre âme, et me dites sincèrement quel progrès vous croyez l'un et l'autre avoir fait sur son cœur.

TIMOCLÈS.

Madame, je ne suis point pour me flatter; j'ai fait ce que j'ai pu pour toucher le cœur de la princesse Ériphile, et je m'y suis pris, que je crois, de toutes les tendres manières dont un amant se peut servir; je lui ai fait des hommages soumis de tous mes vœux; j'ai montré des assiduités, j'ai rendu des soins chaque jour; j'ai fait chanter ma passion aux voix les plus touchantes, et l'ai fait exprimer en vers aux plumes les plus délicates; je me suis plaint de mon martyre en des termes passionnés; j'ai fait dire à mes yeux, aussi bien qu'à ma bouche, le désespoir de mon amour; j'ai poussé à ses pieds des soupirs languissants; j'ai même répandu des larmes; mais tout cela inutilement, et je n'ai point connu qu'elle ait dans l'âme aucun ressentiment de mon ardeur.

ARISTIONE.

Et vous, prince?

IPHICRATE.

Pour moi, madame, connoissant son indifférence et le peu de cas qu'elle fait des devoirs qu'on lui rend, je n'ai voulu perdre auprès d'elle ni plaintes, ni soupirs, ni larmes. Je sais qu'elle est toute soumise à vos volontés, et que ce n'est que de votre main seule qu'elle voudra prendre un époux; aussi n'est-ce qu'à vous que je m'adresse pour l'obtenir, à vous plutôt qu'à elle que je rends tous mes soins et tous mes hommages. Et plût au ciel, madame, que vous eussiez pu vous résoudre à tenir sa place; que vous eussiez voulu jouir des conquêtes que vous lui faites, et recevoir pour vous les vœux que vous lui renvoyez!

ARISTIONE.

Prince, le compliment est d'un amant adroit, et vous avez entendu dire qu'il falloit cajoler les mères pour obtenir les filles; mais ici, par malheur, tout cela devient inutile, et je me suis engagée à laisser le choix tout entier à l'inclination de ma fille.

IPHICRATE.

Quelque pouvoir que vous lui donniez pour ce choix, ce n'est point compliment, madame, que ce que je vous dis. Je ne recherche la princesse Ériphile que parce qu'elle est votre sang; je la trouve charmante par tout ce qu'elle tient de vous, et c'est vous que j'adore en elle.

ARISTIONE.

Voilà qui est fort bien.

IPHICRATE.

Oui, madame, toute la terre voit en vous des attraits et des charmes que je...

ARISTIONE.

De grâce, prince, ôtons ces charmes et ces attraits : vous savez que ce sont des mots que je retranche des compliments qu'on me veut faire. Je souffre qu'on me loue de ma sincérité, qu'on dise que je suis une bonne princesse, que j'ai de la parole pour tout le monde, de la chaleur pour mes amis, et de l'estime pour le mérite et la vertu : je puis tâter de tout cela; mais, pour les douceurs de charmes et d'attraits, je suis bien aise qu'on ne m'en serve point; et, quelque vérité qui s'y pût rencontrer, on doit faire quelque scrupule d'en goûter la louange, quand on est mère d'une fille comme la mienne.

IPHICRATE.

Ah! madame, c'est vous qui voulez être mère malgré tout le monde; il n'est point d'yeux qui ne s'y opposent; et, si vous le vouliez, la princesse Ériphile ne seroit que votre sœur.

ARISTIONE.

Mon Dieu! prince, je ne donne point dans tous ces galimatias où donnent la plupart des femmes : je veux être mère parce que je la suis, et ce seroit en vain que je ne la voudrois pas être. Ce titre n'a rien qui me choque, puisque, de mon consentement, je me suis exposée à le recevoir. C'est un foible de notre sexe, dont, grâce au ciel, je suis exempte; et je ne m'embarrasse point de ces grandes disputes d'âge sur quoi nous voyons tant de folles. Revenons à notre discours. Est-il possible que jusqu'ici vous n'ayez pu connoître où penche l'inclination d'Ériphile?

IPHICRATE.

Ce sont obscurités pour moi.

TIMOCLÈS.

C'est pour moi un mystère impénétrable.

ARISTIONE.

La pudeur peut-être l'empêche de s'expliquer à vous et à moi. Servons-nous de quelque autre pour découvrir le secret de son cœur. Sostrate, prenez de ma part cette commission, et rendez cet office à ces princes, de savoir adroitement de ma fille vers qui des deux ses sentiments peuvent tourner.

SOSTRATE.

Madame, vous avez cent personnes dans votre cour sur qui vous pourriez mieux verser l'honneur d'un tel emploi; et je me sens mal propre à bien exécuter ce que vous souhaitez de moi.

ARISTIONE.

Votre mérite, Sostrate, n'est point borné aux seuls emplois de la

4.

guerre. Vous avez de l'esprit, de la conduite, de l'adresse; et ma fille fait cas de vous.

SOSTRATE.

Quelque autre mieux que moi, madame...

ARISTIONE.

Non, non; en vain vous vous en défendez.

SOSTRATE.

Puisque vous le voulez, madame, il faut vous obéir; mais je vous jure que, dans toute votre cour, vous ne pouviez choisir personne qui ne fût en état de s'acquitter beaucoup mieux que moi d'une telle commission.

ARISTIONE.

C'est trop de modestie; et vous vous acquitterez toujours bien de toutes les choses dont on vous chargera. Découvrez doucement les sentiments d'Ériphile, et faites-la ressouvenir qu'il faut se rendre de bonne heure dans le bois de Diane.

SCÈNE III. — IPHICRATE, TIMOCLÈS, SOSTRATE, CLITIDAS.

IPHICRATE, à Sostrate.

Vous pouvez croire que je prends part à l'estime que la princesse vous témoigne.

TIMOCLÈS, à Sostrate.

Vous pouvez croire que je suis ravi du choix que l'on a fait de vous.

IPHICRATE.

Vous voilà en état de servir vos amis.

TIMOCLÈS.

Vous avez de quoi rendre de bons offices aux gens qu'il vous plaira.

IPHICRATE.

Je ne vous recommande point mes intérêts.

TIMOCLÈS.

Je ne vous dis point de parler pour moi.

SOSTRATE.

Seigneurs, il seroit inutile. J'aurois tort de passer les ordres de ma commission; et vous trouverez bon que je ne parle ni pour l'un ni pour l'autre.

IPHICRATE.

Je vous laisse agir comme il vous plaira.

TIMOCLÈS.

Vous en userez comme vous voudrez.

SCÈNE IV. — IPHICRATE, TIMOCLÈS, CLITIDAS.

IPHICRATE, bas, à Clitidas.

Clitidas se ressouvient bien qu'il est de mes amis; je lui recommande toujours de prendre mes intérêts auprès de sa maîtresse contre ceux de mon rival.

CLITIDAS, bas, à Iphicrate.

Laissez-moi faire. Il y a bien de la comparaison de lui à vous ! et c'est un prince bien bâti pour vous le disputer !

IPHICRATE, bas, à Clitidas.

Je reconnoîtrai ce service.

SCÈNE V. — TIMOCLÈS, CLITIDAS.

TIMOCLÈS.

Mon rival fait sa cour à Clitidas ; mais Clitidas sait bien qu'il m'a promis d'appuyer contre lui les prétentions de mon amour.

CLITIDAS.

Assurément ; et il se moque, de croire l'emporter sur vous. Voilà, auprès de vous, un beau petit morveux de prince !

TIMOCLÈS.

Il n'y a rien que je ne fasse pour Clitidas.

CLITIDAS, seul.

Belles paroles de tous côtés ! Voici la princesse ; prenons mon temps pour l'aborder.

SCÈNE VI. — ÉRIPHILE, CLÉONICE.

CLÉONICE.

On trouvera étrange, madame, que vous vous soyez ainsi écartée de tout le monde.

ÉRIPHILE.

Ah ! qu'aux personnes comme nous, qui sommes toujours accablées de tant de gens, un peu de solitude est parfois agréable ! et qu'après mille impertinents entretiens il est doux de s'entretenir avec ses pensées ! Qu'on me laisse ici promener toute seule.

CLÉONICE.

Ne voudriez-vous pas, madame, voir un petit essai de la disposition de ces gens admirables qui veulent se donner à vous ? Ce sont des personnes qui, par leurs pas, leurs gestes et leurs mouvements, expriment aux yeux toutes choses ; et on appelle cela pantomime. J'ai tremblé à vous dire ce mot, et il y a des gens dans votre cour qui ne me le pardonneroient pas.

ÉRIPHILE.

Vous avez bien la mine, Cléonice, de me venir ici régaler d'un mauvais divertissement ; car, grâce au ciel, vous ne manquez pas de vouloir produire indifféremment tout ce qui se présente à vous, et vous avez une affabilité qui ne rejette rien ; aussi est-ce à vous seule qu'on voit avoir recours toutes les muses nécessitantes ; vous êtes la grande protectrice du mérite incommodé, et tout ce qu'il y a de vertueux indigents au monde va débarquer chez vous.

CLÉONICE.

Si vous n'avez pas envie de les voir, madame, il ne faut que les laisser là.

ÉRIPHILE.

Non, non ; voyons-les : faites-les venir.

CLÉONICE.

Mais peut-être, madame, que leur danse sera méchante.

ÉRIPHILE.

Méchante ou non, il la faut voir. Ce ne seroit, avec vous, que reculer la chose, et il vaut mieux en être quitte.

CLÉONICE.

Ce ne sera ici, madame, qu'une danse ordinaire ; une autre fois...

ÉRIPHILE.

Point de préambule, Cléonice ; qu'ils dansent.

SECOND INTERMÈDE

La confidente de la jeune princesse lui produit trois danseurs, sous le nom de *pantomimes ;* c'est-à-dire qui expriment par leurs gestes toutes sortes de choses. La princesse les voit danser, et les reçoit à son service.

ENTRÉE DE BALLET

de trois pantomimes.

ACTE SECOND

SCÈNE I. — ÉRIPHILE, CLÉONICE.

ÉRIPHILE.

Voilà qui est admirable. Je ne crois pas qu'on puisse mieux danser qu'ils dansent, et je suis bien aise de les avoir à moi.

CLÉONICE.

Et moi, madame, je suis bien aise que vous ayez vu que je n'ai pas si méchant goût que vous avez pensé.

ÉRIPHILE.

Ne triomphez point tant ; vous ne tarderez guère à me faire avoir ma revanche. Qu'on me laisse ici.

SCÈNE II. — ÉRIPHILE, CLÉONICE, CLITIDAS.

CLÉONICE, allant au-devant de Clitidas.
Je vous avertis, Clitidas, que la princesse veut être seule.
CLITIDAS.
Laissez-moi faire : je suis homme qui sais ma cour.

SCÈNE III. — ÉRIPHILE, CLITIDAS.

CLITIDAS, en chantant.
La, la, la, la. (Faisant l'étonné en voyant Ériphile.) Ah!
ÉRIPHILE, à Clitidas, qui feint de vouloir s'éloigner.
Clitidas.
CLITIDAS.
Je ne vous avois pas vue là, madame.
ÉRIPHILE.
Approche. D'où viens-tu?
CLITIDAS.
De laisser la princesse votre mère, qui s'en alloit vers le temple d'Apollon, accompagnée de beaucoup de gens.
ÉRIPHILE.
Ne trouves-tu pas ces lieux les plus charmants du monde?
CLITIDAS.
Assurément. Les princes vos amants y étoient.
ÉRIPHILE.
Le fleuve Pénée fait ici d'agréables détours.
CLITIDAS.
Fort agréables. Sostrate y étoit aussi.
ÉRIPHILE.
D'où vient qu'il n'est pas venu à la promenade?
CLITIDAS.
Il a quelque chose dans la tête qui l'empêche de prendre plaisir à tous ces beaux régales. Il m'a voulu entretenir ; mais vous m'avez défendu si expressément de me charger d'aucune affaire auprès de vous, que je n'ai point voulu lui prêter l'oreille, et je lui ai dit nettement que je n'avois pas le loisir de l'entendre.
ÉRIPHILE.
Tu as eu tort de lui dire cela, et tu devois l'écouter.
CLITIDAS.
Je lui ai dit d'abord que je n'avois pas le loisir de l'entendre, mais après je lui ai donné audience.
ÉRIPHILE.
Tu as bien fait.

CLITIDAS.

En vérité, c'est un homme qui me revient, un homme fait comme je veux que les hommes soient faits, ne prenant point des manières bruyantes et des tons de voix assommants; sage et posé en toutes choses, ne parlant jamais que bien à propos, point prompt à décider, point du tout exagérateur incommode; et, quelque beaux vers que nos poëtes lui aient récités, je ne lui ai jamais ouï dire : Voilà qui est plus beau que tout ce qu'a jamais fait Homère. Enfin, c'est un homme pour qui je me sens de l'inclination; et, si j'étois princesse, il ne seroit pas malheureux.

ÉRIPHILE.

C'est un homme d'un grand mérite, assurément. Mais de quoi t'a-t-il parlé?

CLITIDAS.

Il m'a demandé si vous aviez témoigné grande joie au magnifique régale que l'on vous a donné, m'a parlé de votre personne avec des transports les plus grands du monde, vous a mise au-dessus du ciel, et vous a donné toutes les louanges qu'on peut donner à la princesse la plus accomplie de la terre, entremêlant tout cela de plusieurs soupirs qui disoient plus qu'il ne vouloit. Enfin, à force de le tourner de tous côtés et de le presser sur la cause de cette profonde mélancolie dont toute la cour s'aperçoit, il a été contraint de m'avouer qu'il étoit amoureux.

ÉRIPHILE.

Comment, amoureux! quelle témérité est la sienne! c'est un extravagant que je ne verrai de ma vie!

CLITIDAS.

De quoi vous plaignez-vous, madame?

ÉRIPHILE.

Avoir l'audace de m'aimer! et, de plus, avoir l'audace de le dire!

CLITIDAS.

Ce n'est pas vous, madame, dont il est amoureux.

ÉRIPHILE.

Ce n'est pas moi?

CLITIDAS.

Non, madame, il vous respecte trop pour cela, et est trop sage pour y penser.

ÉRIPHILE

Et de qui donc, Clitidas?

CLITIDAS.

D'une de vos filles, la jeune Arsinoé.

ÉRIPHILE.

A-t-elle tant d'appas, qu'il n'ait trouvé qu'elle digne de son amour?

ACTE II, SCÈNE III.

CLITIDAS.

Il l'aime éperdument, et vous conjure d'honorer sa flamme de votre protection.

ÉRIPHILE.

Moi?

CLITIDAS.

Non, non, madame. Je vois que la chose ne vous plaît pas. Votre colère m'a obligé à prendre ce détour; et, pour vous dire la vérité, c'est vous qu'il aime éperdument.

ÉRIPHILE.

Vous êtes un insolent de venir ainsi surprendre mes sentiments. Allons, sortez d'ici; vous vous mêlez de vouloir lire dans les âmes, de vouloir pénétrer dans les secrets du cœur d'une princesse! Otez-vous de mes yeux, et que je ne vous voie jamais, Clitidas!

CLITIDAS.

Madame...

ÉRIPHILE.

Venez ici. Je vous pardonne cette affaire-là.

CLITIDAS.

Trop de bonté, madame!

ÉRIPHILE.

Mais à condition, prenez bien garde à ce que je vous dis, que vous n'en ouvrirez la bouche à personne du monde, sur peine de la vie

CLITIDAS.

Il suffit.

ÉRIPHILE.

Sostrate t'a donc dit qu'il m'aimoit?

CLITIDAS.

Non, madame. Il faut vous dire la vérité. J'ai tiré de son cœur, par surprise, un secret qu'il veut cacher à tout le monde, et avec lequel il est, dit-il, résolu de mourir. Il a été au désespoir du vol subtil que je lui en ai fait; et, bien loin de me charger de vous le découvrir, il m'a conjuré, avec toutes les instantes prières qu'on sauroit faire, de ne vous en rien révéler; et c'est trahison contre lui que ce que je viens de vous dire.

ÉRIPHILE.

Tant mieux! c'est par son seul respect qu'il peut me plaire; et, s'il étoit si hardi que de me déclarer son amour, il perdroit pour jamais et ma présence et mon estime.

CLITIDAS.

Ne craignez point, madame...

ÉRIPHILE.

Le voici. Souvenez-vous, au moins, si vous êtes sage, de la défense que je vous ai faite.

CLITIDAS.
Cela est fait, madame. Il ne faut pas être courtisan indiscret.

SCÈNE IV. — ÉRIPHILE, SOSTRATE.

SOSTRATE.
J'ai une excuse, madame, pour oser interrompre votre solitude; et j'ai reçu de la princesse votre mère une commission qui autorise la hardiesse que je prends maintenant.

ÉRIPHILE.
Quelle commission, Sostrate?

SOSTRATE.
Celle, madame, de tâcher d'apprendre de vous vers lequel des deux princes peut incliner votre cœur.

ÉRIPHILE.
La princesse ma mère montre un esprit judicieux dans le choix qu'elle a fait de vous pour un pareil emploi. Cette commission, Sostrate, vous a été agréable sans doute, et vous l'avez acceptée avec beaucoup de joie?

SOSTRATE.
Je l'ai acceptée, madame, par la nécessité que mon devoir m'impose d'obéir; et, si la princesse avoit voulu recevoir mes excuses, elle auroit honoré quelque autre de cet emploi.

ÉRIPHILE.
Quelle cause, Sostrate, vous obligeoit à le refuser?

SOSTRATE.
La crainte, madame, de m'en acquitter mal.

ÉRIPHILE.
Croyez-vous que je ne vous estime pas assez pour vous ouvrir mon cœur et vous donner toutes les lumières que vous pourrez désirer de moi sur le sujet de ces deux princes?

SOSTRATE.
Je ne désire rien pour moi là-dessus, madame; et je ne vous demande que ce que vous croirez devoir donner aux ordres qui m'amènent.

ÉRIPHILE.
Jusques ici je me suis défendue de m'expliquer, et la princesse ma mère a eu la bonté de souffrir que j'aie reculé toujours ce choix qui me doit engager; mais je serai bien aise de témoigner à tout le monde que je veux faire quelque chose pour l'amour de vous; et, si vous m'en pressez, je rendrai cet arrêt qu'on attend depuis si longtemps.

SOSTRATE.
C'est une chose, madame, dont vous ne serez point importunée par

moi; et je ne saurois me résoudre à presser une princesse qui sait trop ce qu'elle a à faire.

ÉRIPHILE.

Mais c'est ce que la princesse ma mère attend de vous.

SOSTRATE.

Ne lui ai-je pas dit aussi que je m'acquitterois mal de cette commission?

ÉRIPHILE.

Oh çà, Sostrate, les gens comme vous ont toujours les yeux pénétrants; et je pense qu'il ne doit y avoir guère de choses qui échappent aux vôtres. N'ont-ils pu découvrir, vos yeux, ce dont tout le monde est en peine? et ne vous ont-ils point donné quelques petites lumières du penchant de mon cœur? Vous voyez les soins qu'on me rend, l'empressement qu'on me témoigne. Quel est celui de ces deux princes que vous croyez que je regarde d'un œil plus doux?

SOSTRATE.

Les doutes que l'on forme sur ces sortes de choses ne sont réglés d'ordinaire que par les intérêts qu'on prend.

ÉRIPHILE.

Pour qui, Sostrate, pencheriez-vous des deux? Quel est celui, dites-moi, que vous souhaiteriez que j'épousasse?

SOSTRATE.

Ah! madame, ce ne seront pas mes souhaits, mais votre inclination qui décidera de la chose.

ÉRIPHILE.

Mais si je me conseillois à vous pour ce choix?

SOSTRATE.

Si vous vous conseilliez à moi, je serois fort embarrassé.

ÉRIPHILE.

Vous ne pourriez pas dire qui des deux vous semble plus digne de cette préférence?

SOSTRATE.

Si l'on s'en rapporte à mes yeux, il n'y aura personne qui soit digne de cet honneur. Tous les princes du monde seront trop peu de chose pour aspirer à vous; les dieux seuls y pourront prétendre, et vous ne souffrirez des hommes que l'encens et les sacrifices.

ÉRIPHILE.

Cela est obligeant, et vous êtes de mes amis. Mais je veux que vous me disiez pour qui des deux vous vous sentez plus d'inclination, quel est celui que vous mettez le plus au rang de vos amis.

SCÈNE V. — ÉRIPHILE, SOSTRATE, CHORÈBE.

CHORÈBE.

Madame, voilà la princesse qui vient vous prendre ici pour aller au bois de Diane.

SOSTRATE, à part.

Hélas! petit garçon, que tu es venu à propos!

SCÈNE VI. — ARISTIONE, ÉRIPHILE, IPHICRATE, TIMOCLÈS, SOSTRATE, ANAXARQUE, CLITIDAS.

ARISTIONE.

On vous a demandée, ma fille; et il y a des gens que votre absence chagrine fort.

ÉRIPHILE.

Je pense, madame, qu'on m'a demandée par compliment; et on ne s'inquiète pas tant qu'on vous dit.

ARISTIONE.

On enchaîne pour nous ici tant de divertissements les uns aux autres, que toutes nos heures sont retenues; et nous n'avons aucun moment à perdre, si nous voulons les goûter tous. Entrons vite dans le bois, et voyons ce qui nous y attend. Ce lieu est le plus beau du monde : prenons vite nos places.

TROISIÈME INTERMÈDE

Le théâtre est une forêt où la princesse est invitée d'aller. Une nymphe lui en fait les honneurs, en chantant; et, pour la divertir, on lui joue une petite comédie en musique, dont voici le sujet : un berger se plaint à deux bergers, ses amis, des froideurs de celle qu'il aime; les deux amis le consolent; et, comme la bergère aimée arrive, tous trois se retirent pour l'observer. Après quelque plainte amoureuse, elle se repose sur un gazon, et s'abandonne aux douceurs du sommeil. L'amant fait approcher ses amis, pour contempler les grâces de sa bergère, et invite toutes choses à contribuer à son repos. La bergère, en s'éveillant, voit son berger à ses pieds, se plaint de sa poursuite; mais, considérant sa constance, elle lui accorde sa demande, consent d'en être aimée, en présence des deux bergers amis. Deux satyres arrivent, se plaignent de son changement, et, étant touchés de cette disgrâce, cherchent leur consolation dans le vin.

TROISIÈME INTERMÈDE.

PERSONNAGES DE LA PASTORALE

La Nymphe de la vallée de Tempé.
Tyrcis. — Lycaste. — Ménandre.
Caliste. — Deux Satyres.

PROLOGUE

LA NYMPHE DE TEMPÉ, seule.

Venez, grande princesse, avec tous vos appas,
Venez prêter vos yeux aux innocents ébats
    Que notre désert vous présente :
N'y cherchez point l'éclat des fêtes de la cour;
      On ne sent ici que l'amour,
    Ce n'est que d'amour qu'on y chante.

SCÈNE I. — TYRCIS, seul.

    Vous chantez sous ces feuillages,
    Doux rossignols pleins d'amour;
    Et de vos tendres ramages
    Vous réveillez tour à tour
      Les échos de ces bocages :
    Hélas! petits oiseaux, hélas!
Si vous aviez mes maux, vous ne chanteriez pas.

SCÈNE II. — LYCASTE, MÉNANDRE, TYRCIS.

LYCASTE.
Eh quoi! toujours languissant, sombre et triste?
MÉNANDRE.
Eh quoi! toujours aux pleurs abandonné?
TYRCIS.
    Toujours adorant Caliste,
    Et toujours infortuné.
LYCASTE.
Dompte, dompte, berger, l'ennui qui te possède.
TYRCIS.
Eh! le moyen, hélas!
MÉNANDRE.
      Fais, fais-toi quelque effort.
TYRCIS.
Eh! le moyen, hélas! quand le mal est trop fort?
LYCASTE.
    Ce mal trouvera son remède.

TYRCIS.
Je ne guérirai qu'à ma mort..

LYCASTE ET MÉNANDRE.
Ah! Tyrcis!

TYRCIS.
Ah! bergers!

LYCASTE ET MÉNANDRE.
Prends sur toi plus d'empire.

TYRCIS.
Rien ne me peut secourir.

LYCASTE ET MÉNANDRE.
C'est trop, c'est trop céder.

TYRCIS.
C'est trop, c'est trop souffrir.

LYCASTE ET MÉNANDRE.
Quelle foiblesse!

TYRCIS.
Quel martyre!

LYCASTE ET MÉNANDRE.
Il faut prendre courage.

TYRCIS.
Il faut plutôt mourir.

LYCASTE.
Il n'est point de bergère,
Si froide et si sévère,
Dont la pressante ardeur
D'un cœur qui persévère
Ne vainque la froideur.

MÉNANDRE.
Il est, dans les affaires
Des amoureux mystères,
Certains petits moments
Qui changent les plus fières,
Et font d'heureux amants.

TYRCIS.
Je la vois, la cruelle,
Qui porte ici ses pas;
Gardons d'être vu d'elle :
  L'ingrate, hélas!
  N'y viendroit pas.

SCÈNE III. — CALISTE, seule.

Ah! que sur notre cœur
La sévère loi de l'honneur

Prend un cruel empire!
Je ne fais voir que rigueurs pour Tyrcis;
Et cependant, sensible à ses cuisants soucis,
De sa langueur en secret je soupire,
Et voudrois bien soulager son martyre.
C'est à vous seuls que je le dis,
Arbres, n'allez pas le redire.
Puisque le ciel a voulu nous former
Avec un cœur qu'Amour peut enflammer,
Quelle rigueur impitoyable
Contre des traits si doux nous force à nous armer?
Et pourquoi, sans être blâmable,
Ne peut-on pas aimer
Ce que l'on trouve aimable?

Hélas! que vous êtes heureux,
Innocents animaux, de vivre sans contrainte,
Et de pouvoir suivre sans crainte
Les doux emportements de vos cœurs amoureux!
Hélas! petits oiseaux, que vous êtes heureux
De ne sentir nulle contrainte,
Et de pouvoir suivre sans crainte
Les doux emportements de vos cœurs amoureux!
Mais le sommeil sur ma paupière
Verse de ses pavots l'agréable fraîcheur :
Donnons-nous à lui tout entière;
Nous n'avons pas de loi sévère
Qui défende à nos sens d'en goûter la douceur.

SCÈNE IV. — CALISTE, endormie; TYRCIS, LYCASTE, MÉNANDRE.

TYRCIS.

Vers ma belle ennemie
Portons sans bruit nos pas,
Et ne réveillons pas
Sa rigueur endormie.

TOUS TROIS.

Dormez, dormez, beaux yeux, adorables vainqueurs;
Et goûtez le repos que vous ôtez aux cœurs.
Dormez, dormez, beaux yeux.

TYRCIS.

Silence, petits oiseaux;
Vents, n'agitez nulle chose;
Coulez doucement, ruisseaux :
C'est Caliste qui repose.

TOUS TROIS.

Dormez, dormez, beaux yeux, adorables vainqueurs;
Et goûtez le repos que vous ôtez aux cœurs.
Dormez, dormez, beaux yeux.

CALISTE, en se réveillant, à Tyrcis.

Ah! quelle peine extrême!
Suivre partout mes pas!

TYRCIS.

Que voulez-vous qu'on suive, hélas!
Que ce qu'on aime?

CALISTE.

Berger, que voulez-vous?

TYRCIS.

Mourir, belle bergère,
Mourir à vos genoux,
Et finir ma misère.
Puisque en vain à vos pieds on me voit soupirer,
Il y faut expirer.

CALISTE.

Ah! Tyrcis, ôtez-vous : j'ai peur que dans ce jour
La pitié dans mon cœur n'introduise l'amour.

LYCASTE ET MÉNANDRE, l'un après l'autre.

Soit amour, soit pitié,
Il sied bien d'être tendre.
C'est par trop vous défendre;
Bergère, il faut se rendre
A sa longue amitié.
Soit amour, soit pitié,
Il sied bien d'être tendre.

CALISTE, à Tyrcis.

C'est trop, c'est trop de rigueur.
J'ai maltraité votre ardeur,
Chérissant votre personne;
Vengez-vous de mon cœur,
Tyrcis, je vous le donne.

TYRCIS.

O ciel! bergers! Caliste! Ah! je suis hors de moi;
Si l'on meurt de plaisir, je dois perdre la vie.

LYCASTE.

Digne prix de ta foi!

MÉNANDRE.

O sort digne d'envie!

SCÈNE V. — DEUX SATYRES, CALISTE, TYRCIS, LYCASTE, MÉNANDRE.

PREMIER SATYRE, à Caliste.

Quoi! tu me fuis, ingrate; et je te vois ici
De ce berger à moi faire une préférence!

SECOND SATYRE.

Quoi! mes soins n'ont rien pu sur ton indifférence,
Et pour ce langoureux ton cœur s'est adouci?

CALISTE.

Le destin le veut ainsi;
Prenez tous deux patience.

PREMIER SATYRE.

Aux amants qu'on pousse à bout
L'amour fait verser des larmes;
Mais ce n'est pas notre goût,
Et la bouteille a des charmes
Qui nous consolent de tout.

SECOND SATYRE.

Notre amour n'a pas toujours
Tout le bonheur qu'il désire;
Mais nous avons un secours,
Et le bon vin nous fait rire
Quand on rit de nos amours.

TOUS.

Champêtres divinités,
Faunes, dryades, sortez
De vos paisibles retraites;
Mêlez vos pas à nos sons,
Et tracez sur les herbettes
L'image de nos chansons.

PREMIÈRE ENTRÉE DE BALLET.

En même temps six dryades et six faunes sortent de leurs demeures, et font ensemble une danse agréable, qui, s'ouvrant tout d'un coup, laisse voir un berger et une bergère qui font en musique une petite scène d'un dépit amoureux.

DÉPIT AMOUREUX

CLIMÈNE, PHILINTE.

PHILINTE.

Quand je plaisois à tes yeux,
J'étois content de ma vie,

Et ne voyois roi ni dieux
Dont le sort me fît envie.

CLIMÈNE.

Lorsqu'à toute autre personne
Me préféroit ton ardeur,
J'aurois quitté la couronne
Pour régner dessus ton cœur.

PHILINTE.

Une autre a guéri mon âme
Des feux que j'avois pour toi.

CLIMÈNE.

Un autre a vengé ma flamme
Des foiblesses de ta foi.

PHILINTE.

Chloris, qu'on vante si fort,
M'aime d'une ardeur fidèle ;
Si ses yeux vouloient ma mort,
Je mourrois content pour elle.

CLIMÈNE.

Myrtil, si digne d'envie,
Me chérit plus que le jour ;
Et moi, je perdrois la vie
Pour lui montrer mon amour.

PHILINTE.

Mais, si d'une douce ardeur
Quelque renaissante trace
Chassoit Chloris de mon cœur,
Pour te remettre en sa place ?

CLIMÈNE.

Bien qu'avec pleine tendresse
Myrtil me puisse chérir,
Avec toi, je le confesse,
Je voudrois vivre et mourir [1].

TOUS DEUX ENSEMBLE.

Ah ! plus que jamais aimons-nous,
Et vivons et mourons en des liens si doux.

TOUS LES ACTEURS DE LA PASTORALE.

Amants, que vos querelles
Sont aimables et belles !
Qu'on y voit succéder
De plaisir, de tendresse !

---

[1] Il n'est pas besoin de rappeler que ce gracieux morceau est une imitation de l'ode d'Horace : *Donec gratus eram tibi.*

Querellez-vous sans cesse
Pour vous raccommoder.

Amants, que vos querelles
Sont aimables et belles! etc.

SECONDE ENTRÉE DE BALLET.

Les faunes et les dryades recommencent leur danse, que les bergères et bergers musiciens entremêlent de leurs chansons, tandis que trois petites dryades et trois petits faunes font paroître dans l'enfoncement du théâtre tout ce qui se passe sur le devant.

LES BERGERS ET LES BERGÈRES.
Jouissons, jouissons des plaisirs innocents.
Dont les feux de l'amour savent charmer nos sens.
Des grandeurs qui voudra se soucie ;
Tous ces honneurs dont on a tant d'envie
Ont des chagrins qui sont trop cuisants
Jouissons, jouissons des plaisirs innocents
Dont les feux de l'amour savent charmer nos sens.
En aimant, tout nous plaît dans la vie ;
Deux cœurs unis de leur sort sont contents :
Cette ardeur, de plaisirs suivie,
De tous nos jours fait d'éternels printemps.
Jouissons, jouissons des plaisirs innocents
Dont les feux de l'amour savent charmer nos sens.

ACTE TROISIÈME

SCÈNE I. — ARISTIONE, IPHICRATE, TIMOCLÈS, ÉRIPHILE, ANAXARQUE, SOSTRATE, CLITIDAS.

ARISTIONE.
Les mêmes paroles toujours se présentent à dire ; il faut toujours s'écrier : Voilà qui est admirable ! il ne se peut rien de plus beau ! cela passe tout ce qu'on a jamais vu !

TIMOCLÈS.
C'est donner de trop grandes paroles, madame, à de petites bagatelles.

ARISTIONE.
Des bagatelles comme celles-là peuvent occuper agréablement les plus sérieuses personnes. En vérité, ma fille, vous êtes bien obligée à

ces princes, et vous ne sauriez assez reconnoître tous les soins qu'ils prennent pour vous.

ÉRIPHILE.

J'en ai, madame, tout le ressentiment qu'il est possible.

ARISTIONE.

Cependant vous les faites longtemps languir sur ce qu'ils attendent de vous. J'ai promis de ne vous point contraindre; mais leur amour vous presse de vous déclarer et de ne plus traîner en longueur la récompense de leurs services. J'ai chargé Sostrate d'apprendre doucement de vous les sentiments de votre cœur, et je ne sais pas s'il a commencé à s'acquitter de cette commission.

ÉRIPHILE.

Oui, madame; mais il me semble que je ne puis assez reculer ce choix dont on me presse, et que je ne saurois le faire sans mériter quelque blâme. Je me sens également obligée à l'amour, aux empressements, aux services de ces deux princes; et je trouve une espèce d'injustice bien grande à me montrer ingrate, ou vers l'un ou vers l'autre, par le refus qu'il m'en faudra faire dans la préférence de son rival.

IPHICRATE.

Cela s'appelle, madame, un fort honnête compliment pour nous refuser tous deux.

ARISTIONE.

Ce scrupule, ma fille, ne doit point vous inquiéter; et ces princes tous deux se sont soumis, il y a longtemps, à la préférence que pourra faire votre inclination.

ÉRIPHILE.

L'inclination, madame, est fort sujette à se tromper; et des yeux désintéressés sont beaucoup plus capables de faire un juste choix.

ARISTIONE.

Vous savez que je suis engagée de parole à ne rien prononcer là-dessus; et, parmi ces deux princes, votre inclination ne peut point se tromper et faire un choix qui soit mauvais.

ÉRIPHILE.

Pour ne point violenter votre parole ni mon scrupule, agréez, madame, un moyen que j'ose proposer.

ARISTIONE.

Quoi, ma fille?

ÉRIPHILE.

Que Sostrate décide de cette préférence. Vous l'avez pris pour découvrir le secret de mon cœur; souffrez que je le prenne pour me tirer de l'embarras où je me trouve.

ARISTIONE.

J'estime tant Sostrate, que, soit que vous vouliez vous servir de lui pour expliquer vos sentiments, ou soit que vous vous en remettiez absolument à sa conduite; je fais, dis-je, tant d'estime de sa vertu et de son jugement, que je consens de tout mon cœur à la proposition que vous me faites.

IPHICRATE.

C'est-à-dire, madame, qu'il nous faut faire notre cour à Sostrate?

SOSTRATE.

Non, seigneur, vous n'aurez point de cour à me faire; et, avec tout le respect que je dois aux princesses, je renonce à la gloire où elles veulent m'élever.

ARISTIONE.

D'où vient cela, Sostrate?

SOSTRATE.

J'ai des raisons, madame, qui ne permettent pas que je reçoive l'honneur que vous me présentez.

IPHICRATE.

Craignez-vous, Sostrate, de vous faire un ennemi?

SOSTRATE.

Je craindrois peu, seigneur, les ennemis que je pourrois me faire en obéissant à mes souveraines.

TIMOCLÈS.

Par quelle raison donc refusez-vous d'accepter le pouvoir qu'on vous donne et de vous acquérir l'amitié d'un prince qui vous devroit tout son bonheur?

SOSTRATE.

Par la raison que je ne suis pas en état d'accorder à ce prince ce qu'il souhaiteroit de moi.

IPHICRATE.

Quelle pourroit être cette raison?

SOSTRATE.

Pourquoi me tant presser là-dessus? Peut-être ai-je, seigneur, quelque intérêt secret qui s'oppose aux prétentions de votre amour. Peut-être ai-je un ami qui brûle, sans oser le dire, d'une flamme respectueuse pour les charmes divins dont vous êtes épris. Peut-être cet ami me fait-il tous les jours confidence de son martyre, qu'il se plaint à moi tous les jours des rigueurs de sa destinée, et regarde l'hymen de la princesse ainsi que l'arrêt redoutable qui le doit pousser au tombeau; et, si cela étoit, seigneur, seroit-il raisonnable que ce fût de ma main qu'il reçût le coup de sa mort?

IPHICRATE.

Vous auriez bien la mine, Sostrate, d'être vous-même cet ami dont vous prenez les intérêts.

SOSTRATE.

Ne cherchez point, de grâce, à me rendre odieux aux personnes qui vous écoutent. Je sais me connoître, seigneur; et les malheureux comme moi n'ignorent pas jusqu'où leur fortune leur permet d'aspirer.

ARISTIONE.

Laissons cela; nous trouverons moyen de terminer l'irrésolution de ma fille.

ANAXARQUE.

En est-il un meilleur, madame, pour terminer les choses au contentement de tout le monde, que les lumières que le ciel peut donner sur ce mariage? J'ai commencé, comme je vous ai dit, à jeter pour cela les figures mystérieuses que notre art nous enseigne; et j'espère vous faire voir tantôt ce que l'avenir garde à cette union souhaitée. Après cela, pourra-t-on balancer encore? La gloire et les prospérités que le ciel promettra ou à l'un ou à l'autre choix ne seront-elles pas suffisantes pour le déterminer; et celui qui sera exclu pourra-t-il s'offenser, quand ce sera le ciel qui décidera cette préférence?

IPHICRATE.

Pour moi, je m'y soumets entièrement; et je déclare que cette voie me semble la plus raisonnable.

TIMOCLÈS.

Je suis de même avis, et le ciel ne sauroit rien faire où je ne souscrive sans répugnance.

ÉRIPHILE.

Mais, seigneur Anaxarque, voyez-vous si clair dans les destinées, que vous ne vous trompiez jamais? et ces prospérités et cette gloire que vous dites que le ciel nous promet, qui en sera caution, je vous prie?

ARISTIONE.

Ma fille, vous avez une petite incrédulité qui ne vous quitte point.

ANAXARQUE.

Les épreuves, madame, que tout le monde a vues de l'infaillibilité de mes prédictions sont les cautions suffisantes des promesses que je puis faire. Mais enfin, quand je vous aurai fait voir ce que le ciel vous marque, vous vous réglerez là-dessus à votre fantaisie; et ce sera à vous à prendre la fortune de l'un ou de l'autre choix.

ÉRIPHILE.

Le ciel, Anaxarque, me marquera les deux fortunes qui m'attendent?

ANAXARQUE.

Oui, madame: les félicités qui vous suivront, si vous épousez l'un; et les disgrâces qui vous accompagneront, si vous épousez l'autre.

ÉRIPHILE.

Mais, comme il est impossible que je les épouse tous deux, il faut donc qu'on trouve écrit dans le ciel non-seulement ce qui doit arriver, mais aussi ce qui ne doit pas arriver.

CLITIDAS, à part.

Voilà mon astrologue embarrassé.

ANAXARQUE.

Il faudroit vous faire, madame, une longue discussion des principes de l'astrologie, pour vous faire comprendre cela.

CLITIDAS.

Bien répondu. Madame, je ne dis point de mal de l'astrologie : l'astrologie est une belle chose, et le seigneur Anaxarque est un grand homme.

IPHICRATE.

La vérité de l'astrologie est une chose incontestable, et il n'y a personne qui puisse disputer contre la certitude de ses prédictions.

CLITIDAS.

Assurément.

TIMOCLÈS.

Je suis assez incrédule pour quantité de choses; mais pour ce qui est de l'astrologie, il n'y a rien de plus sûr et de plus constant que le succès des horoscopes qu'elle tire.

CLITIDAS.

Ce sont des choses les plus claires du monde.

IPHICRATE.

Cent aventures prédites arrivent tous les jours, qui convainquent les plus opiniâtres.

CLITIDAS.

Il est vrai.

TIMOCLÈS.

Peut-on contester, sur cette matière, les incidents célèbres dont les histoires nous font foi?

CLITIDAS.

Il faut n'avoir pas le sens commun. Le moyen de contester ce qui est moulé?

ARISTIONE.

Sostrate n'en dit mot. Quel est son sentiment là-dessus?

SOSTRATE.

Madame, tous les esprits ne sont pas nés avec les qualités qu'il faut pour la délicatesse de ces belles sciences, qu'on nomme curieuses; et il y en a de si matériels, qu'ils ne peuvent aucunement comprendre ce que d'autres conçoivent le plus facilement du monde. Il n'est rien de plus agréable, madame, que toutes les grandes promesses de ces connoissances sublimes. Transformer tout en or; faire vivre éternellement; guérir par des paroles; se faire aimer de qui l'on veut; savoir tous les secrets de l'avenir; faire descendre comme on veut du ciel, sur des métaux, des impressions de bonheur; commander aux démons; se faire des armées invisibles et des soldats invulnérables : tout cela est charmant, sans doute, et il y a des gens qui n'ont aucune peine à en comprendre la possibilité, cela leur est le plus aisé du monde à concevoir. Mais, pour moi, je vous avoue que mon esprit grossier a quelque peine à le comprendre et à le croire, et j'ai toujours trouvé cela trop beau pour être véritable. Toutes ces belles raisons de sympathie, de force magnétique et de vertu occulte, sont si subtiles et délicates, qu'elles échappent à mon sens matériel; et, sans parler du reste, jamais il n'a été en ma puissance de concevoir comme on trouve écrit dans le ciel jusqu'aux plus petites particularités de la fortune du moindre homme. Quel rapport, quel commerce, quelle correspondance peut-il y avoir entre nous et des globes éloignés de notre terre d'une distance si effroyable? et d'où cette belle science, enfin, peut-elle être venue aux hommes? Quel dieu l'a révélée? ou quelle expérience l'a pu former de l'observation de ce grand nombre d'astres qu'on n'a pu voir encore deux fois dans la même disposition?

ANAXARQUE.

Il ne sera pas difficile de vous le faire concevoir.

SOSTRATE.

Vous serez plus habile que tous les autres.

CLITIDAS, à Sostrate.

Il vous fera une discussion de tout cela, quand vous voudrez.

IPHICRATE, à Sostrate.

Si vous ne comprenez pas les choses, au moins les pouvez-vous croire sur ce que l'on voit tous les jours.

SOSTRATE.

Comme mon sens est si grossier, qu'il n'a pu rien comprendre, mes yeux aussi sont si malheureux, qu'ils n'ont jamais rien vu.

IPHICRATE.

Pour moi, j'ai vu, et des choses tout à fait convaincantes.

TIMOCLÈS.

Et moi aussi.

SOSTRATE.

Comme vous avez vu, vous faites bien de croire; et il faut que vos yeux soient faits autrement que les miens.

IPHICRATE.

Mais enfin la princesse croit à l'astrologie; et il me semble qu'on y peut bien croire après elle. Est-ce que madame, Sostrate, n'a pas de l'esprit et du sens?

SOSTRATE.

Seigneur, la question est un peu violente. L'esprit de la princesse n'est pas une règle pour le mien; et son intelligence peut l'élever à des lumières où mon sens ne peut pas atteindre.

ARISTIONE.

Non, Sostrate, je ne vous dirai rien sur quantité de choses auxquelles je ne donne guère plus de créance que vous ; mais, pour l'astrologie, on m'a dit et fait voir des choses si positives, que je ne la puis mettre en doute.

SOSTRATE.

Madame, je n'ai rien à répondre à cela.

ARISTIONE.

Quittons ce discours, et qu'on nous laisse un moment. Dressons notre promenade, ma fille, vers cette belle grotte où j'ai promis d'aller. Des galanteries à chaque pas!

QUATRIÈME INTERMÈDE.

Le théâtre représente une grotte où les princesses vont se promener ; et, dans le temps qu'elles y entrent, huit statues, portant chacune deux flambeaux à leurs mains, sortent de leurs niches, et font une danse variée de plusieurs figures et de plusieurs belles attitudes, où elles demeurent par intervalles.

ENTRÉE DE BALLET

de huit statues.

ACTE QUATRIÈME

SCÈNE I. — ARISTIONE, ÉRIPHILE.

ARISTIONE.

De qui que cela soit, on ne peut rien de plus galant et de mieux entendu. Ma fille, j'ai voulu me séparer de tout le monde pour vous entretenir ; et je veux que vous ne me cachiez rien de la vérité. N'auriez-vous point dans l'âme quelque inclination secrète que vous ne voulez pas nous dire?

ÉRIPHILE.

Moi, madame?

ARISTIONE.

Parlez à cœur ouvert, ma fille. Ce que j'ai fait pour vous mérite bien que vous usiez avec moi de franchise. Tourner vers vous toutes mes pensées, vous préférer à toutes choses, et fermer l'oreille, en l'état où je suis, à toutes les propositions que cent princesses, en ma place, écouteroient avec bienséance : tout cela vous doit assez persuader que je suis une bonne mère et que je ne suis pas pour recevoir avec sévérité les ouvertures que vous pourriez me faire de votre cœur.

ÉRIPHILE.

Si j'avois si mal suivi votre exemple, que de m'être laissée aller à quelques sentiments d'inclination que j'eusse raison de cacher, j'aurois, madame, assez de pouvoir sur moi-même pour imposer silence à cette passion et me mettre en état de ne rien faire voir qui fût indigne de votre sang.

ARISTIONE.

Non, non, ma fille; vous pouvez, sans scrupule, m'ouvrir vos sentiments. Je n'ai point renfermé votre inclination dans le choix de deux princes; vous pouvez l'étendre où vous voudrez; et le mérite, auprès de moi, tient un rang si considérable, que je l'égale à tout; et, si vous m'avouez franchement les choses, vous me verrez souscrire sans répugnance au choix qu'aura fait votre cœur.

ÉRIPHILE.

Vous avez des bontés pour moi, madame, dont je ne puis assez me louer; mais je ne les mettrai point à l'épreuve sur le sujet dont vous me parlez; et tout ce que je leur demande, c'est de ne point presser un mariage où je ne me sens pas encore bien résolue.

ARISTIONE.

Jusqu'ici je vous ai laissée assez maîtresse de tout; et l'impatience des princes vos amants... Mais quel bruit est-ce que j'entends? Ah! ma fille, quel spectacle s'offre à nos yeux! quelque divinité descend ici, et c'est la déesse Vénus qui semble nous vouloir parler.

SCÈNE II. — VÉNUS, accompagnée de quatre petits Amours dans une machine; ARISTIONE, ÉRIPHILE.

VÉNUS, à Aristione.

Princesse, dans tes soins brille un zèle exemplaire
Qui par les immortels doit être couronné:
Et, pour te voir un gendre illustre et fortuné,
Leur main te veut marquer le choix que tu dois faire.
   Ils t'annoncent tous par ma voix
La gloire et les grandeurs que, par ce digne choix,
Ils feront pour jamais entrer dans ta famille.
De tes difficultés termine donc le cours,
    Et pense à donner ta fille
    A qui sauvera tes jours.

SCÈNE III. — ARISTIONE, ÉRIPHILE.

ARISTIONE.

Ma fille, les dieux imposent silence à tous nos raisonnements. Après cela, nous n'avons plus rien à faire qu'à recevoir ce qu'ils s'apprêtent à nous donner; et vous venez d'entendre distinctement leur volonté. Allons dans le premier temple les assurer de notre obéissance et leur rendre grâces de leurs bontés.

SCÈNE IV. — ANAXARQUE, CLÉON.

CLÉON.

Voilà la princesse qui s'en va; ne voulez-vous pas lui parler?

ANAXARQUE.

Attendons que sa fille soit séparée d'elle. C'est un esprit que je redoute, et qui n'est pas de trempe à se laisser mener ainsi que celui de sa mère. Enfin, mon fils, comme nous venons de voir par cette ouverture, le stratagème a réussi. Notre Vénus a fait des merveilles, et l'admirable ingénieur qui s'est employé à cet artifice a si bien disposé tout, a coupé avec tant d'adresse le plancher de cette grotte, si bien caché ses fils de fer et tous ses ressorts, si bien ajusté ses lumières et habillé ses personnages, qu'il y a peu de gens qui n'y eussent été trompés; et, comme la princesse Aristione est fort superstitieuse, il ne faut point douter qu'elle ne donne à pleine tête dans cette tromperie. Il y a longtemps, mon fils, que je prépare cette machine, et me voilà tantôt au but de mes prétentions.

CLÉON.

Mais pour lequel des deux princes, au moins, dressez-vous tout cet artifice?

ANAXARQUE.

Tous deux ont recherché mon assistance, et je leur promets à tous deux la faveur de mon art. Mais les présents du prince Iphicrate et les promesses qu'il m'a faites l'emportent de beaucoup sur tout ce qu'a pu faire l'autre. Ainsi ce sera lui qui recevra les effets favorables de tous les ressorts que je fais jouer; et, comme son ambition me devra toute chose, voilà, mon fils, notre fortune faite. Je vais prendre mon temps pour affermir dans son erreur l'esprit de la princesse, pour la mieux prévenir encore par le rapport que je lui ferai voir adroitement des paroles de Vénus avec les prédictions des figures célestes que je lui dis que j'ai jetées. Va-t'en tenir la main au reste de l'ouvrage, préparer nos six hommes à se bien cacher dans leur barque derrière le rocher, à posément attendre le temps que la princesse Aristione vient tous les soirs se promener seule sur le rivage, à se jeter bien à propos sur elle ainsi que des corsaires, et donner lieu au prince Iphicrate de lui apporter ce secours qui, sur les paroles du ciel, doit mettre entre ses mains la princesse Ériphile. Ce prince est averti par moi; et, sur la foi de ma prédiction, il doit se tenir dans ce petit bois qui borde le rivage. Mais sortons de cette grotte; je te dirai, en marchant, toutes les choses qu'il faut bien observer. Voilà la princesse Ériphile : évitons sa rencontre.

SCÈNE V. — ÉRIPHILE, seule.

Hélas! quelle est ma destinée! et qu'ai-je fait aux dieux pour mériter les soins qu'ils veulent prendre de moi?

SCÈNE VI. — ÉRIPHILE, CLÉONICE.

CLÉONICE.

Le voici, madame, que j'ai trouvé; et, à vos premiers ordres, il n'a pas manqué de me suivre.

ÉRIPHILE.

Qu'il approche, Cléonice; et qu'on nous laisse seuls un moment.

SCÈNE VII. — ÉRIPHILE, SOSTRATE.

ÉRIPHILE.

Sostrate, vous m'aimez.

SOSTRATE.

Moi, madame?

ÉRIPHILE.

Laissons cela, Sostrate; je le sais, je l'approuve, et vous permets de me le dire. Votre passion a paru à mes yeux accompagnée de tout le mérite qui me la pouvoit rendre agréable. Si ce n'étoit le rang où le ciel m'a fait naître, je puis vous dire que cette passion n'auroit pas été malheureuse, et que cent fois je lui ai souhaité l'appui d'une fortune qui pût mettre pour elle en pleine liberté les secrets sentiments de mon âme. Ce n'est pas, Sostrate, que le mérite seul n'ait à mes yeux tout le prix qu'il doit avoir, et que, dans mon cœur, je ne préfère les vertus qui sont en vous à tous les titres magnifiques dont les autres sont revêtus. Ce n'est pas même que la princesse ma mère ne m'ait assez laissé la disposition de mes vœux; et je ne doute point, je vous l'avoue, que mes prières n'eussent pu tourner son consentement du côté que j'aurois voulu. Mais il est des états, Sostrate, où il n'est pas honnête de vouloir tout ce qu'on peut faire. Il y a des chagrins à se mettre au-dessus de toutes choses; et les bruits fâcheux de la renommée vous font trop acheter le plaisir que l'on trouve à contenter son inclination. C'est à quoi, Sostrate, je ne me serois jamais résolue; et j'ai cru faire assez de fuir l'engagement dont j'étois sollicitée. Mais, enfin, les dieux veulent prendre eux-mêmes le soin de me donner un époux; et tous ces longs délais avec lesquels j'ai reculé mon mariage, et que les bontés de la princesse ma mère ont accordés à mes désirs; ces délais, dis-je, ne me sont plus permis, et il me faut résoudre à subir cet arrêt du ciel. Soyez sûr, Sostrate, que c'est avec toutes les répugnances du monde que je m'abandonne à cet hyménée; et que, si j'avois pu être maîtresse de moi, ou j'aurois été à vous, ou je n'aurois été à personne. Voilà, Sostrate, ce que j'avois à vous dire; voilà ce que j'ai cru devoir à votre mérite, et la consolation que toute ma tendresse peut donner à votre flamme.

SOSTRATE.

Ah! madame, c'en est trop pour un malheureux! Je ne m'étois pas préparé à mourir avec tant de gloire; et je cesse, dans ce moment, de me plaindre des destinées. Si elles m'ont fait naître dans un rang beaucoup moins élevé que mes désirs, elles m'ont fait naître assez heureux pour attirer quelque pitié du cœur d'une grande princesse; et cette pitié glorieuse vaut des sceptres et des couronnes, vaut la fortune des plus grands princes de la terre. Oui, madame, dès que j'ai osé vous aimer (c'est vous, madame, qui voulez bien que je me serve de ce mot téméraire), dès que j'ai, dis-je, osé vous aimer, j'ai condamné d'abord l'orgueil de mes désirs; je me suis fait moi-même la destinée que je devois attendre. Le coup de mon trépas, madame, n'aura rien qui me surprenne, puisque je m'y étois préparé; mais vos bontés le comblent d'un honneur que mon amour jamais n'eût osé espérer; et je m'en vais mourir, après cela, le plus content et le plus glorieux de tous les hommes. Si je puis encore souhaiter quelque chose, ce sont deux grâces, madame, que je prends la hardiesse de vous demander à genoux : de vouloir souffrir ma présence jusqu'à cet heureux hyménée qui doit mettre fin à ma vie; et, parmi cette grande gloire et ces longues prospérités que le ciel promet à votre union, de vous souvenir quelquefois de l'amoureux Sostrate. Puis-je, divine princesse, me promettre de vous cette précieuse faveur?

ÉRIPHILE.

Allez, Sostrate, sortez d'ici. Ce n'est pas aimer mon repos que de me demander que je me souvienne de vous.

SOSTRATE.

Ah! madame, si votre repos...

ÉRIPHILE.

Otez-vous, vous dis-je, Sostrate; épargnez ma foiblesse, et ne m'exposez point à plus que je n'ai résolu.

SCÈNE VIII. — ÉRIPHILE, CLÉONICE.

CLÉONICE.

Madame, je vous vois l'esprit tout chagrin : vous plaît-il que vos danseurs, qui expriment si bien toutes les passions, vous donnent maintenant quelque épreuve de leur adresse?

ÉRIPHILE.

Oui, Cléonice : qu'ils fassent tout ce qu'ils voudront, pourvu qu'ils me laissent à mes pensées.

CINQUIÈME INTERMÈDE

Quatre pantomimes, pour épreuve de leur adresse, ajustent leurs gestes et leurs pas aux inquiétudes de la jeune princesse Ériphile.

ENTRÉE DE BALLET

de quatre pantomimes.

ACTE CINQUIÈME

SCÈNE I. — ÉRIPHILE, CLITIDAS.

CLITIDAS.

De quel côté porter mes pas? où m'aviserai-je d'aller? et en quel lieu puis-je croire que je trouverai maintenant la princesse Ériphile? Ce n'est pas un petit avantage que d'être le premier à porter une nouvelle. Ah! la voilà! Madame, je vous annonce que le ciel vient de vous donner l'époux qu'il vous destinoit.

ÉRIPHILE.

Eh! laisse-moi, Clitidas, dans ma sombre mélancolie.

CLITIDAS.

Madame, je vous demande pardon. Je pensois faire bien de vous voir dire que le ciel vient de vous donner Sostrate pour époux; mais, puisque cela vous incommode, je rengaîne ma nouvelle, et m'en retourne droit comme je suis venu.

ÉRIPHILE.

Clitidas! holà, Clitidas!

CLITIDAS.

Je vous laisse, madame, dans votre sombre mélancolie.

ÉRIPHILE.

Arrête, te dis-je; approche. Que viens-tu me dire?

CLITIDAS.

Rien, madame. On a parfois des empressements de venir dire aux grands de certaines choses dont ils ne se soucient pas, et je vous prie de m'excuser.

ÉRIPHILE.

Que tu es cruel!

CLITIDAS.

Une autre fois j'aurai la discrétion de ne vous pas venir interrompre.

ÉRIPHILE.

Ne me tiens point dans l'inquiétude. Qu'est-ce que tu viens m'annoncer?

CLITIDAS.

C'est une bagatelle de Sostrate, madame, que je vous dirai une autre fois, quand vous ne serez point embarrassée.

ÉRIPHILE.

Ne me fais point languir davantage, te dis-je, et m'apprends cette nouvelle.

CLITIDAS.

Vous la voulez savoir, madame?

ÉRIPHILE.

Oui; dépêche. Qu'as-tu à me dire de Sostrate?

CLITIDAS.

Une aventure merveilleuse, où personne ne s'attendoit.

ÉRIPHILE.

Dis-moi vite ce que c'est.

CLITIDAS.

Cela ne troublera-t-il point, madame, votre sombre mélancolie?

ÉRIPHILE.

Ah! parle promptement.

CLITIDAS.

J'ai donc à vous dire, madame, que la princesse votre mère passoit presque seule dans la forêt, par ces petites routes qui sont si agréables, lorsqu'un sanglier hideux (ces vilains sangliers-là font toujours du désordre, et l'on devroit les bannir des forêts bien policées), lors, dis-je, qu'un sanglier hideux, poussé, je crois, par des chasseurs, est venu traverser la route où nous étions. Je devrois vous faire peut-être, pour orner mon récit, une description étendue du sanglier dont je parle; mais vous vous en passerez, s'il vous plaît, et je me contenterai de vous dire que c'étoit un fort vilain animal. Il passoit son chemin, et il étoit bon de ne lui rien dire, de ne point chercher de noise avec lui; mais la princesse a voulu essayer sa dextérité, et de son dard, qu'elle lui a lancé un peu mal à propos, ne lui en déplaise, lui a fait au-dessus de l'oreille une assez petite blessure. Le sanglier, mal morigéné, s'est impertinemment détourné contre nous: nous étions là deux ou trois misérables qui avons pâli de frayeur; chacun gagnoit son arbre, et la princesse, sans défense, demeuroit exposée à la furie de la bête, lorsque Sostrate a paru comme si les dieux l'eussent envoyé.

ÉRIPHILE.

Eh bien, Clitidas?

CLITIDAS.

Si mon récit vous ennuie, madame, je remettrai le reste à une autre fois.

ÉRIPHILE.

Achève promptement.

CLITIDAS.

Ma foi, c'est promptement de vrai que j'achèverai; car un peu de poltronnerie m'a empêché de voir tout le détail de ce combat; et tout ce que je puis vous dire, c'est que, retournant sur la place, nous avons vu le sanglier mort, tout vautré dans son sang; et la princesse, pleine de joie, nommant Sostrate son libérateur et l'époux digne et fortuné que les dieux lui marquoient pour vous. A ces paroles, j'ai cru que j'en avois assez entendu; et je me suis hâté de vous en venir, avant tous, apporter la nouvelle.

ÉRIPHILE.

Ah! Clitidas, pouvois-tu m'en donner une qui me pût être plus agréable?

CLITIDAS.

Voilà qu'on vient vous trouver.

SCÈNE II. — ARISTIONE, SOSTRATE, ÉRIPHILE, CLITIDAS.

ARISTIONE.

Je vois, ma fille, que vous savez déjà tout ce que nous pourrions vous dire. Vous voyez que les dieux se sont expliqués bien plus tôt que nous n'eussions pensé: mon péril n'a guère tardé à nous marquer leurs volontés, et l'on connoît assez que ce sont eux qui se sont mêlés de ce choix, puisque le mérite tout seul brille dans cette préférence. Aurez-vous quelque répugnance à récompenser de votre cœur celui à qui je dois la vie? et refusez-vous Sostrate pour époux?

ÉRIPHILE.

Et de la main des dieux et de la vôtre, madame, je ne puis rien recevoir qui ne me soit fort agréable.

SOSTRATE.

Ciel! n'est-ce point ici quelque songe tout plein de gloire dont les dieux me veuillent flatter? et quelque réveil malheureux ne me replongera-t-il point dans la bassesse de ma fortune?

SCÈNE III. — ARISTIONE, ÉRIPHILE, SOSTRATE, CLÉONICE, CLITIDAS.

CLÉONICE.

Madame, je viens vous dire qu'Anaxarque a jusqu'ici abusé l'un et l'autre prince par l'espérance de ce choix qu'ils poursuivent depuis longtemps; et qu'au bruit qui s'est répandu de votre aventure ils ont fait éclater tous deux leur ressentiment contre lui, jusque-là que, de paroles en paroles, les choses se sont échauffées, et il en a reçu quelques blessures dont on ne sait pas bien ce qui arrivera. Mais les voici.

SCÈNE IV. — ARISTIONE, ÉRIPHILE, IPHICRATE, TIMOCLÈS, SOSTRATE, CLÉONICE, CLITIDAS.

ARISTIONE.

Princes, vous agissez tous deux avec une violence bien grande! et, si Anaxarque a pu vous offenser, j'étois pour vous en faire justice moi-même.

IPHICRATE.

Et quelle justice, madame, auriez-vous pu nous faire de lui, si vous la faites si peu à notre rang dans le choix que vous embrassez?

ARISTIONE.

Ne vous êtes-vous pas soumis l'un et l'autre à ce que pourroient décider, ou les ordres du ciel, ou l'inclination de ma fille?

TIMOCLÈS.

Oui, madame, nous nous sommes soumis à ce qu'ils pourroient décider entre le prince Iphicrate et moi, mais non pas à nous voir rebutés tous deux.

ARISTIONE.

Et si chacun de vous a bien pu se résoudre à souffrir une préférence, que vous arrive-t-il à tous deux où vous ne soyez préparés? et que peuvent importer à l'un et à l'autre les intérêts de son rival?

IPHICRATE.

Oui, madame, il importe. C'est quelque consolation de se voir préférer un homme qui vous est égal; et votre aveuglement est une chose épouvantable.

ARISTIONE.

Prince, je ne veux pas me brouiller avec une personne qui m'a fait tant de grâce que de me dire des douceurs; et je vous prie, avec toute l'honnêteté qu'il m'est possible, de donner à votre chagrin un fondement plus raisonnable; de vous souvenir, s'il vous plaît, que Sostrate est revêtu d'un mérite qui s'est fait connoître à toute la Grèce, et que le rang où le ciel l'élève aujourd'hui va remplir toute la distance qui étoit entre lui et vous.

IPHICRATE.

Oui, oui, madame, nous nous en souviendrons. Mais peut-être aussi vous souviendrez-vous que deux princes outragés ne sont pas deux ennemis peu redoutables.

TIMOCLÈS.

Peut-être, madame, qu'on ne goûtera pas longtemps la joie du mépris que l'on fait de nous.

ARISTIONE.

Je pardonne toutes ces menaces aux chagrins d'un amour qui se croit offensé; et nous n'en verrons pas avec moins de tranquillité la fête des jeux Pythiens. Allons-y de ce pas, et couronnons, par ce pompeux spectacle, cette merveilleuse journée.

SIXIÈME INTERMÈDE

QUI EST LA SOLENNITÉ DES JEUX PYTHIENS.

Le théâtre est une grande salle, en manière d'amphithéâtre ouvert d'une grande arcade dans le fond, au-dessus de laquelle est une tribune fermée d'un rideau, et dans l'éloignement paroît un autel pour le sacrifice. Six hommes, habillés comme s'ils étoient presque nus, portant chacun une hache sur l'épaule, comme ministres du sacrifice, entrent par le portique, au son des violons, et sont suivis de deux sacrificateurs musiciens, d'une prêtresse musicienne, et leur suite.

LA PRÊTRESSE.

Chantez, peuples, chantez, en mille et mille lieux,
Du dieu que nous servons les brillantes merveilles;
Parcourez la terre et les cieux :
Vous ne sauriez chanter rien de plus précieux,
Rien de plus doux pour les oreilles.

UNE GRECQUE.

A ce dieu plein de force, à ce dieu plein d'appas,
Il n'est rien qui résiste.

AUTRE GRECQUE.

Il n'est rien ici-bas
Qui par ses bienfaits ne subsiste.

AUTRE GRECQUE.

Toute la terre est triste
Quand on ne le voit pas.

LE CHŒUR.

Poussons à sa mémoire
Des concerts si touchants,
Que, du haut de sa gloire,
Il écoute nos chants.

PREMIÈRE ENTRÉE DE BALLET.

Les six hommes portant les haches font entre eux une danse ornée de toutes les attitudes que peuvent exprimer des gens qui étudient leurs forces ; puis ils se retirent aux deux côtés du théâtre, pour faire place à six voltigeurs.

SECONDE ENTRÉE DE BALLET.

Six voltigeurs font paroître, en cadence, leur adresse sur des chevaux de bois, qui sont apportés par des esclaves.

TROISIÈME ENTRÉE DE BALLET.

Quatre conducteurs d'esclaves amènent, en cadence, douze esclaves, qui dansent en marquant la joie qu'ils ont d'avoir recouvré leur liberté.

QUATRIÈME ENTRÉE DE BALLET.

Quatre hommes et quatre femmes, armés à la grecque, font ensemble une manière de jeu pour les armes.
La tribune s'ouvre. Un héraut, six trompettes et un timbalier, se mêlant à tous les instruments, annoncent, avec un grand bruit, la venue d'Apollon.

LE CHŒUR.
Ouvrons tous nos yeux
A l'éclat suprême
Qui brille en ces lieux.
Quelle grâce extrême !
Quel port glorieux !
Où voit-on des dieux
Qui soient faits de même ?

Apollon, au bruit des trompettes et des violons, entre par le portique, précédé de six jeunes gens qui portent des lauriers entrelacés autour d'un bâton, et un soleil d'or au-dessus, avec la devise royale, en manière de trophée. Les six jeunes gens, pour danser avec Apollon, donnent leur trophée à tenir aux six hommes qui portent les haches, et commencent, avec Apollon, une danse héroïque, à laquelle se joignent, en diverses manières, les six hommes portant les trophées, les quatre femmes armées avec leurs timbres, et les quatre hommes armés avec leurs tambours, tandis que les six trompettes, le timbalier, les sacrificateurs, la prêtresse et le chœur de musique accompagnent tout cela, en se mêlant à diverses reprises ; ce qui finit la fête des jeux Pythiens et tout le divertissement.

CINQUIÈME ENTRÉE DE BALLET.

APOLLON, et SIX JEUNES GENS de la suite; chœur de musique

Pour le Roi, *représentant le Soleil.*

Je suis la source des clartés ;
Et les astres les plus vantés
Dont le beau cercle m'environne
Ne sont brillants et respectés
Que par l'éclat que je leur donne.

Du char où je me puis asseoir,
Je vois le désir de me voir
Posséder la nature entière;
Et le monde n'a son espoir
Qu'aux seuls bienfaits de ma lumière.

Bienheureuses de toutes parts,
Et pleines d'exquises richesses,
Les terres où de mes regards
J'arrête les douces caresses!

Pour M. LE GRAND, *suivant d'Apollon.*

Bien qu'auprès du soleil tout autre éclat s'efface,
S'en éloigner pourtant n'est pas ce que l'on veut;
Et vous voyez bien, quoi qu'il fasse,
Que l'on s'en tient toujours le plus près que l'on peut.

Pour le marquis DE VILLEROI, *suivant d'Apollon.*

De notre maître incomparable
Vous me voyez inséparable;
Et le zèle puissant qui m'attache à ses vœux
Le suit parmi les eaux, le suit parmi les feux.

Pour le marquis DE RASSENT, *suivant d'Apollon.*

Je ne serai pas vain, quand je ne croirai pas
Qu'un autre, mieux que moi, suive partout ses pas.

LE BOURGEOIS GENTILHOMME

COMÉDIE-BALLET EN CINQ ACTES

14 OCTOBRE 1670, A CHERBOURG

PERSONNAGES DE LA COMÉDIE

MONSIEUR JOURDAIN, bourgeois.
MADAME JOURDAIN, sa femme.
LUCILE, fille de monsieur Jourdain.
CLÉONTE, amoureux de Lucile.
DORIMÈNE, marquise.
DORANTE, comte, amant de Dorimène.
NICOLE, servante de monsieur Jourdain.
COVIELLE, valet de Cléonte.
UN MAITRE DE MUSIQUE.
UN ÉLÈVE du maitre de musique.
UN MAITRE A DANSER.
UN MAITRE D'ARMES.
UN MAITRE DE PHILOSOPHIE.
UN MAITRE TAILLEUR.
UN GARÇON TAILLEUR.
DEUX LAQUAIS.

DANS LE PREMIER ACTE.

UNE MUSICIENNE.
DEUX MUSICIENS.
DANSEURS.

DANS LE SECOND ACTE.

GARÇONS TAILLEURS dansants.

DANS LE TROISIÈME ACTE.

CUISINIERS dansants.

DANS LE QUATRIÈME ACTE.

CÉRÉMONIE TURQUE.

LE MUFTI.
TURCS assistants du mufti, chantants.
DERVIS chantants.
TURCS dansants.

DANS LE CINQUIÈME ACTE.

BALLET DES NATIONS.

UN DONNEUR DE LIVRES dansant.
IMPORTUNS dansants.

TROUPE DE SPECTATEURS chantants.
PREMIER HOMME du bel air.
SECOND HOMME du bel air.
PREMIÈRE FEMME du bel air.
SECONDE FEMME du bel air.
PREMIER GASCON.
SECOND GASCON.
UN SUISSE.
UN VIEUX BOURGEOIS babillard.
UNE VIEILLE BOURGEOISE babillarde.
ESPAGNOLS chantants.
ESPAGNOLS dansants.
UNE ITALIENNE.
UN ITALIEN.
DEUX SCARAMOUCHES.
DEUX TRIVELINS.
ARLEQUINS.
DEUX POITEVINS chantants et dansants.
POITEVINS et POITEVINES dansants.

La scène est à Paris, dans la maison de monsieur Jourdain.

ACTE PREMIER

L'ouverture se fait par un grand assemblage d'instruments; et, dans le milieu du théâtre, on voit un élève du maître de musique qui compose sur une table un air que le bourgeois a demandé pour une sérénade.

SCÈNE I. — UN MAITRE DE MUSIQUE, UN MAITRE A DANSER, TROIS MUSICIENS, DEUX VIOLONS, QUATRE DANSEURS.

LE MAÎTRE DE MUSIQUE, aux musiciens.

Venez, entrez dans cette salle, et vous reposez là, en attendan qu'il vienne.

LE MAÎTRE A DANSER, aux danseurs.

Et vous aussi, de ce côté.

LE MAÎTRE DE MUSIQUE, à son élève

Est-ce fait?

L'ÉLÈVE.

Oui.

LE MAÎTRE DE MUSIQUE.

Voyons... Voilà qui est bien.

LE MAÎTRE A DANSER.

Est-ce quelque chose de nouveau?

LE MAÎTRE DE MUSIQUE.

Oui, c'est un air pour une sérénade, que je lui ai fait composer ici, en attendant que notre homme fût éveillé.

LE MAÎTRE A DANSER

Peut-on voir ce que c'est?

LE MAÎTRE DE MUSIQUE.

Vous l'allez entendre avec le dialogue, quand il viendra. Il ne tardera guère.

LE MAÎTRE A DANSER.

Nos occupations, à vous et à moi, ne sont pas petites maintenant.

LE MAÎTRE DE MUSIQUE.

Il est vrai. Nous avons trouvé ici un homme comme il nous le faut à tous deux. Ce nous est une douce rente que ce monsieur Jourdain, avec les visions de noblesse et de galanterie qu'il est allé se mettre en tête, et votre danse et ma musique auroient à souhaiter que tout le monde lui ressemblât.

LE MAÎTRE A DANSER.

Non pas entièrement ; et je voudrois, pour lui, qu'il se connût mieux qu'il ne fait aux choses que nous lui donnons.

LE MAÎTRE DE MUSIQUE.

Il est vrai qu'il les connoît mal, mais il les paye bien ; et c'est de quoi maintenant nos arts ont plus besoin que de toute autre chose.

LE MAÎTRE A DANSER.

Pour moi, je vous l'avoue, je me repais un peu de gloire. Les applaudissements me touchent, et je tiens que, dans tous les beaux-arts, c'est un supplice assez fâcheux que de se produire à des sots, que d'essuyer, sur des compositions, la barbarie d'un stupide. Il y a plaisir, ne m'en parlez point, à travailler pour des personnes qui soient capables de sentir les délicatesses d'un art, qui sachent faire un doux accueil aux beautés d'un ouvrage, et, par de chatouillantes approbations, vous régaler de votre travail [1]. Oui, la récompense la plus agréable qu'on puisse recevoir des choses que l'on fait, c'est de les voir connues, de les voir caressées d'un applaudissement qui vous honore. Il n'y a rien, à mon avis, qui nous paye mieux que cela de toutes nos fatigues ; et ce sont des douceurs exquises que des louanges éclairées.

LE MAÎTRE DE MUSIQUE.

J'en demeure d'accord, et je les goûte comme vous. Il n'y a rien assurément qui chatouille davantage que les applaudissements que vous dites ; mais cet encens ne fait pas vivre. Des louanges toutes pures ne mettent point un homme à son aise : il y faut mêler du solide ; et la meilleure façon de louer, c'est de louer avec les mains. C'est un homme, à la vérité, dont les lumières sont petites, qui parle à tort et à travers de toutes choses et n'applaudit qu'à contre-sens ; mais son argent redresse les jugements de son esprit ; il a du discernement dans sa bourse ; ses louanges sont monnoyées ; et ce bourgeois igno-

---

[1] *Régaler*, récompenser, dédommager. Molière, dans l'*Étourdi*, avait déjà dit : *Pour vous régaler du souci*, etc. (Auger.)

rant nous vaut mieux, comme vous voyez, que le grand seigneur éclairé qui nous a introduits ici.

LE MAÎTRE A DANSER.

Il y a quelque chose de vrai dans ce que vous dites; mais je trouve que vous appuyez un peu trop sur l'argent; et l'intérêt est quelque chose de si bas, qu'il ne faut jamais qu'un honnête homme montre pour lui de l'attachement.

LE MAÎTRE DE MUSIQUE.

Vous recevez fort bien pourtant l'argent que notre homme vous donne.

LE MAÎTRE A DANSER.

Assurément; mais je n'en fais pas tout mon bonheur; et je voudrois qu'avec son bien il eût encore quelque bon goût des choses.

LE MAÎTRE DE MUSIQUE.

Je le voudrois aussi; et c'est à quoi nous travaillons tous deux autant que nous pouvons. Mais, en tout cas, il nous donne moyen de nous faire connoître dans le monde; et il payera pour les autres ce que les autres loueront pour lui.

LE MAÎTRE A DANSER.

Le voilà qui vient[1].

SCÈNE II. — MONSIEUR JOURDAIN, en robe de chambre et en bonnet de nuit; LE MAITRE DE MUSIQUE, LE MAITRE A DANSER, L'ÉLÈVE du maître de musique, UNE MUSICIENNE, DEUX MUSICIENS, DANSEURS, DEUX LAQUAIS.

MONSIEUR JOURDAIN.

Eh bien, messieurs? Qu'est-ce? Me ferez-vous voir votre petite drôlerie?

LE MAÎTRE A DANSER.

Comment? Quelle petite drôlerie?

MONSIEUR JOURDAIN.

Eh! la... Comment appelez-vous cela? Votre prologue ou dialogue de chansons et de danse?

LE MAÎTRE A DANSER.

Ah! ah!

LE MAÎTRE DE MUSIQUE.

Vous nous y voyez préparés.

MONSIEUR JOURDAIN.

Je vous ai fait un peu attendre; mais c'est que je me fais habiller aujourd'hui comme les gens de qualité; et mon tailleur m'a envoyé des bas de soie que j'ai pensé ne mettre jamais.

---

[1] Molière excelle dans toutes ses expositions. Celle-ci est une des meilleures et des plus gaies. Nous connaissons déjà parfaitement le ridicule du principal personnage. (A.)

ACTE I, SCÈNE II.

LE MAÎTRE DE MUSIQUE.

Nous ne sommes ici que pour attendre votre loisir.

MONSIEUR JOURDAIN.

Je vous prie tous deux de ne vous point en aller qu'on ne m'ait apporté mon habit, afin que vous me puissiez voir.

LE MAÎTRE A DANSER.

Tout ce qu'il vous plaira.

MONSIEUR JOURDAIN.

Vous me verrez équipé comme il faut, depuis les pieds jusqu'à la tête.

LE MAÎTRE DE MUSIQUE.

Nous n'en doutons point.

MONSIEUR JOURDAIN.

Je me suis fait faire cette indienne-ci.

LE MAÎTRE A DANSER.

Elle est fort belle.

MONSIEUR JOURDAIN.

Mon tailleur m'a dit que les gens de qualité étoient comme cela le matin.

LE MAÎTRE DE MUSIQUE.

Cela vous sied à merveille.

MONSIEUR JOURDAIN.

Laquais! holà! mes deux laquais!

PREMIER LAQUAIS.

Que voulez-vous, monsieur?

MONSIEUR JOURDAIN.

Rien. C'est pour voir si vous m'entendez bien. (Au maître de musique et au maître de danse.) Que dites-vous de mes livrées?

LE MAÎTRE A DANSER.

Elles sont magnifiques.

MONSIEUR JOURDAIN, entr'ouvrant sa robe, et faisant voir son haut-de-chausses étroit de velours rouge, et sa camisole de velours vert.

Voici encore un petit déshabillé pour faire le matin mes exercices.

LE MAÎTRE DE MUSIQUE.

Il est galant.

MONSIEUR JOURDAIN.

Laquais!

PREMIER LAQUAIS.

Monsieur?

MONSIEUR JOURDAIN.

L'autre laquais!

SECOND LAQUAIS.

Monsieur?

MONSIEUR JOURDAIN, ôtant sa robe de chambre.

Tenez ma robe. (Au maître de musique et au maître à danser.) Me trouvez-vous bien comme cela?

LE MAÎTRE A DANSER.

Fort bien; on ne peut pas mieux.

MONSIEUR JOURDAIN.

Voyons un peu votre affaire.

LE MAÎTRE DE MUSIQUE.

Je voudrois bien auparavant vous faire entendre un air (Montrant son élève.) qu'il vient de composer pour la sérénade que vous m'avez demandée. C'est un de mes écoliers, qui a pour ces sortes de choses un talent admirable.

MONSIEUR JOURDAIN.

Oui, mais il ne falloit pas faire faire cela par un écolier; et vous n'étiez pas trop bon vous-même pour cette besogne-là.

LE MAÎTRE DE MUSIQUE.

Il ne faut pas, monsieur, que le nom d'écolier vous abuse. Ces sortes d'écoliers en savent autant que les plus grands maîtres; et l'air est aussi beau qu'il s'en puisse faire. Écoutez seulement.

MONSIEUR JOURDAIN, à ses laquais.

Donnez-moi ma robe, pour mieux entendre... Attendez, je crois que je serai mieux sans robe. Non, redonnez-la-moi; cela ira mieux.

LA MUSICIENNE.

Je languis nuit et jour, et mon mal est extrême
Depuis qu'à vos rigueurs vos beaux yeux m'ont soumis.
Si vous traitez ainsi, belle Iris, qui vous aime,
Hélas! que pourriez-vous faire à vos ennemis?

MONSIEUR JOURDAIN.

Cette chanson me semble un peu lugubre; elle endort, et je voudrois que vous la pussiez un peu ragaillardir par-ci par-là.

LE MAÎTRE DE MUSIQUE.

Il faut, monsieur, que l'air soit accommodé aux paroles.

MONSIEUR JOURDAIN.

On m'en apprit un tout à fait joli, il y a quelque temps. Attendez... la... Comment est-ce qu'il dit?

LE MAÎTRE A DANSER.

Par ma foi, je ne sais.

MONSIEUR JOURDAIN.

Il y a du mouton dedans.

LE MAÎTRE A DANSER.

Du mouton?

MONSIEUR JOURDAIN.

Oui. Ah! (Il chante.)

Je croyois Jeanneton

> Aussi douce que belle ;
> Je croyois Jeanneton
> Plus douce qu'un mouton.
> Hélas! hélas!
> Elle est cent fois, mille fois plus cruelle
> Que n'est le tigre aux bois.

N'est-il pas joli?

LE MAÎTRE DE MUSIQUE.

Le plus joli du monde.

LE MAÎTRE A DANSER.

Et vous le chantez bien.

MONSIEUR JOURDAIN.

C'est sans avoir appris la musique.

LE MAÎTRE DE MUSIQUE.

Vous devriez l'apprendre, monsieur, comme vous faites la danse. Ce sont deux arts qui ont une étroite liaison ensemble.

LE MAÎTRE A DANSER.

Et qui ouvrent l'esprit d'un homme aux belles choses.

MONSIEUR JOURDAIN.

Est-ce que les gens de qualité apprennent aussi la musique?

LE MAÎTRE DE MUSIQUE.

Oui, monsieur.

MONSIEUR JOURDAIN.

Je l'apprendrai donc. Mais je ne sais quel temps je pourrai prendre; car, outre le maître d'armes qui me montre, j'ai arrêté encore un maître de philosophie qui doit commencer ce matin.

LE MAÎTRE DE MUSIQUE.

La philosophie est quelque chose ; mais la musique, monsieur, la musique...

LE MAÎTRE A DANSER.

La musique et la danse... La musique et la danse, c'est là tout ce qu'il faut.

LE MAÎTRE DE MUSIQUE.

Il n'y a rien qui soit si utile dans un État que la musique.

LE MAÎTRE A DANSER.

Il n'y a rien qui soit si nécessaire aux hommes que la danse.

LE MAÎTRE DE MUSIQUE.

Sans la musique, un État ne peut subsister.

LE MAÎTRE A DANSER.

Sans la danse, un homme ne sauroit rien faire.

LE MAÎTRE DE MUSIQUE.

Tous les désordres, toutes les guerres qu'on voit dans le monde, n'arrivent que pour n'apprendre pas la musique.

LE MAÎTRE A DANSER.

Tous les malheurs des hommes, tous les revers funestes dont les histoires sont remplies, les bévues des politiques, et les manquements[1] des grands capitaines, tout cela n'est venu que faute de savoir danser.

MONSIEUR JOURDAIN.

Comment cela?

LE MAÎTRE DE MUSIQUE.

La guerre ne vient-elle pas d'un manque d'union entre les hommes?

MONSIEUR JOURDAIN.

Cela est vrai.

LE MAÎTRE DE MUSIQUE.

Et si tous les hommes apprenoient la musique, ne seroit-ce pas le moyen de s'accorder ensemble, et de voir dans le monde la paix universelle?

MONSIEUR JOURDAIN.

Vous avez raison.

LE MAÎTRE A DANSER.

Lorsqu'un homme a commis un manquement dans sa conduite, soit aux affaires de sa famille, ou au gouvernement d'un État, ou au commandement d'une armée, ne dit-on pas toujours : Un tel a fait un mauvais pas dans telle affaire?

MONSIEUR JOURDAIN.

Oui, on dit cela.

LE MAÎTRE A DANSER.

Et faire un mauvais pas peut-il procéder d'autre chose que de ne savoir pas danser?

MONSIEUR JOURDAIN.

Cela est vrai, et vous avez raison tous deux.

LE MAÎTRE A DANSER.

C'est pour vous faire voir l'excellence et l'utilité de la danse et de la musique.

MONSIEUR JOURDAIN.

Je comprends cela à cette heure.

LE MAÎTRE DE MUSIQUE.

Voulez-vous voir nos deux affaires?

MONSIEUR JOURDAIN.

Oui.

LE MAÎTRE DE MUSIQUE.

Je vous l'ai déjà dit, c'est un petit essai que j'ai fait autrefois des diverses passions que peut exprimer la musique.

---

[1] Le mot *manquement* est à peu près tombé en désuétude; mais il est peut-être à regretter. (Auger.)

MONSIEUR JOURDAIN.

Fort bien.

LE MAÎTRE DE MUSIQUE, aux musiciens.

Allons, avancez. (A monsieur Jourdain.) Il faut vous figurer qu'ils sont habillés en bergers.

MONSIEUR JOURDAIN.

Pourquoi toujours des bergers? On ne voit que cela partout[1].

LE MAÎTRE A DANSER.

Lorsqu'on a des personnes à faire parler en musique, il faut bien que, pour la vraisemblance, on donne dans la bergerie. Le chant a été de tout temps affecté aux bergers; et il n'est guère naturel, en dialogue, que des princes ou des bourgeois chantent leurs passions.

MONSIEUR JOURDAIN.

Passe, passe. Voyons.

DIALOGUE EN MUSIQUE

UNE MUSICIENNE et DEUX MUSICIENS.

LA MUSICIENNE.

Un cœur, dans l'amoureux empire,
De mille soins est toujours agité.
On dit qu'avec plaisir on languit, on soupire ;
Mais, quoi qu'on puisse dire,
Il n'est rien de si doux que notre liberté:

PREMIER MUSICIEN.

Il n'est rien de si doux que les tendres ardeurs
Qui font vivre deux cœurs
Dans une même envie ;
On ne peut être heureux sans amoureux désirs.
Otez l'amour de la vie,
Vous en ôtez les plaisirs.

SECOND MUSICIEN.

Il seroit doux d'entrer sous l'amoureuse loi,
Si l'on trouvoit en amour de la foi ;
Mais, hélas ! ô rigueur cruelle !
On ne voit point de bergère fidèle ;
Et ce sexe inconstant, trop indigne du jour,
Doit faire pour jamais renoncer à l'amour.

PREMIER MUSICIEN.

Aimable ardeur !

---

[1] Depuis le succès du *Pastor fido* en Italie, et de l'*Astrée* en France, on ne voyait plus, en effet, que des bergers sur le théâtre, dans les romans, dans les tableaux, dans les tapisseries, etc. (Auger.)

LA MUSICIENNE.
Franchise heureuse!
SECOND MUSICIEN.
Sexe trompeur!
PREMIER MUSICIEN.
Que tu m'es précieuse!
LA MUSICIENNE.
Que tu plais à mon cœur!
SECOND MUSICIEN.
Que tu me fais d'horreur!
PREMIER MUSICIEN.
Ah! quitte, pour aimer, cette haine mortelle!
LA MUSICIENNE.
On peut, on peut te montrer
Une bergère fidèle.
SECOND MUSICIEN.
Hélas! où la rencontrer?
LA MUSICIENNE.
Pour défendre notre gloire,
Je te veux offrir mon cœur.
SECOND MUSICIEN.
Mais, bergère, puis-je croire
Qu'il ne sera point trompeur?
LA MUSICIENNE.
Voyons, par expérience,
Qui des deux aimera mieux.
SECOND MUSICIEN.
Qui manquera de constance,
Le puissent perdre les dieux!
TOUS TROIS ENSEMBLE.
A des ardeurs si belles
Laissons-nous enflammer;
Ah! qu'il est doux d'aimer
Quand deux cœurs sont fidèles!

MONSIEUR JOURDAIN.

Est-ce tout?

LE MAÎTRE DE MUSIQUE.

Oui.

MONSIEUR JOURDAIN.

Je trouve cela bien troussé, et il y a là dedans de petits dictons assez jolis.

LE MAÎTRE A DANSER.

Voici, pour mon affaire, un petit essai des plus beaux mouvements et des plus belles attitudes dont une danse puisse être variée.

MONSIEUR JOURDAIN.

Sont-ce encore des bergers?

LE MAÎTRE A DANSER.

C'est ce qu'il vous plaira. (Aux danseurs.) Allons.

ENTRÉE DE BALLET.

Quatre danseurs exécutent tous les mouvements différents et toutes les sortes de pas que le maître à danser leur commande.

ACTE SECOND

SCÈNE I. — MONSIEUR JOURDAIN, LE MAITRE DE MUSIQUE, LE MAITRE A DANSER.

MONSIEUR JOURDAIN.

Voilà qui n'est point sot, et ces gens-là se trémoussent bien

LE MAÎTRE DE MUSIQUE.

Lorsque la danse sera mêlée avec la musique, cela fera plus d'effet encore; et vous verrez quelque chose de galant dans le petit ballet que nous avons ajusté pour vous.

MONSIEUR JOURDAIN.

C'est pour tantôt, au moins; et la personne pour qui j'ai fait faire tout cela me doit faire l'honneur de venir dîner céans.

LE MAÎTRE A DANSER.

Tout est prêt.

LE MAÎTRE DE MUSIQUE.

Au reste, monsieur, ce n'est pas assez; il faut qu'une personne comme vous, qui êtes magnifique et qui avez de l'inclination pour les belles choses, ait un concert de musique chez soi tous les mercredis ou tous les jeudis.

MONSIEUR JOURDAIN.

Est-ce que les gens de qualité en ont?

LE MAÎTRE DE MUSIQUE.

Oui, monsieur.

MONSIEUR JOURDAIN.

J'en aurai donc. Cela sera-t-il beau?

LE MAÎTRE DE MUSIQUE.

Sans doute. Il vous faudra trois voix, un dessus, une haute-contre, et une basse, qui seront accompagnées d'une basse de viole, d'un téorbe, et d'un clavecin pour les basses continues, avec deux dessus de violon pour jouer les ritournelles.

MONSIEUR JOURDAIN.

Il y faudra mettre aussi une trompette marine¹. La trompette marine est un instrument qui me plaît, et qui est harmonieux.

LE MAÎTRE DE MUSIQUE.

Laissez-nous gouverner les choses.

MONSIEUR JOURDAIN.

Au moins, n'oubliez pas tantôt de m'envoyer des musiciens pour chanter à table.

LE MAÎTRE DE MUSIQUE.

Vous aurez tout ce qu'il vous faut.

MONSIEUR JOURDAIN.

Mais, surtout, que le ballet soit beau.

LE MAÎTRE DE MUSIQUE.

Vous en serez content, et, entre autres choses, de certains menuets que vous y verrez.

MONSIEUR JOURDAIN.

Ah! les menuets sont ma danse, et je veux que vous me les voyiez danser. Allons, mon maître.

LE MAÎTRE A DANSER.

Un chapeau, monsieur, s'il vous plaît. (Monsieur Jourdain va prendre le chapeau de son laquais, et le met par-dessus son bonnet de nuit. Son maître lui prend les mains, et le fait danser sur un air de menuet qu'il chante.) La, la, la, la, la, la; la, la, la, la, la, la, la; la, la, la, la, la, la; la, la, la, la, la, la; la, la, la, la, la. En cadence, s'il vous plaît. La, la, la, la, la. La jambe droite, la, la, la. Ne remuez point tant les épaules. La, la, la, la, la, la, la, la, la. Vos deux bras sont estropiés. La, la, la, la, la. Haussez la tête. Tournez la pointe du pied en dehors. La, la, la. Dressez votre corps.

MONSIEUR JOURDAIN.

Hé!

LE MAÎTRE DE MUSIQUE.

Voilà qui est le mieux du monde.

MONSIEUR JOURDAIN.

A propos! apprenez-moi comme il faut faire une révérence pour saluer une marquise; j'en aurai besoin tantôt.

LE MAÎTRE A DANSER.

Une révérence pour saluer une marquise?

MONSIEUR JOURDAIN.

Oui. Une marquise qui s'appelle Dorimène.

LE MAÎTRE A DANSER.

Donnez-moi la main.

---

¹ C'est un instrument à corde, mais à une seule corde, fort grosse et fort longue, qui, montée sur un chevalet tremblotant, rend un son semblable à celui de la trompette. La prédilection de monsieur Jourdain pour cet instrument aigu et ignoble est une preuve de son goût pour la musique. (Auger.)

ACTE II, SCÈNE III.

MONSIEUR JOURDAIN.

Non. Vous n'avez qu'à faire ; je le retiendrai bien.

LE MAÎTRE A DANSER.

Si vous voulez la saluer avec beaucoup de respect, il faut faire d'abord une révérence en arrière, puis marcher vers elle avec trois révérences en avant, et à la dernière vous baisser jusqu'à ses genoux.

MONSIEUR JOURDAIN.

Faites un peu. (Après que le maître à danser a fait trois révérences.) Bon.

SCÈNE II. — MONSIEUR JOURDAIN, LE MAITRE DE MUSIQUE LE MAITRE A DANSER, UN LAQUAIS.

LE LAQUAIS.

Monsieur, voilà votre maître d'armes qui est là.

MONSIEUR JOURDAIN.

Dis-lui qu'il entre ici pour me donner leçon. (Au maître de musique et au maître à danser.) Je veux que vous me voyiez faire.

SCÈNE III. — MONSIEUR JOURDAIN, UN MAITRE D'ARMES, LE MAITRE DE MUSIQUE, LE MAITRE A DANSER ; UN LAQUAIS, tenant deux fleurets.

LE MAÎTRE D'ARMES, après avoir pris les deux fleurets de la main du laquais, et en avoir présenté un à monsieur Jourdain.

Allons, monsieur, la révérence. Votre corps droit. Un peu penché sur la cuisse gauche. Les jambes point tant écartées. Vos pieds sur une même ligne. Votre poignet à l'opposite de votre hanche. La pointe de votre épée vis-à-vis de votre épaule. Le bras pas tout à fait si tendu. La main gauche à la hauteur de l'œil. L'épaule gauche plus quartée. La tête droite. Le regard assuré. Avancez. Le corps ferme. Touchez-moi l'épée de quarte, et achevez de même. Une, deux. Remettez-vous. Redoublez de pied ferme. Un saut en arrière. Quand vous portez la botte, monsieur, il faut que l'épée parte la première, et que le corps soit bien effacé. Une, deux. Allons, touchez-moi l'épée de tierce, et achevez de même. Avancez. Le corps ferme. Avancez. Partez de là. Une, deux. Remettez-vous. Redoublez. Une, deux. Un saut en arrière. En garde, monsieur, en garde. (Le maître d'armes lui pousse deux ou trois bottes, en lui disant :) En garde !

MONSIEUR JOURDAIN.

Hé !

LE MAÎTRE DE MUSIQUE.

Vous faites des merveilles.

LE MAÎTRE D'ARMES.

Je vous l'ai déjà dit, tout le secret des armes ne consiste qu'en deux choses, à donner et à ne point recevoir; et, comme je vous fis voir l'autre jour par raison démonstrative, il est impossible que vous receviez si vous savez détourner l'épée de votre ennemi de la ligne de votre corps ; ce qui ne dépend seulement que d'un petit mouvement du poignet, ou en dedans, ou en dehors.

MONSIEUR JOURDAIN.

De cette façon, donc, un homme, sans avoir du cœur, est sûr de tuer son homme et de n'être point tué?

LE MAÎTRE D'ARMES.

Sans doute; n'en vîtes-vous pas la démonstration?

MONSIEUR JOURDAIN.

Oui.

LE MAÎTRE D'ARMES.

Et c'est en quoi l'on voit de quelle considération nous autres nous devons être dans un État, et combien la science des armes l'emporte hautement sur toutes les autres sciences inutiles, comme la danse, la musique, la...

LE MAÎTRE A DANSER.

Tout beau, monsieur le tireur d'armes; ne parlez de la danse qu'avec respect.

LE MAÎTRE DE MUSIQUE.

Apprenez, je vous prie, à mieux traiter l'excellence de la musique.

LE MAÎTRE D'ARMES.

Vous êtes de plaisantes gens, de vouloir comparer vos sciences à la mienne!

LE MAÎTRE DE MUSIQUE.

Voyez un peu l'homme d'importance!

LE MAÎTRE A DANSER.

Voilà un plaisant animal, avec son plastron!

LE MAÎTRE D'ARMES.

Mon petit maître à danser, je vous ferois danser comme il faut. Et vous, mon petit musicien, je vous ferois chanter de la belle manière.

LE MAÎTRE A DANSER.

Monsieur le batteur de fer, je vous apprendrai votre métier.

MONSIEUR JOURDAIN, au maître à danser.

Êtes-vous fou de l'aller quereller, lui qui entend la tierce et la quarte, et qui sait tuer un homme par raison démonstrative?

LE MAÎTRE A DANSER.

Je me moque de sa raison démonstrative, et de sa tierce et de sa quarte.

MONSIEUR JOURDAIN, au maître à danser.

Tout doux, vous dis-je.

LE MAÎTRE D'ARMES, au maître à danser.

Comment! petit impertinent!...

MONSIEUR JOURDAIN.

Eh! man maître d'armes!...

LE MAÎTRE A DANSER, au maître d'armes.

Comment! grand cheval de carrosse!...

MONSIEUR JOURDAIN.

Eh! mon maître à danser!

LE MAÎTRE D'ARMES.

Si je me jette sur vous...

MONSIEUR JOURDAIN, au maître d'armes.

Doucement!

LE MAÎTRE A DANSER.

Si je mets sur vous la main...

MONSIEUR JOURDAIN, au maître à danser.

Tout beau!

LE MAÎTRE D'ARMES.

Je vous étrillerai d'un air...

MONSIEUR JOURDAIN, au maître d'armes.

De grâce!

LE MAÎTRE A DANSER.

Je vous rosserai d'une manière...

MONSIEUR JOURDAIN, au maître à danser.

Je vous prie...

LE MAÎTRE DE MUSIQUE.

Laissez-nous un peu lui apprendre à parler.

MONSIEUR JOURDAIN, au maître de musique.

Mon Dieu! arrêtez-vous!

SCÈNE IV. — UN MAITRE DE PHILOSOPHIE, MONSIEUR JOURDAIN, LE MAITRE DE MUSIQUE, LE MAITRE A DANSER, LE MAITRE D'ARMES, UN LAQUAIS.

MONSIEUR JOURDAIN.

Holà! monsieur le philosophe, vous arrivez tout à propos avec votre philosophie. Venez un peu mettre la paix entre ces personnes-ci.

LE MAÎTRE DE PHILOSOPHIE.

Qu'est-ce donc? qu'y a-t-il, messieurs?

MONSIEUR JOURDAIN.

Ils se sont mis en colère pour la préférence de leurs professions, jusqu'à se dire des injures et en vouloir venir aux mains.

LE MAÎTRE DE PHILOSOPHIE.

Eh quoi, messieurs! faut-il s'emporter de la sorte? et n'avez-vous point lu le docte traité que Sénèque a composé de la colère? Y a-t-il rien de plus bas et de plus honteux que cette passion, qui fait d'un homme une bête féroce? et la raison ne doit-elle pas être maîtresse de tous nos mouvements?

LE MAÎTRE A DANSER.

Comment, monsieur! il vient nous dire des injures à tous deux, en méprisant la danse, que j'exerce, et la musique, dont il fait profession.

LE MAÎTRE DE PHILOSOPHIE.

Un homme sage est au-dessus de toutes les injures qu'on lui peut dire; et la grande réponse qu'on doit faire aux outrages, c'est la modération et la patience.

LE MAÎTRE D'ARMES.

Ils ont tous deux l'audace de vouloir comparer leurs professions à la mienne!

LE MAÎTRE DE PHILOSOPHIE.

Faut-il que cela vous émeuve? Ce n'est pas de vaine gloire et de condition que les hommes doivent disputer entre eux; et ce qui nous distingue parfaitement les uns des autres, c'est la sagesse et la vertu.

LE MAÎTRE A DANSER.

Je lui soutiens que la danse est une science à laquelle on ne peut faire assez d'honneur.

LE MAÎTRE DE MUSIQUE.

Et moi, que la musique en est une que tous les siècles ont révérée.

LE MAÎTRE D'ARMES.

Et moi, je leur soutiens à tous deux que la science de tirer des armes est la plus belle et la plus nécessaire de toutes les sciences.

LE MAÎTRE DE PHILOSOPHIE.

Et que sera donc la philosophie? Je vous trouve tous trois bien impertinents de parler devant moi avec cette arrogance, et de donner impudemment le nom de science à des choses que l'on ne doit pas même honorer du nom d'art, et qui ne peuvent être comprises que sous le nom de métier misérable de gladiateur, de chanteur, et de baladin!

LE MAÎTRE D'ARMES.

Allez, philosophe de chien!

LE MAÎTRE DE MUSIQUE.

Allez, bélître de pédant!

LE MAÎTRE A DANSER.

Allez, cuistre fieffé!

LE MAÎTRE DE PHILOSOPHIE.

Comment! marauds que vous êtes... (Le philosophe se jette sur eux, et tous trois le chargent de coups.)

MONSIEUR JOURDAIN.

Monsieur le philosophe!

LE MAÎTRE DE PHILOSOPHIE.

Infâmes! coquins! insolents!

MONSIEUR JOURDAIN.

Monsieur le philosophe!

LE MAÎTRE D'ARMES.

La peste de l'animal!

MONSIEUR JOURDAIN.

Messieurs!

LE MAÎTRE DE PHILOSOPHIE.

Impudents!

MONSIEUR JOURDAIN.

Monsieur le philosophe!

LE MAÎTRE A DANSER.

Diantre soit de l'âne bâté!

MONSIEUR JOURDAIN.

Messieurs!

LE MAÎTRE DE PHILOSOPHIE.

Scélérats!

MONSIEUR JOURDAIN.

Monsieur le philosophe!

LE MAÎTRE DE MUSIQUE.

Au diable l'impertinent!

MONSIEUR JOURDAIN.

Messieurs!

LE MAÎTRE DE PHILOSOPHIE.

Fripons! gueux! traîtres! imposteurs!

MONSIEUR JOURDAIN.

Monsieur le philosophe! Messieurs! Monsieur le philosophe! Messieurs! Monsieur le philosophe[1]! (Ils sortent en se battant.)

SCÈNE V. — MONSIEUR JOURDAIN, UN LAQUAIS.

MONSIEUR JOURDAIN.

Oh! battez-vous tant qu'il vous plaira : je n'y saurois que faire, et je n'irai pas gâter ma robe pour vous séparer. Je serois bien fou de m'aller fourrer parmi eux, pour recevoir quelque coup qui me feroit mal.

SCÈNE VI. — LE MAITRE DE PHILOSOPHIE, MONSIEUR JOURDAIN, UN LAQUAIS.

LE MAÎTRE DE PHILOSOPHIE, raccommodant son collet.

Venons à notre leçon.

MONSIEUR JOURDAIN.

Ah! monsieur, je suis fâché des coups qu'ils vous ont donnés.

---

[1] Il est bien inutile sans doute, il serait presque ridicule de chercher à faire sentir combien tout cela est comique. (Auger.)

LE MAÎTRE DE PHILOSOPHIE.

Cela n'est rien. Un philosophe sait recevoir comme il faut les choses; et je vais composer contre eux une satire du style de Juvénal, qui les déchirera de la belle façon. Laissons cela. Que voulez-vous apprendre?

MONSIEUR JOURDAIN.

Tout ce que je pourrai; car j'ai toutes les envies du monde d'être savant; et j'enrage que mon père et ma mère ne m'aient pas fait bien étudier dans toutes les sciences, quand j'étois jeune.

LE MAÎTRE DE PHILOSOPHIE.

Ce sentiment est raisonnable; *nam, sine doctrina, vita est quasi mortis imago*. Vous entendez cela, et vous savez le latin, sans doute?

MONSIEUR JOURDAIN.

Oui; mais faites comme si je ne le savois pas. Expliquez-moi ce que cela veut dire.

LE MAÎTRE DE PHILOSOPHIE.

Cela veut dire que, *sans la science, la vie est presque une image de la mort*.

MONSIEUR JOURDAIN.

Ce latin-là a raison.

LE MAÎTRE DE PHILOSOPHIE.

N'avez-vous point quelques principes, quelques commencements des sciences?

MONSIEUR JOURDAIN.

Oh! oui, je sais lire et écrire.

LE MAÎTRE DE PHILOSOPHIE.

Par où vous plaît-il que nous commencions? Voulez-vous que je vous apprenne la logique?

MONSIEUR JOURDAIN.

Qu'est-ce que c'est que cette logique?

LE MAÎTRE DE PHILOSOPHIE.

C'est elle qui enseigne les trois opérations de l'esprit.

MONSIEUR JOURDAIN.

Qui sont-elles, ces trois opérations de l'esprit?

LE MAÎTRE DE PHILOSOPHIE.

La première, la seconde, et la troisième. La première est de bien concevoir, par le moyen des universaux; la seconde, de bien juger, par le moyen des catégories; et la troisième, de bien tirer une conséquence, par le moyen des figures : *Barbara, Celarent, Darii, Ferio, Baralipton*[1].

MONSIEUR JOURDAIN.

Voilà des mots qui sont trop rébarbatifs. Cette logique-là ne me revient point. Apprenons autre chose qui soit plus joli.

---

[1] Ces mots servaient à désigner dans les anciennes écoles les différents modes de syllogismes réguliers. (Aimé Martin.)

LE MAÎTRE DE PHILOSOPHIE.

Voulez-vous apprendre la morale?

MONSIEUR JOURDAIN.

La morale?

LE MAÎTRE DE PHILOSOPHIE.

Oui.

MONSIEUR JOURDAIN.

Qu'est-ce qu'elle dit, cette morale?

LE MAÎTRE DE PHILOSOPHIE.

Elle traite de la félicité, enseigne aux hommes à modérer leurs passions, et...

MONSIEUR JOURDAIN.

Non; laissons cela. Je suis bilieux comme tous les diables, et il n'y a morale qui tienne : je me veux mettre en colère tout mon soûl, quand il m'en prend envie.

LE MAÎTRE DE PHILOSOPHIE.

Est-ce la physique que vous voulez apprendre?

MONSIEUR JOURDAIN.

Qu'est-ce qu'elle chante, cette physique?

LE MAÎTRE DE PHILOSOPHIE.

La physique est celle qui explique les principes des choses naturelles et les propriétés des corps; qui discourt de la nature des éléments, des métaux, des minéraux, des pierres, des plantes et des animaux, et nous enseigne les causes de tous les météores, l'arc-en-ciel, les feux volants, les comètes, les éclairs, le tonnerre, la foudre, la pluie, la neige, la grêle, les vents et les tourbillons.

MONSIEUR JOURDAIN.

Il y a trop de tintamarre là dedans, trop de brouillamini.

LE MAÎTRE DE PHILOSOPHIE.

Que voulez-vous donc que je vous apprenne?

MONSIEUR JOURDAIN.

Apprenez-moi l'orthographe.

LE MAÎTRE DE PHILOSOPHIE.

Très-volontiers.

MONSIEUR JOURDAIN.

Après, vous m'apprendrez l'almanach, pour savoir quand il y a de la lune et quand il n'y en a point.

LE MAÎTRE DE PHILOSOPHIE.

Soit. Pour bien suivre votre pensée, et traiter cette matière en philosophe, il faut commencer, selon l'ordre des choses, par une exacte connoissance de la nature des lettres et de la différente manière de les prononcer toutes. Et là-dessus j'ai à vous dire que les lettres sont divisées en voyelles, ainsi dites voyelles, parce qu'elles expriment les voix; et en consonnes, ainsi appelées consonnes, parce qu'elles sonnent avec les voyelles, et ne font que marquer les diverses articulations des voix. Il y a cinq voyelles, ou voix : A, E, I, O, U.

MONSIEUR JOURDAIN.

J'entends tout cela.

LE MAÎTRE DE PHILOSOPHIE.

La voix A se forme en ouvrant fort la bouche : A.

MONSIEUR JOURDAIN.

A, A. Oui.

LE MAÎTRE DE PHILOSOPHIE.

La voix E se forme en rapprochant la mâchoire d'en bas de celle d'en haut : A, E.

MONSIEUR JOURDAIN.

A, E; A, E. Ma foi, oui. Ah! que cela est beau!

LE MAÎTRE DE PHILOSOPHIE.

Et la voix I, en rapprochant encore davantage les mâchoires l'une de l'autre, et écartant les deux coins de la bouche vers les oreilles : A, E, I.

MONSIEUR JOURDAIN.

A, E, I, I, I, I. Cela est vrai. Vive la science!

LE MAÎTRE DE PHILOSOPHIE.

La voix O se forme en rouvrant les mâchoires, et rapprochant les lèvres par les deux coins, le haut et le bas : O.

MONSIEUR JOURDAIN.

O, O. Il n'y a rien de plus juste : A, E, I, O, I, O. Cela est admirable! I, O; I, O.

LE MAÎTRE DE PHILOSOPHIE.

L'ouverture de la bouche fait justement comme un petit rond qui représente un O.

MONSIEUR JOURDAIN.

O, O, O. Vous avez raison : O. Ah! la belle chose que de savoir quelque chose!

LE MAÎTRE DE PHILOSOPHIE.

La voix U se forme en rapprochant les dents sans les joindre entièrement, et allongeant les deux lèvres en dehors, les approchant aussi l'une de l'autre, sans les joindre tout à fait : U.

MONSIEUR JOURDAIN.

U, U. Il n'y a rien de plus véritable : U.

LE MAÎTRE DE PHILOSOPHIE.

Vos deux lèvres s'allongent comme si vous faisiez la moue : d'où vient que si vous la voulez faire à quelqu'un et vous moquer de lui, vous ne sauriez lui dire que U.

MONSIEUR JOURDAIN.

U, U. Cela est vrai. Ah! que n'ai-je étudié plus tôt, pour savoir tout cela!

LE MAÎTRE DE PHILOSOPHIE.

Demain, nous verrons les autres lettres, qui sont les consonnes.

MONSIEUR JOURDAIN.

Est-ce qu'il y a des choses aussi curieuses qu'à celles-ci?

LE MAÎTRE DE PHILOSOPHIE.

Sans doute. La consonne D, par exemple, se prononce en donnant du bout de la langue au-dessus des dents d'en haut : DA.

MONSIEUR JOURDAIN.

DA, DA. Oui! Ah! les belles choses! les belles choses!

LE MAÎTRE DE PHILOSOPHIE.

L'F, en appuyant les dents d'en haut sur la lèvre de dessous : FA.

MONSIEUR JOURDAIN.

FA, FA. C'est la vérité. Ah! mon père et ma mère, que je vous veux de mal!

LE MAÎTRE DE PHILOSOPHIE.

Et l'R, en portant le bout de la langue jusqu'au haut du palais; de sorte qu'étant frôlée par l'air qui sort avec force, elle lui cède, et revient toujours au même endroit, faisant une manière de tremblement : R, RA.

MONSIEUR JOURDAIN.

R, R, RA; R, R, R, R, R, RA. Cela est vrai. Ah! l'habile homme que vous êtes, et que j'ai perdu de temps! R, R, R, RA.

LE MAÎTRE DE PHILOSOPHIE.

Je vous expliquerai à fond toutes ces curiosités.

MONSIEUR JOURDAIN.

Je vous en prie. Au reste, il faut que je vous fasse une confidence. Je suis amoureux d'une personne de grande qualité, et je souhaiterois que vous m'aidassiez à lui écrire quelque chose dans un petit billet que je veux laisser tomber à ses pieds.

LE MAÎTRE DE PHILOSOPHIE.

Fort bien!

MONSIEUR JOURDAIN.

Cela sera galant, oui.

LE MAÎTRE DE PHILOSOPHIE.

Sans doute. Sont-ce des vers que vous lui voulez écrire?

MONSIEUR JOURDAIN.

Non, non; point de vers.

LE MAÎTRE DE PHILOSOPHIE.

Vous ne voulez que de la prose?

MONSIEUR JOURDAIN.

Non, je ne veux ni prose ni vers.

LE MAÎTRE DE PHILOSOPHIE.

Il faut bien que ce soit l'un ou l'autre.

MONSIEUR JOURDAIN.

Pourquoi?

LE MAÎTRE DE PHILOSOPHIE.

Par la raison, monsieur, qu'il n'y a, pour s'exprimer, que la prose ou les vers.

MONSIEUR JOURDAIN.

Il n'y a que la prose ou les vers?

LE MAÎTRE DE PHILOSOPHIE.

Non, monsieur. Tout ce qui n'est point prose est vers, et tout ce qui n'est point vers est prose.

MONSIEUR JOURDAIN.

Et comme l'on parle, qu'est-ce que c'est donc que cela?

LE MAÎTRE DE PHILOSOPHIE.

De la prose.

MONSIEUR JOURDAIN.

Quoi! quand je dis : Nicole, apportez-moi mes pantoufles, et me donnez mon bonnet de nuit, c'est de la prose?

LE MAÎTRE DE PHILOSOPHIE.

Oui, monsieur.

MONSIEUR JOURDAIN.

Par ma foi, il y a plus de quarante ans que je dis de la prose, sans que j'en susse rien; et je vous suis le plus obligé du monde de m'avoir appris cela. Je voudrois donc lui mettre dans un billet : *Belle marquise, vos beaux yeux me font mourir d'amour*; mais je voudrois que cela fût mis d'une manière galante, que cela fût tourné gentiment.

LE MAÎTRE DE PHILOSOPHIE.

Mettre que les feux de ses yeux réduisent votre cœur en cendres; que vous souffrez nuit et jour pour elle les violences d'un...

MONSIEUR JOURDAIN.

Non, non, non, je ne veux point tout cela. Je ne veux que ce que je vous ai dit : *Belle marquise, vos beaux yeux me font mourir d'amour.*

LE MAÎTRE DE PHILOSOPHIE.

Il faut bien étendre un peu la chose.

MONSIEUR JOURDAIN.

Non, vous dis-je Je ne veux que ces seules paroles-là dans le billet, mais tournées à la mode, bien arrangées comme il faut. Je vous prie de me dire un peu, pour voir, les diverses manières dont on les peut mettre.

LE MAÎTRE DE PHILOSOPHIE.

On les peut mettre premièrement comme vous avez dit : *Belle marquise, vos beaux yeux me font mourir d'amour.* Ou bien : *D'amour mourir me font, belle marquise, vos beaux yeux.* Ou bien : *Vos yeux beaux d'amour me font, belle marquise, mourir*. Ou bien : *Mourir vos beaux yeux, belle marquise, d'amour me font*. Ou bien : *Me font vos yeux beaux mourir, belle marquise, d'amour*.

MONSIEUR JOURDAIN.

Mais, de toutes ces façons-là, laquelle est la meilleure?

LE MAÎTRE DE PHILOSOPHIE.

Celle que vous avez dite : *Belle marquise, vos beaux yeux me font mourir d'amour*.

MONSIEUR JOURDAIN.

Cependant je n'ai point étudié, et j'ai fait cela tout du premier coup. Je vous remercie de tout mon cœur, et vous prie de venir demain de bonne heure.

LE MAÎTRE DE PHILOSOPHIE.

Je n'y manquerai pas.

SCÈNE VII. — MONSIEUR JOURDAIN, UN LAQUAIS.

MONSIEUR JOURDAIN, à son laquais.

Comment! mon habit n'est point encore arrivé?

LE LAQUAIS.

Non, monsieur.

MONSIEUR JOURDAIN.

Ce maudit tailleur me fait bien attendre pour un jour où j'ai tant d'affaires! J'enrage! Que la fièvre quartaine puisse serrer bien fort le bourreau de tailleur! au diable le tailleur! la peste étouffe le tailleur! Si je le tenois maintenant, ce tailleur détestable, ce chien de tailleur-là, ce traître de tailleur, je...

SCÈNE VIII. — MONSIEUR JOURDAIN, UN MAITRE TAILLEUR; UN GARÇON TAILLEUR, portant l'habit de monsieur Jourdain; UN LAQUAIS.

MONSIEUR JOURDAIN.

Ah! vous voilà! je m'allois mettre en colère contre vous.

LE MAÎTRE TAILLEUR.

Je n'ai pas pu venir plus tôt, et j'ai mis vingt garçons après votre habit.

MONSIEUR JOURDAIN.

Vous m'avez envoyé des bas de soie si étroits, que j'ai eu toutes les peines du monde à les mettre, et il y a déjà deux mailles de rompues.

LE MAÎTRE TAILLEUR.

Ils ne s'élargiront que trop.

MONSIEUR JOURDAIN.

Oui, si je romps toujours des mailles. Vous m'avez aussi fait faire des souliers qui me blessent furieusement.

LE MAÎTRE TAILLEUR.

Point du tout, monsieur.

MONSIEUR JOURDAIN.

Comment! point du tout?

LE MAÎTRE TAILLEUR.

Non, ils ne vous blessent point.

MONSIEUR JOURDAIN.

Je vous dis qu'ils me blessent, moi.

LE MAÎTRE TAILLEUR.

Vous vous imaginez cela.

MONSIEUR JOURDAIN.

Je me l'imagine parce que je le sens. Voyez la belle raison!

LE MAÎTRE TAILLEUR.

Tenez, voilà le plus bel habit de la cour, et le mieux assorti. C'est un chef-d'œuvre que d'avoir inventé un habit sérieux qui ne fût pas noir; et je le donne en six coups aux tailleurs les plus éclairés.

MONSIEUR JOURDAIN.

Qu'est-ce que c'est que ceci? vous avez mis les fleurs en en bas.

LE MAÎTRE TAILLEUR.

Vous ne m'avez pas dit que vous les vouliez en en haut.

MONSIEUR JOURDAIN.

Est-ce qu'il faut dire cela?

LE MAÎTRE TAILLEUR.

Oui, vraiment. Toutes les personnes de qualité les portent de la sorte.

MONSIEUR JOURDAIN.

Les personnes de qualité portent les fleurs en en bas?

LE MAÎTRE TAILLEUR.

Oui, monsieur.

MONSIEUR JOURDAIN.

Oh! voilà qui est donc bien.

LE MAÎTRE TAILLEUR.

Si vous voulez, je les mettrai en en haut.

MONSIEUR JOURDAIN.

Non, non.

LE MAÎTRE TAILLEUR.

Vous n'avez qu'à dire.

MONSIEUR JOURDAIN.

Non, vous dis-je; vous avez bien fait. Croyez-vous que mon habit m'aille bien?

LE MAÎTRE TAILLEUR.

Belle demande! Je défie un peintre, avec son pinceau, de vous faire rien de plus juste. J'ai chez moi un garçon qui, pour monter une ringrave, est le plus grand génie du monde; et un autre qui, pour assembler un pourpoint, est le héros de notre temps.

MONSIEUR JOURDAIN.

La perruque et les plumes sont-elles comme il faut?

LE MAÎTRE TAILLEUR.

Tout est bien.

MONSIEUR JOURDAIN, regardant le maître tailleur.

Ah! ah! monsieur le tailleur, voilà de mon étoffe du dernier habit que vous m'avez fait. Je la reconnois bien.

LE MAÎTRE TAILLEUR.

C'est que l'étoffe me sembla si belle, que j'en ai voulu lever un habit pour moi.

MONSIEUR JOURDAIN.

Oui: mais il ne falloit pas le lever avec le mien.

LE MAÎTRE TAILLEUR.

Voulez-vous mettre votre habit?

MONSIEUR JOURDAIN.

Oui; donnez-le-moi.

LE MAÎTRE TAILLEUR.

Attendez. Cela ne va pas comme cela. J'ai amené des gens pour vous habiller en cadence, et ces sortes d'habits se mettent avec cérémonie. Holà! entrez, vous autres.

SCÈNE IX. — MONSIEUR JOURDAIN, LE MAITRE TAILLEUR, LE GARÇON TAILLEUR, GARÇONS TAILLEURS dansants, UN LAQUAIS.

LE MAÎTRE TAILLEUR, à ses garçons.

Mettez cet habit à monsieur, de la manière que vous faites aux personnes de qualité.

PREMIÈRE ENTRÉE DE BALLET.

Les quatre garçons tailleurs dansants s'approchent de monsieur Jourdain. Deux lui arrachent le haut-de-chausses de ses exercices; les deux autres lui ôtent la camisole; après quoi, toujours en cadence, ils lui mettent son habit neuf. Monsieur Jourdain se promène au milieu d'eux, et leur montre son habit pour voir s'il est bien.

GARÇON TAILLEUR.

Mon gentilhomme, donnez, s'il vous plaît, aux garçons quelque chose pour boire.

MONSIEUR JOURDAIN.

Comment m'appelez-vous?

GARÇON TAILLEUR.

Mon gentilhomme.

MONSIEUR JOURDAIN.

Mon gentilhomme! Voilà ce que c'est que de se mettre en personne de qualité! Allez-vous-en demeurer toujours habillé en bourgeois, on ne vous dira point : Mon gentilhomme. (Donnant de l'argent.) Tenez, voilà pour Mon gentilhomme.

GARÇON TAILLEUR.

Monseigneur, nous vous sommes bien obligés.

MONSIEUR JOURDAIN.

Monseigneur! oh! oh! Monseigneur! Attendez, mon ami; Monseigneur mérite quelque chose, et ce n'est pas une petite parole que Monseigneur! Tenez, voilà ce que Monseigneur vous donne.

GARÇON TAILLEUR.

Monseigneur, nous allons boire tous à la santé de Votre Grandeur.

MONSIEUR JOURDAIN.

Votre Grandeur! Oh! oh! oh! Attendez; ne vous en allez pas. A moi, Votre Grandeur! (Bas, à part.) Ma foi, s'il va jusqu'à l'Altesse, il aura toute la bourse. (Haut). Tenez, voilà pour ma Grandeur.

GARÇON TAILLEUR.

Monseigneur, nous la remercions très-humblement de ses libéralités.

MONSIEUR JOURDAIN.

Il a bien fait, je lui allois tout donner.

SECONDE ENTRÉE DE BALLET.

Les quatre garçons tailleurs se réjouissent, en dansant, de la libéralité de monsieur Jourdain.

ACTE TROISIÈME

SCÈNE I. — MONSIEUR JOURDAIN, DEUX LAQUAIS

MONSIEUR JOURDAIN.

Suivez-moi, que j'aille un peu montrer mon habit par la ville; et surtout ayez soin tous deux de marcher immédiatement sur mes pas, afin qu'on voie bien que vous êtes à moi.

LAQUAIS.

Oui, monsieur.

MONSIEUR JOURDAIN.

Appelez-moi Nicole, que je lui donne quelques ordres. Ne bougez : la voilà.

SCÈNE II. — MONSIEUR JOURDAIN, NICOLE, DEUX LAQUAIS.

MONSIEUR JOURDAIN.

Nicole!

NICOLE.

Plaît-il?

MONSIEUR JOURDAIN.

Écoutez.

NICOLE, riant.

Hi, hi, hi, hi, hi.

MONSIEUR JOURDAIN.

Qu'as-tu à rire?

NICOLE.

Hi, hi, hi, hi, hi, hi.

MONSIEUR JOURDAIN.

Que veut dire cette coquine-là?

NICOLE.

Hi, hi, hi. Comme vous voilà bâti! Hi, hi, hi.

MONSIEUR JOURDAIN.

Comment donc?

NICOLE.

Ah! ah! mon Dieu! Hi, hi, hi, hi, hi.

MONSIEUR JOURDAIN.

Quelle friponne est-ce là? Te moques-tu de moi?

NICOLE.

Nenni, monsieur; j'en serois bien fâchée. Hi, hi, hi, hi, hi, hi.

MONSIEUR JOURDAIN.

Je te baillerai sur le nez, si tu ris davantage.

NICOLE.

Monsieur, je ne puis pas m'en empêcher. Hi, hi, hi, hi, hi, hi.

MONSIEUR JOURDAIN.

Tu ne t'arrêteras pas?

NICOLE.

Monsieur, je vous demande pardon; mais vous êtes si plaisant, que je ne saurois me tenir de rire. Hi, hi, hi.

MONSIEUR JOURDAIN.

Mais voyez quelle insolence!

NICOLE.

Vous êtes tout à fait drôle comme cela. Hi, hi.

MONSIEUR JOURDAIN.

Je te...

NICOLE.

Je vous prie de m'excuser. Hi, hi, hi, hi.

MONSIEUR JOURDAIN.

Tiens, si tu ris encore le moins du monde, je te jure que je t'appliquerai sur la joue le plus grand soufflet qui se soit jamais donné.

NICOLE.

Eh bien, monsieur, voilà qui est fait : je ne rirai plus.

MONSIEUR JOURDAIN.

Prends-y bien garde. Il faut que, pour tantôt, tu nettoies...

NICOLE.

Hi, hi.

MONSIEUR JOURDAIN.

Que tu nettoies comme il faut...

NICOLE.

Hi, hi.

MONSIEUR JOURDAIN.

Il faut, dis-je, que tu nettoies la salle, et..

NICOLE.

Hi, hi.

MONSIEUR JOURDAIN.

Encore?

NICOLE, tombant à force de rire.

Tenez, monsieur, battez-moi plutôt, et me laissez rire tout mon soûl ; cela me fera plus de bien. Hi, hi, hi, hi, hi.

MONSIEUR JOURDAIN.

J'enrage !

NICOLE.

De grâce, monsieur, je vous prie de me laisser rire. Hi, hi, hi.

MONSIEUR JOURDAIN.

Si je te prends...

NICOLE.

Monsieur, eur, je crèverai, ai, si je ne ris. Hi, hi, hi.

MONSIEUR JOURDAIN.

Mais a-t-on jamais vu une pendarde comme celle-là, qui me vient rire insolemment au nez, au lieu de recevoir mes ordres?

NICOLE.

Que voulez-vous que je fasse, monsieur?

MONSIEUR JOURDAIN.

Que tu songes, coquine, à préparer ma maison pour la compagnie qui doit venir tantôt.

NICOLE, se relevant.

Ah! par ma foi, je n'ai plus envie de rire; et toutes vos compagnies font tant de désordre céans, que ce mot est assez pour me mettre en mauvaise humeur.

MONSIEUR JOURDAIN.

Ne dois-je point pour toi fermer ma porte à tout le monde?

NICOLE.

Vous devriez au moins la fermer à certaines gens.

SCÈNE III. — MADAME JOURDAIN, MONSIEUR JOURDAIN, NICOLE, DEUX LAQUAIS.

MADAME JOURDAIN.

Ah! ah! voici une nouvelle histoire! Qu'est-ce que c'est donc, mon mari, que cet équipage-là? Vous moquez-vous du monde, de vous être fait enharnacher de la sorte? et avez-vous envie qu'on se raille partout de vous?

MONSIEUR JOURDAIN.

Il n'y a que des sots et des sottes, ma femme, qui se railleront de moi.

MADAME JOURDAIN.

Vraiment, on n'a pas attendu jusqu'à cette heure, et il y a longtemps que vos façons de faire donnent à rire à tout le monde.

MONSIEUR JOURDAIN.

Qui est donc tout ce monde-là, s'il vous plaît?

MADAME JOURDAIN.

Tout ce monde-là est un monde qui a raison, et qui est plus sage que vous. Pour moi, je suis scandalisée de la vie que vous menez. Je ne sais plus ce que c'est que notre maison. On diroit qu'il est céans carême-prenant[1] tous les jours; et dès le matin, de peur d'y manquer, on y entend des vacarmes de violons et de chanteurs dont tout le voisinage se trouve incommodé.

NICOLE.

Madame parle bien. Je ne saurois plus voir mon ménage propre avec cet attirail de gens que vous faites venir chez vous. Ils ont des pieds qui vont chercher de la boue dans tous les quartiers de la ville, pour l'apporter ici; et la pauvre Françoise est presque sur les dents, à frotter les planchers que vos biaux maîtres viennent crotter régulièrement tous les jours.

MONSIEUR JOURDAIN.

Ouais! notre servante Nicole, vous avez le caquet bien affilé pour une paysanne!

MADAME JOURDAIN.

Nicole a raison; et son sens est meilleur que le vôtre. Je voudrois bien savoir ce que vous pensez faire d'un maître à danser, à l'âge que vous avez.

NICOLE.

Et d'un grand maître tireur d'armes, qui vient, avec ses batte-

---

[1] Mardi gras, qui touche au mercredi des Cendres, jour où prend le carême. (Ch. Louandre.)

ments de pied, ébranler toute la maison, et nous déraciner tous les carriaux de notre salle.

MONSIEUR JOURDAIN.

Taisez-vous, ma servante et ma femme.

MADAME JOURDAIN.

Est-ce que vous voulez apprendre à danser pour quand vous n'aurez plus de jambes?

NICOLE.

Est-ce que vous avez envie de tuer quelqu'un?

MONSIEUR JOURDAIN.

Taisez-vous, vous dis-je : vous êtes des ignorantes, l'une et l'autre; et vous ne savez pas les prérogatives de tout cela.

MADAME JOURDAIN.

Vous devriez bien plutôt songer à marier votre fille, qui est en âge d'être pourvue.

MONSIEUR JOURDAIN.

Je songerai à marier ma fille quand il se présentera un parti pour elle; mais je veux songer aussi à apprendre les belles choses.

NICOLE.

J'ai encore ouï dire, madame, qu'il a pris aujourd'hui, pour renfort de potage, un maître de philosophie.

MONSIEUR JOURDAIN.

Fort bien. Je veux avoir de l'esprit, et savoir raisonner des choses parmi les honnêtes gens.

MADAME JOURDAIN.

N'irez-vous point, l'un de ces jours, au collége, vous faire donner le fouet, à votre âge?

MONSIEUR JOURDAIN.

Pourquoi non? Plût à Dieu l'avoir tout à l'heure, le fouet, devant tout le monde, et savoir ce qu'on apprend au collége.

NICOLE.

Oui, ma foi, cela vous rendroit la jambe bien mieux faite.

MONSIEUR JOURDAIN.

Sans doute.

MADAME JOURDAIN.

Tout cela est fort nécessaire pour conduire votre maison!

MONSIEUR JOURDAIN.

Assurément. Vous parlez toutes deux comme des bêtes, et j'ai honte de votre ignorance. (A madame Jourdain.) Par exemple, savez-vous, vous, ce que c'est que vous dites à cette heure?

MADAME JOURDAIN.

Oui. Je sais que ce que je dis est fort bien dit, et que vous devriez songer à vivre d'autre sorte.

MONSIEUR JOURDAIN.

Je ne parle pas de cela. Je vous demande ce que c'est que les paroles que vous dites ici.

MADAME JOURDAIN.

Ce sont des paroles bien sensées, et votre conduite ne l'est guère.

MONSIEUR JOURDAIN.

Je ne parle pas de cela, vous dis-je. Je vous demande, ce que je parle avec vous, ce que je vous dis à cette heure, qu'est-ce que c'est?

MADAME JOURDAIN.

Des chansons.

MONSIEUR JOURDAIN.

Eh! non, ce n'est pas cela. Ce que nous disons tous deux, le langage que nous parlons à cette heure?

MADAME JOURDAIN.

Eh bien?

MONSIEUR JOURDAIN.

Comment est-ce que cela s'appelle?

MADAME JOURDAIN.

Cela s'appelle comme on veut l'appeler.

MONSIEUR JOURDAIN.

C'est de la prose, ignorante.

MADAME JOURDAIN.

De la prose?

MONSIEUR JOURDAIN.

Oui, de la prose. Tout ce qui est prose n'est point vers; et tout ce qui n'est point vers est prose. Heu! voilà ce que c'est que d'étudier. (A Nicole.) Et toi, sais-tu bien comme il faut faire pour dire un U?

NICOLE.

Comment?

MONSIEUR JOURDAIN.

Oui. Qu'est-ce que tu fais quand tu dis U?

NICOLE.

Quoi?

MONSIEUR JOURDAIN.

Dis un peu U, pour voir.

NICOLE.

Eh bien, U.

MONSIEUR JOURDAIN.

Qu'est-ce que tu fais?

NICOLE.

Je dis U.

MONSIEUR JOURDAIN.

Oui; mais, quand tu dis U, qu'est-ce que tu fais?

NICOLE.

Je fais ce que vous me dites.

MONSIEUR JOURDAIN.

Oh! l'étrange chose que d'avoir affaire à des bêtes! Tu allonges les lèvres en dehors, et approches la mâchoire d'en haut de celle d'en bas; U, vois-tu? Je fais la moue : U.

NICOLE.

Oui, cela est biau!

MADAME JOURDAIN.

Voilà qui est admirable!

MONSIEUR JOURDAIN.

C'est bien autre chose, si vous aviez vu O, et DA, DA, et FA, FA!

MADAME JOURDAIN.

Qu'est-ce que c'est donc que tout ce galimatias-là?

NICOLE.

De quoi est-ce que tout cela guérit?

MONSIEUR JOURDAIN.

J'enrage quand je vois des femmes ignorantes.

MADAME JOURDAIN.

Allez, vous devriez envoyer promener tous ces gens-là, avec leurs fariboles.

NICOLE.

Et surtout ce grand escogriffe de maître d'armes, qui remplit de poudre tout mon ménage.

MONSIEUR JOURDAIN.

Ouais! ce maître d'armes vous tient au cœur! Je te veux faire voir ton impertinence tout à l'heure. (Après avoir fait apporter des fleurets, et en avoir donné un à Nicole.) Tiens, raison démonstrative, la ligne du corps. Quand on pousse en quarte, on n'a qu'à faire cela, et, quand on pousse en tierce, on n'a qu'à faire cela. Voilà le moyen de n'être jamais tué; et cela n'est-il pas beau, d'être assuré de son fait quand on se bat contre quelqu'un? Là, pousse-moi un peu, pour voir.

NICOLE.

Eh bien, quoi! (Nicole pousse plusieurs bottes à monsieur Jourdain.)

MONSIEUR JOURDAIN.

Tout beau! Holà! ho! Doucement. Diantre soit la coquine!

NICOLE.

Vous me dites de pousser.

MONSIEUR JOURDAIN.

Oui; mais tu me pousses en tierce avant que de me pousser en quarte, et tu n'as pas la patience que je pare.

MADAME JOURDAIN.

Vous êtes fou, mon mari, avec toutes vos fantaisies; et cela vous est venu depuis que vous vous mêlez de hanter la noblesse.

ACTE III, SCÈNE III.

MONSIEUR JOURDAIN.

Lorsque je hante la noblesse, je fais paroître mon jugement; et cela est plus beau que de hanter votre bourgeoisie.

MADAME JOURDAIN.

Çamon [1] vraiment! il y a fort à gagner à fréquenter vos nobles, et vous avez bien opéré avec ce beau monsieur le comte, dont vous vous êtes embéguiné!

MONSIEUR JOURDAIN.

Paix; songez à ce que vous dites. Savez-vous bien, ma femme, que vous ne savez pas de qui vous parlez, quand vous parlez de lui? C'est une personne d'importance plus que vous ne pensez, un seigneur que l'on considère à la cour, et qui parle au roi tout comme je vous parle. N'est-ce pas une chose qui m'est tout à fait honorable, que l'on voie venir chez moi si souvent une personne de cette qualité, qui m'appelle son cher ami, et me traite comme si j'étois son égal? Il a pour moi des bontés qu'on ne devineroit jamais; et, devant tout le monde, il me fait des caresses dont je suis moi-même confus.

MADAME JOURDAIN.

Oui, il a des bontés pour vous, et vous fait des caresses; mais il vous emprunte votre argent.

MONSIEUR JOURDAIN.

Eh bien, ne m'est-ce pas de l'honneur, de prêter de l'argent à un homme de cette condition-là? et puis-je faire moins pour un seigneur qui m'appelle son cher ami?

MADAME JOURDAIN.

Et ce seigneur, que fait-il pour vous?

MONSIEUR JOURDAIN.

Des choses dont on seroit étonné, si on les savoit.

MADAME JOURDAIN.

Et quoi?

MONSIEUR JOURDAIN.

Baste! je ne puis pas m'expliquer. Il suffit que si je lui ai prêté de l'argent, il me le rendra bien, et avant qu'il soit peu.

MADAME JOURDAIN.

Oui. Attendez-vous à cela.

MONSIEUR JOURDAIN.

Assurément. Ne me l'a-t-il pas dit?

MADAME JOURDAIN.

Oui, oui, il ne manquera pas d'y faillir.

MONSIEUR JOURDAIN.

Il m'a juré sa foi de gentilhomme.

---

[1] *C'est mon, ce fay mon, ce faudra mon*, sont façons de parler de harengères, dit Antoine Oudin dans sa grammaire française. Il est probable que *çamon* est une corruption de *c'est mon*, qui se disait par abréviation de *c'est mon avis*. On en trouve un exemple dans Montaigne, liv. II, ch. xxxvii. (Aimé Martin.)

MADAME JOURDAIN.

Chansons!

MONSIEUR JOURDAIN.

Ouais! Vous êtes bien obstinée, ma femme! Je vous dis qu'il me tiendra sa parole; j'en suis sûr.

MADAME JOURDAIN.

Et moi, je suis sûre que non, et que toutes les caresses qu'il vous fait ne sont que pour vous enjôler.

MONSIEUR JOURDAIN.

Taisez-vous. Le voici.

MADAME JOURDAIN.

Il ne nous faut plus que cela. Il vient peut-être encore vous faire quelque emprunt; et il me semble que j'ai dîné quand je le vois.

MONSIEUR JOURDAIN.

Taisez-vous, vous dis-je!

SCÈNE IV. — DORANTE, MONSIEUR JOURDAIN, MADAME JOURDAIN, NICOLE.

DORANTE.

Mon cher ami monsieur Jourdain, comment vous portez-vous?

MONSIEUR JOURDAIN.

Fort bien, monsieur, pour vous rendre mes petits services.

DORANTE.

Et madame Jourdain, que voilà, comment se porte-t-elle?

MADAME JOURDAIN.

Madame Jourdain se porte comme elle peut.

DORANTE.

Comment, monsieur Jourdain, vous voilà le plus propre du monde!

MONSIEUR JOURDAIN.

Vous voyez.

DORANTE.

Vous avez tout à fait bon air avec cet habit; et nous n'avons point de jeunes gens à la cour qui soient mieux faits que vous.

MONSIEUR JOURDAIN.

Hai, hai.

MADAME JOURDAIN, à part.

Il le gratte par où il se démange.

DORANTE.

Tournez-vous. Cela est tout à fait galant.

MADAME JOURDAIN, à part.

Oui, aussi sot par derrière que par devant.

DORANTE.

Ma foi, monsieur Jourdain, j'avois une impatience étrange de vous voir. Vous êtes l'homme du monde que j'estime le plus; et je parlois de vous encore, ce matin, dans la chambre du roi.

MONSIEUR JOURDAIN.

Vous me faites beaucoup d'honneur, monsieur. (A madame Jourdain.) Dans la chambre du roi!

DORANTE.

Allons, mettez.

MONSIEUR JOURDAIN.

Monsieur, je sais le respect que je vous dois.

DORANTE.

Mon Dieu! mettez. Point de cérémonie entre nous, je vous prie.

MONSIEUR JOURDAIN.

Monsieur...

DORANTE.

Mettez, vous dis-je, monsieur Jourdain; vous êtes mon ami.

MONSIEUR JOURDAIN.

Monsieur, je suis votre serviteur.

DORANTE.

Je ne me couvrirai point, si vous ne vous couvrez.

MONSIEUR JOURDAIN, se couvrant.

J'aime mieux être incivil qu'importun.

DORANTE.

Je suis votre débiteur, comme vous le savez.

MADAME JOURDAIN, à part.

Oui: nous ne le savons que trop.

DORANTE.

Vous m'avez généreusement prêté de l'argent en plusieurs occasions, et m'avez obligé de la meilleure grâce du monde, assurément.

MONSIEUR JOURDAIN.

Monsieur, vous vous moquez.

DORANTE.

Mais je sais rendre ce qu'on me prête, et reconnoitre les plaisirs qu'on me fait.

MONSIEUR JOURDAIN.

Je n'en doute point, monsieur.

DORANTE.

Je veux sortir d'affaire avec vous; et je viens ici pour faire nos comptes ensemble.

MONSIEUR JOURDAIN, bas, à madame Jourdain.

Eh bien, vous voyez votre impertinence, ma femme.

DORANTE.

Je suis homme qui aime à m'acquitter le plus tôt que je puis.

MONSIEUR JOURDAIN, bas, à madame Jourdain.

Je vous le disois bien.

DORANTE.

Voyons un peu ce que je vous dois.

MONSIEUR JOURDAIN, bas, à madame Jourdain.

Vous voilà, avec vos soupçons ridicules.

DORANTE.

Vous souvenez-vous bien de tout l'argent que vous m'avez prêté?

MONSIEUR JOURDAIN.

Je crois que oui. J'en ai fait un petit mémoire. Le voici. Donné à vous une fois deux cents louis.

DORANTE.

Cela est vrai.

MONSIEUR JOURDAIN.

Une autre fois six vingts.

DORANTE.

Oui.

MONSIEUR JOURDAIN.

Et une autre fois cent quarante.

DORANTE.

Vous avez raison.

MONSIEUR JOURDAIN.

Ces trois articles font quatre cent soixante louis, qui valent cinq mille soixante livres.

DORANTE.

Le compte est fort bon. Cinq mille soixante livres.

MONSIEUR JOURDAIN.

Mille huit cent trente-deux livres à votre plumassier.

DORANTE.

Justement.

MONSIEUR JOURDAIN.

Deux mille sept cent quatre-vingts livres à votre tailleur.

DORANTE.

Il est vrai.

MONSIEUR JOURDAIN.

Quatre mille trois cent septante-neuf livres douze sous huit deniers à votre marchand.

DORANTE.

Fort bien. Douze sous huit deniers; le compte est juste.

MONSIEUR JOURDAIN.

Et mille sept cent quarante-huit livres sept sous quatre deniers à votre sellier.

DORANTE.

Tout cela est véritable. Qu'est-ce que cela fait?

MONSIEUR JOURDAIN.

Somme totale, quinze mille huit cents livres.

DORANTE.

Somme totale est juste. Quinze mille huit cents livres. Mettez encore deux cents pistoles que vous m'allez donner : cela fera justement dix-huit mille francs, que je vous payerai au premier jour.

MADAME JOURDAIN, bas, à monsieur Jourdain.

Eh bien, ne l'avois-je pas bien deviné?

MONSIEUR JOURDAIN, bas, à madame Jourdain.

Paix!

DORANTE.

Cela vous incommodera-t-il, de me donner ce que je vous dis?

MONSIEUR JOURDAIN.

Eh! non.

MADAME JOURDAIN, bas, à monsieur Jourdain.

Cet homme-là fait de vous une vache à lait.

MONSIEUR JOURDAIN, bas, à madame Jourdain.

Taisez-vous!

DORANTE.

Si cela vous incommode, j'en irai chercher ailleurs.

MONSIEUR JOURDAIN.

Non, monsieur.

MADAME JOURDAIN, bas, à monsieur Jourdain.

Il ne sera pas content qu'il ne vous ait ruiné.

MONSIEUR JOURDAIN, bas, à madame Jourdain.

Taisez-vous, vous dis-je!

DORANTE.

Vous n'avez qu'à me dire si cela vous embarrasse.

MONSIEUR JOURDAIN.

Point, monsieur.

MADAME JOURDAIN, bas, à monsieur Jourdain.

C'est un vrai enjôleux.

MONSIEUR JOURDAIN, bas, à madame Jourdain.

Taisez-vous donc!

MADAME JOURDAIN, bas, à monsieur Jourdain.

Il vous sucera jusqu'au dernier sou.

MONSIEUR JOURDAIN, bas, à madame Jourdain.

Vous tairez-vous?

DORANTE.

J'ai force gens qui m'en prêteroient avec joie; mais, comme vous êtes mon meilleur ami, j'ai cru que je vous ferois tort si j'en demandois à quelque autre.

MONSIEUR JOURDAIN.

C'est trop d'honneur, monsieur, que vous me faites. Je vais quérir votre affaire.

MADAME JOURDAIN, bas, à monsieur Jourdain.

Quoi! vous allez encore lui donner cela?

MONSIEUR JOURDAIN, bas, à madame Jourdain.

Que faire? voulez-vous que je refuse un homme de cette condition-là, qui a parlé de moi ce matin dans la chambre du roi?

MADAME JOURDAIN, bas, à monsieur Jourdain.

Allez, vous êtes une vraie dupe.

SCÈNE V. — DORANTE, MADAME JOURDAIN, NICOLE.

DORANTE.

Vous me semblez toute mélancolique. Qu'avez-vous, madame Jourdain?

MADAME JOURDAIN.

J'ai la tête plus grosse que le poing, et si elle n'est pas enflée.

DORANTE.

Mademoiselle votre fille, où est-elle, que je ne la vois point?

MADAME JOURDAIN.

Mademoiselle ma fille est bien où elle est.

DORANTE.

Comment se porte-t-elle?

MADAME JOURDAIN.

Elle se porte sur ses deux jambes.

DORANTE.

Ne voulez-vous point, un de ces jours, venir voir avec elle le ballet et la comédie que l'on fait chez le roi?

MADAME JOURDAIN.

Oui, vraiment! nous avons fort envie de rire, fort envie de rire nous avons.

DORANTE.

Je pense, madame Jourdain, que vous avez eu bien des amants dans votre jeune âge, belle et d'agréable humeur comme vous étiez.

MADAME JOURDAIN.

Tredame! monsieur, est-ce que madame Jourdain est décrépite, et la tête lui grouille-t-elle déjà?

DORANTE.

Ah! ma foi, madame Jourdain, je vous demande pardon! je ne songeois pas que vous êtes jeune; et je rêve le plus souvent. Je vous prie d'excuser mon impertinence.

SCÈNE VI. — MONSIEUR JOURDAIN, MADAME JOURDAIN, DORANTE, NICOLE.

MONSIEUR JOURDAIN, à Dorante.

Voilà deux cents louis bien comptés.

DORANTE.

Je vous assure, monsieur Jourdain, que je suis tout à vous, et que je brûle de vous rendre un service à la cour.

MONSIEUR JOURDAIN.

Je vous suis trop obligé.

DORANTE.

Si madame Jourdain veut voir le divertissement royal, je lui ferai donner les meilleures places de la salle.

MADAME JOURDAIN.

Madame Jourdain vous baise les mains.

DORANTE, bas, à monsieur Jourdain.

Notre belle marquise, comme je vous ai mandé par mon billet, viendra tantôt ici pour le ballet et le repas; et je l'ai fait consentir enfin au cadeau que vous lui voulez donner.

MONSIEUR JOURDAIN.

Tirons-nous un peu plus loin, pour cause.

DORANTE.

Il y a huit jours que je ne vous ai vu; et je ne vous ai point mandé de nouvelles du diamant que vous me mîtes entre les mains pour lui en faire présent de votre part; mais c'est que j'ai eu toutes les peines du monde à vaincre son scrupule; et ce n'est que d'aujourd'hui qu'elle s'est résolue à l'accepter.

MONSIEUR JOURDAIN.

Comment l'a-t-elle trouvé?

DORANTE.

Merveilleux; et je me trompe fort, ou la beauté de ce diamant fera pour vous sur son esprit un effet admirable.

MONSIEUR JOURDAIN.

Plût au ciel!

MADAME JOURDAIN, à Nicole.

Quand il est une fois avec lui, il ne peut le quitter.

DORANTE.

Je lui ai fait valoir comme il faut la richesse de ce présent, et la grandeur de votre amour.

MONSIEUR JOURDAIN.

Ce sont, monsieur, des bontés qui m'accablent; et je suis dans une confusion la plus grande du monde, de voir une personne de votre qualité s'abaisser pour moi à ce que vous faites.

DORANTE.

Vous moquez-vous? est-ce qu'entre amis on s'arrête à ces sortes de scrupules? et ne feriez-vous pas pour moi la même chose, si l'occasion s'en offroit?

MONSIEUR JOURDAIN.

Oh! assurément, et de très-grand cœur!

MADAME JOURDAIN, à Nicole.

Que sa présence me pèse sur les épaules!

DORANTE.

Pour moi, je ne regarde rien quand il faut servir un ami; et, lorsque vous me fîtes confidence de l'ardeur que vous aviez prise pour cette marquise agréable, chez qui j'avois commerce, vous vîtes que d'abord je m'offris de moi-même à servir votre amour.

MONSIEUR JOURDAIN.

Il est vrai. Ce sont des bontés qui me confondent.

MADAME JOURDAIN, à Nicole.

Est-ce qu'il ne s'en ira point?

NICOLE.

Ils se trouvent bien ensemble.

DORANTE.

Vous avez pris le bon biais pour toucher son cœur. Les femmes aiment surtout les dépenses qu'on fait pour elles; et vos fréquentes sérénades, et vos bouquets continuels, ce superbe feu d'artifice qu'elle trouva sur l'eau, le diamant qu'elle a reçu de votre part, et le cadeau que vous lui préparez, tout cela lui parle bien mieux en faveur de votre amour que toutes les paroles que vous auriez pu lui dire vous-même.

MONSIEUR JOURDAIN.

Il n'y a point de dépenses que je ne fisse, si par là je pouvois trouver le chemin de son cœur. Une femme de qualité a pour moi des charmes ravissants; et c'est un honneur que j'achèterois au prix de toutes choses.

MADAME JOURDAIN, bas, à Nicole.

Que peuvent-ils tant dire ensemble? Va-t'en un peu tout doucement prêter l'oreille.

DORANTE.

Ce sera tantôt que vous jouirez à votre aise du plaisir de sa vue; et vos yeux auront tout le temps de se satisfaire.

MONSIEUR JOURDAIN.

Pour être en pleine liberté, j'ai fait en sorte que ma femme ira dîner chez ma sœur, où elle passera toute l'après-dînée.

DORANTE.

Vous avez fait prudemment, et votre femme auroit pu nous embarrasser. J'ai donné pour vous l'ordre qu'il faut au cuisinier, et à toutes les choses qui sont nécessaires pour le ballet. Il est de mon invention; et, pourvu que l'exécution puisse répondre à l'idée, je suis sûr qu'il sera trouvé...

MONSIEUR JOURDAIN, s'apercevant que Nicole écoute, et lui donnant un soufflet.

Ouais! vous êtes bien impertinente! (A Dorante.) Sortons, s'il vous plaît.

SCÈNE VII. — MADAME JOURDAIN, NICOLE.

NICOLE.

Ma foi, madame, la curiosité m'a coûté quelque chose; mais je crois qu'il y a quelque anguille sous roche, et ils parlent de quelque affaire où ils ne veulent pas que vous soyez.

MADAME JOURDAIN.

Ce n'est pas d'aujourd'hui, Nicole, que j'ai conçu des soupçons de mon mari. Je suis la plus trompée du monde, ou il y a quelque amour en campagne; et je travaille à découvrir ce que ce peut être. Mais songeons à ma fille. Tu sais l'amour que Cléonte a pour elle : c'est un homme qui me revient; et je veux aider sa recherche, et lui donner Lucile si je puis.

NICOLE.

En vérité, madame, je suis la plus ravie du monde de vous voir dans ces sentiments; car, si le maître vous revient, le valet ne me revient pas moins, et je souhaiterois que notre mariage se pût faire à l'ombre du leur.

MADAME JOURDAIN.

Va-t'en lui en parler de ma part, et lui dire que tout à l'heure il me vienne trouver, pour faire ensemble à mon mari la demande de ma fille.

NICOLE.

J'y cours, madame, avec joie, et je ne pouvois recevoir une commission plus agréable. (Seule.) Je vais, je pense, bien réjouir les gens.

SCÈNE VIII. — CLÉONTE, COVIELLE, NICOLE.

NICOLE, à Cléonte.

Ah! vous voilà tout à propos! Je suis une ambassadrice de joie, et je viens...

CLÉONTE.

Retire-toi, perfide, et ne me viens point amuser avec tes traîtresses paroles.

NICOLE.

Est-ce ainsi que vous recevez...

CLÉONTE.

Retire-toi, te dis-je, et va-t'en dire, de ce pas, à ton infidèle maîtresse qu'elle n'abusera de sa vie le trop simple Cléonte.

NICOLE.

Quel vertigo est-ce donc là? Mon pauvre Covielle, dis-moi un peu ce que cela veut dire.

COVIELLE.

Ton pauvre Covielle, petite scélérate! Allons, vite, ôte-toi de mes yeux, vilaine, et me laisse en repos.

NICOLE.

Quoi! tu me viens aussi...

COVIELLE.

Ote-toi de mes yeux, te dis-je, et ne me parle pas de ta vie.

NICOLE, à part.

Ouais! Quelle mouche les a piqués tous deux? Allons de cette belle histoire informer ma maîtresse[1].

SCÈNE IX. — CLÉONTE, COVIELLE.

CLÉONTE.

Quoi! traiter un amant de la sorte, et un amant le plus fidèle et le plus passionné de tous les amants!

COVIELLE.

C'est une chose épouvantable que ce qu'on nous a fait à tous deux!

CLÉONTE.

Je fais voir pour une personne toute l'ardeur et toute la tendresse qu'on peut imaginer; je n'aime rien au monde qu'elle, et je n'ai qu'elle dans l'esprit; elle fait tous mes soins, tous mes désirs, toute ma joie; je ne parle que d'elle, je ne pense qu'à elle, je ne fais des songes que d'elle, je ne respire que par elle, mon cœur vit tout en elle; et voilà de tant d'amitié la digne récompense! Je suis deux jours sans la voir, qui sont pour moi deux siècles effroyables : je la rencontre par hasard; mon cœur, à cette vue, se sent tout transporté, ma joie éclate sur mon visage, je vole avec ravissement vers elle, et l'infidèle détourne de moi ses regards, et passe brusquement, comme si de sa vie elle ne m'avoit vu!

COVIELLE.

Je dis les mêmes choses que vous.

CLÉONTE.

Peut-on rien voir d'égal, Covielle, à cette perfidie de l'ingrate Lucile?

COVIELLE.

Et à celle, monsieur, de la pendarde de Nicole?

CLÉONTE.

Après tant de sacrifices ardents, de soupirs et de vœux que j'ai faits à ses charmes!

COVIELLE.

Après tant d'assidus hommages, de soins et de services que je lui ai rendus dans sa cuisine!

---

[1] Ici, Molière se prépare à traiter, pour la troisième fois, une situation qu'on a déjà vue dans le *Dépit amoureux* et dans le *Tartuffe*, celle de la brouillerie et du raccommodement de deux amants. La scène du *Dépit amoureux* est annoncée, amenée exactement comme celle-ci. Marinette, chargée d'un doux message pour Éraste, est reçue de même par le maître et par le valet; et elle dit de même, dans son étonnement : « Quelle mouche le pique? » (Auger.)

CLÉONTE.
Tant de larmes que j'ai versées à ses genoux!
COVIELLE.
Tant de seaux d'eau que j'ai tirés au puits pour elle!
CLÉONTE.
Tant d'ardeur que j'ai fait paroître à la chérir plus que moi-même!
COVIELLE.
Tant de chaleur que j'ai soufferte à tourner la broche à sa place!
CLÉONTE.
Elle me fuit avec mépris!
COVIELLE.
Elle me tourne le dos avec effronterie!
CLÉONTE.
C'est une perfidie digne des plus grands châtiments.
COVIELLE.
C'est une trahison à mériter mille soufflets.
CLÉONTE.
Ne t'avise point, je te prie, de me parler jamais pour elle.
COVIELLE.
Moi, monsieur? Dieu m'en garde!
CLÉONTE.
Ne viens point m'excuser l'action de cette infidèle.
COVIELLE.
N'ayez pas peur.
CLÉONTE.
Non, vois-tu, tous tes discours pour la défendre ne serviront de rien.
COVIELLE.
Qui songe à cela?
CLÉONTE.
Je veux contre elle conserver mon ressentiment, et rompre ensemble tout commerce.
COVIELLE.
J'y consens.
CLÉONTE.
Ce monsieur le comte qui va chez elle lui donne peut-être dans la vue; et son esprit, je le vois bien, se laisse éblouir à la qualité. Mais il me faut, pour mon honneur, prévenir l'éclat de son inconstance. Je veux faire autant de pas qu'elle au changement où je la vois courir, et ne lui laisser pas toute la gloire de me quitter.
COVIELLE.
C'est fort bien dit, et j'entre pour mon compte dans tous vos sentiments.
CLÉONTE.
Donne la main à mon dépit, et soutiens ma résolution contre tous

les restes d'amour qui me pourroient parler pour elle. Dis-m'en, je t'en conjure, tout le mal que tu pourras. Fais-moi de sa personne une peinture qui me la rende méprisable, et marque-moi bien, pour m'en dégoûter, tous les défauts que tu peux voir en elle.

COVIELLE.

Elle, monsieur? voilà une belle mijaurée, une pimpesouée[1] bien bâtie, pour vous donner tant d'amour! Je ne lui vois rien que de très-médiocre; et vous trouverez cent personnes qui seront plus dignes de vous. Premièrement, elle a les yeux petits.

CLÉONTE.

Cela est vrai, elle a les yeux petits; mais elle les a pleins de feu, les plus brillants, les plus perçants du monde, les plus touchants qu'on puisse voir.

COVIELLE.

Elle a la bouche grande.

CLÉONTE.

Oui; mais on y voit des grâces qu'on ne voit point aux autres bouches; et cette bouche, en la voyant, inspire des désirs, est la plus attrayante, la plus amoureuse du monde.

COVIELLE.

Pour sa taille, elle n'est pas grande.

CLÉONTE.

Non; mais elle est aisée et bien prise.

COVIELLE.

Elle affecte une nonchalance dans son parler et dans ses actions...

CLÉONTE.

Il est vrai; mais elle a grâce à tout cela; et ses manières sont engageantes, ont je ne sais quel charme à s'insinuer dans les cœurs

COVIELLE.

Pour de l'esprit...

CLÉONTE.

Ah! elle en a, Covielle, du plus fin, du plus délicat.

COVIELLE.

Sa conversation...

CLÉONTE.

Sa conversation est charmante.

COVIELLE.

Elle est toujours sérieuse.

CLÉONTE.

Veux-tu de ces enjouements épanouis, de ces joies toujours ouvertes? et vois-tu rien de plus impertinent que les femmes qui rient à tout propos?

---

[1] *Pimpesouée*, femme prétentieuse et aux manières affectées.

COVIELLE.
Mais, enfin, elle est capricieuse autant que personne du monde.
CLÉONTE.
Oui, elle est capricieuse, j'en demeure d'accord; mais tout sied bien aux belles, on souffre tout des belles.
COVIELLE.
Puisque cela va comme cela, je vois bien que vous avez envie de l'aimer toujours.
CLÉONTE.
Moi! j'aimerois mieux mourir; et je vais la haïr autant que je l'ai aimée.
COVIELLE.
Le moyen, si vous la trouvez si parfaite?
CLÉONTE.
C'est en quoi ma vengeance sera plus éclatante, en quoi je veux faire mieux voir la force de mon cœur à la haïr, à la quitter, toute belle, toute pleine d'attraits, tout aimable que je la trouve. La voici.

SCÈNE X. — LUCILE, CLÉONTE, COVIELLE, NICOLE.

NICOLE, à Lucile.
Pour moi, j'en ai été toute scandalisée.
LUCILE.
Ce ne peut être, Nicole, que ce que je te dis. Mais le voilà.
CLÉONTE, à Covielle.
Je ne veux pas seulement lui parler.
COVIELLE.
Je veux vous imiter.
LUCILE.
Qu'est-ce donc, Cléonte? qu'avez-vous?
NICOLE.
Qu'as-tu donc, Covielle?
LUCILE
Quel chagrin vous possède?
NICOLE.
Quelle mauvaise humeur te tient?
LUCILE.
Êtes-vous muet, Cléonte?
NICOLE.
As-tu perdu la parole, Covielle?
CLÉONTE.
Que voilà qui est scélérat!
COVIELLE.
Que cela est Judas!

LUCILE.

Je vois bien que la rencontre de tantôt a troublé votre esprit.

CLÉONTE, à Covielle.

Ah! ah! On voit ce qu'on a fait.

NICOLE.

Notre accueil de ce matin t'a fait prendre la chèvre.

COVIELLE, à Cléonte.

On a deviné l'enclouure.

LUCILE.

N'est-il pas vrai, Cléonte, que c'est là le sujet de votre dépit?

CLÉONTE.

Oui, perfide, ce l'est, puisqu'il faut parler; et j'ai à vous dire que vous ne triompherez pas, comme vous pensez, de votre infidélité; que je veux être le premier à rompre avec vous, et que vous n'aurez pas l'avantage de me chasser. J'aurai de la peine, sans doute, à vaincre l'amour que j'ai pour vous; cela me causera des chagrins, je souffrirai un temps; mais j'en viendrai à bout, et je me percerai plutôt le cœur que d'avoir la foiblesse de retourner à vous.

COVIELLE, à Nicole.

Queussi, queumi[1].

LUCILE.

Voilà bien du bruit pour un rien! Je veux vous dire, Cléonte, le sujet qui m'a fait ce matin éviter votre abord.

CLÉONTE, voulant s'en aller pour éviter Lucile.

Non, je ne veux rien écouter.

NICOLE, à Covielle.

Je te veux apprendre la cause qui nous a fait passer si vite.

COVIELLE, voulant aussi s'en aller pour éviter Nicole.

Je ne veux rien entendre.

LUCILE, suivant Cléonte.

Sachez que ce matin...

CLÉONTE, marchant toujours sans regarder Lucile.

Non, vous dis-je.

NICOLE, suivant Covielle.

Apprends que...

COVIELLE, marchant aussi sans regarder Nicole.

Non, traîtresse!

LUCILE.

Écoutez.

CLÉONTE.

Point d'affaire.

NICOLE.

Laisse-moi dire.

---

[1] Tout de même, sans aucune différence.

ACTE III, SCÈNE X.

COVIELLE.

Je suis sourd.

LUCILE.

Cléonte!

CLÉONTE.

Non.

NICOLE.

Covielle!

COVIELLE.

Point.

LUCILE.

Arrêtez.

CLÉONTE.

Chansons!

NICOLE.

Entends-moi.

COVIELLE.

Bagatelle!

LUCILE.

Un moment.

CLÉONTE.

Point du tout.

NICOLE.

Un peu de patience.

COVIELLE.

Tarare!

LUCILE.

Deux paroles.

CLÉONTE.

Non : c'en est fait.

NICOLE.

Un mot.

COVIELLE.

Plus de commerce.

LUCILE, s'arrêtant.

Eh bien, puisque vous ne voulez pas m'écouter, demeurez dans votre pensée, et faites ce qu'il vous plaira.

NICOLE, s'arrêtant aussi.

Puisque tu fais comme cela, prends-le tout comme tu voudras.

CLÉONTE, se tournant vers Lucile.

Sachons donc le sujet d'un si bel accueil.

LUCILE, s'en allant à son tour pour éviter Cléonte.

Il ne me plaît plus de le dire.

COVIELLE, se tournant vers Nicole.

Apprends-nous un peu cette histoire.

NICOLE, s'en allant aussi pour éviter Covielle.

Je ne veux plus, moi, te l'apprendre.

CLÉONTE, suivant Lucile.

Dites-moi...

LUCILE, marchant toujours sans regarder Cléonte.

Non, je ne veux rien dire.

COVIELLE, suivant Nicole.

Conte-moi...

NICOLE, marchant aussi sans regarder Covielle.

Non, je ne conte rien.

CLÉONTE.

De grâce!

LUCILE.

Non, vous dis-je.

COVIELLE.

Par charité.

NICOLE.

Point d'affaire.

CLÉONTE.

Je vous en prie.

LUCILE.

Laissez-moi.

COVIELLE.

Je t'en conjure.

NICOLE.

Ote-toi de là.

CLÉONTE.

Lucile!

LUCILE.

Non.

COVIELLE.

Nicole!

NICOLE.

Point.

CLÉONTE.

Au nom des dieux!

LUCILE.

Je ne veux pas.

COVIELLE.

Parle-moi.

NICOLE.

Point du tout

CLÉONTE.

Éclaircissez mes doutes.

LUCILE.

Non : je n'en ferai rien.

COVIELLE.

Guéris-moi l'esprit.

NICOLE.

Non : il ne me plaît pas.

CLÉONTE.

Eh bien, puisque vous vous souciez si peu de me tirer de peine et de vous justifier du traitement indigne que vous avez fait à ma flamme, vous me voyez, ingrate, pour la dernière fois; et je vais, loin de vous, mourir de douleur et d'amour.

COVIELLE, à Nicole.

Et moi, je vais suivre ses pas.

LUCILE, à Cléonte, qui veut sortir.

Cléonte!

NICOLE, à Covielle, qui suit son maître.

Covielle!

CLÉONTE, s'arrêtant.

Eh?

COVIELLE, s'arrêtant aussi.

Plaît-il?

LUCILE.

Où allez-vous?

CLÉONTE.

Où je vous ai dit.

COVIELLE.

Nous allons mourir.

LUCILE.

Vous allez mourir, Cléonte?

CLÉONTE.

Oui, cruelle, puisque vous le voulez.

LUCILE.

Moi! je veux que vous mouriez!

CLÉONTE.

Oui, vous le voulez.

LUCILE.

Qui vous le dit?

CLÉONTE, s'approchant de Lucile.

N'est-ce pas le vouloir, que de ne vouloir pas éclaircir mes soupçons?

LUCILE.

Est-ce ma faute? et, si vous aviez voulu m'écouter, ne vous aurois-je pas dit que l'aventure dont vous vous plaignez a été causée ce matin par la présence d'une vieille tante, qui veut à toute force que la seule approche d'un homme déshonore une fille, qui perpétuellement nous sermonne sur ce chapitre, et nous figure tous les hommes comme des diables qu'il faut fuir?

NICOLE, à Covielle.

Voilà le secret de l'affaire.

CLÉONTE.

Ne me trompez-vous point, Lucile?

COVIELLE, à Nicole.

Ne m'en donnes-tu point à garder?

LUCILE, à Cléonte.

Il n'est rien de plus vrai.

NICOLE, à Covielle.

C'est la chose comme elle est.

COVIELLE, à Cléonte.

Nous rendrons-nous à cela?

CLÉONTE.

Ah! Lucile, qu'avec un mot de votre bouche vous savez apaiser de choses dans mon cœur, et que facilement on se laisse persuader aux personnes qu'on aime!

COVIELLE.

Qu'on est aisément amadoué par ces diantres d'animaux-là!

SCÈNE XI. — MADAME JOURDAIN, CLÉONTE, LUCILE, COVIELLE, NICOLE.

MADAME JOURDAIN.

Je suis bien aise de vous voir, Cléonte, et vous voilà tout à propos. Mon mari vient; prenez vite votre temps pour lui demander Lucile en mariage.

CLÉONTE.

Ah! madame, que cette parole m'est douce et qu'elle flatte mes désirs! Pouvois-je recevoir un ordre plus charmant, une faveur plus précieuse?

SCÈNE XII. — CLÉONTE, MONSIEUR JOURDAIN, MADAME JOURDAIN, LUCILE, COVIELLE, NICOLE.

CLÉONTE.

Monsieur, je n'ai voulu prendre personne pour vous faire une demande que je médite il y a longtemps. Elle me touche assez pour m'en charger moi-même, et, sans autre détour, je vous dirai que l'honneur d'être votre gendre est une faveur glorieuse que je vous prie de m'accorder.

MONSIEUR JOURDAIN.

Avant que de vous rendre réponse, monsieur, je vous prie de me dire si vous êtes gentilhomme.

CLÉONTE.

Monsieur, la plupart des gens, sur cette question, n'hésitent pas beaucoup ; on tranche le mot aisément. Ce nom ne fait aucun scrupule à prendre, et l'usage aujourd'hui semble en autoriser le vol. Pour moi, je vous l'avoue, j'ai les sentiments, sur cette matière, un peu plus délicats. Je trouve que toute imposture est indigne d'un honnête homme, et qu'il y a de la lâcheté à déguiser ce que le ciel nous a fait naître, à se parer aux yeux du monde d'un titre dérobé, à se vouloir donner pour ce qu'on n'est pas. Je suis né de parents, sans doute, qui ont tenu des charges honorables ; je me suis acquis dans les armes l'honneur de six ans de services, et je me trouve assez de bien pour tenir dans le monde un rang assez passable ; mais, avec tout cela, je ne veux point me donner un nom où d'autres en ma place croiroient pouvoir prétendre, et je vous dirai franchement que je ne suis point gentilhomme.

MONSIEUR JOURDAIN.

Touchez là, monsieur ; ma fille n'est pas pour vous.

CLÉONTE.

Comment?

MONSIEUR JOURDAIN.

Vous n'êtes point gentilhomme, vous n'aurez pas ma fille.

MADAME JOURDAIN.

Que voulez-vous donc dire avec votre gentilhomme? est-ce que nous sommes, nous autres, de la côte de saint Louis?

MONSIEUR JOURDAIN.

Taisez-vous, ma femme ; je vous vois venir.

MADAME JOURDAIN.

Descendons-nous tous deux que de bonne bourgeoisie?

MONSIEUR JOURDAIN.

Voilà pas le coup de langue [1]?

MADAME JOURDAIN.

Et votre père n'étoit-il pas marchand aussi bien que le mien?

MONSIEUR JOURDAIN.

Peste soit de la femme ! elle n'y a jamais manqué. Si votre père a été marchand, tant pis pour lui ; mais pour le mien, ce sont des malavisés qui disent cela. Tout ce que j'ai à vous dire, moi, c'est que je veux avoir un gendre gentilhomme.

MADAME JOURDAIN.

Il faut à votre fille un mari qui lui soit propre ; et il vaut mieux,

---

[1] Il faut être monsieur Jourdain pour se plaindre d'un coup de langue, quand on lui rappelle qu'il est le fils de son père. (La Harpe.)

pour elle, un honnête homme riche et bien fait qu'un gentilhomme gueux et mal bâti.

NICOLE.

Cela est vrai : nous avons le fils du gentilhomme de notre village, qui est le plus grand malitorne[1] et le plus sot dadais que j'aie jamais vu.

MONSIEUR JOURDAIN, à Nicole.

Taisez-vous, impertinente; vous vous fourrez toujours dans la conversation. J'ai du bien assez pour ma fille; je n'ai besoin que d'honneurs, et je la veux faire marquise.

MADAME JOURDAIN.

Marquise?

MONSIEUR JOURDAIN.

Oui, marquise.

MADAME JOURDAIN.

Hélas! Dieu m'en garde!

MONSIEUR JOURDAIN.

C'est une chose que j'ai résolue.

MADAME JOURDAIN.

C'est une chose, moi, où je ne consentirai point. Les alliances avec plus grand que soi sont sujettes toujours à de fâcheux inconvénients. Je ne veux point qu'un gendre puisse à ma fille reprocher ses parents et qu'elle ait des enfants qui aient honte de m'appeler leur grand'maman. S'il falloit qu'elle me vînt visiter en équipage de grande dame, et qu'elle manquât, par mégarde, à saluer quelqu'un du quartier, on ne manqueroit pas aussitôt de dire cent sottises. Voyez-vous, diroit-on, cette madame la marquise qui fait tant la glorieuse? c'est la fille de monsieur Jourdain, qui étoit trop heureuse, étant petite, de jouer à la madame avec nous. Elle n'a pas toujours été si relevée que la voilà, et ses deux grands-pères vendoient du drap auprès de la porte Saint-Innocent. Ils ont amassé du bien à leurs enfants, qu'ils payent maintenant, peut-être, bien cher en l'autre monde; et l'on ne devient guère si riches à être honnêtes gens. Je ne veux point tous ces caquets, et je veux un homme, en un mot, qui m'ait obligation de ma fille, et à qui je puisse dire : Mettez-vous là, mon gendre, et dînez avec moi.

MONSIEUR JOURDAIN.

Voilà bien les sentiments d'un petit esprit, de vouloir demeurer toujours dans la bassesse. Ne me répliquez pas davantage : ma fille sera marquise, en dépit de tout le monde; et, si vous me mettez en colère, je la ferai duchesse[2].

[1] *Malitorne*, de *male tornatus*, maladroit, inepte, qui ne peut rien faire de bien ni à propos. (Richelet.)
[2] Cette discussion entre monsieur Jourdain et sa femme est imitée d'un entretien fort comique entre Sancho Pança et sa femme. (*Don Quichotte*, part. II, ch. v.)

SCÈNE XIII. — MADAME JOURDAIN, LUCILE, CLÉONTE, NICOLE, COVIELLE.

MADAME JOURDAIN.

Cléonte, ne perdez point courage encore. (A Lucile.) Suivez-moi, ma fille ; et venez dire résolûment à votre père que si vous ne l'avez, vous ne voulez épouser personne.

SCÈNE XIV. — CLÉONTE, COVIELLE.

COVIELLE.

Vous avez fait de belles affaires, avec vos beaux sentiments !

CLÉONTE.

Que veux-tu ? j'ai un scrupule là-dessus que l'exemple ne sauroit vaincre.

COVIELLE.

Vous moquez-vous, de le prendre sérieusement avec un homme comme cela ? Ne voyez-vous pas qu'il est fou ? et vous coûtoit-il quelque chose de vous accommoder à ses chimères ?

CLÉONTE.

Tu as raison ; mais je ne croyois pas qu'il fallût faire ses preuves de noblesse pour être gendre de monsieur Jourdain.

COVIELLE, riant.

Ah ! ah ! ah !

CLÉONTE.

De quoi ris-tu ?

COVIELLE.

D'une pensée qui me vient pour jouer notre homme et vous faire obtenir ce que vous souhaitez.

CLÉONTE.

Comment ?

COVIELLE.

L'idée est tout à fait plaisante.

CLÉONTE.

Quoi donc ?

COVIELLE.

Il s'est fait depuis peu une certaine mascarade qui vient le mieux du monde ici, et que je prétends faire entrer dans une bourle[1] que je veux faire à notre ridicule. Tout cela sent un peu sa comédie ; mais, avec lui, on peut hasarder toute chose ; il n'y faut point chercher tant de façons, et il est homme à y jouer son rôle à merveille et à donner

---

[1] *Bourle*, de l'italien *burlare*, se moquer, se jouer, se rire, faire un tour, une niche à quelqu'un. (Ménage.)

aisément dans toutes les fariboles qu'on s'avisera de lui dire. J'ai les acteurs, j'ai les habits tout prêts; laissez-moi faire seulement.

CLÉONTE.

Mais apprends-moi...

COVIELLE.

Je vais vous instruire de tout. Retirons-nous; le voilà qui revient.

SCÈNE XV. — MONSIEUR JOURDAIN, seul.

Que diable est-ce là? ils n'ont rien que les grands seigneurs à me reprocher, et moi, je ne vois rien de si beau que de hanter les grands seigneurs; il n'y a qu'honneur et que civilité avec eux; et je voudrois qu'il m'eût coûté deux doigts de la main, et être né comte ou marquis.

SCÈNE XVI. — MONSIEUR JOURDAIN, UN LAQUAIS.

LE LAQUAIS.

Monsieur, voici monsieur le comte, et une dame qu'il mène par la main.

MONSIEUR JOURDAIN.

Eh! mon Dieu! j'ai quelques ordres à donner. Dis-leur que je vais venir ici tout à l'heure.

SCÈNE XVII. — DORIMÈNE, DORANTE, UN LAQUAIS.

LE LAQUAIS.

Monsieur dit comme cela qu'il va venir ici tout à l'heure.

DORANTE.

Voilà qui est bien.

SCÈNE XVIII. — DORIMÈNE, DORANTE.

DORIMÈNE.

Je ne sais pas, Dorante, je fais encore ici une étrange démarche, de me laisser amener par vous dans une maison où je ne connois personne.

DORANTE.

Quel lieu voulez-vous donc, madame, que mon amour choisisse pour vous régaler, puisque, pour fuir l'éclat, vous ne voulez ni votre maison ni la mienne?

DORIMÈNE.

Mais vous ne dites pas que je m'engage insensiblement chaque jour à recevoir de trop grands témoignages de votre passion. J'ai beau me défendre des choses, vous fatiguez ma résistance, et vous avez une civile opiniâtreté qui me fait venir doucement à tout ce qu'il vous plaît. Les visites fréquentes ont commencé, les déclarations sont venues ensuite, qui, après elles, ont traîné les sérénades et les cadeaux,

que les présents ont suivis. Je me suis opposée à tout cela; mais vous ne vous rebutez point, et, pied à pied, vous gagnez mes résolutions. Pour moi, je ne puis plus répondre de rien, et je crois qu'à la fin vous me ferez venir au mariage, dont je me suis tant éloignée.
DORANTE.
Ma foi, madame, vous y devriez déjà être : vous êtes veuve, et ne dépendez que de vous; je suis maître de moi, et je vous aime plus que ma vie : à quoi tient-il que dès aujourd'hui vous ne fassiez tout mon bonheur?
DORIMÈNE.
Mon Dieu! Dorante, il faut des deux parts bien des qualités pour vivre heureusement ensemble; et les deux plus raisonnables personnes du monde ont souvent peine à composer une union dont ils soient satisfaits.
DORANTE.
Vous vous moquez, madame, de vous y figurer tant de difficultés; et l'expérience que vous avez faite ne conclut rien pour tous les autres.
DORIMÈNE.
Enfin j'en reviens toujours là; les dépenses que je vous vois faire pour moi m'inquiètent par deux raisons : l'une, qu'elles m'engagent plus que je ne voudrois; et l'autre, que je suis sûre, sans vous déplaire, que vous ne les faites point que vous ne vous incommodiez; et je ne veux point cela.
DORANTE.
Ah! madame, ce sont des bagatelles; et ce n'est pas par là...
DORIMÈNE.
Je sais ce que je dis; et, entre autres, le diamant que vous m'avez forcée à prendre est d'un prix...
DORANTE.
Eh! madame, de grâce, ne faites point tant valoir une chose que mon amour trouve indigne de vous; et souffrez... Voici le maître du logis.

SCÈNE XIX. — MONSIEUR JOURDAIN, DORIMÈNE, DORANTE.

MONSIEUR JOURDAIN, après avoir fait deux révérences, se trouvant trop près de Dorimène.

Un peu plus loin, madame.
DORIMÈNE.
Comment?
MONSIEUR JOURDAIN.
Un pas, s'il vous plaît.
DORIMÈNE.
Quoi donc?

MONSIEUR JOURDAIN.

Reculez un peu, pour la troisième.

DORANTE.

Madame, monsieur Jourdain sait son monde.

MONSIEUR JOURDAIN.

Madame, ce m'est une gloire bien grande de me voir assez fortuné, pour être si heureux, que d'avoir le bonheur que vous ayez eu la bonté de m'accorder la grâce, de me faire l'honneur de m'honorer de la faveur de votre présence; et, si j'avois aussi le mérite, pour mériter un mérite comme le vôtre, et que le ciel... envieux de mon bien... m'eût accordé... l'avantage de me voir digne... des...

DORANTE.

Monsieur Jourdain, en voilà assez. Madame n'aime pas les grands compliments, et elle sait que vous êtes homme d'esprit. (Bas, à Dorimène.) C'est un bon bourgeois assez ridicule, comme vous voyez, dans toutes ses manières.

DORIMÈNE, bas, à Dorante.

Il n'est pas malaisé de s'en apercevoir.

DORANTE.

Madame, voilà le meilleur de mes amis.

MONSIEUR JOURDAIN.

C'est trop d'honneur que vous me faites.

DORANTE.

Galant homme tout à fait.

DORIMÈNE.

J'ai beaucoup d'estime pour lui.

MONSIEUR JOURDAIN.

Je n'ai rien fait encore, madame, pour mériter cette grâce.

DORANTE, bas, à monsieur Jourdain.

Prenez bien garde, au moins, à ne lui point parler du diamant que vous lui avez donné.

MONSIEUR JOURDAIN, bas, à Dorante.

Ne pourrois-je pas seulement lui demander comment elle le trouve?

DORANTE, bas, à monsieur Jourdain.

Comment! gardez-vous-en bien! cela seroit vilain à vous; et, pour agir en galant homme, il faut que vous fassiez comme si ce n'étoit pas vous qui lui eussiez fait ce présent. (Haut.) Monsieur Jourdain, madame, dit qu'il est ravi de vous voir chez lui.

DORIMÈNE.

Il m'honore beaucoup.

MONSIEUR JOURDAIN, bas, à Dorante.

Que je vous suis obligé, monsieur, de lui parler ainsi pour moi!

DORANTE, bas, à monsieur Jourdain.

J'ai eu une peine effroyable à la faire venir ici.

MONSIEUR JOURDAIN, bas, à Dorante.

Je ne sais quelles grâces vous en rendre.

DORANTE.

Il dit, madame, qu'il vous trouve la plus belle personne du monde.

DORIMÈNE.

C'est bien de la grâce qu'il me fait.

MONSIEUR JOURDAIN.

Madame, c'est vous qui faites les grâces; et...

DORANTE.

Songeons à manger.

SCÈNE XX. — MONSIEUR JOURDAIN, DORIMÈNE, DORANTE, UN LAQUAIS.

LE LAQUAIS, à monsieur Jourdain.

Tout est prêt, monsieur.

DORANTE.

Allons donc nous mettre à table, et qu'on fasse venir les musiciens.

SCÈNE XXI.

ENTRÉE DE BALLET.

Six cuisiniers, qui ont préparé le festin, dansent ensemble, et font le troisième intermède; après quoi ils apportent une table couverte de plusieurs mets.

ACTE QUATRIÈME

SCÈNE I. — DORIMÈNE, MONSIEUR JOURDAIN, DORANTE, TROIS MUSICIENS, UN LAQUAIS.

DORIMÈNE.

Comment! Dorante, voilà un repas tout à fait magnifique!

MONSIEUR JOURDAIN.

Vous vous moquez, madame; et je voudrois qu'il fût plus digne de vous être offert. (Dorimène, monsieur Jourdain, Dorante et les trois musiciens se mettent à table.)

DORANTE.

Monsieur Jourdain a raison, madame, de parler de la sorte; et il m'oblige de vous faire si bien les honneurs de chez lui. Je demeure d'accord avec lui que le repas n'est pas digne de vous. Comme c'est moi qui l'ai ordonné et que je n'ai pas sur cette matière les lumières de nos amis, vous n'avez pas ici un repas fort savant, et vous y trouverez des incongruités de bonne chère et des barbarismes de bon goût. Si Damis, notre ami, s'en étoit mêlé, tout seroit dans les règles; il y auroit partout de l'élégance et de l'érudition, et il ne manqueroit pas de vous exagérer lui-même toutes les pièces du repas qu'il vous donneroit et de vous faire tomber d'accord de sa haute capacité dans la science des bons morceaux, de vous parler d'un pain de rive [1] à biseau doré, relevé de croûte partout, croquant tendrement sous la dent; d'un vin à séve veloutée, armé d'un vert qui n'est point trop commandant; d'un carré de mouton gourmandé [2] de persil; d'une longe de veau de rivière [3] longue comme cela, blanche, délicate, et qui, sous les dents, est une vraie pâte d'amande; de perdrix relevées d'un fumet surprenant; et, pour son opéra, d'une soupe à bouillon perlé, soutenue d'un jeune gros dindon cantonné de pigeonneaux, et couronnée d'oignons blancs mariés avec la chicorée. Mais, pour moi, je vous avoue mon ignorance; et, comme monsieur Jourdain a fort bien dit, je voudrois que le repas fût plus digne de vous être offert.

DORIMÈNE.

Je ne réponds à ce compliment qu'en mangeant comme je fais.

MONSIEUR JOURDAIN.

Ah! que voilà de belles mains!

DORIMÈNE.

Les mains sont médiocres, monsieur Jourdain; mais vous voulez parler du diamant, qui est fort beau.

MONSIEUR JOURDAIN.

Moi, madame? Dieu me garde d'en vouloir parler! ce ne seroit pas agir en galant homme; et le diamant est fort peu de chose.

DORIMÈNE.

Vous êtes bien dégoûté.

MONSIEUR JOURDAIN.

Vous avez trop de bonté...

DORANTE, après avoir fait un signe à monsieur Jourdain.

Allons, qu'on donne du vin à monsieur Jourdain et à ces messieurs, qui nous feront la grâce de nous chanter quelque air à boire.

DORIMÈNE.

C'est merveilleusement assaisonner la bonne chère, que d'y mêler la musique; et je me vois ici admirablement régalée.

MONSIEUR JOURDAIN.

Madame, ce n'est pas...

---

[1] Pain qui, ayant été placé au bord du four, et, par conséquent, n'ayant pas été en contact avec les autres pains, est bien cuit sur les bords, et a un *biseau doré*, au lieu de cette *baisure* qui ressemble à de la mie. (Auger.)

[2] *Gourmandé* veut dire ici *lardé*.

[3] *Veau de rivière*, veau élevé en Normandie, dans des prairies voisines de la Seine.

DORANTE.

Monsieur Jourdain, prêtons silence à ces messieurs; ce qu'ils nous feront entendre vaudra mieux que tout ce que nous pourrions dire[1].

PREMIER ET SECOND MUSICIEN, ensemble, un verre à la main.

Un petit doigt, Philis, pour commencer le tour :
Ah! qu'un verre en vos mains a d'agréables charmes!
　Vous et le vin vous vous prêtez des armes,
Et je sens pour tous deux redoubler mon amour :
Entre lui, vous et moi, jurons, jurons, ma belle,
　　Une ardeur éternelle.

Qu'en mouillant votre bouche il en reçoit d'attraits!
Et que l'on voit par lui votre bouche embellie!
　Ah! l'un de l'autre ils me donnent envie,
Et de vous et de lui je m'enivre à longs traits.
Entre lui, vous et moi, jurons, jurons, ma belle,
　　Une ardeur éternelle.

SECOND ET TROISIÈME MUSICIEN, ensemble.

Buvons, chers amis, buvons!
Le temps qui fuit nous y convie :
　Profitons de la vie
　Autant que nous pouvons.

Quand on a passé l'onde noire,
Adieu le bon vin, nos amours.
　Dépêchons-nous de boire;
　On ne boit pas toujours.

Laissons raisonner les sots
Sur le vrai bonheur de la vie;
　Notre philosophie
　Le met parmi les pots.

Les biens, le savoir et la gloire,
N'ôtent point les soucis fâcheux;
　Et ce n'est qu'à bien boire
　Que l'on peut être heureux.

TOUS TROIS, ensemble.

Sus, sus; du vin partout : versez, garçon, versez.
Versez, versez toujours, tant qu'on vous dise : Assez.

DORIMÈNE.

Je ne crois pas qu'on puisse mieux chanter; et cela est tout à fait beau.

[1] Var. Ce qu'ils nous *diront* vaudra mieux etc.

MONSIEUR JOURDAIN.

Je vois encore ici, madame, quelque chose de plus beau.

DORIMÈNE.

Ouais! monsieur Jourdain est galant plus que je ne pensois.

DORANTE.

Comment, madame! pour qui prenez-vous monsieur Jourdain?

MONSIEUR JOURDAIN.

Je voudrois bien qu'elle me prît pour ce que je dirois.

DORIMÈNE.

Encore?

DORANTE, à Dorimène.

Vous ne le connoissez pas.

MONSIEUR JOURDAIN.

Elle me connoîtra quand il lui plaira.

DORIMÈNE.

Oh! je le quitte.

DORANTE.

Il est homme qui a toujours la riposte en main. Mais vous ne voyez pas que monsieur Jourdain, madame, mange tous les morceaux que vous touchez.

DORIMÈNE.

Monsieur Jourdain est un homme qui me ravit.

MONSIEUR JOURDAIN.

Si je pouvois ravir votre cœur, je serois...

SCÈNE II. — MADAME JOURDAIN, MONSIEUR JOURDAIN, DORIMÈNE, DORANTE, MUSICIENS, LAQUAIS.

MADAME JOURDAIN.

Ah! ah! je trouve ici bonne compagnie, et je vois bien qu'on ne m'y attendoit pas. C'est donc pour cette belle affaire-ci, monsieur mon mari, que vous avez eu tant d'empressement à m'envoyer dîner chez ma sœur? Je viens de voir un théâtre là-bas, et je vois ici un banquet à faire noces. Voilà comme vous dépensez votre bien; et c'est ainsi que vous festinez les dames en mon absence, et que vous leur donnez la musique et la comédie, tandis que vous m'envoyez promener!

DORANTE.

Que voulez-vous dire, madame Jourdain? et quelles fantaisies sont les vôtres, de vous aller mettre en tête que votre mari dépense son bien et que c'est lui qui donne ce régal à madame? Apprenez que c'est moi, je vous prie; qu'il ne fait seulement que me prêter sa maison, et que vous devriez un peu mieux regarder aux choses que vous dites.

MONSIEUR JOURDAIN.

Oui, impertinente, c'est monsieur le comte qui donne tout ceci à madame, qui est une personne de qualité. Il me fait l'honneur de prendre ma maison et de vouloir que je sois avec lui.

MADAME JOURDAIN.

Ce sont des chansons que cela; je sais ce que je sais.

DORANTE.

Prenez, madame Jourdain, prenez de meilleures lunettes.

MADAME JOURDAIN.

Je n'ai que faire de lunettes, monsieur, et je vois assez clair. Il y a longtemps que je sens les choses, et je ne suis pas une bête. Cela est fort vilain à vous, pour un grand seigneur, de prêter la main comme vous faites aux sottises de mon mari. Et vous, madame, pour une grande dame, cela n'est ni beau ni honnête à vous, de mettre de la dissension dans un ménage, et de souffrir que mon mari soit amoureux de vous.

DORIMÈNE.

Que veut donc dire tout ceci? Allez, Dorante, vous vous moquez, de m'exposer aux sottes visions de cette extravagante.

DORANTE, suivant Dorimène, qui sort.

Madame, holà! madame, où courez-vous?

MONSIEUR JOURDAIN.

Madame... Monsieur le comte, faites-lui mes excuses, et tâchez de la ramener.

SCÈNE III. — MADAME JOURDAIN, MONSIEUR JOURDAIN, LAQUAIS.

MONSIEUR JOURDAIN.

Ah! impertinente que vous êtes, voilà de beaux faits! Vous me venez faire des affronts devant tout le monde, et vous chassez de chez moi des personnes de qualité!

MADAME JOURDAIN.

Je me moque de leur qualité.

MONSIEUR JOURDAIN.

Je ne sais qui me tient, maudite, que je ne vous fende la tête avec les pièces du repas que vous êtes venue troubler! (Les laquais emportent la table.)

MADAME JOURDAIN, sortant.

Je me moque de cela. Ce sont mes droits que je défends, et j'aurai pour moi toutes les femmes.

MONSIEUR JOURDAIN.

Vous faites bien d'éviter ma colère.

SCÈNE IV. — MONSIEUR JOURDAIN, seul.

Elle est arrivée là bien malheureusement. J'étois en humeur de dire de jolies choses; et jamais je ne m'étois senti tant d'esprit. Qu'est-ce que c'est que cela?

SCÈNE V. — MONSIEUR JOURDAIN; COVIELLE, déguisé [1]

COVIELLE.

Monsieur, je ne sais pas si j'ai l'honneur d'être connu de vous.

MONSIEUR JOURDAIN.

Non, monsieur.

COVIELLE, étendant la main à un pied de terre.

Je vous ai vu que vous n'étiez pas plus grand que cela.

MONSIEUR JOURDAIN.

Moi?

COVIELLE.

Oui. Vous étiez le plus bel enfant du monde, et toutes les dames vous prenoient dans leurs bras pour vous baiser.

MONSIEUR JOURDAIN.

Pour me baiser?

COVIELLE.

Oui. J'étois grand ami de feu monsieur votre père.

MONSIEUR JOURDAIN.

De feu monsieur mon père?

COVIELLE.

Oui. C'étoit un fort honnête gentilhomme.

MONSIEUR JOURDAIN.

Comment dites-vous?

COVIELLE.

Je dis que c'étoit un fort honnête gentilhomme.

MONSIEUR JOURDAIN.

Mon père?

COVIELLE.

Oui.

MONSIEUR JOURDAIN.

Vous l'avez fort connu?

COVIELLE.

Assurément.

MONSIEUR JOURDAIN.

Et vous l'avez connu pour gentilhomme?

COVIELLE.

Sans doute.

MONSIEUR JOURDAIN.

Je ne sais donc pas comment le monde est fait!

---

[1] Ici, on peut le dire, la comédie finit, et la farce commence, pour durer jusqu'à la fin. (Auger.)

COVIELLE.

Comment?

MONSIEUR JOURDAIN.

Il y a de sottes gens qui me veulent dire qu'il a été marchand.

COVIELLE.

Lui, marchand! C'est pure médisance, il ne l'a jamais été. Tout ce qu'il faisoit, c'est qu'il étoit fort obligeant, fort officieux; et, comme il se connoissoit fort bien en étoffes, il en alloit choisir de tous les côtés, les faisoit apporter chez lui, et en donnoit à ses amis pour de l'argent.

MONSIEUR JOURDAIN.

Je suis ravi de vous connoître, afin que vous rendiez ce témoignage-là, que mon père étoit gentilhomme.

COVIELLE.

Je le soutiendrai devant tout le monde.

MONSIEUR JOURDAIN.

Vous m'obligerez. Quel sujet vous amène?

COVIELLE.

Depuis avoir connu feu monsieur votre père, honnête gentilhomme, comme je vous ai dit, j'ai voyagé par tout le monde.

MONSIEUR JOURDAIN.

Par tout le monde?

COVIELLE.

Oui.

MONSIEUR JOURDAIN.

Je pense qu'il y a bien loin en ce pays-là.

COVIELLE.

Assurément. Je ne suis revenu de tous mes longs voyages que depuis quatre jours; et, par l'intérêt que je prends à tout ce qui vous touche, je viens vous annoncer la meilleure nouvelle du monde.

MONSIEUR JOURDAIN.

Quelle?

COVIELLE.

Vous savez que le fils du Grand Turc est ici?

MONSIEUR JOURDAIN.

Moi? Non.

COVIELLE.

Comment! il a un train tout à fait magnifique; tout le monde le va voir, et il a été reçu en ce pays comme un seigneur d'importance.

MONSIEUR JOURDAIN.

Par ma foi, je ne savois pas cela.

COVIELLE.

Ce qu'il y a d'avantageux pour vous, c'est qu'il est amoureux de votre fille.

MONSIEUR JOURDAIN.

Le fils du Grand Turc?

COVIELLE.

Oui; et il veut être votre gendre.

MONSIEUR JOURDAIN.

Mon gendre, le fils du Grand Turc!

COVIELLE.

Le fils du Grand Turc votre gendre. Comme je le fus voir, et que j'entends parfaitement sa langue, il s'entretint avec moi; et, après quelques autres discours, il me dit : *Acciam croc soler onch alla moustaph gidelum amanahem varahini oussere carbulath*, c'est-à-dire: N'as-tu point vu une jeune belle personne, qui est la fille de monsieur Jourdain, gentilhomme parisien?

MONSIEUR JOURDAIN.

Le fils du Grand Turc dit cela de moi?

COVIELLE.

Oui. Comme je lui eus répondu que je vous connoissois particulièrement et que j'avois vu votre fille : Ah! me dit-il, *marababa sahem!* c'est-à-dire : Ah! que je suis amoureux d'elle!

MONSIEUR JOURDAIN.

Marababa sahem veut dire : Ah! que je suis amoureux d'elle?

COVIELLE.

Oui.

MONSIEUR JOURDAIN.

Par ma foi, vous faites bien de me le dire; car, pour moi, je n'aurois jamais cru que *marababa sahem* eût voulu dire : Ah! que je suis amoureux d'elle! Voilà une langue admirable que ce turc!

COVIELLE.

Plus admirable qu'on ne peut croire. Savez-vous bien ce que veut dire *cacaracamouchen?*

MONSIEUR JOURDAIN.

Cacaracamouchen? Non.

COVIELLE.

C'est-à-dire : Ma chère âme!

MONSIEUR JOURDAIN.

Cacaracamouchen veut dire : Ma chère âme?

COVIELLE.

Oui.

MONSIEUR JOURDAIN.

Voilà qui est merveilleux! *Cacaracamouchen*, ma chère âme. Diroit-on jamais cela? Voilà qui me confond.

COVIELLE.

Enfin, pour achever mon ambassade, il vient vous demander votre fille en mariage; et, pour avoir un beau-père qui soit digne de lui, il veut vous faire *mamamouchi* [1], qui est une certaine grande dignité de son pays.

MONSIEUR JOURDAIN.

Mamamouchi?

COVIELLE.

Oui, *mamamouchi*; c'est-à-dire, en notre langue, paladin. Paladin, ce sont de ces anciens... Paladin, enfin. Il n'y a rien de plus noble que cela dans le monde, et vous irez de pair avec les plus grands seigneurs de la terre.

MONSIEUR JOURDAIN.

Le fils du Grand Turc m'honore beaucoup; et je vous prie de me mener chez lui pour lui faire mes remercîments.

COVIELLE.

Comment! le voilà qui va venir ici.

MONSIEUR JOURDAIN.

Il va venir ici?

COVIELLE.

Oui; et il amène toutes choses pour la cérémonie de votre dignité.

MONSIEUR JOURDAIN.

Voilà qui est bien prompt.

COVIELLE.

Son amour ne peut souffrir aucun retardement.

MONSIEUR JOURDAIN.

Tout ce qui m'embarrasse ici, c'est que ma fille est une opiniâtre qui s'est allée mettre dans la tête un certain Cléonte, et elle jure de n'épouser personne que celui-là.

COVIELLE.

Elle changera de sentiment quand elle verra le fils du Grand Turc; et puis il se rencontre ici une aventure merveilleuse: c'est que le fils du Grand Turc ressemble à ce Cléonte, à peu de chose près. Je viens de le voir, on me l'a montré; et l'amour qu'elle a pour l'un pourra passer aisément à l'autre, et... Je l'entends venir; le voilà.

SCÈNE VI. — CLÉONTE, en Turc; TROIS PAGES, portant la veste de Cléonte; MONSIEUR JOURDAIN, COVIELLE.

CLÉONTE.

Ambousahim oqui boraf, Jordina, salamalequi.

COVIELLE, à monsieur Jourdain.

C'est-à-dire : Monsieur Jourdain, votre cœur soit toute l'année comme un rosier fleuri. Ce sont façons de parler obligeantes de ces pays-là.

---

[1] Ce mot, forgé par Molière, n'a de rapport avec aucun mot turc ou arabe; mais il a pris place dans notre langage populaire, où il désigne un homme habillé à la turque. (Auger.)

MONSIEUR JOURDAIN.

Je suis très-humble serviteur de Son Altesse turque.

COVIELLE.

Carigar camboto oustin moraf.

CLÉONTE.

Oustin yoc catamalequi basum base alla moran.

COVIELLE.

Il dit : Que le ciel vous donne la force des lions et la prudence des serpents.

MONSIEUR JOURDAIN.

Son Altesse turque m'honore trop, et je lui souhaite toutes sortes de prospérités.

COVIELLE.

Ossa binamen sadoc babally oracaf ouram.

CLÉONTE.

Belmen.

COVIELLE.

Il dit que vous alliez vite avec lui vous préparer pour la cérémonie, afin de voir ensuite votre fille et de conclure le mariage.

MONSIEUR JOURDAIN.

Tant de choses en deux mots?

COVIELLE.

Oui. La langue turque est comme cela ; elle dit beaucoup en peu de paroles. Allez vite où il souhaite.

SCÈNE VII. — COVIELLE, seul.

Ah! ah! ah! Ma foi, cela est tout à fait drôle. Quelle dupe! quand il auroit appris son rôle par cœur, il ne pourroit pas le mieux jouer. Ah! ah!

SCÈNE VIII. — DORANTE, COVIELLE.

COVIELLE.

Je vous prie, monsieur, de nous vouloir aider céans dans une affaire qui s'y passe.

DORANTE.

Ah! ah! Covielle, qui t'auroit reconnu? Comme te voilà ajusté!

COVIELLE.

Vous voyez. Ah! ah!

DORANTE.

De quoi ris-tu?

COVIELLE.

D'une chose, monsieur, qui le mérite bien.

ACTE IV, SCÈNE IX.

DORANTE.

Comment?

COVIELLE.

Je vous le donnerois en bien des lois, monsieur, à deviner le stratagème dont nous nous servons auprès de monsieur Jourdain pour porter son esprit à donner sa fille à mon maître.

DORANTE.

Je ne devine point le stratagème; mais je devine qu'il ne manquera pas de faire son effet, puisque tu l'entreprends.

COVIELLE.

Je sais, monsieur, que la bête vous est connue.

DORANTE.

Apprends-moi ce que c'est.

COVIELLE.

Prenez la peine de vous tirer un peu plus loin, pour faire place à ce que j'aperçois venir. Vous pourrez voir une partie de l'histoire, tandis que je vous conterai le reste.

SCÈNE IX.

CÉRÉMONIE TURQUE [1].

LE MUPHTI, DERVIS; TURCS, assistants du muphti, chantants et dansants.

PREMIÈRE ENTRÉE DE BALLET.

Six Turcs entrent gravement deux à deux, au son des instruments. Ils portent trois tapis qu'ils lèvent fort haut, après en avoir fait, en dansant, plusieurs figures. Les Turcs chantants passent par-dessous ces tapis pour s'aller ranger aux deux côtés du théâtre. Le muphti, accompagné des dervis, ferme cette marche.

Alors les Turcs étendent les tapis par terre, et se mettent dessus à genoux. Le muphti et les dervis restent debout au milieu d'eux; et, pendant que le muphti invoque Mahomet, en faisant beaucoup de contorsions et de grimaces, sans proférer une seule parole, les Turcs assistants se prosternent jusqu'à terre, chantant *Alli*, lèvent les bras au ciel, en chantant *Alla* [2]; ce qu'ils continuent jusqu'à la fin de l'invocation, après laquelle ils se lèvent tous, chantant *Alla eckber* [3]; et deux dervis vont chercher monsieur Jourdain.

---

[1] Lulli, déjà célèbre, avait composé la musique de cette cérémonie; il fit plus encore pour plaire à Louis XIV : il se chargea à Chambord du rôle du muphti. (A. M.)

[2] *Alli* et *Alla*, qui s'écrit *Allah*, signifient Dieu.

[3] *Alla eckber* signifie Dieu est grand.

SCÈNE X. — LE MUPHTI, DERVIS; TURCS chantants et dansants; MONSIEUR JOURDAIN, vêtu à la turque, la tête rasée, sans turban et sans sabre.

LE MUPHTI, à monsieur Jourdain.

Se ti sabir,
Ti respondir;
Se non sabir,
Tazir, tazir.

Mi star muphti,
Ti qui star, si?
Non intendir;
Tazir, tazir [1].

Deux dervis font retirer monsieur Jourdain.

SCÈNE XI. — LE MUPHTI, DERVIS; TURCS chantants et dansants.

LE MUPHTI.

Dice, Turque, qui star quista? Anabatista? anabatista?

LES TURCS.

Ioc.

LE MUPHTI.

Zuinglista?

LES TURCS.

Ioc.

LE MUPHTI.

Coffita?

LES TURCS.

Ioc.

LE MUPHTI.

Hussita? Morista? Fronista?

LES TURCS.

Ioc, ioc, ioc [2].

LE MUPHTI.

Ioc, ioc, ioc. Star pagana?

---

[1] Ces deux petits couplets chantés par le muphti sont en langue franque. On sait que cette langue, parlée dans les États barbaresques, est un mélange corrompu d'italien, d'espagnol, de portugais, etc., dans lequel les verbes sont employés à l'infinitif seulement, comme dans le jargon des nègres de nos colonies. Voici l'explication des deux couplets : « Si tu sais, réponds; si tu ne sais pas, tais-toi. Je suis le muphti. Toi, qui es-tu? Tu ne comprends pas, tais-toi. » Tout ce qui se dit dans le reste de l'acte est également en langue franque, à l'exception de quelques mots turcs qui seront traduits à mesure. (Auger.)

[2] « Dis, Turc, qui est celui-ci? Est-il anabaptiste? » — *Ioc*, ou plutôt *yoc*, mot turc qui signifie non. — *Zuinglista*, zuinglien, ou de la secte de Zuingle. — *Coffita*, cophite ou cophte, chrétien d'Égypte, de la secte des jacobites. — *Hussita*, hussite, ou de la secte de Jean Huss. — *Morista*, more. — *Fronista*, probablement phroniste, ou contemplatif. (Auger.)

ACTE IV, SCÈNE XI.

LES TURCS.

Ioc.

LE MUPHTI.

Luterana?

LES TURCS.

Ioc.

LE MUPHTI.

Puritana?

LES TURCS.

Ioc.

LE MUPHTI.

Bramina? Moffina? Zurina?

LES TURCS.

Ioc, ioc, ioc.

LE MUPHTI.

Ioc, ioc, ioc. Mahametana? Mahametana?

LES TURCS.

Hi Valla. Hi Valla.

LE MUPHTI.

Como chamara? Como chamara[1]?

LES TURCS.

Giourdina, Giourdina.

LE MUPHTI, sautant.

Giourdina, Giourdina.

LES TURCS.

Giourdina, Giourdina.

LE MUPHTI.

Mahameta, per Giourdina,
Mi pregar sera e matina.
Voler far un paladina
De Giourdina, de Giourdina;
Dar turbanta, et dar scarrina,
Con galera, e brigantina,
Per deffender Palestina.
Mahameta, per Giourdina,
Mi pregar sera e matina.

Aux Turcs.

Star bon Turca Giourdina[2]?

---

[1] « Est-il païen? » — *Luterana*, luthérien. — *Puritana*, puritain. — *Bramina*, bramine. — Quant à *Moffina* et à *Zurina*, ce sont probablement des noms d'invention; au moins ne les ai-je trouvés dans aucun des livres qui traitent des religions et des sectes religieuses. — *Hi Valla*, mots arabes, qui devraient être écrits *Eï Vallah*, et qui signifient: Oui, par Dieu. — *Como chamara*, comment se nomme-t-il? (Auger.)

[2] Les questions du muphti aux Turcs et les réponses de ceux-ci ont été imprimées, pour la première fois, dans l'édition de 1682. L'édition originale porte

LES TURCS.
Hi Valla. Hi Valla.
LE MUPHTI, chantant et dansant.
Ha la ba, ba la chou, ba la ba, ba la da¹.
LES TURCS.
Ha la ba, ba la chou, ba la ba, ba la da.

SCÈNE XII. — TURCS chantants et dansants.

SECONDE ENTRÉE DE BALLET.

SCÈNE XIII. — LE MUPHTI, DERVIS, MONSIEUR JOURDAIN; TURCS chantants et dansants.

Le muphti revient coiffé avec son turban de cérémonie, qui est d'une grosseur démesurée et garni de bougies allumées à quatre ou cinq rangs: il est accompagné de deux dervis qui portent l'Alcoran, et qui ont des bonnets pointus, garnis aussi de bougies allumées.

Les deux autres dervis amènent monsieur Jourdain, et le font mettre à genoux, les mains par terre, de façon que son dos, sur lequel est mis l'Alcoran, sert de pupitre au muphti, qui fait une seconde invocation burlesque, fronçant le sourcil, frappant de temps en temps sur l'Alcoran, et tournant les feuillets avec précipitation; après quoi, en levant les bras au ciel, le muphti crie à haute voix : *Hou*.

Pendant cette seconde invocation, les Turcs assistants, s'inclinant et se relevant alternativement, chantent aussi *Hou, hou, hou*.

MONSIEUR JOURDAIN, après qu'on lui a ôté l'Alcoran de dessus le dos.
Ouf!
LE MUPHTI, à monsieur Jourdain.
Ti non star furba?
LES TURCS.
No, no, no.
LE MUPHTI.
Non star forfanta?
LES TURCS.
No, no, no.

seulement ces mots, qui les indiquent: « Le muphti demande en même langue, aux assistants, de quelle religion est le Bourgeois, et ils l'assurent qu'il est mahométan. » Les éditeurs de 1682 ont fait entrer dans leur texte ce qui se disait à la représentation. — « Je prierai soir et matin Mahomet pour Jourdain. Je veux faire de Jourdain un paladin. Je lui donnerai turban et sabre, avec galère et brigantin, pour défendre la Palestine. Je prierai soir et matin Mahomet pour Jourdain. (*Aux Turcs.*) Jourdain est-il bon Turc? » (Auger.)

¹ Comme on l'a vu plus haut, *Hi Valla*, ou plutôt *Ei Vallah*, signifie, en turc : Oui, par Dieu. Ces syllabes, ainsi détachées, n'ont aucun sens. Mais, en les rapprochant, et en rectifiant ce qu'elles ont d'incorrect, on en forme aisément ces mots : *Allah, baba, hou, Allah, baba*, qui sont véritablement turcs, et qui signifient : Dieu, mon père; Dieu, Dieu, mon père. (Auger.)

ACTE IV, SCÈNE XIII.

LE MUPHTI, aux Turcs,

Donar turbanta.

LES TURCS.

Ti non star furba?
No, no, no.
Non star forfanta?
No, no, no.
Donar turbanta [1].

TROISIÈME ENTRÉE DE BALLET.

Les Turcs dansants mettent le turban sur la tête de monsieur Jourdain au son des instruments.

LE MUPHTI, donnant le sabre à monsieur Jourdain.

Ti star nobile, non star fabbola.
Pigliar schiabbola.

LES TURCS, mettant le sabre à la main.

Ti star nobile, non star fabbola.
Pigliar schiabbola.

QUATRIÈME ENTRÉE DE BALLET.

Les Turcs dansants donnent en cadence plusieurs coups de sabre à monsieur Jourdain.

LE MUPHTI.

Dara, dara
Bastonnara.
Dara, dara
Bastonnara [2].

CINQUIÈME ENTRÉE DE BALLET.

Les Turcs dansants donnent à monsieur Jourdain des coups de bâton en cadence.

LE MUPHTI.

Non tener honta,
Questa star l'ultima affronta.

LES TURCS.

Non tener honta,
Questa star l'ultima affronta [3].

Le muphti commence une troisième invocation. Les dervis le soutiennent par-

---

[1] *Hou*, mot arabe qui signifie *lui*, est un des noms que les musulmans donnent à Dieu : ils ne le prononcent qu'avec une crainte respectueuse. — « Tu n'es point fourbe? — Tu n'es point imposteur? — Donnez le turban. » (Auger.)

[2] « Tu es noble, ce n'est point une fable. Prends ce sabre. » — « Donnez, donnez la bastonnade. » *Bastonata* serait sûrement plus exact que *bastonnara*; mais il fallait rimer avec *dara*. (Auger.)

[3] « N'aie point honte, c'est le dernier affront. » (Auger.)

dessous les bras avec respect; après quoi les Turcs chantants et dansants, sautant autour du muphti, se retirent avec lui et emmènent monsieur Jourdain.

ACTE CINQUIÈME

SCÈNE I. — MADAME JOURDAIN, MONSIEUR JOURDAIN.

MADAME JOURDAIN.

Ah! mon Dieu, miséricorde! Qu'est-ce que c'est donc que cela? Quelle figure! Est-ce un momon que vous allez porter, et est-il temps d'aller en masque? Parlez donc, qu'est-ce que c'est que ceci? Qui vous a fagoté comme cela?

MONSIEUR JOURDAIN.

Voyez l'impertinente, de parler de la sorte à un *mamamouchi!*

MADAME JOURDAIN.

Comment donc?

MONSIEUR JOURDAIN.

Oui, il me faut porter du respect maintenant, et l'on vient de me faire *mamamouchi*.

MADAME JOURDAIN.

Que voulez-vous dire avec votre *mamamouchi?*

MONSIEUR JOURDAIN.

Mamamouchi, vous dis-je. Je suis *mamamouchi*.

MADAME JOURDAIN.

Quelle bête est-ce là?

MONSIEUR JOURDAIN.

Mamamouchi, c'est-à-dire, en notre langue, paladin.

MADAME JOURDAIN.

Baladin! Êtes-vous en âge de danser des ballets?

MONSIEUR JOURDAIN.

Quelle ignorante! Je dis paladin : c'est une dignité dont on vient de me faire la cérémonie.

MADAME JOURDAIN.

Quelle cérémonie donc?

MONSIEUR JOURDAIN.

Mahameta per Jordina.

MADAME JOURDAIN.

Qu'est-ce que cela veut dire?

MONSIEUR JOURDAIN.

Jordina, c'est-à-dire Jourdain.

MADAME JOURDAIN.

Eh bien, quoi, Jourdain?

MONSIEUR JOURDAIN.

Voler far un paladina de Jordina.

MADAME JOURDAIN.

Comment?

MONSIEUR JOURDAIN.

Dar turbanta con galera.

MADAME JOURDAIN.

Qu'est-ce à dire, cela?

MONSIEUR JOURDAIN,

Per deffender Palestina.

MADAME JOURDAIN.

Que voulez-vous donc dire?

MONSIEUR JOURDAIN.

Dara, dara bastonnara.

MADAME JOURDAIN.

Qu'est-ce donc que ce jargon-là?

MONSIEUR JOURDAIN.

Non tener honta, questa star l'ultima affronta.

MADAME JOURDAIN.

Qu'est-ce que c'est donc que tout cela?

MONSIEUR JOURDAIN, chantant et dansant.

Hou la ba, ba la chou, ba la ba, ba la da. (Il tombe par terre.)

MADAME JOURDAIN.

Hélas! mon Dieu! mon mari est devenu fou!

MONSIEUR JOURDAIN, se relevant et s'en allant.

Paix, insolente! Portez respect à monsieur le *mamamouchi*.

MADAME JOURDAIN, seule.

Où est-ce donc qu'il a perdu l'esprit? Courons l'empêcher de sortir. (Apercevant Dorimène et Dorante.) Ah! ah! voici justement le reste de notre écu. Je ne vois que chagrin de tous côtés.

SCÈNE II. — DORANTE, DORIMÈNE.

DORANTE.

Oui, madame, vous verrez la plus plaisante chose qu'on puisse voir; et je ne crois pas que dans tout le monde il soit possible de trouver encore un homme aussi fou que celui-là. Et puis, madame, il faut tâcher de servir l'amour de Cléonte et d'appuyer toute sa mascarade. C'est un fort galant homme, et qui mérite que l'on s'intéresse pour lui.

DORIMÈNE.

J'en fais beaucoup de cas, et il est digne d'une bonne fortune.

DORANTE.

Outre cela, nous avons ici, madame, un ballet qui nous revient, que nous ne devons pas laisser perdre ; et il faut bien voir si mon idée pourra réussir.

DORIMÈNE.

J'ai vu là des apprêts magnifiques, et ce sont des choses, Dorante, que je ne puis plus souffrir. Oui, je veux enfin vous empêcher vos profusions ; et, pour rompre le cours à toutes les dépenses que je vous vois faire pour moi, j'ai résolu de me marier promptement avec vous. C'en est le vrai secret ; et toutes ces choses finissent avec le mariage [1].

DORANTE.

Ah ! madame, est-il possible que vous ayez pu prendre pour moi une si douce résolution ?

DORIMÈNE.

Ce n'est que pour vous empêcher de vous ruiner ; et, sans cela, je vois bien qu'avant qu'il fût peu vous n'auriez pas un sou.

DORANTE.

Que j'ai d'obligation, madame, aux soins que vous avez de conserver mon bien ! Il est entièrement à vous, aussi bien que mon cœur ; et vous en userez de la façon qu'il vous plaira.

DORIMÈNE.

J'userai bien de tous les deux. Mais voici votre homme : la figure en est admirable.

SCÈNE III. — MONSIEUR JOURDAIN, DORIMÈNE, DORANTE.

DORANTE.

Monsieur, nous venons rendre hommage, madame et moi, à votre nouvelle dignité, et nous réjouir avec vous du mariage que vous faites de votre fille avec le fils du Grand Turc.

MONSIEUR JOURDAIN, après avoir fait les révérences à la turque.

Monsieur, je vous souhaite la force des serpents et la prudence des lions.

DORIMÈNE.

J'ai été bien aise d'être des premières, monsieur, à venir vous féliciter du haut degré de gloire où vous êtes monté.

MONSIEUR JOURDAIN.

Madame, je vous souhaite toute l'année votre rosier fleuri. Je vous suis infiniment obligé de prendre part aux honneurs qui m'arrivent ; et j'ai beaucoup de joie de vous voir revenue ici, pour vous faire les très-humbles excuses de l'extravagance de ma femme.

DORIMÈNE.

Cela n'est rien ; j'excuse en elle un pareil mouvement : votre cœur lui doit être précieux ; et il n'est pas étrange que la possession d'un homme comme vous puisse inspirer quelques alarmes.

---

[1] Les mots *comme vous savez* sont ajoutés dans l'édition de 1682.

MONSIEUR JOURDAIN.

La possession de mon cœur est une chose qui vous est tout acquise.

DORANTE.

Vous voyez, madame, que monsieur Jourdain n'est pas de ces gens que les prospérités aveuglent, et qu'il sait, dans sa grandeur, connoître encore ses amis.

DORIMÈNE.

C'est la marque d'une âme tout à fait généreuse.

DORANTE.

Où est donc Son Altesse turque? nous voudrions bien, comme vos amis, lui rendre nos devoirs.

MONSIEUR JOURDAIN.

Le voilà qui vient; et j'ai envoyé querir ma fille pour lui donner la main.

SCÈNE IV. — MONSIEUR JOURDAIN, DORIMÈNE, DORANTE; CLÉONTE,
habillé en Turc.

DORANTE, à Cléonte.

Monsieur, nous venons faire la révérence à Votre Altesse, comme amis de monsieur votre beau-père, et l'assurer avec respect de nos très-humbles services.

MONSIEUR JOURDAIN.

Où est le truchement, pour lui dire qui vous êtes et lui faire entendre ce que vous dites? Vous verrez qu'il vous répondra; et il parle turc à merveille. (A Cléonte.) Holà! où diantre est-il allé? *Strouf, strif, strof, straf.* Monsieur est un *grande segnore, grande segnore, grande segnore;* et madame, une *granda dama, granda dama.* (Voyant qu'il ne se fait point entendre.) Ah! (A Cléonte, montrant Dorante.) Monsieur, lui *mamamouchi* françois, et madame *mamamouchie* françoise. Je ne puis pas parler plus clairement. Bon! voici l'interprète.

SCÈNE V. — MONSIEUR JOURDAIN, DORIMÈNE, DORANTE; CLÉONTE,
habillé en Turc; COVIELLE, déguisé.

MONSIEUR JOURDAIN.

Où allez-vous donc? nous ne saurions rien dire sans vous. (Montrant Cléonte.) Dites-lui un peu que monsieur et madame sont des personnes de grande qualité, qui lui viennent faire la révérence, comme mes amis, et l'assurer de leurs services. (A Dorimène et à Dorante.) Vous allez voir comme il va répondre.

COVIELLE.

Alabala crociam acci boram alabamen.

CLÉONTE.

Catalequi tubal ourin soter amalouchan.

10.

MONSIEUR JOURDAIN, à Dorimène et à Dorante.

Voyez-vous?

COVIELLE.

Il dit que la pluie des prospérités arrose en tout temps le jardin de votre famille.

MONSIEUR JOURDAIN.

Je vous l'avois bien dit, qu'il parle turc.

DORANTE.

Cela est admirable.

SCÈNE VI. — LUCILE, CLÉONTE, MONSIEUR JOURDAIN, DORIMÈNE, DORANTE, COVIELLE.

MONSIEUR JOURDAIN.

Venez, ma fille; approchez-vous, et venez donner votre main à monsieur, qui vous fait l'honneur de vous demander en mariage.

LUCILE.

Comment! mon père, comme vous voilà fait! est-ce une comédie que vous jouez?

MONSIEUR JOURDAIN.

Non, non, ce n'est pas une comédie; c'est une affaire fort sérieuse, et la plus pleine d'honneur pour vous qui se peut souhaiter. (Montrant Cléonte.) Voilà le mari que je vous donne.

LUCILE.

A moi, mon père?

MONSIEUR JOURDAIN.

Oui, à vous. Allons, touchez-lui dans la main, et rendez grâces au ciel de votre bonheur.

LUCILE.

Je ne veux point me marier.

MONSIEUR JOURDAIN.

Je le veux, moi, qui suis votre père.

LUCILE.

Je n'en ferai rien.

MONSIEUR JOURDAIN.

Ah! que de bruit! Allons, vous dis-je. Çà, votre main.

LUCILE.

Non, mon père; je vous l'ai dit, il n'est point de pouvoir qui me puisse obliger à prendre un autre mari que Cléonte; et je me résoudrai plutôt à toutes les extrémités que de... (Reconnoissant Cléonte.) Il est vrai que vous êtes mon père; je vous dois entière obéissance; et c'est à vous à disposer de moi selon vos volontés.

MONSIEUR JOURDAIN.

Ah! je suis ravi de vous voir si promptement revenue dans votre devoir; et voilà qui me plaît, d'avoir une fille obéissante.

SCÈNE VII. — MADAME JOURDAIN, CLÉONTE, MONSIEUR JOURDAIN, LUCILE, DORANTE, DORIMÈNE, COVIELLE.

MADAME JOURDAIN.
Comment donc? qu'est-ce que c'est que ceci? on dit que vous voulez donner votre fille en mariage à un carême-prenant.

MONSIEUR JOURDAIN.
Voulez-vous vous taire, impertinente! Vous venez toujours mêler vos extravagances à toutes choses; et il n'y a pas moyen de vous apprendre à être raisonnable.

MADAME JOURDAIN.
C'est vous qu'il n'y a pas moyen de rendre sage; et vous allez de folie en folie. Quel est votre dessein, et que voulez-vous faire avec cet assemblage?

MONSIEUR JOURDAIN.
Je veux marier notre fille avec le fils du Grand Turc.

MADAME JOURDAIN.
Avec le fils du Grand Turc?

MONSIEUR JOURDAIN, montrant Covielle.
Oui. Faites-lui faire vos compliments par le truchement que voilà.

MADAME JOURDAIN.
Je n'ai que faire du truchement, et je lui dirai bien, moi-même, à son nez, qu'il n'aura point ma fille.

MONSIEUR JOURDAIN.
Voulez-vous vous taire, encore une fois!

DORANTE.
Comment, madame Jourdain! vous vous opposez à un honneur comme celui-là? vous refusez Son Altesse turque pour gendre?

MADAME JOURDAIN.
Mon Dieu! monsieur, mêlez-vous de vos affaires.

DORIMÈNE.
C'est une grande gloire qui n'est pas à rejeter.

MADAME JOURDAIN.
Madame, je vous prie aussi de ne vous point embarrasser de ce qui ne vous touche pas.

DORANTE.
C'est l'amitié que nous avons pour vous qui nous fait intéresser dans vos avantages.

MADAME JOURDAIN.
Je me passerai bien de votre amitié.

DORANTE.
Voilà votre fille qui consent aux volontés de son père.

MADAME JOURDAIN.
Ma fille consent à épouser un Turc?

DORANTE.

Sans doute.

MADAME JOURDAIN.

Elle peut oublier Cléonte?

DORANTE.

Que ne fait-on pas pour être grande dame?

MADAME JOURDAIN.

Je l'étranglerois de mes mains, si elle avoit fait un coup comme celui-là!

MONSIEUR JOURDAIN.

Voilà bien du caquet! Je vous dis que ce mariage-là se fera.

MADAME JOURDAIN.

Je vous dis, moi, qu'il ne se fera point.

MONSIEUR JOURDAIN

Ah! que de bruit!

LUCILE.

Ma mère!

MADAME JOURDAIN.

Allez! vous êtes une coquine!

MONSIEUR JOURDAIN, à madame Jourdain.

Quoi! vous la querellez de ce qu'elle m'obéit!

MADAME JOURDAIN.

Oui; elle est à moi aussi bien qu'à vous.

COVIELLE, à madame Jourdain

Madame!

MADAME JOURDAIN.

Que me voulez-vous conter, vous?

COVIELLE.

Un mot.

MADAME JOURDAIN.

Je n'ai que faire de votre mot.

COVIELLE, à monsieur Jourdain.

Monsieur, si elle veut écouter une parole en particulier, je vous promets de la faire consentir à ce que vous voulez.

MADAME JOURDAIN.

Je n'y consentirai point.

COVIELLE.

Écoutez-moi seulement.

MADAME JOURDAIN

Non.

MONSIEUR JOURDAIN, à madame Jourdain.

Écoutez-le.

MADAME JOURDAIN.

Non; je ne veux pas l'écouter.

ACTE V, SCÈNE VII

MONSIEUR JOURDAIN.

Il vous dira...

MADAME JOURDAIN.

Je ne veux point qu'il me dise rien.

MONSIEUR JOURDAIN.

Voilà une grande obstination de femme! Cela vous fera-t-il mal de l'entendre?

COVIELLE.

Ne faites que m'écouter; vous ferez après ce qu'il vous plaira.

MADAME JOURDAIN.

Eh bien, quoi?

COVIELLE, bas, à madame Jourdain.

Il y a une heure, madame, que nous vous faisons signe : ne voyez-vous pas bien que tout ceci n'est fait que pour nous ajuster aux visions de votre mari; que nous l'abusons sous ce déguisement, et que c'est Cléonte lui-même qui est le fils du Grand Turc?...

MADAME JOURDAIN, bas, à Covielle.

Ah! ah!

COVIELLE, bas, à madame Jourdain.

Et moi, Covielle, qui suis le truchement?

MADAME JOURDAIN, bas, à Covielle.

Ah! comme cela, je me rends.

COVIELLE, bas, à madame Jourdain.

Ne faites pas semblant de rien.

MADAME JOURDAIN, haut.

Oui, voilà qui est fait, je consens au mariage.

MONSIEUR JOURDAIN.

Ah! voilà tout le monde raisonnable. (A madame Jourdain.) Vous ne vouliez pas l'écouter. Je savois bien qu'il vous expliqueroit ce que c'est que le fils du Grand Turc.

MADAME JOURDAIN.

Il me l'a expliqué comme il faut, et j'en suis satisfaite. Envoyons quérir un notaire.

DORANTE.

C'est fort bien dit. Et afin, madame Jourdain, que vous puissiez avoir l'esprit tout à fait content et que vous perdiez aujourd'hui toute la jalousie que vous pourriez avoir conçue de monsieur votre mari, c'est que nous nous servirons du même notaire pour nous marier, madame et moi.

MADAME JOURDAIN.

Je consens aussi à cela.

MONSIEUR JOURDAIN, bas, à Dorante.

C'est pour lui faire accroire?

DORANTE, bas, à monsieur Jourdain.

Il faut bien l'amuser avec cette feinte.

MONSIEUR JOURDAIN, bas.

Bon, bon! (Haut.) Qu'on aille querir le notaire.

DORANTE.

Tandis qu'il viendra et qu'il dressera les contrats, voyons notre ballet, et donnons-en le divertissement à Son Altesse turque.

MONSIEUR JOURDAIN.

C'est fort bien avisé. Allons prendre nos places.

MADAME JOURDAIN.

Et Nicole?

MONSIEUR JOURDAIN.

Je la donne au truchement; et ma femme, à qui la voudra.

COVIELLE.

Monsieur, je vous remercie. (A part.) Si l'on en peut voir un plus fou, je l'irai dire à Rome. (La comédie finit par un petit ballet qui avoit été préparé.)

PREMIÈRE ENTRÉE.

Un homme vient donner les livres du ballet, qui d'abord est fatigué par une multitude de gens de provinces différentes, qui crient en musique pour en avoir, et par trois importuns qu'il trouve toujours sur ses pas.

DIALOGUE DES GENS
QUI EN MUSIQUE DEMANDENT DES LIVRES.

TOUS.

A moi, monsieur, à moi, de grâce, à moi, monsieur :
Un livre, s'il vous plaît, à votre serviteur.

HOMME DU BEL AIR.

Monsieur, distinguez-nous parmi les gens qui crient.
Quelques livres ici; les dames vous en prient.

AUTRE HOMME DU BEL AIR.

Holà, monsieur! monsieur, ayez la charité
D'en jeter de notre côté.

FEMME DU BEL AIR.

Mon Dieu, qu'aux personnes bien faites
On sait peu rendre honneur céans!

AUTRE FEMME DU BEL AIR.

Ils n'ont des livres et des bancs
Que pour mesdames les grisettes.

GASCON.

Ah! l'homme aux libres, qu'on m'en vaille.
J'ai déjà lé poumon usé.

Bous boyez qué chacun mé raille;
Et jé suis escandalisé
Dé boir ès mains de la canaille
Ce qui m'est par bous réfusé.

AUTRE GASCON.

Eh! cadédis, monseu, boyez qui l'on put être.
Un libret, jé bous prie, au varon d'Asbarat.
Jé pensé, mordi, qué lé fat
N'a pas l'honneur dé mé connoitre.

LE SUISSE.

Montsir le donner de papieir,
Que vuel dire sti façon de fifre?
Moi l'écorchair tout mon gosieir
A crieir,
Sans que je pouvre afoir ein lifre.
Pardi, mon foi, montsir, je pense fous l'être ifre.

VIEUX BOURGEOIS BABILLARD.

De tout ceci, franc et net,
Je suis mal satisfait.
Et cela sans doute est laid,
Que notre fille,
Si bien faite et si gentille,
De tant d'amoureux l'objet,
N'ait pas à son souhait
Un livre de ballet,
Pour lire le sujet
Du divertissement qu'on fait;
Et que toute notre famille
Si proprement s'habille
Pour être placée au sommet
De la salle où l'on met
Les gens de l'entriguet!
De tout ceci, franc et net,
Je suis mal satisfait;
Et cela sans doute est laid.

VIEILLE BOURGEOISE BABILLARDE.

Il est vrai que c'est une honte;
Le sang au visage me monte;
Et ce jeteur de vers, qui manque au capital,
L'entend fort mal :
C'est un brutal,
Un vrai cheval,
Franc animal,
De faire si peu de compte

D'une fille qui fait l'ornement principal
 Du quartier du Palais-Royal,
 Et que, ces jours passés, un comte
 Fut prendre la première au bal.
   Il l'entend mal,
   C'est un brutal,
   Un vrai cheval,
   Franc animal.

HOMMES ET FEMMES DU BEL AIR.

Ah! quel bruit!
                    Quel fracas!
                              Quel chaos!
                                        Quel mélange!
Quelle confusion!
          Quelle cohue étrange!
   Quel désordre!
             Quel embarras!
On y sèche.
         L'on n'y tient pas.

GASCON.

Bentré! je suis à vout.

AUTRE GASCON.

      J'enragé, Diou mé damne!

LE SUISSE.

Ah! que l'y faire sait dans sti stal de cians!

GASCON.

Jé murs!

AUTRE GASCON.

      Jé perds la tramontane!

LE SUISSE.

Mon foi, moi le foudrois être hors de dedans.

VIEUX BOURGEOIS BABILLARD.

   Allons, ma mie,
   Suivez mes pas,
   Je vous en prie,
   Et ne me quittez pas.
 On fait de nous trop peu de cas,
      Et je suis las
      De ce tracas.
      Tout ce fracas,
      Cet embarras,
 Me pèse par trop sur les bras.
   S'il me prend jamais envie
   De retourner de ma vie

A ballet ni comédie,
Je veux bien qu'on m'estropie.
Allons, ma mie,
Suivez mes pas,
Je vous en prie,
Et ne me quittez pas.
On fait de nous trop peu de cas.

VIEILLE BOURGEOISE BABILLARDE

Allons, mon mignon, mon fils,
Regagnons notre logis;
Et sortons de ce taudis,
Où l'on ne peut être assis.
Ils seront bien ébaubis,
Quand ils nous verront partis.
Trop de confusion règne dans cette salle,
Et j'aimerois mieux être au milieu de la Halle.
Si jamais je reviens à semblable régale,
Je veux bien recevoir des soufflets plus de six.
Allons, mon mignon, mon fils,
Regagnons notre logis;
Et sortons de ce taudis,
Où l'on ne peut être assis.

TOUS.

A moi, monsieur, à moi, de grâce, à moi, monsieur ;
Un livre, s'il vous plaît, à votre serviteur.

SECONDE ENTRÉE.

Les trois importuns dansent.

TROISIÈME ENTRÉE.

TROIS ESPAGNOLS, chantant,

Sé que me muero de amor,
Y solicito el dolor.

Aun muriendo de querer,
De tan buen ayre adolezco
Que es mas de lo que padezco,
Lo que quiero padecer ;
Y no pudiendo exceder
A mi deseo el rigor.

Sé que me muero de amor
Y solicito el dolor.

Lisonxeame la fuerte
Con piedad tan advertida,
Que me asegura la vida
En el riesgo de la muerte.
Vivir de su golpe fuerte
Es de mi salud primor.

Sé que me muero de amor
Y solicito el dolor [1].

Six Espagnols dansent.

TROIS MUSICIENS ESPAGNOLS.

Ay! que locura, con tanto rigor
  Quexarse de Amor,
  Del niño benito
  Que todo es dulzura.
    Ay! que locura!
    Ay! que locura!

ESPAGNOL, chantant.

El dolor solicita
El que al dolor se da :
Y nadie de amor muere,
Sino quien no save amar.

DEUX ESPAGNOLS.

Dulce muerte es el amor
Con correspondencia igual;
Y si esta gozamos hoy,
Porque la quieres turbar?

UN ESPAGNOL.

Alegrese enamorado
Y tome mi parecer,
Que en esto de querer,
Todo es hallar el vado.

TOUS TROIS ENSEMBLE.

Vaya, vaya de fiestas!
  Vaya de bayle!
Alegria, alegria, alegria!
. Que esto de dolor es fantasia [2].

« Je sais que je me meurs d'amour, et je recherche la douleur.
« Quoique mourant de désir, je dépéris de si bon air, que ce que je désire souffrir est plus que ce que je souffre ; et la rigueur de mon mal ne peut excéder mon désir.
« Je sais, etc.
« Le sort me flatte avec une pitié si attentive, qu'il m'assure la vie dans le danger de la mort. Vivre d'un coup si fort est le prodige de mon salut.
« Je sais, » etc. (Auger.)

[2] « Ah! quelle folie de se   tant de rigueur! de

ACTE V, SCÈNE VII.

QUATRIÈME ENTRÉE.

ITALIENS.

UNE MUSICIENNE ITALIENNE fait le premier récit, dont voici les paroles :

Di rigori armata il seno,
Contro Amor mi ribellai ;
Ma fui vinta in un baleno,
In mirar due vaghi rai.
Ahi! che resiste puoco
Cor di gelo a stral di fuoco!

Ma si caro è 'l mio tormento,
Dolce è si la piaga mia,
Ch' il penare è 'l mio contento,
E 'l sanarmi è tirannia.
Ahi! che più giova e piace,
Quanto amor è più vivace!

Après l'air que la musicienne a chanté, deux scaramouches, deux trivelins et un arlequin, représentent une nuit à la manière des comédiens italiens, en cadence. Un musicien italien se joint à la musicienne italienne, et chante avec elle les paroles qui suivent :

LE MUSICIEN ITALIEN.

Bel tempo che vola
Rapisce il contento :
D' Amor ne la scuola
Si coglie il momento.

LA MUSICIENNE.

Insin che florida
  Ride l' età,
Che pur tropp' orrida,
  Da noi sen va,

TOUS DEUX

Sù cantiamo,
Sù godiamo
Ne' bei di di gioventù ;
Perduto ben non si racquista più.

l'enfant gentil qui est la douceur même! Ah! quelle folie! ah! quelle folie!

« La douleur tourmente celui qui s'abandonne à la douleur : et personne ne meurt d'amour, si ce n'est celui qui ne sait pas aimer.

« L'amour est une douce mort, quand on est payé de retour ; et, si nous en jouissons aujourd'hui, pourquoi la veux-tu troubler?

« Que l'amant se réjouisse, et adopte mon avis ; car, lorsqu'on désire, tout est de trouver le moyen.

« Allons, allons, des fêtes ; allons, de la danse. Gai, gai, gai ; la douleur n'est qu'une fantaisie. » (Auger.)

MUSICIEN.

Pupilla ch' è vaga
Mill' alme incatena,
Fà dolce la piaga,
Felice la pena.

MUSICIENNE.

Ma poichè frigida
Langue l' età,
Più l' alma rigida
Fiamme non ha.

TOUS DEUX.

Sù cantiamo,
Sù godiamo
Ne' bei dì di gioventù;
Perduto ben non si racquista più [1].

Après les dialogues italiens, les scaramouches et trivelins dansent une réjouissance.

CINQUIÈME ENTRÉE.

FRANÇOIS.

DEUX MUSICIENS POITEVINS dansent, et chantent les paroles qui suivent.

PREMIER MENUET.

Ah! qu'il fait beau dans ces bocages!
Ah! que le ciel donne un beau jour!

AUTRE MUSICIEN.

Le rossignol, sous ces tendres feuillages,
Chante aux échos son doux retour :
  Ce beau séjour,
  Ces doux ramages,
  Ce beau séjour
Nous invite à l'amour.

---

[1] « Ayant armé mon sein de rigueurs, je me révoltai contre l'Amour; mais je fus vaincue, avec la promptitude de l'éclair, en regardant deux beaux yeux. Ah! qu'un cœur de glace résiste peu à une flèche de feu!

« Cependant mon tourment m'est si cher, et ma plaie m'est si douce, que ma peine fait mon bonheur, et que me guérir serait une tyrannie. Ah! plus l'amour est vif, plus il a de charmes et cause de plaisir.

« Le beau temps, qui s'envole, emporte le plaisir : à l'école d'Amour on apprend à profiter du moment.

« Tant que rit l'âge fleuri, qui trop promptement, hélas! s'éloigne de nous,

« Chantons, jouissons dans les beaux jours de la jeunesse; un bien perdu ne se recouvre plus.

« Un bel œil enchaîne mille cœurs; ses blessures sont douces; le mal qu'il cause est un bonheur.

« Mais, quand languit l'âge glacé, l'âme engourdie n'a plus de feux.

« Chantons, jouissons dans les beaux jours de la jeunesse; un bien perdu ne se recouvre plus. » (Auger.)

DEUXIÈME MENUET. — TOUS DEUX ENSEMBLE.

Vois, ma Climène,
Vois, sous ce chêne,
S'entre-baiser ces oiseaux amoureux :
Ils n'ont rien dans leurs vœux
   Qui les gêne;
   De leurs doux feux
   Leur âme est pleine,
   Qu'ils sont heureux!
Nous pouvons tous deux,
   Si tu le veux,
   Être comme eux.

Six autres François viennent après, vêtus galamment à la poitevine, trois en hommes et trois en femmes, accompagnés de huit flûtes et de hautbois, et dansent les menuets.

SIXIÈME ENTRÉE.

Tout cela finit par le mélange des trois nations, et les applaudissements en danse et en musique de toute l'assistance, qui chante les deux vers qui suivent :

Quels spectacles charmants! quels plaisirs goûtons-nous!
Les dieux mêmes, les dieux n'en ont point de plus doux.

PSYCHÉ

TRAGÉDIE-BALLET EN CINQ ACTES

1671

LE LIBRAIRE AU LECTEUR [1]

Cet ouvrage n'est pas tout d'une main. M. Quinault a fait les paroles qui s'y chantent en musique, à la réserve de la plainte italienne. M. Molière a dressé le plan de la pièce, et réglé la disposition, où il s'est plus attaché aux beautés et à la pompe du spectacle qu'à l'exacte régularité. Quant à la versification, il n'a pas eu le loisir de la faire entière. Le carnaval approchoit, et les ordres pressants du roi, qui se vouloit donner ce magnifique divertissement plusieurs fois avant le carême, l'ont mis dans la nécessité de souffrir un peu de secours. Ainsi, il n'y a que le prologue, le premier acte, la première scène du second et la première du troi-

---

[1] On croit que cet *Avis au lecteur*, attribué au libraire, est de Molière lui-même.

sième dont les vers soient de lui. M. Corneille a employé une quinzaine au reste; et, par ce moyen, Sa Majesté s'est trouvée servie dans le temps qu'elle l'avoit ordonné.

PERSONNAGES

JUPITER.
VÉNUS.
L'AMOUR.
ZÉPHYRE.
ÆGIALE, }
PHAÈNE, } Grâces.
LE ROI, père de Psyché.
PSYCHÉ.
AGLAURE, }
CIDIPPE, } sœurs de Psyché.
CLÉOMÈNE, }
AGÉNOR, } princes, amants de Psyché.
LYCAS, capitaine des gardes.
LE DIEU D'UN FLEUVE.
DEUX PETITS AMOURS.

PROLOGUE

La scène représente, sur le devant, un lieu champêtre, et dans l'enfoncement un rocher percé à jour, au travers duquel on voit la mer en éloignement.

Flore paroît au milieu du théâtre, accompagnée de Vertumne, dieu des arbres et des fruits, et de Palémon, dieu des eaux. Chacun de ces dieux conduit une troupe de divinités : l'un mène à sa suite des dryades et des sylvains, et l'autre des dieux des fleuves et des naïades. Flore chante ce récit pour inviter Vénus à descendre en terre :

> Ce n'est plus le temps de la guerre :
>   Le plus puissant des rois
>   Interrompt ses exploits,
> Pour donner la paix à la terre [1].
> Descendez, mère des Amours,
> Venez nous donner de beaux jours.

Vertumne et Palémon, avec les divinités qui les accompagnent, joignent leurs voix à celle de Flore, et chantent ces paroles.

CHŒUR DES DIVINITÉS de la terre et des eaux, composé de Flore, nymphes, Palémon, Vertumne, sylvains, faunes, dryades et naïades.
> Nous goûtons une paix profonde,
> Les plus doux jeux sont ici-bas.
> On doit ce repos plein d'appas

[1] La paix signée à Aix-la-Chapelle le 2 mai 1668.

Au plus grand roi du monde.
Descendez, mère des Amours.
Venez nous donner de beaux jours.

Il se fait ensuite une entrée de ballet, composée de deux dryades, quatre sylvains, deux fleuves et deux naïades ; après laquelle Vertumne et Palémon chantent ce dialogue :

VERTUMNE.

Rendez-vous, beautés cruelles,
Soupirez à votre tour.

PALÉMON.

Voici la reine des belles,
Qui vient inspirer l'amour.

VERTUMNE.

Un bel objet, toujours sévère,
Ne se fait jamais bien aimer.

PALÉMON.

C'est la beauté qui commence de plaire;
Mais la douceur achève de charmer.

TOUS DEUX, ensemble.

C'est la beauté qui commence de plaire;
Mais la douceur achève de charmer.

VERTUMNE.

Souffrons tous qu'Amour nous blesse;
Languissons, puisqu'il le faut.

PALÉMON.

Que sert un cœur sans tendresse?
Est-il un plus grand défaut?

VERTUMNE.

Un bel objet, toujours sévère,
Ne se fait jamais bien aimer.

PALÉMON.

C'est la beauté qui commence de plaire;
Mais la douceur achève de charmer.

TOUS DEUX, ensemble.

C'est la beauté qui commence de plaire;
Mais la douceur achève de charmer.

FLORE répond au dialogue de Vertumne et de Palémon par ce menuet, et les autres divinités y mêlent leurs danses.

Est-on sage,
Dans le bel âge,
Est-on sage
De n'aimer pas?
Que sans cesse
L'on se presse

De goûter les plaisirs ici-bas.
　　　　La sagesse
　　　　De la jeunesse,
C'est de savoir jouir de ses appas.
　　　　L'Amour charme
　　　　Ceux qu'il désarme ;
　　　　L'Amour charme,
　　　　Cédons-lui tous.
　　　　Notre peine
　　　　Seroit vaine
De vouloir résister à ses coups ;
　　　　Quelque chaîne
　　　　Qu'un amant prenne,
La liberté n'a rien qui soit si doux.

Vénus descend du ciel dans une grande machine, avec l'Amour son fils, et deux petites Grâces nommées Ægiale et Phaène ; et les divinités de la terre et des eaux recommencent de joindre toutes leurs voix, et continuent par leurs danses de lui témoigner la joie qu'elles ressentent à son abord.

CHŒUR de toutes les divinités de la terre et des eaux
Nous goûtons une paix profonde,
Les plus doux jeux sont ici-bas ;
On doit ce repos plein d'appas
　　　Au plus grand roi du monde.
Descendez, mère des Amours,
Venez nous donner de beaux jours.

VÉNUS, dans sa machine.

Cessez, cessez pour moi tous vos chants d'allégresse ;
De si rares honneurs ne m'appartiennent pas ;
Et l'hommage qu'ici votre bonté m'adresse
Doit être réservé pour de plus doux appas.
　　　C'est une trop vieille méthode
　　　De me venir faire sa cour ;
　　　Toutes les choses ont leur tour,
　　　Et Vénus n'est plus à la mode.
　　　Il est d'autres attraits naissants
　　　Où l'on va porter ses encens.
Psyché, Psyché la belle, aujourd'hui tient ma place ;
Déjà tout l'univers s'empresse à l'adorer ;
　　　Et c'est trop que, dans ma disgrâce,
Je trouve encor quelqu'un qui me daigne honorer.
On ne balance point entre nos deux mérites ;
A quitter mon parti tout s'est licencié,
Et du nombreux amas de Grâces favorites
Dont je traînois partout les soins et l'amitié

PROLOGUE.

Il ne m'en est resté que deux des plus petites,
    Qui m'accompagnent par pitié.
    Souffrez que ces demeures sombres
Prêtent leur solitude aux troubles de mon cœur,
    Et me laissez parmi leurs ombres
    Cacher ma honte et ma douleur.

Flore et les autres déités se retirent, et Vénus, avec sa suite, sort de sa machine.

ÆGIALE.

Nous ne savons, déesse, comment faire,
Dans ce chagrin qu'on voit vous accabler.
    Notre respect veut se taire,
    Notre zèle veut parler.

VÉNUS.

Parlez; mais, si vos soins aspirent à me plaire,
Laissez tous vos conseils pour une autre saison,
    Et ne parlez de ma colère
    Que pour dire que j'ai raison.
C'étoit là, c'étoit là la plus sensible offense
Que ma divinité pût jamais recevoir :
    Mais j'en aurai la vengeance,
    Si les dieux ont du pouvoir.

PHAÈNE.

Vous avez plus que nous de clarté, de sagesse,
Pour juger ce qui peut être digne de vous;
Mais, pour moi, j'aurois cru qu'une grande déesse
    Devroit moins se mettre en courroux.

VÉNUS.

Et c'est là la raison de ce courroux extrême.
Plus mon rang a d'éclat, plus l'affront est sanglant,
Et, si je n'étois pas dans ce degré suprême,
Le dépit de mon cœur seroit moins violent.
Moi, la fille du dieu qui lance le tonnerre,
    Mère du dieu qui fait aimer;
Moi, les plus doux souhaits du ciel et de la terre,
Et qui ne suis venue au jour que pour charmer;
    Moi qui, par tout ce qui respire,
Ai vu de tant de vœux encenser mes autels,
Et qui de la beauté, par des droits immortels,
Ai tenu de tout temps le souverain empire;
Moi, dont les yeux ont mis deux grandes déités
Au point de me céder le prix de la plus belle,
Je me vois ma victoire et mes droits disputés
    Par une chétive mortelle!

11.

Le ridicule excès d'un fol entêtement
Va jusqu'à m'opposer une petite fille!
Sur ses traits et les miens j'essuierai constamment
    Un téméraire jugement,
    Et du haut des cieux, où je brille,
J'entendrai prononcer aux mortels prévenus:
    Elle est plus belle que Vénus[1]!

ÆGIALE.

Voilà comme l'on fait; c'est le style des hommes;
Ils sont impertinents dans leurs comparaisons.

PHAÈNE.

Ils ne sauroient louer, dans le siècle où nous sommes,
    Qu'ils n'outragent les plus grands noms.

VÉNUS.

Ah! que de ces trois mots la rigueur insolente
    Venge bien Junon et Pallas,
Et console leurs cœurs de la gloire éclatante
Que la fameuse pomme acquit à mes appas!
Je les vois s'applaudir de mon inquiétude,
Affecter à toute heure un ris malicieux,
Et, d'un fixe regard, chercher avec étude
    Ma confusion dans mes yeux.
Leur triomphante joie, au fort d'un tel outrage,
Semble me venir dire, insultant mon courroux:
Vante, vante, Vénus, les traits de ton visage!
Au jugement d'un seul tu l'emportas sur nous;
    Mais, par le jugement de tous,
Une simple mortelle a sur toi l'avantage.
Ah! ce coup-là m'achève, il me perce le cœur;
Je n'en puis plus souffrir les rigueurs sans égales;
Et c'est trop de surcroît à ma vive douleur
    Que le plaisir de mes rivales.
Mon fils, si j'eus jamais sur toi quelque crédit,
    Et si jamais je te fus chère,
Si tu portes un cœur à sentir le dépit
    Qui trouble le cœur d'une mère
    Qui si tendrement te chérit,
Emploie, emploie ici l'effort de ta puissance
    A soutenir mes intérêts.
    Et fais à Psyché, par tes traits,
    Sentir les traits de ma vengeance.

---

[1] Ce discours de Vénus est imité d'Apulée, le premier et le plus connu des auteurs qui ont raconté la fable de Psyché. Voir l'édition d'Apulée donnée par MM. Garnier. (F. L.)

Pour rendre son cœur malheureux,
Prends celui de tes traits le plus propre à me plaire,
Le plus empoisonné de ceux
Que tu lances dans ta colère.
Du plus bas, du plus vil, du plus affreux mortel,
Fais que, jusqu'à la rage, elle soit enflammée,
Et qu'elle ait à souffrir le supplice cruel
D'aimer et n'être point aimée.

L'AMOUR.

Dans le monde on n'entend que plaintes de l'Amour;
On m'impute partout mille fautes commises,
Et vous ne croiriez point le mal et les sottises
Que l'on dit de moi chaque jour.
Si pour servir votre colère...

VÉNUS.

Va, ne résiste point aux souhaits de ta mère;
N'applique tes raisonnements
Qu'à chercher les plus prompts moments
De faire un sacrifice à ma gloire outragée
Pars, pour toute réponse à mes empressements,
Et ne me revois point que je ne sois vengée.

L'Amour s'envole, et Vénus se retire avec les Grâces. La scène est changée en une grande ville, où l'on découvre des deux côtés des palais et des maisons de différents ordres d'architecture.

ACTE PREMIER

SCÈNE I. — AGLAURE, CIDIPPE

AGLAURE.

Il est des maux, ma sœur, que le silence aigrit :
Laissons, laissons parler mon chagrin et le vôtre,
Et de nos cœurs l'un à l'autre
Exhalons le cuisant dépit.
Nous nous voyons sœurs d'infortune,
Et la vôtre et la mienne ont un si grand rapport,
Que nous pouvons mêler toutes les deux en une,
Et, dans notre juste transport,
Murmurer, à plainte commune,
Des cruautés de notre sort.
Quelle fatalité secrète,
Ma sœur, soumet tout l'univers

Aux attraits de notre cadette,
Et, de tant de princes divers
Qu'en ces lieux la fortune jette,
N'en présente aucun à nos fers?
Quoi! voir de toutes parts, pour lui rendre les armes,
Les cœurs se précipiter,
Et passer devant nos charmes
Sans s'y vouloir arrêter!
Quel sort ont nos yeux en partage,
Et qu'est-ce qu'ils ont fait aux dieux,
De ne jouir d'aucun hommage
Parmi tous ces tributs de soupirs glorieux,
Dont le superbe avantage
Fait triompher d'autres yeux?
Est-il pour nous, ma sœur, de plus rude disgrâce
Que de voir tous les cœurs mépriser nos appas,
Et l'heureuse Psyché jouir avec audace
D'une foule d'amants attachés à ses pas?

CIDIPPE.

Ah! ma sœur, c'est une aventure
A faire perdre la raison;
Et tous les maux de la nature
Ne sont rien en comparaison.

AGLAURE.

Pour moi, j'en suis souvent jusqu'à verser des larmes.
Tout plaisir, tout repos, par là m'est arraché;
Contre un pareil malheur ma constance est sans armes.
Toujours à ce chagrin mon esprit attaché
Me tient devant les yeux la honte de nos charmes,
Et le triomphe de Psyché.
La nuit, il m'en repasse une idée éternelle,
Qui sur toute chose prévaut.
Rien ne me peut chasser cette image cruelle;
Et, dès qu'un doux sommeil me vient délivrer d'elle,
Dans mon esprit aussitôt
Quelque songe la rappelle,
Qui me réveille en sursaut.

CIDIPPE.

Ma sœur, voilà mon martyre:
Dans vos discours je me voi;
Et vous venez là de dire
Tout ce qui se passe en moi.

AGLAURE.

Mais encor raisonnons un peu sur cette affaire.

Quels charmes si puissants en elle sont épars?
Et par où, dites-moi, du grand secret de plaire
L'honneur est-il acquis à ses moindres regards?
  Que voit-on dans sa personne,
  Pour inspirer tant d'ardeurs?
  Quel droit de beauté lui donne
  L'empire de tous les cœurs?
Elle a quelques attraits, quelque éclat de jeunesse :
On en tombe d'accord; je n'en disconviens pas;
Mais lui cède-t-on fort pour quelque peu d'aînesse,
  Et se voit-on sans appas?
Est-on d'une figure à faire qu'on se raille?
N'a-t-on point quelques traits et quelques agréments,
Quelque teint, quelques yeux, quelque air et quelque taille
A pouvoir dans nos fers jeter quelques amants?
  Ma sœur, faites-moi la grâce
  De me parler franchement :
Suis-je faite d'un air, à votre jugement,
Que mon mérite au sien doive céder la place?
  Et, dans quelque ajustement,
  Trouvez-vous qu'elle m'efface?

CIDIPPE.

  Qui? vous, ma sœur? nullement.
  Hier, à la chasse, près d'elle,
  Je vous regardai longtemps;
  Et, sans vous donner d'encens,
  Vous me parûtes plus belle.
Mais moi, dites, ma sœur, sans me vouloir flatter,
Sont-ce des visions que je me mets en tête,
Quand je me crois taillée à pouvoir mériter
  La gloire de quelque conquête?

AGLAURE.

Vous, ma sœur? vous avez, sans nul déguisement,
Tout ce qui peut causer une amoureuse flamme.
Vos moindres actions brillent d'un agrément
  Dont je me sens toucher l'âme;
  Et je serois votre amant
  Si j'étois autre que femme.

CIDIPPE.

D'où vient donc qu'on la voit l'emporter sur nous deux,
Qu'à ses premiers regards les cœurs rendent les armes,
Et que d'aucun tribut de soupirs et de vœux
  On ne fait honneur à nos charmes?

AGLAURE.

Toutes les dames, d'une voix,
Trouvent ses attraits peu de chose;
Et du nombre d'amants qu'elle tient sous ses lois,
Ma sœur, j'ai découvert la cause.

CIDIPPE.

Pour moi, je la devine; et l'on doit présumer
Qu'il faut que là-dessous soit caché du mystère.
Ce secret de tout enflammer
N'est point de la nature un effet ordinaire;
L'art de la Thessalie [1] entre dans cette affaire;
Et quelque main a su, sans doute, lui former
Un charme pour se faire aimer.

AGLAURE.

Sur un plus fort appui ma croyance se fonde;
Et le charme qu'elle a pour attirer les cœurs,
C'est un air en tout temps désarmé de rigueurs,
Des regards caressants que la bouche seconde;
Un souris chargé de douceurs,
Qui tend les bras à tout le monde[2],
Et ne vous promet que faveurs.
Notre gloire n'est plus aujourd'hui conservée;
Et l'on n'est plus au temps de ces nobles fiertés
Qui, par un digne essai d'illustres cruautés,
Vouloient voir d'un amant la constance éprouvée.
De tout ce noble orgueil, qui nous seyoit si bien,
On est bien descendu, dans le siècle où nous sommes,
Et l'on en est réduite à n'espérer plus rien,
A moins que l'on se jette à la tête des hommes.

CIDIPPE.

Oui, voilà le secret de l'affaire; et je voi
Que vous le prenez mieux que moi.
C'est pour nous attacher à trop de bienséance
Qu'aucun amant, ma sœur, à nous ne veut venir;
Et nous voulons trop soutenir
L'honneur de notre sexe et de notre naissance.
Les hommes maintenant aiment ce qui leur rit;
L'espoir, plus que l'amour, est ce qui les attire;
Et c'est par là que Psyché nous ravit
Tous les amants qu'on voit sous son empire.

---

[1] La magie. Les Thessaliennes passaient pour les plus habiles magiciennes du monde.

[2] *Un souris qui tend les bras à tout le monde* est une étrange figure. Marivaux n'en a pas de plus extraordinaire. (Auger.)

Suivons, suivons l'exemple, ajustons-nous au temps ;
Abaissons-nous, ma sœur, à faire des avances,
Et ne ménageons plus de tristes bienséances,
Qui nous ôtent les fruits du plus beau de nos ans.

AGLAURE.

J'approuve la pensée, et nous avons matière
    D'en faire l'épreuve première
Aux deux princes qui sont les derniers arrivés.
Ils sont charmants, ma sœur ; et leur personne entière
    Me... Les avez-vous observés ?

CIDIPPE.

Ah ! ma sœur, ils sont faits tous deux d'une manière,
Que mon âme... Ce sont deux princes achevés.

AGLAURE.

Je trouve qu'on pourroit rechercher leur tendresse
    Sans se faire déshonneur.

CIDIPPE.

Je trouve que sans honte une belle princesse
    Leur pourroit donner son cœur.

AGLAURE.

    Les voici tous deux, et j'admire
    Leur air et leur ajustement.

CIDIPPE.

        Ils ne démentent nullement
    Tout ce que nous venons de dire.

SCÈNE II. — CLÉOMÈNE, AGÉNOR, AGLAURE, CIDIPPE.

AGLAURE.

D'où vient, princes, d'où vient que vous fuyez ainsi ?
Prenez-vous l'épouvante en nous voyant paroître ?

CLÉOMÈNE.

    On nous faisoit croire qu'ici
La princesse Psyché, madame, pourroit être.

AGLAURE.

Tous ces lieux n'ont-ils rien d'agréable pour vous,
Si vous ne les voyez ornés de sa présence ?

AGÉNOR.

Ces lieux peuvent avoir des charmes assez doux ;
Mais nous cherchons Psyché dans notre impatience.

CIDIPPE.

    Quelque chose de bien pressant
Vous doit, à la chercher, pousser tous deux, sans doute ?

CLÉOMÈNE.

Le motif est assez puissant,
Puisque notre fortune enfin en dépend toute.

AGLAURE.

Ce seroit trop à nous que de nous informer
Du secret que ces mots nous peuvent enfermer.

CLÉOMÈNE.

Nous ne prétendons point en faire de mystère :
Aussi bien, malgré nous, paroîtroit-il au jour;
 Et le secret ne dure guère.
 Madame, quand c'est de l'amour.

CIDIPPE.

Sans aller plus avant, princes, cela veut dire
 Que vous aimez Psyché tous deux.

AGÉNOR.

 Tous deux soumis à son empire,
Nous allons, de concert, lui découvrir nos feux.

AGLAURE.

C'est une nouveauté, sans doute, assez bizarre,
 Que deux rivaux si bien unis.

CLÉOMÈNE.

 Il est vrai que la chose est rare,
Mais non pas impossible à deux parfaits amis.

CIDIPPE.

Est-ce que dans ces lieux il n'est qu'elle de belle?
Et n'y trouvez-vous point à séparer vos vœux?

AGLAURE.

Parmi l'éclat du sang, vos yeux n'ont-ils vu qu'elle
 A pouvoir mériter vos feux?

CLÉOMÈNE.

Est-ce que l'on consulte au moment qu'on s'enflamme?
 Choisit-on qui l'on veut aimer?
 Et, pour donner toute son âme,
Regarde-t-on quel droit on a de nous charmer?

AGÉNOR.

 Sans qu'on ait le pouvoir d'élire
 On suit, dans une telle ardeur,
 Quelque chose qui nous attire :
 Et, lorsque l'amour touche un cœur,
 On n'a point de raisons à dire.

AGLAURE.

En vérité, je plains les fâcheux embarras
 Où je vois que vos cœurs se mettent.
Vous aimez un objet dont les riants appas

Mêleront des chagrins à l'espoir qu'ils vous jettent ;
    Et son cœur ne vous tiendra pas
      Tout ce que ses yeux vous promettent.

          CIDIPPE.

L'espoir qui vous appelle au rang de ses amants
Trouvera du mécompte aux douceurs qu'elle étale ;
Et c'est pour essuyer de très-fâcheux moments,
Que les soudains retours de son âme inégale.

          AGLAURE.

Un clair discernement de ce que vous valez
Nous fait plaindre le sort où cet amour vous guide ;
Et vous pouvez trouver tous deux, si vous voulez,
Avec autant d'attraits, une âme plus solide.

          CIDIPPE.

    Par un choix plus doux de moitié,
Vous pouvez de l'amour sauver votre amitié ;
Et l'on voit en vous deux un mérite si rare,
Qu'un tendre avis veut bien prévenir, par pitié,
    Ce que votre cœur se prépare.

          CLÉOMÈNE.

Cet avis généreux fait, pour nous, éclater
    Des bontés qui nous touchent l'âme ;
Mais le ciel nous réduit à ce malheur, madame,
    De ne pouvoir en profiter.

          AGÉNOR.

Votre illustre pitié veut en vain nous distraire
D'un amour dont tous deux nous redoutons l'effet ;
Ce que notre amitié, madame, n'a pas fait,
    Il n'est rien qui le puisse faire.

          CIDIPPE.

Il faut que le pouvoir de Psyché... La voici

SCÈNE III. — PSYCHÉ, CIDIPPE, AGLAURE, CLÉOMÈNE, AGÉNOR.

          CIDIPPE.

Venez jouir, ma sœur, de ce qu'on vous apprête.

          AGLAURE.

Préparez vos attraits à recevoir ici
Le triomphe nouveau d'une illustre conquête.

          CIDIPPE.

Ces princes ont tous deux si bien senti vos coups,
Qu'à vous le découvrir leur bouche se dispose.

          PSYCHÉ.

Du sujet qui les tient si rêveurs parmi nous

Je ne me croyois pas la cause ;
Et j'aurois cru tout autre chose,
En les voyant parler à vous.
AGLAURE.
N'ayant ni beauté ni naissance
A pouvoir mériter leur amour et leurs soins,
Ils nous favorisent au moins
De l'honneur de la confidence.
CLÉOMÈNE, à Psyché.
L'aveu qu'il nous faut faire à vos divins appas
Est sans doute, madame, un aveu téméraire ;
Mais tant de cœurs, près du trépas,
Sont, par de tels aveux, forcés à vous déplaire,
Que vous êtes réduite à ne les punir pas
Des foudres de votre colère.
Vous voyez en nous deux amis
Qu'un doux rapport d'humeurs sut joindre dès l'enfance ;
Et ces tendres liens se sont vus affermis
Par cent combats d'estime et de reconnoissance.
Du destin ennemi les assauts rigoureux,
Les mépris de la mort, et l'aspect des supplices,
Par d'illustres éclats de mutuels offices,
Ont de notre amitié signalé les beaux nœuds ;
Mais, à quelques essais qu'elle se soit trouvée,
Son grand triomphe est en ce jour ;
Et rien ne fait tant voir sa constance éprouvée
Que de se conserver au milieu de l'amour.
Oui, malgré tant d'appas, son illustre constance
Aux lois qu'elle nous fait a soumis tous nos vœux ;
Elle vient, d'une douce et pleine déférence,
Remettre à votre choix le succès de nos feux ;
Et, pour donner un poids à notre concurrence,
Qui des raisons d'État entraîne la balance
Sur le choix de l'un de nous deux,
Cette même amitié s'offre, sans répugnance,
D'unir nos deux États au sort du plus heureux.
AGÉNOR.
Oui, de ces deux États, madame,
Que sous votre heureux choix nous nous offrons d'unir
Nous voulons faire à notre flamme
Un secours pour vous obtenir.
Ce que, pour ce bonheur, près du roi votre père,
Nous nous sacrifions tous deux,
N'a rien de difficile à nos cœurs amoureux ;

Et c'est au plus heureux faire un don nécessaire
  D'un pouvoir dont le malheureux,
  Madame, n'aura plus affaire.
      PSYCHÉ.
Le choix que vous m'offrez, princes, montre à mes yeux
De quoi remplir les vœux de l'âme la plus fière;
Et vous me le parez tous deux d'une manière
Qu'on ne peut rien offrir qui soit plus précieux.
Vos feux, votre amitié, votre vertu suprême,
Tout me relève en vous l'offre de votre foi,
Et j'y vois un mérite à s'opposer lui-même
  A ce que vous voulez de moi.
Ce n'est pas à mon cœur qu'il faut que je défère,
  Pour entrer sous de tels liens;
Ma main, pour se donner, attend l'ordre d'un père,
Et mes sœurs ont des droits qui vont devant les miens.
Mais, si l'on me rendoit sur mes vœux absolue,
Vous y pourriez avoir trop de part à la fois;
Et toute mon estime, entre vous suspendue,
Ne pourroit sur aucun laisser tomber mon choix.
  A l'ardeur de votre poursuite,
Je répondrois assez de mes vœux les plus doux;
  Mais c'est, parmi tant de mérite,
Trop que deux cœurs pour moi, trop peu qu'un cœur pour vous.
De mes plus doux souhaits j'aurois l'âme gênée
  A l'effort de votre amitié;
Et j'y vois l'un de vous prendre une destinée
  A me faire trop de pitié.
Oui, princes, à tous ceux dont l'amour suit le vôtre,
Je vous préférerois tous deux avec ardeur;
  Mais je n'aurois jamais le cœur
De pouvoir préférer l'un de vous deux à l'autre.
  A celui que je choisirois
Ma tendresse feroit un trop grand sacrifice;
Et je m'imputerois à barbare injustice
  Le tort qu'à l'autre je ferois.
Oui, tous deux vous brillez de trop de grandeur d'âme
  Pour en faire aucun malheureux;
Et vous devez chercher dans l'amoureuse flamme
  Le moyen d'être heureux tous deux.
  Si votre cœur me considère
Assez pour me souffrir de disposer de vous,
  J'ai deux sœurs capables de plaire,
Qui peuvent bien vous faire un destin assez doux;

Et l'amitié me rend leur personne assez chère
Pour vous souhaiter leurs époux.
CLÉOMÈNE.
Un cœur dont l'amour est extrême
Peut-il bien consentir, hélas!
D'être donné par ce qu'il aime?
Sur nos deux cœurs, madame, à vos divins appas
Nous donnons un pouvoir suprême;
Disposez-en pour le trépas :
Mais pour une autre que vous-même,
Ayez cette bonté de n'en disposer pas.
AGÉNOR.
Aux princesses, madame, on feroit trop d'outrage,
Et c'est, pour leurs attraits, un indigne partage,
Que les restes d'une autre ardeur.
Il faut d'un premier feu la pureté fidèle
Pour aspirer à cet honneur
Où votre bonté nous appelle,
Et chacune mérite un cœur
Qui n'ait soupiré que pour elle.
AGLAURE.
Il me semble, sans nul courroux,
Qu'avant que de vous en défendre,
Princes, vous deviez bien attendre
Qu'on se fût expliqué sur vous.
Nous croyez-vous un cœur si facile et si tendre?
Et, lorsqu'on parle ici de vous donner à nous,
Savez-vous si l'on veut vous prendre?
CIDIPPE.
Je pense que l'on a d'assez hauts sentiments
Pour refuser un cœur qu'il faut qu'on sollicite,
Et qu'on ne veut devoir qu'à son propre mérite
La conquête de ses amants.
PSYCHÉ.
J'ai cru pour vous, mes sœurs, une gloire assez grande,
Si la possession d'un mérite si haut...

SCÈNE IV. — PSYCHÉ, AGLAURE, CIDIPPE, CLÉOMÈNE,
AGÉNOR, LYCAS.

LYCAS, à Psyché.
Ah! madame!
PSYCHÉ.
Qu'as-tu?

ACTE I, SCÈNE V.

LYCAS.
Le roi...
PSYCHÉ.
Quoi?
LYCAS.
Vous demande.
PSYCHÉ.
De ce trouble si grand que faut-il que j'attende?
LYCAS.
Vous ne le saurez que trop tôt.
PSYCHÉ.
Hélas! que pour le roi tu me donnes à craindre!
LYCAS.
Ne craignez que pour vous; c'est vous que l'on doit plaindre.
PSYCHÉ.
C'est pour louer le ciel et me voir hors d'effroi,
De savoir que je n'aie à craindre que pour moi.
Mais apprends-moi, Lycas, le sujet qui te touche.
LYCAS.
Souffrez que j'obéisse à qui m'envoie ici,
Madame, et qu'on vous laisse apprendre de sa bouche
Ce qui peut m'affliger ainsi.
PSYCHÉ.
Allons savoir sur quoi l'on craint tant ma foiblesse.

SCÈNE V. — AGLAURE, CIDIPPE, LYCAS.

AGLAURE.
Si ton ordre n'est pas jusqu'à nous étendu,
Dis-nous quel grand malheur nous couvre ta tristesse.
LYCAS.
Hélas! ce grand malheur, dans la cour répandu
   Voyez-le vous-même, princesse,
Dans l'oracle qu'au roi les destins ont rendu
Voici ses propres mots, que la douleur, madame,
   A gravés au fond de mon âme :
  « Que l'on ne pense nullement
« A vouloir de Psyché conclure l'hyménée;
« Mais qu'au sommet d'un mont elle soit promptement
   « En pompe funèbre menée,
   « Et que, de tous abandonnée,
« Pour époux elle attende en ces lieux constamment
« Un monstre dont on a la vue empoisonnée,
« Un serpent qui répand son venin en tous lieux,

« Et trouble dans sa rage et la terre et les cieux. »
Après un arrêt si sévère,
Je vous quitte, et vous laisse à juger entre vous
Si par de plus cruels et plus sensibles coups
Tous les dieux nous pouvoient expliquer leur colère.

SCÈNE VI. — AGLAURE, CIDIPPE.

CIDIPPE.

Ma sœur, que sentez-vous à ce soudain malheur
Où nous voyons Psyché par les destins plongée?

AGLAURE.

Mais vous, que sentez-vous, ma sœur?

CIDIPPE.

A ne vous point mentir, je sens que, dans mon cœur,
Je n'en suis pas trop affligée.

AGLAURE.

Moi, je sens quelque chose au mien
Qui ressemble assez à la joie.
Allons, le Destin nous envoie
Un mal que nous pouvons regarder comme un bien [1].

PREMIER INTERMÈDE

La scène est changée en des rochers affreux, et fait voir en l'éloignement une grotte effroyable.

C'est dans ce désert que Psyché doit être exposée, pour obéir à l'oracle. Une troupe de personnes affligées y viennent déplorer sa disgrâce. Une partie de cette troupe désolée témoigne sa pitié par des plaintes touchantes et par des concerts lugubres; et l'autre exprime sa désolation par une danse pleine de toutes les marques du plus violent désespoir.

PLAINTES EN ITALIEN

CHANTÉES PAR UNE FEMME DÉSOLÉE ET DEUX HOMMES AFFLIGÉS.

FEMME DÉSOLÉE.

Deh! piangete al pianto mio,
Sassi duri, antiche selve;

---

[1] Ce premier acte est peu attachant. Les deux sœurs, dans leur jalousie, sont d'une férocité révoltante; les deux princes, dans leur rivalité, sont d'une générosité invraisemblable; et Psyché, qui n'aime encore personne, ne devient intéressante qu'au moment où elle devient malheureuse. (Auger.)

Lagrimate, fonti, e belve,
D'un bel volto il fato rio.
PREMIER HOMME AFFLIGÉ.
Ahi dolore!
SECOND HOMME AFFLIGÉ.
Ahi martire!
PREMIER HOMME AFFLIGÉ.
Cruda morte!
SECOND HOMME AFFLIGÉ.
Empia sorte!
TOUS TROIS.
Che condanni a morir tanta beltà!
Cieli! stelle! ahi crudeltà!
FEMME DÉSOLÉE.
Rispondete a' miei lamenti,
Antri, cavi, ascose rupi;
Deh! ridite, fondi cupi,
Del mio duolo i mesti accenti.
PREMIER HOMME AFFLIGÉ.
Ahi dolore!
SECOND HOMME AFFLIGÉ.
Ahi martire!
PREMIER HOMME AFFLIGÉ.
Cruda morte!
FEMME DÉSOLÉE, ET SECOND HOMME AFFLIGÉ.
Empia sorte!
TOUS TROIS.
Che condanni a morir tanta beltà!
Cieli! stelle! ahi crudeltà!
SECOND HOMME AFFLIGÉ.
Com' esser può fra voi, o numi eterni,
Chi voglia estinta una beltà innocente?
Ahi! che tanto rigor, cielo inclemente,
Vince di crudeltà gli stessi inferni.
PREMIER HOMME AFFLIGÉ.
Nume fiero!
SECOND HOMME AFFLIGÉ.
Dio severo!
LES DEUX HOMMES AFFLIGÉS
Perchè tanto rigor
Contro innocente cor?
Ahi! sentenza inudita!
Dar morte a la beltà, ch' altrui dà vita!

FEMME DÉSOLÉE.

Ahi! ch' indarno si tarda!
Non resiste a li dei mortale affetto,
Alto impero ne sforza,
Ove comanda il ciel, l'uom cede a forza.

PREMIER HOMME AFFLIGÉ.

Ahi dolore!

SECOND HOMME AFFLIGÉ.

Ahi martire!

PREMIER HOMME AFFLIGÉ

Cruda morte!

FEMME DÉSOLÉE, ET SECOND HOMME AFFLIGÉ.

Empia sorte!

TOUS TROIS.

Che condanni a morir tanta beltà!
Cieli! stelle! ahi crudeltà!

Ces plaintes sont entrecoupées et finies par une entrée de ballet de huit personnes affligées, et qui par leurs attitudes expriment leur douleur.

ACTE SECOND

SCÈNE I. — LE ROI, PSYCHÉ, AGLAURE, CIDIPPE, LYCAS, Suite.

PSYCHÉ.

De vos larmes, seigneur, la source m'est bien chère;
Mais c'est trop aux bontés que vous avez pour moi,
Que de laisser régner les tendresses de père
    Jusque dans les yeux d'un grand roi.
Ce qu'on vous voit ici donner à la nature
Au rang que vous tenez, seigneur, fait trop d'injure,
Et j'en dois refuser les touchantes faveurs.
    Laissez moins sur votre sagesse
    Prendre d'empire à vos douleurs,
Et cessez d'honorer mon destin par des pleurs
Qui dans le cœur d'un roi montrent de la foiblesse.

LE ROI.

Ah! ma fille, à ces pleurs laisse mes yeux ouverts.
Mon deuil est raisonnable, encor qu'il soit extrême·
Et, lorsque pour toujours on perd ce que je perds,
La sagesse, crois-moi, peut pleurer elle-même
    En vain l'orgueil du diadème
Veut qu'on soit insensible à ces cruels revers,
En vain de la raison les secours sont offerts

Pour vouloir d'un œil sec voir mourir ce qu'on aime;
L'effort en est barbare aux yeux de l'univers,
Et c'est brutalité plus que vertu suprême.
  Je ne veux point, dans cette adversité,
    Parer mon cœur d'insensibilité,
      Et cacher l'ennui qui me touche.
    Je renonce à la vanité
      De cette dureté farouche
      Que l'on appelle fermeté;
      Et, de quelque façon qu'on nomme
Cette vive douleur dont je ressens les coups,
Je veux bien l'étaler, ma fille, aux yeux de tous,
Et dans le cœur d'un roi montrer le cœur d'un homme.

PSYCHÉ.

Je ne mérite pas cette grande douleur :
Opposez, opposez un peu de résistance
    Aux droits qu'elle prend sur un cœur
Dont mille événements ont marqué la puissance.
Quoi! faut-il que pour moi vous renonciez, seigneur,
    A cette royale constance
Dont vous avez fait voir, dans les coups du malheur,
    Une fameuse expérience?

LE ROI.

La constance est facile en mille occasions.
    Toutes les révolutions
Où nous peut exposer la fortune inhumaine,
La perte des grandeurs, les persécutions,
Le poison de l'envie et les traits de la haine,
    N'ont rien que ne puissent, sans peine,
    Braver les résolutions
D'une âme où la raison est un peu souveraine;
    Mais ce qui porte des rigueurs
    A faire succomber les cœurs
    Sous le poids des douleurs amères,
    Ce sont, ce sont les rudes traits
    De ces fatalités sévères
    Qui nous enlèvent pour jamais
    Les personnes qui nous sont chères.
    La raison, contre de tels coups,
    N'offre point d'armes secourables;
    Et voilà, des dieux en courroux,
    Les foudres les plus redoutables
    Qui se puissent lancer sur nous.

PSYCHÉ.

Seigneur, une douceur ici vous est offerte :
Votre hymen a reçu plus d'un présent des dieux;
 Et, par une faveur ouverte,
Ils ne vous ôtent rien, en m'ôtant à vos yeux,
Dont ils n'aient pris le soin de réparer la perte.
Il vous reste de quoi consoler vos douleurs;
Et cette loi du ciel, que vous nommez cruelle,
 Dans les deux princesses mes sœurs,
 Laisse à l'amitié paternelle
 Où placer toutes ses douceurs.

LE ROI.

Ah! de mes maux soulagement frivole!
Rien, rien ne s'offre à moi qui de toi me console.
C'est sur mes déplaisirs que j'ai les yeux ouverts;
 Et, dans un destin si funeste,
 Je regarde ce que je perds,
 Et ne vois point ce qui me reste.

PSYCHÉ.

Vous savez mieux que moi qu'aux volontés des dieux,
 Seigneur, il faut régler les nôtres;
Et je ne puis vous dire, en ces tristes adieux,
Que ce que beaucoup mieux vous pouvez dire aux autres
 Ces dieux sont maîtres souverains
 Des présents qu'ils daignent nous faire;
 Ils ne les laissent dans nos mains
 Qu'autant de temps qu'il peut leur plaire.
 Lorsqu'ils viennent les retirer,
 On n'a nul droit de murmurer
Des grâces que leur main ne veut plus nous étendre;
Seigneur, je suis un don qu'ils ont fait à vos vœux;
Et quand, par cet arrêt, ils veulent me reprendre,
Ils ne vous ôtent rien que vous ne teniez d'eux;
Et c'est sans murmurer que vous devez me rendre.

LE ROI.

Ah! cherche un meilleur fondement
Aux consolations que ton cœur me présente,
Et de la fausseté de ce raisonnement
 Ne fais point un accablement
 A cette douleur si cuisante
 Dont je souffre ici le tourment.
Crois-tu là me donner une raison puissante
Pour ne me plaindre point de cet arrêt des cieux?
 Et dans le procédé des dieux,

Dont tu veux que je me contente,
Une rigueur assassinante
Ne paroît-elle pas aux yeux?
Vois l'état où ces dieux me forcent à te rendre,
Et l'autre où te reçut mon cœur infortuné;
Tu connoitras par là qu'ils me viennent reprendre
Bien plus que ce qu'ils m'ont donné.
Je reçus d'eux en toi, ma fille,
Un présent que mon cœur ne leur demandoit pas;
J'y trouvois alors peu d'appas,
Et leur en vis, sans joie, accroître ma famille.
Mais mon cœur, ainsi que mes yeux,
S'est fait de ce présent une douce habitude :
J'ai mis quinze ans de soins, de veilles et d'étude,
A me le rendre précieux;
Je l'ai paré de l'aimable richesse
De mille brillantes vertus;
En lui j'ai renfermé, par des soins assidus,
Tous les plus beaux trésors que fournit la sagesse;
A lui j'ai de mon âme attaché la tendresse;
J'en ai fait de ce cœur le charme et l'allégresse,
La consolation de mes sens abattus,
Le doux espoir de ma vieillesse.
Ils m'ôtent tout cela, ces dieux!
Et tu veux que je n'aie aucun sujet de plainte
Sur cet affreux arrêt dont je souffre l'atteinte!
Ah! leur pouvoir se joue avec trop de rigueur
Des tendresses de notre cœur.
Pour m'ôter leur présent, leur falloit-il attendre
Que j'en eusse fait tout mon bien?
Ou plutôt, s'ils avoient dessein de le reprendre,
N'eût-il pas été mieux de ne me donner rien?

PSYCHÉ.

Seigneur, redoutez la colère
De ces dieux contre qui vous osez éclater.

LE ROI.

Après ce coup, que peuvent-ils me faire?
Ils m'ont mis en état de ne rien redouter.

PSYCHÉ.

Ah! seigneur, je tremble des crimes
Que je vous fais commettre, et je dois me haïr.

LE ROI.

Ah! qu'ils souffrent du moins mes plaintes légitimes;
Ce m'est assez d'effort que de leur obéir;

Ce doit leur être assez que mon cœur t'abandonne
Au barbare respect qu'il faut qu'on ait pour eux,
Sans prétendre gêner la douleur que me donne
L'épouvantable arrêt d'un sort si rigoureux.
Mon juste désespoir ne sauroit se contraindre;
Je veux, je veux garder ma douleur à jamais;
Je veux sentir toujours la perte que je fais;
De la rigueur du ciel je veux toujours me plaindre;
Je veux, jusqu'au trépas, incessamment pleurer
Ce que tout l'univers ne peut me réparer.

PSYCHÉ.

Ah! de grâce, seigneur, épargnez ma foiblesse;
J'ai besoin de constance en l'état où je suis.
Ne fortifiez point l'excès de mes ennuis
　　Des larmes de votre tendresse.
Seuls ils sont assez forts, et c'est trop pour mon cœur
　　De mon destin et de votre douleur.

LE ROI.

Oui, je dois t'épargner mon deuil inconsolable.
Voici l'instant fatal de m'arracher de toi;
Mais comment prononcer ce mot épouvantable?
Il le faut toutefois; le ciel m'en fait la loi :
　　Une rigueur inévitable
M'oblige à te laisser en ce funeste lieu.
　　Adieu; je vais... Adieu.

Ce qui suit, jusqu'à la fin de la pièce, est de M. Corneille, à la réserve de la première scène du troisième acte, qui est de la même main que ce qui a précédé.

SCÈNE II. — PSYCHÉ, AGLAURE, CIDIPPE.

PSYCHÉ.

Suivez le roi, mes sœurs : vous essuierez ses larmes,
　　Vous adoucirez ses douleurs;
　　Et vous l'accableriez d'alarmes,
Si vous vous exposiez encore à mes malheurs
Conservez-lui ce qui lui reste :
Le serpent que j'attends peut vous être funeste,
　　Vous envelopper dans mon sort,
Et me porter en vous une seconde mort.
　　Le ciel m'a seule condamnée
　　A son haleine empoisonnée;
　　Rien ne sauroit me secourir;

Et je n'ai pas besoin d'exemple pour mourir[1].
AGLAURE.
Ne nous enviez pas ce cruel avantage,
De confondre nos pleurs avec vos déplaisirs,
De mêler nos soupirs à vos derniers soupirs :
D'une tendre amitié souffrez ce dernier gage.
PSYCHÉ.
C'est vous perdre inutilement.
CIDIPPE.
C'est en votre faveur espérer un miracle,
Ou vous accompagner jusques au monument.
PSYCHÉ.
Que peut-on se promettre après un tel oracle?
AGLAURE.
Un oracle jamais n'est sans obscurité :
On l'entend d'autant moins, que mieux on croit l'entendre[2] :
Et peut-être, après tout, n'en devez-vous attendre
　　Que gloire et que félicité.
Laissez-nous voir, ma sœur, par une digne issue,
Cette frayeur mortelle heureusement déçue,
　　Ou mourir du moins avec vous,
Si le ciel à nos vœux ne se montre plus doux.
PSYCHÉ.
Ma sœur, écoutez mieux la voix de la nature,
　　Qui vous appelle auprès du roi.
　Vous m'aimez trop; le devoir en murmure;
　　Vous en savez l'indispensable loi.
Un père vous doit être encor plus cher que moi.
Rendez-vous toutes deux l'appui de sa vieillesse;
Vous lui devez chacune un gendre et des neveux;
Mille rois, à l'envi, vous gardent leur tendresse;
Mille rois, à l'envi, vous offriront leurs vœux.
L'oracle me veut seule ; et seule aussi je veux
　　Mourir, si je puis, sans foiblesse,
Ou ne vous avoir pas pour témoins toutes deux
De ce que, malgré moi, la nature m'en laisse.
AGLAURE.
Partager vos malheurs, c'est vous importuner.

---

[1] Quand on ne serait pas averti par une note que Corneille vient de prendre la plume, il semble que ce vers :
　　Et je n'ai pas besoin d'exemple pour mourir,
suffirait pour déceler sa main. (Auger.)

[2] Ce vers et le précédent se trouvent dans *Horace*, acte III, scène III. (A. M.)

CIDIPPE.

J'ose dire un peu plus, ma sœur, c'est vous déplaire.

PSYCHÉ.

Non ; mais enfin c'est me gêner,
Et peut-être du ciel redoubler la colère.

AGLAURE.

Vous le voulez, et nous partons.
Daigne ce même ciel, plus juste et moins sévère,
Vous envoyer le sort que nous vous souhaitons,
 Et que notre amitié sincère,
En dépit de l'oracle et malgré vous, espère.

PSYCHÉ.

Adieu. C'est un espoir, ma sœur, et des souhaits
 Qu'aucun des dieux ne remplira jamais.

SCÈNE III. — PSYCHÉ, seule.

 Enfin, seule et toute à moi-même,
Je puis envisager cet affreux changement
 Qui, du haut d'une gloire extrême,
 Me précipite au monument.
 Cette gloire étoit sans seconde ;
L'éclat s'en répandoit jusqu'aux deux bouts du monde.
Tout ce qu'il a de rois sembloient faits pour m'aimer ;
 Tous leurs sujets, me prenant pour déesse,
  Commençoient à m'accoutumer
  Aux encens qu'ils m'offroient sans cesse ;
Leurs soupirs me suivoient, sans qu'il m'en coûtât rien ;
Mon âme restoit libre en captivant tant d'âmes ;
 Et j'étois, parmi tant de flammes,
Reine de tous les cœurs et maîtresse du mien.
  O ciel ! m'auriez-vous fait un crime
  De cette insensibilité ?
Déployez-vous sur moi tant de sévérité,
Pour n'avoir à leurs vœux rendu que de l'estime?
  Si vous m'imposiez cette loi,
Qu'il fallût faire un choix pour ne pas vous déplaire,
  Puisque je ne pouvois le faire,
  Que ne le faisiez-vous pour moi?
Que ne m'inspiriez-vous ce qu'inspire à tant d'autres
Le mérite, l'amour, et... Mais que vois-je ici?

ACTE II, SCÈNE IV.

SCÈNE IV — CLÉOMÈNE, AGÉNOR, PSYCHÉ.

CLÉOMÈNE.

Deux amis, deux rivaux, dont l'unique souci
Est d'exposer leurs jours pour conserver les vôtres.

PSYCHÉ.

Puis-je vous écouter, quand j'ai chassé deux sœurs?
Princes, contre le ciel pensez-vous me défendre?
Vous livrer au serpent qu'ici je dois attendre,
Ce n'est qu'un désespoir qui sied mal aux grands cœurs;
　　Et mourir alors que je meurs,
　　C'est accabler une âme tendre
　　Qui n'a que trop de ses douleurs.

AGÉNOR.

Un serpent n'est pas invincible :
Cadmus, qui n'aimoit rien, défit celui de Mars.
Nous aimons, et l'Amour sait rendre tout possible
　　Au cœur qui suit ses étendards,
A la main dont lui-même il conduit tous les dards.

PSYCHÉ.

Voulez-vous qu'il vous serve en faveur d'une ingrate
　　Que tous ses traits n'ont pu toucher?
Qu'il dompte sa vengeance au moment qu'elle éclate
　　Et vous aide à m'en arracher?
　　Quand même vous m'auriez servie,
　　Quand vous m'auriez rendu la vie,
Quel fruit espérez-vous de qui ne peut aimer?

CLÉOMÈNE.

Ce n'est point par l'espoir d'un si charmant salaire
　　Que nous nous sentons animer;
　　Nous ne cherchons qu'à satisfaire
Aux devoirs d'un amour qui n'ose présumer
　　Que jamais, quoi qu'il puisse faire,
　　Il soit capable de vous plaire,
　　Et digne de vous enflammer.
Vivez, belle princesse, et vivez pour un autre :
　　Nous le verrons d'un œil jaloux,
　Nous en mourrons, mais d'un trépas plus doux
　　Que s'il nous falloit voir le vôtre;
Et, si nous ne mourons en vous sauvant le jour,
Quelque amour qu'à nos yeux vous préfériez au nôtre,
Nous voulons bien mourir de douleur et d'amour.

PSYCHÉ.

Vivez, princes, vivez, et de ma destinée

Ne songez plus à rompre ou partager la loi :
Je crois vous l'avoir dit, le ciel ne veut que moi;
 Le ciel m'a seule condamnée.
Je pense ouïr déjà les mortels sifflements
 De son ministre qui s'approche ;
Ma frayeur me le peint, me l'offre à tous moment;
Et, maîtresse qu'elle est de tous mes sentiments,
Elle me le figure au haut de cette roche.
J'en tombe de foiblesse, et mon cœur abattu
Ne soutient plus qu'à peine un reste de vertu.
Adieu, princes, fuyez, qu'il ne vous empoisonne.

AGÉNOR.

Rien ne s'offre à nos yeux encor qui les étonne ;
Et, quand vous vous peignez un si proche trépas,
 Si la force vous abandonne,
 Nous avons des cœurs et des bras
 Que l'espoir n'abandonne pas.
Peut-être qu'un rival a dicté cet oracle,
Que l'or a fait parler celui qui l'a rendu.
 Ce ne seroit pas un miracle
Que, pour un dieu muet, un homme eût répondu;
Et, dans tous les climats, on n'a que trop d'exemples
Qu'il est, ainsi qu'ailleurs, des méchants dans les temples.

CLÉOMÈNE.

Laissez-nous opposer au lâche ravisseur
A qui le sacrilége indignement vous livre,
Un amour qu'a le ciel choisi pour défenseur
De la seule beauté pour qui nous voulons vivre.
Si nous n'osons prétendre à sa possession,
Du moins, en son péril, permettez-nous de suivre
L'ardeur et les devoirs de notre passion.

PSYCHÉ.

 Portez-les à d'autres moi-mêmes,
 Princes, portez-les à mes sœurs,
 Ces devoirs, ces ardeurs extrêmes,
 Dont pour moi sont remplis vos cœurs;
 Vivez pour elles, quand je meurs;
Plaignez de mon destin les funestes rigueurs,
Sans leur donner en vous de nouvelles matières.
 Ce sont mes volontés dernières :
 Et l'on a reçu, de tout temps,
Pour souveraines lois les ordres des mourants.

CLÉOMÈNE.

Princesse...

SECOND INTERMÈDE.

PSYCHÉ.

Encore un coup, princes, vivez pour elles.
Tant que vous m'aimerez, vous devez m'obéir :
Ne me réduisez pas à vouloir vous haïr,
　　Et vous regarder en rebelles,
　　A force de m'être fidèles.
Allez, laissez-moi seule expirer en ce lieu,
Où je n'ai plus de voix que pour vous dire adieu.
Mais je sens qu'on m'enlève, et l'air m'ouvre une route
D'où vous n'entendrez plus cette mourante voix.
Adieu, princes ; adieu pour la dernière fois :
Voyez si de mon sort vous pouvez être en doute.

Psyché est enlevée en l'air par deux Zéphyrs.

AGÉNOR.

Nous la perdons de vue. Allons tous deux chercher
　　Sur le faîte de ce rocher,
　　Prince, les moyens de la suivre.

CLÉOMÈNE.

Allons y chercher ceux de ne lui point survivre.

SCÈNE V. — L'AMOUR, en l'air

Allez mourir, rivaux d'un dieu jaloux,
　　Dont vous méritez le courroux,
Pour avoir eu le cœur sensible aux mêmes charmes.
Et toi, forge, Vulcain, mille brillants attraits
　　Pour orner un palais
Où l'Amour de Psyché veut essuyer les larmes,
　　Et lui rendre les armes [1].

SECOND INTERMÈDE

La scène se change en une cour magnifique, ornée de colonnes de lapis, enrichies de figures d'or, qui forment un palais pompeux et brillant que l'Amour destine pour Psyché. Six cyclopes, avec quatre fées, y font une entrée de ballet, où ils achèvent en cadence quatre gros vases d'argent que les fées leur ont apportés. Cette entrée est entrecoupée par ce récit de Vulcain, qu'il fait à deux reprises

PREMIER COUPLET.

Dépêchez, préparez ces lieux

---

[1] Cet acte offre un peu plus d'intérêt que le premier, et il le doit uniquement aux douleurs paternelles du roi. (Auger.)

Pour le plus aimable des dieux :
Que chacun pour lui s'intéresse ;
N'oubliez rien des soins qu'il faut,
    Quand l'Amour presse,
On n'a jamais fait assez tôt.

L'Amour ne veut point qu'on diffère ;
    Travaillez, hâtez-vous,
  Frappez, redoublez vos coups ;
    Que l'ardeur de lui plaire
  Fasse vos soins les plus doux.

SECOND COUPLET.

Servez bien un dieu si charmant ;
Il se plaît dans l'empressement ;
Que chacun pour lui s'intéresse ;
N'oubliez rien de ce qu'il faut.
    Quand l'Amour presse,
On n'a jamais fait assez tôt.

L'Amour ne veut point qu'on diffère ;
    Travaillez, hâtez-vous,
  Frappez, redoublez vos coups ;
    Que l'ardeur de lui plaire
  Fasse vos soins les plus doux.

ACTE TROISIÈME

SCÈNE I. — L'AMOUR, ZÉPHYRE.

ZÉPHYRE.

Oui, je me suis galamment acquitté
De la commission que vous m'avez donnée ;
Et, du haut du rocher, je l'ai, cette beauté,
Par le milieu des airs doucement amenée
    Dans ce beau palais enchanté,
    Où vous pouvez en liberté
    Disposer de sa destinée.
Mais vous me surprenez par ce grand changement
    Qu'en votre personne vous faites ;
Cette taille, ces traits et cet ajustement
    Cachent tout à fait qui vous êtes ;

Et je donne aux plus fins à pouvoir, en ce jour,
    Vous reconnoître pour l'Amour.
L'AMOUR.
Aussi ne veux-je pas qu'on puisse me connoître ;
Je ne veux à Psyché découvrir que mon cœur,
Rien que les beaux transports de cette vive ardeur,
    Que ses doux charmes y font naître ;
Et, pour en exprimer l'amoureuse langueur,
    Et cacher ce que je puis être
    Aux yeux qui m'imposent des lois,
    J'ai pris la forme que tu vois.
ZÉPHYRE.
    En tout vous êtes un grand maître ;
    C'est ici que je le connois.
Sous des déguisements de diverse nature,
    On a vu les dieux amoureux
Chercher à soulager cette douce blessure
Que reçoivent les cœurs de vos traits pleins de feux ;
    Mais en bon sens vous l'emportez sur eux ;
    Et voilà la bonne figure
    Pour avoir un succès heureux
Près de l'aimable sexe où l'on porte ses vœux.
Oui, de ces formes-là l'assistance est bien forte ;
    Et, sans parler ni de rang ni d'esprit,
Qui peut trouver moyen d'être fait de la sorte
    Ne soupire guère à crédit.
L'AMOUR.
    J'ai résolu, mon cher Zéphyre,
    De demeurer ainsi toujours ;
    Et l'on ne peut le trouver à redire
    A l'aîné de tous les Amours.
Il est temps de sortir de cette longue enfance
    Qui fatigue ma patience ;
Il est temps désormais que je devienne grand.
ZÉPHYRE.
    Fort bien. Vous ne pouvez mieux faire ;
    Et vous entrez dans un mystère
    Qui ne demande rien d'enfant.
L'AMOUR.
Ce changement, sans doute, irritera ma mère.
ZÉPHYRE.
Je prévois là-dessus quelque peu de colère.
    Bien que les disputes des ans
Ne doivent point régner parmi les immortelles,

Votre mère Vénus est de l'humeur des belles,
    Qui n'aiment point de grands enfants.
    Mais où je la trouve outragée,
C'est dans le procédé que l'on vous voit tenir;
    Et c'est l'avoir étrangement vengée,
Que d'aimer la beauté qu'elle vouloit punir!
Cette haine où ses vœux prétendent que réponde
La puissance d'un fils que redoutent les dieux...

L'AMOUR.

Laissons cela, Zéphyre, et me dis si tes yeux
Ne trouvent pas Psyché la plus belle du monde.
Est-il rien sur la terre, est-il rien dans les cieux
Qui puisse lui ravir le titre glorieux
        De beauté sans seconde?
    Mais je la vois, mon cher Zéphyre,
Qui demeure surprise à l'éclat de ces lieux.

ZÉPHYRE.

Vous pouvez vous montrer pour finir son martyre,
    Lui découvrir son destin glorieux,
Et vous dire, entre vous, tout ce que peuvent dire
    Les soupirs, la bouche et les yeux.
En confident discret, je sais ce qu'il faut faire
Pour ne pas interrompre un amoureux mystère[1].

SCÈNE II. — PSYCHÉ, seule.

Où suis-je? et, dans un lieu que je croyois barbare,
Quelle savante main a bâti ce palais,
        Que l'art, que la nature pare
        De l'assemblage le plus rare
        Que l'œil puisse admirer jamais?
        Tout rit, tout brille, tout éclate
    Dans ces jardins, dans ces appartements,
        Dont les pompeux ameublements
        N'ont rien qui n'enchante et ne flatte;
Et, de quelque côté que tournent mes frayeurs,
Je ne vois sous mes pas que de l'or ou des fleurs.

Le ciel auroit-il fait cet amas de merveilles
    Pour la demeure d'un serpent?

---

[1] Cette scène, la dernière de celles qui ont été écrites par Molière, redescend au ton familier qui lui est propre, et au-dessus duquel Corneille s'élève naturellement. Zéphyre parle à l'Amour du ton dont un valet, bel esprit et familier, parlerait à un jeune maître qui aurait pris un déguisement pour aller en bonne fortune. (Auger.)

Et lorsque, par leur vue, il amuse et suspend
De mon destin jaloux les rigueurs sans pareilles,
  Veut-il montrer qu'il s'en repent?
Non, non; c'est de sa haine, en cruautés féconde,
  Le plus noir, le plus rude trait,
Qui, par une rigueur nouvelle et sans seconde,
  N'étale ce choix qu'elle a fait
  De ce qu'a de plus beau le monde,
Qu'afin que je le quitte avec plus de regret.

  Que mon espoir est ridicule,
 S'il croit par là soulager mes douleurs!
Tout autant de moments que ma mort se recule
  Sont autant de nouveaux malheurs :
  Plus elle tarde, et plus de fois je meurs.

Ne me fais plus languir, viens prendre ta victime,
  Monstre qui dois me déchirer.
Veux-tu que je te cherche, et faut-il que j'anime
  Tes fureurs à me dévorer?
Si le ciel veut ma mort, si ma vie est un crime,
De ce peu qui m'en reste ose enfin t'emparer,
  Je suis lasse de murmurer
  Contre un châtiment légitime.
  Je suis lasse de soupirer;
  Viens, que j'achève d'expirer.

SCÈNE III. — L'AMOUR, PSYCHÉ, ZÉPHYRE.

L'AMOUR.

Le voilà, ce serpent, ce monstre impitoyable,
Qu'un oracle étonnant pour vous a préparé,
Et qui n'est pas, peut-être, à tel point effroyable
  Que vous vous l'êtes figuré.

PSYCHÉ.

Vous, seigneur, vous seriez ce monstre dont l'oracle
  A menacé mes tristes jours,
Vous qui semblez plutôt un dieu qui, par miracle,
  Daigne venir lui-même à mon secours!

L'AMOUR.

Quel besoin de secours au milieu d'un empire
    Où tout ce qui respire
N'attend que vos regards pour en prendre la loi,
Où vous n'avez à craindre autre monstre que moi?

PSYCHÉ.
Qu'un monstre tel que vous inspire peu de crainte!
　Et que, s'il a quelque poison,
　Une âme auroit peu de raison
　De hasarder la moindre plainte
　Contre une favorable atteinte,
　Dont tout le cœur craindroit la guérison!
A peine je vous vois, que mes frayeurs cessées
Laissent évanouir l'image du trépas,
Et que je sens couler dans mes veines glacées
Un je ne sais quel feu que je ne connois pas.
J'ai senti de l'estime et de la complaisance,
　De l'amitié, de la reconnoissance;
De la compassion les chagrins innocents
　M'en ont fait sentir la puissance;
Mais je n'ai point encor senti ce que je sens.
Je ne sais ce que c'est; mais je sais qu'il me charme,
　Que je n'en conçois point d'alarme.
Plus j'ai les yeux sur vous, plus je m'en sens charmer.
Tout ce que j'ai senti n'agissoit point de même;
　Et je dirois que je vous aime,
Seigneur, si je savois ce que c'est que d'aimer.
Ne les détournez point, ces yeux qui m'empoisonnent,
Ces yeux tendres, ces yeux perçants, mais amoureux,
Qui semblent partager le trouble qu'ils me donnent.
　Hélas! plus ils sont dangereux,
　Plus je me plais à m'attacher sur eux.
Par quel ordre du ciel, que je ne puis comprendre,
　Vous dis-je plus que je ne dois,
Moi de qui la pudeur devroit du moins attendre
Que vous m'expliquassiez le trouble où je vous vois?
Vous soupirez, seigneur, ainsi que je soupire;
Vos sens, comme les miens, paroissent interdits.
C'est à moi de m'en taire, à vous de me le dire;
　Et cependant c'est moi qui vous le dis[1].

L'AMOUR.
Vous avez eu, Psyché, l'âme toujours si dure,
　Qu'il ne faut pas vous étonner
　Si, pour en réparer l'injure,
L'amour, en ce moment, se paye avec usure
　De ce qu'elle a dû lui donner.

---

[1] L'auteur de *Cinna* fit, à l'âge de *soixante-cinq ans*, cette déclaration de Psyché à l'Amour, qui passe pour un des morceaux les plus tendres et les plus naturels qui soient au théâtre. (Voltaire.)

Ce moment est venu qu'il faut que votre bouche
Exhale des soupirs si longtemps retenus,
Et qu'en vous arrachant à cette humeur farouche,
Un amas de transports aussi doux qu'inconnus
Aussi sensiblement tout à la fois vous touche
Qu'ils ont dû vous toucher durant tant de beaux jours
Dont cette âme insensible a profané le cours.
PSYCHÉ.
N'aimer point, c'est donc un grand crime?
L'AMOUR.
En souffrez-vous un rude châtiment?
PSYCHÉ.
C'est punir assez doucement.
L'AMOUR.
C'est lui choisir sa peine légitime,
Et se faire justice, en ce glorieux jour,
D'un manquement d'amour par un excès d'amour.
PSYCHÉ.
Que n'ai-je été plus tôt punie!
J'y mets le bonheur de ma vie.
Je devrois en rougir, ou le dire plus bas;
Mais le supplice a trop d'appas.
Permettez que, tout haut, je le die et redie :
Je le dirois cent fois, et n'en rougirois pas.
Ce n'est point moi qui parle; et de votre présence
L'empire surprenant, l'aimable violence,
Dès que je veux parler s'empare de ma voix.
C'est en vain qu'en secret ma pudeur s'en offense
Que le sexe et la bienséance
Osent me faire d'autres lois :
Vos yeux de ma réponse eux-mêmes font le choix,
Et ma bouche asservie à leur toute-puissance
Ne me consulte plus sur ce que je me dois.
L'AMOUR.
Croyez, belle Psyché, croyez ce qu'ils vous disent,
Ces yeux qui ne sont point jaloux;
Qu'à l'envi les vôtres m'instruisent
De tout ce qui se passe en vous.
Croyez-en ce cœur qui soupire,
Et qui, tant que le vôtre y voudra repartir,
Vous dira bien plus d'un soupir,
Que cent regards ne peuvent dire.
C'est le langage le plus doux;
C'est le plus fort, c'est le plus sûr de tous.

PSYCHÉ.
L'intelligence en étoit due
A nos cœurs, pour les rendre également contents.
J'ai soupiré, vous m'avez entendue;
Vous soupirez, je vous entends.
Mais ne me laissez plus en doute,
Seigneur, et dites-moi si par la même route,
Après moi, le Zéphyre ici vous a rendu
Pour me dire ce que j'écoute.
Quand j'y suis arrivée, étiez-vous attendu?
Et quand vous lui parlez, êtes-vous entendu?

L'AMOUR.
J'ai dans ce doux climat un souverain empire,
Comme vous l'avez sur mon cœur;
L'Amour m'est favorable, et c'est en sa faveur
Qu'à mes ordres Éole a soumis le Zéphyre.
C'est l'Amour qui, pour voir mes feux récompensés,
Lui-même a dicté cet oracle
Par qui vos beaux jours menacés
D'une foule d'amants se sont débarrassés,
Et qui m'a délivré de l'éternel obstacle
De tant de soupirs empressés
Qui ne méritoient pas de vous être adressés.
Ne me demandez point quelle est cette province,
Ni le nom de son prince :
Vous le saurez quand il en sera temps.
Je veux vous acquérir, mais c'est par mes services,
Par des soins assidus et par des vœux constants,
Par les amoureux sacrifices
De tout ce que je suis,
De tout ce que je puis,
Sans que l'éclat du rang pour moi vous sollicite,
Sans que de mon pouvoir je me fasse un mérite;
Et, bien que souverain dans cet heureux séjour,
Je ne vous veux, Psyché, devoir qu'à mon amour.
Venez en admirer avec moi les merveilles,
Princesse, et préparez vos yeux et vos oreilles
A ce qu'il a d'enchantements;
Vous y verrez des bois et des prairies
Contester sur leurs agréments
Avec l'or et les pierreries;
Vous n'entendrez que des concerts charmants;
De cent beautés vous y serez servie,
Qui vous adoreront sans vous porter envie,

ACTE III, SCÈNE III.

Et brigueront à tous moments,
D'une âme soumise et ravie,
L'honneur de vos commandements.

PSYCHÉ.

Mes volontés suivent les vôtres ;
Je n'en saurois plus avoir d'autres :
Mais votre oracle enfin vient de me séparer
De deux sœurs et du roi mon père,
Que mon trépas imaginaire
Réduit tous trois à me pleurer.
Pour dissiper l'erreur dont leur âme accablée
De mortels déplaisirs se voit pour moi comblée,
Souffrez que mes sœurs soient témoins
Et de ma gloire et de vos soins.
Prêtez-leur, comme à moi, les ailes du Zéphyre,
Qui leur puissent de votre empire,
Ainsi qu'à moi, faciliter l'accès ;
Faites-leur voir en quel lieu je respire ;
Faites-leur de ma perte admirer le succès.

L'AMOUR.

Vous ne me donnez pas, Psyché, toute votre âme ;
Ce tendre souvenir d'un père et de deux sœurs
Me vole une part des douceurs
Que je veux toutes pour ma flamme.
N'ayez d'yeux que pour moi, qui n'en ai que pour vous,
Ne songez qu'à m'aimer, ne songez qu'à me plaire :
Et, quand de tels soucis osent vous en distraire...

PSYCHÉ.

Des tendresses du sang peut-on être jaloux ?

L'AMOUR.

Je le suis, ma Psyché, de toute la nature.
Les rayons du soleil vous baisent trop souvent ;
Vos cheveux souffrent trop les caresses du vent ;
Dès qu'il les flatte, j'en murmure :
L'air même que vous respirez
Avec trop de plaisir passe par votre bouche ;
Votre habit de trop près vous touche ;
Et, sitôt que vous soupirez,
Je ne sais quoi qui m'effarouche
Craint, parmi vos soupirs, des soupirs égarés.
Mais vous voulez vos sœurs ; allez, partez, Zéphyre ;
Psyché le veut, je ne l'en puis dédire [1] :

Zéphyre s'envole.

[1] Ces vers, mille fois cités, terminent dignement cette scène délicieuse. L'idée de

SCÈNE IV. — L'AMOUR, PSYCHÉ.

L'AMOUR.

Quand vous leur ferez voir ce bienheureux séjour,
  De ces trésors faites-leur cent largesses,
  Prodiguez-leur caresses sur caresses ;
Et du sang, s'il se peut, épuisez les tendresses,
    Pour vous rendre toute à l'amour.
Je n'y mêlerai point d'importune présence ;
Mais ne leur faites pas de si longs entretiens :
Vous ne sauriez pour eux avoir de complaisance,
    Que vous ne dérobiez aux miens.

PSYCHÉ.

  Votre amour me fait une grâce
  Dont je n'abuserai jamais.

L'AMOUR.

Allons voir cependant ces jardins, ce palais,
Où vous ne verrez rien que votre éclat n'efface.
Et vous, petits Amours, et vous, jeunes Zéphyrs,
Qui pour armes n'avez que de tendres soupirs,
Montrez tous à l'envi ce qu'à voir ma princesse
    Vous avez senti d'allégresse.

TROISIÈME INTERMÈDE

Il se fait une entrée de ballet de quatre Amours et de quatre Zephyrs, interrompue deux fois par un dialogue chanté par un Amour et un Zéphyr.

L'AMOUR, PSYCHÉ.

PREMIER COUPLET.

LE ZÉPHYR.

  Aimable jeunesse,
  Suivez la tendresse ;
  Joignez aux beaux jours
  La douceur des amours.
  C'est pour vous surprendre
  Qu'on vous fait entendre
Qu'il faut éviter leurs soupirs
  Et craindre leurs désirs :

cette ingénieuse jalousie semble empruntée à la vingtième ode d'Anacréon ; mais Corneille l'a singulièrement embellie. (F. L.)

Laissez-vous apprendre
Quels sont leurs plaisirs.
Ils chantent ensemble.
Chacun est obligé d'aimer
A son tour ;
Et plus on a de quoi charmer,
Plus on doit à l'Amour.

LE ZÉPHYR, seul.

Un cœur jeune et tendre
Est fait pour se rendre ;
Il n'a point à prendre
De fâcheux détour.

LES DEUX, ensemble.

Chacun est obligé d'aimer
A son tour ;
Et plus on a de quoi charmer,
Plus on doit à l'Amour.

L'AMOUR, seul.

Pourquoi se défendre ?
Que sert-il d'attendre ?
Quand on perd un jour,
On le perd sans retour.

LES DEUX, ensemble.

Chacun est obligé d'aimer
A son tour ;
Et plus on a de quoi charmer,
Plus on doit à l'Amour.

SECOND COUPLET.

LE ZÉPHYR.

L'Amour a des charmes,
Rendons-lui les armes ;
Ses soins et ses pleurs
Ne sont pas sans douceurs.
Un cœur, pour le suivre,
A cent maux se livre.
Il faut, pour goûter ses appas,
Languir jusqu'au trépas :
Mais ce n'est pas vivre
Que de n'aimer pas.

Ils chantent ensemble.

S'il faut des soins et des travaux
En aimant,

On est payé de mille maux
Par un heureux moment.

LE ZÉPHYR, seul.

On craint, on espère;
Il faut du mystère;
Mais on n'obtient guère
De bien sans tourment.

LES DEUX, ensemble.

S'il faut des soins et des travaux
En aimant,
On est payé de mille maux
Par un heureux moment.

L'AMOUR, seul.

Que peut-on mieux faire
Qu'aimer et que plaire?
C'est un soin charmant,
Que l'emploi d'un amant.

LES DEUX, ensemble

S'il faut des soins et des travaux
En aimant,
On est payé de mille maux
Par un heureux moment.

ACTE QUATRIÈME

Le théâtre devient un autre palais magnifique, coupé dans le fond par un vestibule au travers duquel on voit un jardin superbe et charmant, décoré de plusieurs vases d'orangers et d'arbres chargés de toutes sortes de fruits.

SCÈNE I. — AGLAURE, CIDIPPE.

AGLAURE.

Je n'en puis plus, ma sœur; j'ai vu trop de merveilles,
L'avenir aura peine à les bien concevoir;
Le soleil, qui voit tout et qui nous fait tout voir,
  N'en a vu jamais de pareilles.
  Elles me chagrinent l'esprit;
Et ce brillant palais, ce pompeux équipage,
  Font un odieux étalage
Qui m'accable de honte autant que de dépit.
  Que la Fortune indignement nous traite,
    Et que sa largesse indiscrète
Prodigue aveuglément, épuise, unit d'efforts,

ACTE IV, SCÈNE I.

Pour faire de tant de trésors
Le partage d'une cadette [1] !

CIDIPPE.

J'entre dans tous vos sentiments ;
J'ai les mêmes chagrins ; et, dans ces lieux charmants,
  Tout ce qui vous déplaît me blesse ;
Tout ce que vous prenez pour un mortel affront
  Comme vous m'accable, et me laisse
L'amertume dans l'âme et la rougeur au front.

AGLAURE.

  Non, ma sœur, il n'est point de reines
Qui, dans leur propre État, parlent en souveraines
  Comme Psyché parle en ces lieux.
On l'y voit obéie avec exactitude ;
Et de ses volontés une amoureuse étude
  Les cherche jusque dans ses yeux.
  Mille beautés s'empressent autour d'elle,
  Et semblent dire à nos regards jaloux :
Quels que soient nos attraits, elle est encor plus belle,
Et nous, qui la servons, le sommes plus que vous.
  « Elle prononce, on exécute ;
Aucun ne s'en défend, aucun ne s'en rebute.
  Flore, qui s'attache à ses pas,
Répand à pleines mains, autour de sa personne,
  Ce qu'elle a de plus doux appas ;
  Zéphyre vole aux ordres qu'elle donne,
Et son amante et lui, s'en laissant trop charmer,
Quittent, pour la servir, les soins de s'entr'aimer.

CIDIPPE.

  Elle a des dieux à son service,
  Elle aura bientôt des autels ;
Et nous ne commandons qu'à de chétifs mortels
  De qui l'audace et le caprice,
Contre nous, à toute heure, en secret révoltés,
  Opposent à nos volontés
  Ou le murmure ou l'artifice.

AGLAURE.

  C'étoit peu que, dans notre cour,
Tant de cœurs, à l'envi, nous l'eussent préférée ;
Ce n'étoit pas assez que, de nuit et de jour,
D'une foule d'amants elle y fût adorée.
Quand nous nous consolions de la voir au tombeau

---

[1] Ces reproches adressés à la Fortune sont imités d'Apulée.

Par l'ordre imprévu d'un oracle,
Elle a voulu de son destin nouveau
Faire en notre présence éclater le miracle,
Et choisir nos yeux pour témoins
De ce qu'au fond du cœur nous souhaitions le moins.

CIDIPPE.

Ce qui le plus me désespère,
C'est cet amant parfait et si digne de plaire
Qui se captive sous ses lois.
Quand nous pourrions choisir entre tous les monarques,
En est-il un, de tant de rois,
Qui porte de si nobles marques?
Se voir du bien par delà ses souhaits
N'est souvent qu'un bonheur qui fait des misérables;
Il n'est ni train pompeux ni superbes palais
Qui n'ouvrent quelque porte à des maux incurables :
Mais avoir un amant d'un mérite achevé
Et s'en voir chèrement aimée,
C'est un bonheur si haut, si relevé,
Que sa grandeur ne peut être exprimée.

AGLAURE.

N'en parlons plus, ma sœur, nous en mourrions d'ennui
Songeons plutôt à la vengeance,
Et trouvons le moyen de rompre entre elle et lui
Cette adorable intelligence.
La voici. J'ai des coups tout prêts à lui porter,
Qu'elle aura peine d'éviter.

SCÈNE II. — PSYCHÉ, AGLAURE, CIDIPPE.

PSYCHÉ.

Je viens vous dire adieu; mon amant vous renvoie,
Et ne sauroit plus endurer
Que vous lui retranchiez un moment de la joie
Qu'il prend de se voir seul à me considérer.
Dans un simple regard, dans la moindre parole,
Son amour trouve des douceurs
Qu'en faveur du sang je lui vole,
Quand je les partage à des sœurs.

AGLAURE.

La jalousie est assez fine;
Et ces délicats sentiments
Méritent bien qu'on s'imagine
Que celui qui pour vous a ces empressements

   Passe le commun des amants.
Je vous en parlé ainsi, faute de le connoître.
Vous ignorez son nom, et ceux dont il tient l'être;
   Nos esprits en sont alarmés.
Je le tiens un grand prince, et d'un pouvoir suprême,
   Bien au delà du diadème;
Ses trésors, sous vos pas confusément semés,
Ont de quoi faire honte à l'abondance même;
   Vous l'aimez autant qu'il vous aime;
   Il vous charme, et vous le charmez.
Votre félicité, ma sœur, seroit extrême,
   Si vous saviez qui vous aimez.

      PSYCHÉ.

  Que m'importe? j'en suis aimée [1].
  Plus il me voit, plus je lui plais.
Il n'est point de plaisirs dont l'âme soit charmée
   Qui ne préviennent mes souhaits;
Et je vois mal de quoi la vôtre est alarmée,
   Quand tout me sert dans ce palais.

      AGLAURE.

  Qu'importe qu'ici tout vous serve,
Si toujours cet amant vous cache ce qu'il est?
Nous ne nous alarmons que pour votre intérêt.
En vain tout vous y rit, en vain tout vous y plaît,
Le véritable amour ne fait point de réserve;
   Et qui s'obstine à se cacher
Sent quelque chose en soi qu'on lui peut reprocher.
   Si cet amant devient volage
(Car souvent, en amour, le change est assez doux;
   Et j'ose le dire entre nous,
Pour grand que soit l'éclat dont brille ce visage,
Il en peut être ailleurs d'aussi belles que vous);
Si, dis-je, un autre objet sous d'autres lois l'engage;
   Si, dans l'état où je vous vois,
   Seule en ses mains, et sans défense,
   Il va jusqu'à la violence,
   Sur qui vous vengera le roi,
Ou de ce changement, ou de cette insolence?

      PSYCHÉ.

  Ma sœur, vous me faites trembler.

---

[1] Ces deux méchantes sœurs, qui sont celles du roman, jouent un rôle bien froidement et bien bassement odieux. Mais il était difficile de les exclure du sujet. Elles sont nécessaires à l'action; car Psyché, sans leurs insinuations et leurs conseils perfides, ne pourrait concevoir d'odieux soupçons contre son amant et s'abandonner à cette curiosité fatale qui doit causer sa ruine. (Auger.)

Juste ciel! pourrois-je être assez infortunée...

CIDIPPE.

Que sait-on si déjà les nœuds de l'hyménée...

PSYCHÉ.

N'achevez pas; ce seroit m'accabler.

AGLAURE.

Je n'ai plus qu'un mot à vous dire :
Ce prince qui vous aime et qui commande aux vents,
Qui nous donne pour char les ailes du Zéphyre,
Et de nouveaux plaisirs vous comble à tous moments,
Quand il rompt à vos yeux l'ordre de la nature,
Peut-être à tant d'amour mêle un peu d'imposture;
Peut-être ce palais n'est qu'un enchantement;
Et ces lambris dorés, ces amas de richesses,
　　　Dont il achète vos tendresses,
Dès qu'il sera lassé de souffrir vos caresses,
　　　Disparoîtront en un moment.
Vous savez, comme nous, ce que peuvent les charmes.

PSYCHÉ.

Que je sens à mon tour de cruelles alarmes!

AGLAURE.

Notre amitié ne veut que votre bien.

PSYCHÉ

Adieu, mes sœurs; finissons l'entretien.
J'aime, et je crains qu'on ne s'impatiente.
　　Partez; et demain, si je puis,
　　Vous me verrez ou plus contente,
Ou dans l'accablement des plus mortels ennuis.

AGLAURE.

Nous allons dire au roi quelle nouvelle gloire,
Quel excès de bonheur le ciel répand sur vous.

CIDIPPE.

Nous allons lui conter d'un changement si doux
　　La surprenante et merveilleuse histoire.

PSYCHÉ.

Ne l'inquiétez point, ma sœur, de vos soupçons;
Et quand vous lui peindrez un si charmant empire..

AGLAURE.

Nous savons toutes deux ce qu'il faut taire ou dire,
Et n'avons pas besoin, sur ce point, de leçons.

Zéphyre enlève les deux sœurs de Psyché dans un nuage qui descend jusqu'à terre, et dans lequel il les emporte avec rapidité.

SCÈNE III. — L'AMOUR, PSYCHÉ.

L'AMOUR.

Enfin vous êtes seule, et je puis vous redire,
Sans avoir pour témoin vos importunes sœurs,
Ce que des yeux si beaux ont pris sur moi d'empire,
　　Et quels excès ont les douceurs
　　Qu'une sincère ardeur inspire
　　Sitôt qu'elle assemble deux cœurs.
Je puis vous expliquer de mon âme ravie
　　Les amoureux empressements,
　Et vous jurer qu'à vous seule asservie
Elle n'a pour objet de ses ravissements
Que de voir cette ardeur, de même ardeur suivie,
　　Ne concevoir plus d'autre envie
　Que de régler mes vœux sur vos désirs,
Et de ce qui vous plait faire tous mes plaisirs.
　　Mais d'où vient qu'un triste nuage
　Semble offusquer l'éclat de ces beaux yeux?
　Vous manque-t-il quelque chose en ces lieux?
Des vœux qu'on vous y rend dédaignez-vous l'hommage?

PSYCHÉ.

Non, seigneur.

L'AMOUR.

　　Qu'est-ce donc? et d'où vient mon malheur?
J'entends moins de soupirs d'amour que de douleur;
Je vois de votre teint les roses amorties
　　Marquer un déplaisir secret;
　　Vos sœurs à peine sont parties,
　　Que vous soupirez de regret.
Ah! Psyché, de deux cœurs quand l'ardeur est la même,
　　Ont-ils des soupirs différents?
Et, quand on aime bien et qu'on voit ce qu'on aime,
　　Peut-on songer à des parents?

PSYCHÉ.

　Ce n'est point là ce qui m'afflige.

L'AMOUR.

　Est-ce l'absence d'un rival,
Et d'un rival aimé, qui fait qu'on me néglige?

PSYCHÉ.

Dans un cœur tout à vous que vous pénétrez mal!
Je vous aime, seigneur, et mon amour s'irrite
De l'indigne soupçon que vous avez formé.
Vous ne connoissez pas quel est votre mérite

Si vous craignez de n'être pas aimé.
Je vous aime; et, depuis que j'ai vu la lumière,
  Je me suis montrée assez fière
Pour dédaigner les vœux de plus d'un roi;
Et, s'il vous faut ouvrir mon âme tout entière,
Je n'ai trouvé que vous qui fût digne de moi.
  Cependant j'ai quelque tristesse
  Qu'en vain je voudrois vous cacher;
Un noir chagrin se mêle à toute ma tendresse,
  Dont je ne la puis détacher.
  Ne m'en demandez point la cause;
Peut-être, la sachant, voudrez-vous m'en punir;
Et, si j'ose aspirer encore à quelque chose,
Je suis sûre du moins de ne point l'obtenir.

L'AMOUR.

Eh! ne craignez-vous point qu'à mon tour je m'irrite
Que vous connoissiez mal quel est votre mérite,
  Ou feigniez de ne pas savoir
  Quel est sur moi votre absolu pouvoir?
Ah! si vous en doutez, soyez désabusée.
Parlez.

PSYCHÉ.

  J'aurai l'affront de me voir refusée.

L'AMOUR.

Prenez en ma faveur de meilleurs sentiments;
  L'expérience en est aisée.
Parlez, tout se tient prêt à vos commandements.
  Si, pour m'en croire, il vous faut des serments,
J'en jure vos beaux jeux, ces maîtres de mon âme,
  Ces divins auteurs de ma flamme;
Et, si ce n'est assez d'en jurer vos beaux yeux,
J'en jure par le Styx, comme jurent les dieux.

PSYCHÉ.

J'ose craindre un peu moins, après cette assurance.
Seigneur, je vois ici la pompe et l'abondance;
  Je vous adore, et vous m'aimez;
Mon cœur en est ravi, mes sens en sont charmés;
  Mais, parmi ce bonheur suprême,
  J'ai le malheur de ne savoir qui j'aime :
  Dissipez cet aveuglement,
Et faites-moi connoître un si parfait amant.

L'AMOUR.

  Psyché, que venez-vous de dire?

PSYCHÉ.
Que c'est le bonheur où j'aspire;
Et si vous ne me l'accordez...
L'AMOUR.
Je l'ai juré, je n'en suis plus le maître :
Mais vous ne savez pas ce que vous demandez.
Laissez-moi mon secret. Si je me fais connoître,
　　Je vous perds, et vous me perdez.
　　Le seul remède est de vous en dédire.
PSYCHÉ.
C'est là sur vous mon souverain empire?
L'AMOUR.
Vous pouvez tout, et je suis tout à vous.
　　Mais, si nos feux vous semblent doux,
Ne mettez point d'obstacle à leur charmante suite;
　　Ne me forcez point à la fuite;
C'est le moindre malheur qui nous puisse arriver
　　D'un souhait qui vous a séduite.
PSYCHÉ.
Seigneur, vous voulez m'éprouver;
　　Mais je sais ce que j'en dois croire.
De grâce, apprenez-moi tout l'excès de ma gloire,
Et ne me cachez plus pour quel illustre choix
　　J'ai rejeté les vœux de tant de rois.
L'AMOUR.
Le voulez-vous?
PSYCHÉ.
　　　　Souffrez que je vous en conjure.
L'AMOUR.
Si vous saviez, Psyché, la cruelle aventure
　　Que par là vous vous attirez...
PSYCHÉ.
　　Seigneur, vous me désespérez.
L'AMOUR.
Pensez-y bien; je puis encor me taire.
PSYCHÉ.
Faites-vous des serments pour n'y point satisfaire?
L'AMOUR.
Eh bien, je suis le dieu le plus puissant des dieux,
Absolu sur la terre, absolu dans les cieux;
Dans les eaux, dans les airs, mon pouvoir est suprême:
　　En un mot, je suis l'Amour même,
Qui de mes propres traits m'étois blessé pour vous [1];

---

[1] Ces deux vers sont imités d'Apulée: *Præclarus ille sagittarius, ipse me telo meo*

Et, sans la violence, hélas! que vous me faites,
Et qui vient de changer mon amour en courroux,
    Vous m'alliez avoir pour époux.
    Vos volontés sont satisfaites;
    Vous avez su qui vous aimiez;
Vous connoissez l'amant que vous charmiez;
    Psyché, voyez où vous en êtes.
Vous me forcez vous-même à vous quitter;
Vous me forcez vous-même à vous ôter
    Tout l'effet de votre victoire.
Peut-être vos beaux yeux ne me reverront plus.
Ce palais, ces jardins, avec moi disparus,
Vont faire évanouir votre naissante gloire.
    Vous n'avez pas voulu m'en croire;
    Et, pour tout fruit de ce doute éclairci,
    Le Destin, sous qui le ciel tremble,
Plus fort que mon amour, que tous les dieux ensemble,
Vous va montrer sa haine, et me chasse d'ici.

L'Amour disparoît; et, dans l'instant qu'il s'envole, le superbe jardin s'évanouit; Psyché demeure seule au milieu d'une vaste campagne et sur le bord sauvage d'un grand fleuve où elle veut se précipiter. Le dieu du fleuve paroît, assis sur un amas de joncs et de roseaux, et appuyé sur une grande urne d'où sort une grosse source d'eau.

SCÈNE IV. — PSYCHÉ, LE DIEU DU FLEUVE.

PSYCHÉ.

    Cruel destin, funeste inquiétude!
      Fatale curiosité!
    Qu'avez-vous fait, affreuse solitude,
      De toute ma félicité?
    J'aimois un dieu, j'en étois adorée.
Mon bonheur redoubloit de moment en moment;
    Et je me vois seule, éplorée,
Au milieu d'un désert, où, pour accablement,
    Et confuse et désespérée,
Je sens croître l'amour quand j'ai perdu l'amant.
    Le souvenir m'en charme et m'empoisonne,
Sa douceur tyrannise un cœur infortuné
Qu'aux plus cuisants chagrins ma flamme a condamné.
    O ciel! quand l'Amour m'abandonne,
Pourquoi me laisse-t-il l'amour qu'il m'a donné?

---

percussi. « Moi, le plus habile des archers, je me suis blessé pour vous d'un de mes traits. » (Auger.)

Source de tous les biens, inépuisable et pure,
    Maître des hommes et des dieux,
    Cher auteur des maux que j'endure,
Êtes-vous pour jamais disparu de mes yeux?
    Je vous en ai banni moi-même :
Dans un excès d'amour, dans un bonheur extrême,
D'un indigne soupçon mon cœur s'est alarmé ;
Cœur ingrat! tu n'avois qu'un feu mal allumé ;
Et l'on ne peut vouloir, du moment que l'on aime,
    Que ce que veut l'objet aimé.
Mourons, c'est le parti qui seul me reste à suivre
    Après la perte que je fais.
    Pour qui, grands dieux! voudrois-je vivre?
    Et pour qui former des souhaits?
Fleuve, de qui les eaux baignent ces tristes sables,
    Ensevelis mon crime dans tes flots ;
    Et, pour finir des maux si déplorables,
Laisse-moi dans ton lit assurer mon repos.

LE DIEU DU FLEUVE.

    Ton trépas souilleroit mes ondes,
    Psyché ; le ciel te le défend ;
Et peut-être qu'après des douleurs si profondes
    Un autre sort t'attend.
Fuis plutôt de Vénus l'implacable colère :
Je la vois qui te cherche et qui te veut punir :
L'amour du fils a fait la haine de la mère.
    Fuis, je saurai la retenir.

PSYCHÉ.

    J'attends ses fureurs vengeresses ;
Qu'auront-elles pour moi qui ne me soit trop doux?
Qui cherche le trépas ne craint dieux ni déesses,
    Et peut braver tout leur courroux.

SCÈNE V. — VÉNUS, PSYCHÉ, LE DIEU DU FLEUVE.

VÉNUS.

Orgueilleuse Psyché, vous m'osez donc attendre,
Après m'avoir sur terre enlevé mes honneurs ;
    Après que vos traits suborneurs
Ont reçu les encens qu'aux miens seuls on doit rendre?
    J'ai vu mes temples désertés ;
J'ai vu tous les mortels, séduits par vos beautés,
Idolâtrer en vous la beauté souveraine,
Vous offrir des respects jusqu'alors inconnus,

Et ne se mettre pas en peine
S'il étoit une autre Vénus;
Et je vous vois encor l'audace
De n'en pas redouter les justes châtiments,
Et de me regarder en face,
Comme si c'étoit peu que mes ressentiments!

PSYCHÉ.

Si de quelques mortels on m'a vue adorée,
Est-ce un crime pour moi d'avoir eu des appas,
Dont leur âme inconsidérée
Laissoit charmer des yeux qui ne vous voyoient pas?
Je suis ce que le ciel m'a faite;
Je n'ai que les beautés qu'il m'a voulu prêter.
Si les vœux qu'on m'offroit vous ont mal satisfaite,
Pour forcer tous les cœurs à vous les reporter,
Vous n'aviez qu'à vous présenter,
Qu'à ne leur cacher plus cette beauté parfaite
Qui, pour les rendre à leur devoir,
Pour se faire adorer n'a qu'à se faire voir.

VÉNUS.

Il falloit vous en mieux défendre.
Ces respects, ces encens, se doivent refuser;
Et, pour les mieux désabuser,
Il falloit, à leurs yeux, vous-même me les rendre.
Vous avez aimé cette erreur,
Pour qui vous ne deviez avoir que de l'horreur.
Vous avez bien fait plus : votre humeur arrogante,
Sur le mépris de mille rois,
Jusques aux cieux a porté de son choix
L'ambition extravagante.

PSYCHÉ.

J'aurois porté mon choix, déesse, jusqu'aux cieux?

VÉNUS.

Votre insolence est sans seconde.
Dédaigner tous les rois du monde,
N'est-ce pas aspirer aux dieux?

PSYCHÉ.

Si l'Amour pour eux tous m'avoit endurci l'âme,
Et me réservoit toute à lui,
En puis-je être coupable? et faut-il qu'aujourd'hui,
Pour prix d'une si belle flamme,
Vous vouliez m'accabler d'un éternel ennui?

VÉNUS.

Psyché, vous deviez mieux connoître

Qui vous étiez, et quel étoit ce dieu.
PSYCHÉ.
Eh! m'en a-t-il donné ni le temps ni le lieu,
Lui qui de tout mon cœur d'abord s'est rendu maître?
VÉNUS.
Tout votre cœur s'en est laissé charmer,
Et vous l'avez aimé dès qu'il vous a dit : J'aime.
PSYCHÉ.
Pouvois-je n'aimer pas le dieu qui fait aimer,
Et qui me parloit pour lui-même?
C'est votre fils : vous savez son pouvoir;
Vous en connoissez le mérite.
VÉNUS.
Oui, c'est mon fils, mais un fils qui m'irrite,
Un fils qui me rend mal ce qu'il sait me devoir,
Un fils qui fait qu'on m'abandonne,
Et qui, pour mieux flatter ses indignes amours,
Depuis que vous l'aimez ne blesse plus personne
Qui vienne à mes autels implorer mon secours.
Vous m'en avez fait un rebelle :
On m'en verra vengée, et hautement, sur vous;
Et je vous apprendrai s'il faut qu'une mortelle
Souffre qu'un dieu soupire à ses genoux.
Suivez-moi, vous verrez, par votre expérience,
A quelle folle confiance
Vous portoit cette ambition.
Venez, et préparez autant de patience
Qu'on vous voit de présomption.

QUATRIÈME INTERMÈDE.

La scène représente les enfers. On y voit une mer toute de feu, dont les flots sont dans une perpétuelle agitation. Cette mer effroyable est bornée par des ruines enflammées; et au milieu de ses flots agités, au travers d'une gueule affreuse, paroît le palais infernal de Pluton. Huit furies en sortent et forment une entrée de ballet, où elles se réjouissent de la rage qu'elles ont allumée dans l'âme de la plus douce des divinités. Un lutin mêle quantité de sauts périlleux à leurs danses, cependant que Psyché, qui a passé aux enfers par le commandement de Vénus, repasse dans la barque de Caron, avec la boîte qu'elle a reçue de Proserpine pour cette déesse

ACTE CINQUIÈME

SCÈNE I. — PSYCHÉ, seule.

Effroyables replis des ondes infernales,
Noirs palais où Mégère et ses sœurs font leur cour,
    Éternels ennemis du jour,
Parmi vos Ixions et parmi vos Tantales,
Parmi tant de tourments qui n'ont point d'intervalles,
    Est-il, dans votre affreux séjour,
    Quelques peines qui soient égales
Aux travaux où Vénus condamne mon amour?
    Elle n'en peut être assouvie;
Et, depuis qu'à ses lois je me trouve asservie,
Depuis qu'elle me livre à ses ressentiments,
    Il m'a fallu, dans ces cruels moments,
    Plus d'une âme et plus d'une vie
    Pour remplir ses commandements.
    Je souffrirois tout avec joie,
Si, parmi les rigueurs que sa haine déploie,
Mes yeux pouvoient revoir, ne fût-ce qu'un moment,
    Ce cher, cet adorable amant.
Je n'ose le nommer : ma bouche, criminelle
    D'avoir trop exigé de lui,
S'en est rendue indigne; et, dans ce dur ennui,
    La souffrance la plus mortelle
Dont m'accable à toute heure un renaissant trépas,
    Est celle de ne le voir pas.
    Si son courroux duroit encore,
Jamais aucun malheur n'approcheroit du mien;
Mais, s'il avoit pitié d'une âme qui l'adore,
Quoi qu'il fallût souffrir, je ne souffrirois rien.
Oui, destins, s'il calmoit cette juste colère,
    Tous mes malheurs seroient finis :
Pour me rendre insensible aux fureurs de la mère,
    Il ne faut qu'un regard du fils.
Je n'en veux plus douter, il partage ma peine,
Il voit ce que je souffre, et souffre comme moi.
    Tout ce que j'endure le gêne ;
Lui-même il s'en impose une amoureuse loi.
En dépit de Vénus, en dépit de mon crime,
C'est lui qui me soutient, c'est lui qui me ranime
Au milieu des périls où l'on me fait courir;

Il garde la tendresse où son feu le convie,
Et prend soin de me rendre une nouvelle vie
    Chaque fois qu'il me faut mourir.
    Mais que me veulent ces deux ombres
Qu'à travers le faux jour de ces demeures sombres
    J'entrevois s'avancer vers moi?

SCÈNE II. — PSYCHÉ, CLÉOMÈNE, AGÉNOR.

PSYCHÉ.

Cléomène, Agénor, est-ce vous que je voi?
    Qui vous a ravi la lumière?

CLÉOMÈNE.

La plus juste douleur qui d'un beau désespoir
    Nous eût pu fournir la matière :
Cette pompe funèbre, où du sort le plus noir
    Vous attendiez la rigueur la plus fière,
    L'injustice la plus entière.

AGÉNOR.

Sur ce même rocher où le ciel en courroux
    Vous promettoit, au lieu d'époux,
Un serpent dont soudain vous seriez dévorée,
    Nous tenions la main préparée
A repousser sa rage ou mourir avec vous.
Vous le savez, princesse; et, lorsqu'à notre vue
Par le milieu des airs vous êtes disparue,
Du haut de ce rocher, pour suivre vos beautés,
Ou plutôt pour goûter cette amoureuse joie
D'offrir pour vous au monstre une première proie,
D'amour et de douleur l'un et l'autre emportés,
    Nous nous sommes précipités.

CLÉOMÈNE.

Heureusement déçus au sens de votre oracle,
Nous en avons ici reconnu le miracle,
Et su que le serpent prêt à vous dévorer
    Étoit le dieu qui fait qu'on aime,
Et qui, tout dieu qu'il est, vous adorant lui-même,
    Ne pouvoit endurer
Qu'un mortel comme nous osât vous adorer.

AGÉNOR.

    Pour prix de vous avoir suivie,
Nous jouissons ici d'un trépas assez doux.
    Qu'avions-nous affaire de vie,
      Si nous ne pouvions être à vous?

Nous revoyons ici vos charmes,
Qu'aucun des deux là-haut n'auroit revus jamais.
Heureux si nous voyons la moindre de vos larmes
Honorer des malheurs que vous nous avez faits!

PSYCHÉ.

Puis-je avoir des larmes de reste,
Après qu'on a porté les miens au dernier point?
Unissons nos soupirs dans un sort si funeste;
　　Les soupirs ne s'épuisent point :
Mais vous soupireriez, princes, pour une ingrate.
Vous n'avez point voulu survivre à mes malheurs,
　　Et, quelque douleur qui m'abatte,
　　Ce n'est point pour vous que je meurs.

CLÉOMÈNE.

L'avons-nous mérité, nous dont toute la flamme
N'a fait que vous lasser du récit de nos maux?

PSYCHÉ.

Vous pouviez mériter, princes, toute mon âme,
　　Si vous n'eussiez été rivaux.
　　Ces qualités incomparables,
Qui de l'un et de l'autre accompagnoient les vœux,
　　Vous rendoient tous deux trop aimables
　　Pour mépriser aucun des deux.

AGÉNOR.

Vous avez pu, sans être injuste ni cruelle,
Nous refuser un cœur réservé pour un dieu.
Mais revoyez Vénus. Le destin nous rappelle,
　　Et nous force à vous dire adieu.

PSYCHÉ.

Ne vous donne-t-il point le loisir de me dire
　　Quel est ici votre séjour?

CLÉOMÈNE.

Dans des bois toujours verts, où d'amour on respire
　　Aussitôt qu'on est mort d'amour.
D'amour on y revit, d'amour on y soupire,
Sous les plus douces lois de son heureux empire;
Et l'éternelle nuit n'ose en chasser le jour
　　Que lui-même il attire
　　Sur nos fantômes qu'il inspire,
Et dont aux enfers même il se fait une cour.

AGÉNOR.

Vos envieuses sœurs, après nous descendues,
　　Pour vous perdre se sont perdues;
　　Et l'une et l'autre tour à tour,

Pour le prix d'un conseil qui leur coûte la vie,
A côté d'Ixion, à côté de Tytie,
Souffrent tantôt la roue, et tantôt le vautour.
L'Amour, par les Zéphyrs, s'est fait prompte justice
De leur envenimée et jalouse malice ;
Ces ministres ailés de son juste courroux,
Sous couleur de les rendre encore auprès de vous,
Ont plongé l'une et l'autre au fond d'un précipice,
Où le spectacle affreux de leurs corps déchirés
N'étale que le moindre et le premier supplice
  De ces conseils dont l'artifice
  Fait les maux dont vous soupirez
PSYCHÉ.

Que je les plains !
CLÉOMÈNE.
   Vous êtes seule à plaindre.
Mais nous demeurons trop à vous entretenir ;
Adieu. Puissions-nous vivre en votre souvenir !
Puissiez-vous, et bientôt, n'avoir plus rien à craindre !
Puisse, et bientôt, l'Amour vous enlever aux cieux,
  Vous y mettre à côté des dieux,
Et, rallumant un feu qui ne se puisse éteindre,
Affranchir à jamais l'éclat de vos beaux yeux
  D'augmenter le jour en ces lieux !

SCÈNE III. — PSYCHÉ, seule.

Pauvres amants ! Leur amour dure encore !
 Tout morts qu'ils sont, l'un et l'autre m'adore,
Moi, dont la dureté reçut si mal leurs vœux !
Tu n'en fais pas ainsi, toi qui seul m'as ravie,
Amant que j'aime encor cent fois plus que ma vie,
  Et qui brises de si beaux nœuds !
Ne me fuis plus, et souffre que j'espère
Que tu pourras un jour rabaisser l'œil sur moi,
Qu'à force de souffrir j'aurai de quoi te plaire,
  De quoi me rengager ta foi.
Mais ce que j'ai souffert m'a trop défigurée
  Pour rappeler un tel espoir.
 L'œil abattu, triste, désespérée,
  Languissante et décolorée,
  De quoi puis-je me prévaloir,
Si, par quelque miracle impossible à prévoir,
Ma beauté, qui t'a plu, ne se voit réparée ?

Je porte ici de quoi la réparer ;
Ce trésor de beauté divine,
Qu'en mes mains pour Vénus a remis Proserpine,
Enferme des appas dont je puis m'emparer ;
Et l'éclat en doit être extrême,
Puisque Vénus, la beauté même,
Les demande pour se parer [1].
En dérober un peu, seroit-ce un si grand crime?
Pour plaire aux yeux d'un dieu qui s'est fait mon amant,
Pour regagner son cœur et finir mon tourment,
Tout n'est-il pas trop légitime?
Ouvrons. Quelles vapeurs m'offusquent le cerveau?
Et que vois-je sortir de cette boîte ouverte?
Amour, si ta pitié ne s'oppose à ma perte,
Pour ne revivre plus je descends au tombeau.

Elle s'évanouit, et l'Amour descend auprès d'elle en volant.

SCÈNE IV. — L'AMOUR ; PSYCHÉ, évanouie.

L'AMOUR.

Votre péril, Psyché, dissipe ma colère,
Ou plutôt de mes feux l'ardeur n'a point cessé ;
Et, bien qu'au dernier point vous m'ayez su déplaire,
Je ne me suis intéressé
Que contre celle de ma mère :
J'ai vu tous vos travaux, j'ai suivi vos malheurs ;
Mes soupirs ont partout accompagné vos pleurs.
Tournez les yeux vers moi ; je suis encor le même.
Quoi! je dis et redis tout haut que je vous aime,
Et vous ne dites point, Psyché, que vous m'aimez !
Est-ce que pour jamais vos beaux yeux sont fermés,
Qu'à jamais la clarté leur vient d'être ravie?
O Mort ! devois-tu prendre un dard si criminel,
Et, sans aucun respect pour mon être éternel,
Attenter à ma propre vie !
Combien de fois, ingrate déité,
Ai-je grossi ton noir empire
Par les mépris et par la cruauté
D'une orgueilleuse ou farouche beauté !
Combien même, s'il le faut dire,
T'ai-je immolé de fidèles amants,

---

[1] Nous apprenons bien tard pourquoi Psyché a fait le voyage des enfers. Du reste, le voyage, et ce qui y donne lieu, et ce qui en résulte, tout cela est de l'invention d'Apulée. (A.)

A force de ravissements !
Va, je ne blesserai plus d'âmes,
Je ne percerai plus de cœurs
Qu'avec des dards trempés aux divines liqueurs
Qui nourrissent du ciel les immortelles flammes,
Et n'en lancerai plus que pour faire à tes yeux
  Autant d'amants, autant de dieux.
    Et vous, impitoyable mère,
    Qui la forcez à m'arracher
    Tout ce que j'avois de plus cher,
Craignez, à votre tour, l'effet de ma colère.
  Vous me voulez faire la loi,
Vous qu'on voit si souvent la recevoir de moi ;
Vous, qui portez un cœur sensible comme un autre,
Vous enviez au mien les délices du vôtre !
Mais dans ce même cœur j'enfoncerai des coups
Qui ne seront suivis que de chagrins jaloux ;
Je vous accablerai de honteuses surprises,
Et choisirai partout, à vos vœux les plus doux,
    Des Adonis et des Anchises
    Qui n'auront que haine pour vous.

SCÈNE V. — VÉNUS, L'AMOUR ; PSYCHÉ, évanouie.

VÉNUS.
  La menace est respectueuse ;
Et d'un enfant qui fait le révolté
    La colère présomptueuse...

L'AMOUR.
Je ne suis plus enfant, et je l'ai trop été ;
Et ma colère est juste autant qu'impétueuse.

VÉNUS.
L'impétuosité s'en devroit retenir ;
    Et vous pourriez vous souvenir
    Que vous me devez la naissance.

L'AMOUR.
    Et vous pourriez n'oublier pas
    Que vous avez un cœur et des appas
    Qui relèvent de ma puissance ;
Que mon arc de la vôtre est l'unique soutien ;
    Que sans mes traits elle n'est rien ;
    Et que si les cœurs les plus braves
En triomphe par vous se sont laissé traîner,
    Vous n'avez jamais fait d'esclaves

Que ceux qu'il m'a plu d'enchaîner.
Ne me vantez donc plus ces droits de la naissance
　　Qui tyrannisent mes désirs;
Et, si vous ne voulez perdre mille soupirs,
Songez, en me voyant, à la reconnoissance,
　　　Vous qui tenez de ma puissance
　　　Et votre gloire et vos plaisirs.

　　　　　　　　VÉNUS.

　　Comment l'avez-vous défendue,
　　Cette gloire dont vous parlez?
　　Comment me l'avez-vous rendue?
Et, quand vous avez vu mes autels désolés,
　　　　Mes temples violés,
　　　　Mes honneurs ravalés,
Si vous avez pris part à tant d'ignominie,
　　　Comment en a-t-on vu punie
　　　Psyché, qui me les a volés?
Je vous ai commandé de la rendre charmée
　　　Du plus vil de tous les mortels,
Qui ne daignât répondre à son âme enflammée
　　　Que par des rebuts éternels,
　　　Par les mépris les plus cruels;
　　　Et vous-même l'avez aimée!
Vous avez contre moi séduit des immortels;
C'est pour vous qu'à mes yeux les Zéphyrs l'ont cachée;
　　　Qu'Apollon même, suborné,
　　Par un oracle adroitement tourné,
　　　Me l'avoit si bien arrachée,
　　　Que si sa curiosité,
　　　Par une aveugle défiance,
　　　Ne l'eût rendue à ma vengeance,
　Elle échappoit à mon cœur irrité.
　Voyez l'état où votre amour l'a mise,
　Votre Psyché: son âme va partir;
Voyez; et, si la vôtre en est encore éprise,
　　　Recevez son dernier soupir.
Menacez, bravez-moi, cependant qu'elle expire:
　　　Tant d'insolence vous sied bien;
Et je dois endurer quoi qu'il vous plaise dire,
　　　Moi qui, sans vos traits, ne puis rien.

　　　　　　　　L'AMOUR.

Vous ne pouvez que trop, déesse impitoyable!
Le destin l'abandonne à tout votre courroux
　　　Mais soyez moins inexorable

Aux prières, aux pleurs d'un fils à vos genoux.
 Ce doit vous être un spectacle assez doux
  De voir d'un œil Psyché mourante,
Et de l'autre ce fils, d'une voix suppliante,
Ne vouloir plus tenir son bonheur que de vous.
Rendez-moi ma Psyché, rendez-lui tous ses charmes;
 Rendez-la, déesse, à mes larmes;
Rendez à mon amour, rendez à ma douleur,
Le charme de mes yeux et le choix de mon cœur.

VÉNUS.

 Quelque amour que Psyché vous donne,
De ses malheurs par moi n'attendez pas la fin.
  Si le destin me l'abandonne,
  Je l'abandonne à son destin.
Ne m'importunez plus; et, dans cette infortune,
Laissez-la sans Vénus triompher ou périr.

L'AMOUR.

  Hélas! si je vous importune,
Je ne le ferois pas si je pouvois mourir.

VÉNUS.

 Cette douleur n'est pas commune,
Qui force un immortel à souhaiter la mort.

L'AMOUR.

Voyez, par son excès, si mon amour est fort
  Ne lui ferez-vous grâce aucune?

VÉNUS.

 Je vous l'avoue, il me touche le cœur,
Votre amour; il désarme, il fléchit ma rigueur:
  Votre Psyché reverra la lumière.

L'AMOUR.

Que je vous vais partout faire donner d'encens!

VÉNUS.

Oui, vous la reverrez dans sa beauté première;
  Mais de vos vœux reconnoissants
   Je veux la déférence entière;
Je veux qu'un vrai respect laisse à mon amitié
   Vous choisir une autre moitié.

L'AMOUR.

  Et moi, je ne veux plus de grâce:
   Je reprends toute mon audace;
   Je veux Psyché, je veux sa foi.
Je veux qu'elle revive, et revive pour moi;
Et tiens indifférent que votre haine lasse
   En faveur d'une autre se passe.

Jupiter, qui paroît, va juger entre nous
De mes emportements et de votre courroux.

<small>Après quelques éclairs et des roulements de tonnerre, Jupiter paroît en l'air sur son aigle.</small>

SCÈNE VI. — JUPITER, VÉNUS, L'AMOUR; PSYCHÉ, <small>évanouie.</small>

<small>L'AMOUR.</small>

Vous, à qui seul tout est possible,
 Père des dieux, souverain des mortels,
Fléchissez la rigueur d'une mère inflexible,
 Qui, sans moi, n'auroit point d'autels.
J'ai pleuré, j'ai prié, je soupire, menace,
 Et perds menaces et soupirs.
Elle ne veut pas voir que de mes déplaisirs
Dépend du monde entier l'heureuse ou triste face;
 Et que, si Psyché perd le jour,
Si Psyché n'est à moi, je ne suis plus l'Amour.
Oui, je romprai mon arc, je briserai mes flèches,
 J'éteindrai jusqu'à mon flambeau,
Je laisserai languir la Nature au tombeau;
Ou, si je daigne aux cœurs faire encor quelques brèches,
 Avec ces pointes d'or qui me font obéir
Je vous blesserai tous là-haut pour des mortelles,
 Et ne décocherai sur elles
Que des traits émoussés qui forcent à haïr,
 Et qui ne font que des rebelles,
 Des ingrates et des cruelles.
 Par quelle tyrannique loi
Tiendrai-je à vous servir mes armes toujours prêtes,
Et vous ferai-je à tous conquêtes sur conquêtes,
Si vous me défendez d'en faire une pour moi?

<small>JUPITER, à Vénus.</small>

Ma fille, sois-lui moins sévère;
Tu tiens de sa Psyché le destin en tes mains.
La Parque, au moindre mot, va suivre ta colère.
Parle, et laisse-toi vaincre aux tendresses de mère,
Ou redoute un courroux que moi-même je crains.
 Veux-tu donner le monde en proie
A la haine, au désordre, à la confusion;
 Et d'un dieu d'union,
 D'un dieu de douceurs et de joie,
Faire un dieu d'amertume et de division?
 Considère ce que nous sommes,

Et si les passions doivent nous dominer.
Plus la vengeance a de quoi plaire aux hommes,
Plus il sied bien aux dieux de pardonner.

VÉNUS.

Je pardonne à ce fils rebelle :
Mais voulez-vous qu'il me soit reproché
Qu'une misérable mortelle,
L'objet de mon courroux, l'orgueilleuse Psyché,
Sous ombre qu'elle est un peu belle,
Par un hymen dont je rougis,
Souille mon alliance et le lit de mon fils?

JUPITER.

Eh bien, je la fais immortelle.
Afin d'y rendre tout égal.

VÉNUS.

Je n'ai plus de mépris ni de haine pour elle,
Et l'admets à l'honneur de ce nœud conjugal.
Psyché, reprenez la lumière,
Pour ne la reperdre jamais.
Jupiter a fait votre paix;
Et je quitte cette humeur fière
Qui s'opposoit à vos souhaits.

PSYCHÉ, sortant de son évanouissement.

C'est donc vous, ô grande déesse!
Qui redonnez la vie à ce cœur innocent?

VÉNUS.

Jupiter vous fait grâce, et ma colère cesse.
Vivez, Vénus l'ordonne; aimez, elle y consent.

PSYCHÉ, à l'Amour.

Je vous revois enfin, cher objet de ma flamme!

L'AMOUR, à Psyché.

Je vous possède enfin, délices de mon âme!

JUPITER.

Venez, amants, venez aux cieux
Achever un si grand et si digne hyménée.
Viens-y, belle Psyché, changer de destinée;
Viens prendre place au rang des dieux.

Deux grandes machines descendent aux deux côtés de Jupiter, cependant qu'il dit ces derniers vers. Vénus, avec sa suite, monte dans l'une, l'Amour et Psyché dans l'autre, et tous ensemble remontent au ciel.

Les divinités qui avoient été partagées entre Vénus et son fils se réunissent en les voyant d'accord ; et toutes ensemble, par des concerts, des chants et des danses, célèbrent la fête des noces de l'Amour. Apollon paroît le premier, et, comme

14.

dieu de l'harmonie, commence à chanter, pour **inviter** les autres dieux à se réjouir.

RÉCIT D'APOLLON.

Unissons-nous, troupe immortelle :
Le dieu d'amour devient heureux amant,
Et Vénus a repris sa douceur naturelle
    En faveur d'un fils si charmant ;
Il va goûter en paix, après un long tourment,
Une félicité qui doit être éternelle.

TOUTES LES DIVINITÉS chantent ensemble ce couplet à la gloire de l'Amour.

    Célébrons ce grand jour,
    Célébrons tous une fête si belle ;
Que nos chants en tous lieux en portent la nouvelle,
Qu'ils fassent retentir le céleste séjour.
    Chantons, répétons tour à tour
    Qu'il n'est point d'âme si cruelle
Qui tôt ou tard ne se rende à l'Amour.

APOLLON continue.

    Le Dieu qui nous engage
    A lui faire la cour
    Défend qu'on soit trop sage.
    Les plaisirs ont leur tour :
    C'est leur plus doux usage
Que de finir les soins du jour.
    La nuit est le partage
    Des jeux et de l'amour.

    Ce seroit grand dommage
    Qu'en ce charmant séjour
    On eût un cœur sauvage.
    Les plaisirs ont leur tour :
    C'est leur plus doux usage
Que de finir les soins du jour.
    La nuit est le partage
    Des jeux et de l'amour.

Deux muses, qui ont toujours évité de s'engager sous les lois de l'Amour, conseillent aux belles qui n'ont point encore aimé de s'en défendre avec soin, à leur exemple.

CHANSON DES MUSES.

Gardez-vous, beautés sévères :
Les amours font trop d'affaires ;
Craignez toujours de vous laisser charmer.
    Quand il faut que l'on soupire,

Tout le mal n'est pas de s'enflammer :
Le martyre
De le dire
Coûte plus cent fois que d'aimer.

SECOND COUPLET DES MUSES.

On ne peut aimer sans peines ;
Il est peu de douces chaînes ;
A tout moment on se sent alarmer.
Quand il faut que l'on soupire,
Tout le mal n'est pas de s'enflammer :
Le martyre
De le dire
Coûte plus cent fois que d'aimer.

Bacchus fait entendre qu'il n'est pas si dangereux que l'Amour.

RÉCIT DE BACCHUS.

Si quelquefois
Suivant nos douces lois,
La raison se perd et s'oublie,
Ce que le vin nous cause de folie
Commence et finit en un jour ;
Mais, quand un cœur est enivré d'amour,
Souvent c'est pour toute la vie.

ENTRÉE DE BALLET.

Composée de deux ménades et de deux égipans qui suivent Bacchus.
Mome déclare qu'il n'a point de plus doux emploi que de médire, et que ce n'est qu'à l'Amour seul qu'il n'ose se jouer.

RÉCIT DE MOME.

Je cherche à médire
Sur la terre et dans les cieux ;
Je soumets à ma satire
Les plus grands des dieux.
Il n'est dans l'univers que l'Amour qui m'étonne,
Il est le seul que j'épargne aujourd'hui ;
Il n'appartient qu'à lui
De n'épargner personne.

ENTRÉE DE BALLET.

Composée de quatre polichinelles et de deux matassins qui suivent Mome, et viennent joindre leur plaisanterie et leur badinage aux divertissements de cette grande fête.
Bacchus et Mome, qui les conduisent, chantent, au milieu d'eux, chacun

une chanson, Bacchus à la louange du vin, et Mome une chanson enjouée sur le sujet et les avantages de la raillerie.

RÉCIT DE BACCHUS.

Admirons le jus de la treille :
Qu'il est puissant, qu'il a d'attraits !
Il sert aux douceurs de la paix,
Et dans la guerre il fait merveille :
 Mais surtout pour les amours
 Le vin est d'un grand secours.

RÉCIT DE MOME.

Folâtrons, divertissons-nous,
Raillons, nous ne saurions mieux faire ;
La raillerie est nécessaire
 Dans les jeux les plus doux.
Sans la douceur que l'on goûte à médire,
On trouve peu de plaisirs sans ennui ;
 Rien n'est si plaisant que de rire,
 Quand on rit aux dépens d'autrui :
 Plaisantons, ne pardonnons rien ;
 Rions, rien n'est plus à la mode ;
 On court péril d'être incommode
 En disant trop de bien.
Sans la douceur que l'on goûte à médire,
On trouve peu de plaisirs sans ennui ;
 Rien n'est si plaisant que de rire,
 Quand on rit aux dépens d'autrui.

Mars arrive au milieu du théâtre, suivi de sa troupe guerrière, qu'il excite à profiter de leur loisir, en prenant part aux divertissements.

RÉCIT DE MARS.

Laissons en paix toute la terre ;
Cherchons de doux amusements.
Parmi les jeux les plus charmants,
Mêlons l'image de la guerre.

ENTRÉE DE BALLET.

Suivants de Mars, qui font, en dansant avec des drapeaux et des enseignes, une manière d'exercice.

DERNIÈRE ENTRÉE DE BALLET.

Les troupes différentes de la suite d'Apollon, de Bacchus, de Mome et de Mars, après avoir achevé leurs entrées particulières, s'unissent ensemble, et forment la dernière entrée, qui renferme toutes les autres.

Un chœur de toutes les voix et de tous les instruments, qui sont au nombre de quarante, se joint à la danse générale, et termine la fête des noces de l'Amour et de Psyché.

DERNIER CHŒUR.

Chantons les plaisirs charmants
　Des heureux amants
　Que tout le ciel s'empresse
　A leur faire sa cour.
　Célébrons ce beau jour
Par mille doux chants d'allégresse;
　Célébrons ce beau jour
Par mille doux chants pleins d'amour.

Dans le grand salon du palais des Tuileries, où *Psyché* a été représentée devant Leurs Majestés, il y avoit des timbales, des trompettes et des tambours mêlés dans ces derniers concerts; et ce dernier couplet se chantoit ainsi :

　Chantons les plaisirs charmants
　　Des heureux amants.
　Répondez-nous, trompettes,
　Timbales et tambours;
　Accordez-vous toujours
Avec le doux son des musettes;
　Accordez-vous toujours
Avec le doux chant des amours.

LES FOURBERIES DE SCAPIN

COMÉDIE EN TROIS ACTES

1671

PERSONNAGES

ARGANTE, père d'Octave et de Zerbinette.
GÉRONTE, père de Léandre et d'Hyacinte.
OCTAVE, fils d'Argante, et amant d'Hyacinte.
LÉANDRE, fils de Géronte, et amant de Zerbinette.
ZERBINETTE, crue Égyptienne, et reconnue fille d'Argante, et amante de Léandre.
HYACINTE, fille de Géronte et amante d'Octave.
SCAPIN, valet de Léandre, et fourbe.
SYLVESTRE, valet d'Octave.
NÉRINE, nourrice d'Hyacinte.
CARLE, fourbe.
DEUX PORTEURS.

　　La scène est à Naples.

ACTE PREMIER

SCÈNE I. — OCTAVE, SYLVESTRE.

OCTAVE.

Ah! fâcheuses nouvelles pour un cœur amoureux! Dures extrémités où je me vois réduit! Tu viens, Sylvestre, d'apprendre au port que mon père revient?

SYLVESTRE.

Oui.

OCTAVE.

Qu'il arrive ce matin même?

SYLVESTRE.

Ce matin même.

OCTAVE.

Et qu'il revient dans la résolution de me marier?

SYLVESTRE.

Oui.

OCTAVE.

Avec une fille du seigneur Géronte?

SYLVESTRE.

Du seigneur Géronte.

OCTAVE.

Et que cette fille est mandée de Tarente ici pour cela?

SYLVESTRE.

Oui.

OCTAVE.

Et tu tiens ces nouvelles de mon oncle?

SYLVESTRE.

De votre oncle.

OCTAVE.

A qui mon père les a mandées par une lettre?

SYLVESTRE.

Par une lettre.

OCTAVE.

Et cet oncle, dis-tu, sait toutes nos affaires?

SYLVESTRE.

Toutes nos affaires.

OCTAVE.

Ah! parle, si tu veux, et ne te fais point, de la sorte, arracher les mots de la bouche.

SYLVESTRE.

Qu'ai-je à parler davantage? vous n'oubliez aucune circonstance, et vous dites les choses tout justement comme elles sont.

OCTAVE.

Conseille-moi, du moins, et me dis ce que je dois faire dans ces cruelles conjonctures.

SYLVESTRE.

Ma foi, je m'y trouve autant embarrassé que vous; et j'aurois bon besoin que l'on me conseillât moi-même.

OCTAVE.

Je suis assassiné par ce maudit retour.

SYLVESTRE.

Je ne le suis pas moins.

OCTAVE.

Lorsque mon père apprendra les choses, je vais voir fondre sur moi un orage soudain d'impétueuses réprimandes.

SYLVESTRE.

Les réprimandes ne sont rien; et plût au ciel que j'en fusse quitte à ce prix! mais j'ai bien la mine, pour moi, de payer plus cher vos folies; et je vois se former, de loin, un nuage de coups de bâton qui crèvera sur mes épaules.

OCTAVE.

O ciel! par où sortir de l'embarras où je me trouve?

SYLVESTRE.

C'est à quoi vous deviez songer avant que de vous y jeter.

OCTAVE.

Ah! tu me fais mourir par tes leçons hors de saison.

SYLVESTRE.

Vous me faites bien plus mourir par vos actions étourdies.

OCTAVE.

Que dois-je faire? Quelle résolution prendre? A quel remède recourir?

SCÈNE II. — OCTAVE, SCAPIN, SYLVESTRE.

SCAPIN.

Qu'est-ce, seigneur Octave? Qu'avez-vous? Qu'y a-t-il? Quel désordre est-ce là? Je vous vois tout troublé.

OCTAVE.

Ah! mon pauvre Scapin, je suis perdu; je suis désespéré; je suis le plus infortuné de tous les hommes.

SCAPIN.

Comment?

OCTAVE.

N'as-tu rien appris de ce qui me regarde?

SCAPIN.

Non.

OCTAVE.

Mon père arrive avec le seigneur Géronte, et ils me veulent marier.

SCAPIN.

Eh bien, qu'y a-t-il là de si funeste?

OCTAVE.

Hélas! tu ne sais pas la cause de mon inquiétude.

SCAPIN.

Non; mais il ne tiendra qu'à vous que je la sache bientôt; et je suis homme consolatif, homme à m'intéresser aux affaires des jeunes gens.

OCTAVE.

Ah! Scapin, si tu pouvois trouver quelque invention, forger quelque machine, pour me tirer de la peine où je suis, je croirois t'être redevable de plus que la vie.

SCAPIN.

A vous dire la vérité, il y a peu de choses qui me soient impossibles, quand je m'en veux mêler. J'ai sans doute reçu du ciel un génie assez beau pour toutes les fabriques de ces gentillesses d'esprit, de ces galanteries ingénieuses, à qui le vulgaire ignorant donne le nom de fourberies; et je puis dire, sans vanité, qu'on n'a guère vu d'homme qui fût plus habile ouvrier de ressorts et d'intrigues, qui ait acquis plus de gloire que moi dans ce noble métier. Mais, ma foi, le mérite est trop maltraité aujourd'hui; et j'ai renoncé à toutes choses depuis certain chagrin d'une affaire qui m'arriva.

OCTAVE.

Comment? quelle affaire, Scapin?

SCAPIN.

Une aventure où je me brouillai avec la justice.

OCTAVE.

La justice?

SCAPIN.

Oui. Nous eûmes un petit démêlé ensemble.

SYLVESTRE.

Toi et la justice?

SCAPIN.

Oui. Elle en usa fort mal avec moi; et je me dépitai de telle sorte contre l'ingratitude du siècle, que je résolus de ne plus rien faire[1]. Baste! Ne laissez pas de me conter votre aventure.

OCTAVE.

Tu sais, Scapin, qu'il y a deux mois que le seigneur Géronte et

---

[1] Ces valets si fourbes, et qui se vantent si impudemment de leurs exploits, appartiennent à la scène antique, d'où ils ont passé sur les théâtres modernes, où ils n'ont joué, à vrai dire, qu'un rôle de fantaisie et de convention, mais souvent avec une verve et un entrain qui les rendent fort amusants. (F. L.)

mon père s'embarquèrent ensemble pour un voyage qui regarde certain commerce où leurs intérêts sont mêlés[1].

SCAPIN.

Je sais cela.

OCTAVE.

Et que Léandre et moi nous fûmes laissés par nos pères, moi sous la conduite de Sylvestre, et Léandre sous ta direction.

SCAPIN.

Oui. Je me suis fort bien acquitté de ma charge.

OCTAVE.

Quelque temps après, Léandre fit rencontre d'une jeune Égyptienne dont il devint amoureux.

SCAPIN.

Je sais cela encore.

OCTAVE.

Comme nous sommes grands amis, il me fit aussitôt confidence de son amour, et me mena voir cette fille, que je trouvai belle, à la vérité, mais non pas tant qu'il vouloit que je la trouvasse. Il ne m'entretenoit que d'elle chaque jour, m'exagéroit à tous moments sa beauté et sa grâce, me louoit son esprit, et me parloit avec transport des charmes de son entretien, dont il me rapportoit jusqu'aux moindres paroles, qu'il s'efforçoit toujours de me faire trouver les plus spirituelles du monde. Il me querelloit quelquefois de n'être pas assez sensible aux choses qu'il me venoit dire et me blâmoit sans cesse de l'indifférence où j'étois pour les feux de l'amour.

SCAPIN.

Je ne vois pas encore où ceci veut aller.

OCTAVE

Un jour que je l'accompagnois pour aller chez les gens qui gardent l'objet de ses vœux, nous entendîmes, dans une petite maison d'une rue écartée, quelques plaintes mêlées de beaucoup de sanglots. Nous demandons ce que c'est; une femme nous dit, en soupirant, que nous pouvions voir là quelque chose de pitoyable en des personnes étrangères, et qu'à moins que d'être insensibles nous en serions touchés.

SCAPIN.

Où est-ce que cela nous mène?

OCTAVE.

La curiosité me fit presser Léandre de voir ce que c'étoit. Nous entrons dans une salle, où nous voyons une vieille femme mourante, assistée d'une servante qui faisoit des regrets, et d'une jeune fille toute fondante en larmes, la plus belle et la plus touchante qu'on puisse jamais voir.

[1] Tout le récit qui va suivre est tiré du *Phormion* de Térence.

SCAPIN.

Ah! ah!

OCTAVE.

Une autre auroit paru effroyable en l'état où elle étoit; car elle n'avoit pour habillement qu'une méchante petite jupe, avec des brassières de nuit qui étoient de simple futaine; et sa coiffure étoit une cornette jaune, retroussée au haut de sa tête, qui laissoit tomber en désordre ses cheveux sur ses épaules; et cependant, faite comme cela, elle brilloit de mille attraits, et ce n'étoit qu'agréments et que charmes que toute sa personne.

SCAPIN.

Je sens venir la chose.

OCTAVE.

Si tu l'avois vue, Scapin, en l'état que je te dis, tu l'aurois trouvée admirable.

SCAPIN.

Oh! je n'en doute point; et, sans l'avoir vue, je vois bien qu'elle étoit tout à fait charmante.

OCTAVE.

Ses larmes n'étoient point de ces larmes désagréables qui défigurent un visage; elle avoit, à pleurer, une grâce touchante, et sa douleur étoit la plus belle du monde.

SCAPIN.

Je vois tout cela.

OCTAVE.

Elle faisoit fondre chacun en larmes, en se jetant amoureusement sur le corps de cette mourante, qu'elle appeloit sa chère mère; et il n'y avoit personne qui n'eût l'âme percée de voir un si bon naturel.

SCAPIN.

En effet, cela est touchant; et je vois bien que ce bon naturel-là vous la fit aimer.

OCTAVE.

Ah! Scapin, un barbare l'auroit aimée.

SCAPIN.

Assurément. Le moyen de s'en empêcher?

OCTAVE.

Après quelques paroles, dont je tâchai d'adoucir la douleur de cette charmante affligée, nous sortîmes de là; et, demandant à Léandre ce qu'il lui sembloit de cette personne, il me répondit froidement qu'il la trouvoit assez jolie. Je fus piqué de la froideur avec laquelle il m'en parloit, et je ne voulus point lui découvrir l'effet que ses beautés avoient fait sur mon âme.

SYLVESTRE, à Octave.

Si vous n'abrégez ce récit, nous en voilà pour jusqu'à demain. Laissez-le-moi finir en deux mots. (A Scapin.) Son cœur prend feu dès ce moment : il ne sauroit plus vivre qu'il n'aille consoler son aimable affligée. Ses fréquentes visites sont rejetées de la servante, devenue la gouvernante par le trépas de la mère. Voilà mon homme au désespoir ; il presse, supplie, conjure : point d'affaire. On lui dit que la fille, quoique sans bien et sans appui, est de famille honnête, et qu'à moins que de l'épouser on ne peut souffrir ses poursuites. Voilà son amour augmenté par les difficultés. Il consulte dans sa tête, agite, raisonne, balance, prend sa résolution : le voilà marié avec elle depuis trois jours.

SCAPIN.

J'entends.

SYLVESTRE.

Maintenant, mets avec cela le retour imprévu du père, qu'on n'attendoit que dans deux mois; la découverte que l'oncle a faite du secret de notre mariage, et l'autre mariage qu'on veut faire de lui avec la fille que le seigneur Géronte a eue d'une seconde femme qu'on dit qu'il a épousée à Tarente.

OCTAVE.

Et, par-dessus tout cela, mets encore l'indigence où se trouve cette aimable personne, et l'impuissance où je me vois d'avoir de quoi la secourir.

SCAPIN.

Est-ce là tout? Vous voilà bien embarrassés tous deux pour une bagatelle ! c'est bien là de quoi se tant alarmer ! N'as-tu point de honte, toi, de demeurer court à si peu de chose? Que diable ! te voilà grand et gros comme père et mère, et tu ne saurois trouver dans ta tête, forger dans ton esprit quelque ruse galante, quelque honnête petit stratagème pour ajuster vos affaires! Fi! peste soit du butor! Je voudrois bien que l'on m'eût donné autrefois nos vieillards à duper; je les aurois joués tous deux par-dessous la jambe : et je n'étois pas plus grand que cela, que je me signalois déjà par cent tours d'adresse jolis.

SYLVESTRE.

J'avoue que le ciel ne m'a pas donné tes talents, et que je n'ai pas l'esprit, comme toi, de me brouiller avec la justice.

OCTAVE.

Voici mon aimable Hyacinte.

SCÈNE III. — HYACINTE, OCTAVE, SCAPIN, SYLVESTRE.

HYACINTE.

Ah! Octave, est-il vrai ce que Sylvestre vient de dire à Nérine, que votre père est de retour, et qu'il veut vous marier?

OCTAVE.

Oui, belle Hyacinte; et ces nouvelles m'ont donné une atteinte cruelle. Mais que vois-je? vous pleurez! Pourquoi ces larmes? Me soupçonnez-vous, dites-moi, de quelque infidélité? et n'êtes-vous pas assurée de l'amour que j'ai pour vous?

HYACINTE.

Oui, Octave, je suis sûre que vous m'aimez; mais je ne le suis pas que vous m'aimiez toujours.

OCTAVE.

Eh! peut-on vous aimer, qu'on ne vous aime toute sa vie?

HYACINTE.

J'ai ouï dire, Octave, que votre sexe aime moins longtemps que le nôtre, et que les ardeurs que les hommes font voir sont des feux qui s'éteignent aussi facilement qu'ils naissent.

OCTAVE.

Ah! ma chère Hyacinte, mon cœur n'est donc pas fait comme celui des autres hommes; et je sens bien, pour moi, que je vous aimerai jusqu'au tombeau.

HYACINTE.

Je veux croire que vous sentez ce que vous dites, et je ne doute point que vos paroles ne soient sincères; mais je crains un pouvoir qui combattra dans votre cœur les tendres sentiments que vous pouvez avoir pour moi. Vous dépendez d'un père qui veut vous marier à une autre personne; et je suis sûre que je mourrai si ce malheur m'arrive.

OCTAVE.

Non, belle Hyacinte, il n'y a point de père qui puisse me contraindre à vous manquer de foi; et je me résoudrai à quitter mon pays, et le jour même, s'il est besoin, plutôt qu'à vous quitter. J'ai déjà pris, sans l'avoir vue, une aversion effroyable pour celle que l'on me destine; et, sans être cruel, je souhaiterois que la mer l'écartât d'ici pour jamais. Ne pleurez donc point, je vous prie, mon aimable Hyacinte; car vos larmes me tuent, et je ne les puis voir sans me sentir percer le cœur.

HYACINTE.

Puisque vous le voulez, je veux bien essuyer mes pleurs, et j'attendrai, d'un œil constant, ce qu'il plaira au ciel de résoudre de moi.

OCTAVE.

Le ciel nous sera favorable.

HYACINTE.

Il ne sauroit m'être contraire, si vous m'êtes fidèle.

OCTAVE.

Je le serai, assurément.

HYACINTE.

Je serai donc heureuse.

SCAPIN, à part.

Elle n'est pas tant sotte, ma foi ; et je la trouve assez passable.

OCTAVE, montrant Scapin.

Voici un homme qui pourroit bien, s'il le vouloit, nous être, dans tous nos besoins, d'un secours merveilleux.

SCAPIN.

J'ai fait de grands serments de ne me mêler plus du monde ; mais, si vous m'en priez bien fort tous deux, peut-être...

OCTAVE.

Ah! s'il ne tient qu'à te prier bien fort pour obtenir ton aide, je te conjure de tout mon cœur de prendre la conduite de notre barque.

SCAPIN, à Hyacinte.

Et vous, ne me dites-vous rien?

HYACINTE.

Je vous conjure, à son exemple, par tout ce qui vous est le plus cher au monde, de vouloir servir notre amour.

SCAPIN.

Il faut se laisser vaincre, et avoir de l'humanité. Allez, je veux m'employer pour vous.

OCTAVE.

Crois que...

SCAPIN, à Octave.

Chut ! (A Hyacinte.) Allez-vous-en, vous, et soyez en repos.

SCÈNE IV. — OCTAVE, SCAPIN, SYLVESTRE.

SCAPIN, à Octave.

Et vous, préparez-vous à soutenir avec fermeté l'abord de votre père.

OCTAVE.

Je t'avoue que cet abord me fait trembler par avance ; et j'ai une timidité naturelle que je ne saurois vaincre.

SCAPIN.

Il faut pourtant paroître ferme au premier choc, de peur que, sur votre foiblesse, il ne prenne le pied[1] de vous mener comme un enfant. Là, tâchez de vous composer par étude un peu de hardiesse, et songez à répondre résolûment sur tout ce qu'il vous pourra dire.

OCTAVE.

Je ferai du mieux que je pourrai.

SCAPIN.

Çà, essayons un peu, pour vous accoutumer. Répétons un peu votre

---

[1] Cette locution a vieilli. On dirait aujourd'hui : *ne se mette sur le pied*. (F. L.)

ôle, et voyons si vous ferez bien. Allons; la mine résolue, la tête haute, les regards assurés.

SCAPIN.

OCTAVE.

Comme cela?

SCAPIN.

Encore un peu davantage.

OCTAVE.

Ainsi?

SCAPIN.

Bon. Imaginez-vous que je suis votre père qui arrive, et répondez-moi fermement, comme si c'étoit à lui-même. Comment, pendard, vaurien, infâme, fils indigne d'un père comme moi! oses-tu bien paroître devant mes yeux, après tes bons déportements, après le lâche tour que tu m'as joué pendant mon absence? Est-ce là le fruit de mes soins, maraud? est-ce là le fruit de mes soins? le respect qui m'est dû? le respect que tu me conserves? (Allons donc!) Tu as l'insolence, fripon, de t'engager sans le consentement de ton père, de contracter un mariage clandestin! Réponds-moi, coquin, réponds-moi. Voyons un peu tes belles raisons... Oh! que diable, vous demeurez interdit!

OCTAVE.

C'est que je m'imagine que c'est mon père que j'entends.

SCAPIN.

Eh! oui; c'est par cette raison qu'il ne faut pas être comme un innocent.

OCTAVE.

Je m'en vais prendre plus de résolution, et je répondrai fermement.

SCAPIN.

Assurément?

OCTAVE.

Assurément.

SYLVESTRE.

Voilà votre père qui vient.

OCTAVE.

O ciel! je suis perdu.

SCÈNE V. — SCAPIN, SYLVESTRE.

SCAPIN.

Holà, Octave! demeurez, Octave. Le voilà enfui. Quelle pauvre espèce d'homme! Ne laissons pas d'attendre le vieillard.

SYLVESTRE.

Que lui dirai-je?

SCAPIN.

Laisse-moi dire, moi, et ne fais que me suivre

SCÈNE VI. — ARGANTE ; SCAPIN et SYLVESTRE, dans le fond du théâtre.

ARGANTE, se croyant seul.

A-t-on jamais ouï parler d'une action pareille à celle-là ?

SCAPIN, à Sylvestre.

Il a déjà appris l'affaire ; et elle lui tient si fort en tête, que, tout seul, il en parle haut.

ARGANTE, se croyant seul.

Voilà une témérité bien grande !

SCAPIN, à Sylvestre.

Écoutons-le un peu.

ARGANTE, se croyant seul.

Je voudrois bien savoir ce qu'ils me pourront dire sur ce beau mariage.

SCAPIN, à part.

Nous y avons songé.

ARGANTE, se croyant seul.

Tâcheront-ils de me nier la chose ?

SCAPIN, à part.

Non, nous n'y pensons pas.

ARGANTE, se croyant seul.

Ou s'ils entreprendront de l'excuser ?

SCAPIN, à part.

Celui-là se pourra faire.

ARGANTE, se croyant seul.

Prétendront-ils m'amuser par des contes en l'air ?

SCAPIN, à part.

Peut-être.

ARGANTE, se croyant seul.

Tous leurs discours seront inutiles.

SCAPIN, à part.

Nous allons voir.

ARGANTE, se croyant seul.

Ils ne m'en donneront point à garder.

SCAPIN, à part.

Ne jurons de rien.

ARGANTE, se croyant seul.

Je saurai mettre mon pendard de fils en lieu de sûreté.

SCAPIN, à part.

Nous y pourvoirons.

ARGANTE, se croyant seul.

Et pour le coquin de Sylvestre, je le rouerai de coups.

SYLVESTRE, à Scapin.

J'étois bien étonné s'il m'oublioit.

ARGANTE, apercevant Sylvestre.

Ah! ah! vous voilà donc, sage gouverneur de famille, beau directeur de jeunes gens!

SCAPIN.

Monsieur, je suis ravi de vous voir de retour.

ARGANTE.

Bonjour, Scapin. (A Sylvestre.) Vous avez suivi mes ordres vraiment d'une belle manière! et mon fils s'est comporté fort sagement pendant mon absence!

SCAPIN.

Vous vous portez bien, à ce que je vois?

ARGANTE.

Assez bien. (A Sylvestre.) Tu ne dis mot, coquin! tu ne dis mot!

SCAPIN.

Votre voyage a-t-il été bon?

ARGANTE.

Mon Dieu, fort bon! Laisse-moi un peu quereller en repos.

SCAPIN.

Vous voulez quereller?

ARGANTE.

Oui, je veux quereller.

SCAPIN.

Eh! qui, monsieur?

ARGANTE, montrant Sylvestre.

Ce maraud-là.

SCAPIN.

Pourquoi?

ARGANTE.

Tu n'as pas ouï parler de ce qui s'est passé dans mon absence?

SCAPIN.

J'ai bien ouï parler de quelque petite chose.

ARGANTE.

Comment! quelque petite chose! Une action de cette nature?

SCAPIN.

Vous avez quelque raison

ARGANTE.

Une hardiesse pareille à celle-là!

SCAPIN.

Cela est vrai.

ARGANTE.

Un fils qui se marie sans le consentement de son père!

SCAPIN.

Oui, il y a quelque chose à dire à cela. Mais je serois d'avis que vous ne fissiez point de bruit.

ARGANTE.

Je ne suis pas de cet avis, moi; et je veux faire du bruit tout mon soûl. Quoi! tu ne trouves pas que j'aie tous les sujets du monde d'être en colère?

SCAPIN.

Si fait. J'y ai d'abord été, moi, lorsque j'ai su la chose; et je me suis intéressé pour vous, jusqu'à quereller votre fils. Demandez-lui un peu quelles belles réprimandes je lui ai faites, et comme je l'ai chapitré sur le peu de respect qu'il gardoit à un père dont il devoit baiser les pas. On ne peut pas lui mieux parler, quand ce seroit vous-même. Mais quoi! je me suis rendu à la raison, et j'ai considéré que, dans le fond, il n'a pas **tant** de tort qu'on pourroit le croire.

ARGANTE.

Que me viens-tu conter? Il n'a pas tant de tort de s'aller marier de but en blanc avec une inconnue?

SCAPIN.

Que voulez-vous? Il y a été poussé par sa destinée.

ARGANTE.

Ah! ah! Voici une raison la plus belle du monde. On n'a plus qu'à commettre tous les crimes imaginables, tromper, voler, assassiner, et dire, pour excuse, qu'on y a été poussé par sa destinée.

SCAPIN.

Mon Dieu! vous prenez mes paroles trop en philosophe. Je veux dire qu'il s'est trouvé fatalement engagé dans cette affaire.

ARGANTE.

Et pourquoi s'y engageoit-il?

SCAPIN.

Voulez-vous qu'il soit aussi sage que vous? Les jeunes gens sont jeunes, et n'ont pas toute la prudence qu'il leur faudroit pour ne rien faire que de raisonnable : témoin notre Léandre, qui, malgré toutes mes leçons, malgré toutes mes remontrances, est allé faire, de son côté, pis encore que votre fils. Je voudrois bien savoir si vous-même n'avez pas été jeune, et n'avez pas, dans votre temps, fait des fredaines comme les autres. J'ai ouï dire, moi, que vous avez été autrefois un bon compagnon parmi les femmes; que vous faisiez de votre drôle avec les plus galantes de ce temps-là, et que vous n'en approchiez point que vous ne poussassiez à bout.

ARGANTE.

Cela est vrai, j'en demeure d'accord; mais je m'en suis toujours tenu à la galanterie, et je n'ai point été jusqu'à faire ce qu'il a fait.

SCAPIN.

Que vouliez-vous qu'il fît? Il voit une jeune personne qui lui veut du bien (car il tient cela de vous, d'être aimé de toutes les femmes); il la trouve charmante, il lui rend des visites, lui conte des douceurs, soupire galamment, fait le passionné. Elle se rend à sa poursuite; il pousse sa fortune. Le voilà surpris avec elle par ses parents, qui, la force à la main, le contraignent de l'épouser.

SYLVESTRE, à part.

L'habile fourbe que voilà!

SCAPIN.

Eussiez-vous voulu qu'il se fût laissé tuer? Il vaut mieux encore être marié qu'être mort.

ARGANTE.

On ne m'a pas dit que l'affaire se soit ainsi passée.

SCAPIN, montrant Sylvestre.

Demandez-lui plutôt : il ne vous dira pas le contraire.

ARGANTE, à Sylvestre.

C'est par force qu'il a été marié?

SYLVESTRE.

Oui, monsieur.

SCAPIN.

Voudrois-je vous mentir?

ARGANTE.

Il devoit donc aller tout aussitôt protester de violence chez un notaire.

SCAPIN.

C'est ce qu'il n'a pas voulu faire.

ARGANTE.

Cela m'auroit donné plus de facilité à rompre ce mariage.

SCAPIN.

Rompre ce mariage?

ARGANTE.

Oui.

SCAPIN.

Vous ne le romprez point.

ARGANTE.

Je ne le romprai point?

SCAPIN.

Non.

ARGANTE.

Quoi! je n'aurai pas pour moi les droits de père, et la raison de la violence qu'on en a faite à mon fils?

SCAPIN.

C'est une chose dont il ne demeurera pas d'accord.

ARGANTE.

Il n'en demeurera pas d'accord?

SCAPIN.

Non.

ACTE I, SCÈNE VI.

ARGANTE.

Mon fils?

SCAPIN.

Votre fils. Voulez-vous qu'il confesse qu'il ait été capable de crainte, et que ce soit par force qu'on lui ait fait faire les choses? Il n'a garde d'aller avouer cela; ce seroit se faire tort et se montrer indigne d'un père comme vous.

ARGANTE.

Je me moque de cela.

SCAPIN.

Il faut, pour son honneur et pour le vôtre, qu'il dise dans le monde que c'est de bon gré qu'il l'a épousée.

ARGANTE.

Et je veux, moi, pour mon honneur et pour le sien, qu'il dise le contraire.

SCAPIN.

Non, je suis sûr qu'il ne le fera pas.

ARGANTE.

Je l'y forcerai bien.

SCAPIN.

Il ne le fera pas, vous dis-je.

ARGANTE.

Il le fera, ou je le déshériterai

SCAPIN.

Vous?

ARGANTE.

Moi.

SCAPIN.

Bon!

ARGANTE.

Comment, bon?

SCAPIN.

Vous ne le déshériterez point.

ARGANTE.

Je ne le déshériterai point?

SCAPIN

Non.

ARGANTE.

Non?

SCAPIN.

Non.

ARGANTE.

Ouais! voici qui est plaisant! Je ne déshériterai pas mon fils?

SCAPIN

Non, vous dis-je.

ARGANTE.

Qui m'en empêchera?

SCAPIN.

Vous-même.

ARGANTE.

Moi?

SCAPIN.

Oui. Vous n'aurez pas ce cœur-là.

ARGANTE.

Je l'aurai.

SCAPIN.

Vous vous moquez.

ARGANTE.

Je ne me moque point.

SCAPIN.

La tendresse paternelle fera son office.

ARGANTE.

Elle ne fera rien.

SCAPIN.

Oui, oui.

ARGANTE.

Je vous dis que cela sera.

SCAPIN.

Bagatelles!

ARGANTE.

Il ne faut point dire : Bagatelles!

SCAPIN.

Mon Dieu! je vous connois; vous êtes bon naturellement.

ARGANTE.

Je ne suis point bon, et je suis méchant quand je veux [1]. Finissons ce discours, qui m'échauffe la bile. (A Sylvestre.) Va-t'en, pendard; va-t'en me chercher mon fripon, tandis que j'irai rejoindre le seigneur Géronte, pour lui conter ma disgrâce.

SCAPIN.

Monsieur, si je vous puis être utile en quelque chose, vous n'avez qu'à me commander.

ARGANTE.

Je vous remercie. (A part.) Ah! pourquoi faut-il qu'il soit fils unique! et que n'ai-je à cette heure la fille que le ciel m'a ôtée, pour la faire mon héritière [2]!

[1] Molière a emprunté au *Tartuffe* le motif d'une partie de cette scène, qui se trouve aussi mot à mot dans le *Malade imaginaire*. (Aimé Martin.)
[2] Cette phrase, si naturelle dans la bouche d'un père mécontent de son fils, est une adroite préparation au dénoûment, qui doit nous présenter, dans cette même fille regrettée par Argante, la jeune Égyptienne aimée par Léandre. (Auger.)

SCÈNE VII. — SCAPIN, SYLVESTRE.

SYLVESTRE.

J'avoue que tu es un grand homme, et voilà l'affaire en bon train ; mais l'argent, d'autre part, nous presse pour notre subsistance, et nous avons de tous côtés des gens qui aboient après nous.

SCAPIN.

Laisse-moi faire, la machine est trouvée. Je cherche seulement dans ma tête un homme qui nous soit affidé, pour jouer un personnage dont j'ai besoin. Attends. Tiens-toi un peu. Enfonce ton bonnet en méchant garçon. Campe-toi sur un pied. Mets la main au côté. Fais les yeux furibonds. Marche un peu en roi de théâtre. Voilà qui est bien. Suis-moi. J'ai des secrets pour déguiser ton visage et ta voix.

SYLVESTRE.

Je te conjure, au moins, de ne m'aller point brouiller avec la justice.

SCAPIN.

Va, va, nous partagerons les périls en frères ; et trois ans de galères de plus ou de moins ne sont pas pour arrêter un noble cœur [1].

ACTE SECOND

SCÈNE I. — GÉRONTE, ARGANTE.

GÉRONTE.

Oui, sans doute, par le temps qu'il fait, nous aurons ici nos gens aujourd'hui ; et un matelot qui vient de Tarente m'a assuré qu'il avoit vu mon homme qui étoit près de s'embarquer. Mais l'arrivée de ma fille trouvera les choses mal disposées à ce que nous nous proposions ; et ce que vous venez de m'apprendre de votre fils rompt étrangement les mesures que nous avions prises ensemble.

ARGANTE.

Ne vous mettez pas en peine ; je vous réponds de renverser tout cet obstacle, et j'y vais travailler de ce pas.

GÉRONTE.

Ma foi, seigneur Argante, voulez-vous que je vous dise ? l'éducation des enfants est une chose à quoi il faut s'attacher fortement.

ARGANTE.

Sans doute. A quel propos cela ?

GÉRONTE.

A propos de ce que les mauvais déportements des jeunes gens

---

[1] Excellent premier acte, plein de naturel, de gaieté et de verve comique. (Auger.)

viennent le plus souvent de la mauvaise éducation que leurs pères leur donnent.

ARGANTE.

Cela arrive parfois. Mais que voulez-vous dire par là?

GÉRONTE.

Ce que je veux dire par là?

ARGANTE.

Oui.

GÉRONTE.

Que si vous aviez, en brave père, bien morigéné votre fils, il ne vous auroit pas joué le tour qu'il vous a fait.

ARGANTE.

Fort bien. De sorte donc que vous avez bien mieux morigéné le vôtre?

GÉRONTE.

Sans doute, et je serois bien fâché qu'il m'eût rien fait approchant de cela.

ARGANTE.

Et si ce fils, que vous avez, en brave père, si bien morigéné, avoit fait pis encore que le mien? Eh?

GÉRONTE.

Comment?

ARGANTE.

Comment?

GÉRONTE.

Qu'est-ce que cela veut dire?

ARGANTE.

Cela veut dire, seigneur Géronte, qu'il ne faut pas être si prompt à condamner la conduite des autres, et que ceux qui veulent gloser doivent bien regarder chez eux s'il n'y a rien qui cloche.

GÉRONTE.

Je n'entends point cette énigme.

ARGANTE.

On vous l'expliquera.

GÉRONTE.

Est-ce que vous auriez ouï dire quelque chose de mon fils?

ARGANTE.

Cela se peut faire.

GÉRONTE.

Et quoi, encore?

ARGANTE.

Votre Scapin, dans mon dépit, ne m'a dit la chose qu'en gros, et vous pourrez de lui, ou de quelque autre, être instruit du détail. Pour moi, je vais vite consulter un avocat, et aviser des biais[1] que j'ai à prendre. Jusqu'au revoir.

---

[1] *Aviser*, dans le sens de consulter, délibérer, doit se construire avec la préposition *à*. On dit : Aviser *aux* moyens, et non *des* moyens.

SCÈNE II. — GÉRONTE, seul.

Que pourroit-ce être que cette affaire-ci? Pis encore que le sien! Pour moi, je ne vois pas ce que l'on peut faire de pis; et je trouve que se marier sans le consentement de son père est une action qui passe tout ce qu'on peut imaginer.

SCÈNE III. — GÉRONTE, LÉANDRE.

GÉRONTE.

Ah! vous voilà!

LÉANDRE, courant à Géronte, pour l'embrasser.

Ah! mon père, que j'ai de joie de vous voir de retour!

GÉRONTE, refusant d'embrasser Léandre.

Doucement. Parlons un peu d'affaire.

LÉANDRE.

Souffrez que je vous embrasse, et que...

GÉRONTE, le repoussant encore.

Doucement, vous dis-je.

LÉANDRE.

Quoi! vous me refusez, mon père, de vous exprimer mon transport par mes embrassements?

GÉRONTE.

Oui. Nous avons quelque chose à démêler ensemble.

LÉANDRE.

Et quoi?

GÉRONTE.

Tenez-vous, que je vous voie en face.

LÉANDRE.

Comment?

GÉRONTE.

Regardez-moi entre deux yeux.

LÉANDRE.

Eh bien?

GÉRONTE.

Qu'est-ce donc qu'il s'est passé ici?

LÉANDRE.

Ce qui s'est passé?

GÉRONTE.

Oui. Qu'avez-vous fait pendant mon absence.

LÉANDRE.

Que voulez-vous, mon père, que j'aie fait?

GÉRONTE.

Ce n'est pas moi qui veux que vous ayez fait, mais qui demande ce que c'est que vous avez fait.

LÉANDRE.

Moi? Je n'ai fait aucune chose dont vous ayez lieu de vous plaindre.

GÉRONTE.

Aucune chose?

LÉANDRE.

Non.

GÉRONTE.

Vous êtes bien résolu!

LÉANDRE.

C'est que je suis sûr de mon innocence.

GÉRONTE.

Scapin pourtant m'a dit de vos nouvelles.

LÉANDRE.

Scapin?

GÉRONTE.

Ah! ah! ce mot vous fait rougir.

LÉANDRE.

Il vous a dit quelque chose de moi?

GÉRONTE.

Ce lieu n'est pas tout à fait propre à vider cette affaire, et nous allons l'examiner ailleurs. Qu'on se rende au logis; j'y vais revenir tout à l'heure. Ah! traître! s'il faut que tu me déshonores, je te renonce pour mon fils, et tu peux bien, pour jamais, te résoudre à fuir de ma présence.

SCÈNE IV. — LÉANDRE, seul.

Me trahir de cette manière! Un coquin qui doit, par cent raisons, être le premier à cacher les choses que je lui confie, est le premier à les aller découvrir à mon père! Ah! je jure le ciel que cette trahison ne demeurera pas impunie.

SCÈNE V. — OCTAVE, LÉANDRE, SCAPIN.

OCTAVE.

Mon cher Scapin, que ne dois-je point à tes soins! Que tu es un homme admirable! et que le ciel m'est favorable de t'envoyer à mon secours!

LÉANDRE.

Ah! ah! vous voilà! Je suis ravi de vous trouver, monsieur le coquin!

ACTE II, SCÈNE V.

SCAPIN.

Monsieur, votre serviteur. C'est trop d'honneur que vous me faites.

LÉANDRE, mettant l'épée à la main.

Vous faites le méchant plaisant... Ah! je vous apprendrai...

SCAPIN, se mettant à genoux.

Monsieur!

OCTAVE, se mettant entre eux pour empêcher Léandre de frapper Scapin.

Ah! Léandre!

LÉANDRE.

Non, Octave, ne me retenez point, je vous prie.

SCAPIN, à Léandre.

Hé! monsieur!

OCTAVE, retenant Léandre.

De grâce!

LÉANDRE, voulant frapper Scapin.

Laissez-moi contenter mon ressentiment.

OCTAVE.

Au nom de l'amitié, Léandre, ne le maltraitez point.

SCAPIN.

Monsieur, que vous ai-je fait?

LÉANDRE, voulant frapper Scapin.

Ce que tu m'as fait, traître!

OCTAVE, retenant encore Léandre.

Hé! doucement!

LÉANDRE.

Non, Octave, je veux qu'il me confesse lui-même, tout à l'heure, la perfidie qu'il m'a faite. Oui, coquin, je sais le trait que tu m'as joué; on vient de me l'apprendre, et tu ne croyois pas peut-être que l'on me dût révéler ce secret; mais je veux en avoir la confession de ta propre bouche, ou je vais te passer cette épée au travers du corps.

SCAPIN.

Ah! monsieur, auriez-vous bien ce cœur-là?

LÉANDRE.

Parle donc.

SCAPIN.

Je vous ai fait quelque chose, monsieur?

LÉANDRE.

Oui, coquin, et ta conscience ne te dit que trop ce que c'est.

SCAPIN.

Je vous assure que je l'ignore.

LÉANDRE, s'avançant pour frapper Scapin.

Tu l'ignores!

OCTAVE, retenant Léandre.

Léandre!

SCAPIN.

Eh bien, monsieur, puisque vous le voulez, je vous confesse que j'ai bu avec mes amis ce petit quartaut de vin d'Espagne dont on vous fit présent il y a quelques jours, et que c'est moi qui fis une fente au tonneau, et répandis de l'eau autour, pour faire croire que le vin s'étoit échappé.

LÉANDRE.

C'est toi, pendard, qui m'as bu mon vin d'Espagne, et qui as été cause que j'ai tant querellé la servante, croyant que c'étoit elle qui m'avoit fait le tour?

SCAPIN.

Oui, monsieur; je vous en demande pardon.

LÉANDRE.

Je suis bien aise d'apprendre cela. Mais ce n'est pas l'affaire dont il est question maintenant.

SCAPIN.

Ce n'est pas cela, monsieur?

LÉANDRE.

Non : c'est une autre affaire qui me touche bien plus, et je veux que tu me la dises.

SCAPIN.

Monsieur, je ne me souviens pas d'avoir fait autre chose.

LÉANDRE, voulant frapper Scapin.

Tu ne veux pas parler?

SCAPIN.

Hé!

OCTAVE, retenant Léandre.

Tout doux!

SCAPIN.

Oui, monsieur; il est vrai qu'il y a trois semaines que vous m'envoyâtes porter, le soir, une petite montre à la jeune Égyptienne que vous aimez. Je revins au logis, mes habits tout couverts de boue, et le visage plein de sang, et vous dis que j'avois trouvé des voleurs qui m'avoient bien battu et m'avoient dérobé la montre. C'étoit moi, monsieur, qui l'avois retenue.

LÉANDRE.

C'est toi qui as retenu ma montre?

SCAPIN.

Oui, monsieur, afin de voir quelle heure il est

LÉANDRE.

Ah! ah! j'apprends ici de jolies choses, et j'ai un serviteur fort fidèle, vraiment! Mais ce n'est pas cela encore que je demande.

SCAPIN.

Ce n'est pas cela?

ACTE II, SCÈNE V.

LÉANDRE.

Non, infâme! c'est autre chose encore que je veux que tu me confesses.

SCAPIN, à part.

Peste!

LÉANDRE.

Parle vite, j'ai hâte.

SCAPIN.

Monsieur, voilà tout ce que j'ai fait.

LÉANDRE, voulant frapper Scapin.

Voilà tout?

OCTAVE, se mettant au-devant de Léandre.

Hé!

SCAPIN.

Eh bien, oui, monsieur. Vous vous souvenez de ce loup-garou, il y a six mois, qui vous donna tant de coups de bâton la nuit, et vous pensa faire rompre le cou dans une cave où vous tombâtes en fuyant.

LÉANDRE.

Eh bien?

SCAPIN.

C'étoit moi, monsieur, qui faisois le loup-garou.

LÉANDRE.

C'étoit toi, traître, qui faisois le loup-garou?

SCAPIN.

Oui, monsieur; seulement pour vous faire peur, et vous ôter l'envie de nous faire courir toutes les nuits comme vous aviez coutume.

LÉANDRE.

Je saurai me souvenir, en temps et lieu, de tout ce que je viens d'apprendre. Mais je veux venir au fait, et que tu me confesses ce que tu as dit à mon père.

SCAPIN.

A votre père?

LÉANDRE.

Oui, fripon, à mon père.

SCAPIN.

Je ne l'ai pas seulement vu depuis son retour.

LÉANDRE.

Tu ne l'as pas vu?

SCAPIN.

Non, monsieur.

LÉANDRE.

Assurément?

SCAPIN.

Assurément. C'est une chose que je vais vous faire dire par lui-même.

LÉANDRE.

C'est de sa bouche que je le tiens pourtant.

SCAPIN.

Avec votre permission, il n'a pas dit la vérité.

SCÈNE VI. — LÉANDRE, OCTAVE, CARLE, SCAPIN.

CARLE.

Monsieur, je vous apporte une nouvelle qui est fâcheuse pour votre amour.

LÉANDRE.

Comment?

CARLE.

Vos Égyptiens sont sur le point de vous enlever Zerbinette; et elle-même, les larmes aux yeux, m'a chargé de venir promptement vous dire que, si dans deux heures vous ne songez à leur porter l'argent qu'ils vous ont demandé pour elle, vous l'allez perdre pour jamais.

LÉANDRE

Dans deux heures?

CARLE

Dans deux heures.

SCÈNE VII. — LÉANDRE, OCTAVE, SCAPIN.

LÉANDRE.

Ah! mon pauvre Scapin, j'implore ton secours.

SCAPIN, se levant, et passant fièrement devant Léandre.

Ah! mon pauvre Scapin! Je suis mon pauvre Scapin, à cette heure qu'on a besoin de moi.

LÉANDRE.

Va, je te pardonne tout ce que tu viens de me dire, et pis encore, si tu me l'as fait.

SCAPIN.

Non, non; ne me pardonnez rien; passez-moi votre épée au travers du corps. Je serai ravi que vous me tuiez.

LÉANDRE.

Non. Je te conjure plutôt de me donner la vie, en servant mon amour.

SCAPIN.

Point, point: vous ferez mieux de me tuer.

LÉANDRE.

Tu m'es trop précieux; et je te prie de vouloir bien employer pour moi ce génie admirable qui vient à bout de toutes choses.

SCAPIN.
Non. Tuez-moi, vous dis-je.
LÉANDRE.
Ah! de grâce, ne songe plus à tout cela, et pense à me donner le secours que je te demande.
OCTAVE.
Scapin, il faut faire quelque chose pour lui.
SCAPIN.
Le moyen, après une avanie de la sorte?
LÉANDRE.
Je te conjure d'oublier mon emportement et de me prêter ton adresse.
OCTAVE.
Je joins mes prières aux siennes.
SCAPIN.
J'ai cette insulte-là sur le cœur.
OCTAVE.
Il faut quitter ton ressentiment.
LÉANDRE.
Voudrois-tu m'abandonner, Scapin, dans la cruelle extrémité où se voit mon amour?
SCAPIN.
Me venir faire à l'improviste un affront comme celui-là!
LÉANDRE.
J'ai tort, je le confesse.
SCAPIN.
Me traiter de coquin, de fripon, de pendard, d'infâme!
LÉANDRE.
J'en ai tous les regrets du monde.
SCAPIN.
Me vouloir passer son épée au travers du corps!
LÉANDRE.
Je t'en demande pardon de tout mon cœur; et, s'il ne tient qu'à me jeter à tes genoux, tu m'y vois, Scapin, pour te conjurer encore une fois de ne me point abandonner.
OCTAVE.
Ah! ma foi, Scapin, il se faut rendre à cela.
SCAPIN.
Levez-vous. Une autre fois ne soyez point si prompt.
LÉANDRE.
Me promets-tu de travailler pour moi?
SCAPIN.
On y songera.

LÉANDRE.

Mais tu sais que le temps presse.

SCAPIN.

Ne vous mettez pas en peine. Combien est-ce qu'il vous faut?

LÉANDRE.

Cinq cents écus.

SCAPIN.

Et à vous?

OCTAVE.

Deux cent pistoles.

SCAPIN.

Je veux tirer cet argent de vos pères. (A Octave.) Pour ce qui est du vôtre, la machine est déjà toute trouvée. (A Léandre.) Et, quant au vôtre, bien qu'avare au dernier degré, il y faudra moins de façons encore; car vous savez que, pour l'esprit, il n'en a pas, grâce à Dieu, grande provision; et je le livre pour une espèce d'homme à qui l'on fera croire tout ce qu'on voudra. Cela ne vous offense point : il ne tombe entre lui et vous aucun soupçon de ressemblance; et vous savez assez l'opinion de tout le monde, qui veut qu'il ne soit votre père que pour la forme.

LÉANDRE.

Tout beau, Scapin!

SCAPIN.

Bon, bon, on fait bien scrupule de cela! Vous moquez-vous? Mais j'aperçois venir le père d'Octave. Commençons par lui, puisqu'il se présente. Allez-vous-en tous deux. (A Octave.) Et vous, avertissez votre Sylvestre de venir vite jouer son rôle.

SCÈNE VIII. — ARGANTE, SCAPIN.

SCAPIN, à part.

Le voilà qui rumine.

ARGANTE, se croyant seul.

Avoir si peu de conduite et de considération! s'aller jeter dans un engagement comme celui-là! Ah! ah! jeunesse impertinente!

SCAPIN.

Monsieur, votre serviteur!

ARGANTE.

Bonjour, Scapin.

SCAPIN.

Vous rêvez à l'affaire de votre fils?

ARGANTE.

Je t'avoue que cela me donne un furieux chagrin.

SCAPIN.

Monsieur, la vie est mêlée de traverses; il est bon de s'y tenir sans cesse préparé; et j'ai ouï dire, il y a longtemps, une parole d'un ancien que j'ai toujours retenue.

ARGANTE.

Quoi?

SCAPIN.

Que, pour peu qu'un père de famille ait été absent de chez lui, il doit promener son esprit sur tous les fâcheux accidents que son retour peut rencontrer, se figurer sa maison brûlée, son argent dérobé, sa femme morte, son fils estropié, sa fille subornée; et ce qu'il trouve qui ne lui est point arrivé, l'imputer à bonne fortune. Pour moi, j'ai pratiqué toujours cette leçon dans ma petite philosophie; et je ne suis jamais revenu au logis que je ne me sois tenu prêt à la colère de mes maîtres, aux réprimandes, aux injures, aux coups de pieds au cul, aux bastonnades, aux étrivières; et ce qui a manqué à m'arriver, j'en ai rendu grâce à mon bon destin.

ARGANTE.

Voilà qui est bien; mais ce mariage impertinent, qui trouble celui que nous voulons faire, est une chose que je ne puis souffrir, et je viens de consulter des avocats pour le faire casser.

SCAPIN.

Ma foi, monsieur, si vous m'en croyez, vous tâcherez, par quelque autre voie, d'accommoder l'affaire. Vous savez ce que c'est que les procès en ce pays-ci, et vous allez vous enfoncer dans d'étranges épines.

ARGANTE.

Tu as raison, je le vois bien. Mais quelle autre voie?

SCAPIN.

Je pense que j'en ai trouvé une. La compassion que m'a donnée tantôt votre chagrin m'a obligé à chercher dans ma tête quelque moyen pour vous tirer d'inquiétude; car je ne saurois voir d'honnêtes pères chagrinés par leurs enfants, que cela ne m'émeuve; et, de tout temps, je me suis senti pour votre personne une inclination particulière.

ARGANTE.

Je te suis obligé.

SCAPIN.

J'ai donc été trouver le frère de cette fille qui a été épousée. C'est un de ces braves de profession, de ces gens qui sont tout coups d'épée, qui ne parlent que d'échiner, et ne font non plus de conscience de tuer un homme que d'avaler un verre de vin. Je l'ai mis sur ce mariage, lui ai fait voir quelle facilité offroit la raison de la violence pour le faire casser, vos prérogatives du nom de père, et l'appui que vous donneroient auprès de la justice, et votre droit, et votre argent, et vos amis. Enfin, je l'ai tant tourné de tous les côtés, qu'il a prêté l'oreille aux propositions que je lui ai faites d'ajuster l'affaire pour quelque somme; et il donnera son consentement à rompre le mariage, pourvu que vous lui donniez de l'argent.

ARGANTE.

Et qu'a-t-il demandé?

SCAPIN.

Oh! d'abord des choses par-dessus les maisons.

ARGANTE.

Et quoi?

SCAPIN.

Des choses extravagantes.

ARGANTE.

Mais encore?

SCAPIN.

Il ne parloit pas moins de cinq ou six cents pistoles.

ARGANTE.

Cinq ou six cents fièvres quartaines qui le puissent serrer! Se moque-t-il des gens?

SCAPIN.

C'est ce que je lui ai dit. J'ai rejeté bien loin de pareilles propositions, et je lui ai bien fait entendre que vous n'étiez point une dupe, pour vous demander des cinq ou six cents pistoles. Enfin, après plusieurs discours, voici où s'est réduit le résultat de notre conférence. Nous voilà au temps, m'a-t-il dit, que je dois partir pour l'armée; je suis après à m'équiper, et le besoin que j'ai de quelque argent me fait consentir, malgré moi, à ce qu'on me propose. Il me faut un cheval de service, et je n'en saurois avoir un qui soit tant soit peu raisonnable[1] à moins de soixante pistoles.

ARGANTE.

Eh bien, pour soixante pistoles, je les donne.

SCAPIN.

Il faudra les harnois et les pistolets; et cela ira bien à vingt pistoles encore.

ARGANTE.

Vingt pistoles et soixante, ce seroit quatre-vingts.

SCAPIN.

Justement.

ARGANTE.

C'est beaucoup; mais, soit: je consens à cela.

[1] *Raisonnable* signifie ici convenable, tel qu'on doit s'en contenter. C'est en ce sens que Perrette, dans la fable, dit en parlant de son cochon:
    Il étoit, quand je l'eus, de grosseur *raisonnable*.
Mais cela n'empêche pas que *cheval raisonnable* ne soit une singulière expression. (Auger.)

SCAPIN.

Il lui faut aussi un cheval pour monter son valet, qui coûtera bien trente pistoles.

ARGANTE.

Comment, diantre! Qu'il se promène, il n'aura rien du tout.

SCAPIN.

Monsieur!

ARGANTE

Non : c'est un impertinent!

SCAPIN.

Voulez-vous que son valet aille à pied?

ARGANTE.

Qu'il aille comme il lui plaira, et le maître aussi.

SCAPIN.

Mon Dieu, monsieur, ne vous arrêtez point à peu de chose. N'allez point plaider, je vous prie; et donnez tout, pour vous sauver des mains de la justice.

ARGANTE.

Eh bien, soit; je me résous à donner encore ces trente pistoles.

SCAPIN.

Il me faut encore, a-t-il dit, un mulet pour porter...

ARGANTE.

Oh! qu'il aille au diable avec son mulet! C'en est trop; et nous irons devant les juges.

SCAPIN.

De grâce, monsieur!

ARGANTE.

Non, je n'en ferai rien.

SCAPIN.

Monsieur, un petit mulet.

ARGANTE.

Je ne lui donnerois pas seulement un âne.

SCAPIN.

Considérez...

ARGANTE.

Non : j'aime mieux plaider.

SCAPIN.

Eh! monsieur, de quoi parlez-vous là, et à quoi vous résolvez-vous? Jetez les yeux sur les détours de la justice. Voyez combien d'appels et de degrés de juridiction; combien de procédures embarrassantes; combien d'animaux ravissants par les griffes desquels il vous faudra passer : sergents, procureurs, avocats, greffiers, substituts, rapporteurs, juges, et leurs clercs. Il n'y a pas un de tous ces gens-là qui, pour la moindre chose, ne soit capable de donner un soufflet au meilleur droit du monde. Un sergent baillera de faux exploits, sur quoi vous serez condamné sans que vous le sachiez. Votre procureur s'entendra avec votre partie, et vous vendra à beaux deniers comptants. Votre avocat, gagné de même, ne se trouvera point lorsqu'on plaidera votre cause, ou dira des raisons qui ne feront que battre la campagne et n'iront point au fait. Le greffier délivrera par contumace des sentences et arrêts contre vous. Le clerc du rapporteur soustraira des pièces, ou le rapporteur même ne dira pas ce qu'il a vu; et quand, par les plus grandes précautions du monde, vous aurez paré tout cela, vous serez ébahi que vos juges auront été sollicités contre vous, ou par des gens dévots, ou par des femmes qu'ils aimeront. Eh! monsieur, si vous le pouvez, sauvez-vous de cet enfer-là. C'est être damné dès ce monde que d'avoir à plaider; et la seule pensée d'un procès seroit capable de me faire fuir jusqu'aux Indes.

ARGANTE.

A combien est-ce qu'il fait monter le mulet?

SCAPIN.

Monsieur, pour le mulet, pour son cheval et celui de son homme, pour le harnois et les pistolets, et pour payer quelque petite chose qu'il doit à son hôtesse, il demande en tout deux cents pistoles.

ARGANTE.

Deux cents pistoles!

SCAPIN.

Oui.

ARGANTE, se promenant en colère.

Allons, allons; nous plaiderons.

SCAPIN.

Faites réflexion...

ARGANTE.

Je plaiderai.

SCAPIN.

Ne vous allez pas jeter...

ARGANTE.

Je veux plaider.

SCAPIN.

Mais pour plaider il vous faudra de l'argent. Il vous en faudra pour l'exploit; il vous en faudra pour le contrôle; il vous en faudra pour la procuration, pour la présentation, les conseils, productions, et journées du procureur. Il vous en faudra pour les consultations et plaidoiries des avocats, pour le droit de retirer le sac[1] et pour les grosses d'écritures. Il vous en faudra pour le rapport des substituts, pour les

---

[1] *Sac.* les pièces d'un procès, parce que, ordinairement, elles étaient renfermées dans un sac.

épices de conclusion¹, pour l'enregistrement du greffier, façon d'appointement, sentences et arrêts, contrôles, signatures et expéditions de leurs clercs, sans parler de tous les présents qu'il vous faudra faire. Donnez cet argent-là à cet homme-ci, vous voilà hors d'affaire.

ARGANTE.

Comment! deux cents pistoles!

SCAPIN.

Oui. Vous y gagnerez. J'ai fait un petit calcul, en moi-même, de tous les frais de la justice; et j'ai trouvé qu'en donnant deux cents pistoles à votre homme vous en aurez de reste, pour le moins, cent cinquante, sans compter les soins, les pas et les chagrins que vous vous épargnerez. Quand il n'y auroit à essuyer que les sottises que disent devant tout le monde de méchants plaisants d'avocats, j'aimerois mieux donner trois cents pistoles que de plaider.

ARGANTE.

Je me moque de cela, et je défie les avocats de rien dire de moi.

SCAPIN.

Vous ferez ce qu'il vous plaira; mais, si j'étois que de vous, je fuirois les procès.

ARGANTE.

Je ne donnerai point deux cents pistoles.

SCAPIN.

Voici l'homme dont il s'agit.

SCÈNE IX. — ARGANTE, SCAPIN; SYLVESTRE, déguisé en spadassin.

SYLVESTRE.

Scapin, faites-moi connoître un peu cet Argante qui est père d'Octave.

SCAPIN.

Pourquoi, monsieur?

SYLVESTRE.

Je viens d'apprendre qu'il veut me mettre en procès, et faire rompre par justice le mariage de ma sœur.

SCAPIN.

Je ne sais pas s'il a cette pensée; mais il ne veut point consentir aux deux cents pistoles que vous voulez; et il dit que c'est trop.

SYLVESTRE.

Par la mort! par la tête! par le ventre! si je le trouve, je le veux échiner, dussé-je être roué tout vif. (Argante, pour n'être point vu, se tient en tremblant derrière Scapin.)

¹ Anciennement les plaideurs donnaient aux juges des dragées et des confitures pour les remercier du gain d'un procès, et cela s'appelait des *épices*, parce que, avant la découverte des Indes, on employait, dans ces friandises, les épices au lieu de sucre; les épices du palais, qui n'étaient d'abord qu'un présent volontaire, devinrent par la suite une véritable taxe qui se payait en argent, et n'en conservait pas moins le nom d'*épices*. (Auger.)

SCAPIN.

Monsieur, ce père d'Octave a du cœur, et peut-être ne vous craindra-t-il point.

SYLVESTRE.

Lui, lui? Par le sang! par la tête! s'il étoit là, je lui donnerois tout à l'heure de l'épée dans le ventre. (Apercevant Argante.) Qui est cet homme-là?

SCAPIN.

Ce n'est pas lui, monsieur; ce n'est pas lui.

SYLVESTRE.

N'est-ce point quelqu'un de ses amis?

SCAPIN.

Non, monsieur; au contraire, c'est son ennemi capital.

SYLVESTRE.

Son ennemi capital?

SCAPIN.

Oui.

SYLVESTRE.

Ah! parbleu, j'en suis ravi. (A Argante.) Vous êtes ennemi, monsieur, de ce faquin d'Argante? Eh?

SCAPIN.

Oui, oui; je vous en réponds.

SYLVESTRE, secouant rudement la main d'Argante.

Touchez là, touchez. Je vous donne ma parole, et vous jure sur mon honneur, par l'épée que je porte, par tous les serments que je saurois faire, qu'avant la fin du jour je vous déferai de ce maraud fieffé, de ce faquin d'Argante. Reposez-vous sur moi.

SCAPIN.

Monsieur, les violences en ce pays ne sont guère souffertes.

SYLVESTRE.

Je me moque de tout, et je n'ai rien à perdre.

SCAPIN.

Il se tiendra sur ses gardes, assurément; il a des parents, des amis et des domestiques, dont il se fera un secours contre votre ressentiment.

SYLVESTRE.

C'est ce que je demande, morbleu! c'est ce que je demande! (Mettant l'épée à la main.) Ah, tête! ah, ventre! Que ne le trouvé-je à cette heure avec tout son secours! Que ne paroît-il à mes yeux au milieu de trente personnes! Que ne les vois-je fondre sur moi les armes à la main! (Se mettant en garde.) Comment! marauds, vous avez la hardiesse de vous attaquer à moi! Allons, morbleu, tue! (Poussant de tous les côtés, comme s'il avoit plusieurs personnes à combattre.) Point de quartier. Donnons. Ferme. Poussons. Bon pied, bon œil. Ah! coquins! ah! canaille!

vous en voulez par là! je vous en ferai tâter votre soûl. Soutenez, marauds, soutenez! Allons! A cette botte! A cette autre! (Se tournant du côté d'Argante et de Scapin.) A celle-ci! A celle-là! Comment, vous reculez! Pied ferme, morbleu! pied ferme!

SCAPIN.

Eh! eh! eh! monsieur; nous n'en sommes pas.

SYLVESTRE.

Voilà qui vous apprendra à vous oser jouer à moi!

SCÈNE X. — ARGANTE, SCAPIN.

SCAPIN.

Eh bien, vous voyez combien de personnes tuées pour deux cents pistoles. Or sus, je vous souhaite une bonne fortune.

ARGANTE, tout tremblant.

Scapin.

SCAPIN.

Plaît-il?

ARGANTE.

Je me résous à donner les deux cents pistoles.

SCAPIN.

J'en suis ravi pour l'amour de vous.

ARGANTE.

Allons le trouver; je les ai sur moi.

SCAPIN.

Vous n'avez qu'à me les donner. Il ne faut pas, pour votre honneur, que vous paroissiez là, après avoir passé ici pour autre que ce que vous êtes, et, de plus, je craindrois qu'en vous faisant connoître il n'allât s'aviser de vous demander davantage.

ARGANTE.

Oui; mais j'aurois été bien aise de voir comme je donne mon argent.

SCAPIN.

Est-ce que vous vous défiez de moi?

ARGANTE.

Non pas; mais...

SCAPIN.

Parbleu! monsieur, je suis un fourbe, ou je suis honnête homme; c'est l'un des deux. Est-ce que je voudrois vous tromper, et que, dans tout ceci, j'ai d'autre intérêt que le vôtre et celui de mon maître, à qui vous voulez vous allier? Si je vous suis suspect, je ne me mêle plus de rien, et vous n'avez qu'à chercher dès cette heure qui accommodera vos affaires.

ARGANTE.

Tiens donc.

SCAPIN.

Non, monsieur, ne me confiez point votre argent. Je serai bien aise que vous vous serviez de quelque autre.

ARGANTE.

Mon Dieu! tiens.

SCAPIN.

Non, vous dis-je, ne vous fiez point à moi. Que sait-on si je ne veux point vous attraper votre argent?

ARGANTE.

Tiens, te dis-je; ne me fais point contester davantage. Mais songe à bien prendre tes sûretés avec lui.

SCAPIN.

Laissez-moi faire; il n'a pas affaire à un sot.

ARGANTE.

Je vais t'attendre chez moi.

SCAPIN.

Je ne manquerai pas d'y aller. (Seul.) Et un. Je n'ai qu'à chercher l'autre. Ah! ma foi, le voici. Il semble que le ciel, l'un après l'autre, les amène dans mes filets.

SCÈNE XI. — GÉRONTE, SCAPIN.

SCAPIN, faisant semblant de ne point voir Géronte.

O ciel! ô disgrâce imprévue! ô misérable père! Pauvre Géronte, que feras-tu?

GÉRONTE, à part.

Que dit-il là de moi, avec ce visage affligé?

SCAPIN.

N'y a-t-il personne qui puisse me dire où est le seigneur Géronte?

GÉRONTE.

Qu'y a-t-il, Scapin?

SCAPIN, courant sur le théâtre sans vouloir entendre ni voir Géronte.

Où pourrai-je le rencontrer pour lui dire cette infortune?

GÉRONTE, arrêtant Scapin.

Qu'est-ce que c'est donc?

SCAPIN.

En vain je cours de tous côtés pour le pouvoir trouver.

GÉRONTE.

Me voici.

SCAPIN.

Il faut qu'il soit caché en quelque endroit qu'on ne puisse point deviner.

GÉRONTE, arrêtant Scapin.

Holà! Es-tu aveugle, que tu ne me vois pas?

SCAPIN.

Ah! monsieur, il n'y a pas moyen de vous rencontrer.

GÉRONTE.

Il y a une heure que je suis devant toi. Qu'est-ce que c'est donc qu'il y a?

SCAPIN.

Monsieur...

GÉRONTE.

Quoi?

SCAPIN.

Monsieur votre fils...

GÉRONTE.

Eh bien, mon fils...

SCAPIN.

Est tombé dans une disgrâce la plus étrange du monde.

GÉRONTE.

Et quelle?

SCAPIN.

Je l'ai trouvé tantôt tout triste de je ne sais quoi que vous lui avez dit, où vous m'avez mêlé assez mal à propos; et, cherchant à divertir cette tristesse, nous nous sommes allés promener sur le port. Là, entre autres plusieurs choses, nous avons arrêté nos yeux sur une galère turque assez bien équipée. Un jeune Turc de bonne mine nous a invités d'y entrer, et nous a présenté la main. Nous y avons passé. Il nous a fait mille civilités, nous a donné la collation, où nous avons mangé des fruits les plus excellents qui se puissent voir, et bu du vin que nous avons trouvé le meilleur du monde.

GÉRONTE.

Qu'y a-t-il de si affligeant à tout cela?

SCAPIN.

Attendez, monsieur, nous y voici. Pendant que nous mangions, il a fait mettre la galère en mer, et, se voyant éloigné du port, il m'a fait mettre dans un esquif, et m'envoie vous dire que si vous ne lui envoyez par moi, tout à l'heure, cinq cents écus; il va vous emmener votre fils en Alger.

GÉRONTE.

Comment, diantre! cinq cents écus!

SCAPIN.

Oui, monsieur; et, de plus, il ne m'a donné pour cela que deux heures.

GÉRONTE.

Ah! le pendard de Turc! m'assassiner de la façon!

SCAPIN.

C'est à vous, monsieur, d'aviser promptement aux moyens de sauver des fers un fils que vous aimez avec tant de tendresse.

GÉRONTE.

Que diable alloit-il faire dans cette galère[1] ?

SCAPIN.

Il ne songeoit pas à ce qui est arrivé.

GÉRONTE.

Va-t'en, Scapin, va-t'en vite dire à ce Turc que je vais envoyer la justice après lui.

SCAPIN.

La justice en pleine mer! Vous moquez-vous des gens?

GÉRONTE.

Que diable alloit-il faire dans cette galère?

SCAPIN.

Une méchante destinée conduit quelquefois les personnes.

GÉRONTE.

Il faut, Scapin, il faut que tu fasses ici l'action d'un serviteur fidèle.

SCAPIN.

Quoi, monsieur?

GÉRONTE.

Que tu ailles dire à ce Turc qu'il me renvoie mon fils, et que tu te mettes à sa place jusqu'à ce que j'aie amassé la somme qu'il demande.

SCAPIN.

Eh! monsieur, songez-vous à ce que vous dites? et vous figurez-vous que ce Turc ait si peu de sens que d'aller recevoir un misérable comme moi à la place de votre fils?

GÉRONTE.

Que diable alloit-il faire dans cette galère?

SCAPIN.

Il ne devinoit pas ce malheur. Songez, monsieur, qu'il ne m'a donné que deux heures.

GÉRONTE.

Tu dis qu'il demande...

SCAPIN.

Cinq cents écus.

GÉRONTE.

Cinq cents écus! N'a-t-il point de conscience?

SCAPIN.

Vraiment oui, de la conscience à un Turc!

---

[1] L'idée de cette scène si comique et si naturelle est empruntée au *Pédant joué*, de Cyrano de Bergerac. (F. L.)

GÉRONTE.
Sait-il bien ce que c'est que cinq cents écus?
SCAPIN.
Oui, monsieur; il sait que c'est mille cinq cents livres.
GÉRONTE.
Croit-il, le traître, que mille cinq cents livres se trouvent dans le pas d'un cheval?
SCAPIN.
Ce sont des gens qui n'entendent point de raison.
GÉRONTE.
Mais que diable alloit-il faire à cette galère?
SCAPIN.
C'est vrai. Mais quoi! on ne prévoyoit pas les choses. De grâce, monsieur, dépêchez!
GÉRONTE.
Tiens, voilà la clef de mon armoire.
SCAPIN.
Bon.
GÉRONTE.
Tu l'ouvriras.
SCAPIN.
Fort bien.
GÉRONTE.
Tu trouveras une grosse clef du côté gauche, qui est celle de mon grenier.
SCAPIN.
Ouï.
GÉRONTE.
Tu iras prendre toutes les hardes qui sont dans cette grande manne, et tu les vendras aux fripiers pour aller racheter mon fils.
SCAPIN, en lui rendant la clef.
Eh! monsieur, rêvez-vous? Je n'aurois pas cent francs de tout ce que vous dites; et, de plus, vous savez le peu de temps qu'on m'a donné.
GÉRONTE.
Mais que diable alloit-il faire à cette galère?
SCAPIN.
Oh! que de paroles perdues! Laissez là cette galère, et songez que le temps presse, et que vous courez risque de perdre votre fils. Hélas! mon pauvre maître! peut-être que je ne te verrai de ma vie, et qu'à l'heure que je parle on t'emmène esclave en Alger. Mais le ciel me sera témoin que j'ai fait pour toi tout ce que j'ai pu, et que, si tu manques à être racheté, il n'en faut accuser que le peu d'amitié d'un père.

GÉRONTE.

Attends, Scapin, je m'en vais querir cette somme.

SCAPIN.

Dépêchez donc vite, monsieur; je tremble que l'heure ne sonne.

GÉRONTE.

N'est-ce pas quatre cents écus que tu dis?

SCAPIN.

Non. Cinq cents écus.

GÉRONTE.

Cinq cents écus!

SCAPIN.

Oui.

GÉRONTE.

Que diable alloit-il faire à cette galère?

SCAPIN.

Vous avez raison; mais hâtez-vous.

GÉRONTE.

N'y avoit-il point d'autre promenade?

SCAPIN.

Cela est vrai; mais faites promptement.

GÉRONTE.

Ah! maudite galère!

SCAPIN, à part.

Cette galère lui tient au cœur.

GÉRONTE.

Tiens, Scapin, je ne me souvenois pas que je viens justement de recevoir cette somme en or, et je ne croyois pas qu'elle dût m'être sitôt ravie. (Tirant sa bourse de sa poche et la présentant à Scapin.) Tiens, va-t'en racheter mon fils.

SCAPIN, tendant la main.

Oui, monsieur.

GÉRONTE, retenant sa bourse, qu'il fait semblant de vouloir donner à Scapin.

Mais dis à ce Turc que c'est un scélérat!

SCAPIN, tendant encore la main.

Oui.

GÉRONTE, recommençant la même action

Un infâme!

SCAPIN, tendant toujours la main.

Oui.

GÉRONTE, de même.

Un homme sans foi, un voleur!

SCAPIN.

Laissez-moi faire.

ACTE II, SCÈNE XII.

GÉRONTE, de même.
Qu'il me tire cinq cents écus contre toute sorte de droit!

SCAPIN.
Oui.

GÉRONTE, de même.
Que je ne les lui donne ni à la mort ni à la vie!

SCAPIN.
Fort bien.

GÉRONTE, de même.
Et que, si jamais je l'attrape, je saurai me venger de lui!

SCAPIN.
Oui.

GÉRONTE, remettant sa bourse dans sa poche et s'en allant.
Va, va vite requérir mon fils.

SCAPIN, courant après Géronte.
Holà, monsieur!

GÉRONTE.
Quoi?

SCAPIN.
Où est donc cet argent?

GÉRONTE.
Ne te l'ai-je pas donné?

SCAPIN.
Non, vraiment; vous l'avez remis dans votre poche.

GÉRONTE.
Ah! c'est la douleur qui me trouble l'esprit.

SCAPIN.
Je le vois bien.

GÉRONTE.
Que diable alloit-il faire dans cette galère! Ah! maudite galère! traître de Turc! à tous les diables!

SCAPIN, seul.
Il ne peut digérer les cinq cents écus que je lui arrache; mais il n'est pas quitte envers moi; et je veux qu'il me paye en une autre monnoie l'imposture qu'il m'a faite auprès de son fils.

SCÈNE XII. — OCTAVE, LÉANDRE, SCAPIN.

OCTAVE.
Eh bien, Scapin, as-tu réussi pour moi dans ton entreprise?

LÉANDRE.
As-tu fait quelque chose pour tirer mon amour de la peine où il est?

SCAPIN, à Octave.
Voilà deux cents pistoles que j'ai tirées de votre père.

OCTAVE.
Ah! que tu me donnes de joie!

SCAPIN, à Léandre.
Pour vous, je n'ai pu faire rien.

LÉANDRE, voulant s'en aller.
Il faut donc que j'aille mourir; et je n'ai que faire de vivre, si Zerbinette m'est ôtée.

SCAPIN.
Holà! holà! tout doucement. Comme diantre vous allez vite!

LÉANDRE, se retournant.
Que veux-tu que je devienne?

SCAPIN.
Allez, j'ai votre affaire ici.

LÉANDRE.
Ah! tu me redonnes la vie.

SCAPIN.
Mais à condition que vous me permettrez, à moi, une petite vengeance contre votre père, pour le tour qu'il m'a fait.

LÉANDRE.
Tout ce que tu voudras.

SCAPIN.
Vous me le promettez devant témoin?

LÉANDRE.
Oui.

SCAPIN.
Tenez, voilà cinq cents écus.

LÉANDRE.
Allons en promptement acheter celle que j'adore[1].

ACTE TROISIÈME

SCÈNE I. — ZERBINETTE, HYACINTE, SCAPIN, SYLVESTRE.

SYLVESTRE.
Oui, vos amants ont arrêté entre eux que vous fussiez ensemble; et nous nous acquittons de l'ordre qu'ils nous ont donné.

HYACINTE, à Zerbinette.
Un tel ordre n'a rien qui ne me soit fort agréable. Je reçois avec joie une compagne de la sorte; et il ne tiendra pas à moi que l'amitié

---

[1] Acte bien tissu et bien rempli, dont toutes les scènes, habilement liées entre elles, forment un ensemble où rien ne languit. (Auger.)

qui est entre les personnes que nous aimons ne se répande entre nous deux.

ZERBINETTE.

J'accepte la proposition, et ne suis point personne à reculer lorsqu'on m'attaque d'amitié.

SCAPIN.

Et lorsque c'est d'amour qu'on vous attaque?

ZERBINETTE.

Pour l'amour, c'est une autre chose; on y court un peu plus de risque, et je n'y suis pas si hardie.

SCAPIN.

Vous l'êtes, que je crois, contre mon maître maintenant; et ce qu'il vient de faire pour vous doit vous donner du cœur pour répondre comme il faut à sa passion.

ZERBINETTE.

Je ne m'y fie encore que de la bonne sorte; et ce n'est pas assez pour m'assurer[1] entièrement, que ce qu'il vient de faire. J'ai l'humeur enjouée, et sans cesse je ris; mais, tout en riant, je suis sérieuse sur de certains chapitres; et ton maître s'abusera, s'il croit qu'il lui suffise de m'avoir achetée, pour me voir toute à lui. Il doit lui en coûter autre chose que de l'argent; et, pour répondre à son amour de la manière qu'il souhaite, il me faut un don de sa foi, qui soit assaisonné de certaines cérémonies qu'on trouve nécessaires.

SCAPIN.

C'est là aussi comme il l'entend. Il ne prétend à vous qu'en tout bien et en tout honneur; et je n'aurois pas été homme à me mêler de cette affaire, s'il avoit une autre pensée.

ZERBINETTE.

C'est ce que je veux croire, puisque vous me le dites; mais, du côté du père, j'y prévois des empêchements.

SCAPIN.

Nous trouverons moyen d'accommoder les choses.

HYACINTE, à Zerbinette.

La ressemblance de nos destins doit contribuer encore à faire naître notre amitié; et nous nous voyons toutes deux dans les mêmes alarmes, toutes deux exposées à la même infortune.

ZERBINETTE.

Vous avez cet avantage au moins, que vous savez de qui vous êtes née, et que l'appui de vos parents, que vous pouvez faire connoître, est capable d'ajuster tout, peut assurer votre bonheur et faire donner un consentement au mariage qu'on trouve fait. Mais, pour moi, je ne ren-

---

[1] Dans le sens de rassurer, donner de la confiance, de l'assurance, de la sécurité. (Auger.)

contre aucun secours dans ce que je puis être; et l'on me voit dans un état qui n'adoucira pas les volontés d'un père qui ne regarde que le bien.

HYACINTE.

Mais aussi avez-vous cet avantage, que l'on ne tente point, par un autre parti, celui que vous aimez.

ZERBINETTE.

Le changement du cœur d'un amant n'est pas ce qu'on peut le plus craindre. On se peut naturellement croire assez de mérite pour garder sa conquête; et ce que je vois de plus redoutable dans ces sortes d'affaires, c'est la puissance paternelle, auprès de qui tout le mérite ne sert de rien.

HYACINTE.

Hélas! pourquoi faut-il que de justes inclinations se trouvent traversées? La douce chose que d'aimer, lorsque l'on ne voit point d'obstacles à ces aimables chaînes dont deux cœurs se lient ensemble!

SCAPIN.

Vous vous moquez! la tranquillité en amour est un calme désagréable. Un bonheur tout uni nous devient ennuyeux; il faut du haut et du bas dans la vie; et les difficultés qui se mêlent aux choses réveillent les ardeurs, augmentent les plaisirs.

ZERBINETTE.

Mon Dieu, Scapin, fais-nous un peu ce récit, qu'on m'a dit qui est si plaisant, du stratagème dont tu t'es avisé pour tirer de l'argent de ton vieillard avare. Tu sais qu'on ne perd point sa peine lorsqu'on me fait un conte, et que je le paye assez bien par la joie qu'on m'y voit prendre.

SCAPIN.

Voilà Sylvestre, qui s'en acquittera aussi bien que moi. J'ai dans la tête certaine petite vengeance dont je vais goûter le plaisir.

SYLVESTRE.

Pourquoi, de gaieté de cœur, veux-tu chercher à t'attirer de méchantes affaires?

SCAPIN.

Je me plais à tenter des entreprises hasardeuses.

SYLVESTRE.

Je te l'ai déjà dit, tu quitterois le dessein que tu as, si tu m'en voulois croire.

SCAPIN.

Oui; mais c'est moi que j'en croirai.

SYLVESTRE.

A quoi diable te vas-tu amuser?

SCAPIN.

De quoi diable te mets-tu en peine?

SYLVESTRE.

C'est que je vois que, sans nécessité, tu vas courir risque de t'attirer une venue de coups de bâton.

SCAPIN.

Eh bien, c'est aux dépens de mon dos, et non pas du tien.

SYLVESTRE.

Il est vrai que tu es maître de tes épaules, et tu en disposeras comme il te plaira.

SCAPIN.

Ces sortes de périls ne m'ont jamais arrêté; et je hais ces cœurs pusillanimes qui, pour trop prévenir les suites des choses, n'osent rien entreprendre.

ZERBINETTE, à Scapin.

Nous aurons besoin de tes soins.

SCAPIN.

Allez. Je vous irai bientôt rejoindre. Il ne sera pas dit qu'impunément on m'ait mis en état de me trahir moi-même et de découvrir des secrets qu'il étoit bon qu'on ne sût pas.

SCÈNE II. — GÉRONTE, SCAPIN.

GÉRONTE.

Eh bien, Scapin, comment va l'affaire de mon fils?

SCAPIN.

Votre fils, monsieur, est en lieu de sûreté; mais vous courez maintenant, vous, le péril le plus grand du monde, et je voudrois, pour beaucoup, que vous fussiez dans votre logis.

GÉRONTE.

Comment donc?

SCAPIN.

A l'heure que je parle, on vous cherche de toutes parts pour vous tuer.

GÉRONTE.

Moi?

SCAPIN.

Oui.

GÉRONTE.

Et qui?

SCAPIN.

Le frère de cette personne qu'Octave a épousée. Il croit que le dessein que vous avez de mettre votre fille à la place que tient sa sœur est ce qui vous pousse le plus fort à faire rompre leur mariage; et, dans cette pensée, il a résolu hautement de décharger son désespoir sur vous et de vous ôter la vie pour venger son honneur. Tous ses amis, gens d'épée comme lui, vous cherchent de tous les côtés, et demandent de vos nouvelles. J'ai vu même, deçà et delà, des soldats de sa compagnie qui interrogent ceux qu'ils trouvent et occupent par pelotons toutes les avenues de votre maison : de sorte que vous ne sauriez aller chez vous, vous ne sauriez faire un pas, ni à droite, ni à gauche, que vous ne tombiez dans leurs mains.

GÉRONTE.

Que ferai-je, mon pauvre Scapin?

SCAPIN.

Je ne sais pas, monsieur, et voici une étrange affaire. Je tremble pour vous depuis les pieds jusqu'à la tête, et... Attendez. (Scapin fait semblant d'aller voir au fond du théâtre s'il n'y a personne.)

GÉRONTE, en tremblant.

Eh?

SCAPIN, revenant.

Non, non, non, ce n'est rien.

GÉRONTE.

Ne saurois-tu trouver quelque moyen pour me tirer de peine?

SCAPIN.

J'en imagine bien un; mais je courrois risque, moi, de me faire assommer.

GÉRONTE.

Eh! Scapin, montre-toi serviteur zélé. Ne m'abandonne pas, je te prie.

SCAPIN.

Je le veux bien. J'ai une tendresse pour vous qui ne sauroit souffrir que je vous laisse sans secours.

GÉRONTE.

Tu en seras récompensé, je t'assure; et je te promets cet habit-ci quand je l'aurai un peu usé.

SCAPIN.

Attendez. Voici une affaire que je me suis trouvée fort à propos pour vous sauver. Il faut que vous vous mettiez dans ce sac, et que...

GÉRONTE, croyant voir quelqu'un.

Ah!

SCAPIN.

Non, non, non, non, ce n'est personne. Il faut, dis-je, que vous vous mettiez là dedans, et que vous gardiez de remuer en aucune façon. Je vous chargerai sur mon dos comme un paquet de quelque chose, et je vous porterai ainsi au travers de vos ennemis jusque dans votre maison, où quand nous serons une fois, nous pourrons nous barricader et envoyer querir main-forte contre la violence.

GÉRONTE.

L'invention est bonne.

SCAPIN.

La meilleure du monde. Vous allez voir. (A part.) Tu me payeras l'imposture.

GÉRONTE.

Eh?

SCAPIN.

Je dis que vos ennemis seront bien attrapés. Mettez-vous bien jusqu'au fond; et surtout prenez garde de ne vous point montrer et de ne branler pas, quelque chose qui puisse arriver.

GÉRONTE.

Laisse-moi faire; je saurai me tenir...

SCAPIN.

Cachez-vous; voici un spadassin qui vous cherche. (En contrefaisant sa voix.) « Quoi! jé n'aurai pas l'abantage dé tuer cé Géronte, et quelqu'un, par charité, né m'enseignera pas où il est! » (A Géronte avec sa voix ordinaire.) Ne branlez pas. « Cadédis, jé lé trouberai, sé cachât-il au centre de la terre! » (A Géronte avec son ton naturel.) Ne vous montrez pas. (Tout le langage gascon est supposé de celui qu'il contrefait, et le reste de lui.) « Oh! l'homme au sac! » Monsieur? « Jé té vaille un louis, et m'enseigne où put être Géronte. » Vous cherchez le seigneur Géronte? « Oui, mordi, jé lé cherche. » Et pour quelle affaire, monsieur? « Pour quelle affaire? » Oui. « Jé beux, cadédis, lé faire mourir sous les coups dé vaton. » Oh! monsieur, les coups de bâton ne se donnent point à des gens comme lui, et ce n'est pas un homme à être traité de la sorte. « Qui? cé fat dé Géronte, cé maraud, cé vélitre? » Le seigneur Géronte, monsieur, n'est ni fat, ni maraud, ni bélître; et vous devriez, s'il vous plaît, parler d'une autre façon. « Comment! tu mé traites, à moi, avec cette hautur? » Je défends, comme je dois, un homme d'honneur qu'on offense. « Est-ce que tu es des amis dé cé Géronte? » Oui, monsieur, j'en suis. « Ah! cadédis, tu es dé ses amis : à la vonne hure! (Donnant plusieurs coups de bâton sur le sac.) « Tiens, boilà cé qué jé té vaille pour lui. » (Criant comme s'il recevoit les coups de bâton.) Ah! ah! ah! ah! monsieur! Ah! ah! monsieur, tout beau! Ah! doucement! Ah! ah! ah! « Va, porte-lui cela dé ma part. Adiusias. » Ah! diable soit le Gascon! Ah!

GÉRONTE, mettant la tête hors du sac.

Ah! Scapin, je n'en puis plus...

SCAPIN.

Ah! monsieur, je suis tout moulu, et les épaules me font un mal épouvantable.

GÉRONTE.

Comment! c'est sur les miennes qu'il a frappé.

SCAPIN.

Nenni, monsieur, c'étoit sur mon dos qu'il frappoit.

GÉRONTE.

Que veux-tu dire? J'ai bien senti les coups et les sens bien encore.

SCAPIN.

Non, vous dis-je; ce n'est que le bout de son bâton qui a été jusque sur vos épaules.

GÉRONTE.

Tu devois donc te retirer un peu plus loin pour m'épargner...

SCAPIN, lui remettant la tête dans le sac.

Prenez garde; en voici un autre qui a la mine d'un étranger. (Cet endroit est le même que celui du Gascon pour le changement de langage et le jeu de théâtre.) « Parti, moi courir comme une Basque, et moi ne pouvre point troufair de tout le jour sti diable de Gironte. » Cachez-vous bien. « Dites-moi un peu, fous, montsir l'homme, s'il ve plait, fous safoir point où l'est sti Gironte que moi cherchair? » Non, monsieur, je ne sais point où est Géronte. « Dites-moi-le, fous, frenchemente; moi li fouloir pas grande chose à lui. L'est seulemente pour lui donnair un petite régale sur le dos d'un douzaine de coups de bâtonne, et de trois ou quatre petites coups d'épée au trafers de son poitrine. » Je vous assure, monsieur, que je ne sais pas où il est. « Il me semble que ji foi remuair quelque chose dans sti sac. » Pardonnez-moi, monsieur. « Li est assurément quelque histoire là tetans. » Point du tout, monsieur. « Moi l'avoir enfie de tonner un coup d'épée dans sti sac. » Ah! monsieur, gardez-vous-en bien! « Montre-le-moi un peu, fous, ce que c'être là. » Tout beau, monsieur! « Quement, tout beau! » Vous n'avez que faire de vouloir voir ce que je porte. « Et moi, je le fouloir voir, moi! » Vous ne le verrez point. « Ah! que de badinemente! » Ce sont hardes qui m'appartiennent. « Montre-moi, fous, te dis-je. » Je n'en ferai rien. « Toi ne faire rien? » Non. « Moi parler de ste bâtonne dessus les épaules de toi. » Je me moque de cela. « Ah! toi faire le trôle! » (Donnant des coups de bâton sur le sac, et criant comme s'il les recevoit.) Ahi! ahi! ahi! Ah! monsieur, ah! ah! ah! ah! « Jusqu'au refoir : l'être là un petit leçon pour li apprendre à toi à parler insolentemente. » Ah! peste soit du baragouineux! Ah!

GÉRONTE, sortant sa tête du sac.

Ah! je suis roué...

SCAPIN.

Ah! je suis mort...

GÉRONTE.

Pourquoi diantre faut-il qu'ils frappent sur mon dos?

SCAPIN, lui remettant la tête dans le sac.

Prenez garde; voici une demi-douzaine de soldats tout ensemble. (Contrefaisant la voix de plusieurs personnes.) « Allons, tâchons à trouver Géronte, cherchons partout. N'épargnons point nos pas. Courons toute la ville. N'oublions aucun lieu. Visitons tout. Furetons de tous les côtés. Par où irons-nous? Tournons par là. Non, par ici. A gauche. A droite. Nenni. Si fait. » (A Géronte, avec sa voix ordinaire.) Cachez-vous bien. « Ah! camarades, voici son valet. Allons, coquin, il faut que tu nous enseignes où est ton maître. » Eh! messieurs, ne me maltraitez point. « Allons, dis-nous où il est. Parle. Hâte-toi. Expédions. Dépêche vite. Tôt. » Eh! messieurs, doucement. (Géronte met doucement la tête hors du sac, et aperçoit la fourberie de Scapin.) « Si tu ne nous fais trouver ton maître tout à l'heure, nous allons faire pleuvoir sur toi une ondée de coups de bâton. » J'aime mieux souffrir toute chose que de vous découvrir mon maître. « Nous allons t'assommer. » Faites tout ce qu'il vous plaira. « Tu as envie d'être battu? » Je ne trahirai point mon maître. » Ah! tu veux en tâter? Voilà... » Oh! (Comme il est près de frapper, Géronte sort du sac, et Scapin s'enfuit.)

GÉRONTE, seul.

Ah! infâme! ah! traître! ah! scélérat! C'est ainsi que tu m'assassines [1]!

SCÈNE III. — ZERBINETTE, GÉRONTE.

ZERBINETTE, riant, sans voir Géronte
Ah! ah! Je veux prendre un peu l'air.

GÉRONTE, à part, sans voir Zerbinette.
Tu me le payeras, je te jure.

ZERBINETTE, sans voir Géronte.
Ah! ah! ah! ah! La plaisante histoire! et la bonne dupe que ce vieillard!

GÉRONTE.
Il n'y a rien de plaisant à cela ; et vous n'avez que faire d'en rire.

ZERBINETTE.
Quoi? Que voulez-vous dire, monsieur?

GÉRONTE.
Je veux dire que vous ne devez pas vous moquer de moi.

ZERBINETTE.
De vous?

GÉRONTE.
Oui.

ZERBINETTE.
Comment! qui songe à se moquer de vous?

GÉRONTE.
Pourquoi venez-vous ici me rire au nez?

[1] On doit convenir que cette scène est d'un genre de bouffonnerie bien bas, bien ignoble. Molière l'a prise dans le recueil des œuvres de Tabarin, bouffon du commencement du dix-septième siècle, dont les plaisanteries grossières attiraient le peuple autour des tréteaux d'un charlatan nommé Mondor, qui vendait du baume sur le pont Neuf. Ce n'est donc pas sans raison que Boileau a reproché à Molière d'avoir *à Térence allié Tabarin*. (Auger.)

ZERBINETTE.

Cela ne vous regarde point, et je ris toute seule d'un conte qu'on vient de faire, le plus plaisant qu'on puisse entendre. Je ne sais pas si c'est parce que je suis intéressée dans la chose; mais je n'ai jamais trouvé rien de si drôle qu'un tour qui vient d'être joué par un fils à son père pour en attraper de l'argent.

GÉRONTE.

Par un fils à son père, pour en attraper de l'argent?

ZERBINETTE.

Oui. Pour peu que vous me pressiez, vous me trouverez assez disposée à vous dire l'affaire; et j'ai une démangeaison naturelle à faire part des contes que je sais.

GÉRONTE.

Je vous prie de me dire cette histoire.

ZERBINETTE.

Je le veux bien. Je ne risquerai pas grand'chose à vous la dire, et c'est une aventure qui n'est pas pour être longtemps secrète. La destinée a voulu que je me trouvasse parmi une bande de ces personnes qu'on appelle Égyptiens, et qui, rôdant de province en province, se mêlent de dire la bonne fortune, et quelquefois de beaucoup d'autres choses. En arrivant dans cette ville, un jeune homme me vit et conçut pour moi de l'amour. Dès ce moment, il s'attache à mes pas; et le voilà d'abord comme tous les jeunes gens, qui croient qu'il n'y a qu'à parler et qu'au moindre mot qu'ils nous disent leurs affaires sont faites; mais il trouva une fierté qui lui fit un peu corriger ses premières pensées. Il fit connoître sa passion aux gens qui me tenoient, et il les trouva disposés à me laisser à lui moyennant quelque somme. Mais le mal de l'affaire étoit que mon amant se trouvoit dans l'état où l'on voit très-souvent la plupart des fils de famille, c'est-à-dire qu'il étoit un peu dénué d'argent. Il a un père qui, quoique riche, est un avaricieux fieffé, le plus vilain homme du monde. Attendez. Ne me saurois-je souvenir de son nom? Haie. Aidez-moi un peu. Ne pouvez-vous me nommer quelqu'un de cette ville qui soit connu pour être avare au dernier point?

GÉRONTE.

Non.

ZERBINETTE.

Il y a à son nom du ron... ronte... Or... Oronte... Non. Gé... Géronte. Oui, Géronte, justement; voilà mon vilain; je l'ai trouvé : c'est ce ladre-là que je dis. Pour venir à notre conte, nos gens ont voulu aujourd'hui partir de cette ville; et mon amant m'alloit perdre, faute d'argent, si, pour en tirer de son père, il n'avoit trouvé du secours dans l'industrie d'un serviteur qu'il a. Pour le nom du serviteur, je le sais à merveille. Il s'appelle Scapin; c'est un homme incomparable, et il mérite toutes les louanges qu'on peut donner.

GÉRONTE, à part.

Ah! coquin que tu es!

ZERBINETTE.

Voici le stratagème dont il s'est servi pour attraper sa dupe. Ah! ah! ah! ah! Je ne saurois m'en souvenir, que je ne rie de tout mon cœur. Ah! ah! ah! Il est allé trouver ce chien d'avare... ah! ah! ah! et lui a dit qu'en se promenant sur le port avec son fils, hi! hi! ils avoient vu une galère turque, où on les avoit invités d'entrer; qu'un jeune Turc leur y avoit donné la collation, ah! que, tandis qu'ils mangeoient, on avoit mis la galère en mer, et que le Turc l'avoit renvoyé lui seul à terre dans un esquif, avec ordre de dire au père de son maître qu'il emmenoit son fils en Alger, s'il ne lui envoyoit tout à l'heure cinq cents écus. Ah! ah! ah! Voilà mon ladre, mon vilain, dans de furieuses angoisses; et la tendresse qu'il a pour son fils fait un combat étrange avec son avarice. Cinq cents écus qu'on lui demande sont justement cinq cents coups de poignard qu'on lui donne. Ah! ah! ah! Il ne peut se résoudre à tirer cette somme de ses entrailles; et la peine qu'il souffre lui fait trouver cent moyens ridicules pour ravoir son fils. Ah! ah! ah! Il veut envoyer la justice en mer après la galère du Turc. Ah! ah! ah! Il sollicite son valet de s'aller offrir à tenir la place de son fils, jusqu'à ce qu'il ait amassé l'argent qu'il n'a pas envie de donner. Ah! ah! ah! Il abandonne, pour faire les cinq cents écus, quatre ou cinq vieux habits qui n'en valent pas trente. Ah! ah! ah! Le valet lui fait comprendre à tous coups l'impertinence de ses propositions; et chaque réflexion est douloureusement accompagnée d'un: « Mais que diable alloit-il faire à cette galère? Ah! maudite galère! Traître de Turc! » Enfin, après plusieurs détours, après avoir longtemps gémi et soupiré... Mais il me semble que vous ne riez point de mon conte; qu'en dites-vous?

GÉRONTE.

Je dis que le jeune homme est un pendard, un insolent, qui sera puni par son père du tour qu'il lui a fait; que l'Égyptienne est une malavisée, une impertinente, de dire des injures à un homme d'honneur, qui saura lui apprendre à venir ici débaucher les enfants de famille; et que le valet est un scélérat, qui sera par Géronte envoyé au gibet avant qu'il soit demain.

SCÈNE IV. — ZERBINETTE, SYLVESTRE.

SYLVESTRE.

Où est-ce donc que vous vous échappez? Savez-vous bien que vous venez de parler là au père de votre amant?

ZERBINETTE.

Je viens de m'en douter, et je me suis adressée à lui-même, sans y penser, pour lui conter son histoire.

SYLVESTRE.

Comment, son histoire?

ZERBINETTE.

Oui. J'étois toute remplie du conte, et je brûlois de le redire. Mais qu'importe? Tant pis pour lui. Je ne vois pas que les choses, pour nous, en puissent être ni pis ni mieux.

SYLVESTRE.

Vous aviez grande envie de babiller; et c'est avoir bien de la langue que de ne pouvoir se taire de ses propres affaires.

ZERBINETTE.

N'auroit-il pas appris cela de quelque autre?

SCÈNE V. — ARGANTE, ZERBINETTE, SYLVESTRE.

ARGANTE, derrière le théâtre.

Holà! Sylvestre.

SYLVESTRE, à Zerbinette.

Rentrez dans la maison. Voilà mon maître qui m'appelle.

SCÈNE VI. — ARGANTE, SYLVESTRE.

ARGANTE.

Vous vous êtes donc accordés, coquins, vous vous êtes accordés, Scapin, vous et mon fils, pour me fourber; et vous croyez que je l'endure?

SYLVESTRE.

Ma foi, monsieur, si Scapin vous fourbe, je m'en lave les mains, et vous assure que je n'y trempe en aucune façon.

ARGANTE.

Nous verrons cette affaire, pendard, nous verrons cette affaire, et je ne prétends pas qu'on me fasse passer la plume par le bec[1].

SCÈNE VII. — GÉRONTE, ARGANTE, SYLVESTRE.

GÉRONTE.

Ah! seigneur Argante, vous me voyez accablé de disgrâce.

ARGANTE.

Vous me voyez aussi dans un accablement horrible.

---

[1] Pour empêcher les oisons de traverser les haies et d'entrer dans les jardins qu'elles entourent, on passe une plume par les deux ouvertures qui sont à la partie supérieure de leur bec. De là le proverbe *passer la plume par le bec*. (Auger.)

GÉRONTE.

Le pendard de Scapin, par une fourberie, m'a attrapé cinq cents écus.

ARGANTE.

Le même pendard de Scapin, par une fourberie aussi, m'a attrapé deux cents pistoles.

GÉRONTE.

Il ne s'est pas contenté de m'attraper cinq cents écus; il m'a traité d'une manière que j'ai honte de dire. Mais il me la payera.

ARGANTE.

Je veux qu'il me fasse raison de la pièce qu'il m'a jouée.

GÉRONTE.

Et je prétends faire de lui une vengeance exemplaire.

SYLVESTRE, à part.

Plaise au ciel que, dans tout ceci, je n'aie point ma part!

GÉRONTE.

Mais ce n'est pas encore tout, seigneur Argante; et un malheur nous est toujours l'avant-coureur d'un autre. Je me réjouissois aujourd'hui de l'espérance d'avoir ma fille, dont je faisois toute ma consolation; et je viens d'apprendre de mon homme qu'elle est partie il y a longtemps de Tarente, et qu'on y croit qu'elle a péri dans le vaisseau où elle s'embarqua.

ARGANTE.

Mais pourquoi, s'il vous plait, la tenir à Tarente, et ne vous être pas donné la joie de l'avoir avec vous?

GÉRONTE.

J'ai eu mes raisons pour cela; et des intérêts de famille m'ont obligé jusques ici à tenir fort secret ce second mariage. Mais que vois-je?

SCÈNE VIII. — ARGANTE, GÉRONTE, NÉRINE, SYLVESTRE.

GÉRONTE.

Ah! te voilà, nourrice?

NÉRINE, se jetant aux genoux de Géronte.

Ah! seigneur Pandolphe, que...

GÉRONTE.

Appelle-moi Géronte, et ne te sers plus de ce nom. Les raisons ont cessé qui m'avoient obligé à le prendre parmi vous à Tarente.

NÉRINE.

Las! que ce changement de nom nous a causé de troubles et d'inquiétudes dans les soins que nous avons pris de vous venir chercher ici!

GÉRONTE.

Où est ma fille et sa mère?

NÉRINE.

Votre fille, monsieur, n'est pas loin d'ici; mais, avant que de vous la faire voir, il faut que je vous demande pardon de l'avoir mariée, dans l'abandonnement où, faute de vous rencontrer, je me suis trouvée avec elle.

GÉRONTE.

Ma fille mariée?

NÉRINE.

Oui, monsieur.

GÉRONTE.

Et avec qui?

NÉRINE.

Avec un jeune homme nommé Octave, fils d'un certain seigneur Argante.

GÉRONTE.

O ciel!

ARGANTE.

Quelle rencontre!

GÉRONTE.

Mène-nous, mène-nous promptement où elle est.

NÉRINE.

Vous n'avez qu'à entrer dans ce logis.

GÉRONTE.

Passe devant. Suivez-moi, suivez-moi, seigneur Argante.

SYLVESTRE, seul.

Voilà une aventure qui est tout à fait surprenante[1]

SCÈNE IX. — SCAPIN, SYLVESTRE.

SCAPIN.

Eh bien, Sylvestre, que font nos gens?

SYLVESTRE.

J'ai deux avis à te donner. L'un, que l'affaire d'Octave est accommodée. Notre Hyacinte s'est trouvée la fille du seigneur Géronte; et le hasard a fait ce que la prudence des pères avoit délibéré. L'autre avis, c'est que les deux vieillards font contre toi des menaces épouvantables, et surtout le seigneur Géronte.

SCAPIN.

Cela n'est rien. Les menaces ne m'ont jamais fait mal; et ce sont des nuées qui passent bien loin sur nos têtes.

---

[1] Cette aventure, *surprenante*, si l'on veut, mais qui nous paraît à nous trop romanesque, se trouve dans le *Phormion* avec toutes ses circonstances. Les comédies latines sont presque toutes dénouées par de semblables événements. L'état de la société, chez les anciens, les rendait assez fréquents, et il était naturel que la scène les retraçât. Sur nos théâtres, ce ne sont que des romans sans vérité et sans intérêt. (Auger.)

SYLVESTRE.

Prends garde à toi. Les fils se pourroient bien raccommoder avec les pères, et toi demeurer dans la nasse.

SCAPIN.

Laisse-moi faire, je trouverai moyen d'apaiser leur courroux, et...

SYLVESTRE.

Retire-toi, les voilà qui sortent.

SCÈNE X. — GÉRONTE, ARGANTE, HYACINTE, ZERBINETTE, NÉRINE, SYLVESTRE.

GÉRONTE.

Allons, ma fille, venez chez moi. Ma joie auroit été parfaite, si j'y avois pu voir votre mère avec vous.

ARGANTE.

Voici Octave tout à propos.

SCÈNE XI. — ARGANTE, GÉRONTE, OCTAVE, HYACINTE, ZERBINETTE, NÉRINE, SYLVESTRE.

ARGANTE.

Venez, mon fils, venez vous réjouir avec nous de l'heureuse aventure de votre mariage. Le ciel...

OCTAVE.

Non, mon père, toutes vos propositions de mariage ne serviront de rien. Je dois lever le masque avec vous, et l'on vous a dit mon engagement.

ARGANTE.

Oui. Mais tu ne sais pas...

OCTAVE.

Je sais tout ce qu'il faut savoir.

ARGANTE.

Je te veux dire que la fille du seigneur Géronte...

OCTAVE.

La fille du seigneur Géronte ne me sera jamais de rien.

GÉRONTE.

C'est elle...

OCTAVE, à Géronte.

Non, monsieur; je vous demande pardon; mes résolutions sont prises.

SYLVESTRE, à Octave.

Écoutez...

OCTAVE.

Non. Tais-toi. Je n'écoute rien.

ARGANTE, à Octave.

Ta femme...

OCTAVE.

Non, vous dis-je, mon père; je mourrai plutôt que de quitter mon aimable Hyacinte. (Traversant le théâtre pour se mettre à côté d'Hyacinte.) Oui. Vous avez beau faire; la voilà, celle à qui ma foi est engagée. Je l'aimerai toute ma vie, et je ne veux point d'autre femme.

ARGANTE.

Eh bien, c'est elle qu'on te donne. Quel diable d'étourdi qui suit toujours sa pointe!

HYACINTE, montrant Géronte.

Oui, Octave, voilà mon père que j'ai trouvé; et nous nous voyons hors de peine.

GÉRONTE.

Allons chez moi; nous serons mieux qu'ici pour nous entretenir

HYACINTE, montrant Zerbinette.

Ah! mon père, je vous demande, par grâce, que je ne sois point séparée de l'aimable personne que vous voyez. Elle a un mérite qui vous fera concevoir de l'estime pour elle, quand il sera connu de vous.

GÉRONTE.

Tu veux que je tienne chez moi une personne qui est aimée de ton frère, et qui m'a dit tantôt au nez mille sottises de moi-même!

ZERBINETTE.

Monsieur, je vous prie de m'excuser. Je n'aurois pas parlé de la sorte, si j'avois su que c'étoit vous; et je ne vous connoissois que de réputation.

GÉRONTE.

Comment! que de réputation?

HYACINTE.

Mon père, la passion que mon frère a pour elle n'a rien de criminel, et je réponds de sa vertu.

GÉRONTE.

Voilà qui est fort bien. Ne voudroit-on point que je mariasse mon fils avec elle? Une fille inconnue, qui fait le métier de coureuse!

SCÈNE XII. — ARGANTE, GÉRONTE, LÉANDRE, OCTAVE, HYACINTE, ZERBINETTE, NÉRINE, SYLVESTRE.

LÉANDRE.

Mon père, ne vous plaignez point que j'aime une inconnue, sans naissance et sans bien. Ceux de qui je l'ai rachetée viennent de me découvrir qu'elle est de cette ville, et d'honnête famille; que ce sont eux qui l'y ont dérobée à l'âge de quatre ans : et voici un bracelet qu'ils m'ont donné, qui pourra nous aider à trouver ses parents.

ARGANTE.

Hélas! à voir ce bracelet, c'est ma fille que je perdis à l'âge que vous dites.

GÉRONTE.

Votre fille?

ARGANTE.

Oui, ce l'est; et j'y vois tous les traits qui m'en peuvent rendre assuré. Ma chère fille!...

HYACINTE.

O ciel! que d'aventures extraordinaires!

SCÈNE XIII. — ARGANTE, GÉRONTE, LÉANDRE, OCTAVE, HYACINTE, ZERBINETTE, NÉRINE, SYLVESTRE, CARLE.

CARLE.

Ah! messieurs, il vient d'arriver un accident étrange.

GÉRONTE.

Quoi?

CARLE.

Le pauvre Scapin...

GÉRONTE.

C'est un coquin que je veux faire pendre.

CARLE.

Hélas! monsieur, vous ne serez pas en peine de cela. En passant contre un bâtiment, il lui est tombé sur la tête un marteau de tailleur de pierre, qui lui a brisé l'os et découvert toute la cervelle. Il se meurt, et il a prié qu'on l'apportât ici, pour vous pouvoir parler avant que de mourir.

ARGANTE.

Où est-il?

CARLE.

Le voilà.

SCÈNE XIV. — ARGANTE, GÉRONTE, LÉANDRE, OCTAVE, HYACINTE, ZERBINETTE, NÉRINE, SCAPIN, SYLVESTRE, CARLE.

SCAPIN, *apporté par deux hommes, et la tête entourée de linges, comme s'il avoit été blessé.*

Ahi! ahi! Messieurs, vous me voyez... ahi! vous me voyez dans un étrange état. Ahi! Je n'ai pas voulu mourir sans venir demander pardon à toutes les personnes que je puis avoir offensées. Ahi! Oui, messieurs, avant que de rendre le dernier soupir, je vous conjure de tout mon cœur de vouloir me pardonner tout ce que je puis avoir fait, et principalement le seigneur Argante et le seigneur Géronte. Ahi!

ARGANTE.
Pour moi, je te pardonne; va, meurs en repos.

SCAPIN, à Géronte.
C'est vous, monsieur, que j'ai le plus offensé par les coups de bâton que...

GÉRONTE.
Ne parle point davantage, je te pardonne aussi.

SCAPIN.
Ç'a été une témérité bien grande à moi, que les coups de bâton que je...

GÉRONTE.
Laissons cela.

SCAPIN.
J'ai, en mourant, une douleur inconcevable des coups de bâton que...

GÉRONTE.
Mon Dieu! tais-toi.

SCAPIN.
Les malheureux coups de bâton que je vous...

GÉRONTE.
Tais-toi, te dis-je; j'oublie tout.

SCAPIN.
Hélas! quelle bonté! Mais est-ce de bon cœur, monsieur, que vous me pardonnez ces coups de bâton que...

GÉRONTE.
Eh! oui. Ne parlons plus de rien; je te pardonne tout : voilà qui est fait.

SCAPIN.
Ah! monsieur, je me sens tout soulagé depuis cette parole.

GÉRONTE.
Oui; mais je te pardonne à la charge que tu mourras.

SCAPIN.
Comment, monsieur!

GÉRONTE.
Je me dédis de ma parole, si tu réchappes.

SCAPIN.
Ahi! ahi! Voilà mes foiblesses qui me reprennent.

ARGANTE.
Seigneur Géronte, en faveur de notre joie, il faut lui pardonner sans condition.

GÉRONTE.
Soit.

ARGANTE.
Allons souper ensemble, pour mieux goûter notre plaisir.

SCAPIN.

Et moi, qu'on me porte au bout de la table, en attendant que je meure¹.

LA COMTESSE D'ESCARBAGNAS

COMÉDIE

1671

PERSONNAGES

LA COMTESSE D'ESCARBAGNAS.
LE COMTE, fils de la comtesse d'Escarbagnas.
LE VICOMTE, amant de Julie.
JULIE, amante du vicomte.
MONSIEUR TIBAUDIER, conseiller, amant de la comtesse.
MONSIEUR HARPIN, receveur des tailles, autre amant de la comtesse.
MONSIEUR BOBINET, précepteur de M. le comte.
ANDRÉE, suivante de la comtesse.
JEANNOT, laquais de monsieur Tibaudier.
CRIQUET, laquais de la comtesse.

La scène est à Angoulème.

SCÈNE I. — JULIE, LE VICOMTE.

LE VICOMTE.
Eh quoi, madame! vous êtes déjà ici?

JULIE.
Oui. Vous en devriez rougir, Cléante; et il n'est guère honnête à un amant de venir le dernier au rendez-vous.

LE VICOMTE.
Je serois ici il y a une heure, s'il n'y avoit point de fâcheux au monde; et j'ai été arrêté en chemin par un vieux importun de qualité, qui m'a demandé tout exprès des nouvelles de la cour, pour trouver moyen de m'en dire des plus extravagantes qu'on puisse débiter; et c'est là, comme vous savez, le fléau des petites villes, que ces grands nouvellistes qui cherchent partout où répandre les contes qu'ils ramas-

---

¹ Ce dernier acte est fort inférieur aux deux autres, dont le premier est excellent de tout point, et le second renferme des scènes de la plus folle gaieté. La pièce, malgré les défauts que nous avons relevés, n'en est pas moins une des farces les plus divertissantes qui soient au théâtre. (Auger.)

sent. Celui-ci m'a montré d'abord deux feuilles de papier, pleines jusques aux bords d'un grand fatras de balivernes, qui viennent, m'a-t-il dit, de l'endroit le plus sûr du monde. Ensuite, comme d'une chose fort curieuse, il m'a fait avec grand mystère une fatigante lecture de toutes les méchantes plaisanteries de la gazette de Hollande, dont il épouse les intérêts. Il tient que la France est battue en ruine par la plume de cet écrivain, et qu'il ne faut que ce bel esprit pour défaire toutes nos troupes ; et de là s'est jeté à corps perdu dans le raisonnement du ministère, dont il remarque tous les défauts, et d'où j'ai cru qu'il ne sortiroit point. A l'entendre parler, il sait les secrets du cabinet mieux que ceux qui les font. La politique de l'État lui laisse voir tous ses desseins ; et elle ne fait pas un pas dont il ne pénètre les intentions. Il nous apprend les ressorts cachés de tout ce qui se fait, nous découvre les vues de la prudence de nos voisins, et remue, à sa fantaisie, toutes les affaires de l'Europe. Ses intelligences même s'étendent jusques en Afrique et en Asie ; et il est informé de tout ce qui s'agite dans le conseil d'en haut du Prêtre-Jean[1] et du grand Mogol.

JULIE.

Vous parez votre excuse du mieux que vous pouvez, afin de la rendre agréable, et faire qu'elle soit plus aisément reçue.

LE VICOMTE.

C'est là, belle Julie, la véritable cause de mon retardement ; et, si je voulois y donner une excuse galante, je n'aurois qu'à vous dire que le rendez-vous que vous voulez prendre peut autoriser la paresse dont vous me querellez ; que m'engager à faire l'amant de la maîtresse du logis, c'est me mettre en état de craindre de me trouver ici le premier ; que, cette feinte où je me force n'étant que pour vous plaire, j'ai lieu de ne vouloir en souffrir la contrainte que devant les yeux qui s'en divertissent ; que j'évite le tête-à-tête avec cette comtesse ridicule dont vous m'embarrassez ; et, en un mot, que, ne venant ici que pour vous, j'ai toutes les raisons du monde d'attendre que vous y soyez.

JULIE.

Nous savons bien que vous ne manquerez jamais d'esprit pour donner de belles couleurs aux fautes que vous pourrez faire. Cependant, si vous étiez venu une demi-heure plus tôt, nous aurions profité de tous ces moments ; car j'ai trouvé en arrivant que la comtesse étoit sortie, et je ne doute point qu'elle ne soit allée par la ville se faire honneur de la comédie que vous me donnez sous son nom.

---

[1] On appela d'abord *Prêtre-Jean* un prince tartare qui combattit Gengis. Des religieux envoyés près de lui prétendirent qu'ils l'avaient converti, l'avaient nommé Jean au baptême, et même lui avaient conféré le sacerdoce ; de là cette qualification de *Prêtre-Jean*, qui est devenue depuis, on ne sait pourquoi, celle d'un prince nègre, moitié chrétien schismatique, et moitié juif. C'est de ce dernier qu'il est question ici. (Auger.)

LE VICOMTE.

Mais tout de bon, madame, quand voulez-vous mettre fin à cette contrainte et me faire moins acheter le bonheur de vous voir?

JULIE.

Quand nos parents pourront être d'accord; ce que je n'ose espérer. Vous savez, comme moi, que les démêlés de nos deux familles ne nous permettent point de nous voir autre part, et que mes frères, non plus que votre père, ne sont pas assez raisonnables pour souffrir notre attachement.

LE VICOMTE.

Mais pourquoi ne pas mieux jouir du rendez-vous que leur inimitié nous laisse, et me contraindre à perdre en une sotte feinte les moments que j'ai près de vous?

JULIE.

Pour mieux cacher notre amour; et puis, à vous dire la vérité, cette feinte dont vous parlez m'est une comédie fort agréable; et je ne sais si celle que vous nous donnez aujourd'hui me divertira davantage. Notre comtesse d'Escarbagnas, avec son perpétuel entêtement de qualité, est un aussi bon personnage qu'on en puisse mettre sur le théâtre. Le petit voyage qu'elle a fait à Paris l'a ramenée dans Angoulême plus achevée qu'elle n'étoit. L'approche de l'air de la cour a donné à son ridicule de nouveaux agréments, et sa sottise tous les jours ne fait que croître et embellir.

LE VICOMTE.

Oui; mais vous ne considérez pas que le jeu qui vous divertit tient mon cœur au supplice, et qu'on n'est point capable de se jouer longtemps, lorsqu'on a dans l'esprit une passion aussi sérieuse que celle que je sens pour vous. Il est cruel, belle Julie, que cet amusement dérobe à mon amour un temps qu'il voudroit employer à vous expliquer son ardeur; et, cette nuit, j'ai fait là-dessus quelques vers, que je ne puis m'empêcher de vous réciter sans que vous me le demandiez, tant la démangeaison de dire ses ouvrages est un vice attaché à la qualité de poëte!

C'est trop longtemps, Iris, me mettre à la torture;

Iris, comme vous le voyez, est mis là pour Julie.

> C'est trop longtemps, Iris, me mettre à la torture,
> Et, si je suis vos lois, je les blâme tout bas
> De me forcer à taire un tourment que j'endure,
> Pour déclarer un mal que je ne ressens pas.
>
> Faut-il que vos beaux yeux, à qui je rends les armes,
> Veuillent se divertir de mes tristes soupirs?
> Et n'est-ce pas assez de souffrir pour vos charmes,
> Sans me faire souffrir encor pour vos plaisirs?

C'en est trop à la fois que ce double martyre;
Et ce qu'il me faut taire et ce qu'il me faut dire
Exerce sur mon cœur pareille cruauté.

L'amour le met en feu, la contrainte le tue;
Et, si par la pitié vous n'êtes combattue,
Je meurs et de la feinte et de la vérité[1].

JULIE.

Je vois que vous vous faites là bien plus maltraité que vous n'êtes; mais c'est une licence que prennent messieurs les poëtes, de mentir de gaieté de cœur et de donner à leurs maîtresses des cruautés qu'elles n'ont pas, pour s'accommoder aux pensées qui leur peuvent venir. Cependant je serai bien aise que vous me donniez ces vers par écrit.

LE VICOMTE.

C'est assez de vous les avoir dits, et je dois en demeurer là. Il est permis d'être parfois assez fou pour faire des vers, mais non pour vouloir qu'ils soient vus.

JULIE.

C'est en vain que vous vous retranchez sur une fausse modestie; on sait dans le monde que vous avez de l'esprit; et je ne vois pas la raison qui vous oblige à cacher les vôtres.

LE VICOMTE.

Mon Dieu! madame, marchons là-dessus, s'il vous plaît, avec beaucoup de retenue; il est dangereux dans le monde de se mêler d'avoir de l'esprit. Il y a là dedans un certain ridicule qu'il est facile d'attraper, et nous avons de nos amis qui me font craindre leur exemple.

JULIE.

Mon Dieu! Cléante, vous avez beau dire; je vois avec tout cela que vous mourez d'envie de me les donner; et je vous embarrasserois, si je faisois semblant de ne m'en pas soucier.

LE VICOMTE.

Moi, madame? vous vous moquez; et je ne suis pas si poëte que vous pourriez bien croire, pour... Mais voici votre madame la comtesse d'Escarbagnas. Je sors par l'autre porte pour ne la point trouver, et vais disposer tout mon monde au divertissement que je vous ai promis[2].

---

[1] C'est là un sonnet à l'italienne, plein de *concetti*; mais le tour en est facile et agréable. Du reste, Cléante, qui ne se pique pas d'être poëte, ne lit ses vers à sa maîtresse, pour qui ils ont été faits, qu'en se moquant lui-même de son empressement à les lui réciter. (A.)

[2] Cette scène nous apprend qu'on va se moquer et que nous allons rire d'une comtesse provinciale, sottement entêtée de sa qualité et des grands airs qu'elle croit avoir rapportés de Paris : c'est là toute l'exposition possible d'une pièce qui ne doit pas avoir un autre sujet. (Auger.)

SCÈNE II. — LA COMTESSE, JULIE; ANDRÉE et CRIQUET, dans le fond du théâtre.

LA COMTESSE.

Ah! mon Dieu! madame, vous voilà toute seule? Quelle pitié est-ce là? Toute seule! Il me semble que mes gens m'avoient dit que le vicomte étoit ici.

JULIE.

Il est vrai qu'il y est venu; mais c'est assez pour lui de savoir que vous n'y étiez pas, pour l'obliger à sortir.

LA COMTESSE.

Comment! il vous a vue?

JULIE.

Oui.

LA COMTESSE.

Et il ne vous a rien dit?

JULIE.

Non, madame; et il a voulu témoigner par là qu'il est tout entier à vos charmes.

LA COMTESSE.

Vraiment, je le veux quereller de cette action. Quelque amour que l'on ait pour moi, j'aime que ceux qui m'aiment rendent ce qu'ils doivent au sexe; et je ne suis point de l'humeur de ces femmes injustes qui s'applaudissent des incivilités que leurs amants font aux autres belles.

JULIE.

Il ne faut point, madame, que vous soyez surprise de son procédé. L'amour que vous lui donnez éclate dans toutes ses actions, et l'empêche d'avoir des yeux que pour vous.

LA COMTESSE.

Je crois être en état de pouvoir faire naître une passion assez forte, et je me trouve pour cela assez de beauté, de jeunesse et de qualité, Dieu merci; mais cela n'empêche pas qu'avec ce que j'inspire on ne puisse garder de l'honnêteté et de la complaisance pour les autres. (Apercevant Criquet.) Que faites-vous donc là, laquais? Est-ce qu'il n'y a pas une antichambre où se tenir, pour venir quand on vous appelle? Cela est étrange, qu'on ne puisse avoir en province un laquais qui sache son monde! A qui est-ce donc que je parle? Voulez-vous vous en aller là dehors, petit fripon!

SCÈNE III. — LA COMTESSE, JULIE, ANDRÉE.

LA COMTESSE, à Andrée.

Fille, approchez.

ANDRÉE.
Que vous plaît-il, madame?

LA COMTESSE.
Otez-moi mes coiffes. Doucement donc, maladroite : comme vous me saboulez la tête avec vos mains pesantes!

ANDRÉE.
Je fais, madame, le plus doucement que je puis.

LA COMTESSE.
Oui; mais le plus doucement que vous pouvez est fort rudement pour ma tête, et vous me l'avez déboîtée. Tenez encore ce manchon; ne laissez point traîner tout cela, et portez-le dans ma garde-robe. Eh bien! où va-t-elle? où va-t-elle? Que veut-elle faire, cet oison bridé?

ANDRÉE.
Je veux, madame, comme vous m'avez dit, porter cela aux garde-robes.

LA COMTESSE.
Ah! mon Dieu, l'impertinente! (A Julie.) Je vous demande pardon, madame. (A Andrée.) Je vous ai dit ma garde-robe, grosse bête, c'est-à-dire où sont mes habits.

ANDRÉE.
Est-ce, madame, qu'à la cour une armoire s'appelle une garde-robe?

LA COMTESSE.
Oui, butorde! on appelle ainsi le lieu où l'on met les habits.

ANDRÉE.
Je m'en ressouviendrai, madame, aussi bien que de votre grenier, qu'il faut appeler garde-meuble.

SCÈNE IV. — LA COMTESSE, JULIE.

LA COMTESSE.
Quelle peine il faut prendre pour instruire ces animaux-là!

JULIE.
Je les trouve bien heureux, madame, d'être sous votre discipline.

LA COMTESSE.
C'est une fille de ma mère nourrice que j'ai mise à la chambre, et elle est toute neuve encore.

JULIE.
Cela est d'une belle âme, madame; et il est glorieux de faire ainsi des créatures.

LA COMTESSE.
Allons, des siéges. Holà! laquais, laquais, laquais! En vérité, voilà qui est violent, de ne pouvoir pas avoir un laquais pour donner des siéges! Filles, laquais, laquais, filles, quelqu'un! Je pense que tous

mes gens sont morts, et que nous serons contraintes de nous donner des siéges nous-mêmes.

SCÈNE V. — LA COMTESSE, JULIE, ANDRÉE.

ANDRÉE.

Que voulez-vous, madame?

LA COMTESSE.

Il se faut bien égosiller avec vous autres!

ANDRÉE.

J'enfermois votre manchon et vos coiffes dans votre armoi... dis-je, dans votre garde-robe.

LA COMTESSE.

Appelez-moi ce petit fripon de laquais.

ANDRÉE.

Holà! Criquet!

LA COMTESSE.

Laissez là votre Criquet, bouvière! et appelez : Laquais!

ANDRÉE.

Laquais donc, et non pas Criquet, venez parler à madame. Je pense qu'il est sourd. Criq... Laquais, laquais!

SCÈNE VI. — LA COMTESSE, JULIE, ANDRÉE, CRIQUET.

CRIQUET.

Plait-il?

LA COMTESSE.

Où étiez-vous donc, petit coquin?

CRIQUET.

Dans la rue, madame.

LA COMTESSE.

Et pourquoi dans la rue?

CRIQUET.

Vous m'avez dit d'aller là dehors.

LA COMTESSE.

Vous êtes un petit impertinent, mon ami; et vous devez savoir que là dehors, en termes de personnes de qualité, veut dire l'antichambre. Andrée, ayez soin tantôt de faire donner le fouet à ce petit fripon-là par mon écuyer; c'est un petit incorrigible.

ANDRÉE.

Qu'est-ce que c'est, madame, que votre écuyer? Est-ce maître Charles que vous appelez comme cela?

LA COMTESSE.

Taisez-vous, sotte que vous êtes! vous ne sauriez ouvrir la bouche que vous ne disiez une impertinence! (A Criquet.) Des siéges. (A Andrée.) Et vous, allumez deux bougies dans mes flambeaux d'argent : il se fait déjà tard. Qu'est-ce que c'est donc, que vous me regardez tout effarée?

ANDRÉE.

Madame...

LA COMTESSE.

Eh bien, madame... Qu'y a-t-il?

ANDRÉE.

C'est que...

LA COMTESSE.

Quoi?

ANDRÉE.

C'est que je n'ai point de bougie.

LA COMTESSE.

Comment! Vous n'en avez point?

ANDRÉE.

Non, madame, si ce n'est des bougies de suif.

LA COMTESSE.

La bouvière! Et où est donc la cire que je fis acheter ces jours passés?

ANDRÉE.

Je n'en ai point vu depuis que je suis céans

LA COMTESSE.

Otez-vous de là, insolente! Je vous renverrai chez vos parents. Apportez-moi un verre d'eau.

SCÈNE VII. — LA COMTESSE et JULIE, faisant des cérémonies pour s'asseoir.

LA COMTESSE.

Madame!

JULIE.

Madame!

LA COMTESSE.

Ah! madame!

JULIE.

Ah! madame!

LA COMTESSE.

Mon Dieu! madame!

JULIE.

Mon Dieu! madame!

LA COMTESSE.

Oh! madame!

JULIE.

Oh! madame!

LA COMTESSE.

Eh! madame!

JULIE.

Eh! madame!

LA COMTESSE.

Eh! allons donc, madame!

JULIE.

Eh! allons donc, madame!

LA COMTESSE.

Je suis chez moi, madame. Nous sommes demeurées d'accord de cela. Me prenez-vous pour une provinciale, madame?

JULIE.

Dieu m'en garde, madame!

SCÈNE VIII. — LA COMTESSE, JULIE; ANDRÉE, apportant un verre d'eau; CRIQUET.

LA COMTESSE, à Andrée.

Allez, impertinente : je bois avec une soucoupe. Je vous dis que vous m'alliez quérir une soucoupe pour boire.

ANDRÉE.

Criquet, qu'est-ce que c'est qu'une soucoupe?

CRIQUET.

Une soucoupe?

ANDRÉE.

Oui.

CRIQUET.

Je ne sais.

LA COMTESSE, à Andrée.

Vous ne vous grouillez pas[1]?

ANDRÉE.

Nous ne savons tous deux, madame, ce que c'est qu'une soucoupe.

LA COMTESSE.

Apprenez que c'est une assiette, sur laquelle on met le verre.

SCÈNE IX. — LA COMTESSE, JULIE.

LA COMTESSE.

Vive Paris pour être bien servie! On vous entend là au moindre coup d'œil.

---

[1] Le mot *grouiller* est devenu trivial et grossier; mais il était alors admis dans la bonne compagnie. (A. M.)

SCÈNE X. — LA COMTESSE, JULIE; ANDRÉE, apportant un verre d'eau avec une assiette dessus; CRIQUET.

LA COMTESSE.

Eh bien! vous ai-je dit comme cela, tête de bœuf? C'est dessous qu'il faut mettre l'assiette.

ANDRÉE.

Cela est bien aisé. (*Andrée casse le verre en le posant sur l'assiette.*)

LA COMTESSE.

Eh bien, ne voilà pas l'étourdie! En vérité, vous me payerez mon verre.

ANDRÉE.

Eh bien, oui, madame, je le payerai.

LA COMTESSE.

Mais voyez cette maladroite! cette bouvière! cette butorde! cette...

ANDRÉE, *s'en allant*.

Dame! madame, si je le paye, je ne veux point être querellée.

LA COMTESSE.

Ôtez-vous de devant mes yeux!

SCÈNE XI. — LA COMTESSE, JULIE.

LA COMTESSE.

En vérité, madame, c'est une chose étrange que les petites villes! On n'y sait point du tout son monde : et je viens de faire deux ou trois visites, où ils ont pensé me désespérer par le peu de respect qu'ils rendent à ma qualité.

JULIE.

Où auroient-ils appris à vivre? Ils n'ont point fait de voyage à Paris.

LA COMTESSE.

Ils ne laisseroient pas de l'apprendre, s'ils vouloient écouter les personnes; mais le mal que j'y trouve, c'est qu'ils veulent en savoir autant que moi, qui ai été deux mois à Paris et ai vu toute la cour.

JULIE.

Les sottes gens que voilà!

LA COMTESSE.

Ils sont insupportables, avec les impertinentes égalités dont ils traitent les gens. Car, enfin, il faut qu'il y ait de la subordination dans les choses; et ce qui me met hors de moi, c'est qu'un gentilhomme de ville de deux jours, ou de deux cents ans, aura l'effronterie de dire qu'il est aussi bien gentilhomme que feu monsieur mon mari, qui demeuroit à la campagne, qui avoit meute de chiens courants, et qui prenoit la qualité de comte dans tous les contrats qu'il passoit.

JULIE.

On sait bien mieux vivre à Paris, dans ces hôtels dont la mémoire doit être si chère. Cet hôtel de Mouhy, madame, cet hôtel de Lyon, cet hôtel de Hollande, les agréables demeures que voilà [1] !

LA COMTESSE.

Il est vrai qu'il y a bien de la différence de ces lieux-là à tout ceci. On y voit venir du beau monde, qui ne marchande point à vous rendre tous les respects qu'on sauroit souhaiter. On ne s'en lève pas, si l'on veut, de dessus son siége ; et, lorsque l'on veut voir la revue, ou le grand ballet de *Psyché*, on est servie à point nommé.

JULIE.

Je pense, madame, que, durant votre séjour à Paris, vous avez bien fait des conquêtes de qualité.

LA COMTESSE.

Vous pouvez bien croire, madame, que tout ce qui s'appelle les galants de la cour n'a pas manqué de venir à ma porte, et de m'en conter ; et je garde dans ma cassette de leurs billets, qui peuvent faire voir quelles propositions j'ai refusées ; il n'est pas nécessaire de vous dire leurs noms : on sait ce qu'on veut dire par galants de la cour.

JULIE.

Je m'étonne, madame, que de tous ces grands noms, que je devine, vous ayez pu redescendre à un monsieur Tibaudier, le conseiller, et à un monsieur Harpin, le receveur des tailles. La chute est grande, je vous l'avoue : car, pour monsieur votre vicomte, quoique vicomte de province, c'est toujours un vicomte, et il peut faire un voyage à Paris, s'il n'en a point fait ; mais un conseiller et un receveur sont des amants un peu bien minces pour une grande comtesse comme vous.

LA COMTESSE.

Ce sont gens qu'on ménage dans les provinces pour les besoins qu'on en peut avoir ; ils servent au moins à remplir les vides de la galanterie, à faire nombre de soupirants ; et il est bon, madame, de ne pas laisser un amant seul maître du terrain, de peur que, faute de rivaux, son amour ne s'endorme sur trop de confiance.

JULIE.

Je vous avoue, madame, qu'il y a merveilleusement à profiter de tout ce que vous dites ; c'est une école que votre conversation, et j'y viens tous les jours attraper quelque chose.

SCÈNE XII. — LA COMTESSE, JULIE, ANDRÉE, CRIQUET.

CRIQUET, à la comtesse.

Voilà Jeannot, de monsieur le conseiller, qui vous demande, madame.

---

[1] Ces hôtels, dont la railleuse Julie fait sonner si haut les noms, n'étaient que des hôtels garnis, des auberges. (A.)

LA COMTESSE.

Eh bien! petit coquin, voilà encore de vos âneries! Un laquais qui sauroit vivre auroit été parler tout bas à la demoiselle suivante, qui seroit venue dire doucement à l'oreille de sa maîtresse : Madame, voilà le laquais de monsieur un tel qui demande à vous dire un mot; à quoi la maîtresse auroit répondu : Faites-le entrer.

SCÈNE XIII. — LA COMTESSE, JULIE, ANDRÉE, CRIQUET, JEANNOT.

CRIQUET.

Entrez, Jeannot.

LA COMTESSE.

Autre lourderie! (A Jeannot.) Qu'y a-t-il, laquais? Que portes-tu là?

JEANNOT.

C'est monsieur le conseiller, madame, qui vous souhaite le bonjour, et, auparavant que de venir, vous envoie des poires de son jardin, avec ce petit mot d'écrit.

LA COMTESSE.

C'est du bon-chrétien, qui est fort beau. Andrée, faites porter cela à l'office.

SCÈNE XIV. — LA COMTESSE, JULIE, CRIQUET, JEANNOT.

LA COMTESSE, donnant de l'argent à Jeannot.

Tiens, mon enfant, voilà pour boire.

JEANNOT.

Oh! non, madame.

LA COMTESSE.

Tiens, te dis-je.

JEANNOT.

Mon maître m'a défendu, madame, de rien prendre de vous.

LA COMTESSE.

Cela ne fait rien.

JEANNOT.

Pardonnez-moi, madame.

CRIQUET.

Eh! prenez, Jeannot. Si vous n'en voulez pas, vous me le baillerez

LA COMTESSE.

Dis à ton maître que je le remercie.

CRIQUET, à Jeannot, qui s'en va.

Donne-moi donc cela.

JEANNOT.

Oui. Quelque sot!

CRIQUET.

C'est moi qui te l'ai fait prendre.

JEANNOT.

Je l'aurois bien pris sans toi.

LA COMTESSE.

Ce qui me plaît de ce monsieur Tibaudier, c'est qu'il sait vivre avec les personnes de ma qualité, et qu'il est fort respectueux.

SCÈNE XV. — LE VICOMTE, LA COMTESSE, JULIE, CRIQUET.

LE VICOMTE.

Madame, je viens vous avertir que la comédie sera bientôt prête, et que, dans un quart d'heure, nous pouvons passer dans la salle.

LA COMTESSE.

Je ne veux point de cohue, au moins. (A Criquet). Que l'on dise à mon suisse qu'il ne laisse entrer personne.

LE VICOMTE.

En ce cas, madame, je vous déclare que je renonce à la comédie ; et je n'y saurois prendre de plaisir, lorsque la compagnie n'est pas nombreuse. Croyez-moi, si vous voulez vous bien divertir, qu'on dise à vos gens de laisser entrer toute la ville.

LA COMTESSE.

Laquais, un siége. (Au vicomte, après qu'il s'est assis.) Vous voilà venu à propos pour recevoir un petit sacrifice que je veux bien vous faire. Tenez, c'est un billet de monsieur Tibaudier qui m'envoie des poires. Je vous donne la liberté de le lire tout haut ; je ne l'ai point encore vu.

LE VICOMTE, après avoir lu tout bas le billet.

Voici un billet du beau style, madame, et qui mérite d'être bien écouté. « Madame, je n'aurois pas pu vous faire le présent que je vous « envoie, si je ne recueillois pas plus de fruit de mon jardin que j'en « recueille de mon amour. »

LA COMTESSE.

Cela vous marque clairement qu'il ne se passe rien entre nous.

LE VICOMTE.

« Les poires ne sont pas encore bien mûres ; mais elles en cadrent
« mieux avec la dureté de votre âme, qui, par ses continuels dédains,
« ne me promet pas poires molles. Trouvez bon, madame, que, sans
« m'engager dans une énumération de vos perfections et charmes, qui
« me jetteroit dans un progrès à l'infini, je conclue ce mot, en vous
« faisant considérer que je suis d'un aussi franc chrétien que les
« poires que je vous envoie, puisque je rends le bien pour le mal ;
« c'est-à-dire, madame, pour m'expliquer plus intelligiblement, puis-
« que je vous présente des poires de bon-chrétien pour des poires
« d'angoisse, que vos cruautés me font avaler tous les jours.

« Tibaudier, votre esclave indigne. »

Voilà, madame, un billet à garder.

18.

318 LA COMTESSE D'ESCARBAGNAS.

LA COMTESSE.

Il y a peut-être quelque mot qui n'est pas de l'Académie; mais j'y remarque un certain respect qui me plaît beaucoup.

JULIE.

Vous avez raison, madame; et, monsieur le vicomte dût-il s'en offenser, j'aimerois un homme qui m'écriroit comme cela.

SCÈNE XVI. — MONSIEUR TIBAUDIER, LE VICOMTE, LA COMTESSE JULIE, CRIQUET.

LA COMTESSE.

Approchez, monsieur Tibaudier; ne craignez point d'entrer. Votre billet a été bien reçu, aussi bien que vos poires; et voilà madame qui parle pour vous contre votre rival.

MONSIEUR TIBAUDIER.

Je lui suis obligé, madame; et, si elle a jamais quelque procès en notre siége, elle verra que je n'oublierai pas l'honneur qu'elle me fait, de se rendre auprès de vos beautés l'avocat de ma flamme.

JULIE.

Vous n'avez pas besoin d'avocat, monsieur, et votre cause est juste.

MONSIEUR TIBAUDIER.

Ce néanmoins, madame, bon droit a besoin d'aide : et j'ai sujet d'appréhender de me voir supplanté par un tel rival, et que madame ne soit circonvenue par la qualité de vicomte.

LE VICOMTE.

J'espérois quelque chose, monsieur Tibaudier, avant votre billet; mais il me fait craindre pour mon amour.

MONSIEUR TIBAUDIER.

Voici encore, madame, deux petits versets ou couplets que j'ai composés à votre honneur et gloire.

LE VICOMTE.

Ah! je ne pensois pas que monsieur Tibaudier fût poëte; et voilà pour m'achever, que ces deux petits versets-là!

LA COMTESSE.

Il veut dire deux strophes. (A Criquet.) Laquais, donnez un siége à monsieur Tibaudier. (Bas, à Criquet, qui apporte une chaise.) Un pliant, petit animal[1]! Monsieur Tibaudier, mettez-vous là, et nous lisez vos strophes.

MONSIEUR TIBAUDIER.
Une personne de qualité
Ravit mon âme.

---

[1] La différence des siéges, tels que fauteuils, chaises sans bras, pliants, tabourets, était à la cour une manière de marquer graduellement le rang des personnes. (Auger.)

SCÈNE XVI.

Elle a de la beauté,
J'ai de la flamme ;
Mais je la blâme
D'avoir de la fierté [1].

LE VICOMTE.

Je suis perdu après cela.

LA COMTESSE.

Le premier vers est beau. « Une personne de qualité. »

JULIE.

Je crois qu'il est un peu trop long ; mais on peut prendre une licence pour dire une belle pensée.

LA COMTESSE, à monsieur Tibaudier.

Voyons l'autre strophe.

MONSIEUR TIBAUDIER.

Je ne sais pas si vous doutez de mon parfait amour
Mais je sais bien que mon cœur, à toute heure,
Veut quitter sa chagrine demeure,
Pour aller, par respect, faire au vôtre sa cour.
Après cela pourtant, sûre de ma tendresse,
Et de ma foi, dont unique est l'espèce,
Vous devriez à votre tour,
Vous contentant d'être comtesse,
Vous dépouiller en ma faveur d'une peau de tigresse,
Qui couvre vos appas la nuit comme le jour

LE VICOMTE.

Me voilà supplanté, moi, par monsieur Tibaudier.

LA COMTESSE.

Ne pensez pas vous moquer ; pour des vers faits dans la province, ces vers-là sont fort beaux.

LE VICOMTE.

Comment ! madame, me moquer ? Quoique son rival, je trouve ces vers admirables, et ne les appelle pas seulement deux strophes, comme vous, mais deux épigrammes, aussi bonnes que toutes celles de Martial.

LA COMTESSE.

Quoi ! Martial fait-il des vers ? Je pensois qu'il ne fît que des gants [2].

MONSIEUR TIBAUDIER.

Ce n'est pas ce Martial-là, madame ; c'est un auteur qui vivoit il y a trente ou quarante ans.

---

[1] Les vers de monsieur Tibaudier sont de la même école que ceux de Turcaret. Le Sage, dans la peinture de ce personnage, s'est sans aucun doute rappelé Molière. (A.)

[2] Ce *Martial, qui ne faisoit point de vers*, était un valet de chambre de Monsieur, qui tenait à Paris une boutique de parfumerie et de ganterie fort achalandée.

LE VICOMTE.

Monsieur Tibaudier a lu les auteurs, comme vous le voyez. Mais allons voir, madame, si ma musique et ma comédie, avec mes entrées de ballet, pourront combattre dans votre esprit les progrès des deux strophes et du billet que nous venons de voir.

LA COMTESSE.

Il faut que mon fils le comte soit de la partie; car il est arrivé ce matin de mon château, avec son précepteur, que je vois là dedans.

SCÈNE XVII. — LA COMTESSE, JULIE, LE VICOMTE, MONSIEUR TIBAUDIER, MONSIEUR BOBINET, CRIQUET.

LA COMTESSE.

Holà! monsieur Bobinet, monsieur Bobinet! approchez-vous du monde.

MONSIEUR BOBINET.

Je donne le bon vespre[1] à toute l'honorable compagnie. Que désire madame la comtesse d'Escarbagnas de son très-humble serviteur Bobinet?

LA COMTESSE.

A quelle heure, monsieur Bobinet, êtes-vous parti d'Escarbagnas avec mon fils le comte?

MONSIEUR BOBINET.

A huit heures trois quarts, madame, comme votre commandement me l'avoit ordonné.

LA COMTESSE.

Comment se portent mes deux autres fils, le marquis et le commandeur?

MONSIEUR BOBINET.

Ils sont, Dieu grâce, madame, en parfaite santé.

LA COMTESSE.

Où est le comte?

MONSIEUR BOBINET.

Dans votre belle chambre à alcôve, madame.

LA COMTESSE.

Que fait-il, monsieur Bobinet?

MONSIEUR BOBINET.

Il compose un thème, madame, que je viens de lui dicter sur une épître de Cicéron.

LA COMTESSE.

Faites-le venir, monsieur Bobinet.

MONSIEUR BOBINET.

Soit fait, madame, ainsi que vous le commandez.

---

[1] Le bonsoir.

SCÈNE XVIII. — LA COMTESSE, JULIE, LE VICOMTE, MONSIEUR TIBAUDIER.

LE VICOMTE, à la comtesse.

Ce monsieur Bobinet, madame, a la mine fort sage; et je crois qu'il a de l'esprit.

SCÈNE XIX. — LA COMTESSE, JULIE, LE VICOMTE, LE COMTE, MONSIEUR BOBINET, MONSIEUR TIBAUDIER.

MONSIEUR BOBINET.

Allons, monsieur le comte, faites voir que vous profitez des bons documents qu'on vous donne. La révérence à toute l'honnête assemblée.

LA COMTESSE, montrant Julie.

Comte, saluez madame; faites la révérence à monsieur le vicomte; saluez monsieur le conseiller.

MONSIEUR TIBAUDIER.

Je suis ravi, madame, que vous me concédiez la grâce d'embrasser monsieur le comte votre fils. On ne peut pas aimer le tronc, qu'on n'aime aussi les branches.

LA COMTESSE.

Mon Dieu! monsieur Tibaudier, de quelle comparaison vous servez-vous là?

JULIE.

En vérité, madame, monsieur le comte a tout à fait bon air.

LE VICOMTE.

Voilà un jeune gentilhomme qui vient bien dans le monde.

JULIE.

Qui diroit que madame eût un si grand enfant?

LA COMTESSE.

Hélas! quand je le fis, j'étois si jeune, que je me jouois encore avec une poupée.

JULIE.

C'est monsieur votre frère, et non pas monsieur votre fils.

LA COMTESSE.

Monsieur Bobinet, ayez bien soin au moins de son éducation.

MONSIEUR BOBINET.

Madame, je n'oublierai aucune chose pour cultiver cette jeune plante, dont vos bontés m'ont fait l'honneur de me confier la conduite; et je tâcherai de lui inculquer les semences de la vertu.

LA COMTESSE.

Monsieur Bobinet, faites-lui un peu dire quelque petite galanterie de ce que vous lui apprenez.

MONSIEUR BOBINET.

Allons, monsieur le comte, récitez votre leçon d'hier au matin.

LE COMTE.

Omne viro soli quod convenit esto virile,
Omne viri...

LA COMTESSE.

Fi! monsieur Bobinet; quelles sottises est-ce que vous lui apprenez là [1]?

MONSIEUR BOBINET.

C'est du latin, madame, et la première règle de Jean Despautère.

LA COMTESSE.

Mon Dieu! ce Jean Despautère-là est un insolent, et je vous prie de lui enseigner du latin plus honnête que celui-là.

MONSIEUR BOBINET.

Si vous voulez, madame, qu'il achève, la glose expliquera ce que cela veut dire.

LA COMTESSE.

Non, non : cela s'explique assez.

SCÈNE XX. — LA COMTESSE, JULIE, LE VICOMTE, MONSIEUR TIBAUDIER, LE COMTE, MONSIEUR BOBINET, CRIQUET.

CRIQUET.

Les comédiens envoient dire qu'ils sont tout prêts.

LA COMTESSE.

Allons nous placer. (Montrant Julie.) Monsieur Tibaudier, prenez madame. (Criquet range tous les siéges sur un des côtés du théâtre; la comtesse, Julie et le vicomte s'asseyent; monsieur Tibaudier s'assied aux pieds de la comtesse.)

LE VICOMTE.

Il est nécessaire de dire que cette comédie n'a été faite que pour lier ensemble les différents morceaux de musique et de danse dont on a voulu composer ce divertissement, et que...

LA COMTESSE.

Mon Dieu! voyons l'affaire. On a assez d'esprit pour comprendre les choses.

---

[1] On croit que cette scène fut inspirée à Molière par une scène à peu près semblable qui s'était passée chez madame de Villarceaux, dont le mari avait la réputation de s'être fait aimer de Ninon. Un jour, madame de Villarceaux, voulant faire admirer son fils à une nombreuse compagnie qui se trouvait chez elle, le fit interroger par son précepteur. « Allons, monsieur le marquis, dit le grave pédagogue: *quem habuit successorem Belus, rex Assyriorum? — Ninum,* » répondit le jeune marquis. Madame de Villarceaux, frappée de ce dernier mot: « Voilà, dit-elle, de belles instructions que vous donnez à mon fils! N'y a-t-il donc rien à lui apprendre que les folies de son père? » Le précepteur eut beau lui assurer qu'il n'y entendait point malice, rien ne fut capable de lui faire entendre raison. (Aimé Martin.)

LE VICOMTE.

Qu'on commence le plus tôt qu'on pourra, et qu'on empêche, s'il se peut, qu'aucun fâcheux ne vienne troubler notre divertissement.
(Les violons commencent une ouverture.)

SCÈNE XXI. — LA COMTESSE, JULIE, LE VICOMTE, LE COMTE, MONSIEUR HARPIN, MONSIEUR TIBAUDIER, MONSIEUR BOBINET, CRIQUET.

MONSIEUR HARPIN.

Parbleu! la chose est belle, et je me réjouis de voir ce que je vois!

LA COMTESSE.

Holà! monsieur le receveur, que voulez-vous donc dire avec l'action que vous faites? Vient-on interrompre, comme cela, une comédie?

MONSIEUR HARPIN.

Morbleu! madame, je suis ravi de cette aventure; et ceci me fait voir ce que je dois croire de vous, et l'assurance qu'il y a au don de votre cœur et aux serments que vous m'avez faits de sa fidélité!

LA COMTESSE.

Mais, vraiment, on ne vient point ainsi se jeter au travers d'une comédie et troubler un acteur qui parle[1].

MONSIEUR HARPIN.

Eh! têtebleu! la véritable comédie qui se fait ici, c'est celle que vous jouez; et, si je vous trouble, c'est de quoi je me soucie peu.

LA COMTESSE.

En vérité, vous ne savez ce que vous dites.

MONSIEUR HARPIN.

Si fait, morbleu! je le sais bien; je le sais bien, morbleu! et...
(Monsieur Bobinet, épouvanté, emporte le comte, et s'enfuit; il est suivi par Criquet.)

LA COMTESSE.

Eh! fi, monsieur! que cela est vilain, de jurer de la sorte!

MONSIEUR HARPIN.

Eh! ventrebleu! s'il y a ici quelque chose de vilain, ce ne sont point mes juremens; ce sont vos actions; et il vaudroit bien mieux que vous jurassiez, vous, la tête, la mort, et le sang, que de faire ce que vous faites avec monsieur le vicomte.

LE VICOMTE.

Je ne sais pas, monsieur le receveur, de quoi vous vous plaignez; et si...

---

[1] Dans la pièce, telle qu'elle fut représentée à Saint-Germain, il y avait, comme on l'a vu indiqué à la fin de la scène précédente, un divertissement dont le détail n'est point arrivé jusqu'à nous. C'est à cette circonstance que font allusion ces mots: *troubler un acteur qui parle*. (Ch. Louandre.)

MONSIEUR HARPIN, au vicomte.

Pour vous, monsieur, je n'ai rien à vous dire : vous faites bien de pousser votre pointe, cela est naturel, je ne le trouve point étrange, et je vous demande pardon si j'interromps votre comédie; mais vous ne devez point trouver étrange aussi que je me plaigne de son procédé; et nous avons raison tous deux de faire ce que nous faisons.

LE VICOMTE.

Je n'ai rien à dire à cela, et ne sais point les sujets de plainte que vous pouvez avoir contre madame la comtesse d'Escarbagnas.

LA COMTESSE.

Quand on a des chagrins jaloux, on n'en use point de la sorte; et l'on vient doucement se plaindre à la personne que l'on aime.

MONSIEUR HARPIN.

Moi, me plaindre doucement!

LA COMTESSE.

Oui. L'on ne vient point crier de dessus un théâtre ce qui doit se dire en particulier.

MONSIEUR HARPIN.

J'y viens, moi, morbleu! tout exprès; c'est le lieu qu'il me faut; et je souhaiterois que ce fût un théâtre public, pour vous dire avec plus d'éclat toutes vos vérités.

LA COMTESSE.

Faut-il faire un si grand vacarme pour une comédie que monsieur le vicomte me donne? Vous voyez que monsieur Tibaudier, qui m'aime, en use plus respectueusement que vous.

MONSIEUR HARPIN.

Monsieur Tibaudier en use comme il lui plaît : je ne sais pas de quelle façon monsieur Tibaudier a été avec vous; mais monsieur Tibaudier n'est pas un exemple pour moi, et je ne suis point d'humeur à payer les violons pour faire danser les autres!

LA COMTESSE.

Mais vraiment, monsieur le receveur, vous ne songez pas à ce que vous dites. On ne traite point de la sorte les femmes de qualité; et ceux qui vous entendent croiroient qu'il y a quelque chose d'étrange entre vous et moi.

MONSIEUR HARPIN.

Eh! ventrebleu! madame, quittons la faribole.

LA COMTESSE.

Que voulez-vous donc dire avec votre : Quittons la faribole?

MONSIEUR HARPIN.

Je veux dire que je ne trouve point étrange que vous vous rendiez au mérite de monsieur le vicomte; vous n'êtes pas la première femme qui joue dans le monde de ces sortes de caractères, et qui ait auprès d'elle un monsieur le receveur, dont on lui voit trahir et la passion et la bourse pour le premier venu qui lui donnera dans la vue. Mais ne trouvez point étrange aussi que je ne sois point la dupe d'une infidélité si ordinaire aux coquettes du temps, et que je vienne vous assurer, devant bonne compagnie, que je romps commerce avec vous, et que monsieur le receveur ne sera plus pour vous monsieur le donneur.

LA COMTESSE.

Cela est merveilleux comme les amants emportés deviennent à la mode! On ne voit autre chose de tous côtés. Là, là, monsieur le receveur, quittez votre colère, et venez prendre place pour voir la comédie.

MONSIEUR HARPIN.

Moi, morbleu! prendre place? (Montrant monsieur Tibaudier.) Cherchez vos benêts à vos pieds. Je vous laisse, madame la comtesse, à monsieur le vicomte; et ce sera à lui que j'envoierai tantôt vos lettres. Voilà ma scène faite, voilà mon rôle joué. Serviteur à la compagnie.

MONSIEUR TIBAUDIER.

Monsieur le receveur, nous nous verrons autre part qu'ici; et je vous ferai voir que je suis au poil et à la plume.

MONSIEUR HARPIN, en sortant.

Tu as raison, monsieur Tibaudier [1].

LA COMTESSE.

Pour moi, je suis confuse de cette insolence.

LE VICOMTE.

Les jaloux, madame, sont comme ceux qui perdent leur procès : ils ont permission de tout dire. Prêtons silence à la comédie.

SCÈNE XXII. — LA COMTESSE, LE VICOMTE, JULIE, MONSIEUR TIBAUDIER, JEANNOT.

JEANNOT, au vicomte.

Voilà un billet, monsieur, qu'on nous a dit de vous donner vite.

LE VICOMTE, lisant.

« En cas que vous ayez quelque mesure à prendre, je vous envoie
« promptement un avis. La querelle de vos parents et de ceux de Julie
« vient d'être accommodée; et les conditions de cet accord, c'est le
« mariage de vous et d'elle. Bonsoir. » (A Julie.) Ma foi, madame, voilà notre comédie achevée aussi. (Le vicomte, la comtesse, Julie et monsieur Tibaudier se lèvent.)

JULIE.

Ah! Cléante, quel bonheur! Notre amour eût-il osé espérer un si heureux succès?

[1] On ne peut guère douter que cette scène, où éclate la brutale colère d'un homme de finances qui se voit trahi par sa maîtresse, n'ait inspiré à le Sage l'idée de la fameuse scène où Turcaret fait tapage chez son infidèle baronne, et lui casse pour trois cents pistoles de glaces et de porcelaines. (Auger.)

LA COMTESSE.

Comment donc? Qu'est-ce que cela veut dire?

LE VICOMTE.

Cela veut dire, madame, que j'épouse Julie; et, si vous me croyez, pour rendre la comédie complète de tout point, vous épouserez monsieur Tibaudier, et donnerez mademoiselle Andrée à son laquais, dont il fera son valet de chambre.

LA COMTESSE.

Quoi! jouer de la sorte une personne de ma qualité!

LE VICOMTE.

C'est sans vous offenser, madame; et les comédies veulent de ces sortes de choses.

LA COMTESSE.

Oui, monsieur Tibaudier, je vous épouse pour faire enrager tout le monde.

MONSIEUR TIBAUDIER.

Ce m'est bien de l'honneur, madame.

LE VICOMTE, à la comtesse.

Souffrez, madame, qu'en enrageant nous puissions voir ici le reste du spectacle.

LES FEMMES SAVANTES

COMÉDIE EN CINQ ACTES

1672

PERSONNAGES

CHRYSALE, bon bourgeois.
PHILAMINTE, femme de Chrysale.
ARMANDE,
HENRIETTE, } filles de Chrysale et de Philaminte.
ARISTE, frère de Chrysale.
BÉLISE, sœur de Chrysale.
CLITANDRE, amant d'Henriette.
TRISSOTIN, bel esprit.
VADIUS, savant.
MARTINE, servante de cuisine.
LÉPINE, laquais.
JULIEN, valet de Vadius.
UN NOTAIRE.

La scène est à Paris, dans la maison de Chrysale.

ACTE PREMIER

SCÈNE I. — ARMANDE, HENRIETTE.

ARMANDE.

Quoi! le beau nom de fille est un titre, ma sœur,
Dont vous voulez quitter la charmante douceur?
Et de vous marier vous osez faire fête?
Ce vulgaire dessein vous peut monter en tête?

HENRIETTE.

Oui, ma sœur.

ARMANDE.

Ah! ce oui se peut-il supporter?
Et sans un mal de cœur sauroit-on l'écouter?

HENRIETTE.

Qu'a donc le mariage en soi qui vous oblige,
Ma sœur...

ARMANDE.

Ah! mon Dieu! fi!

HENRIETTE.

Comment?

ARMANDE.

Ah! fi! vous dis-je
Ne concevez-vous point ce que, dès qu'on l'entend,
Un tel mot à l'esprit offre de dégoûtant,
De quelle étrange image on est par lui blessée,
Sur quelle sale vue il traîne la pensée?
N'en frissonnez-vous point? et pouvez-vous, ma sœur,
Aux suites de ce mot résoudre votre cœur[1]?

HENRIETTE.

Les suites de ce mot, quand je les envisage,
Me font voir un mari, des enfants, un ménage;
Et je ne vois rien, là si j'en puis raisonner,
Qui blesse la pensée et fasse frissonner.

ARMANDE.

De tels attachements, ô ciel! sont pour vous plaire?

HENRIETTE.

Et qu'est-ce qu'à mon âge on a de mieux à faire
Que d'attacher à soi, par le titre d'époux,
Un homme qui vous aime et soit aimé de vous;

---

[1] On voit qu'Armande, en philosophant, a parfaitement appris tout ce que renferme en soi le mot *mariage*. Son instruction en ce genre contraste plaisamment avec sa pruderie. (Auger.)

Et, de cette union de tendresse suivie,
Se faire les douceurs d'une innocente vie?
Ce nœud bien assorti n'a-t-il pas des appas?

ARMANDE.

Mon Dieu! que votre esprit est d'un étage bas!
Que vous jouez au monde un petit personnage,
De vous claquemurer aux choses du ménage,
Et de n'entrevoir point de plaisirs plus touchants
Qu'une idole d'époux et des marmots d'enfants!
Laissez aux gens grossiers, aux personnes vulgaires,
Les bas amusements de ces sortes d'affaires.
A de plus hauts objets élevez vos désirs,
Songez à prendre un goût des plus nobles plaisirs,
Et, traitant de mépris les sens et la matière,
A l'esprit, comme nous, donnez-vous tout entière.
Vous avez notre mère en exemple à vos yeux,
Que du nom de savante on honore en tous lieux :
Tâchez, ainsi que moi, de vous montrer sa fille;
Aspirez aux clartés qui sont dans la famille,
Et vous rendez sensible aux charmantes douceurs
Que l'amour de l'étude épanche dans les cœurs.
Loin d'être aux lois d'un homme en esclave asservie,
Mariez-vous, ma sœur, à la philosophie,
Qui nous monte au-dessus de tout le genre humain,
Et donne à la raison l'empire souverain,
Soumettant à ses lois la partie animale,
Dont l'appétit grossier aux bêtes nous ravale.
Ce sont là les beaux feux, les doux attachements
Qui doivent de la vie occuper les moments;
Et les soins où je vois tant de femmes sensibles
Me paroissent aux yeux des pauvretés horribles.

HENRIETTE.

Le ciel, dont nous voyons que l'ordre est tout-puissant,
Pour différents emplois nous fabrique en naissant;
Et tout esprit n'est pas composé d'une étoffe
Qui se trouve taillée à faire un philosophe.
Si le vôtre est né propre aux élévations
Où montent des savants les spéculations,
Le mien est fait, ma sœur, pour aller terre à terre,
Et dans les petits soins son foible se resserre.
Ne troublons point du ciel les justes règlements;
Et de nos deux instincts suivons les mouvements.
Habitez, par l'essor d'un grand et beau génie,
Les hautes régions de la philosophie,

Tandis que mon esprit, se tenant ici-bas,
Goûtera de l'hymen les terrestres appas.
Ainsi, dans nos desseins l'une à l'autre contraire,
Nous saurons toutes deux imiter notre mère :
Vous, du côté de l'âme et des nobles désirs ;
Moi, du côté des sens et des grossiers plaisirs ;
Vous, aux productions d'esprit et de lumière ;
Moi, dans celles, ma sœur, qui sont de la matière.

ARMANDE.

Quand sur une personne on prétend se régler,
C'est par les beaux côtés qu'il lui faut ressembler [1],
Et ce n'est point du tout la prendre pour modèle,
Ma sœur, que de tousser et de cracher comme elle.

HENRIETTE.

Mais vous ne seriez pas ce dont vous vous vantez,
Si ma mère n'eût eu que de ces beaux côtés ;
Et bien vous prend, ma sœur, que son noble génie
N'ait pas vaqué toujours à la philosophie.
De grâce, souffrez-moi, par un peu de bonté,
Des bassesses à qui vous devez la clarté ;
Et ne supprimez point, voulant qu'on vous seconde,
Quelque petit savant qui veut venir au monde [2].

ARMANDE.

Je vois que votre esprit ne peut être guéri
Du fol entêtement de vous faire un mari :
Mais sachons, s'il vous plaît, qui vous songez à prendre :
Votre visée au moins n'est pas mise à Clitandre ?

HENRIETTE.

Et par quelle raison n'y seroit-elle pas ?
Manque-t-il de mérite ? est-ce un choix qui soit bas ?

ARMANDE.

Non ; mais c'est un dessein qui seroit malhonnête,
Que de vouloir d'une autre enlever la conquête ;
Et ce n'est pas un fait dans le monde ignoré
Que Clitandre ait pour moi hautement soupiré.

HENRIETTE.

Oui ; mais tous ces soupirs chez vous sont choses vaines,

---

[1] Molière avait fait ainsi ces deux vers :

> Quand sur une personne on prétend s'ajuster
> C'est par les beaux côtés qu'il la faut imiter.

Boileau les refit comme ils sont dans le texte, et la correction fut adoptée. (A.)

[2] La riposte d'Henriette est un peu gaillarde ; mais il n'y a pas d'homme qui ne préférât la franchise un peu vive de la cadette à la bégueulerie sournoise de l'aînée. (Auger.)

Et vous ne tombez point aux bassesses humaines;
Votre esprit à l'hymen renonce pour toujours,
Et la philosophie a toutes vos amours.
Ainsi, n'ayant au cœur nul dessein pour Clitandre,
Que vous importe-t-il qu'on y puisse prétendre?
####### ARMANDE.
Cet empire que tient la raison sur les sens
Ne fait pas renoncer aux douceurs des encens;
Et l'on peut pour époux refuser un mérite
Que pour adorateur on veut bien à sa suite.
####### HENRIETTE.
Je n'ai pas empêché qu'à vos perfections
Il n'ait continué ses adorations;
Et je n'ai fait que prendre, au refus de votre âme,
Ce qu'est venu m'offrir l'hommage de sa flamme.
####### ARMANDE.
Mais à l'offre des vœux d'un amant dépité
Trouvez-vous, je vous prie, entière sûreté?
Croyez-vous pour vos yeux sa passion bien forte,
Et qu'en son cœur pour moi toute flamme soit morte?
####### HENRIETTE.
Il me l'a dit, ma sœur; et, pour moi, je le croi.
####### ARMANDE.
Ne soyez pas, ma sœur, d'une si bonne foi;
Et croyez, quand il dit qu'il me quitte et vous aime,
Qu'il n'y songe pas bien, et se trompe lui-même.
####### HENRIETTE.
Je ne sais; mais enfin, si c'est votre plaisir,
Il nous est bien aisé de nous en éclaircir:
Je l'aperçois qui vient; et, sur cette matière,
Il pourra nous donner une pleine lumière.

SCÈNE II. — CLITANDRE, ARMANDE, HENRIETTE.

####### HENRIETTE.
Pour me tirer d'un doute où me jette ma sœur,
Entre elle et moi, Clitandre, expliquez votre cœur;
Découvrez-en le fond, et nous daignez apprendre
Qui de nous à vos vœux est en droit de prétendre.
####### ARMANDE.
Non, non, je ne veux point à votre passion
Imposer la rigueur d'une explication:
Je ménage les gens, et sais comme embarrasse
Le contraignant effort de ces aveux en face.

CLITANDRE.

Non, madame; mon cœur, qui dissimule peu,
Ne sent nulle contrainte à faire un libre aveu.
Dans aucun embarras un tel pas ne me jette;
Et j'avouerai tout haut, d'une âme franche et nette,
Que les tendres liens où je suis arrêté,

Montrant Henriette.

Mon amour et mes vœux, sont tout de ce côté.
Qu'à nulle émotion cet aveu ne vous porte :
Vous avez bien voulu les choses de la sorte.
Vos attraits m'avoient pris, et mes tendres soupirs
Vous ont assez prouvé l'ardeur de mes désirs;
Mon cœur vous consacroit une flamme immortelle :
Mais vos yeux n'ont pas cru leur conquête assez belle.
J'ai souffert sous leur joug cent mépris différents;
Ils régnoient sur mon âme en superbes tyrans;
Et je me suis cherché, lassé de tant de peines,
Des vainqueurs plus humains, et de moins rudes chaînes.

Montrant Henriette.

Je les ai rencontrés, madame, dans ces yeux,
Et leurs traits à jamais me seront précieux;
D'un regard pitoyable ils ont séché mes larmes,
Et n'ont pas dédaigné le rebut de vos charmes.
De si rares bontés m'ont si bien su toucher,
Qu'il n'est rien qui me puisse à mes fers arracher;
Et j'ose maintenant vous conjurer, madame,
De ne vouloir tenter nul effort sur ma flamme,
De ne point essayer à rappeler un cœur
Résolu de mourir dans cette douce ardeur.

ARMANDE.

Eh! qui vous dit, monsieur, que l'on ait cette envie,
Et que de vous enfin si fort on se soucie?
Je vous trouve plaisant de vous le figurer,
Et bien impertinent de me le déclarer!

HENRIETTE.

Eh! doucement, ma sœur. Où donc est la morale
Qui sait si bien régir la partie animale,
Et retenir la bride aux efforts du courroux?

ARMANDE.

Mais vous qui m'en parlez, où la pratiquez-vous,
De répondre à l'amour que l'on vous fait paroître
Sans le congé de ceux qui vous ont donné l'être?
Sachez que le devoir vous soumet à leurs lois,
Qu'il ne vous est permis d'aimer que par leur choix;

Qu'ils ont sur votre cœur l'autorité suprême,
Et qu'il est criminel d'en disposer vous-même.

HENRIETTE.

Je rends grâce aux bontés que vous me faites voir
De m'enseigner si bien les choses du devoir.
Mon cœur sur vos leçons veut régler sa conduite;
Et, pour vous faire voir, ma sœur, que j'en profite,
Clitandre, prenez soin d'appuyer votre amour
De l'agrément de ceux dont j'ai reçu le jour.
Faites-vous sur mes vœux un pouvoir légitime,
Et me donnez moyen de vous aimer sans crime.

CLITANDRE.

J'y vais de tous mes soins travailler hautement;
Et j'attendois de vous ce doux consentement.

ARMANDE.

Vous triomphez, ma sœur, et faites une mine
A vous imaginer que cela me chagrine.

HENRIETTE.

Moi, ma sœur! point du tout. Je sais que sur vos sens
Les droits de la raison sont toujours tout-puissants,
Et que, par les leçons qu'on prend dans la sagesse,
Vous êtes au-dessus d'une telle foiblesse.
Loin de vous soupçonner d'aucun chagrin, je croi
Qu'ici vous daignerez vous employer pour moi,
Appuyer sa demande, et, de votre suffrage,
Presser l'heureux moment de notre mariage.
Je vous en sollicite; et, pour y travailler...

ARMANDE.

Votre petit esprit se mêle de railler;
Et d'un cœur qu'on vous jette on vous voit toute fière!

HENRIETTE.

Tout jeté qu'est ce cœur, il ne vous déplaît guère;
Et, si vos yeux sur moi le pouvoient ramasser,
Ils prendroient aisément le soin de se baisser [1].

ARMANDE.

A répondre à cela je ne daigne descendre;
Et ce sont sots discours qu'il ne faut pas entendre.

HENRIETTE.

C'est fort bien fait à vous, et vous nous faites voir
Des modérations qu'on ne peut concevoir.

---

[1] La phrase est intelligible, mais étrange. M. Aimé Martin prétend qu'ici Henriette parle la langue de sa sœur, celle des précieuses, pour rendre la raillerie plus piquante. (F. L.)

SCÈNE III. — CLITANDRE, HENRIETTE.

HENRIETTE.

Votre sincère aveu ne l'a pas peu surprise.

CLITANDRE.

Elle mérite assez une telle franchise;
Et toutes les hauteurs de sa folle fierté
Sont dignes, tout au moins, de ma sincérité.
Mais, puisqu'il m'est permis, je vais à votre père,
Madame...

HENRIETTE.

Le plus sûr est de gagner ma mère.
Mon père est d'une humeur à consentir à tout;
Mais il met peu de poids aux choses qu'il résout;
Il a reçu du ciel certaine bonté d'âme
Qui le soumet d'abord à ce que veut sa femme.
C'est elle qui gouverne, et, d'un ton absolu,
Elle dicte pour loi ce qu'elle a résolu.
Je voudrois bien vous voir pour elle et pour ma tante
Une âme, je l'avoue, un peu plus complaisante,
Un esprit qui, flattant les visions du leur,
Vous pût de leur estime attirer la chaleur.

CLITANDRE.

Mon cœur n'a jamais pu, tant il est né sincère,
Même dans votre sœur flatter leur caractère;
Et les femmes docteurs ne sont point de mon goût.
Je consens qu'une femme ait des clartés de tout :
Mais je ne lui veux point la passion choquante
De se rendre savante afin d'être savante;
Et j'aime que souvent, aux questions qu'on fait,
Elle sache ignorer les choses qu'elle sait :
De son étude enfin je veux qu'elle se cache,
Et qu'elle ait du savoir sans vouloir qu'on le sache,
Sans citer les auteurs, sans dire de grands mots,
Et clouer de l'esprit à ses moindres propos.
Je respecte beaucoup madame votre mère;
Mais je ne puis du tout approuver sa chimère,
Et me rendre l'écho des choses qu'elle dit,
Aux encens qu'elle donne à son héros d'esprit.
Son monsieur Trissotin me chagrine, m'assomme;
Et j'enrage de voir qu'elle estime un tel homme [1],

---

[1] Ce personnage n'est autre que l'abbé Cotin, poëte médiocre et vaniteux, ridiculisé par Boileau. — Trissotin était appelé, aux premières représentations, Tri-

Qu'elle nous mette au rang des grands et beaux esprits
Un benêt dont partout on siffle les écrits,
Un pédant dont on voit la plume libérale
D'officieux papiers fournir toute la halle.

HENRIETTE.

Ses écrits, ses discours, tout m'en semble ennuyeux,
Et je me trouve assez votre goût et vos yeux;
Mais, comme sur ma mère il a grande puissance,
Vous devez vous forcer à quelque complaisance.
Un amant fait sa cour où s'attache son cœur;
Il veut de tout le monde y gagner la faveur;
Et, pour n'avoir personne à sa flamme contraire,
Jusqu'au chien du logis il s'efforce de plaire.

CLITANDRE.

Oui, vous avez raison; mais monsieur Trissotin
M'inspire au fond de l'âme un dominant chagrin.
Je ne puis consentir, pour gagner ses suffrages,
A me déshonorer en prisant ses ouvrages:
C'est par eux qu'à mes yeux il a d'abord paru,
Et je le connoissois avant que l'avoir vu.
Je vis, dans le fatras des écrits qu'il nous donne,
Ce qu'étale en tous lieux sa pédante personne,
La constante hauteur de sa présomption,
Cette intrépidité de bonne opinion,
Cet indolent état de confiance extrême,
Qui le rend en tout temps si content de soi-même,
Qui fait qu'à son mérite incessamment il rit,
Qu'il se sait si bon gré de tout ce qu'il écrit,
Et qu'il ne voudroit pas changer sa renommée
Contre tous les honneurs d'un général d'armée.

HENRIETTE.

C'est avoir de bons yeux que de voir tout cela.

CLITANDRE.

Jusques à sa figure encor la chose alla,
Et je vis, par les vers qu'à la tête il nous jette,
De quel air il falloit que fût fait le poëte;
Et j'en avois si bien deviné tous les traits,
Que, rencontrant un homme un jour dans le Palais [1],
Je gageai que c'étoit Trissotin en personne,

cotin. L'acteur qui le représentait avait affecté, autant qu'il avait pu, de ressembler à l'original par la voix et par les gestes. Enfin, pour comble de ridicule, les vers de Trissotin, sacrifiés sur le théâtre à la risée publique, étaient de l'abbé Cotin même. (Voltaire.)

[1] Le Palais de Justice, dont les galeries étaient alors très-fréquentées par la meilleure compagnie. (Auger.)

Et je vis qu'en effet la gageure étoit bonne.
HENRIETTE.
Quel conte!
CLITANDRE.
Non; je dis la chose comme elle est.
Mais je vois votre tante. Agréez, s'il vous plaît,
Que mon cœur lui déclare ici notre mystère,
Et gagne sa faveur auprès de votre mère.

SCÈNE IV. — BÉLISE, CLITANDRE.

CLITANDRE.
Souffrez, pour vous parler, madame, qu'un amant
Prenne l'occasion de cet heureux moment,
Et se découvre à vous de la sincère flamme...
BÉLISE.
Ah! tout beau : gardez-vous de m'ouvrir trop votre âme.
Si je vous ai su mettre au rang de mes amants,
Contentez-vous des yeux pour vos seuls truchements,
Et ne m'expliquez point, par un autre langage,
Des désirs qui, chez moi, passent pour un outrage.
Aimez-moi, soupirez, brûlez pour mes appas;
Mais qu'il me soit permis de ne le savoir pas.
Je puis fermer les yeux sur vos flammes secrètes,
Tant que vous vous tiendrez aux muets interprètes;
Mais, si la bouche vient à s'en vouloir mêler,
Pour jamais de ma vue il vous faut exiler.
CLITANDRE.
Des projets de mon cœur ne prenez point d'alarme.
Henriette, madame, est l'objet qui me charme;
Et je viens ardemment conjurer vos bontés
De seconder l'amour que j'ai pour ses beautés.
BÉLISE.
Ah! certes, le détour est d'esprit, je l'avoue :
Ce subtil faux-fuyant mérite qu'on le loue;
Et, dans tous les romans où j'ai jeté les yeux,
Je n'ai rien rencontré de plus ingénieux.
CLITANDRE.
Ceci n'est point du tout un trait d'esprit, madame;
Et c'est un pur aveu de ce que j'ai dans l'âme.
Les cieux, par les liens d'une immuable ardeur,
Aux beautés d'Henriette ont attaché mon cœur;
Henriette me tient sous son aimable empire,
Et l'hymen d'Henriette est le bien où j'aspire.

Vous y pouvez beaucoup; et tout ce que je veux,
C'est que vous y daigniez favoriser mes vœux.
BÉLISE.
Je vois où doucement veut aller la demande,
Et je sais sous ce nom ce qu'il faut que j'entende
La figure est adroite; et, pour n'en point sortir
Aux choses que mon cœur m'offre à vous repartir,
Je dirai qu'Henriette à l'hymen est rebelle,
Et que, sans rien prétendre, il faut brûler pour elle
CLITANDRE.
Eh! madame, à quoi bon un pareil embarras?
Et pourquoi voulez-vous penser ce qui n'est pas?
BÉLISE.
Mon Dieu! point de façons. Cessez de vous défendre
De ce que vos regards m'ont souvent fait entendre.
Il suffit que l'on est contente du détour
Dont s'est adroitement avisé votre amour,
Et que, sous la figure où le respect l'engage,
On veut bien se résoudre à souffrir son hommage,
Pourvu que ses transports, par l'honneur éclairés,
N'offrent à mes autels que des vœux épurés
CLITANDRE.
Mais...
BÉLISE.
  Adieu. Pour ce coup, ceci doit vous suffire,
Et je vous ai plus dit que je ne voulois dire.
CLITANDRE.
Mais votre erreur...
BÉLISE.
  Laissez. Je rougis maintenant,
Et ma pudeur s'est fait un effort surprenant.
CLITANDRE.
Je veux être pendu, si je vous aime; et sage...
BÉLISE.
Non, non, je ne veux rien entendre davantage.

SCÈNE V. — CLITANDRE, seul.

Diantre soit de la folle avec ses visions!
A-t-on rien vu d'égal à ses préventions?
Allons commettre un autre au soin que l'on me donne,
Et prenons le secours d'une sage personne [1].

---

[1] Cet acte est tout entier d'exposition. L'action, qui consiste uniquement dans les amours de Clitandre et d'Henriette, traversées par la rivalité de Trissotin et par la jalousie d'Armande, ne doit être entamée que dans l'acte suivant. (Auger.)

ACTE SECOND

SCÈNE I. — ARISTE, quittant Clitandre et lui parlant encore.

Oui, je vous porterai la réponse au plus tôt;
J'appuierai, presserai, ferai tout ce qu'il faut.
Qu'un amant, pour un mot, a de choses à dire!
Et qu'impatiemment il veut ce qu'il désire!
Jamais...

SCÈNE II. — CHRYSALE, ARISTE.

ARISTE.
Ah! Dieu vous gard', mon frère!
CHRYSALE.
Et vous aussi,
Mon frère!
ARISTE.
Savez-vous ce qui m'amène ici?
CHRYSALE.
Non; mais, si vous voulez, je suis prêt à l'entendre [1].
ARISTE.
Depuis assez longtemps vous connoissez Clitandre?
CHRYSALE.
Sans doute, et je le vois qui fréquente chez nous.
ARISTE.
En quelle estime est-il, mon frère, auprès de vous?
CHRYSALE.
D'homme d'honneur, d'esprit, de cœur, et de conduite;
Et je vois peu de gens qui soient de son mérite.
ARISTE.
Certain désir qu'il a conduit ici mes pas,
Et je me réjouis que vous en fassiez cas.
CHRYSALE.
Je connus feu son père en mon voyage à Rome.
ARISTE.
Fort bien.
CHRYSALE.
C'étoit, mon frère, un fort bon gentilhomme.
ARISTE.
On le dit.

---

[1] Ce petit jeu de dialogue a déjà été employé deux fois par Molière, dans l'*Étourdi* et dans les *Fourberies de Scapin*. (Auger.)

CHRYSALE.

Nous n'avions alors que vingt-huit ans,
Et nous étions, ma foi, tous deux de verts galants.

ARISTE.

Je le crois.

CHRYSALE.

Nous donnions chez les dames romaines,
Et tout le monde, là, parloit de nos fredaines :
Nous faisions des jaloux.

ARISTE.

Voilà qui va des mieux ;
Mais venons au sujet qui m'amène en ces lieux.

SCÈNE III. — BÉLISE, entrant doucement, et écoutant; CHRYSALE, ARISTE.

ARISTE.

Clitandre auprès de vous me fait son interprète,
Et son cœur est épris des grâces d'Henriette.

CHRYSALE.

Quoi! de ma fille?

ARISTE.

Oui; Clitandre en est charmé,
Et je ne vis jamais amant plus enflammé.

BÉLISE, à Ariste.

Non, non; je vous entends. Vous ignorez l'histoire,
Et l'affaire n'est pas ce que vous pouvez croire.

ARISTE.

Comment, ma sœur?

BÉLISE.

Clitandre abuse vos esprits;
Et c'est d'un autre objet que son cœur est épris.

ARISTE.

Vous raillez. Ce n'est pas Henriette qu'il aime?

BÉLISE.

Non; j'en suis assurée.

ARISTE.

Il me l'a dit lui-même.

BÉLISE.

Eh! oui.

ARISTE.

Vous me voyez, ma sœur, chargé par lui
D'en faire la demande à son père aujourd'hui.

BÉLISE.

Fort bien.

ACTE II, SCÈNE III.

ARISTE.

Et son amour même m'a fait instance
De presser les moments d'une telle alliance.

BÉLISE.

Encor mieux. On ne peut tromper plus galamment.
Henriette, entre nous, est un amusement,
Un voile ingénieux, un prétexte, mon frère,
A couvrir d'autres feux dont je sais le mystère[1];
Et je veux bien, tous deux, vous mettre hors d'erreur.

ARISTE.

Mais, puisque vous savez tant de choses, ma sœur,
Dites-nous, s'il vous plaît, cet autre objet qu'il aime.

BÉLISE.

Vous voulez le savoir?

ARISTE.

Oui. Quoi?

BÉLISE.

Moi.

ARISTE.

Vous?

BÉLISE.

Moi-même.

ARISTE.

Hai, ma sœur!

BÉLISE.

Qu'est-ce donc que veut dire ce hai?
Et qu'a de surprenant le discours que je fai?
On est faite d'un air, je pense, à pouvoir dire
Qu'on n'a pas pour un cœur soumis à son empire;
Et Dorante, Damis, Cléonte, et Lycidas,
Peuvent bien faire voir qu'on a quelques appas.

ARISTE.

Ces gens vous aiment?

BÉLISE.

Oui, de toute leur puissance.

ARISTE.

Ils vous l'ont dit?

BÉLISE.

Aucun n'a pris cette licence;
Ils m'ont su révérer si fort jusqu'à ce jour,
Qu'ils ne m'ont jamais dit un mot de leur amour.

---

[1] C'est pousser loin la folie, il faut l'avouer. Un personnage d'une extravagance si outrée était peu digne du pinceau de Molière, et ne méritait pas surtout de figurer dans un de ses chefs-d'œuvre. (Auger.)

Mais, pour m'offrir leur cœur et vouer leur service,
Les muets truchements ont tous fait leur office.

ARISTE.

On ne voit presque point céans venir Damis.

BÉLISE.

C'est pour me faire voir un respect plus soumis.

ARISTE.

De mots piquants, partout, Dorante vous outrage

BÉLISE.

Ce sont emportements d'une jalouse rage.

ARISTE.

Cléonte et Lycidas ont pris femme tous deux.

BÉLISE.

C'est par un désespoir où j'ai réduit leurs feux.

ARISTE.

Ma foi, ma chère sœur, vision toute claire.

CHRYSALE, à Bélise.

De ces chimères-là vous devez vous défaire

BÉLISE.

Ah! chimères! ce sont des chimères, dit-on.
Chimères, moi! Vraiment, chimères est fort bon!
Je me réjouis fort de chimères, mes frères;
Et je ne savois pas que j'eusse des chimères.

SCÈNE IV. — CHRYSALE, ARISTE.

CHRYSALE.

Notre sœur est folle, oui.

ARISTE.

              Cela croît tous les jours.
Mais encore une fois reprenons le discours.
Clitandre vous demande Henriette pour femme;
Voyez quelle réponse on doit faire à sa flamme.

CHRYSALE.

Faut-il le demander? J'y consens de bon cœur,
Et tiens son alliance à singulier honneur.

ARISTE.

Vous savez que de biens il n'a pas l'abondance,
Que...

CHRYSALE.

      C'est un intérêt qui n'est pas d'importance;
Il est riche en vertus, cela vaut des trésors :
Et puis son père et moi n'étions qu'un en deux corps.

ARISTE.
Parlons à votre femme, et voyons à la rendre
Favorable...
CHRYSALE.
Il suffit, je l'accepte pour gendre.
ARISTE.
Oui ; mais, pour appuyer votre consentement,
Mon frère, il n'est pas mal d'avoir son agrément.
Allons...
CHRYSALE.
Vous moquez-vous ? Il n'est pas nécessaire.
Je réponds de ma femme, et prends sur moi l'affaire.
ARISTE.
Mais...
CHRYSALE.
Laissez faire, dis-je, et n'appréhendez pas.
Je la vais disposer aux choses de ce pas.
ARISTE.
Soit. Je vais là-dessus sonder votre Henriette,
Et reviendrai savoir...
CHRYSALE.
C'est une affaire faite ;
Et je vais à ma femme en parler sans délai.

SCÈNE V. — CHRYSALE, MARTINE.

MARTINE.
Me voilà bien chanceuse ! Hélas ! l'on dit bien vrai,
Qui veut noyer son chien l'accuse de la rage,
Et service d'autrui n'est pas un héritage.
CHRYSALE.
Qu'est-ce donc ? Qu'avez-vous, Martine ?
MARTINE.
Ce que j'ai ?
CHRYSALE.
Oui
MARTINE.
J'ai que l'on me donne aujourd'hui mon congé,
Monsieur.
CHRYSALE.
Votre congé ?
MARTINE.
Oui. Madame me chasse.

CHRYSALE.

Je n'entends pas cela. Comment?

MARTINE.

On me menace,
Si je ne sors d'ici, de me bailler cent coups.

CHRYSALE.

Non, vous demeurerez; je suis content de vous.
Ma femme bien souvent a la tête un peu chaude;
Et je ne veux pas, moi...

SCÈNE VI. — PHILAMINTE, BÉLISE, CHRYSALE, MARTINE.

PHILAMINTE, apercevant Martine.

Quoi! je vous vois, maraude!
Vite, sortez, fripponne! allons, quittez ces lieux;
Et ne vous présentez jamais devant mes yeux!

CHRYSALE.

Tout doux.

PHILAMINTE.

Non, c'en est fait.

CHRYSALE.

Eh!

PHILAMINTE.

Je veux qu'elle sorte.

CHRYSALE.

Mais qu'a-t-elle commis pour vouloir de la sorte...

PHILAMINTE.

Quoi! vous la soutenez?

CHRYSALE.

En aucune façon.

PHILAMINTE.

Prenez-vous son parti contre moi?

CHRYSALE.

Mon Dieu! non;
Je ne fais seulement que demander son crime.

PHILAMINTE.

Suis-je pour la chasser sans cause légitime?

CHRYSALE.

Je ne dis pas cela; mais il faut de nos gens...

PHILAMINTE.

Non; elle sortira, vous dis-je, de céans.

CHRYSALE.

Eh bien, oui. Vous dit-on quelque chose là contre?

PHILAMINTE.
Je ne veux point d'obstacle aux désirs que je montre.
CHRYSALE.
D'accord.
PHILAMINTE.
Et vous devez, en raisonnable époux,
Être pour moi contre elle et prendre mon courroux.
CHRYSALE.
Se tournant vers Martine.
Aussi fais-je. Oui, ma femme avec raison vous chasse,
Coquine, et votre crime est indigne de grâce!
MARTINE.
Qu'est-ce donc que j'ai fait?
CHRYSALE, bas.
Ma foi, je ne sais pas.
PHILAMINTE.
Elle est d'humeur encore à n'en faire aucun cas.
CHRYSALE.
A-t-elle, pour donner matière à votre haine,
Cassé quelque miroir ou quelque porcelaine?
PHILAMINTE.
Voudrois-je la chasser, et vous figurez-vous
Que pour si peu de chose on se mette en courroux?
CHRYSALE, à Martine.
A Philaminte.
Qu'est-ce à dire? L'affaire est donc considérable.
PHILAMINTE.
Sans doute. Me voit-on femme déraisonnable?
CHRYSALE.
Est-ce qu'elle a laissé, d'un esprit négligent,
Dérober quelque aiguière ou quelque plat d'argent?
PHILAMINTE.
Cela ne seroit rien.
CHRYSALE, à Martine.
Oh! oh! peste, la belle!
A Philaminte.
Quoi! l'avez-vous suprise à n'être pas fidèle?
PHILAMINTE.
C'est pis que tout cela.
CHRYSALE.
Pis que tout cela!
PHILAMINTE.
Pis!

CHRYSALE, à Martine.
A Philaminte.
Comment! diantre, friponne! Euh! a-t-elle commis...
PHILAMINTE.
Elle a, d'une insolence à nulle autre pareille,
Après trente leçons, insulté mon oreille
Par l'impropriété d'un mot sauvage et bas
Qu'en termes décisifs condamne Vaugelas.
CHRYSALE.
Est-ce là...
PHILAMINTE.
Quoi! toujours, malgré nos remontrances,
Heurter le fondement de toutes les sciences,
La grammaire, qui sait régenter jusqu'aux rois,
Et les fait, la main haute, obéir à ses lois!
CHRYSALE.
Du plus grand des forfaits je la croyois coupable
PHILAMINTE.
Quoi! vous ne trouvez pas ce crime impardonnable?
CHRYSALE.
Si fait.
PHILAMINTE.
Je voudrois bien que vous l'excusassiez!
CHRYSALE.
Je n'ai garde.
BÉLISE.
Il est vrai que ce sont des pitiés.
Toute construction est par elle détruite;
Et des lois du langage on l'a cent fois instruite.
MARTINE.
Tout ce que vous prêchez est, je crois, bel et bon;
Mais je ne saurois, moi, parler votre jargon.
PHILAMINTE.
L'impudente! appeler un jargon le langage
Fondé sur la raison et sur le bel usage!
MARTINE.
Quand on se fait entendre, on parle toujours bien,
Et tous vos biaux dictons ne servent pas de rien.
PHILAMINTE.
Eh bien! ne voilà pas encore de son style?
Ne servent pas de rien!
BÉLISE.
O cervelle indocile!
Faut-il qu'avec les soins qu'on prend incessamment,

ACTE II, SCÈNE VI.

On ne te puisse apprendre à parler congrûment?
De *pas* mis avec *rien* tu fais la récidive;
Et c'est, comme on t'a dit, trop d'une négative.

MARTINE.

Mon Dieu! je n'avons pas étugué comme vous,
Et je parlons tout droit comme on parle cheu nous.

PHILAMINTE.

Ah! peut-on y tenir?

BÉLISE.

    Quel solécisme horrible!

PHILAMINTE.

En voilà pour tuer une oreille sensible.

BÉLISE.

Ton esprit, je l'avoue, est bien matériel!
Je n'est qu'un singulier, *avons* est pluriel.
Veux-tu toute ta vie offenser la grammaire?

MARTINE.

Qui parle d'offenser grand-mère ni grand-père?

PHILAMINTE.

O ciel!

BÉLISE.

  Grammaire est prise à contre-sens par toi,
Et je t'ai déjà dit d'où vient ce mot.

MARTINE.

        Ma foi,
Qu'il vienne de Chaillot, d'Auteuil ou de Pontoise,
Cela ne me fait rien.

BÉLISE.

    Quelle âme villageoise!
La grammaire, du verbe et du nominatif,
Comme de l'adjectif avec le substantif,
Nous enseigne les lois.

MARTINE.

    J'ai, madame, à vous dire
Que je ne connois point ces gens-là.

PHILAMINTE.

        Quel martyre!

BÉLISE.

Ce sont les noms des mots; et l'on doit regarder
En quoi c'est qu'il les faut faire ensemble accorder.

MARTINE.

Qu'ils s'accordent entre eux, ou se gourment, qu'importe?

PHILAMINTE, à Bélise.

Eh! mon Dieu! finissez un discours de la sorte.
A Chrysale.
Vous ne voulez pas, vous, me la faire sortir?

CHRYSALE.
A part.
Si fait. A son caprice il me faut consentir.
Va, ne l'irrite point; retire-toi, Martine.

PHILAMINTE.
Comment! vous avez peur d'offenser la coquine!
Vous lui parlez d'un ton tout à fait obligeant!

CHRYSALE.
D'un ton ferme.   D'un ton plus doux.
Moi? point. Allons, sortez! Va-t'en, ma pauvre enfant.

SCÈNE VII. — PHILAMINTE, CHRYSALE, BÉLISE.

CHRYSALE.
Vous êtes satisfaite, et la voilà partie;
Mais je n'approuve point une telle sortie :
C'est une fille propre aux choses qu'elle fait,
Et vous me la chassez pour un maigre sujet.

PHILAMINTE.
Vous voulez que toujours je l'aie à mon service,
Pour mettre incessamment mon oreille au supplice,
Pour rompre toute loi d'usage et de raison
Par un barbare amas de vices d'oraison,
De mots estropiés, cousus, par intervalles,
De proverbes traînés dans les ruisseaux des halles?

BÉLISE.
Il est vrai que l'on sue à souffrir ses discours;
Elle y met Vaugelas en pièces tous les jours;
Et les moindres défauts de ce grossier génie
Sont ou le pléonasme, ou la cacophonie.

CHRYSALE.
Qu'importe qu'elle manque aux lois de Vaugelas,
Pourvu qu'à la cuisine elle ne manque pas?
J'aime bien mieux, pour moi, qu'en épluchant ses herbes,
Elle accommode mal les noms avec les verbes,
Et redise cent fois un bas ou méchant mot,
Que de brûler ma viande ou saler trop mon pot.
Je vis de bonne soupe, et non de beau langage.
Vaugelas n'apprend point à bien faire un potage;
Et Malherbe et Balzac, si savants en beaux mots,

En cuisine peut-être auroient été des sots.
PHILAMINTE.
Que ce discours grossier terriblement assomme !
Et quelle indignité, pour ce qui s'appelle homme,
D'être baissé sans cesse aux soins matériels,
Au lieu de se hausser vers les spirituels !
Le corps, cette guenille, est-il d'une importance,
D'un prix à mériter seulement qu'on y pense ?
Et ne devons-nous pas laisser cela bien loin ?
CHRYSALE.
Oui, mon corps est moi-même, et j'en veux prendre soin :
Guenille, si l'on veut ; ma guenille m'est chère.
BÉLISE.
Le corps avec l'esprit fait figure, mon frère ;
Mais, si vous en croyez tout le monde savant,
L'esprit doit sur le corps prendre le pas devant ;
Et notre plus grand soin, notre première instance,
Doit être à le nourrir du suc de la science.
CHRYSALE.
Ma foi, si vous songez à nourrir votre esprit,
C'est de viande bien creuse, à ce que chacun dit ;
Et vous n'avez nul soin, nulle sollicitude,
Pour...
PHILAMINTE.
Ah ! *sollicitude* à mon oreille est rude ;
Il pue étrangement son ancienneté.
BÉLISE.
Il est vrai que le mot est bien collet monté.
CHRYSALE.
Voulez-vous que je dise ? il faut qu'enfin j'éclate,
Que je lève le masque et décharge ma rate :
De folles on vous traite, et j'ai fort sur le cœur...
PHILAMINTE.
Comment donc ?
CHRYSALE, à Bélise.
C'est à vous que je parle, ma sœur.
Le moindre solécisme en parlant vous irrite ;
Mais vous en faites, vous, d'étranges en conduite.
Vos livres éternels ne me contentent pas ;
Et, hors un gros Plutarque à mettre mes rabats,
Vous devriez brûler tout ce meuble inutile,
Et laisser la science aux docteurs de la ville ;
M'ôter, pour faire bien, du grenier de céans,
Cette longue lunette à faire peur aux gens,

Et cent brimborions dont l'aspect importune ;
Ne point aller chercher ce qu'on fait dans la lune,
Et vous mêler un peu de ce qu'on fait chez vous,
Où nous voyons aller tout sens dessus dessous.
Il n'est pas bien honnête, et pour beaucoup de causes,
Qu'une femme étudie et sache tant de choses.
Former aux bonnes mœurs l'esprit de ses enfants,
Faire aller son ménage, avoir l'œil sur ses gens,
Et régler la dépense avec économie,
Doit être son étude et sa philosophie.
Nos pères, sur ce point, étoient gens bien sensés,
Qui disoient qu'une femme en sait toujours assez
Quand la capacité de son esprit se hausse
A connoître un pourpoint d'avec un haut-de-chausse.
Les leurs ne lisoient point, mais elles vivoient bien ;
Leurs ménages étoient tout leur docte entretien ;
Et leurs livres, un dé, du fil et des aiguilles,
Dont elles travailloient au trousseau de leurs filles [1].
Les femmes d'à présent sont bien loin de ces mœurs :
Elles veulent écrire, et devenir auteurs.
Nulle science n'est pour elles trop profonde,
Et céans beaucoup plus qu'en aucun lieu du monde :
Les secrets les plus hauts s'y laissent concevoir,
Et l'on sait tout chez moi, hors ce qu'il faut savoir.
On y sait comme vont lune, étoile polaire,
Vénus, Saturne et Mars, dont je n'ai point affaire ;
Et, dans ce vain savoir, qu'on va chercher si loin,
On ne sait comme va mon pot, dont j'ai besoin.
Mes gens à la science aspirent pour vous plaire,
Et tous ne font rien moins que ce qu'ils ont à faire.
Raisonner est l'emploi de toute ma maison,
Et le raisonnement en bannit la raison !...
L'un me brûle mon rôt, en lisant quelque histoire ;
L'autre rêve à des vers quand je demande à boire :
Enfin, je vois par eux votre exemple suivi,
Et j'ai des serviteurs, et ne suis point servi.
Une pauvre servante au moins m'étoit restée,
Qui de ce mauvais air n'étoit point infectée ;

---

[1] Si Chrysale était homme à beaucoup lire, on croiroit qu'il a lu Montaigne ; car il le cite en cet endroit. On lit dans les *Essais :* « François, duc de Bretagne, fils de Jean V, comme on lui parla de son mariage avec Isabeau, fille d'Escosse, et qu'on lui adjousta qu'elle avoit esté nourrie simplement et sans aulcune instruction de lettres, respondit « qu'il l'en aimoit mieulx, et qu'une femme estoit « assez sçavante quand elle sçavoit mettre différence entre la chemise et le « pourpoinct de son mary. » (*Essais*, livre 1ᵉʳ, chap. XIV.)

Et voilà qu'on la chasse avec un grand fracas,
A cause qu'elle manque à parler Vaugelas [1].
Je vous le dis, ma sœur, tout ce train-là me blesse·
Car c'est, comme j'ai dit, à vous que je m'adresse
Je n'aime point céans tous vos gens à latin
Et principalement ce monsieur Trissotin :
C'est lui qui, dans des vers, vous a tympanisées;
Tous les propos qu'il tient sont des billevesées.
On cherche ce qu'il dit après qu'il a parlé;
Et je lui crois, pour moi, le timbre un peu fêlé.

PHILAMINTE.
Quelle bassesse, ô ciel! et d'âme et de langage!

BÉLISE.
Est-il de petits corps un plus lourd assemblage,
Un esprit composé d'atomes plus bourgeois?
Et de ce même sang se peut-il que je sois?
Je me veux mal de mort d'être de votre race;
Et, de confusion, j'abandonne la place.

SCÈNE VIII. — PHILAMINTE, CHRYSALE.

PHILAMINTE.
Avez-vous à lâcher encore quelque trait?

CHRYSALE.
Moi? Non. Ne parlons plus de querelle; c'est fait.
Discourons d'autre affaire. A votre fille aînée
On voit quelque dégoût pour les nœuds d'hyménée;
C'est une philosophe enfin, je n'en dis rien;
Elle est bien gouvernée, et vous faites fort bien.
Mais de tout autre humeur se trouve sa cadette;
Et je crois qu'il est bon de pourvoir Henriette,
De choisir un mari...

PHILAMINTE.
C'est à quoi j'ai songé,
Et je veux vous ouvrir l'intention que j'ai.
Ce monsieur Trissotin, dont on nous fait un crime,
Et qui n'a pas l'honneur d'être dans votre estime,
Est celui que je prends pour l'époux qu'il lui faut,
Et je sais mieux que vous juger de ce qu'il vaut.
La contestation est ici superflue,
Et de tout point chez moi l'affaire est résolue.
Au moins ne dites mot du choix de cet époux;

---

[1] *Parler Vaugelas*, comme on dirait parler français. L'expression est hardie et heureuse. (Auger.)

Je veux à votre fille en parler avant vous.
J'ai des raisons à faire approuver ma conduite,
Et je connoîtrai bien si vous l'aurez instruite.

SCÈNE IX. — ARISTE, CHRYSALE.

ARISTE.
Eh bien, la femme sort, mon frère, et je vois bien
Que vous venez d'avoir ensemble un entretien.

CHRYSALE.
Oui

ARISTE.
Quel est le succès? Aurons-nous Henriette?
A-t-elle consenti? l'affaire est-elle faite?

CHRYSALE.
Pas tout à fait encor.

ARISTE.
Refuse-t-elle?

CHRYSALE.
Non.

ARISTE.
Est-ce qu'elle balance?

CHRYSALE.
En aucune façon.

ARISTE.
Quoi donc?

CHRYSALE.
C'est que pour gendre elle m'offre un autre homme.

ARISTE.
Un autre homme pour gendre?

CHRYSALE.
Un autre.

ARISTE.
Qui se nomme?

CHRYSALE.
Monsieur Trissotin.

ARISTE.
Quoi! ce monsieur Trissotin...

CHRYSALE.
Oui, qui parle toujours de vers et de latin.

ARISTE.
Vous l'avez accepté?

CHRYSALE.
Moi, point : à Dieu ne plaise!

ACTE II, SCÈNE IX.

ARISTE.

Qu'avez-vous répondu?

CHRYSALE.

Rien; et je suis bien aise
De n'avoir point parlé, pour ne m'engager pas.

ARISTE.

La raison est fort belle, et c'est faire un grand pas.
Avez-vous su du moins lui proposer Clitandre?

CHRYSALE.

Non; car, comme j'ai vu qu'on parloit d'autre gendre,
J'ai cru qu'il étoit mieux de ne m'avancer point.

ARISTE.

Certes, votre prudence est rare au dernier point.
N'avez-vous point de honte, avec votre mollesse?
Et se peut-il qu'un homme ait assez de foiblesse
Pour laisser à sa femme un pouvoir absolu,
Et n'oser attaquer ce qu'elle a résolu?

CHRYSALE.

Mon Dieu! vous en parlez, mon frère, bien à l'aise,
Et vous ne savez pas comme le bruit me pèse.
J'aime fort le repos, la paix et la douceur,
Et ma femme est terrible avecque son humeur;
Du nom de philosophe elle fait grand mystère[1] :
Mais elle n'en est pas pour cela moins colère;
Et sa morale, faite à mépriser le bien,
Sur l'aigreur de sa bile opère comme rien.
Pour peu que l'on s'oppose à ce que veut sa tête,
On en a pour huit jours d'effroyable tempête.
Elle me fait trembler dès qu'elle prend son ton;
Je ne sais où me mettre, et c'est un vrai dragon;
Et cependant, avec toute sa diablerie,
Il faut que je l'appelle et mon cœur et ma mie.

ARISTE.

Allez, c'est se moquer. Votre femme, entre nous,
Est, par vos lâchetés, souveraine sur vous.
Son pouvoir n'est fondé que sur votre foiblesse;
C'est de vous qu'elle prend le titre de maîtresse;
Vous-même à ses hauteurs vous vous abandonnez,
Et vous faites mener en bête par le nez.
Quoi! vous ne pouvez pas, voyant comme on vous nomme,
Vous résoudre une fois à vouloir être un homme,
A faire condescendre une femme à vos vœux,

---

[1] *Faire mystère* vouloit dire alors, mais dans la conversation seulement, donner une grande importance à une chose. (P.)

Et prendre assez de cœur pour dire un Je le veux!
Vous laisserez sans honte immoler votre fille
Aux folles visions qui tiennent la famille,
Et de tout votre bien revêtir un nigaud,
Pour six mots de latin qu'il leur fait sonner haut;
Un pédant qu'à tous coups votre femme apostrophe
Du nom de bel esprit et de grand philosophe,
D'homme qu'en vers galants jamais on n'égala,
Et qui n'est, comme on sait, rien moins que tout cela
Allez, encore un coup, c'est une moquerie;
Et votre lâcheté mérite qu'on en rie.

CHRYSALE.

Oui, vous avez raison, et je vois que j'ai tort.
Allons, il faut enfin montrer un cœur plus fort,
Mon frère!

ARISTE.

C'est bien dit.

CHRYSALE.

C'est une chose infâme
Que d'être si soumis au pouvoir d'une femme.

ARISTE.

Fort bien.

CHRYSALE.

De ma douceur elle a trop profité.

ARISTE.

Il est vrai.

CHRYSALE.

Trop joui de ma facilité.

ARISTE.

Sans doute.

CHRYSALE.

Et je lui veux faire aujourd'hui connoître
Que ma fille est ma fille, et que j'en suis le maître,
Pour lui prendre un mari qui soit selon mes vœux.

ARISTE.

Vous voilà raisonnable, et comme je vous veux.

CHRYSALE.

Vous êtes pour Clitandre, et savez sa demeure;
Faites-le-moi venir, mon frère, tout à l'heure.

ARISTE.

J'y cours tout de ce pas.

CHRYSALE.

C'est souffrir trop longtemps,
Et je m'en vais être homme à la barbe des gens.

ACTE TROISIÈME

SCÈNE I. — PHILAMINTE, ARMANDE, BÉLISE, TRISSOTIN, LÉPINE.

PHILAMINTE.
Ah! mettons-nous ici pour écouter à l'aise
Ces vers, que mot à mot il est besoin qu'on pèse.
ARMANDE.
Je brûle de les voir.
BÉLISE.
Et l'on s'en meurt chez nous.
PHILAMINTE, à Trissotin.
Ce sont charmes pour moi que ce qui part de vous.
ARMANDE.
Ce m'est une douceur à nulle autre pareille.
BÉLISE.
Ce sont repas friands qu'on donne à mon oreille.
PHILAMINTE.
Ne faites point languir de si pressants désirs.
ARMANDE.
Dépêchez.
BÉLISE.
Faites tôt, et hâtez nos plaisirs.
PHILAMINTE.
A notre impatience offrez votre épigramme.
TRISSOTIN, à Philaminte.
Hélas! c'est un enfant tout nouveau-né, madame;
Son sort assurément a lieu de vous toucher,
Et c'est dans votre cour que j'en viens d'accoucher.
PHILAMINTE.
Pour me le rendre cher, il suffit de son père.
TRISSOTIN.
Votre approbation lui peut servir de mère.
BÉLISE.
Qu'il a d'esprit!

SCÈNE II. — HENRIETTE, PHILAMINTE, BÉLISE, ARMANDE, TRISSOTIN, LÉPINE.

PHILAMINTE, à Henriette, qui veut se retirer.
Holà! pourquoi donc fuyez-vous?
HENRIETTE.
C'est de peur de troubler un entretien si doux.

PHILAMINTE.

Approchez, et venez, de toutes vos oreilles,
Prendre part au plaisir d'entendre des merveilles.

HENRIETTE.

Je sais peu les beautés de tout ce qu'on écrit,
Et ce n'est pas mon fait que les choses d'esprit.

PHILAMINTE.

Il n'importe : aussi bien ai-je à vous dire ensuite
Un secret dont il faut que vous soyez instruite.

TRISSOTIN, à Henriette.

Les sciences n'ont rien qui vous puisse enflammer,
Et vous ne vous piquez que de savoir charmer.

HENRIETTE.

Aussi peu l'un que l'autre; et je n'ai nulle envie...

BÉLISE.

Ah! songeons à l'enfant nouveau-né, je vous prie.

PHILAMINTE, à Lépine.

Allons, petit garçon, vite de quoi s'asseoir.

Lépine se laisse tomber.

Voyez l'impertinent! Est-ce que l'on doit choir,
Après avoir appris l'équilibre des choses?

BÉLISE.

De ta chute, ignorant, ne vois-tu pas les causes,
Et qu'elle vient d'avoir, du point fixe, écarté
Ce que nous appelons centre de gravité?

LÉPINE.

Je m'en suis aperçu, madame, étant par terre.

PHILAMINTE, à Lépine, qui sort.

Le lourdaud!

TRISSOTIN.

  Bien lui prend de n'être pas de verre.

ARMANDE.

Ah! de l'esprit partout!

BÉLISE.

  Cela ne tarit pas
Ils s'asseyent.

PHILAMINTE.

Servez-nous promptement votre aimable repas.

TRISSOTIN.

Pour cette grande faim qu'à mes yeux on expose,
Un plat seul de huit vers me semble peu de chose;
Et je pense qu'ici je ne ferai pas mal
De joindre à l'épigramme, ou bien au madrigal,
Le ragoût d'un sonnet qui, chez une princesse,

A passé pour avoir quelque délicatesse.
Il est de sel attique assaisonné partout,
Et vous le trouverez, je crois, d'assez bon goût.
ARMANDE.
Ah! je n'en doute point.
PHILAMINTE.
Donnons vite audience.
BÉLISE, interrompant Trissotin chaque fois qu'il se dispose à lire.
Je sens d'aise mon cœur tressaillir par avance.
J'aime la poésie avec entêtement,
Et surtout quand les vers sont tournés galamment.
PHILAMINTE.
Si nous parlons toujours, il ne pourra rien dire.
TRISSOTIN.
So...
BÉLISE, à Henriette.
Silence, ma nièce.
ARMANDE.
Ah! laissez-le donc lire!
TRISSOTIN.

Sonnet à la princesse URANIE, *sur sa fièvre*[1]

Votre prudence est endormie,
De traiter magnifiquement
Et de loger superbement
Votre plus cruelle ennemie.

BÉLISE.
Ah! le joli début!
ARMANDE.
Qu'il a le tour galant!
PHILAMINTE.
Lui seul des vers aisés possède le talent.
ARMANDE.
A *prudence endormie* il faut rendre les armes.
BÉLISE.
Loger son ennemie est pour moi plein de charmes.
PHILAMINTE.
J'aime *superbement* et *magnifiquement;*
Ces deux adverbes joints font admirablement
BÉLISE.
Prêtons l'oreille au reste.

---

[1] Le sonnet se trouve dans les *OEuvres galantes en prose et en vers de M. Cotin,* chez Etienne Loison, Paris, 1663. Il est intitulé *Sonnet à mademoiselle de Longueville, à présent duchesse de Nemours, sur sa fievre quarte.* (A.) — Ce fut Boileau qui fournit à Molière l'idée de la scène entre Trissotin et Vadius, et qui lui apporta le sonnet de l'abbé Cotin. (A. M.)

TRISSOTIN.

Votre prudence est endormie,
De traiter magnifiquement
Et de loger superbement
Votre plus cruelle ennemie.

ARMANDE.

Prudence endormie!

BÉLISE.

Loger son ennemie!

PHILAMINTE.

Superbement et *magnifiquement!*

TRISSOTIN.

Faites-la sortir, quoi qu'on die,
De votre riche appartement,
Où cette ingrate insolemment
Attaque votre belle vie.

BÉLISE.

Ah! tout doux! laissez-moi, de grâce, respirer.

ARMANDE.

Donnez-nous, s'il vous plaît, le loisir d'admirer.

PHILAMINTE.

On se sent, à ces vers, jusques au fond de l'âme,
Couler je ne sais quoi qui fait que l'on se pâme.

ARMANDE.

Faites-la sortir, quoi qu'on die,
De votre riche appartement.

Que *riche appartement* est là joliment dit!
Et que la métaphore est mise avec esprit!

PHILAMINTE.

Faites-la sortir, quoi qu'on die.

Ah! que ce *quoi qu'on die* est d'un goût admirable!
C'est, à mon sentiment, un endroit impayable.

ARMANDE.

De *quoi qu'on die* aussi mon cœur est amoureux.

BÉLISE.

Je suis de votre avis, *quoi qu'on die* est heureux.

ARMANDE.

Je voudrois l'avoir fait.

BÉLISE.

Il vaut toute une pièce.

PHILAMINTE.

Mais en comprend-on bien, comme moi, la finesse?

ACTE III, SCÈNE II.

ARMANDE et BÉLISE.

Oh! oh!

PHILAMINTE.

Faites-la sortir, quoi qu'on die :
Que de la fièvre on prenne ici les intérêts,
N'ayez aucun égard, moquez-vous des caquets;

Faites-la sortir, quoi qu'on die,
Quoi qu'on die, quoi qu'on die.

Ce *quoi qu'on die* en dit beaucoup plus qu'il ne semble.
Je ne sais pas, pour moi, si chacun me ressemble,
Mais j'entends là-dessous un million de mots.

BÉLISE.

Il est vrai qu'il dit plus de choses qu'il n'est gros.

PHILAMINTE, à Trissotin.

Mais, quand vous avez fait ce charmant *quoi qu'on die*,
Avez-vous compris, vous, toute son énergie?
Songiez-vous bien vous-même à tout ce qu'il nous dit?
Et pensiez-vous alors y mettre tant d'esprit?

TRISSOTIN.

Hai! hai!

ARMANDE.

J'ai fort aussi l'*ingrate* dans la tête,
Cette ingrate de fièvre, injuste, malhonnête,
Qui traite mal les gens qui la logent chez eux.

PHILAMINTE.

Enfin les quatrains sont admirables tous deux.
Venons-en promptement aux tiercets, je vous prie.

ARMANDE.

Ah! s'il vous plaît, encore une fois *quoi qu'on die.*

TRISSOTIN.

Faites-la sortir, quoi qu'on die...

PHILAMINTE, ARMANDE et BÉLISE.

Quoi qu'on die!

TRISSOTIN.

De votre riche appartement...

PHILAMINTE, ARMANDE et BÉLISE.

Riche appartement!

TRISSOTIN.

Où cette ingrate insolemment...

PHILAMINTE, ARMANDE et BÉLISE.

Cette *ingrate* de fièvre!

TRISSOTIN.

Attaque votre belle vie.

PHILAMINTE.

Votre belle vie !

ARMANDE et BÉLISE.

Ah !

TRISSOTIN.

Quoi! sans respecter votre rang,
Elle se prend à votre sang...

PHILAMINTE, ARMANDE et BÉLISE.

Ah !

TRISSOTIN.

Et nuit et jour vous fait outrage!
Si vous la conduisez aux bains,
Sans la marchander davantage,
Noyez-la de vos propres mains.

PHILAMINTE.

On n'en peut plus !

BÉLISE.

On pâme !

ARMANDE.

On se meurt de plaisir !

PHILAMINTE.

De mille doux frissons vous vous sentez saisir !

ARMANDE.

Si vous la conduisez aux bains...

BÉLISE.

Sans la marchander davantage...

PHILAMINTE.

Noyez-la de vos propres mains.

De vos propres mains, là, noyez-la dans les bains.

ARMANDE.

Chaque pas dans vos vers rencontre un trait charmant.

BÉLISE.

Partout on s'y promène avec ravissement.

PHILAMINTE.

On n'y sauroit marcher que sur de belles choses.

ARMANDE.

Ce sont petits chemins tout parsemés de roses.

TRISSOTIN.

Le sonnet donc vous semble...

ACTE III, SCÈNE II.

PHILAMINTE.
                    Admirable, nouveau :
Et personne jamais n'a rien fait de si beau.
            BÉLISE, à Henriette.
Quoi ! sans émotion pendant cette lecture !
Vous faites là, ma nièce, une étrange figure !
                HENRIETTE.
Chacun fait ici-bas la figure qu'il peut,
Ma tante; et bel esprit, il ne l'est pas qui veut.
                TRISSOTIN.
Peut-être que mes vers importunent madame.
                HENRIETTE.
Point. Je n'écoute pas.
                PHILAMINTE.
                    Ah ! voyons l'épigramme.
                TRISSOTIN.
Sur un carrosse de couleur amarante donné à une dame de ses amies.
                PHILAMINTE.
Ses titres ont toujours quelque chose de rare.
                ARMANDE.
A cent beaux traits d'esprit leur nouveauté prépare
                TRISSOTIN.
    L'amour si chèrement m'a vendu son lien [1]..
        PHILAMINTE, ARMANDE et BÉLISE.
Ah !
                TRISSOTIN.
    Qu'il m'en coûte déjà la moitié de mon bien;
        Et, quand tu vois ce beau carrosse,
        Où tant d'or se relève en bosse,
            Qu'il étonne tout le pays,
    Et fait pompeusement triompher ma Laïs...
                PHILAMINTE.
Ah ! *ma Laïs !* voilà de l'érudition.
                BÉLISE.
L'enveloppe est jolie, et vaut un million.
                TRISSOTIN.
        Et, quand tu vois ce beau carrosse,
        Où tant d'or se relève en bosse,
            Qu'il étonne tout le pays,
    Et fait pompeusement triompher ma Laïs,
            Ne dis plus qu'il est amarante,
            Dis plutôt qu'il est de ma rente.

---

[1] Cette épigramme se trouve également dans les œuvres de Cotin; elle porte ce titre : *Madrigal sur un carrosse de couleur amarante, acheté pour une dame.* (Voyez *Œuvres galantes* de Cotin, seconde édition, 1765, t. II, p. 564.) (A. M.)

ARMANDE.
Oh! oh! oh! celui-là ne s'attend point du tout

PHILAMINTE.
On n'a que lui qui puisse écrire de ce goût.

BÉLISE.
Ne dis plus qu'il est amarante,
Dis plutôt qu'il est de ma rente.

Voilà qui se décline, *ma rente, de ma rente, à ma rente.*

PHILAMINTE.
Je ne sais, du moment que je vous ai connu,
Si sur votre sujet j'eus l'esprit prévenu ;
Mais j'admire partout vos vers et votre prose.

TRISSOTIN, à Philaminte.
Si vous vouliez de vous nous montrer quelque chose,
A notre tour aussi nous pourrions admirer.

PHILAMINTE.
Je n'ai rien fait en vers ; mais j'ai lieu d'espérer
Que je pourrai bientôt vous montrer, en amie,
Huit chapitres du plan de notre académie.
Platon s'est au projet simplement arrêté,
Quand de sa République il a fait le traité ;
Mais à l'effet entier je veux pousser l'idée
Que j'ai sur le papier en prose accommodée.
Car enfin, je me sens un étrange dépit
Du tort que l'on nous fait du côté de l'esprit ;
Et je veux nous venger, toutes tant que nous sommes,
De cette indigne classe où nous rangent les hommes,
De borner nos talents à des futilités,
Et nous fermer la porte aux sublimes clartés.

ARMANDE.
C'est faire à notre sexe une trop grande offense,
De n'étendre l'effort de notre intelligence
Qu'à juger d'une jupe, ou de l'air d'un manteau,
Ou des beautés d'un point, ou d'un brocart nouveau.

BÉLISE.
Il faut se relever de ce honteux partage,
Et mettre hautement notre esprit hors de page.

TRISSOTIN.
Pour les dames on sait mon respect en tous lieux ;
Et, si je rends hommage aux brillants de leurs yeux,
De leur esprit aussi j'honore les lumières.

PHILAMINTE.
Le sexe aussi vous rend justice en ces matières ;

Mais nous voulons montrer à de certains esprits,
Dont l'orgueilleux savoir nous traite avec mépris,
Que de science aussi les femmes sont meublées;
Qu'on peut faire, comme eux, de doctes assemblées,
Conduites en cela par des ordres meilleurs;
Qu'on y veut réunir ce qu'on sépare ailleurs,
Mêler le beau langage et les hautes sciences,
Découvrir la nature en mille expériences;
Et, sur les questions qu'on pourra proposer,
Faire entrer chaque secte, et n'en point épouser.

TRISSOTIN.

Je m'attache pour l'ordre au péripatétisme.

PHILAMINTE.

Pour les abstractions, j'aime le platonisme.

ARMANDE.

Épicure me plaît, et ses dogmes sont forts.

BÉLISE.

Je m'accommode assez, pour moi, des petits corps;
Mais le vide à souffrir me semble difficile,
Et je goûte bien mieux la matière subtile.

TRISSOTIN.

Descartes, pour l'aimant, donne fort dans mon sens.

ARMANDE.

J'aime ses tourbillons.

PHILAMINTE.

Moi, ses mondes tombants.

ARMANDE.

Il me tarde de voir notre assemblée ouverte,
Et de nous signaler par quelque découverte.

TRISSOTIN.

On en attend beaucoup de vos vives clartés;
Et pour vous la nature a peu d'obscurités.

PHILAMINTE.

Pour moi, sans me flatter, j'en ai déjà fait une;
Et j'ai vu clairement des hommes dans la lune.

BÉLISE.

Je n'ai point encor vu d'hommes, comme je crois;
Mais j'ai vu des clochers tout comme je vous vois.

ARMANDE.

Nous approfondirons, ainsi que la physique,
Grammaire, histoire, vers, morale et politique.

PHILAMINTE.

La morale a des traits dont mon cœur est épris,
Et c'étoit autrefois l'amour des grands esprits;

Mais aux stoïciens je donne l'avantage,
Et je ne trouve rien de si beau que leur sage.
ARMANDE.
Pour la langue, on verra dans peu nos règlements,
Et nous y prétendons faire des remuements.
Par une antipathie, ou juste, ou naturelle,
Nous avons pris chacune une haine mortelle
Pour un nombre de mots, soit ou verbes, ou noms,
Que mutuellement nous nous abandonnons :
Contre eux nous préparons de mortelles sentences,
Et nous devons ouvrir nos doctes conférences
Par les proscriptions de tous ces mots divers,
Dont nous voulons purger et la prose et les vers.
PHILAMINTE.
Mais le plus beau projet de notre académie,
Une entreprise noble, et dont je suis ravie,
Un dessein plein de gloire, et qui sera vanté
Chez tous les beaux esprits de la postérité,
C'est le retranchement de ces syllabes sales,
Qui dans les plus beaux mots produisent des scandales;
Ces jouets éternels des sots de tous les temps;
Ces fades lieux communs de nos méchants plaisants;
Ces sources d'un amas d'équivoques infâmes,
Dont on vient faire insulte à la pudeur des femmes
TRISSOTIN.
Voilà certainement d'admirables projets!
BÉLISE.
Vous verrez nos statuts quand ils seront tous faits.
TRISSOTIN.
Ils ne sauroient manquer d'être tous beaux et sages.
ARMANDE.
Nous serons, par nos lois, les juges des ouvrages;
Par nos lois, prose et vers, tout nous sera soumis :
Nul n'aura de l'esprit, hors nous et nos amis.
Nous chercherons partout à trouver à redire,
Et ne verrons que nous qui sachent bien écrire.

SCÈNE III. — PHILAMINTE, BÉLISE, ARMANDE, HENRIETTE, TRISSOTIN, LÉPINE.

LÉPINE, à Trissotin.
Monsieur, un homme est là qui veut parler à vous·
Il est vêtu de noir, et parle d'un ton doux.
Ils se lèvent.

TRISSOTIN.

C'est cet ami savant qui m'a fait tant d'instance
De lui donner l'honneur de votre connoissance.

PHILAMINTE.

Pour le faire venir vous avez tout crédit.

Trissotin va au-devant de Vadius.

SCÈNE IV. — PHILAMINTE, BÉLISE, ARMANDE, HENRIETTE.

PHILAMINTE, à Armande et à Bélise.

Faisons bien les honneurs au moins de notre esprit.

A Henriette, qui veut sortir.

Holà! Je vous ai dit, en paroles bien claires,
Que j'ai besoin de vous.

HENRIETTE.

Mais pour quelles affaires?

PHILAMINTE.

Venez : on va dans peu vous les faire savoir.

SCÈNE V. — TRISSOTIN, VADIUS, PHILAMINTE, BÉLISE, ARMANDE, HENRIETTE.

TRISSOTIN, présentant Vadius.

Voici l'homme qui meurt du désir de vous voir;
En vous le produisant, je ne crains point le blâme
D'avoir admis chez vous un profane, madame.
Il peut tenir son coin parmi de beaux esprits.

PHILAMINTE.

La main qui le présente en dit assez le prix.

TRISSOTIN.

Il a des vieux auteurs la pleine intelligence,
Et sait du grec, madame, autant qu'homme de France[1].

PHILAMINTE, à Bélise.

Du grec, ô ciel! du grec! Il sait du grec, ma sœur!

BÉLISE, à Armande.

Ah! ma nièce, du grec!

ARMANDE.

Du grec! quelle douceur!

PHILAMINTE.

Quoi! monsieur sait du grec? Ah! permettez, de grâce,

---

[1] Ménage, que Molière joue ici sous le nom de Vadius, savait en effet le grec *autant qu'homme de France.* Son humeur aigre et pédantesque, son caractère présomptueux, lui firent beaucoup d'ennemis; il se croyait le droit de tout juger en dernier ressort; et peut-être Molière ne l'a-t-il mis en scène que pour se venger de quelques-uns de ses jugements. (Aimé Martin.)

Que, pour l'amour du grec, monsieur, on vous embrasse.
Vadius embrasse aussi Bélise et Armande.

HENRIETTE, à Vadius, qui veut aussi l'embrasser.

Excusez-moi, monsieur, je n'entends pas le grec.
Ils s'asseyent.

PHILAMINTE.

J'ai pour les livres grecs un merveilleux respect.

VADIUS.

Je crains d'être fâcheux par l'ardeur qui m'engage
A vous rendre aujourd'hui, madame, mon hommage;
Et j'aurai pu troubler quelque docte entretien.

PHILAMINTE.

Monsieur, avec du grec on ne peut gâter rien.

TRISSOTIN.

Au reste, il fait merveille en vers ainsi qu'en prose,
Et pourroit, s'il vouloit, vous montrer quelque chose.

VADIUS.

Le défaut des auteurs, dans leurs productions,
C'est d'en tyranniser les conversations,
D'être au Palais, au Cours, aux ruelles, aux tables,
De leurs vers fatigants lecteurs infatigables.
Pour moi, je ne vois rien de plus sot, à mon sens,
Qu'un auteur qui partout va gueuser des encens,
Qui, des premiers venus saisissant les oreilles,
En fait le plus souvent le martyr de ses veilles.
On ne m'a jamais vu ce fol entêtement;
Et d'un Grec, là-dessus, je suis le sentiment,
Qui, par un dogme exprès, défend à tous ses sages
L'indigne empressement de lire leurs ouvrages.
Voici de petits vers pour de jeunes amants,
Sur quoi je voudrois bien avoir vos sentiments[1].

TRISSOTIN.

Vos vers ont des beautés que n'ont point tous les autres.

VADIUS.

Les Grâces et Vénus règnent dans tous les vôtres.

TRISSOTIN.

Vous avez le tour libre, et le beau choix des mots.

VADIUS.

On voit partout chez vous l'*ithos* et le *pathos*.

TRISSOTIN.

Nous avons vu de vous des églogues d'un style

---

[1] « Voilà, dit la Harpe, un de ces traits qui confondent, un de ces endroits où l'acclamation est universelle... J'ai vu, ajoute-t-il, des spectateurs saisis d'une surprise réelle; ils avaient pris Vadius pour le sage de la pièce. » (Auger.)

ACTE III, SCÈNE V.

Qui passe en doux attraits Théocrite et Virgile.
VADIUS.
Vos odes ont un air noble, galant et doux,
Qui laisse de bien loin votre Horace après vous.
TRISSOTIN.
Est-il rien d'amoureux comme vos chansonnettes?
VADIUS.
Peut-on rien voir d'égal aux sonnets que vous faites?
TRISSOTIN.
Rien qui soit plus charmant que vos petits rondeaux?
VADIUS.
Rien de si plein d'esprit que tous vos madrigaux?
TRISSOTIN.
Aux ballades surtout vous êtes admirable.
VADIUS.
Et dans les bouts-rimés je vous trouve adorable.
TRISSOTIN.
Si la France pouvoit connoître votre prix...
VADIUS.
Si le siècle rendoit justice aux beaux esprits...
TRISSOTIN.
En carrosse doré vous iriez par les rues.
VADIUS.
On verroit le public vous dresser des statues.
A Trissotin.
Hom! C'est une ballade, et je veux que tout net
Vous m'en...
TRISSOTIN, à Vadius.
Avez-vous vu certain petit sonnet
Sur la fièvre qui tient la princesse Uranie?
VADIUS.
Oui; hier il me fut lu dans une compagnie.
TRISSOTIN.
Vous en savez l'auteur?
VADIUS.
Non; mais je sais fort bien
Qu'à ne le point flatter, son sonnet ne vaut rien.
TRISSOTIN.
Beaucoup de gens pourtant le trouvent admirable.
VADIUS.
Cela n'empêche pas qu'il ne soit misérable;
Et, si vous l'avez vu, vous serez de mon goût.
TRISSOTIN.
Je sais que là-dessus je n'en suis point du tout,

Et que d'un tel sonnet peu de gens sont capables.
VADIUS.
Me préserve le ciel d'en faire de semblables!
TRISSOTIN.
Je soutiens qu'on ne peut en faire de meilleur;
Et ma grande raison, c'est que j'en suis l'auteur.
VADIUS.
Vous?
TRISSOTIN.
Moi.
VADIUS.
Je ne sais donc comment se fit l'affaire.
TRISSOTIN.
C'est qu'on fut malheureux de ne pouvoir vous plaire.
VADIUS.
Il faut qu'en écoutant j'aie eu l'esprit distrait,
Ou bien que le lecteur m'ait gâté le sonnet.
Mais laissons ce discours, et voyons ma ballade.
TRISSOTIN.
La ballade, à mon goût, est une chose fade :
Ce n'en est plus la mode; elle sent son vieux temps.
VADIUS.
La ballade pourtant charme beaucoup de gens.
TRISSOTIN.
Cela n'empêche pas qu'elle ne me déplaise.
VADIUS.
Elle n'en reste pas pour cela plus mauvaise.
TRISSOTIN.
Elle a pour les pédants de merveilleux appas.
VADIUS.
Cependant nous voyons qu'elle ne vous plaît pas.
TRISSOTIN.
Vous donnez sottement vos qualités aux autres!

Ils se lèvent tous.

VADIUS.
Fort impertinemment vous me jetez les vôtres!
TRISSOTIN.
Allez, petit grimaud, barbouilleur de papier!
VADIUS.
Allez, rimeur de balle [1], opprobre du métier!

---

[1] On nomme *marchandises de balle* les marchandises de qualité inférieure que colportent les petits marchands nommés *porteballe*. *Rimeur de balle* est dans le même sens. (Auger.)

ACTE III, SCÈNE V.

TRISSOTIN.

Allez, fripier d'écrits, impudent plagiaire!

VADIUS.

Allez, cuistre...

PHILAMINTE.

Eh! messieurs, que prétendez-vous faire?

TRISSOTIN, à Vadius.

Va, va restituer tous les honteux larcins
Que réclament sur toi les Grecs et les Latins [1].

VADIUS.

Va, va-t'en faire amende honorable au Parnasse
D'avoir fait à tes vers estropier Horace.

TRISSOTIN.

Souviens-toi de ton livre, et de son peu de bruit.

VADIUS.

Et toi, de ton libraire à l'hôpital réduit.

TRISSOTIN.

Ma gloire est établie; en vain tu la déchires.

VADIUS.

Oui, oui, je te renvoie à l'auteur des *Satires*.

TRISSOTIN.

Je t'y renvoie aussi.

VADIUS.

J'ai le contentement
Qu'on voit qu'il m'a traité plus honorablement.
Il me donne en passant une atteinte légère [2]
Parmi plusieurs auteurs qu'au Palais on révère;
Mais jamais dans ses vers il ne te laisse en paix,
Et l'on t'y voit partout être en butte à ses traits.

TRISSOTIN.

C'est par là que j'y tiens un rang plus honorable.
Il te met dans la foule ainsi qu'un misérable;
Il croit que c'est assez d'un coup pour t'accabler,
Et ne t'a jamais fait l'honneur de redoubler.
Mais il m'attaque à part comme un noble adversaire
Sur qui tout son effort lui semble nécessaire;

---

[1] Ce trait porte juste sur Ménage, à qui ses nombreux plagiats avaient seuls fait une célébrité. Le poëte Linière disait qu'il fallait le conduire au pied du Parnasse, et le marquer sur l'épaule.

[2] Boileau, en effet, n'a parlé qu'une seule fois de Ménage, et ne lui a porté *qu'une atteinte légère:*

> Chapelain veut rimer, et c'est là sa folie;
> Mais, bien que ses durs vers, d'épithètes enflés,
> Soient des moindres grimauds chez Ménage sifflés, etc.

Ces vers de la quatrième satire font allusion à la coterie littéraire qui s'assemblait chez Ménage. (Aimé Martin.)

Et ses coups, contre moi redoublés en tous lieux,
Montrent qu'il ne se croit jamais victorieux.

VADIUS.

Ma plume t'apprendra quel homme je puis être!

TRISSOTIN.

Et la mienne saura te faire voir ton maître!

VADIUS.

Je te défie en vers, prose, grec et latin!

TRISSOTIN.

Eh bien, nous nous verrons seul à seul chez Barbin[1]!

SCÈNE VI. — TRISSOTIN, PHILAMINTE, ARMANDE, BÉLISE, HENRIETTE.

TRISSOTIN.

A mon emportement ne donnez aucun blâme;
C'est votre jugement que je défends, madame,
Dans le sonnet qu'il a l'audace d'attaquer.

PHILAMINTE.

A vous remettre bien je me veux appliquer;
Mais parlons d'autre affaire. Approchez, Henriette;
Depuis assez longtemps mon âme s'inquiète
De ce qu'aucun esprit en vous ne se fait voir;
Mais je trouve un moyen de vous en faire avoir.

HENRIETTE.

C'est prendre un soin pour moi qui n'est pas nécessaire :
Les doctes entretiens ne sont point mon affaire;
J'aime à vivre aisément; et, dans tout ce qu'on dit,
Il faut se trop peiner pour avoir de l'esprit;
C'est une ambition que je n'ai point en tête.
Je me trouve fort bien, ma mère, d'être bête;
Et j'aime mieux n'avoir que de communs propos
Que de me tourmenter pour dire de beaux mots.

PHILAMINTE.

Oui; mais j'y suis blessée, et ce n'est pas mon compte
De souffrir dans mon sang une pareille honte.
La beauté du visage est un frêle ornement,
Une fleur passagère, un éclat d'un moment,
Et qui n'est attaché qu'à la simple épiderme;
Mais celle de l'esprit est inhérente et ferme.
J'ai donc cherché longtemps un biais de vous donner
La beauté que les ans ne peuvent moissonner,
De faire entrer chez vous le désir des sciences,

---

[1] Ce n'est pas sur le pré qu'ils s'appellent, c'est chez Barbin le libraire.

De vous insinuer les belles connoissances ;
Et la pensée enfin où mes vœux ont souscrit,
C'est d'attacher à vous un homme plein d'esprit ;
    Montrant Trissotin.
Et cet homme est monsieur, que je vous détermine
A voir comme l'époux que mon choix vous destine.
             HENRIETTE.
Moi ! ma mère !*
             PHILAMINTE.
        Oui, vous. Faites la sotte un peu.
           BÉLISE, à Trissotin.
Je vous entends ; vos yeux demandent mon aveu
Pour engager ailleurs un cœur que je possède.
Allez ; je le veux bien. A ce nœud je vous cède ;
C'est un hymen qui fait votre établissement.
          TRISSOTIN, à Henriette.
Je ne sais que vous dire en mon ravissement,
Madame ; et cet hymen, dont je vois qu'on m'honore,
Me met...
            HENRIETTE.
    Tout beau ! monsieur ; il n'est pas fait encore :
Ne vous pressez pas tant.
             PHILAMINTE.
           Comme vous répondez !
Savez-vous bien que si... Suffit. Vous m'entendez.
   A Trissotin.
Elle se rendra sage. Allons, laissons-la faire.

SCÈNE VII. — HENRIETTE, ARMANDE.

             ARMANDE.
On voit briller pour vous les soins de notre mère ;
Et son choix ne pouvoit d'un plus illustre époux...
             HENRIETTE.
Si le choix est si beau, que ne le prenez-vous ?
             ARMANDE.
C'est à vous, non à moi, que sa main est donnée.
             HENRIETTE.
Je vous le cède tout, comme à ma sœur aînée.
             ARMANDE.
Si l'hymen, comme à vous, me paroissoit charmant,
J'accepterois votre offre avec ravissement.

---

* C'est-à-dire : que je vous ordonne de regarder comme, etc.

HENRIETTE.

Si j'avois, comme vous, les pédants dans la tête,
Je pourrois le trouver un parti fort honnête.

ARMANDE.

Cependant, bien qu'ici nos goûts soient différents,
Nous devons obéir, ma sœur, à nos parents.
Une mère a sur nous une entière puissance;
Et vous croyez en vain, par votre résistance...

SCÈNE VIII. — CHRYSALE, ARISTE, CLITANDRE, HENRIETTE, ARMANDE.

CHRYSALE, à Henriette, lui présentant Clitandre.

Allons, ma fille, il faut approuver mon dessein.
Otez ce gant. Touchez à monsieur dans la main,
Et le considérez désormais dans votre âme
En homme dont je veux que vous soyez la femme.

ARMANDE.

De ce côté, ma sœur, vos penchants sont fort grands

HENRIETTE.

Il nous faut obéir, ma sœur, à nos parents :
Un père a sur nos vœux une entière puissance.

ARMANDE.

Une mère a sa part à notre obéissance.

CHRYSALE.

Qu'est-ce à dire?

ARMANDE.

Je dis que j'appréhende fort
Qu'ici ma mère et vous ne soyez pas d'accord;
Et c'est un autre époux...

CHRYSALE.

Taisez-vous, péronnelle!
Allez philosopher tout le soûl avec elle,
Et de mes actions ne vous mêlez en rien.
Dites-lui ma pensée, et l'avertissez bien
Qu'elle ne vienne pas m'échauffer les oreilles :
Allons vite.

SCÈNE IX. — CHRYSALE, ARISTE, HENRIETTE, CLITANDRE.

ARISTE.

Fort bien. Vous faites des merveilles.

CLITANDRE.

Quel transport! quelle joie! Ah! que mon sort est doux!

CHRYSALE, à Clitandre.
Allons, prenez sa main, et passez devant nous,
Menez-la dans sa chambre. Ah! les douces caresses!
A Ariste.
Tenez, mon cœur s'émeut à toutes ces tendressses,
Cela ragaillardit tout à fait mes vieux jours;
Et je me ressouviens de mes jeunes amours.

ACTE QUATRIÈME

SCÈNE I. — PHILAMINTE, ARMANDE.

ARMANDE.
Oui, rien n'a retenu son esprit en balance [1] :
Elle a fait vanité de son obéissance;
Son cœur, pour se livrer, à peine devant moi
S'est-il donné le temps d'en recevoir la loi,
Et sembloit suivre moins les volontés d'un père
Qu'affecter de braver les ordres d'une mère.
PHILAMINTE.
Je lui montrerai bien aux lois de qui des deux
Les droits de la raison soumettent tous ses vœux,
Et qui doit gouverner, ou sa mère ou son père,
Ou l'esprit ou le corps, la forme ou la matière.
ARMANDE.
On vous en devoit bien, au moins, un compliment;
Et ce petit monsieur en use étrangement
De vouloir malgré vous devenir votre gendre.
PHILAMINTE.
Il n'en est pas encore où son cœur peut prétendre.
Je le trouvois bien fait, et j'aimois vos amours;
Mais dans ses procédés il m'a déplu toujours.
Il sait que, Dieu merci, je me mêle d'écrire;
Et jamais il ne m'a prié de lui rien lire.

SCÈNE II. — CLITANDRE, entrant doucement, et écoutant sans se montrer; ARMANDE, PHILAMINTE.

ARMANDE.
Je ne souffrirois point, si j'étois que de vous,
Que jamais d'Henriette il pût être l'époux.

---

[1] On dit plutôt *tenir* que *retenir* en balance. (A.)

On me feroit grand tort d'avoir quelque pensée
Que là-dessus je parle en fille intéressée,
Et que le lâche tour que l'on voit qu'il me fait
Jette au fond de mon cœur quelque dépit secret.
Contre de pareils coups l'âme se fortifie
Du solide secours de la philosophie,
Et par elle on se peut mettre au-dessus de tout;
Mais vous traiter ainsi, c'est vous pousser à bout.
Il est de votre honneur d'être à ses vœux contraire;
Et c'est un homme enfin qui ne doit point vous plaire.
Jamais je n'ai connu, discourant entre nous,
Qu'il eût au fond du cœur de l'estime pour vous.

PHILAMINTE.

Petit sot!

ARMANDE.

Quelque bruit que votre gloire fasse,
Toujours à vous louer il a paru de glace.

PHILAMINTE.

Le brutal!

ARMANDE.

Et vingt fois, comme ouvrages nouveaux,
J'ai lu des vers de vous qu'il n'a point trouvés beaux.

PHILAMINTE.

L'impertinent!

ARMANDE.

Souvent nous en étions aux prises;
Et vous ne croiriez point de combien de sottises...

CLITANDRE, à Armande.

Eh! doucement, de grâce. Un peu de charité,
Madame, ou, tout au moins, un peu d'honnêteté.
Quel mal vous ai-je fait? et quelle est mon offense,
Pour armer contre moi toute votre éloquence,
Pour vouloir me détruire, et prendre tant de soin
De me rendre odieux aux gens dont j'ai besoin?
Parlez, dites, d'où vient ce courroux effroyable?
Je veux bien que madame en soit juge équitable.

ARMANDE.

Si j'avois le courroux dont on veut m'accuser,
Je trouverois assez de quoi l'autoriser.
Vous en seriez trop digne; et les premières flammes
S'établissent des droits si sacrés sur les âmes,
Qu'il faut perdre fortune, et renoncer au jour,
Plutôt que de brûler des feux d'un autre amour.
Au changement de vœux nulle horreur ne s'égale;

Et tout cœur infidèle est un monstre en morale.
CLITANDRE.
Appelez-vous, madame, une infidélité
Ce que m'a de votre âme ordonné la fierté?
Je ne fais qu'obéir aux lois qu'elle m'impose;
Et, si je vous offense, elle seule en est cause.
Vos charmes ont d'abord possédé tout mon cœur.
Il a brûlé deux ans d'une constante ardeur;
Il n'est soins empressés, devoirs, respects, services,
Dont il ne vous ait fait d'amoureux sacrifices.
Tous mes feux, tous mes soins, ne peuvent rien sur vous.
Je vous trouve contraire à mes vœux les plus doux.
Ce que vous refusez, je l'offre au choix d'une autre :
Voyez; est-ce, madame, ou ma faute, ou la vôtre?
Mon cœur court-il au change, ou si vous l'y poussez?
Est-ce moi qui vous quitte, ou vous qui me chassez?
ARMANDE.
Appelez-vous, monsieur, être à vos vœux contraire,
Que de leur arracher ce qu'ils ont de vulgaire,
Et vouloir les réduire à cette pureté
Où du parfait amour consiste la beauté?
Vous ne sauriez pour moi tenir votre pensée
Du commerce des sens nette et débarrassée;
Et vous ne goûtez point, dans ses plus doux appas,
Cette union des cœurs, où les corps n'entrent pas.
Vous ne pouvez aimer que d'une amour grossière,
Qu'avec tout l'attirail des nœuds de la matière;
Et, pour nourrir les feux que chez vous on produit,
Il faut un mariage, et tout ce qui s'ensuit.
Ah! quel étrange amour! et que les belles âmes
Sont bien loin de brûler de ces terrestres flammes!
Les sens n'ont point de part à toutes leurs ardeurs;
Et ce beau feu ne veut marier que les cœurs.
Comme une chose indigne, il laisse là le reste;
C'est un feu pur et net comme le feu céleste :
On ne pousse avec lui que d'honnêtes soupirs,
Et l'on ne penche point vers les sales désirs.
Rien d'impur ne se mêle au but qu'on se propose;
On aime pour aimer, et non pour autre chose;
Ce n'est qu'à l'esprit seul que vont tous les transports,
Et l'on ne s'aperçoit jamais qu'on ait un corps.
CLITANDRE.
Pour moi, par un malheur, je m'aperçois, madame,
Que j'ai, ne vous déplaise, un corps tout comme une âme.

Je sens qu'il y tient trop pour le laisser à part:
De ces détachements je ne connois point l'art;
Le ciel m'a dénié cette philosophie,
Et mon âme et mon corps marchent de compagnie.
Il n'est rien de plus beau, comme vous avez dit,
Que ces vœux épurés qui ne vont qu'à l'esprit,
Ces unions de cœurs, et ces tendres pensées,
Du commerce des sens si bien débarrassées;
Mais ces amours pour moi sont trop subtilisés:
Je suis un peu grossier, comme vous m'accusez;
J'aime avec tout moi-même, et l'amour qu'on me donne
En veut, je le confesse, à toute la personne.
Ce n'est pas là matière à de grands châtiments;
Et, sans faire de tort à vos beaux sentiments,
Je vois que, dans le monde, on suit fort ma méthode,
Et que le mariage est assez à la mode,
Passe pour un lien assez honnête et doux,
Pour avoir désiré de me voir votre époux,
Sans que la liberté d'une telle pensée
Ait dû vous donner lieu d'en paroître offensée [1].

ARMANDE.

Eh bien, monsieur, eh bien, puisque, sans m'écouter,
Vos sentiments brutaux veulent se contenter;
Puisque, pour vous réduire à des ardeurs fidèles,
Il faut des nœuds de chair, des chaînes corporelles,
Si ma mère le veut, je résous mon esprit
A consentir pour vous à ce dont il s'agit...

CLITANDRE.

Il n'est plus temps, madame; une autre a pris la place;
Et, par un tel retour, j'aurois mauvaise grâce
De maltraiter l'asile et blesser les bontés
Où je me suis sauvé de toutes vos fiertés.

PHILAMINTE.

Mais enfin, comptez-vous, monsieur, sur mon suffrage,
Quand vous vous promettez cet autre mariage?
Et, dans vos visions, savez-vous, s'il vous plaît,
Que j'ai pour Henriette un autre époux tout prêt?

CLITANDRE.

Eh! madame, voyez votre choix, je vous prie;
Exposez-moi, de grâce, à moins d'ignominie,
Et ne me rangez pas à l'indigne destin
De me voir le rival de monsieur Trissotin.

---

[1] Avec combien d'esprit et de malice Clitandre vient de plaider la cause de la matière contre le faux spiritualisme d'Armande! (Auger.)

L'amour des beaux esprits, qui chez vous m'est contraire,
Ne pouvoit m'opposer un moins noble adversaire.
Il en est, et plusieurs, que, pour le bel esprit,
Le mauvais goût du siècle a su mettre en crédit ;
Mais monsieur Trissotin n'a pu duper personne,
Et chacun rend justice aux écrits qu'il nous donne.
Hors céans, on le prise en tous lieux ce qu'il vaut,
Et ce qui m'a vingt fois fait tomber de mon haut,
C'est de vous voir au ciel élever des sornettes
Que vous désavoueriez si vous les aviez faites.

PHILAMINTE.

Si vous jugez de lui tout autrement que nous,
C'est que nous le voyons par d'autres yeux que vous.

SCÈNE III. — TRISSOTIN, PHILAMINTE, ARMANDE, CLITANDRE

TRISSOTIN, à Philaminte.

Je viens vous annoncer une grande nouvelle [1] ;
Nous l'avons, en dormant, madame, échappé belle :
Un monde près de nous a passé tout du long,
Est chu tout au travers de notre tourbillon ;
Et, s'il eût en chemin rencontré notre terre,
Elle eût été brisée en morceaux comme verre.

PHILAMINTE.

Remettons ce discours pour une autre saison ;
Monsieur n'y trouveroit ni rime ni raison :
Il fait profession de chérir l'ignorance,
Et de haïr surtout l'esprit et la science.

CLITANDRE.

Cette vérité veut quelque adoucissement.
Je m'explique, madame ; et je hais seulement
La science et l'esprit qui gâtent les personnes.
Ce sont choses, de soi, qui sont belles et bonnes ;
Mais j'aimerois mieux être au rang des ignorants
Que de me voir savant comme certaines gens.

TRISSOTIN.

Pour moi, je ne tiens pas, quelque effet qu'on suppose,
Que la science soit pour gâter quelque chose.

CLITANDRE.

Et c'est mon sentiment qu'en faits comme en propos
La science est sujette à faire de grands sots.

---

[1] Cotin avait composé et publié une dissertation fort longue et fort ridicule qui porte le titre de *Galanterie sur la Comète apparue en décembre 1664 et janvier 1665*. L'entrée de Trissotin fait allusion à cette pièce vraiment curieuse. (Aimé Martin.)

TRISSOTIN.

Le paradoxe est fort.

CLITANDRE.

Sans être fort habile,
La preuve m'en seroit, je pense, assez facile.
Si les raisons manquoient, je suis sûr qu'en tous cas
Les exemples fameux ne me manqueroient pas.

TRISSOTIN.

Vous en pourriez citer qui ne concluroient guère.

CLITANDRE.

Je n'irois pas bien loin pour trouver mon affaire.

TRISSOTIN.

Pour moi, je ne vois pas ces exemples fameux.

CLITANDRE.

Moi, je les vois si bien, qu'ils me crèvent les yeux.

TRISSOTIN.

J'ai cru jusques ici que c'étoit l'ignorance
Qui faisoit les grands sots, et non pas la science.

CLITANDRE.

Vous avez cru fort mal, et je vous suis garant
Qu'un sot savant est sot plus qu'un sot ignorant.

TRISSOTIN.

Le sentiment commun est contre vos maximes,
Puisque ignorant et sot sont termes synonymes.

CLITANDRE.

Si vous le voulez prendre aux usages du mot,
L'alliance est plus forte entre pédant et sot.

TRISSOTIN.

La sottise, dans l'un, se fait voir toute pure.

CLITANDRE.

Et l'étude, dans l'autre, ajoute à la nature.

TRISSOTIN.

Le savoir garde en soi son mérite éminent.

CLITANDRE.

Le savoir, dans un fat, devient impertinent.

TRISSOTIN.

Il faut que l'ignorance ait pour vous de grands charmes,
Puisque pour elle ainsi vous prenez tant les armes.

CLITANDRE.

Si pour moi l'ignorance a des charmes si grands,
C'est depuis qu'à mes yeux s'offrent certains savants.

TRISSOTIN.

Ces certains savants-là peuvent, à les connoître,
Valoir certaines gens que nous voyons paroître.

CLITANDRE.
Oui, si l'on s'en rapporte à ces certains savants;
Mais on n'en convient pas chez ces certaines gens.
PHILAMINTE, à Clitandre.
Il me semble, monsieur...
CLITANDRE.
Eh! madame, de grâce,
Monsieur est assez fort, sans qu'à son aide on passe :
Je n'ai déjà que trop d'un si rude assaillant;
Et, si je me défends, ce n'est qu'en reculant.
ARMANDE.
Mais l'offensante aigreur de chaque repartie
Dont vous...
CLITANDRE.
Autre second! Je quitte la partie.
PHILAMINTE.
On souffre aux entretiens ces sortes de combats,
Pourvu qu'à la personne on ne s'attaque pas.
CLITANDRE.
Eh! mon Dieu! tout cela n'a rien dont il s'offense.
Il entend raillerie autant qu'homme de France;
Et de bien d'autres traits il s'est senti piquer,
Sans que jamais sa gloire ait fait que s'en moquer
TRISSOTIN.
Je ne m'étonne pas, au combat que j'essuie,
De voir prendre à monsieur la thèse qu'il appuie :
Il est fort enfoncé dans la cour, c'est tout dit.
La cour, comme l'on sait, ne tient pas pour l'esprit.
Elle a quelque intérêt d'appuyer l'ignorance;
Et c'est en courtisan qu'il en prend la défense.
CLITANDRE.
Vous en voulez beaucoup à cette pauvre cour;
Et son malheur est grand de voir que, chaque jour,
Vous autres beaux esprits vous déclamiez contre elle,
Que de tous vos chagrins vous lui fassiez querelle,
Et, sur son méchant goût lui faisant son procès,
N'accusiez que lui seul de vos méchants succès.
Permettez-moi, monsieur Trissotin, de vous dire,
Avec tout le respect que votre nom m'inspire,
Que vous feriez fort bien, vos confrères et vous,
De parler de la cour d'un ton un peu plus doux;
Qu'à le bien prendre, au fond, elle n'est pas si bête
Que, vous autres messieurs, vous vous mettez en tête,
Qu'elle a du sens commun pour se connoître à tout;

Que chez elle on se peut former quelque bon goût,
Et que l'esprit du monde y vaut, sans flatterie,
Tout le savoir obscur de la pédanterie.

TRISSOTIN.

De son bon goût, monsieur, nous voyons les effets.

CLITANDRE.

Où voyez-vous, monsieur, qu'elle l'ait si mauvais?

TRISSOTIN.

Ce que je vois, monsieur? C'est que pour la science
Rasius et Baldus font honneur à la France;
Et que tout leur mérite, exposé fort au jour,
N'attire point les yeux et les dons de la cour.

CLITANDRE.

Je vois votre chagrin, et que, par modestie,
Vous ne vous mettez point, monsieur, de la partie;
Et, pour ne vous point mettre aussi dans le propos,
Que font-ils pour l'État, vos habiles héros?
Qu'est-ce que leurs écrits lui rendent de service,
Pour accuser la cour d'une horrible injustice
Et se plaindre en tous lieux que sur leurs doctes noms
Elle manque à verser la faveur de ses dons?
Leur savoir à la France est beaucoup nécessaire!
Et des livres qu'ils font la cour a bien affaire!
Il semble à trois gredins, dans leur petit cerveau,
Que, pour être imprimés et reliés en veau,
Les voilà dans l'État d'importantes personnes;
Qu'avec leur plume ils font les destins des couronnes;
Qu'au moindre petit bruit de leurs productions
Ils doivent voir chez eux voler les pensions;
Que sur eux l'univers a la vue attachée;
Que partout de leur nom la gloire est épanchée;
Et qu'en science ils sont des prodiges fameux,
Pour savoir ce qu'ont dit les autres avant eux,
Pour avoir eu trente ans des yeux et des oreilles,
Pour avoir employé neuf ou dix mille veilles
A se bien barbouiller de grec et de latin,
Et se charger l'esprit d'un ténébreux butin
De tous les vieux fatras qui traînent dans les livres.
Gens qui de leur savoir paroissent toujours ivres;
Riches, pour tout mérite, en babil importun;
Inhabiles à tout, vides de sens commun,
Et pleins d'un ridicule et d'une impertinence
A décrier partout l'esprit et la science.

PHILAMINTE.

Votre chaleur est grande ; et cet emportement
De la nature en vous marque le mouvement.
C'est le nom de rival qui dans votre âme excite...

SCÈNE IV. — TRISSOTIN, PHILAMINTE, CLITANDRE, ARMANDE, JULIEN.

JULIEN.

Le savant qui tantôt vous a rendu visite,
Et de qui j'ai l'honneur d'être l'humble valet,
Madame, vous exhorte à lire ce billet.

PHILAMINTE.

Quelque important que soit ce qu'on veut que je lise,
Apprenez, mon ami, que c'est une sottise
De se venir jeter au travers d'un discours ;
Et qu'aux gens d'un logis il faut avoir recours,
Afin de s'introduire en valet qui sait vivre.

JULIEN.

Je noterai cela, madame, dans mon livre.

PHILAMINTE lit.

« Trissotin s'est vanté, madame, qu'il épouseroit votre fille. Je vous
« donne avis que sa philosophie n'en veut qu'à vos richesses, et que
« vous ferez bien de ne point conclure ce mariage, que vous n'ayez vu
« le poëme que je compose contre lui. En attendant cette peinture, où
« je prétends vous le dépeindre de toutes ses couleurs, je vous envoie
« Horace, Virgile, Térence, et Catulle, où vous verrez notés en marge
« tous les endroits qu'il a pillés. »

Voilà sur cet hymen que je me suis promis
Un mérite attaqué de beaucoup d'ennemis ;
Et ce déchaînement aujourd'hui me convie
A faire une action qui confonde l'envie,
Qui lui fasse sentir que l'effort qu'elle fait
De ce qu'elle veut rompre aura pressé l'effet.

A Julien.

Reportez tout cela sur l'heure à votre maître,
Et lui dites qu'afin de lui faire connoître
Quel grand état je fais de ses nobles avis,
Et comme je les crois dignes d'être suivis,

Montrant Trissotin.

Dès ce soir à monsieur je marierai ma fille.

SCÈNE V. — PHILAMINTE, ARMANDE, CLITANDRE.

PHILAMINTE, à Clitandre.

Vous, monsieur, comme ami de toute la famille,
A signer leur contrat vous pourrez assister;
Et je vous y veux bien, de ma part, inviter.
Armande, prenez soin d'envoyer au notaire,
Et d'aller avertir votre sœur de l'affaire.

ARMANDE.

Pour avertir ma sœur, il n'en est pas besoin;
Et monsieur que voilà saura prendre le soin
De courir lui porter bientôt cette nouvelle,
Et disposer son cœur à vous être rebelle.

PHILAMINTE.

Nous verrons qui sur elle aura plus de pouvoir,
Et si je la saurai réduire à son devoir.

SCÈNE VI. — ARMANDE, CLITANDRE.

ARMANDE.

J'ai grand regret, monsieur, de voir qu'à vos visées
Les choses ne soient pas tout à fait disposées [1].

CLITANDRE.

Je m'en vais travailler, madame, avec ardeur,
A ne vous point laisser ce grand regret au cœur.

ARMANDE.

J'ai peur que votre effort n'ait pas trop bonne issue.

CLITANDRE.

Peut-être verrez-vous votre crainte déçue.

ARMANDE.

Je le souhaite ainsi.

CLITANDRE.

J'en suis persuadé,
Et que de votre appui je serai secondé.

ARMANDE.

Oui; je vais vous servir de toute ma puissance.

CLITANDRE.

Et ce service est sûr de ma reconnoissance.

SCÈNE VII. — CHRYSALE, ARISTE, HENRIETTE, CLITANDRE.

CLITANDRE.

Sans votre appui, monsieur, je serai malheureux;

---

[1] VAR. Les choses ne *sont* pas tout à fait disposées.

Madame votre femme a rejeté mes vœux,
Et son cœur prévenu veut Trissotin pour gendre.
CHRYSALE.
Mais quelle fantaisie a-t-elle donc pu prendre?
Pourquoi, diantre! vouloir ce monsieur Trissotin?
ARISTE.
C'est par l'honneur qu'il a de rimer à latin
Qu'il a sur son rival emporté l'avantage.
CLITANDRE.
Elle veut dès ce soir faire ce mariage.
CHRYSALE.
Dès ce soir?
CLITANDRE.
Dès ce soir.
CHRYSALE.
Et dès ce soir je veux,
Pour la contrecarrer, vous marier tous deux.
CLITANDRE.
Pour dresser le contrat elle envoie au notaire.
CHRYSALE.
Et je vais le quérir pour celui qu'il doit faire.
CLITANDRE, montrant Henriette.
Et madame doit être instruite par sa sœur
De l'hymen où l'on veut qu'elle apprête son cœur.
CHRYSALE.
Et moi, je lui commande, avec pleine puissance,
De préparer sa main à cette autre alliance.
Ah! je leur ferai voir si, pour donner la loi,
Il est dans ma maison d'autre maître que moi!
A Henriette.
Nous allons revenir : songez à nous attendre.
Allons, suivez mes pas, mon frère, et vous, mon gendre.
HENRIETTE, à Ariste.
Hélas! dans cette humeur conservez-le toujours.
ARISTE.
J'emploierai toute chose à servir vos amours.

SCÈNE VIII. — HENRIETTE, CLITANDRE.

CLITANDRE.
Quelque secours puissant qu'on promette à ma flamme,
Mon plus solide espoir, c'est votre cœur, madame.
HENRIETTE.
Pour mon cœur, vous pouvez vous assurer de lui

CLITANDRE.

Je ne puis qu'être heureux, quand j'aurai son appui.

HENRIETTE.

Vous voyez à quels nœuds on prétend le contraindre.

CLITANDRE.

Tant qu'il sera pour moi, je ne vois rien à craindre.

HENRIETTE.

Je vais tout essayer pour nos vœux les plus doux,
Et, si tous mes efforts ne me donnent à vous,
Il est une retraite où notre âme se donne,
Qui m'empêchera d'être à toute autre personne.

CLITANDRE.

Veuille le juste ciel me garder en ce jour
De recevoir de vous cette preuve d'amour!

ACTE CINQUIÈME

SCÈNE I. — HENRIETTE, TRISSOTIN.

HENRIETTE.

C'est sur le mariage où ma mère s'apprête
Que j'ai voulu, monsieur, vous parler tête à tête;
Et j'ai cru, dans le trouble où je vois la maison,
Que je pourrois vous faire écouter la raison.
Je sais qu'avec mes vœux vous me jugez capable
De vous porter en dot un bien considérable;
Mais l'argent, dont on voit tant de gens faire cas,
Pour un vrai philosophe a d'indignes appas;
Et le mépris du bien et des grandeurs frivoles
Ne doit point éclater dans vos seules paroles.

TRISSOTIN.

Aussi n'est-ce point là ce qui me charme en vous;
Et vos brillants attraits, vos yeux perçants et doux,
Votre grâce et votre air, sont les biens, les richesses,
Qui vous ont attiré mes vœux et mes tendresses:
C'est de ces seuls trésors que je suis amoureux.

HENRIETTE.

Je suis fort redevable à vos feux généreux.
Cet obligeant amour a de quoi me confondre,
Et j'ai regret, monsieur, de n'y pouvoir répondre.
Je vous estime autant qu'on sauroit estimer;
Mais je trouve un obstacle à vous pouvoir aimer.

Un cœur, vous le savez, à deux ne sauroit être;
Et je sens que du mien Clitandre s'est fait maître.
Je sais qu'il a bien moins de mérite que vous,
Que j'ai de méchants yeux pour le choix d'un époux;
Que, par cent beaux talents, vous devriez me plaire :
Je vois bien que j'ai tort, mais je n'y puis que faire;
Et tout ce que sur moi peut le raisonnement,
C'est de me vouloir mal d'un tel aveuglement.

TRISSOTIN.

Le don de votre main, où l'on me fait prétendre,
Me livrera ce cœur que possède Clitandre;
Et, par mille doux soins, j'ai lieu de présumer
Que je pourrai trouver l'art de me faire aimer.

HENRIETTE.

Non : à ses premiers vœux mon âme est attachée,
Et ne peut de vos soins, monsieur, être touchée.
Avec vous librement j'ose ici m'expliquer,
Et mon aveu n'a rien qui vous doive choquer.
Cette amoureuse ardeur, qui dans les cœurs s'excite,
N'est point, comme l'on sait, un effet du mérite :
Le caprice y prend part; et, quand quelqu'un nous plaît,
Souvent nous avons peine à dire pourquoi c'est.
Si l'on aimoit, monsieur, par choix et par sagesse,
Vous auriez tout mon cœur et toute ma tendresse;
Mais on voit que l'amour se gouverne autrement.
Laissez-moi, je vous prie, à mon aveuglement,
Et ne vous servez point de cette violence
Que pour vous on veut faire à mon obéissance.
Quand on est honnête homme, on ne veut rien devoir
A ce que des parents ont sur nous de pouvoir :
On répugne à se faire immoler ce qu'on aime,
Et l'on veut n'obtenir un cœur que de lui-même.
Ne poussez point ma mère à vouloir, par son choix,
Exercer sur mes vœux la rigueur de ses droits.
Otez-moi votre amour, et portez à quelque autre
Les hommages d'un cœur aussi cher que le vôtre.

TRISSOTIN.

Le moyen que ce cœur puisse vous contenter?
Imposez-lui des lois qu'il puisse exécuter.
De ne vous point aimer peut-il être capable,
A moins que vous cessiez, madame, d'être aimable,
Et d'étaler aux yeux les célestes appas...

HENRIETTE.

Eh ! monsieur, laissons là ce galimatias.

Vous avez tant d'Iris, de Philis, d'Amarantes,
Que partout dans vos vers vous peignez si charmantes,
Et pour qui vous jurez tant d'amoureuse ardeur...
####### TRISSOTIN.
C'est mon esprit qui parle, et ce n'est pas mon cœur.
D'elles on ne me voit amoureux qu'en poëte,
Mais j'aime tout de bon l'adorable Henriette.
####### HENRIETTE.
Eh! de grâce, monsieur...
####### TRISSOTIN.
Si c'est vous offenser,
Mon offense envers vous n'est pas prête à cesser.
Cette ardeur, jusqu'ici de vos yeux ignorée,
Vous consacre des vœux d'éternelle durée.
Rien n'en peut arrêter les aimables transports;
Et, bien que vos beautés condamnent mes efforts,
Je ne puis refuser le secours d'une mère
Qui prétend couronner une flamme si chère;
Et, pourvu que j'obtienne un bonheur si charmant,
Pourvu que je vous aie, il n'importe comment.
####### HENRIETTE.
Mais savez-vous qu'on risque un peu plus qu'on ne pense,
A vouloir sur un cœur user de violence;
Qu'il ne fait pas bien sûr, à vous le trancher net,
D'épouser une fille en dépit qu'elle en ait;
Et qu'elle peut aller, en se voyant contraindre,
A des ressentiments que le mari doit craindre?
####### TRISSOTIN
Un tel discours n'a rien dont je sois altéré [1] :
A tous évènements le sage est préparé.
Guéri, par la raison, des foiblesses vulgaires,
Il se met au-dessus de ces sortes d'affaires,
Et n'a garde de prendre aucune ombre d'ennui
De tout ce qui n'est pas pour dépendre de lui.
####### HENRIETTE.
En vérité, monsieur, je suis de vous ravie;
Et je ne pensois pas que la philosophie
Fût si belle qu'elle est, d'instruire ainsi les gens
A porter constamment de pareils accidents.
Cette fermeté d'âme, à vous si singulière,
Mérite qu'on lui donne une illustre matière,
Est digne de trouver qui prenne avec amour.

---

[1] C'est-à-dire : troublé, abattu, découragé.

Les soins continuels de la mettre en son jour ;
Et comme, à dire vrai, je n'oserois me croire
Bien propre à lui donner tout l'éclat de sa gloire,
Je le laisse à quelque autre, et vous jure, entre nous,
Que je renonce au bien de vous voir mon époux.

TRISSOTIN, en sortant.

Nous allons voir bientôt comment ira l'affaire ;
Et l'on a là dedans fait venir le notaire.

SCÈNE II. — CHRYSALE, CLITANDRE, HENRIETTE, MARTINE.

CHRYSALE.

Ah ! ma fille, je suis bien aise de vous voir :
Allons, venez-vous-en faire votre devoir
Et soumettre vos vœux aux volontés d'un père.
Je veux, je veux apprendre à vivre à votre mère ;
Et, pour la mieux braver, voilà, malgré ses dents,
Martine que j'amène et rétablis céans.

HENRIETTE.

Vos résolutions sont dignes de louange.
Gardez que cette humeur, mon père, ne vous change ;
Soyez ferme à vouloir ce que vous souhaitez,
Et ne vous laissez point séduire à vos bontés.
Ne vous relâchez pas, et faites bien en sorte
D'empêcher que sur vous ma mère ne l'emporte.

CHRYSALE.

Comment ! Me prenez-vous ici pour un benêt ?

HENRIETTE.

M'en préserve le ciel !

CHRYSALE.

Suis-je un fat, s'il vous plaît ?

HENRIETTE.

Je ne dis pas cela.

CHRYSALE.

Me croit-on incapable
Des fermes sentiments d'un homme raisonnable ?

HENRIETTE.

Non, mon père.

CHRYSALE.

Est-ce donc qu'à l'âge où je me voi,
Je n'aurois pas l'esprit d'être maître chez moi ?

HENRIETTE.

Si fait.

CHRYSALE.
Et que j'aurois cette foiblesse d'âme,
De me laisser mener par le nez à ma femme?
HENRIETTE.
Eh! non, mon père.
CHRYSALE.
Ouais! qu'est-ce donc que ceci?
Je vous trouve plaisante à me parler ainsi!
HENRIETTE.
Si je vous ai choqué, ce n'est pas mon envie.
CHRYSALE.
Ma volonté céans doit être en tout suivie.
HENRIETTE.
Fort bien, mon père.
CHRYSALE.
Aucun, hors moi, dans la maison,
N'a droit de commander.
HENRIETTE.
Oui; vous avez raison.
CHRYSALE.
C'est moi qui tiens le rang de chef de la famille.
HENRIETTE.
D'accord.
CHRYSALE.
C'est moi qui dois disposer de ma fille.
HENRIETTE.
Eh! oui.
CHRYSALE.
Le ciel me donne un plein pouvoir sur vous.
HENRIETTE.
Qui vous dit le contraire?
CHRYSALE.
Et, pour prendre un époux,
Je vous ferai bien voir que c'est à votre père
Qu'il vous faut obéir, non pas à votre mère.
HENRIETTE.
Hélas! vous flattez là le plus doux de mes vœux;
Veuillez être obéi : c'est tout ce que je veux.
CHRYSALE.
Nous verrons si ma femme, à mes désirs rebelle...
CLITANDRE.
La voici qui conduit le notaire avec elle.
CHRYSALE.
Secondez-moi bien tous.

MARTINE.

Laissez-moi. J'aurai soin
De vous encourager, s'il en est de besoin.

SCÈNE III. — PHILAMINTE, BÉLISE, ARMANDE, TRISSOTIN, UN NOTAIRE, CHRYSALE, CLITANDRE, HENRIETTE, MARTINE.

PHILAMINTE, au notaire.

Vous ne sauriez changer votre style sauvage,
Et nous faire un contrat qui soit en beau langage?

LE NOTAIRE.

Notre style est très-bon; et je serois un sot,
Madame, de vouloir y changer un seul mot.

BÉLISE.

Ah! quelle barbarie au milieu de la France!
Mais au moins en faveur, monsieur, de la science,
Veuillez, au lieu d'écus, de livres, et de francs,
Nous exprimer la dot en mines et talents,
Et dater par les mots d'ides et de calendes.

LE NOTAIRE.

Moi? Si j'allois, madame, accorder vos demandes,
Je me ferois siffler de tous mes compagnons.

PHILAMINTE.

De cette barbarie en vain nous nous plaignons.
Allons, monsieur, prenez la table pour écrire.

Apercevant Martine.

Ah! ah! cette impudente ose encor se produire?
Pourquoi donc, s'il vous plaît, la ramener chez moi?

CHRYSALE.

Tantôt avec loisir on vous dira pourquoi.
Nous avons maintenant autre chose à conclure.

LE NOTAIRE.

Procédons au contrat. Où donc est la future?

PHILAMINTE.

Celle que je marie est la cadette.

LE NOTAIRE.

Bon.

CHRYSALE, montrant Henriette.

Oui, la voilà, monsieur : Henriette est son nom.

LE NOTAIRE.

Fort bien. Et le futur?

PHILAMINTE, montrant Trissotin.

L'époux que je lui donne
Est monsieur.

CHRYSALE, montrant Clitandre.

Et celui, moi, qu'en propre personne
Je prétends qu'elle épouse, est monsieur.

LE NOTAIRE.

Deux époux!
C'est trop pour la coutume.

PHILAMINTE, au notaire.

Où vous arrêtez-vous?
Mettez, mettez, monsieur, Trissotin pour mon gendre.

CHRYSALE.

Pour mon gendre mettez, mettez, monsieur, Clitandre.

LE NOTAIRE.

Mettez-vous donc d'accord, et, d'un jugement mûr,
Voyez à convenir entre vous du futur.

PHILAMINTE.

Suivez, suivez, monsieur, le choix où je m'arrête.

CHRYSALE.

Faites, faites, monsieur, les choses à ma tête.

LE NOTAIRE.

Dites-moi donc à qui j'obéirai des deux.

PHILAMINTE, à Chrysale.

Quoi donc? vous combattrez les choses que je veux!

CHRYSALE.

Je ne saurois souffrir qu'on ne cherche ma fille
Que pour l'amour du bien qu'on voit dans ma famille.

PHILAMINTE.

Vraiment, à votre bien on songe bien ici!
Et c'est là, pour un sage, un fort digne souci!

CHRYSALE.

Enfin, pour son époux j'ai fait choix de Clitandre.

PHILAMINTE.

Montrant Trissotin.

Et moi, pour son époux, voici qui je veux prendre.
Mon choix sera suivi; c'est un point résolu.

CHRYSALE.

Ouais! Vous le prenez là d'un ton bien absolu!

MARTINE.

Ce n'est point à la femme à prescrire, et je sommes
Pour céder le dessus en toute chose aux hommes.

CHRYSALE.

C'est bien dit.

MARTINE.

Mon congé cent fois me fût-il hoc [1],

---

[1] Me *fût-il hoc*, c'est-à-dire *me fût-il assuré*. Cette expression proverbiale vient

ACTE V, SCÈNE III.

La poule ne doit point chanter devant le coq[1].

CHRYSALE.

Sans doute.

MARTINE.

Et nous voyons que d'un homme on se gausse,
Quand sa femme, chez lui, porte le haut-de-chausse.

CHRYSALE.

Il est vrai.

MARTINE.

Si j'avois un mari, je le dis,
Je voudrois qu'il se fît le maître du logis;
Je ne l'aimerois point, s'il faisoit le Jocrisse;
Et, si je contestois contre lui par caprice,
Si je parlois trop haut, je trouverois fort bon
Qu'avec quelques soufflets il rabaissât mon ton.

CHRYSALE.

C'est parler comme il faut.

MARTINE.

Monsieur est raisonnable,
De vouloir pour sa fille un mari convenable.

CHRYSALE.

Oui.

MARTINE.

Par quelle raison, jeune et bien fait qu'il est,
Lui refuser Clitandre? Et pourquoi, s'il vous plaît,
Lui bailler un savant, qui sans cesse épilogue?
Il lui faut un mari, non pas un pédagogue;
Et, ne voulant savoir le grais ni le latin,
Elle n'a pas besoin de monsieur Trissotin.

CHRYSALE.

Fort bien.

PHILAMINTE.

Il faut souffrir qu'elle jase à son aise!

MARTINE.

Les savants ne sont bons que pour prêcher en chaise[2];

---

du *hoc*, jeu de cartes qu'on appelle ainsi parce qu'il y a six cartes qui sont *hoc*, c'est-à-dire assurées à celui qui les joue. (Ménage.) — Ce jeu fut apporté par Mazarin en France, et il devint tellement à la mode, qu'il donna un proverbe à la langue. La Fontaine a employé ce proverbe dans sa fable intitulée le *Loup et le Cheval*:

>   Eh! que n'es-tu mouton? car tu me serois hoc.
>   (Aimé Martin.)

[1] Molière rajeunit un vieux proverbe qu'on retrouve dans Jean de Meung:

>   C'est chose qui moult me deplaist,
>   Quand poule parle et coq se taist.
>   (A. M.)

[2] *Chaise* n'est point une erreur de Martine. Autrefois on appelait ainsi ce que

22.

Et pour mon mari, moi, mille fois je l'ai dit,
Je ne voudrois jamais prendre un homme d'esprit.
L'esprit n'est point du tout ce qu'il faut en ménage.
Les livres cadrent mal avec le mariage;
Et je veux, si jamais on engage ma foi,
Un mari qui n'ait point d'autre livre que moi,
Qui ne sache A ne B, n'en déplaise à madame,
Et ne soit, en un mot, docteur que pour sa femme.

PHILAMINTE, à Chrysale.

Est-ce fait? et, sans trouble, ai-je assez écouté
Votre digne interprète?

CHRYSALE.

Elle a dit vérité.

PHILAMINTE.

Et moi, pour trancher court toute cette dispute,
Il faut qu'absolument mon désir s'exécute.

Montrant Trissotin.

Henriette et monsieur seront joints de ce pas.
Je l'ai dit, je le veux : ne me répliquez pas,
Et, si votre parole à Clitandre est donnée,
Offrez-lui le parti d'épouser son aînée.

CHRYSALE.

Voilà dans cette affaire un accommodement¹.

A Henriette et à Clitandre.

Voyez; y donnez-vous votre consentement?

HENRIETTE.

Eh! mon père!

CLITANDRE, à Chrysale.

Eh! monsieur!

BÉLISE.

On pourroit bien lui faire
Des propositions qui pourroient mieux lui plaire;
Mais nous établissons une espèce d'amour
Qui doit être épuré comme l'astre du jour :
La substance qui pense y peut être reçue;
Mais nous en bannissons la substance étendue.

---

nous nommons aujourd'hui *chaire*; on disait : *une chaise de prédicateur, de régent*. Vaugelas préférait en ce sens le mot *chaire*; mais il n'excluait pas le mot *chaise*. (Auger.)

¹ Chrysale est un personnage tout comique et de caractère et de langage; il a toujours raison, mais il n'a jamais une volonté; il parle d'or, et, après avoir mis la main de sa fille Henriette dans celle de Clitandre, et juré de soutenir son choix, il trouve tout simple de donner cette même Henriette à Trissotin, et sa sœur Armande à l'amant d'Henriette; il appelle cela un accommodement! Ce dernier trait est celui qui peint le mieux cette faiblesse de caractère, de tous les défauts le plus commun, et peut être le plus dangereux. (La Harpe.)

SCÈNE IV. — ARISTE, CHRYSALE, PHILAMINTE, BÉLISE, HENRIETTE, ARMANDE, TRISSOTIN, UN NOTAIRE, CLITANDRE, MARTINE.

ARISTE.

J'ai regret de troubler un mystère joyeux
Par le chagrin qu'il faut que j'apporte en ces lieux.
Ces deux lettres me font porteur de deux nouvelles
Dont j'ai senti pour vous les atteintes cruelles :
    A Philaminte.
L'une, pour vous, me vient de votre procureur;
    A Chrysale.
L'autre, pour vous, me vient de Lyon.

PHILAMINTE.

                        Quel malheur,
Digne de nous troubler, pourroit-on nous écrire?

ARISTE.

Cette lettre en contient un que vous pouvez lire.

PHILAMINTE.

« Madame, j'ai prié monsieur votre frère de vous rendre cette lettre,
« qui vous dira ce que je n'ai osé vous aller dire. La grande négli-
« gence que vous avez pour vos affaires a été cause que le clerc de
« votre rapporteur ne m'a point averti, et vous avez perdu absolu-
« ment votre procès, que vous deviez gagner. »

CHRYSALE, à Philaminte.

Votre procès perdu !

PHILAMINTE, à Chrysale.

                Vous vous troublez beaucoup!
Mon cœur n'est point du tout ébranlé de ce coup.
Faites, faites paroître une âme moins commune
A braver, comme moi, les traits de la fortune.

« Le peu de soin que vous avez vous coûte quarante mille écus;
« et c'est à payer cette somme, avec les dépens, que vous êtes con-
« damnée par arrêt de la cour. »

Condamnée? Ah! ce mot est choquant, et n'est fait
Que pour les criminels!

ARISTE.

            Il a tort, en effet;
Et vous vous êtes là justement récriée.
Il devoit avoir mis que vous êtes priée,
Par arrêt de la cour, de payer au plus tôt
Quarante mille écus et les dépens qu'il faut.

PHILAMINTE.

Voyons l'autre.

CHRYSALE.

« Monsieur, l'amitié qui me lie à monsieur votre frère me fait pren-
« dre intérêt à tout ce qui vous touche. Je sais que vous avez mis
« votre bien entre les mains d'Argante et de Damon, et je vous donne
« avis qu'en même jour ils ont fait tous deux banqueroute. »

O ciel! tout à la fois perdre ainsi tout mon bien!

PHILAMINTE, à Chrysale.

Ah! quel honteux transport! Fi! tout cela n'est rien :
Il n'est pour le vrai sage aucun revers funeste;
Et, perdant toute chose, à soi-même il se reste.
Achevons notre affaire, et quittez votre ennui.

Montrant Trissotin.

Son bien nous peut suffire et pour nous et pour lui.

TRISSOTIN.

Non, madame, cessez de presser cette affaire.
Je vois qu'à cet hymen tout le monde est contraire;
Et mon dessein n'est point de contraindre les gens.

PHILAMINTE.

Cette réflexion vous vient en peu de temps;
Elle suit de bien près, monsieur, notre disgrâce.

TRISSOTIN.

De tant de résistance à la fin je me lasse.
J'aime mieux renoncer à tout cet embarras,
Et ne veux point d'un cœur qui ne se donne pas.

PHILAMINTE.

Je vois, je vois de vous, non pas pour votre gloire,
Ce que jusques ici j'ai refusé de croire.

TRISSOTIN.

Vous pouvez voir de moi tout ce que vous voudrez,
Et je regarde peu comment vous le prendrez :
Mais je ne suis pas homme à souffrir l'infamie
Des refus offensants qu'il faut qu'ici j'essuie.
Je vaux bien que de moi l'on fasse plus de cas;
Et je baise les mains à qui ne me veut pas.

SCÈNE V. — ARISTE, CHRYSALE, PHILAMINTE, BÉLISE, ARMANDE, HENRIETTE, CLITANDRE, UN NOTAIRE, MARTINE.

PHILAMINTE.

Qu'il a bien découvert son âme mercenaire!
Et que peu philosophe est ce qu'il vient de faire!

CLITANDRE.

Je ne me vante point de l'être; mais enfin
Je m'attache, madame, à tout votre destin;

ACTE V, SCÈNE V.

Et j'ose vous offrir, avecque ma personne,
Ce qu'on sait que de bien la fortune me donne.

PHILAMINTE.

Vous me charmez, monsieur, par ce trait généreux,
Et je veux couronner vos désirs amoureux.
Oui, j'accorde Henriette à l'ardeur empressée...

HENRIETTE.

Non, ma mère : je change à présent de pensée.
Souffrez que je résiste à votre volonté.

CLITANDRE.

Quoi! vous vous opposez à ma félicité?
Et, lorsqu'à mon amour je vois chacun se rendre...

HENRIETTE.

Je sais le peu de bien que vous avez, Clitandre;
Et je vous ai toujours souhaité pour époux,
Lorsqu'en satisfaisant à mes vœux les plus doux
J'ai vu que mon hymen ajustoit vos affaires;
Mais, lorsque nous avons les destins si contraires,
Je vous chéris assez, dans cette extrémité,
Pour ne vous charger point de notre adversité.

CLITANDRE.

Tout destin, avec vous, me peut être agréable;
Tout destin me seroit, sans vous, insupportable.

HENRIETTE.

L'amour, dans son transport, parle toujours ainsi.
Des retours importuns évitons le souci.
Rien n'use tant l'ardeur de ce nœud qui nous lie
Que les fâcheux besoins des choses de la vie;
Et l'on en vient souvent à s'accuser tous deux
De tous les noirs chagrins qui suivent de tels feux!

ARISTE, à Henriette.

N'est-ce que le motif que nous venons d'entendre
Qui vous fait résister à l'hymen de Clitandre?

HENRIETTE.

Sans cela vous verriez tout mon cœur y courir;
Et je ne fuis sa main que pour le trop chérir.

ARISTE.

Laissez-vous donc lier par des chaînes si belles.
Je ne vous ai porté que de fausses nouvelles;
Et c'est un stratagème, un surprenant secours,
Que j'ai voulu tenter pour servir vos amours,
Pour détromper ma sœur, et lui faire connoître
Ce que son philosophe à l'essai pouvoit être.

CHRYSALE.

Le ciel en soit loué!

PHILAMINTE.

J'en ai la joie au cœur,
Par le chagrin qu'aura ce lâche déserteur.
Voilà le châtiment de sa basse avarice,
De voir qu'avec éclat cet hymen s'accomplisse.

CHRYSALE, à Clitandre.

Je le savois bien, moi, que vous l'épouseriez.

ARMANDE, à Philaminte.

Ainsi donc à leurs vœux vous me sacrifiez?

PHILAMINTE.

Ce ne sera point vous que je leur sacrifie;
Et vous avez l'appui de la philosophie,
Pour voir d'un œil content couronner leur ardeur.

BÉLISE.

Qu'il prenne garde au moins que je suis dans son cœur :
Par un prompt désespoir souvent on se marie,
Qu'on s'en repent après tout le temps de sa vie.

CHRYSALE, au notaire.

Allons, monsieur, suivez l'ordre que j'ai prescrit,
Et faites le contrat ainsi que je l'ai dit [1].

LE MALADE IMAGINAIRE

COMÉDIE-BALLET EN TROIS ACTES

1673

PERSONNAGES DE LA COMÉDIE

ARGAN, malade imaginaire. Il est vêtu en malade [2]. De gros bas, des mules, un haut-de-chausse étroit, une camisole rouge avec quelque galon ou dentelle; un mouchoir de cou à vieux passements, négligemment attaché; un bonnet de nuit avec la coiffe à dentelle.
BÉLINE, seconde femme d'Argan.
ANGÉLIQUE, fille d'Argan et amante de Cléante.

---

[1] Que voilà bien l'homme faible, qui se croit fort quand il n'y a personne à combattre, et qui croit avoir une volonté quand il fait celle d'autrui! Qu'il est adroit d'avoir donné ce défaut à un mari beaucoup plus sensé que sa femme, mais qui perd, faute de caractère, tout l'avantage que lui donnerait sa raison! Sa femme est une folle ridicule; elle commande : il est fort raisonnable; il obéit. (La Harpe.)

[2] Nous empruntons ces indications de costumes à l'édition des *Œuvres* de Molière publiée chez George Backer.

LOUISON, petite fille d'Argan, et sœur d'Angélique.
BÉRALDE, frère d'Argan. En habit de cavalier modeste.
CLÉANTE, amant d'Angélique. Il est vêtu galamment et en amoureux.
MONSIEUR DIAFOIRUS, médecin.
THOMAS DIAFOIRUS, son fils, et amant d'Angélique.
MONSIEUR PURGON, médecin d'Argan.
    Ces trois personnages sont vêtus de noir, et en habit ordinaire de médecin, excepté Thomas Diafoirus, dont l'habit a un long collet uni; ses cheveux sont longs et plats, son manteau passe ses genoux, et il porte une mine tout à fait niaise.
MONSIEUR FLEURANT, apothicaire. Il est aussi vêtu de noir, ou de gris-brun, avec une courte serviette devant soi et une seringue à la main. Il est sans chapeau.
MONSIEUR BONNEFOI, notaire.
TOINETTE, servante.

PERSONNAGES DU PROLOGUE

FLORE.
DEUX ZÉPHYRS dansants.
CLIMÈNE.
DAPHNÉ.
TIRCIS, amant de Climène, chef d'une troupe de bergers.
DORILAS, amant de Daphné, chef d'une troupe de bergers.
BERGERS et BERGÈRES de la suite de Tircis, dansants et chantants.
BERGERS et BERGÈRES de la suite de Dorilas, chantants et dansants.
PAN.
FAUNES dansants.

PERSONNAGES DES INTERMÈDES

DANS LE PREMIER ACTE.

POLICHINELLE.
UNE VIEILLE.
VIOLONS.
ARCHERS chantants et dansants.

DANS LE SECOND ACTE.

QUATRE ÉGYPTIENNES chantantes.
ÉGYPTIENS et ÉGYPTIENNES chantants et dansants.

DANS LE TROISIÈME ACTE.

TAPISSIERS dansants.
LE PRÉSIDENT de la Faculté de médecine.
DOCTEURS.
ARGAN, bachelier.
APOTHICAIRES, avec leurs mortiers et leurs pilons.
PORTE-SERINGUES.
CHIRURGIENS.
    La scène est à Paris.

PROLOGUE

Après les glorieuses fatigues et les exploits victorieux de notre auguste monarque, il est bien juste que tous ceux qui se mêlent d'écrire travaillent ou à ses louanges, ou à son divertissement. C'est ce qu'ici l'on a voulu faire ; et ce prologue est un essai des louanges de ce grand prince, qui donne entrée à la comédie du *Malade imaginaire*, dont le projet a été fait pour le délasser de ses nobles travaux.

Le théâtre représente un lieu champêtre, et néanmoins fort agréable.

ÉGLOGUE EN MUSIQUE ET EN DANSE

SCÈNE I. — FLORE ; DEUX ZÉPHYRS dansants.

FLORE.
Quittez, quittez vos troupeaux ;
Venez, bergers, venez, bergères ;
Accourez, accourez sous ces tendres ormeaux :
Je viens vous annoncer des nouvelles bien chères,
Et réjouir tous ces hameaux.
Quittez, quittez vos troupeaux ;
Venez, bergers, venez, bergères ;
Accourez, accourez sous ces tendres ormeaux.

SCÈNE II. — FLORE ; DEUX ZÉPHYRS dansants ; CLIMÈNE, DAPHNÉ, TIRCIS, DORILAS.

CLIMÈNE, à Tircis ; et DAPHNÉ, à Dorilas.
Berger, laissons là tes feux :
Voilà Flore qui nous appelle.
TIRCIS, à Climène ; et DORILAS, à Daphné.
Mais au moins, dis-moi, cruelle,
TIRCIS.
Si d'un peu d'amitié tu payeras mes vœux.
DORILAS.
Si tu seras sensible à mon ardeur fidèle.
CLIMÈNE et DAPHNÉ.
Voilà Flore qui nous appelle.
TIRCIS et DORILAS.
Ce n'est qu'un mot, un mot, un seul mot que je veux.
TIRCIS.
Languirai-je toujours dans ma peine mortelle ?
DORILAS.
Puis-je espérer qu'un jour tu me rendras heureux ?
CLIMÈNE et DAPHNÉ.
Voilà Flore qui nous appelle.

SCÈNE III. — FLORE; DEUX ZÉPHYRS dansants; CLIMÈNE, DAPHNÉ, TIRCIS, DORILAS; BERGERS et BERGÈRES, de la suite de Tircis et de Dorilas, chantants et dansants.

PREMIÈRE ENTRÉE DE BALLET.

Toute la troupe des bergers et des bergères va se placer en cadence autour de Flore.

CLIMÈNE.

Quelle nouvelle parmi nous,
Déesse, doit jeter tant de réjouissance?

DAPHNÉ.

Nous brûlons d'apprendre de vous
Cette nouvelle d'importance.

DORILAS.

D'ardeur nous en soupirons tous.

CLIMÈNE, DAPHNÉ, TIRCIS, DORILAS.

Nous en mourons d'impatience.

FLORE.

La voici; silence, silence!
Vos vœux sont exaucés, LOUIS est de retour;
Il ramène en ces lieux les plaisirs et l'amour,
Et vous voyez finir vos mortelles alarmes.
Par ses vastes exploits son bras voit tout soumis:
    Il quitte les armes,
    Faute d'ennemis.

CHŒUR.

Ah! quelle douce nouvelle!
Qu'elle est grande! qu'elle est belle!
Que de plaisirs! que de ris! que de jeux!
    Que de succès heureux!
Et que le ciel a bien rempli nos vœux!
    Ah! quelle douce nouvelle!
Qu'elle est grande! qu'elle est belle!

SECONDE ENTRÉE DE BALLET.

Tous les bergers et bergères expriment par des danses les transports de leur joie.

FLORE.

De vos flûtes bocagères
Réveillez les plus beaux sons;
LOUIS offre à vos chansons
La plus belle des matières.

Après cent combats
Où cueille son bras
Une ample victoire,
Formez entre vous
Cent combats plus doux,
Pour chanter sa gloire.

CHŒUR.

Formons entre nous
Cent combats plus doux,
Pour chanter sa gloire.

FLORE.

Mon jeune amant, dans ce bois,
Des présents de mon empire
Prépare un prix à la voix
Qui saura le mieux nous dire
Les vertus et les exploits
Du plus auguste des rois.

CLIMÈNE.

Si Tircis a l'avantage,

DAPHNÉ.

Si Dorilas est vainqueur,

CLIMÈNE.

A le chérir je m'engage.

DAPHNÉ.

Je me donne à son ardeur.

TIRCIS.

O trop chère espérance!

DORILAS.

O mot plein de douceur!

TIRCIS et DORILAS.

Plus beau sujet, plus belle récompense
Peuvent-ils animer un cœur?

Les violons jouent un air pour animer les deux bergers au combat, tandis que Flore, comme juge, va se placer au pied d'un bel arbre qui est au milieu du théâtre, avec deux Zéphyrs, et que le reste, comme spectateurs, va occuper les deux côtés de la scène.

TIRCIS.

Quand la neige fondue enfle un torrent fameux,
Contre l'effort soudain de ses flots écumeux
   Il n'est rien d'assez solide;
Digues, châteaux, villes, et bois,
Hommes et troupeaux à la fois,
Tout cède au courant qui le guide:

PROLOGUE.

Tel, et plus fier et plus rapide,
Marche LOUIS dans ses exploits.

TROISIÈME ENTRÉE DE BALLET.

Les bergers et bergères du côté de Tircis dansent autour de lui, sur une ritournelle, pour exprimer leurs applaudissements.

DORILAS.

Le foudre menaçant qui perce avec fureur
L'affreuse obscurité de la nue enflammée
    Fait, d'épouvante et d'horreur,
    Trembler le plus ferme cœur;
    Mais, à la tête d'une armée,
LOUIS jette plus de terreur.

QUATRIÈME ENTRÉE DE BALLET.

Les bergers et bergères du côté de Dorilas font de même que les autres.

TIRCIS.

Des fabuleux exploits que la Grèce a chantés,
Par un brillant amas de belles vérités
    Nous voyons la gloire effacée;
    Et tous ces fameux demi-dieux,
    Que vante l'histoire passée,
    Ne sont point à notre pensée
    Ce que LOUIS est à nos yeux.

CINQUIÈME ENTRÉE DE BALLET.

Les bergers et bergères du côté de Tircis font encore la même chose.

DORILAS.

LOUIS fait à nos temps, par ses faits inouïs,
Croire tous les beaux faits que nous chante l'histoire
    Des siècles évanouis;
    Mais nos neveux, dans leur gloire,
    N'auront rien qui fasse croire
    Tous les beaux faits de LOUIS.

SIXIÈME ENTRÉE DE BALLET.

Les bergers et bergères du côté de Dorilas font encore de même.

SEPTIÈME ENTRÉE DE BALLET.

Les bergers et bergères du côté de Tircis et de celui de Dorilas se mêlent et dansent ensemble.

SCÈNE IV. — FLORE, PAN; DEUX ZÉPHYRS dansants; CLIMÈNE, DAPHNÉ; TIRCIS, DORILAS; FAUNES dansants; BERGERS et BERGÈRES chantants et dansants.

PAN.

Laissez, laissez, bergers, ce dessein téméraire
    Eh! que voulez-vous faire?
    Chanter sur vos chalumeaux
    Ce qu'Apollon sur sa lyre,
    Avec ses chants les plus beaux,
    N'entreprendroit pas de dire :
C'est donner trop d'essor au feu qui vous inspire;
C'est monter vers les cieux sur des ailes de cire,
    Pour tomber dans le fond des eaux.

Pour chanter de LOUIS l'intrépide courage,
    Il n'est point d'assez docte voix,
Point de mots assez grands pour en tracer l'image;
    Le silence est le langage
    Qui doit louer ses exploits.
Consacrez d'autres soins à sa pleine victoire;
Vos louanges n'ont rien qui flatte ses désirs :
    Laissez, laissez là sa gloire,
    Ne songez qu'à ses plaisirs.

CHŒUR.

    Laissons, laissons là sa gloire,
    Ne songeons qu'à ses plaisirs.

FLORE, à Tircis et à Dorilas.

Bien que, pour étaler ses vertus immortelles,
    La force manque à vos esprits,
Ne laissez pas tous deux de recevoir le prix.
    Dans les choses grandes et belles,
    Il suffit d'avoir entrepris [1].

HUITIÈME ENTRÉE DE BALLET.

Les deux Zéphyrs dansent avec deux couronnes de fleurs à la main, qu'ils viennent donner ensuite aux deux bergers.

CLIMÈNE et DAPHNÉ, donnant la main à leurs amants.

    Dans les choses grandes et belles,
    Il suffit d'avoir entrepris.

---

[1] C'est la traduction de l'adage latin tiré de Tibulle : *In magnis et voluisse sat est*. La Fontaine a dit de même en terminant son *Discours à M. le Dauphin*:

Et, si de t'agréer je n'emporte le prix,
J'aurai du moins l'honneur de l'avoir entrepris.
(Auger.)

PROLOGUE.

TIRCIS et DORILAS.
Ah! que d'un doux succès notre audace est suivie!
FLORE et PAN.
Ce qu'on fait pour LOUIS, on ne le perd jamais.
CLIMÈNE, DAPHNÉ, TIRCIS, DORILAS.
Au soin de ses plaisirs donnons-nous désormais.
FLORE et PAN.
Heureux, heureux qui peut lui consacrer sa vie!
CHŒUR.
    Joignons tous dans ces bois
    Nos flûtes et nos voix :
    Ce jour nous y convie;
Et faisons aux échos redire mille fois :
    LOUIS est le plus grand des rois;
Heureux, heureux qui peut lui consacrer sa vie!

NEUVIÈME ENTRÉE DE BALLET.

Faunes, bergers et bergères, tous se mêlent, et il se fait entre eux des jeux de danse; après quoi ils se vont préparer pour la comédie.

AUTRE PROLOGUE

UNE BERGÈRE, chantant.

Votre plus haut savoir n'est que pure chimère,
    Vains et peu sages médecins;
Vous ne pouvez guérir, par vos grands mots latins,
    La douleur qui me désespère :
Votre plus haut savoir n'est que pure chimère.

    Hélas! hélas! je n'ose découvrir
      Mon amoureux martyre
    Au berger pour qui je soupire,
    Et qui seul peut me secourir.
    Ne prétendez pas le finir,
Ignorants médecins; vous ne sauriez le faire :
Votre plus haut savoir n'est que pure chimère.
Ces remèdes peu sûrs, dont le simple vulgaire
Croit que vous connoissez l'admirable vertu,
Pour les maux que je sens n'ont rien de salutaire;
Et tout votre caquet ne peut être reçu
    Que d'un MALADE IMAGINAIRE.

Votre plus haut savoir n'est que pure chimère,
Vains et peu sages médecins, etc. [1].

Le théâtre change et représente une chambre.

ACTE PREMIER

SCÈNE I. — ARGAN, assis, une table devant lui, comptant avec des jetons les parties de son apothicaire.

Trois et deux font cinq, et cinq font dix, et dix font vingt; trois et deux font cinq. « Plus, du vingt-quatrième, un petit clystère « insinuatif, préparatif et rémollient, pour amollir, humecter et rafraî- « chir les entrailles de monsieur. » Ce qui me plaît de monsieur Fleurant, mon apothicaire, c'est que ses parties sont toujours fort civiles. « Les entrailles de monsieur, trente sols. » Oui; mais, monsieur Fleurant, ce n'est pas tout que d'être civil; il faut être aussi raisonnable, et ne pas écorcher les malades. Trente sols un lavement! Je suis votre serviteur, je vous l'ai déjà dit; vous ne me les avez mis dans les autres parties qu'à vingt sols; et vingt sols en langage d'apothicaire, c'est-à-dire dix sols; les voilà, dix sols. « Plus, dudit jour, « un bon clystère détersif, composé avec catholicon double, rhubarbe, « miel rosat, et autres, suivant l'ordonnance, pour balayer, laver et « nettoyer le bas-ventre de monsieur, trente sols. » Avec votre permission, dix sols. « Plus, dudit jour, le soir, un julep hépatique, so- « poratif et somnifère, composé pour faire dormir monsieur, trente- « cinq sols. » Je ne me plains pas de celui-là; car il me fit bien dormir. Dix, quinze, seize, et dix-sept sols six deniers. « Plus, du « vingt-cinquième, une bonne médecine purgative et corroborative, « composée de casse récente avec séné levantin, et autres, suivant « l'ordonnance de monsieur Purgon, pour expulser et évacuer la bile « de monsieur, quatre livres. » Ah! monsieur Fleurant, c'est se moquer : il faut vivre avec les malades. Monsieur Purgon ne vous a pas ordonné de mettre quatre francs. Mettez, mettez trois livres, s'il vous plaît. Vingt et trente sols. « Plus, dudit jour, une potion anodine « et astringente, pour faire reposer monsieur, trente sols. » Bon, dix et quinze sols. « Plus, du vingt-sixième, un clystère carminatif, pour « chasser les vents de monsieur, trente sols. » Dix sols, monsieur

---

[1] Le premier prologue ne pouvait servir longtemps, puisque, comme on le sait, la fameuse conquête qu'il célèbre fut reprise au bout de l'année : c'est peut-être à cause de cela que Molière a composé cet *autre prologue*. Il a, sur le premier, l'avantage d'être infiniment plus court et d'annoncer le sujet de la comédie; mais, du reste, l'idée en est fort commune, et l'exécution ne la relève pas. (Auger.)

Fleurant. « Plus, le clystère de monsieur, réitéré le soir, comme
« dessus, trente sols. » Monsieur Fleurant, dix sols. « Plus, du vingt-
« septième, une bonne médecine, composée pour hâter d'aller et chas-
« ser dehors les mauvaises humeurs de monsieur, trois livres. » Bon,
vingt et trente sols ; je suis bien aise que vous soyez raisonnable.
« Plus, du vingt-huitième, une prise de petit-lait clarifié et dulcoré[1]
« pour adoucir, lénifier, tempérer et rafraîchir le sang de monsieur,
« vingt sols. » Bon, dix sols. « Plus, une potion cordiale et préser-
« vative, composée avec douze grains de bézoar, sirop de limon et
« grenades, et autres, suivant l'ordonnance, cinq livres. » Ah ! monsieur Fleurant, tout doux, s'il vous plaît ; si vous en usez comme
cela, on ne voudra plus être malade : contentez-vous de quatre francs,
vingt et quarante sols. Trois et deux font cinq, et cinq font dix, et dix
font vingt. Soixante et trois livres quatre sols six deniers. Si bien donc
que, de ce mois, j'ai pris une, deux, trois, quatre, cinq, six, sept, et
huit médecines ; et un, deux, trois, quatre, cinq, six, sept, huit, neuf,
dix, onze, et douze lavements ; et, l'autre mois, il y avoit douze médecines et vingt lavements. Je ne m'étonne pas si je ne me porte pas
si bien ce mois-ci que l'autre. Je le dirai à monsieur Purgon, afin
qu'il mette ordre à cela. Allons, qu'on m'ôte tout ceci. (Voyant que
personne ne vient, et qu'il n'y a aucun de ses gens dans sa chambre.) Il n'y a
personne. J'ai beau dire : on me laisse toujours seul ; il n'y a pas
moyen de les arrêter ici. (Après avoir sonné une sonnette qui est sur la table.)
Ils n'entendent point, et ma sonnette ne fait pas assez de bruit. Drelin, drelin, drelin. Point d'affaire. Drelin, drelin, drelin. Ils sont sourds...
Toinette ! Drelin, drelin, drelin. Tout comme si je ne sonnois point.
Chienne ! coquine ! Drelin, drelin, drelin. J'enrage ! (Il ne sonne plus, mais
il crie.) Drelin, drelin, drelin. Carogne, à tous les diables ! Est-il
possible qu'on laisse comme cela un pauvre malade tout seul ? Drelin,
drelin, drelin. Voilà qui est pitoyable ! Drelin, drelin, drelin. Ah ! mon
Dieu ! Ils me laisseront ici mourir. Drelin, drelin, drelin.

SCÈNE II. — ARGAN, TOINETTE.

TOINETTE, en entrant.

On y va.

ARGAN.

Ah ! chienne ! ah ! carogne !

TOINETTE, faisant semblant de s'être cogné la tête.

Diantre soit fait de votre impatience ! Vous pressez si fort les personnes, que je me suis donné un grand coup de la tête contre la carne
d'un volet.

---

[1] On dit aujourd'hui *édulcoré*.

ARGAN, en colère.

Ah! traîtresse!...

TOINETTE, interrompant Argan.

Ah!

ARGAN.

Il y a...

TOINETTE.

Ah!

ARGAN.

Il y a une heure...

TOINETTE.

Ah!

ARGAN.

Tu m'as laissé...

TOINETTE.

Ah!

ARGAN.

Tais-toi donc, coquine, que je te querelle!

TOINETTE.

Çamon, ma foi, j'en suis d'avis, après ce que je me suis fait!

ARGAN.

Tu m'as fait égosiller, carogne!

TOINETTE.

Et vous m'avez fait, vous, casser la tête : l'un vaut bien l'autre. Quitte à quitte, si vous voulez.

ARGAN.

Quoi! coquine...

TOINETTE.

Si vous querellez, je pleurerai.

ARGAN.

Me laisser, traîtresse...

TOINETTE, interrompant encore Argan.

Ah!

ARGAN.

Chienne! tu veux...

TOINETTE.

Ah!

ARGAN.

Quoi! il faudra encore que je n'aie pas le plaisir de la quereller?

TOINETTE.

Querellez tout votre soûl : je le veux bien.

ARGAN.

Tu m'en empêches, chienne, en m'interrompant à tous coups!

TOINETTE.

Si vous avez le plaisir de quereller, il faut bien que, de mon côté, j'aie le plaisir de pleurer : chacun le sien, ce n'est pas trop. Ah!

ARGAN.

Allons, il faut en passer par là. Ote-moi ceci, coquine, ôte-moi ceci. (Après s'être levé.) Mon lavement d'aujourd'hui a-t-il bien opéré?

TOINETTE.

Votre lavement?

ARGAN.

Oui. Ai-je bien fait de la bile?

TOINETTE.

Ma foi! je ne me mêle point de ces affaires-là; c'est à monsieur Fleurant à y mettre le nez, puisqu'il en a le profit.

ARGAN.

Qu'on ait soin de me tenir un bouillon prêt, pour l'autre que je dois tantôt prendre.

TOINETTE.

Ce monsieur Fleurant-là et ce monsieur Purgon s'égayent bien sur votre corps; ils ont en vous une bonne vache à lait, et je voudrois bien leur demander quel mal vous avez, pour faire tant de remèdes.

ARGAN.

Taisez-vous, ignorante! ce n'est pas à vous à contrôler les ordonnances de la médecine. Qu'on me fasse venir ma fille Angélique : j'ai à lui dire quelque chose.

TOINETTE.

La voici qui vient d'elle-même; elle a deviné votre pensée.

SCÈNE III. — ARGAN, ANGÉLIQUE, TOINETTE.

ARGAN.

Approchez, Angélique : vous venez à propos; je voulois vous parler.

ANGÉLIQUE.

Me voilà prête à vous ouïr.

ARGAN.

Attendez. (A Toinette.) Donnez-moi mon bâton. Je vais revenir tout à l'heure.

TOINETTE.

Allez vite, monsieur, allez. Monsieur Fleurant nous donne des affaires.

SCÈNE IV. — ANGÉLIQUE, TOINETTE.

ANGÉLIQUE.

Toinette!

TOINETTE.

Quoi?

ANGÉLIQUE.

Regarde-moi un peu.

TOINETTE.

Eh bien, je vous regarde.

ANGÉLIQUE.

Toinette!

TOINETTE.

Eh bien, quoi, Toinette?

ANGÉLIQUE.

Ne devines-tu point de quoi je veux parler?

TOINETTE.

Je m'en doute assez : de notre jeune amant; car c'est sur lui depuis six jours que roulent tous nos entretiens; et vous n'êtes point bien, si vous n'en parlez à toute heure.

ANGÉLIQUE.

Puisque tu connois cela, que n'es-tu donc la première à m'en entretenir? Et que ne m'épargnes-tu la peine de te jeter sur ce discours?

TOINETTE.

Vous ne m'en donnez pas le temps; et vous avez des soins là-dessus qu'il est difficile de prévenir.

ANGÉLIQUE.

Je t'avoue que je ne saurois me lasser de te parler de lui, et que mon cœur profite avec chaleur de tous les moments de s'ouvrir à toi. Mais, dis-moi, condamnes-tu, Toinette, les sentiments que j'ai pour lui?

TOINETTE.

Je n'ai garde.

ANGÉLIQUE.

Ai-je tort de m'abandonner à ces douces impressions?

TOINETTE.

Je ne dis pas cela.

ANGÉLIQUE.

Et voudrois-tu que je fusse insensible aux tendres protestations de cette passion ardente qu'il témoigne pour moi?

TOINETTE.

A Dieu ne plaise!

ANGÉLIQUE.

Dis-moi un peu : ne trouves-tu pas, comme moi, quelque chose du ciel, quelque effet du destin, dans l'aventure inopinée de notre connoissance?

TOINETTE.

Oui.

ANGÉLIQUE.

Ne trouves-tu pas que cette action d'embrasser ma défense, sans me connoître, est tout à fait d'un honnête homme?

TOINETTE.

Oui.

ANGÉLIQUE.

Que l'on ne peut pas en user plus généreusement?

TOINETTE.

D'accord.

ANGÉLIQUE.

Et qu'il fit tout cela de la meilleure grâce du monde?

TOINETTE.

Oh! oui.

ANGÉLIQUE.

Ne trouves-tu pas, Toinette, qu'il est bien fait de sa personne?

TOINETTE.

Assurément.

ANGÉLIQUE.

Qu'il a l'air le meilleur du monde?

TOINETTE.

Sans doute.

ANGÉLIQUE.

Que ses discours, comme ses actions, ont quelque chose de noble?

TOINETTE.

Cela est sûr.

ANGÉLIQUE.

Qu'on ne peut rien entendre de plus passionné que tout ce qu'il me dit?

TOINETTE.

Il est vrai.

ANGÉLIQUE.

Et qu'il n'est rien de plus fâcheux que la contrainte où l'on me tient, qui bouche tout commerce aux doux empressements de cette mutuelle ardeur que le ciel nous inspire?

TOINETTE.

Vous avez raison.

ANGÉLIQUE

Mais, ma pauvre Toinette, crois-tu qu'il m'aime autant qu'il me le dit?

TOINETTE.

Eh! eh! ces choses-là parfois sont un peu sujettes à caution. Les grimaces d'amour ressemblent fort à la vérité; et j'ai vu de grands comédiens là-dessus.

ANGÉLIQUE.

Ah! Toinette, que dis-tu là? Hélas! de la façon qu'il parle, seroit-il bien possible qu'il ne me dît pas vrai?

TOINETTE.

En tout cas, vous en serez bientôt éclaircie; et la résolution où il vous écrivit hier qu'il étoit de vous faire demander en mariage est une prompte voie à vous faire connoître s'il vous dit vrai ou non. C'en sera là la bonne preuve.

ANGÉLIQUE.

Ah! Toinette, si celui-là me trompe, je ne croirai de ma vie aucun homme.

TOINETTE.

Voilà votre père qui revient.

SCÈNE V. — ARGAN, ANGÉLIQUE, TOINETTE.

ARGAN.

Oh çà, ma fille, je vais vous dire une nouvelle, où peut-être ne vous attendez-vous pas. On vous demande en mariage. Qu'est-ce que cela? Vous riez? Cela est plaisant, oui, ce mot de mariage! Il n'y a rien de plus drôle pour les jeunes filles. Ah! nature, nature! A ce que je puis voir, ma fille, je n'ai que faire de vous demander si vous voulez bien vous marier.

ANGÉLIQUE.

Je dois faire, mon père, tout ce qu'il vous plaira de m'ordonner.

ARGAN.

Je suis bien aise d'avoir une fille si obéissante : la chose est donc conclue, et je vous ai promise.

ANGÉLIQUE.

C'est à moi, mon père, de suivre aveuglément toutes vos volontés.

ARGAN.

Ma femme, votre belle-mère, avoit envie que je vous fisse religieuse, et votre petite sœur Louison aussi, et de tout temps elle a été aheurtée à cela.

TOINETTE, à part.

La bonne bête a ses raisons.

ARGAN.

Elle ne vouloit point consentir à ce mariage; mais je l'ai emporté, et ma parole est donnée.

ANGÉLIQUE.

Ah! mon père, que je vous suis obligée de toutes vos bontés!

TOINETTE, à Argan.

En vérité, je vous sais bon gré de cela; et voilà l'action la plus sage que vous ayez faite de votre vie.

ARGAN.

Je n'ai point encore vu la personne; mais on m'a dit que j'en serois content, et toi aussi.

ANGÉLIQUE.

Assurément, mon père.

ARGAN.

Comment! l'as-tu vu?

ANGÉLIQUE.

Puisque votre consentement m'autorise à vous pouvoir ouvrir mon cœur, je ne feindrai point de vous dire que le hasard nous a fait connoître il y a six jours, et que la demande qu'on vous a faite est un effet de l'inclination que, dès cette première vue, nous avons prise l'un pour l'autre.

ARGAN.

Ils ne m'ont pas dit cela; mais j'en suis bien aise, et c'est tant mieux que les choses soient de la sorte. Ils disent que c'est un grand jeune garçon bien fait.

ANGÉLIQUE.

Oui, mon père.

ARGAN.

De belle taille.

ANGÉLIQUE.

Sans doute.

ARGAN.

Agréable de sa personne.

ANGÉLIQUE.

Assurément.

ARGAN.

De bonne physionomie.

ANGÉLIQUE.

Très-bonne.

ARGAN.

Sage et bien né.

ANGÉLIQUE.

Tout à fait.

ARGAN.

Fort honnête.

ANGÉLIQUE.

Le plus honnête du monde.

ARGAN.

Qui parle bien latin et grec.

ANGÉLIQUE.

C'est ce que je ne sais pas.

ARGAN.

Et qui sera reçu médecin dans trois jours.

ANGÉLIQUE.

Lui, mon père?

ARGAN.

Oui. Est-ce qu'il ne te l'a pas dit?

ANGÉLIQUE.

Non, vraiment. Qui vous l'a dit, à vous?

ARGAN.

Monsieur Purgon.

ANGÉLIQUE.

Est-ce que monsieur Purgon le connoît?

ARGAN.

La belle demande! Il faut bien qu'il le connoisse, puisque c'est son neveu.

ANGÉLIQUE.

Cléante, neveu de monsieur Purgon?

ARGAN.

Quel Cléante? Nous parlons de celui pour qui l'on t'a demandée en mariage.

ANGÉLIQUE.

Eh! oui.

ARGAN.

Eh bien, c'est le neveu de monsieur Purgon, qui est le fils de son beau-frère le médecin, monsieur Diafoirus; et ce fils s'appelle Thomas Diafoirus, et non pas Cléante; et nous avons conclu ce mariage-là ce matin, monsieur Purgon, monsieur Fleurant, et moi; et demain ce gendre prétendu doit m'être amené par son père. Qu'est-ce? Vous voilà tout ébaubie!

ANGÉLIQUE.

C'est, mon père, que je connois que vous avez parlé d'une personne, et que j'ai entendu une autre.

TOINETTE.

Quoi! monsieur, vous auriez fait ce dessein burlesque? Et, avec tout le bien que vous avez; vous voudriez marier votre fille avec un médecin?

ARGAN.

Oui. De quoi te mêles-tu, coquine, impudente que tu es?

TOINETTE.

Mon Dieu! tout doux. Vous allez d'abord aux invectives. Est-ce que nous ne pouvons pas raisonner ensemble sans nous emporter? Là, parlons de sang-froid. Quelle est votre raison, s'il vous plaît, pour un tel mariage?

ARGAN.

Ma raison est que, me voyant infirme et malade comme je suis, je veux me faire un gendre et des alliés médecins, afin de m'appuyer de bons secours contre ma maladie, d'avoir dans ma famille les sources des remèdes qui me sont nécessaires, et d'être à même des consultations et des ordonnances.

TOINETTE.

Eh bien, voilà dire une raison, et il y a plaisir à se répondre doucement les uns aux autres. Mais, monsieur, mettez la main à la conscience : est-ce que vous êtes malade?

ARGAN.

Comment, coquine! si je suis malade! Si je suis malade, impudente!

TOINETTE.

Eh bien, oui, monsieur, vous êtes malade; n'ayons point de querelle là-dessus. Oui, vous êtes fort malade, j'en demeure d'accord, et plus malade que vous ne pensez : voilà qui est fait. Mais votre fille doit épouser un mari pour elle; et, n'étant point malade, il n'est pas nécessaire de lui donner un médecin.

ARGAN.

C'est pour moi que je lui donne ce médecin; et une fille de bon naturel doit être ravie d'épouser ce qui est utile à la santé de son père.

TOINETTE.

Ma foi, monsieur, voulez-vous qu'en amie je vous donne un conseil?

ARGAN.

Quel est-il, ce conseil?

TOINETTE.

De ne point songer à ce mariage-là.

ARGAN.

Et la raison?

TOINETTE.

La raison, c'est que votre fille n'y consentira point [1].

ARGAN.

Elle n'y consentira point?

TOINETTE.

Non.

ARGAN.

Ma fille?

TOINETTE.

Votre fille. Elle vous dira qu'elle n'a que faire de monsieur Diafoirus, ni de son fils Thomas Diafoirus, ni de tous les Diafoirus du monde.

---

[1] Tout ce jeu de théâtre est emprunté au *Tartuffe*, acte II, scène II. (Bret.)

ARGAN.

J'en ai affaire, moi, outre que le parti est plus avantageux qu'on ne pense. Monsieur Diafoirus n'a que ce fils-là pour tout héritier; et, de plus, monsieur Purgon, qui n'a ni femme ni enfants, lui donne tout son bien en faveur de ce mariage; et monsieur Purgon est un homme qui a huit mille bonnes livres de rente.

TOINETTE.

Il faut qu'il ait tué bien des gens, pour s'être fait si riche.

ARGAN.

Huit mille livres de rente sont quelque chose, sans compter le bien du père.

TOINETTE.

Monsieur, tout cela est bel et bon; mais j'en reviens toujours là: je vous conseille, entre nous, de lui choisir un autre mari; et elle n'est point faite pour être madame Diafoirus.

ARGAN.

Et je veux, moi, que cela soit.

TOINETTE.

Eh! fi! ne dites pas cela.

ARGAN.

Comment! que je ne dise pas cela?

TOINETTE.

Eh! non.

ARGAN.

Et pourquoi ne le dirois-je pas?

TOINETTE.

On dira que vous ne songez pas à ce que vous dites.

ARGAN.

On dira ce qu'on voudra; mais je vous dis que je veux qu'elle exécute la parole que j'ai donnée.

TOINETTE.

Non; je suis sûre qu'elle ne le fera pas.

ARGAN.

Je l'y forcerai bien.

TOINETTE.

Elle ne le fera pas, vous dis-je.

ARGAN.

Elle le fera, ou je la mettrai dans un couvent.

TOINETTE.

Vous?

ARGAN.

Moi.

TOINETTE.

Bon!

ACTE I, SCÈNE V.

ARGAN

Comment, bon?

TOINETTE.

Vous ne la mettrez point dans un couvent.

ARGAN.

Je ne la mettrai point dans un couvent?

TOINETTE.

Non.

ARGAN.

Non?

TOINETTE.

Non.

ARGAN.

Ouais! Voici qui est plaisant! Je ne mettrai pas ma fille dans un couvent, si je veux?

TOINETTE.

Non, vous dis-je.

ARGAN.

Qui m'en empêchera?

TOINETTE.

Vous-même.

ARGAN.

Moi?

TOINETTE.

Oui. Vous n'aurez pas ce cœur-là.

ARGAN.

Je l'aurai.

TOINETTE.

Vous vous moquez.

ARGAN.

Je ne me moque point.

TOINETTE.

La tendresse paternelle vous prendra.

ARGAN.

Elle ne me prendra point.

TOINETTE.

Une petite larme ou deux, des bras jetés au cou, un Mon petit papa mignon, prononcé tendrement, sera assez pour vous toucher.

ARGAN.

Tout cela ne fera rien.

TOINETTE.

Oui, oui.

ARGAN.

Je vous dis que je n'en démordrai point.

TOINETTE.

Bagatelles!

ARGAN.

Il ne faut point dire : Bagatelles!

TOINETTE.

Mon Dieu! je vous connois, vous êtes bon naturellement.

ARGAN, avec emportement.

Je ne suis point bon, et je suis méchant quand je veux[1]!

TOINETTE.

Doucement, monsieur. Vous ne songez pas que vous êtes malade.

ARGAN.

Je lui commande absolument de se préparer à prendre le mari que je dis.

TOINETTE.

Et moi, je lui défends absolument d'en faire rien.

ARGAN.

Où est-ce donc que nous sommes? et quelle audace est-ce là, à une coquine de servante, de parler de la sorte devant son maître?

TOINETTE.

Quand un maître ne songe pas à ce qu'il fait, une servante bien sensée est en droit de le redresser.

ARGAN, courant après Toinette.

Ah! insolente! il faut que je t'assomme!

TOINETTE, évitant Argan, et mettant la chaise entre elle et lui.

Il est de mon devoir de m'opposer aux choses qui vous peuvent déshonorer.

ARGAN, courant après Toinette, autour de la chaise avec son bâton.

Viens, viens, que je t'apprenne à parler!

TOINETTE, se sauvant du côté où n'est point Argan.

Je m'intéresse, comme je dois, à ne vous point laisser faire de folie.

ARGAN, de même.

Chienne!

TOINETTE, de même.

Non, je ne consentirai jamais à ce mariage.

ARGAN, de même.

Pendarde!

TOINETTE, de même.

Je ne veux point qu'elle épouse votre Thomas Diafoirus.

ARGAN, de même.

Carogne!

---

[1] Autre emprunt que Molière se fait à lui-même. Ce dialogue est presque copié mot à mot de la scène vi du Ier acte des *Fourberies de Scapin*. (A. M.)

TOINETTE, de même.

Et elle m'obéira plutôt qu'à vous.

ARGAN, s'arrêtant.

Angélique, tu ne veux pas m'arrêter cette coquine-là?

ANGÉLIQUE.

Eh! mon père, ne vous faites point malade.

ARGAN, à Angélique.

Si tu ne me l'arrêtes, je te donnerai ma malédiction.

TOINETTE, en s'en allant.

Et moi, je la deshériterai, si elle vous obéit.

ARGAN, se jetant dans sa chaise.

Ah! ah! je n'en puis plus! Voilà pour me faire mourir[1]!

SCÈNE VI. — BÉLINE, ARGAN.

ARGAN.

Ah! ma femme, approchez.

BÉLINE.

Qu'avez-vous, mon pauvre mari?

ARGAN.

Venez-vous-en ici à mon secours.

BÉLINE.

Qu'est-ce que c'est donc qu'il y a, mon petit fils?

ARGAN.

Ma mie!

BÉLINE.

Mon ami!

ARGAN.

On vient de me mettre en colère.

BÉLINE.

Hélas! pauvre petit mari! Comment donc, mon ami?

ARGAN.

Votre coquine de Toinette est devenue plus insolente que jamais.

BÉLINE.

Ne vous passionnez donc point.

ARGAN.

Elle m'a fait enrager, ma mie.

BÉLINE.

Doucement, mon fils.

ARGAN.

Elle a contrecarré, une heure durant, les choses que je veux faire.

---

[1] Cette scène rappelle la scène II de l'acte II de *Tartuffe*. Toinette parle comme Dorine, Argan parle comme Orgon : c'est le même dialogue et la même situation, modifiés par de nouveaux caractères. (Bret.)

BÉLINE.

La, la, tout doux!

ARGAN.

Et a eu l'effronterie de me dire que je ne suis point malade.

BÉLINE.

C'est une impertinente.

ARGAN

Vous savez, mon cœur, ce qui en est.

BÉLINE.

Oui, mon cœur; elle a tort.

ARGAN.

M'amour, cette coquine-là me fera mourir.

BÉLINE.

Eh la! eh la!

ARGAN.

Elle est cause de toute la bile que je fais.

BÉLINE.

Ne vous fâchez point tant.

ARGAN.

Et il y a je ne sais combien que je vous dis de me la chasser.

BÉLINE.

Mon Dieu! mon fils, il n'y a point de serviteurs et de servantes qui n'aient leurs défauts. On est contraint parfois de souffrir leurs mauvaises qualités, à cause des bonnes. Celle-ci est adroite, soigneuse, diligente, et surtout fidèle; et vous savez qu'il faut maintenant de grandes précautions pour les gens que l'on prend. Holà! Toinette!

SCÈNE VII. — ARGAN, BÉLINE, TOINETTE.

TOINETTE.

Madame?

BÉLINE.

Pourquoi donc est-ce que vous mettez mon mari en colère?

TOINETTE, d'un ton doucereux.

Moi, madame? Hélas! je ne sais pas ce que vous me voulez dire, et je ne songe qu'à complaire à monsieur en toutes choses.

ARGAN.

Ah! la traîtresse!

TOINETTE.

Il nous a dit qu'il vouloit donner sa fille en mariage au fils de monsieur Diafoirus : je lui ai répondu que je trouvois le parti avantageux pour elle, mais que je croyois qu'il feroit mieux de la mettre dans un couvent.

BÉLINE.

Il n'y a pas grand mal à cela, et je trouve qu'elle a raison.

ARGAN.

Ah! m'amour, vous la croyez? C'est une scélérate; elle m'a dit cent insolences.

BÉLINE.

Eh bien, je vous crois, mon ami. La, remettez-vous. Écoutez, Toinette : si vous fâchez jamais mon mari, je vous mettrai dehors. Çà, donnez-moi son manteau fourré et des oreillers, que je l'accommode dans sa chaise. Vous voilà je ne sais comment. Enfoncez bien votre bonnet jusque sur vos oreilles : il n'y a rien qui enrhume tant que de prendre l'air par les oreilles [1].

ARGAN.

Ah! ma mie, que je vous suis obligé de tous les soins que vous prenez de moi!

BÉLINE, accommodant les oreillers qu'elle met autour d'Argan.

Levez-vous, que je mette ceci sous vous. Mettons celui-ci pour vous appuyer, et celui-là de l'autre côté. Mettons celui-ci derrière votre dos, et cet autre-là pour soutenir votre tête.

TOINETTE, lui mettant rudement un oreiller sur la tête.

Et celui-ci pour vous garder du serein.

ARGAN, se levant en colère, et jetant ses oreillers à Toinette, qui s'enfuit.

Ah! coquine! tu veux m'étouffer!

SCÈNE VIII. — ARGAN, BÉLINE.

BÉLINE.

Eh la! eh la! Qu'est-ce que c'est donc?

ARGAN, se jetant dans sa chaise.

Ah! ah! ah! je n'en puis plus.

BÉLINE.

Pourquoi vous emporter ainsi? Elle a cru faire bien.

ARGAN.

Vous ne connoissez pas, m'amour, la malice de la pendarde. Ah! elle m'a mis tout hors de moi; et il faudra plus de huit médecines et de douze lavements pour réparer tout ceci.

---

[1] Heureuse imitation d'Horace. Il y a dix-huit cents ans que ce grand poëte conseillait à ceux qui veulent attraper des successions de tenir une conduite à peu près semblable à celle de Béline :

> Obsequio grassare : mone, si increbuit aura,
> Cautus uti velet carum caput, etc.

« Obsédez par vos complaisances. Au plus léger souffle du vent, dites: Couvrez bien cette tête qui nous est si chère! » (Horace, satire v, livre II.) — (Aimé Martin.)

BÉLINE.
La, la, mon petit ami, apaisez-vous un peu.
ARGAN.
Ma mie, vous êtes toute ma consolation.
BÉLINE.
Pauvre petit fils!
ARGAN.
Pour tâcher de reconnoître l'amour que vous me portez, je veux mon cœur, comme je vous ai dit, faire mon testament.
BÉLINE.
Ah! mon ami, ne parlons point de cela, je vous prie : je ne saurois souffrir cette pensée; et le seul mot de testament me fait tressaillir de douleur.
ARGAN.
Je vous avois dit de parler pour cela à votre notaire.
BÉLINE.
Le voilà là dedans, que j'ai amené avec moi.
ARGAN.
Faites-le donc entrer, m'amour.
BÉLINE.
Hélas! mon ami, quand on aime bien un mari, on n'est guère en état de songer à tout cela.

SCÈNE IX. — MONSIEUR DE BONNEFOI, BÉLINE, ARGAN.

ARGAN.
Approchez, monsieur de Bonnefoi, approchez. Prenez un siége, s'il vous plaît. Ma femme m'a dit, monsieur, que vous étiez fort honnête homme, et tout à fait de ses amis; et je l'ai chargée de vous parler pour un testament que je veux faire.
BÉLINE.
Hélas! je ne suis point capable de parler de ces choses-là.
MONSIEUR DE BONNEFOI.
Elle m'a, monsieur, expliqué vos intentions, et le dessein où vous êtes pour elle; et j'ai à vous dire là-dessus que vous ne sauriez rien donner à votre femme par votre testament.
ARGAN.
Mais pourquoi?
MONSIEUR DE BONNEFOI.
La coutume y résiste. Si vous étiez en pays de droit écrit, cela se pourroit faire : mais, à Paris et dans les pays coutumiers, au moins dans la plupart, c'est ce qui ne se peut; et la disposition seroit nulle. Tout l'avantage qu'homme et femme conjoints par mariage se peuvent faire l'un à l'autre, c'est un don mutuel entre-vifs; encore faut-il qu'il

ACTE I, SCÈNE IX.

n'y ait enfants, soit des deux conjoints, ou de l'un d'eux, lors du décès du premier mourant[1].

ARGAN.

Voilà une coutume bien impertinente, qu'un mari ne puisse rien laisser à une femme dont il est aimé tendrement, et qui prend de lui tant de soin! J'aurois envie de consulter mon avocat, pour voir comment je pourrois faire.

MONSIEUR DE BONNEFOI.

Ce n'est point à des avocats qu'il faut aller, car ils sont d'ordinaire sévères là-dessus, et s'imaginent que c'est un grand crime que de disposer en fraude de la loi : ce sont gens de difficultés, et qui sont ignorants des détours de la conscience. Il y a d'autres personnes à consulter, qui sont bien plus accommodantes, qui ont des expédients pour passer doucement par-dessus la loi, et rendre juste ce qui n'est pas permis; qui savent aplanir les difficultés d'une affaire, et trouver des moyens d'éluder la coutume par quelque avantage indirect. Sans cela, où en serions-nous tous les jours? Il faut de la facilité dans les choses; autrement nous ne ferions rien, et je ne donnerois pas un sol de notre métier.

ARGAN.

Ma femme m'avoit bien dit, monsieur, que vous étiez fort habile et fort honnête homme. Comment puis-je faire, s'il vous plaît, pour lui donner mon bien et en frustrer mes enfants?

MONSIEUR DE BONNEFOI.

Comment vous pouvez faire? Vous pouvez choisir doucement un ami intime de votre femme, auquel vous donnerez, en bonne forme, par votre testament, tout ce que vous pouvez; et cet ami ensuite lui rendra tout. Vous pouvez encore contracter un grand nombre d'obligations non suspectes au profit de divers créanciers qui prêteront leur nom à votre femme, et entre les mains de laquelle ils mettront leur déclaration que ce qu'ils en ont fait n'a été que pour lui faire plaisir. Vous pouvez aussi, pendant que vous êtes en vie, mettre entre ses mains de l'argent comptant, ou des billets que vous pourrez avoir payables au porteur.

BÉLINE.

Mon Dieu! il ne faut point vous tourmenter de tout cela. S'il vient faute de vous, mon fils, je ne veux plus rester au monde.

ARGAN.

Ma mie!

BÉLINE.

Oui, mon ami, si je suis assez malheureuse pour vous perdre...

---

[1] Monsieur de Bonnefoi rapporte ici, presque textuellement, les articles 280 et 282 de l'*Ancienne Coutume de Paris*. (A. M.)

ARGAN.

Ma chère femme!

BÉLINE.

La vie ne me sera plus de rien.

ARGAN.

M'amour!

BÉLINE.

Et je suivrai vos pas, pour vous faire connoître la tendresse que j'ai pour vous.

ARGAN.

Ma mie, vous me fendez le cœur! Consolez-vous, je vous en prie.

MONSIEUR DE BONNEFOI, à Béline.

Ces larmes sont hors de saison; et les choses n'en sont point encore là.

BÉLINE.

Ah! monsieur, vous ne savez pas ce que c'est qu'un mari qu'on aime tendrement.

ARGAN.

Tout le regret que j'aurai, si je meurs, ma mie, c'est de n'avoir point un enfant de vous. Monsieur Purgon m'avoit dit qu'il m'en feroit faire un.

MONSIEUR DE BONNEFOI.

Cela pourra venir encore.

ARGAN.

Il faut faire mon testament, m'amour, de la façon que monsieur dit; mais, par précaution, je veux vous mettre entre les mains vingt mille francs en or que j'ai dans le lambris de mon alcôve, et deux billets payables au porteur, qui me sont dus, l'un par monsieur Damon, et l'autre par monsieur Géronte.

BÉLINE.

Non, non, je ne veux point de tout cela. Ah!... Combien dites-vous qu'il y a dans votre alcôve?

ARGAN.

Vingt mille francs, m'amour.

BÉLINE.

Ne me parlez point de bien, je vous prie. Ah!... De combien sont les deux billets?

ARGAN.

Ils sont, ma mie, l'un de quatre mille francs, et l'autre de six.

BÉLINE.

Tous les biens du monde, mon ami, ne me sont rien au prix de vous.

MONSIEUR DE BONNEFOI, à Argan.

Voulez-vous que nous procédions au testament?

ARGAN.

Oui, monsieur; mais nous serons mieux dans mon petit cabinet. M'amour, conduisez-moi, je vous prie.

BÉLINE.

Allons, mon pauvre petit fils.

SCÈNE X. — ANGÉLIQUE, TOINETTE.

TOINETTE.

Les voilà avec un notaire, et j'ai ouï parler de testament. Votre belle-mère ne s'endort point : et c'est sans doute quelque conspiration contre vos intérêts, où elle pousse votre père.

ANGÉLIQUE.

Qu'il dispose de son bien à sa fantaisie, pourvu qu'il ne dispose point de mon cœur. Tu vois, Toinette, les desseins violents que l'on fait sur lui. Ne m'abandonne point, je te prie, dans l'extrémité où je suis.

TOINETTE.

Moi, vous abandonner! J'aimerois mieux mourir. Votre belle-mère a beau me faire sa confidente et me vouloir jeter dans ses intérêts, je n'ai jamais pu avoir d'inclination pour elle; et j'ai toujours été de votre parti. Laissez-moi faire; j'emploierai toute chose pour vous servir; mais, pour vous servir avec plus d'effet, je veux changer de batterie, couvrir le zèle que j'ai pour vous, et feindre d'entrer dans les sentiments de votre père et de votre belle-mère.

ANGÉLIQUE.

Tâche, je t'en conjure, de faire donner avis à Cléante du mariage qu'on a conclu.

TOINETTE.

Je n'ai personne à employer à cet office, que le vieux usurier Polichinelle, mon amant; et il m'en coûtera pour cela quelques paroles de douceur, que je veux bien dépenser pour vous. Pour aujourd'hui il est trop tard; mais demain, de grand matin, je l'envoierai querir, et il sera ravi de...

SCÈNE XI. — BÉLINE, dans la maison; ANGÉLIQUE, TOINETTE.

BÉLINE.

Toinette!

TOINETTE, à Angélique.

Voilà qu'on m'appelle. Bonsoir. Reposez-vous sur moi [1].

---

[1] Cet acte est bien rempli, et l'action y est entamée de manière à produire un grand intérêt pour les actes suivants. En effet, Angélique est menacée à la fois dans son amour et dans sa fortune. Qui la garantira de ce double danger? (Auger.)

PREMIER INTERMÈDE

Le théâtre change et représente une ville.

Polichinelle, dans la nuit, vient pour donner une sérénade à sa maîtresse. Il est interrompu d'abord par des violons contre lesquels il se met en colère, et ensuite par le guet, composé de musiciens et de danseurs.

SCÈNE I. — POLICHINELLE, seul.

O amour, amour, amour, amour! Pauvre Polichinelle, quelle diable de fantaisie t'es-tu allé mettre dans la cervelle? A quoi t'amuses-tu, misérable insensé que tu es? Tu quittes le soin de ton négoce, et tu laisses aller tes affaires à l'abandon; tu ne manges plus, tu ne bois presque plus, tu perds le repos de la nuit; et tout cela, pour qui? Pour une dragonne, franche dragonne; une diablesse qui te rembarre et se moque de tout ce que tu peux lui dire. Mais il n'y a point à raisonner là-dessus. Tu le veux, amour : il faut être fou comme beaucoup d'autres. Cela n'est pas le mieux du monde à un homme de mon âge; mais qu'y faire? On n'est pas sage quand on veut; et les vieilles cervelles se démontent comme les jeunes. Je viens voir si je ne pourrai point adoucir ma tigresse par une sérénade. Il n'y a rien parfois qui soit si touchant qu'un amant qui vient chanter ses doléances aux gonds et aux verrous de la porte de sa maîtresse. (Après avoir pris son luth.) Voici de quoi accompagner ma voix. O nuit! ô chère nuit! porte mes plaintes amoureuses jusque dans le lit de mon inflexible.

> Notte e dì v'amo e v'adoro :
> Cerco un sì per mio ristoro ;
> Ma se voi dite di nò,
> Bella ingrata, io morirò.

> Fra la speranza
> S' afflige il cuore,
> In lontananza
> Consuma l'hore ;
> Si dolce inganno
> Chè mi figura
> Breve l' afanno,
> Ahi! troppo dura!
> Cosi per troppo amar languisco e muoro.

> Notte e dì v'amo e v'adoro :
> Cerco un sì per mio ristoro ;
> Ma se voi dite di nò,
> Bella ingrata, io morirò.

Se non dormite,
Almen pensate
Alle ferite
Ch' al cuor mi fate.
Deh! almen fingete,
Per mio conforto,
Se m' uccidete,
D' haver il torto :
Vostra pietà mi scemarà il martoro.

Notte e dì v' amo e v' adoro :
Cerco un sì per mio ristoro;
Ma se voi dite di nò,
Bella ingrata, io morirò [1].

Nuit et jour je vous aime et vous adore :
Je cherche un Oui qui me restaure;
Mais, si vous me répondez Non,
Belle ingrate, je mourrai.

Dans l'espérance
Le cœur s'afflige,
Dans l'éloignement
Il consume ses heures.
L'erreur si douce
Qui me persuade
Que ma peine va finir,
Hélas! dure trop.
Ainsi, pour trop aimer, je languis et je meurs.

Nuit et jour je vous aime et vous adore :
Je cherche un Oui qui me restaure;
Mais, si vous me refusez,
Belle ingrate, je mourrai.

Si vous ne dormez pas,
Au moins pensez
Aux blessures
Que vous faites à mon cœur.
Ah! feignez du moins,
Pour ma consolation,
Si vous me tuez,
D'avoir tort;
Votre pitié adoucira mon martyre.

Nuit et jour je vous aime et vous adore
Je cherche un Oui qui me restaure;
Mais, si vous me refusez,
Belle ingrate, je mourrai.   (L. B.)

Les couplets italiens de cette scène du premier intermède, et ceux de la seconde, ne se trouvent point dans le ballet du *Malade imaginaire* imprimé par Christophe Ballard en 1673.

Il paraît que Molière les a ajoutés après la première représentation de cette pièce.

SCÈNE II. — POLICHINELLE; UNE VIEILLE, se présentant à la fenêtre, et répondant à Polichinelle pour se moquer de lui.

LA VIEILLE chante.
Zerbinetti, ch' ogn' hor con finiti sguardi,
 Mentiti desiri,
 Fallaci sospiri,
 Accenti buggiardi,
 Di fede vi pregiate,
 Ah! che non m'ingannate.
 Che già so per prova,
 Ch'in voi non sì trova
 Costanza nè fede.

Oh! quanto è pazza colei che vi crede!

 Quei sguardi languidi
 Non m' innamorano,
 Quei sospir fervidi
 Più non m' infiammano,
  Vel giuro a fe.
 Zerbino misero,
 Del vostro piangere
 Il mio cuor libero
 Vuol sempre ridere;
  Credete a me
 Che già so per prova,
 Ch'in voi non sì trova
 Costanza nè fede.

Oh! quanto è pazza colei che vi crede[1]!

[1] Galants qui, à chaque moment, par des regards trompeurs,
 Des désirs menteurs,
 De faux soupirs,
 Des accents perfides,
Vous vantez d'être fidèles,
Ah! vous ne me trompez pas!
Je sais par expérience
Qu'on ne trouve point en vous
De constance ni de fidélité.

Oh! combien est folle celle qui vous croit!

 Ces regards languissants
 Ne m'inspirent point d'amour,
 Ces soupirs ardents
 Ne m'enflamment point,
Je vous le jure sur ma foi.
 Malheureux galant!
 Mon cœur, insensible
 A votre plainte,

SCÈNE III. — POLICHINELLE; VIOLONS, derrière le théâtre.

LES VIOLONS commencent un air.
POLICHINELLE.

Quelle impertinente harmonie vient interrompre ici ma voix!

LES VIOLONS continuent à jouer.
POLICHINELLE.

Paix là! taisez-vous, violons! Laissez-moi me plaindre à mon aise des cruautés de mon inexorable.

LES VIOLONS, de même.
POLICHINELLE.

Taisez-vous, vous dis-je! c'est moi qui veux chanter.

LES VIOLONS.
POLICHINELLE.

Paix donc!

LES VIOLONS.
POLICHINELLE.

Ouais!

LES VIOLONS.
POLICHINELLE.

Ahi!

LES VIOLONS.
POLICHINELLE.

Est-ce pour rire?

LES VIOLONS.
POLICHINELLE.

Ah! que de bruit!

LES VIOLONS.
POLICHINELLE.

Le diable vous emporte!

LES VIOLONS.
POLICHINELLE.

J'enrage!

LES VIOLONS.
POLICHINELLE.

Vous ne vous tairez pas? Ah! Dieu soit loué!

LES VIOLONS.
POLICHINELLE.

Encore!

   Veut toujours rire:
    Croyez-m'en;
  Je sais par expérience
  Qu'on ne trouve en vous
  Ni constance ni fidélité.
Oh! combien est folle celle qui vous croit! (L. B.)

LES VIOLONS.

POLICHINELLE.

Peste des violons!

LES VIOLONS.

POLICHINELLE.

La sotte musique que voilà!

LES VIOLONS.

POLICHINELLE, chantant pour se moquer des violons.

La, la, la, la, la, la.

LES VIOLONS.

POLICHINELLE, de même.

La, la, la, la, la, la.

LES VIOLONS.

POLICHINELLE, de même.

La, la, la, la, la, la.

LES VIOLONS.

POLICHINELLE, de même.

La, la, la, la, la, la.

LES VIOLONS.

POLICHINELLE, de même.

La, la, la, la, la, la.

LES VIOLONS.

POLICHINELLE.

Par ma foi, cela me divertit. Poursuivez, messieurs les violons; vous me ferez plaisir. (N'entendant plus rien.) Allons donc, continuez, je vous en prie.

SCÈNE IV. — POLICHINELLE, seul.

Voilà le moyen de les faire taire. La musique est accoutumée à ne point faire ce qu'on veut. Oh! sus, à nous. Avant que de chanter, il faut que je prélude un peu, et joue quelque pièce, afin de mieux prendre mon ton. (Il prend son luth, dont il fait semblant de jouer, en imitant avec les lèvres et la langue le son de cet instrument.) Plan, plan, plan, plin, plin, plin. Voilà un temps fâcheux pour mettre un luth d'accord. Plin, plin, plin. Plin, tan, plan. Plin, plan. Les cordes ne tiennent point par ce temps-là. Plin, plin. J'entends du bruit. Mettons mon luth contre la porte.

SCÈNE V. — POLICHINELLE; ARCHERS, passant dans la rue, et accourant au bruit qu'ils entendent.

UN ARCHER, chantant.

Qui va là? qui va là?

PREMIER INTERMÈDE.   427

POLICHINELLE, bas.

Qui diable est-ce là? Est-ce que c'est la mode de parler en musique?

L'ARCHER.

Qui va là? qui va là? qui va là?

POLICHINELLE, épouvanté.

Moi, moi, moi.

L'ARCHER.

Qui va là? qui va là? vous dis-je.

POLICHINELLE.

Moi, moi, vous dis-je.

L'ARCHER.

Et qui toi? et qui toi?

POLICHINELLE.

Moi, moi, moi, moi, moi, moi.

L'ARCHER.

Dis ton nom, dis ton nom, sans davantage attendre.

POLICHINELLE, feignant d'être bien hardi.

Mon nom est Va te faire pendre!

L'ARCHER.

Ici, camarades, ici.
Saisissons l'insolent qui nous répond ainsi.

PREMIÈRE ENTRÉE DE BALLET.

Tout le guet vient, qui cherche Polichinelle dans la nuit.

VIOLONS ET DANSEURS.
POLICHINELLE.

Qui va là?

VIOLONS ET DANSEURS.
POLICHINELLE.

Qui sont les coquins que j'entends?

VIOLONS ET DANSEURS.
POLICHINELLE.

Euh!

VIOLONS ET DANSEURS.
POLICHINELLE.

Holà! mes laquais, mes gens!

VIOLONS ET DANSEURS.
POLICHINELLE.

Par la mort!

VIOLONS ET DANSEURS.
POLICHINELLE.

Par le sang!

VIOLONS ET DANSEURS.
POLICHINELLE.
J'en jetterai par terre!
VIOLONS ET DANSEURS.
POLICHINELLE.
Champagne! Poitevin! Picard! Basque! Breton!
VIOLONS ET DANSEURS.
POLICHINELLE.
Donnez-moi mon mousqueton...
VIOLONS ET DANSEURS.
POLICHINELLE, faisant semblant de tirer un coup de pistolet.
Poue! (Ils tombent tous, et s'enfuient.)

SCÈNE VI. — POLICHINELLE, seul.

Ah! ah! ah! ah! comme je leur ai donné l'épouvante! Voilà de sottes gens, d'avoir peur de moi, qui ai peur des autres! Ma foi, il n'est que de jouer d'adresse en ce monde. Si je n'avois tranché du grand seigneur et n'avois fait le brave, ils n'auroient pas manqué de me happer. Ah! ah! ah! (Les archers se rapprochent, et, ayant entendu ce qu'il disoit, ils le saisissent au collet.)

SCÈNE VII. — POLICHINELLE; ARCHERS chantants.

LES ARCHERS, saisissant Polichinelle.
Nous le tenons. A nous, camarades, à nous!
Depêchez : de la lumière.
Tout le guet vient avec des lanternes.

SCÈNE VIII. — POLICHINELLE; ARCHERS chantants et dansants.

ARCHERS.
Ah! traître! ah! fripon! c'est donc vous?
Faquin, maraud, pendard, impudent, téméraire,
Insolent, effronté, coquin, filou, voleur,
Vous osez nous faire peur!
POLICHINELLE.
Messieurs, c'est que j'étois ivre.
ARCHERS.
Non, non, non, point de raison;
Il faut vous apprendre à vivre.
En prison, vite en prison!
POLICHINELLE.
Messieurs, je ne suis point voleur.

PREMIER INTERMÈDE.

ARCHERS.

En prison!

POLICHINELLE.

Je suis un bourgeois de la ville.

ARCHERS.

En prison!

POLICHINELLE.

Qu'ai-je fait?

ARCHERS.

En prison, vite, en prison!

POLICHINELLE.

Messieurs, laissez-moi aller.

ARCHERS.

Non.

POLICHINELLE.

Je vous prie!

ARCHERS.

Non.

POLICHINELLE.

Eh!

ARCHERS.

Non.

POLICHINELLE.

De grâce!

ARCHERS.

Non, non.

POLICHINELLE.

Messieurs!

ARCHERS.

Non, non, non.

POLICHINELLE.

S'il vous plaît.

ARCHERS.

Non, non.

POLICHINELLE.

Par charité!

ARCHERS.

Non, non.

POLICHINELLE.

Au nom du ciel!

ARCHERS.

Non, non.

POLICHINELLE.

Miséricorde!

ARCHERS.
Non, non, non, point de raison ;
Il faut vous apprendre à vivre.
En prison, vite en prison.

POLICHINELLE.
Eh ! n'est-il rien, messieurs, qui soit capable d'attendrir vos âmes?

ARCHERS.
Il est aisé de nous toucher ;
Et nous sommes humains, plus qu'on ne sauroit croire
Donnez-nous seulement six pistoles pour boire,
Nous allons vous lâcher.

POLICHINELLE.
Hélas ! messieurs, je vous assure que je n'ai pas un sol sur moi.

ARCHERS.
Au défaut de six pistoles,
Choisissez donc, sans façon,
D'avoir trente croquignoles,
Ou douze coups de bâton.

POLICHINELLE.
Si c'est une nécessité, et qu'il faille en passer par là, je choisis les croquignoles.

ARCHERS.
Allons, préparez-vous,
Et comptez bien les coups.

SECONDE ENTRÉE DE BALLET.

Les archers danseurs lui donnent des croquignoles en cadence.

POLICHINELLE, pendant qu'on lui donne des croquignoles.
Un et deux, trois et quatre, cinq et six, sept et huit, neuf et dix, onze et douze, et treize, et quatorze, et quinze.

ARCHERS.
Ah ! ah ! vous en voulez passer !
Allons, c'est à recommencer.

POLICHINELLE.
Ah ! messieurs, ma pauvre tête n'en peut plus ; et vous venez de me la rendre comme une pomme cuite. J'aime mieux encore les coups de bâton que de recommencer.

ARCHERS.
Soit, puisque le bâton est pour vous plus charmant,
Vous aurez contentement.

TROISIÈME ENTRÉE DE BALLET.

Les archers danseurs lui donnent des coups de bâton en cadence.

POLICHINELLE, comptant les coups de bâton.

Un, deux, trois, quatre, cinq, six. Ah! ah! ah! je n'y saurois plus résister. Tenez, messieurs, voilà six pistoles que je vous donne.

ARCHERS.

Ah! l'honnête homme! Ah! l'âme noble et belle!
Adieu, seigneur; adieu, seigneur Polichinelle.

POLICHINELLE.

Messieurs, je vous donne le bonsoir.

ARCHERS.

Adieu, seigneur; adieu, seigneur Polichinelle.

POLICHINELLE.

Votre serviteur.

ARCHERS.

Adieu, seigneur; adieu, seigneur Polichinelle.

POLICHINELLE.

Très-humble valet.

ARCHERS.

Adieu, seigneur; adieu, seigneur Polichinelle.

POLICHINELLE.

Jusqu'au revoir.

QUATRIÈME ENTRÉE DE BALLET.

Ils dansent tous, en réjouissance de l'argent qu'ils ont reçu.

ACTE SECOND

Le théâtre représente la chambre d'Argan.

SCÈNE I. — CLÉANTE, TOINETTE.

TOINETTE, ne reconnoissant pas Cléante.

Que demandez-vous, monsieur?

CLÉANTE.

Ce que je demande?

TOINETTE.

Ah! ah! c'est vous! Quelle surprise! Que venez-vous faire céans?

CLÉANTE.

Savoir ma destinée, parler à l'aimable Angélique, consulter les sentiments de son cœur, et lui demander ses résolutions sur ce mariage fatal dont on m'a averti.

TOINETTE.

Oui ; mais on ne parle pas comme cela de but en blanc à Angélique : il faut des mystères, et l'on vous a dit l'étroite garde où elle est retenue ; qu'on ne la laisse ni sortir, ni parler à personne ; et que ce ne fut que la curiosité d'une vieille tante qui nous fit accorder la liberté d'aller à cette comédie qui donna lieu à la naissance de votre passion ; et nous nous sommes bien gardées de parler de cette aventure.

CLÉANTE.

Aussi ne viens-je pas ici comme Cléante et sous l'apparence de son amant, mais comme ami de son maître de musique, dont j'ai obtenu le pouvoir de dire qu'il m'envoie à sa place[1].

TOINETTE.

Voici son père. Retirez-vous un peu, et me laissez lui dire que vous êtes là.

SCÈNE II. — ARGAN, TOINETTE.

ARGAN, se croyant seul, et sans voir Toinette.

Monsieur Purgon m'a dit de me promener le matin, dans ma chambre, douze allées et douze venues ; mais j'ai oublié à lui demander si c'est en long ou en large.

TOINETTE.

Monsieur, voilà un...

ARGAN.

Parle bas, pendarde ! tu viens m'ébranler tout le cerveau, et tu ne songes pas qu'il ne faut point parler si haut à des malades.

TOINETTE.

Je voulois vous dire, monsieur...

ARGAN.

Parle bas, te dis-je.

TOINETTE.

Monsieur... (Elle fait semblant de parler.)

ARGAN.

Eh ?

TOINETTE.

Je vous dis que... (Elle fait encore semblant de parler.)

ARGAN.

Qu'est-ce que tu dis ?

TOINETTE, haut.

Je dis que voilà un homme qui veut parler à vous.

ARGAN.

Qu'il vienne. (Toinette fait signe à Cléante d'avancer.)

---

[1] Dans le *Barbier de Séville*, le comte s'introduit à peu près de même dans la maison qu'habite sa maîtresse. Beaumarchais, du reste, en combinant différemment les idées empruntées à Molière, leur a donné un air de nouveauté. (Auger.)

SCÈNE III. — ARGAN, CLÉANTE, TOINETTE.

CLÉANTE.

Monsieur...

TOINETTE, à Cléante.

Ne parlez pas si haut, de peur d'ébranler le cerveau de monsieur.

CLÉANTE.

Monsieur, je suis ravi de vous trouver debout, et de voir que vous vous portez mieux.

TOINETTE, feignant d'être en colère.

Comment! qu'il se porte mieux! cela est faux. Monsieur se porte toujours mal.

CLÉANTE.

J'ai ouï dire que monsieur étoit mieux, et je lui trouve bon visage.

TOINETTE.

Que voulez-vous dire avec votre bon visage? Monsieur l'a fort mauvais; et ce sont des impertinents qui vous ont dit qu'il étoit mieux. Il ne s'est jamais si mal porté.

ARGAN.

Elle a raison.

TOINETTE.

Il marche, dort, mange et boit tout comme les autres; mais cela n'empêche pas qu'il ne soit fort malade.

ARGAN.

Cela est vrai.

CLÉANTE.

Monsieur, j'en suis au désespoir. Je viens de la part du maître à chanter de mademoiselle votre fille; il s'est vu obligé d'aller à la campagne pour quelques jours; et, comme son ami intime, il m'envoie à sa place pour lui continuer ses leçons, de peur qu'en les interrompant elle ne vînt à oublier ce qu'elle sait déjà.

ARGAN.

Fort bien. (A Toinette.) Appelez Angélique.

TOINETTE.

Je crois, monsieur, qu'il sera mieux de mener monsieur à sa chambre.

ARGAN.

Non. Faites-la venir.

TOINETTE.

Il ne pourra lui donner leçon comme il faut, s'ils ne sont en particulier.

ARGAN.

Si fait, si fait.

TOINETTE.

Monsieur, cela ne fera que vous étourdir; et il ne faut rien pour vous émouvoir en l'état où vous êtes, et vous ébranler le cerveau.

ARGAN.

Point, point : j'aime la musique; et je serai bien aise de... Ah! la voici. (A Toinette.) Allez-vous-en voir, vous, si ma femme est habillée.

SCÈNE IV. — ARGAN, ANGÉLIQUE, CLÉANTE.

ARGAN.

Venez, ma fille. Votre maître de musique est allé aux champs; et voilà une personne qu'il envoie à sa place pour vous montrer.

ANGÉLIQUE, reconnoissant Cléante.

Ah! ciel!

ARGAN.

Qu'est-ce? D'où vient cette surprise?

ANGÉLIQUE.

C'est...

ARGAN.

Quoi! qui vous émeut de la sorte?

ANGÉLIQUE.

C'est, mon père, une aventure surprenante qui se rencontre ici.

ARGAN.

Comment?

ANGÉLIQUE.

J'ai songé cette nuit que j'étois dans le plus grand embarras du monde, et qu'une personne, faite tout comme monsieur, s'est présentée à moi, à qui j'ai demandé secours, et qui m'est venue tirer de la peine où j'étois; et ma surprise a été grande de voir inopinément, en arrivant ici, ce que j'ai eu dans l'idée toute la nuit.

CLÉANTE.

Ce n'est pas être malheureux que d'occuper votre pensée, soit en dormant, soit en veillant; et mon bonheur seroit grand sans doute, si vous étiez dans quelque peine dont vous me jugeassiez digne de vous tirer; et il n'y a rien que je ne fisse pour...

SCÈNE V. — ARGAN, ANGÉLIQUE, CLÉANTE, TOINETTE.

TOINETTE, à Argan.

Ma foi, monsieur, je suis pour vous maintenant; et je me dédis de tout ce que je disois hier. Voici monsieur Diafoirus le père et monsieur Diafoirus le fils, qui viennent vous rendre visite. Que vous serez bien engendré[1]! Vous allez voir le garçon le mieux fait du monde

---

[1] *Engendré*, pour dire pourvu d'un gendre, est un barbarisme de la conver.

et le plus spirituel. Il n'a dit que deux mots, qui m'ont ravie; et votre fille va être charmée de lui.

ARGAN, à Cléante, qui feint de vouloir s'en aller.

Ne vous en allez point, monsieur. C'est que je marie ma fille; et voilà qu'on lui amène son prétendu mari, qu'elle n'a point encore vu.

CLÉANTE.

C'est m'honorer beaucoup, monsieur, de vouloir que je sois témoin d'une entrevue si agréable.

ARGAN.

C'est le fils d'un habile médecin; et le mariage se fera dans quatre jours.

CLÉANTE.

Fort bien.

ARGAN.

Mandez-le un peu à son maître de musique, afin qu'il se trouve à la noce.

CLÉANTE.

Je n'y manquerai pas.

ARGAN.

Je vous y prie aussi.

CLÉANTE.

Vous me faites beaucoup d'honneur.

TOINETTE.

Allons, qu'on se range : les voici.

SCÈNE VI. — MONSIEUR DIAFOIRUS, THOMAS DIAFOIRUS, ARGAN, ANGÉLIQUE, CLÉANTE, TOINETTE, LAQUAIS.

ARGAN, mettant la main à son bonnet, sans l'ôter.

Monsieur Purgon, monsieur, m'a défendu de découvrir ma tête. Vous êtes du métier : vous savez les conséquences.

MONSIEUR DIAFOIRUS.

Nous sommes dans toutes nos visites pour porter secours aux malades, et non pour leur porter de l'incommodité. (Argan et monsieur Diafoirus parlent en même temps.)

ARGAN.

Je reçois, monsieur...

MONSIEUR DIAFOIRUS.

Nous venons ici, monsieur...

ARGAN.

Avec beaucoup de joie...

---

sation très-familière, que Molière a employé plus d'une fois, et dont Rotrou s'était servi avant lui dans sa comédie de la *Sœur*. (Auger.)

MONSIEUR DIAFOIRUS.

Mon fils Thomas, et moi...

ARGAN.

L'honneur que vous me faites...

MONSIEUR DIAFOIRUS.

Vous témoigner, monsieur..

ARGAN.

Et j'aurois souhaité...

MONSIEUR DIAFOIRUS.

Le ravissement où nous sommes...

ARGAN.

De pouvoir aller chez vous...

MONSIEUR DIAFOIRUS.

De la grâce que vous nous faites...

ARGAN.

Pour vous en assurer.

MONSIEUR DIAFOIRUS.

De vouloir bien nous recevoir...

ARGAN.

Mais vous savez, monsieur...

MONSIEUR DIAFOIRUS.

Dans l'honneur, monsieur...

ARGAN.

Ce que c'est qu'un pauvre malade...

MONSIEUR DIAFOIRUS.

De votre alliance...

ARGAN.

Qui ne peut faire autre chose...

MONSIEUR DIAFOIRUS.

Et vous assurer...

ARGAN.

Que de vous dire ici...

MONSIEUR DIAFOIRUS.

Que, dans les choses qui dépendront de notre métier...

ARGAN.

Qu'il cherchera toutes les occasions...

MONSIEUR DIAFOIRUS.

De même qu'en toute autre...

ARGAN.

De vous faire connoître, monsieur...

MONSIEUR DIAFOIRUS.

Nous serons toujours prêts, monsieur...

ARGAN.

Qu'il est tout à votre service.

MONSIEUR DIAFOIRUS.

A vous témoigner notre zèle. (A son fils.) Allons, Thomas, avancez. Faites vos compliments.

THOMAS DIAFOIRUS, à monsieur Diafoirus.

N'est-ce pas par le père qu'il convient commencer?

MONSIEUR DIAFOIRUS.

Oui.

THOMAS DIAFOIRUS, à Argan.

Monsieur, je viens saluer, reconnoître, chérir et révérer en vous un second père, mais un second père auquel j'ose dire que je me trouve plus redevable qu'au premier. Le premier m'a engendré; mais vous m'avez choisi. Il m'a reçu par nécessité; mais vous m'avez accepté par grâce[1]. Ce que je tiens de lui est un ouvrage de son corps; mais ce que je tiens de vous est un ouvrage de votre volonté; et d'autant plus que les facultés spirituelles sont au-dessus des corporelles, d'autant plus je vous dois, et d'autant plus je tiens précieuse cette future filiation, dont je viens aujourd'hui vous rendre, par avance, les très-humbles et très-respectueux hommages.

TOINETTE.

Vivent les colléges d'où l'on sort si habile homme!

THOMAS DIAFOIRUS, à monsieur Diafoirus.

Cela a-t-il bien été, mon père?

MONSIEUR DIAFOIRUS.

Optime.

ARGAN, à Angélique.

Allons, saluez monsieur.

THOMAS DIAFOIRUS, à monsieur Diafoirus.

Baiserai-je?

MONSIEUR DIAFOIRUS.

Oui, oui.

THOMAS DIAFOIRUS, à Angélique.

Madame, c'est avec justice que le ciel vous a concédé le nom de belle-mère, puisque l'on...

ARGAN, à Thomas Diafoirus.

Ce n'est pas ma femme, c'est ma fille à qui vous parlez.

THOMAS DIAFOIRUS.

Où donc est-elle?

ARGAN.

Elle va venir.

---

[1] Thomas Diafoirus connaît ses auteurs, et il les met à contribution. Ce début de son compliment à Argan semble imité d'un passage du discours de Cicéron, *Ad Quirites, post reditum :* « A parentibus, id quod necesse erat, parvus sum procreatus : a vobis natus sum consularis. Illi mihi fratrem incognitum, qualis futurus esset, dederunt : vos spectatum et incredibili pietate cognitum reddidistis. » (Auger.)

THOMAS DIAFOIRUS.

Attendrai-je, mon père, qu'elle soit venue?

MONSIEUR DIAFOIRUS.

Faites toujours le compliment de mademoiselle.

THOMAS DIAFOIRUS.

Mademoiselle, ne plus ne moins que la statue de Memnon rendoit un son harmonieux lorsqu'elle venoit à être éclairée des rayons du soleil, tout de même me sens-je animé d'un doux transport à l'apparition du soleil de vos beautés, et, comme les naturalistes remarquent que la fleur nommée héliotrope tourne sans cesse vers cet astre du jour, aussi mon cœur dores-en-avant tournera-t-il toujours vers les astres resplendissants de vos yeux adorables, ainsi que vers son pôle unique. Souffrez donc, mademoiselle, que j'appende aujourd'hui à l'autel de vos charmes l'offrande de ce cœur qui ne respire et n'ambitionne autre gloire que d'être toute sa vie, mademoiselle, votre très-humble, très-obéissant, et très-fidèle serviteur et mari.

TOINETTE.

Voilà ce que c'est que d'étudier! on apprend à dire de belles choses.

ARGAN, à Cléante.

Eh! que dites-vous de cela?

CLÉANTE.

Que monsieur fait merveilles, et que, s'il est aussi bon médecin qu'il est bon orateur, il y aura plaisir à être de ses malades.

TOINETTE.

Assurément. Ce sera quelque chose d'admirable, s'il fait d'aussi belles cures qu'il fait de beaux discours.

ARGAN.

Allons, vite, ma chaise, et des siéges à tout le monde. (Des laquais donnent des siéges.) Mettez-vous là, ma fille. (A monsieur Diafoirus.) Vous voyez, monsieur, que tout le monde admire monsieur votre fils; et je vous trouve bien heureux de vous voir un garçon comme cela.

MONSIEUR DIAFOIRUS.

Monsieur, ce n'est pas parce que je suis son père; mais je puis dire que j'ai sujet d'être content de lui, et que tous ceux qui le voient en parlent comme d'un garçon qui n'a point de méchanceté. Il n'a jamais eu l'imagination bien vive, ni ce feu d'esprit qu'on remarque dans quelques-uns; mais c'est par là que j'ai toujours bien auguré de sa judiciaire, qualité requise pour l'exercice de notre art. Lorsqu'il étoit petit, il n'a jamais été ce qu'on appelle mièvre et éveillé. On le voyoit toujours doux, paisible et taciturne, ne disant jamais mot, et ne jouant jamais à tous ces petits jeux que l'on nomme enfantins. On eut toutes les peines du monde à lui apprendre à lire; et il avoit neuf ans, qu'il ne connoissoit pas encore ses lettres. Bon, disois-je en moi-même : les arbres tardifs sont ceux qui portent les meilleurs fruits. On grave sur le marbre bien plus malaisément que sur le sable; mais les choses y sont conservées bien plus longtemps; et cette lenteur à comprendre, cette pesanteur d'imagination, est la marque d'un bon jugement à venir. Lorsque je l'envoyai au collége, il trouva de la peine; mais il se roidissoit contre les difficultés; et ses régents se louoient toujours à moi de son assiduité et de son travail. Enfin, à force de battre le fer, il en est venu glorieusement à avoir ses licences; et je puis dire, sans vanité, que, depuis deux ans qu'il est sur les bancs, il n'y a point de candidat qui ait fait plus de bruit que lui dans toutes les disputes de notre école. Il s'y est rendu redoutable; et il ne s'y passe point d'acte où il n'aille argumenter à outrance pour la proposition contraire. Il est ferme dans la dispute, fort comme un Turc sur ses principes, ne démord jamais de son opinion, et poursuit un raisonnement jusque dans les derniers recoins de la logique. Mais, sur toute chose, ce qui me plaît en lui, et en quoi il suit mon exemple, c'est qu'il s'attache aveuglément aux opinions de nos anciens, et que jamais il n'a voulu comprendre ni écouter les raisons et les expériences des prétendues découvertes de notre siècle, touchant la circulation du sang, et autres opinions de même farine.

THOMAS DIAFOIRUS, tirant de sa poche une grande thèse roulée, qu'il présente à Angélique.

J'ai, contre les circulateurs, soutenu une thèse, qu'avec la permission (Saluant Argan.) de monsieur, j'ose présenter à mademoiselle, comme un hommage que je lui dois des prémices de mon esprit.

ANGÉLIQUE.

Monsieur, c'est pour moi un meuble inutile, et je ne me connois pas à ces choses-là.

TOINETTE, prenant la thèse.

Donnez, donnez. Elle est toujours bonne à prendre pour l'image.; cela servira à parer notre chambre.

THOMAS DIAFOIRUS, saluant encore Argan.

Avec la permission aussi de monsieur, je vous invite à venir voir, l'un de ces jours, pour vous divertir, la dissection d'une femme, sur quoi je dois raisonner.

TOINETTE.

Le divertissement sera agréable. Il y en a qui donnent la comédie à leurs maîtresses; mais donner une dissection est quelque chose de plus galant.

MONSIEUR DIAFOIRUS.

Au reste, pour ce qui est des qualités requises pour le mariage et la propagation, je vous assure que, selon les règles de nos docteurs, il est tel qu'on le peut souhaiter; qu'il possède en un degré louable la vertu prolifique, et qu'il est du tempérament qu'il faut pour engendrer et procréer des enfants bien conditionnés [1].

ARGAN.

N'est-ce pas votre intention, monsieur, de le pousser à la cour, et d'y ménager pour lui une charge de médecin?

MONSIEUR DIAFOIRUS.

A vous en parler franchement, notre métier auprès des grands ne m'a jamais paru agréable; et j'ai toujours trouvé qu'il valoit mieux pour nous autres demeurer au public. Le public est commode. Vous n'avez à répondre de vos actions à personne; et, pourvu que l'on suive le courant des règles de l'art, on ne se met point en peine de tout ce qui peut arriver. Mais ce qu'il y a de fâcheux auprès des grands, c'est que, quand ils viennent à être malades, ils veulent absolument que leurs médecins les guérissent.

TOINETTE.

Cela est plaisant! et ils sont bien impertinents de vouloir que, vous autres messieurs, vous les guérissiez! Vous n'êtes point auprès d'eux pour cela; vous n'y êtes que pour recevoir vos pensions et leur ordonner des remèdes; c'est à eux à guérir s'ils peuvent.

MONSIEUR DIAFOIRUS.

Cela est vrai. On n'est obligé qu'à traiter les gens dans les formes.

ARGAN, à Cléante.

Monsieur, faites un peu chanter ma fille devant la compagnie.

CLÉANTE.

J'attendois vos ordres, monsieur; et il m'est venu en pensée, pour divertir la compagnie, de chanter avec mademoiselle une scène d'un petit opéra qu'on a fait depuis peu. (A Angélique, lui donnant un papier.) Tenez, voilà votre partie.

ANGÉLIQUE.

Moi?

CLÉANTE, bas, à Angélique.

Ne vous défendez point, s'il vous plaît, et me laissez vous faire comprendre ce que c'est que la scène que nous devons chanter. (Haut.) Je n'ai pas une voix à chanter; mais ici il suffit que je me fasse entendre; et l'on aura la bonté de m'excuser, par la nécessité où je me trouve de faire chanter mademoiselle.

ARGAN.

Les vers en sont-ils beaux?

CLÉANTE.

C'est proprement ici un petit opéra impromptu; et vous n'allez

---

[1] C'est un trait de caractère que ce cynisme innocent avec lequel monsieur Diafoirus parle des facultés procréatives de son fils. Comme beaucoup de gens de sa robe, il ne voit, dans des explications assez peu décentes, que des détails physiologiques, et il ne soupçonne seulement pas que la présence d'Angélique soit une raison pour s'en abstenir. (Auger.)

entendre chanter que de la prose cadencée, ou des manières de vers libres, tels que la passion et la nécessité peuvent faire trouver à deux personnes qui disent les choses d'eux-mêmes, et parlent sur-le-champ.

ARGAN.

Fort bien. Écoutons.

CLÉANTE.

Voici le sujet de la scène. Un berger étoit attentif aux beautés d'un spectacle qui ne faisoit que de commencer, lorsqu'il fut tiré de son attention par un bruit qu'il entendit à ses côtés. Il se retourne, et voit un brutal qui, de paroles insolentes, maltraitoit une bergère. D'abord il prend les intérêts d'un sexe à qui tous les hommes doivent hommage; et, après avoir donné au brutal le châtiment de son insolence, il vient à la bergère, et voit une jeune personne qui, des deux plus beaux yeux qu'il eût jamais vus, versoit des larmes qu'il trouva les plus belles du monde. Hélas! dit-il en lui-même, est-on capable d'outrager une personne si aimable! Et quel inhumain, quel barbare ne seroit touché par de telles larmes? Il prend soin de les arrêter, ces larmes qu'il trouve si belles; et l'aimable bergère prend soin en même temps de le remercier de son léger service, mais d'une manière si charmante, si tendre et si passionnée, que le berger n'y peut résister; et chaque mot, chaque regard, est un trait plein de flamme dont son cœur se sent pénétré. Est-il, disoit-il, quelque chose qui puisse mériter les aimables paroles d'un tel remerciment? Et que ne voudroit-on pas faire, à quels services, à quels dangers ne seroit-on pas ravi de courir, pour s'attirer un seul moment des touchantes douceurs d'une âme si reconnoissante? Tout le spectacle passe sans qu'il y donne aucune attention; mais il se plaint qu'il est trop court, parce qu'en finissant il le sépare de son adorable bergère; et, de cette première vue, de ce premier moment, il emporte chez lui tout ce qu'un amour de plusieurs années peut avoir de plus violent. Le voilà aussitôt à sentir tous les maux de l'absence, et il est tourmenté de ne plus voir ce qu'il a si peu vu. Il fait tout ce qu'il peut pour se redonner cette vue, dont il conserve nuit et jour une si chère idée; mais la grande contrainte où l'on tient sa bergère lui en ôte tous les moyens. La violence de sa passion le fait résoudre à demander en mariage l'adorable beauté sans laquelle il ne peut plus vivre; et il en obtient d'elle la permission, par un billet qu'il a l'adresse de lui faire tenir. Mais, dans le même temps, on l'avertit que le père de cette belle a conclu son mariage avec un autre, et que tout se dispose pour en célébrer la cérémonie. Jugez quelle atteinte cruelle au cœur de ce triste berger! Le voilà accablé d'une mortelle douleur; il ne peut souffrir l'effroyable idée de voir tout ce qu'il aime entre les bras d'un autre; et son amour, au désespoir, lui fait trouver moyen de s'introduire dans la maison de sa bergère pour apprendre ses sentiments et savoir d'elle

25.

la destinée à laquelle il doit se résoudre. Il y rencontre les apprêts de tout ce qu'il craint; il y voit venir l'indigne rival que le caprice d'un père oppose aux tendresses de son amour; il le voit triomphant, ce rival ridicule, auprès de l'aimable bergère, ainsi qu'auprès d'une conquête qui lui est assurée; et cette vue le remplit d'une colère dont il a peine à se rendre le maître. Il jette de douloureux regards sur celle qu'il adore; et son respect et la présence de son père l'empêchent de lui rien dire que des yeux. Mais enfin il force toute contrainte, et le transport de son amour l'oblige à lui parler ainsi : (Il chante.)

Belle Philis, c'est trop, c'est trop souffrir;
Rompons ce dur silence, et m'ouvrez vos pensées.
 Apprenez-moi ma destinée :
Faut-il vivre? Faut-il mourir?

ANGÉLIQUE, en chantant.

Vous me voyez, Tircis, triste et mélancolique,
Aux apprêts de l'hymen dont vous vous alarmez :
Je lève au ciel les yeux, je vous regarde, je soupire :
 C'est vous en dire assez.

ARGAN.

Ouais! je ne croyois pas que ma fille fût si habile, que de chanter ainsi à livre ouvert, sans hésiter.

CLÉANTE.

Hélas! belle Philis,
Se pourroit-il que l'amoureux Tircis
 Eût assez de bonheur
Pour avoir quelque place dans votre cœur?

ANGÉLIQUE.

Je ne m'en défends point dans cette peine extrême;
 Oui, Tircis, je vous aime.

CLÉANTE.

O parole pleine d'appas!
Ai-je bien entendu? Hélas!
Redites-la, Philis; que je n'en doute pas.

ANGÉLIQUE.

Oui, Tircis, je vous aime.

CLÉANTE.

De grâce, encor, Philis!

ANGÉLIQUE.

 Je vous aime.

CLÉANTE.

Recommencez cent fois; ne vous en lassez pas.

ANGÉLIQUE.
Je vous aime, je vous aime;
Oui, Tircis, je vous aime.
CLÉANTE.
Dieux, rois, qui sous vos pieds regardez tout le monde,
Pouvez-vous comparer votre bonheur au mien?
Mais, Philis, une pensée
Vient troubler ce doux transport.
Un rival, un rival...
ANGÉLIQUE.
Ah! je le hais plus que la mort;
Et sa présence, ainsi qu'à vous,
M'est un cruel supplice.
CLÉANTE.
Mais un père à ses vœux vous veut assujettir.
ANGÉLIQUE.
Plutôt, plutôt mourir,
Que de jamais y consentir;
Plutôt, plutôt mourir, plutôt mourir!
ARGAN.
Et que dit le père à tout cela?
CLÉANTE.
Il ne dit rien.
ARGAN.
Voilà un sot père que ce père-là, de souffrir toutes ces sottises-là sans rien dire!
CLÉANTE, voulant continuer à chanter.
Ah! mon amour...
ARGAN.
Non, non; en voilà assez. Cette comédie-là est de fort mauvais exemple. Le berger Tircis est un impertinent, et la bergère Philis une impudente de parler de la sorte devant son père. (A Angélique.) Montrez-moi ce papier. Ah! ah! où sont donc les paroles que vous avez dites? Il n'y a là que de la musique écrite.
CLÉANTE.
Est-ce que vous ne savez pas, monsieur, qu'on a trouvé, depuis peu, l'invention d'écrire les paroles avec les notes mêmes?
ARGAN
Fort bien. Je suis votre serviteur, monsieur; jusqu'au revoir. Nous nous serions bien passés de votre impertinent opéra.
CLÉANTE.
J'ai cru vous divertir.
ARGAN.
Les sottises ne divertissent point. Ah! voici **ma femme**.

SCÈNE VII. — BÉLINE, ARGAN, ANGÉLIQUE, MONSIEUR DIAFOIRUS, THOMAS DIAFOIRUS, TOINETTE.

ARGAN.

M'amour, voilà le fils de monsieur Diafoirus.

THOMAS DIAFOIRUS.

Madame, c'est avec justice que le ciel vous a concédé le nom de belle-mère, puisque l'on voit sur votre visage...

BÉLINE.

Monsieur, je suis ravie d'être venue ici à propos, pour avoir l'honneur de vous voir.

THOMAS DIAFOIRUS.

Puisque l'on voit sur votre visage... puisque l'on voit sur votre visage... Madame, vous m'avez interrompu dans le milieu de ma période, et cela m'a troublé la mémoire.

MONSIEUR DIAFOIRUS.

Thomas, réservez cela pour une autre fois.

ARGAN.

Je voudrois, ma mie, que vous eussiez été ici tantôt.

TOINETTE.

Ah! madame, vous avez bien perdu de n'avoir point été au second père, à la statue de Memnon, et à la fleur nommée héliotrope.

ARGAN.

Allons, ma fille, touchez dans la main de monsieur, et lui donnez votre foi, comme à votre mari.

ANGÉLIQUE.

Mon père!

ARGAN.

Eh bien, mon père! Qu'est-ce que cela veut dire?

ANGÉLIQUE.

De grâce, ne précipitez pas les choses. Donnez-nous au moins le temps de nous connoître, et de voir naître en nous, l'un pour l'autre, cette inclination si nécessaire à composer une union parfaite.

THOMAS DIAFOIRUS.

Quant à moi, mademoiselle, elle est déjà toute née en moi; et je n'ai pas besoin d'attendre davantage.

ANGÉLIQUE.

Si vous êtes si prompt, monsieur, il n'en est pas de même de moi; et je vous avoue que votre mérite n'a pas encore assez fait d'impression dans mon âme.

ARGAN.

Oh! bien, bien; cela aura tout le loisir de se faire quand vous serez mariés ensemble.

ANGÉLIQUE.

Eh! mon père, donnez-moi du temps, je vous prie. Le mariage est une chaîne où l'on ne doit jamais soumettre un cœur par force; et, si monsieur est honnête homme, il ne doit point vouloir accepter une personne qui seroit à lui par contrainte.

THOMAS DIAFOIRUS.

Nego consequentiam[1], mademoiselle; et je puis être honnête homme, et vouloir bien vous accepter des mains de monsieur votre père.

ANGÉLIQUE.

C'est un méchant moyen de se faire aimer de quelqu'un, que de lui faire violence.

THOMAS DIAFOIRUS.

Nous lisons des anciens, mademoiselle, que leur coutume étoit d'enlever par force, de la maison des pères, les filles qu'on menoit marier, afin qu'il ne semblât pas que ce fût de leur consentement qu'elles convoloient dans les bras d'un homme.

ANGÉLIQUE.

Les anciens, monsieur, sont les anciens; et nous sommes les gens de maintenant. Les grimaces ne sont point nécessaires dans notre siècle; et, quand un mariage nous plaît, nous savons fort bien y aller, sans qu'on nous y traîne. Donnez-vous patience; si vous m'aimez, monsieur, vous devez vouloir tout ce que je veux.

THOMAS DIAFOIRUS.

Oui, mademoiselle, jusqu'aux intérêts de mon amour exclusivement.

ANGÉLIQUE.

Mais la grande marque d'amour, c'est d'être soumis aux volontés de celle qu'on aime.

THOMAS DIAFOIRUS.

Distingo, mademoiselle. Dans ce qui ne regarde point sa possession, *concedo*; mais, dans ce qui la regarde, *nego*.

TOINETTE, à Angélique.

Vous avez beau raisonner. Monsieur est frais émoulu du collége; et il vous donnera toujours votre reste. Pourquoi tant résister, et refuser la gloire d'être attachée au corps de la Faculté?

BÉLINE.

Elle a peut-être quelque inclination en tête.

ANGÉLIQUE.

Si j'en avois, madame, elle seroit telle que la raison et l'honnêteté pourroient me la permettre.

---

[1] « Je nie la conséquence. » Monsieur Diafoirus nous avait bien dit que son fils était un terrible argumentateur. Il va soutenir ses droits à la main d'Angélique, comme on soutient une thèse, avec tout l'attirail des termes de logique. (Auger.)

ARGAN.

Ouais! je joue ici un plaisant personnage!

BÉLINE.

Si j'étois que de vous, mon fils, je ne la forcerois point à se marier; et je sais bien ce que je ferois.

ANGÉLIQUE.

Je sais, madame, ce que vous voulez dire, et les bontés que vous avez pour moi; mais peut-être que vos conseils ne seront pas assez heureux pour être exécutés.

BÉLINE.

C'est que les filles bien sages et bien honnêtes, comme vous, se moquent d'être obéissantes et soumises aux volontés de leurs pères. Cela étoit bon autrefois.

ANGÉLIQUE.

Le devoir d'une fille a des bornes, madame; et la raison et les lois ne l'étendent point à toutes sortes de choses.

BÉLINE.

C'est-à-dire que vos pensées ne sont que pour le mariage; mais vous voulez choisir un époux à votre fantaisie.

ANGÉLIQUE.

Si mon père ne veut pas me donner un mari qui me plaise, je le conjurerai, au moins, de ne me point forcer à en épouser un que je ne puisse pas aimer.

ARGAN.

Messieurs, je vous demande pardon de tout ceci.

ANGÉLIQUE.

Chacun a son but en se mariant. Pour moi, qui ne veux un mari que pour l'aimer véritablement, et qui prétends en faire tout l'attachement de ma vie, je vous avoue que j'y cherche quelque précaution. Il y en a d'aucunes qui prennent des maris seulement pour se tirer de la contrainte de leurs parents et se mettre en état de faire tout ce qu'elles voudront. Il y en a d'autres, madame, qui font du mariage un commerce de pur intérêt; qui ne se marient que pour gagner des douaires, que pour s'enrichir par la mort de ceux qu'elles épousent, et courent sans scrupules de mari en mari, pour s'approprier leurs dépouilles. Ces personnes-là, à la vérité, n'y cherchent pas tant de façons, et regardent peu la personne.

BÉLINE.

Je vous trouve aujourd'hui bien raisonnante, et je voudrois bien savoir ce que vous voulez dire par là.

ANGÉLIQUE.

Moi, madame? Que voudrois-je dire que ce que je dis?

BÉLINE.

Vous êtes si sotte, ma mie, qu'on ne sauroit plus vous souffrir.

ANGÉLIQUE.

Vous voudriez bien, madame, m'obliger à vous répondre quelque impertinence; mais je vous avertis que vous n'aurez pas cet avantage.

BÉLINE.

Il n'est rien d'égal à votre insolence.

ANGÉLIQUE.

Non, madame, vous avez beau dire.

BÉLINE.

Et vous avez un ridicule orgueil, une impertinente présomption, qui fait hausser les épaules à tout le monde.

ANGÉLIQUE.

Tout cela, madame, ne servira de rien. Je serai sage en dépit de vous; et, pour vous ôter l'espérance de pouvoir réussir dans ce que vous voulez, je vais m'ôter de votre vue.

SCÈNE VIII. — ARGAN, BÉLINE, MONSIEUR DIAFOIRUS, THOMAS DIAFOIRUS, TOINETTE.

ARGAN, à Angélique, qui sort.

Écoute. Il n'y a point de milieu à cela : choisis d'épouser dans quatre jours ou monsieur ou un couvent. (A Béline.) Ne vous mettez pas en peine : je la rangerai bien.

BÉLINE.

Je suis fâchée de vous quitter, mon fils; mais j'ai une affaire en ville, dont je ne puis me dispenser. Je reviendrai bientôt.

ARGAN.

Allez, m'amour; et passez chez votre notaire, afin qu'il expédie ce que vous savez.

BÉLINE.

Adieu, mon petit ami.

ARGAN.

Adieu, ma mie.

SCÈNE IX. — ARGAN, MONSIEUR DIAFOIRUS, THOMAS DIAFOIRUS, TOINETTE.

ARGAN.

Voilà une femme qui m'aime... cela n'est pas croyable.

MONSIEUR DIAFOIRUS.

Nous allons, monsieur, prendre congé de vous.

ARGAN.

Je vous prie, monsieur, de me dire un peu comment je suis.

MONSIEUR DIAFOIRUS, tâtant le pouls d'Argan.

Allons, Thomas, prenez l'autre bras de monsieur, pour voir si vous saurez porter un bon jugement de son pouls. *Quid dicis?*

THOMAS DIAFOIRUS.

Dico que le pouls de monsieur est le pouls d'un homme qui ne se porte point bien.

MONSIEUR DIAFOIRUS.

Bon.

THOMAS DIAFOIRUS.

Qu'il est duriuscule, pour ne pas dire dur.

MONSIEUR DIAFOIRUS.

Fort bien.

THOMAS DIAFOIRUS.

Repoussant.

MONSIEUR DIAFOIRUS.

Bene.

THOMAS DIAFOIRUS.

Et même un peu capricant.

MONSIEUR DIAFOIRUS.

Optime.

THOMAS DIAFOIRUS.

Ce qui marque une intempérie dans le *parenchyme splénique*, c'est-à-dire la rate.

MONSIEUR DIAFOIRUS.

Fort bien.

ARGAN.

Non : monsieur Purgon dit que c'est mon foie qui est malade.

MONSIEUR DIAFOIRUS.

Eh oui : qui dit *parenchyme* dit l'un et l'autre, à cause de l'étroite sympathie qu'ils ont ensemble par le moyen du *vas breve*, du *pylore*, et souvent des *méats cholédoques*. Il vous ordonne sans doute de manger force rôti?

ARGAN.

Non ; rien que du bouilli.

MONSIEUR DIAFOIRUS.

Eh oui : rôti, bouilli, même chose. Il vous ordonne fort prudemment, et vous ne pouvez être entre de meilleures mains.

ARGAN.

Monsieur, combien est-ce qu'il faut mettre de grains de sel dans un œuf?

MONSIEUR DIAFOIRUS.

Six, huit, dix, par les nombres pairs, comme dans les médicaments par les nombres impairs.

ARGAN.

Jusqu'au revoir, monsieur.

SCÈNE X. — BÉLINE, ARGAN.

BÉLINE.

Je viens, mon fils, avant que de sortir, vous donner avis d'une chose à laquelle il faut que vous preniez garde. En passant par-devant la chambre d'Angélique, j'ai vu un jeune homme avec elle qui s'est sauvé d'abord qu'il m'a vue.

ARGAN.

Un jeune homme avec ma fille!

BÉLINE.

Oui. Votre petite fille Louison étoit avec eux, qui pourra vous en dire des nouvelles.

ARGAN.

Envoyez-la ici, m'amour, envoyez-la ici. Ah! l'effrontée! (Seul.) Je ne m'étonne plus de sa résistance.

SCÈNE XI. — ARGAN, LOUISON.

LOUISON.

Qu'est-ce que vous voulez, mon papa? ma belle-maman m'a dit que vous me demandez.

ARGAN.

Oui. Venez çà. Avancez là. Tournez-vous. Levez les yeux. Regardez-moi. Hé?

LOUISON.

Quoi, mon papa?

ARGAN.

Là.

LOUISON.

Quoi?

ARGAN.

N'avez-vous rien à me dire?

LOUISON.

Je vous dirai, si vous voulez, pour vous désennuyer, le conte de *Peau d'Ane*, ou bien la fable du *Corbeau et du Renard*, qu'on m'a apprise depuis peu [1].

ARGAN.

Ce n'est pas là ce que je demande.

LOUISON.

Quoi donc?

---

[1] Perrault ne publia le conte de *Peau d'Ane* qu'en 1694. Il le recueillit de la bouche des nourrices et des petits enfants, comme le constate ce passage de Molière (écrit en 1673), et comme on peut le voir par le *Recueil des pièces curieuses et nouvelles, tant en prose qu'en vers*. La Haye, 1694, tome II, p. 21, etc. (Aimé Martin.)

ARGAN.

Ah! rusée, vous savez bien ce que je veux dire.

LOUISON.

Pardonnez-moi, mon papa.

ARGAN.

Est-ce là comme vous m'obéissez?

LOUISON.

Quoi?

ARGAN.

Ne vous ai-je pas recommandé de me venir dire d'abord tout ce que vous voyez?

LOUISON.

Oui, mon papa.

ARGAN.

L'avez-vous fait?

LOUISON.

Oui, mon papa. Je vous suis venue dire tout ce que j'ai vu.

ARGAN.

Et n'avez-vous rien vu aujourd'hui?

LOUISON.

Non, mon papa.

ARGAN.

Non?

LOUISON.

Non, mon papa.

ARGAN.

Assurément?

LOUISON.

Assurément.

ARGAN.

Oh çà, je m'en vais vous faire voir quelque chose, moi.

LOUISON, *voyant une poignée de verges qu'Argan a été prendre.*

Ah! mon papa!

ARGAN.

Ah! ah! petite masque, vous ne me dites pas que vous avez vu un homme dans la chambre de votre sœur!

LOUISON, *pleurant.*

Mon papa!

ARGAN, *prenant Louison par le bras.*

Voici qui vous apprendra à mentir.

LOUISON, *se jetant à genoux.*

Ah! mon papa, je vous demande pardon. C'est que ma sœur m'avoit dit de ne pas vous le dire; mais je m'en vais vous dire tout.

ARGAN.

Il faut premièrement que vous ayez le fouet pour avoir menti. Puis après nous verrons au reste.

LOUISON.

Pardon, mon papa.

ARGAN.

Non, non.

LOUISON.

Mon pauvre papa, ne me donnez pas le fouet.

ARGAN.

Vous l'aurez.

LOUISON.

Au nom de Dieu, mon papa, que je ne l'aie pas!

ARGAN, voulant la fouetter.

Allons, allons.

LOUISON.

Ah! mon papa, vous m'avez blessée. Attendez : je suis morte. (Elle contrefait la morte.)

ARGAN.

Holà! Qu'est-ce là? Louison, Louison! Ah! mon Dieu! Louison! Ah! ma fille! Ah! malheureux! ma pauvre fille est morte! Qu'ai-je fait, misérable! Ah! chiennes de verges! La peste soit des verges! Ah! ma pauvre fille, ma pauvre petite Louison!

LOUISON.

La, la, mon papa, ne pleurez point tant : je ne suis pas morte tout à fait.

ARGAN.

Voyez-vous la petite rusée? Oh çà, çà, je vous pardonne pour cette fois-ci, pourvu que vous me disiez bien tout.

LOUISON.

Oh! oui, mon papa.

ARGAN.

Prenez-y bien garde, au moins; car voilà un petit doigt qui sait tout, et qui me dira si vous mentez.

LOUISON.

Mais, mon papa, ne dites pas à ma sœur que je vous l'ai dit.

ARGAN.

Non, non.

LOUISON, après avoir écouté si personne n'écoute.

C'est, mon papa, qu'il est venu un homme dans la chambre de ma sœur, comme j'y étois.

ARGAN.

Eh bien?

LOUISON.

Je lui ai demandé ce qu'il demandoit, et il m'a dit qu'il étoit son maître à chanter.

ARGAN, à part.

Hom! hom! voilà l'affaire. (A Louison.) Eh bien?

LOUISON.

Ma sœur est venue après.

ARGAN.

Eh bien?

LOUISON.

Elle lui a dit : Sortez, sortez, sortez! Mon Dieu, sortez; vous me mettez au désespoir!

ARGAN.

Eh bien?

LOUISON.

Et lui, il ne vouloit pas sortir.

ARGAN.

Qu'est-ce qu'il lui disoit?

LOUISON.

Il lui disoit je ne sais combien de choses.

ARGAN.

Et quoi encore?

LOUISON.

Il lui disoit tout-ci, tout-ça, qu'il l'aimoit bien, et qu'elle étoit la plus belle du monde.

ARGAN.

Et puis après?

LOUISON.

Et puis après, il se mettoit à genoux devant elle.

ARGAN.

Et puis après?

LOUISON.

Et puis après, il lui baisoit les mains.

ARGAN.

Et puis après?

LOUISON.

Et puis après, ma belle-maman est venue à la porte, et il s'est enfui.

ARGAN.

Il n'y a point autre chose?

LOUISON.

Non, mon papa.

ARGAN.

Voilà mon petit doigt pourtant qui gronde quelque chose. (Mettant son doigt à son oreille.) Attendez. Eh! Ah! ah! Oui? Oh, oh! Voilà mon petit doigt qui me dit quelque chose que vous avez vu, et que vous ne m'avez pas dit.

LOUISON.

Ah! mon papa, votre petit doigt est un menteur.

ARGAN.

Prenez garde.

LOUISON.

Non, mon papa; ne le croyez pas : il ment, je vous assure.

ARGAN.

Oh bien, bien, nous verrons cela. Allez-vous-en, et prenez bien garde à tout : allez. (Seul.) Ah! il n'y a plus d'enfants! Ah! que d'affaires! Je n'ai pas seulement le loisir de songer à ma maladie. En vérité, je n'en puis plus. (Il se laisse tomber dans une chaise.)

SCÈNE XII. — BÉRALDE, ARGAN.

BÉRALDE.

Eh bien, mon frère, qu'est-ce? Comment vous portez-vous?

ARGAN.

Ah! mon frère, fort mal.

BÉRALDE.

Comment! fort mal?

ARGAN.

Oui, je suis dans une foiblesse si grande, que cela n'est pas croyable.

BÉRALDE.

Voilà qui est fâcheux.

ARGAN.

Je n'ai pas seulement la force de pouvoir parler.

BÉRALDE.

J'étois venu ici, mon frère, vous proposer un parti pour ma nièce Angélique.

ARGAN, parlant avec emportement et se levant de sa chaise.

Mon frère, ne me parlez point de cette coquine-là. C'est une friponne, une impertinente, une effrontée, que je mettrai dans un couvent avant qu'il soit deux jours!

BÉRALDE.

Ah! voilà qui est bien! Je suis bien aise que la force vous revienne un peu, et que ma visite vous fasse du bien. Oh çà, nous parlerons d'affaires tantôt. Je vous amène ici un divertissement que j'ai rencontré, qui dissipera votre chagrin, et vous rendra l'âme mieux disposée aux choses que nous avons à dire. Ce sont des Égyptiens vêtus en Mores, qui font des danses mêlées de chansons, où je suis sûr que vous prendrez plaisir; et cela vaudra bien une ordonnance de monsieur Purgon. Allons.

SECOND INTERMÈDE

Le frère du Malade imaginaire lui amène, pour le divertir, plusieurs Égyptiens et Égyptiennes, vêtus en Mores, qui font des danses entremêlées de chansons.

PREMIÈRE FEMME MORE.

Profitez du printemps
De vos beaux ans,
Aimable jeunesse ;
Profitez du printemps
De vos beaux ans ;
Donnez-vous à la tendresse.

Les plaisirs les plus charmants,
Sans l'amoureuse flamme,
Pour contenter une âme
N'ont point d'attraits assez puissants.

Profitez du printemps
De vos beaux ans,
Aimable jeunesse ;
Profitez du printemps
De vos beaux ans ;
Donnez-vous à la tendresse ;
Ne perdez point ces précieux moments.

La beauté passe,
Le temps l'efface ;
L'âge de glace
Vient à sa place,
Qui nous ôte le goût de ces doux passe-temps.

Profitez du printemps
De vos beaux ans,
Aimable jeunesse ;
Profitez du printemps
De vos beaux ans ;
Donnez-vous à la tendresse.

PREMIÈRE ENTRÉE DE BALLET.

Danse des Égyptiens et des Égyptiennes.

SECONDE FEMME MORE.

Quand d'aimer on nous presse,
A quoi songez-vous ?

Nos cœurs, dans la jeunesse,
　N'ont vers la tendresse
　Qu'un penchant trop doux.
L'amour a, pour nous prendre,
　De si doux attraits,
Que, de soi, sans attendre,
　On voudroit se rendre
　A ses premiers traits;
Mais tout ce qu'on écoute
　Des vives douleurs
Et des pleurs qu'il nous coûte,
　Fait qu'on en redoute
　Toutes les douceurs.

TROISIÈME FEMME MORE.

Il est doux, à notre âge,
　D'aimer tendrement
　　Un amant
　　Qui s'engage;
　Mais, s'il est volage,
　Hélas! quel tourment!

QUATRIÈME FEMME MORE.

L'amant qui se dégage
　N'est pas le malheur·
　　La douleur
　　Et la rage,
　C'est que le volage
　Garde notre cœur.

SECONDE FEMME MORE.

Quel parti faut-il prendre
　Pour nos jeunes cœurs?

QUATRIÈME FEMME MORE.

Devons-nous nous y rendre,
　Malgré ses rigueurs?

ENSEMBLE.

Oui, suivons ses ardeurs,
Ses transports, ses caprices
　Ses douces langueurs;
S'il a quelques supplices,
　Il a cent délices
　Qui charment les cœurs.

SECONDE ENTRÉE DE BALLET.

Tous les Mores dansent ensemble, et font sauter des singes qu'ils ont amenés avec eux.

ACTE TROISIÈME

SCÈNE I. — BÉRALDE, ARGAN, TOINETTE.

BÉRALDE.

Eh bien, mon frère, qu'en dites-vous? Cela ne vaut-il pas bien une prise de casse?

TOINETTE.

Hom! de bonne casse est bonne.

BÉRALDE.

Oh çà! voulez-vous que nous parlions un peu ensemble?

ARGAN.

Un peu de patience, mon frère : je vais revenir.

TOINETTE.

Tenez, monsieur, vous ne songez pas que vous ne sauriez marcher sans bâton.

ARGAN.

Tu as raison.

SCÈNE II. — BÉRALDE, TOINETTE.

TOINETTE.

N'abandonnez pas, s'il vous plaît, les intérêts de votre nièce.

BÉRALDE.

J'emploierai toutes choses pour lui obtenir ce qu'elle souhaite.

TOINETTE.

Il faut absolument empêcher ce mariage extravagant qu'il s'est mis dans la fantaisie; et j'avois songé en moi-même que ç'auroit été une bonne affaire de pouvoir introduire ici un médecin à notre poste [1] pour le dégoûter de son monsieur Purgon et lui décrier sa conduite. Mais, comme nous n'avons personne en main pour cela, j'ai résolu de jouer un tour de ma tête.

BÉRALDE.

Comment?

TOINETTE.

C'est une imagination burlesque [2]. Cela sera peut-être plus heureux que sage. Laissez-moi faire. Agissez de votre côté. Voici notre homme.

---

[1] *A notre poste*, vieille expression qui signifie : à notre gré, selon notre intérêt ou notre fantaisie. (A.)

[2] Bien burlesque en effet. Molière vient au-devant du reproche. Le travestissement de Toinette en médecin est une invention bouffonne et invraisemblable qui paraît plus que déplacée dans cette pièce, chef-d'œuvre de comique et de naturel. (Auger.)

SCÈNE III. — ARGAN, BÉRALDE

BÉRALDE.

Vous voulez bien, mon frère, que je vous demande, avant toute chose, de ne vous point échauffer l'esprit dans notre conversation?

ARGAN.

Voilà qui est fait.

BÉRALDE.

De répondre sans nulle aigreur aux choses que je pourrai vous dire?

ARGAN.

Oui.

BÉRALDE.

Et de raisonner ensemble sur les affaires dont nous avons à parler, avec un esprit détaché de toute passion?

ARGAN.

Mon Dieu! oui. Voilà bien du préambule!

BÉRALDE.

D'où vient, mon frère, qu'ayant le bien que vous avez et n'ayant d'enfants qu'une fille, car je ne compte pas la petite; d'où vient, dis-je, que vous parlez de la mettre dans un couvent?

ARGAN.

D'où vient, mon frère, que je suis maître dans ma famille, pour faire ce que bon me semble?

BÉRALDE.

Votre femme ne manque pas de vous conseiller de vous défaire ainsi de vos deux filles; et je ne doute point que, par un esprit de charité, elle ne fût ravie de les voir toutes deux bonnes religieuses.

ARGAN.

Oh çà! nous y voici. Voilà tout d'abord la pauvre femme en jeu. C'est elle qui fait tout le mal, et tout le monde lui en veut.

BÉRALDE.

Non, mon frère; laissons-la là : c'est une femme qui a les meilleures intentions du monde pour votre famille, et qui est détachée de toute sorte d'intérêt; qui a pour vous une tendresse merveilleuse, et qui montre pour vos enfants une affection et une bonté qui n'est pas concevable : cela est certain. N'en parlons point, et revenons à votre fille. Sur quelle pensée, mon frère, la voulez-vous donner en mariage au fils d'un médecin?

ARGAN.

Sur la pensée, mon frère, de me donner un gendre tel qu'il me faut.

BÉRALDE.

Ce n'est point là, mon frère, le fait de votre fille; et il se présente un parti plus sortable pour elle.

ARGAN.

Oui ; mais celui-ci, mon frère, est plus sortable pour moi.

BÉRALDE.

Mais le mari qu'elle doit prendre doit-il être, mon frère, ou pour elle, ou pour vous?

ARGAN.

Il doit être, mon frère, et pour elle et pour moi ; et je veux mettre dans ma famille les gens dont j'ai besoin.

BÉRALDE.

Par cette raison-là, si votre petite étoit grande, vous lui donneriez en mariage un apothicaire?

ARGAN.

Pourquoi non?

BÉRALDE.

Est-il possible que vous serez toujours embéguiné de vos apothicaires et de vos médecins, et que vous vouliez être malade en dépit des gens et de la nature!

ARGAN.

Comment l'entendez-vous, mon frère?

BÉRALDE.

J'entends, mon frère, que je ne vois point d'homme qui soit moins malade que vous, et que je ne demanderois point une meilleure constitution que la vôtre. Une grande marque que vous vous portez bien et que vous avez un corps parfaitement bien composé, c'est qu'avec tous les soins que vous avez pris vous n'avez pu parvenir encore à gâter la bonté de votre tempérament, et que vous n'êtes point crevé de toutes les médecines qu'on vous a fait prendre.

ARGAN.

Mais savez-vous, mon frère, que c'est cela qui me conserve ; et que monsieur Purgon dit que je succomberois, s'il étoit seulement trois jours sans prendre soin de moi?

BÉRALDE.

Si vous n'y prenez garde, il prendra tant de soin de vous, qu'il vous envoiera en l'autre monde.

ARGAN.

Mais raisonnons un peu, mon frère. Vous ne croyez donc point à la médecine?

BÉRALDE.

Non, mon frère ; et je ne vois pas que, pour son salut, il soit nécessaire d'y croire.

ARGAN.

Quoi! vous ne tenez pas véritable une chose établie par tout le monde et que tous les siècles ont révérée?

BÉRALDE.

Bien loin de la tenir véritable, je la trouve, entre nous, une des plus grandes folies qui soient parmi les hommes; et, à regarder les choses en philosophe, je ne vois point une plus plaisante momerie, je ne vois rien de plus ridicule, qu'un homme qui se veut mêler d'en guérir un autre.

ARGAN.

Pourquoi ne voulez-vous pas, mon frère, qu'un homme en puisse guérir un autre?

BÉRALDE.

Par la raison, mon frère, que les ressorts de notre machine sont des mystères, jusques ici, où les hommes ne voient goutte; et que la nature nous a mis au-devant des yeux des voiles trop épais pour y connoître quelque chose.

ARGAN.

Les médecins ne savent donc rien, à votre compte?

BÉRALDE.

Si fait, mon frère. Ils savent la plupart de fort belles humanités, savent parler en beau latin, savent nommer en grec toutes les maladies, les définir et les diviser; mais, pour ce qui est de les guérir, c'est ce qu'ils ne savent pas du tout.

ARGAN.

Mais toujours faut-il demeurer d'accord que, sur cette matière, les médecins en savent plus que les autres.

BÉRALDE.

Ils savent, mon frère, ce que je vous ai dit, qui ne guérit pas de grand'chose : et toute l'excellence de leur art consiste en un pompeux galimatias, en un spécieux babil, qui vous donne des mots pour des raisons, et des promesses pour des effets.

ARGAN.

Mais enfin, mon frère, il y a des gens aussi sages et aussi habiles que vous; et nous voyons que, dans la maladie, tout le monde a recours aux médecins.

BÉRALDE.

C'est une marque de la foiblesse humaine, et non pas de la vérité de leur art.

ARGAN.

Mais il faut bien que les médecins croient leur art véritable, puisqu'ils s'en servent pour eux-mêmes.

BÉRALDE.

C'est qu'il y en a parmi eux qui sont eux-mêmes dans l'erreur populaire, dont ils profitent; et d'autres qui en profitent sans y être. Votre monsieur Purgon, par exemple, n'y sait point de finesse; c'est un homme tout médecin, depuis la tête jusqu'aux pieds; un homme qui croit à ses règles plus qu'à toutes les démonstrations des mathématiques, et qui croiroit du crime à les vouloir examiner; qui ne voit rien d'obscur dans la médecine, rien de douteux, rien de difficile; et qui, avec une impétuosité de prévention, une roideur de confiance, une brutalité de sens commun et de raison, donne au travers des purgations et des saignées, et ne balance aucune chose. Il ne lui faut point vouloir mal de tout ce qu'il pourra vous faire : c'est de la meilleure foi du monde qu'il vous expédiera; et il ne fera, en vous tuant, que ce qu'il a fait à sa femme et à ses enfants, et ce qu'en un besoin il feroit à lui-même.

ARGAN.

C'est que vous avez, mon frère, une dent de lait contre lui. Mais, enfin, venons au fait. Que faire donc quand on est malade?

BÉRALDE.

Rien, mon frère.

ARGAN.

Rien?

BÉRALDE.

Rien. Il ne faut que demeurer en repos. La nature, d'elle-même, quand nous la laissons faire, se tire doucement du désordre où elle est tombée. C'est notre inquiétude, c'est notre impatience qui gâte tout; et presque tous les hommes meurent de leurs remèdes, et non pas de leurs maladies.

ARGAN.

Mais il faut demeurer d'accord, mon frère, qu'on peut aider cette nature par de certaines choses.

BÉRALDE.

Mon Dieu, mon frère, ce sont de pures idées dont nous aimons à nous repaître; et de tout temps il s'est glissé parmi les hommes de belles imaginations que nous venons à croire, parce qu'elles nous flattent et qu'il seroit à souhaiter qu'elles fussent véritables. Lorsqu'un médecin vous parle d'aider, de secourir, de soulager la nature, de lui ôter ce qui lui nuit et lui donner ce qui lui manque, de la rétablir et de la remettre dans une pleine facilité de ses fonctions; lorsqu'il vous parle de rectifier le sang, de tempérer les entrailles et le cerveau, de dégonfler la rate, de raccommoder la poitrine, de réparer le foie, de fortifier le cœur, de rétablir et conserver la chaleur naturelle, et d'avoir des secrets pour étendre la vie à de longues années, il vous dit justement le roman de la médecine. Mais, quand vous en venez à la vérité et à l'expérience, vous ne trouvez rien de tout cela; et il en est comme de ces beaux songes, qui ne vous laissent au réveil que le déplaisir de les avoir crus.

ARGAN.

C'est-à-dire que toute la science du monde est renfermée dans votre tête; et vous voulez en savoir plus que tous les grands médecins de notre siècle.

BÉRALDE.

Dans les discours et dans les choses, ce sont deux sortes de personnes que vos grands médecins. Entendez-les parler, les plus habiles gens du monde; voyez-les faire, les plus ignorants de tous les hommes.

ARGAN.

Ouais! vous êtes un grand docteur, à ce que je vois, et je voudrois bien qu'il y eût ici quelqu'un de ces messieurs, pour rembarrer vos raisonnements et rabaisser votre caquet.

BÉRALDE.

Moi, mon frère, je ne prends point à tâche de combattre la médecine; et chacun, à ses périls et fortune, peut croire tout ce qu'il lui plaît. Ce que j'en dis n'est qu'entre nous; et j'aurois souhaité de pouvoir un peu vous tirer de l'erreur où vous êtes, et, pour vous divertir, vous mener voir, sur ce chapitre, quelqu'une des comédies de Molière.

ARGAN.

C'est un bon impertinent que votre Molière, avec ses comédies! et je le trouve bien plaisant, d'aller jouer d'honnêtes gens, comme les médecins!

BÉRALDE.

Ce ne sont point les médecins qu'il joue, mais le ridicule de la médecine.

ARGAN.

C'est bien à lui à faire, de se mêler de contrôler la médecine! Voilà un bon nigaud, un bon impertinent, de se moquer des consultations et des ordonnances, de s'attaquer au corps des médecins, et d'aller mettre sur son théâtre des personnes vénérables comme ces messieurs-là!

BÉRALDE.

Que voulez-vous qu'il y mette, que les diverses professions des hommes? On y met bien tous les jours les princes et les rois, qui sont d'aussi bonne maison que les médecins.

ARGAN.

Par la mort non de diable! si j'étois que des médecins, je me vengerois de son impertinence; et, quand il sera malade, je le laisserois mourir sans secours. Il auroit beau faire et beau dire, je ne lui ordonnerois pas la moindre petite saignée, le moindre petit lavement; et je lui dirois : Crève, crève; cela t'apprendra une autre fois à te jouer à la Faculté [1].

---

[1] On ne peut se défendre d'un sentiment de tristesse en se rappelant de combien peu la mort de Molière suivit cette plaisanterie, en pensant que, trois jours après qu'il l'eut dite pour la première fois sur le théâtre, il expira privé des secours des médecins. (Auger.)

BÉRALDE.

Vous voilà bien en colère contre lui.

ARGAN.

Oui. C'est un malavisé; et, si les médecins sont sages, ils feront ce que je dis.

BÉRALDE.

Il sera encore plus sage que vos médecins, car il ne leur demandera point de secours.

ARGAN.

Tant pis pour lui, s'il n'a point recours aux remèdes.

BÉRALDE.

Il a ses raisons pour n'en point vouloir, et il soutient que cela n'est permis qu'aux gens vigoureux et robustes, et qui ont des forces de reste pour porter les remèdes avec la maladie; mais que, pour lui, il n'a justement de la force que pour porter son mal.

ARGAN.

Les sottes raisons que voilà! Tenez, mon frère, ne parlons point de cet homme-là davantage; car cela m'échauffe la bile, et vous me donneriez mon mal.

BÉRALDE.

Je le veux bien, mon frère; et, pour changer de discours, je vous dirai que, sur une petite répugnance que vous témoigne votre fille, vous ne devez point prendre les résolutions violentes de la mettre dans un couvent; que, pour le choix d'un gendre, il ne faut pas suivre aveuglément la passion qui vous emporte; et qu'on doit, sur cette matière, s'accommoder un peu à l'inclination d'une fille, puisque c'est pour toute la vie et que de là dépend tout le bonheur d'un mariage [1].

SCÈNE IV — MONSIEUR FLEURANT, une seringue à la main; ARGAN, BÉRALDE.

ARGAN.

Ah! mon frère, avec votre permission...

BÉRALDE.

Comment? Que voulez vous faire?

ARGAN.

Prendre ce petit lavement-là : ce sera bientôt fait.

BÉRALDE.

Vous vous moquez. Est-ce que vous ne sauriez être un moment sans

---

[1] Cette scène sur l'incertitude d'une science aussi conjecturale que la médecine est pleine de force, de solidité et de profondeur; mais il ne faut pas trop en presser les conséquences. Longtemps avant Molière, Montaigne avait beaucoup décrié la médecine; cependant il ne fut pas aussi ferme dans ses principes. Montaigne se moquait de la médecine, et se servait des médecins. (Geoffroi.)

lavement ou sans médecine? Remettez cela à une autre fois, et demeurez un peu en repos.

ARGAN.

Monsieur Fleurant, à ce soir, ou à demain au matin.

MONSIEUR FLEURANT, à Béralde.

De quoi vous mêlez-vous, de vous opposer aux ordonnances de la médecine, et d'empêcher monsieur de prendre mon clystère? Vous êtes bien plaisant d'avoir cette hardiesse-là!

BÉRALDE.

Allez, monsieur; on voit bien que vous n'avez pas accoutumé de parler à des visages.

MONSIEUR FLEURANT.

On ne doit point ainsi se jouer des remèdes et me faire perdre mon temps. Je ne suis venu ici que sur une bonne ordonnance; et je vais dire à monsieur Purgon comme on m'a empêché d'exécuter ses ordres et de faire ma fonction. Vous verrez, vous verrez...

SCÈNE V. — ARGAN, BÉRALDE.

ARGAN.

Mon frère, vous serez cause ici de quelque malheur.

BÉRALDE.

Le grand malheur de ne pas prendre un lavement que monsieur Purgon a ordonné! Encore un coup, mon frère, est-il possible qu'il n'y ait pas moyen de vous guérir de la maladie des médecins, et que vous vouliez être toute votre vie enseveli dans leurs remèdes?

ARGAN.

Mon Dieu! mon frère, vous en parlez comme un homme qui se porte bien; mais, si vous étiez à ma place, vous changeriez bien de langage. Il est aisé de parler contre la médecine, quand on est en pleine santé.

BÉRALDE.

Mais quel mal avez-vous?

ARGAN.

Vous me feriez enrager! Je voudrois que vous l'eussiez, mon mal, pour voir si vous jaseriez tant. Ah! voici monsieur Purgon.

SCÈNE VI. — MONSIEUR PURGON, ARGAN, BÉRALDE, TOINETTE.

MONSIEUR PURGON.

Je viens d'apprendre là-bas, à la porte, de jolies nouvelles; qu'on se moque ici de mes ordonnances, et qu'on a fait refus de prendre le remède que j'avois prescrit.

ARGAN.

Monsieur, ce n'est pas...

MONSIEUR PURGON.

Voilà une hardiesse bien grande, une étrange rébellion d'un malade contre son médecin!

TOINETTE.

Cela est épouvantable!

MONSIEUR PURGON.

Un clystère que j'avois pris plaisir à composer moi-même.

ARGAN.

Ce n'est pas moi...

MONSIEUR PURGON.

Inventé et formé dans toutes les règles de l'art.

TOINETTE.

Il a tort.

MONSIEUR PURGON.

Et qui devoit faire dans les entrailles un effet merveilleux.

ARGAN.

Mon frère...

MONSIEUR PURGON.

Le renvoyer avec mépris!

ARGAN, montrant Béralde.

C'est lui...

MONSIEUR PURGON.

C'est une action exorbitante!

TOINETTE.

Cela est vrai.

MONSIEUR PURGON.

Un attentat énorme contre la médecine!

ARGAN, montrant Béralde.

Il est cause...

MONSIEUR PURGON.

Un crime de lèse-Faculté, qui ne se peut assez punir!

TOINETTE.

Vous avez raison.

MONSIEUR PURGON.

Je vous déclare que je romps commerce avec vous.

ARGAN.

C'est mon frère...

MONSIEUR PURGON.

Que je ne veux plus d'alliance avec vous.

TOINETTE.

Vous ferez bien.

ACTE III, SCÈNE VI.

MONSIEUR PURGON.

Et que, pour finir toute liaison avec vous, voilà la donation que je faisois à mon neveu, en faveur du mariage! (Il déchire la donation, et en jette les morceaux avec fureur.)

ARGAN.

C'est mon frère qui a fait tout le mal.

MONSIEUR PURGON.

Mépriser mon clystère!

ARGAN.

Faites-le venir, je m'en vais le prendre.

MONSIEUR PURGON.

Je vous aurois tiré d'affaire avant qu'il fût peu.

TOINETTE.

Il ne le mérite pas.

MONSIEUR PURGON.

J'allois nettoyer votre corps et en évacuer entièrement les mauvaises humeurs.

ARGAN.

Ah! mon frère!

MONSIEUR PURGON.

Et je ne voulois plus qu'une douzaine de médecines pour vider le fond du sac.

TOINETTE.

Il est indigne de vos soins.

MONSIEUR PURGON.

Mais, puisque vous n'avez pas voulu guérir par mes mains...

ARGAN.

Ce n'est pas ma faute.

MONSIEUR PURGON.

Puisque vous vous êtes soustrait de l'obéissance que l'on doit à son médecin...

TOINETTE.

Cela crie vengeance.

MONSIEUR PURGON.

Puisque vous vous êtes déclaré rebelle aux remèdes que je vous ordonnois...

ARGAN.

Eh! point du tout.

MONSIEUR PURGON.

J'ai à vous dire que je vous abandonne à votre mauvaise constitution, à l'intempérie de vos entrailles, à la corruption de votre sang, à l'âcreté de votre bile, et à la féculence de vos humeurs.

TOINETTE.

C'est fort bien fait.

ARGAN.

Mon Dieu!

MONSIEUR PURGON.

Et je veux qu'avant qu'il soit quatre jours vous deveniez dans un état incurable.

ARGAN.

Ah! miséricorde!

MONSIEUR PURGON.

Que vous tombiez dans la bradypepsie[1].

ARGAN.

Monsieur Purgon!

MONSIEUR PURGON.

De la bradypepsie dans la dyspepsie.

ARGAN.

Monsieur Purgon!

MONSIEUR PURGON.

De la dyspepsie dans l'apepsie.

ARGAN.

Monsieur Purgon!

MONSIEUR PURGON.

De l'apepsie dans la lienterie[2].

ARGAN.

Monsieur Purgon!

MONSIEUR PURGON.

De la lienterie dans la dyssenterie.

ARGAN.

Monsieur Purgon!

MONSIEUR PURGON.

De la dyssenterie dans l'hydropisie.

ARGAN.

Monsieur Purgon!

MONSIEUR PURGON.

Et de l'hydropisie dans la privation de la vie, où vous aura conduit votre folie.

SCÈNE VII. — ARGAN, BÉRALDE.

ARGAN.

Ah! mon Dieu! je suis mort... Mon frère, vous m'avez perdu.

BÉRALDE.

Quoi! qu'y a-t-il?

---

[1] *Bradypepsie*, digestion lente et imparfaite.
[2] *Dyspepsie*, digestion pénible ou mauvaise; *apepsie*, privation de digestion; *lienterie*, espèce de dévoiement dans lequel on rend les aliments presque tels qu'on les a pris.

ARGAN.

Je n'en puis plus. Je sens déjà que la médecine se venge.

BÉRALDE.

Ma foi, mon frère, vous êtes fou; et je ne voudrois pas, pour beaucoup de choses, qu'on vous vît faire ce que vous faites. Tâtez-vous un peu, je vous prie; revenez à vous-même, et ne donnez point tant à votre imagination.

ARGAN.

Vous voyez, mon frère, les étranges maladies dont il m'a menacé.

BÉRALDE.

Le simple homme que vous êtes!

ARGAN.

Il dit que je deviendrai incurable avant qu'il soit quatre jours.

BÉRALDE.

Et ce qu'il dit, que fait-il à la chose? Est-ce un oracle qui a parlé? Il semble, à vous entendre, que monsieur Purgon tienne dans ses mains le filet de vos jours, et que, d'autorité suprême, il vous l'allonge et vous le raccourcisse comme il lui plaît. Songez que les principes de votre vie sont en vous-même, et que le courroux de monsieur Purgon est aussi peu capable de vous faire mourir que ses remèdes de vous faire vivre. Voici une aventure, si vous voulez, à vous défaire des médecins; ou, si vous êtes né à ne pouvoir vous en passer, il est aisé d'en avoir un autre, avec lequel, mon frère, vous puissiez courir un peu moins de risque.

ARGAN.

Ah! mon frère, il sait tout mon tempérament et la manière dont il faut me gouverner.

BÉRALDE.

Il faut vous avouer que vous êtes un homme d'une grande prévention, et que vous voyez les choses avec d'étranges yeux.

SCÈNE VIII. — ARGAN, BÉRALDE, TOINETTE.

TOINETTE, à Argan.

Monsieur, voilà un médecin qui demande à vous voir.

ARGAN.

Et quel médecin?

TOINETTE.

Un médecin de la médecine.

ARGAN.

Je te demande qui il est.

TOINETTE.

Je ne le connois pas, mais il me ressemble comme deux gouttes d'eau; et, si je n'étois sûre que ma mère étoit honnête femme, je dirois que ce seroit quelque petit frère qu'elle m'auroit donné depuis le trépas de mon père.

ARGAN.

Fais-le venir.

SCÈNE IX. — ARGAN, BÉRALDE.

BÉRALDE.

Vous êtes servi à souhait. Un médecin vous quitte; un autre se présente.

ARGAN.

J'ai bien peur que vous ne soyez cause de quelque malheur.

BÉRALDE.

Encore! Vous en revenez toujours là.

ARGAN.

Voyez-vous, j'ai sur le cœur toutes ces maladies-là que je ne connois point, ces...

SCÈNE X. — ARGAN, BÉRALDE; TOINETTE, en médecin.

TOINETTE.

Monsieur, agréez que je vienne vous rendre visite, et vous offrir mes petits services pour toutes les saignées et les purgations dont vous aurez besoin.

ARGAN.

Monsieur, je vous suis fort obligé. (A Béralde.) Par ma foi, voilà Toinette elle-même.

TOINETTE.

Monsieur, je vous prie de m'excuser : j'ai oublié de donner une commission à mon valet; je reviens tout à l'heure.

SCÈNE XI. — ARGAN, BÉRALDE.

ARGAN.

Eh! ne diriez-vous pas que c'est effectivement Toinette?

BÉRALDE.

Il est vrai que la ressemblance est tout à fait grande; mais ce n'est pas la première fois qu'on a vu de ces sortes de choses, et les histoires ne sont pleines que de ces jeux de la nature.

ARGAN.

Pour moi, j'en suis surpris; et...

SCÈNE XII. — ARGAN, BÉRALDE, TOINETTE.

TOINETTE.

Que voulez-vous, monsieur?

ARGAN.

Comment?

TOINETTE.

Ne m'avez-vous pas appelée?

ARGAN.

Moi? non.

TOINETTE.

Il faut donc que les oreilles m'aient corné.

ARGAN.

Demeure un peu ici pour voir comme ce médecin te ressemble.

TOINETTE.

Oui, vraiment! J'ai affaire là-bas; et je l'ai assez vu.

SCÈNE XIII. — ARGAN, BÉRALDE.

ARGAN.

Si je ne les voyois tous deux, je croirois que ce n'est qu'un.

BÉRALDE.

J'ai lu des choses surprenantes de ces sortes de ressemblances; et nous en avons vu, de notre temps, où tout le monde s'est trompé.

ARGAN.

Pour moi, j'aurois été trompé à celle-là; et j'aurois juré que c'est la même personne.

SCÈNE XIV. — ARGAN, BÉRALDE; TOINETTE, en médecin.

TOINETTE.

Monsieur, je vous demande pardon de tout mon cœur.

ARGAN, bas, à Béralde.

Cela est admirable.

TOINETTE.

Vous ne trouverez pas mauvais, s'il vous plaît, la curiosité que j'ai eue de voir un illustre malade comme vous êtes; et votre réputation, qui s'étend partout, peut excuser la liberté que j'ai prise.

ARGAN.

Monsieur, je suis votre serviteur.

TOINETTE.

Je vois, monsieur, que vous me regardez fixement. Quel âge croyez-vous bien que j'aie?

ARGAN.

Je crois que tout au plus vous pouvez avoir vingt-six ou vingt-sept ans.

TOINETTE.

Ah! ah! ah! ah! ah! j'en ai quatre-vingt-dix.

ARGAN.

Quatre-vingt-dix!

TOINETTE.

Oui. Vous voyez un effet des secrets de mon art, de me conserver ainsi frais et vigoureux.

ARGAN.

Par ma foi, voilà un beau jeune vieillard pour quatre-vingt-dix ans!

TOINETTE.

Je suis médecin passager, qui vais de ville en ville, de province en province, de royaume en royaume, pour chercher d'illustres matières à ma capacité, pour trouver des malades dignes de m'occuper, capables d'exercer les grands et beaux secrets que j'ai trouvés dans la médecine. Je dédaigne de m'amuser à ce menus fatras de maladies ordinaires, à ces bagatelles de rhumatismes et de fluxions, à ces fiévrotes, à ces vapeurs et à ces migraines. Je veux des maladies d'importance, de bonnes fièvres continues, avec des transports au cerveau, de bonnes fièvres pourprées, de bonnes pestes, de bonnes hydropisies formées, de bonnes pleurésies avec des inflammations de poitrine : c'est là que je me plais, c'est là que je triomphe ; et je voudrois, monsieur, que vous eussiez toutes les maladies que je viens de dire, que vous fussiez abandonné de tous les médecins, désespéré, à l'agonie, pour vous montrer l'excellence de mes remèdes et l'envie que j'aurois de vous rendre service.

ARGAN.

Je vous suis obligé, monsieur, des bontés que vous avez pour moi.

TOINETTE.

Donnez-moi votre pouls. Allons donc, que l'on batte comme il faut. Ah! je vous ferai bien aller comme vous devez. Ouais! ce pouls-là fait l'impertinent; je vois bien que vous ne me connoissez pas encore. Qui est votre médecin?

ARGAN.

Monsieur Purgon.

TOINETTE.

Cet homme-là n'est point écrit sur mes tablettes entre les grands médecins. De quoi dit-il que vous êtes malade?

ARGAN.

Il dit que c'est du foie, et d'autres disent que c'est de la rate.

TOINETTE.

Ce sont tous des ignorants. C'est du poumon que vous êtes malade.

ARGAN.

Du poumon?

TOINETTE.

Oui. Que sentez-vous?

ARGAN.

Je sens de temps en temps des douleurs de tête.

TOINETTE.

Justement, le poumon.

ARGAN.

Il me semble parfois que j'ai un voile devant les yeux.

TOINETTE.

Le poumon.

ARGAN.

J'ai quelquefois des maux de cœur.

TOINETTE.

Le poumon.

ARGAN.

Je sens parfois des lassitudes par tous les membres.

TOINETTE.

Le poumon.

ARGAN.

Et quelquefois il me prend des douleurs dans le ventre, comme si c'étoient des coliques.

TOINETTE.

Le poumon. Vous avez appétit à ce que vous mangez?

ARGAN.

Oui, monsieur.

TOINETTE.

Le poumon. Vous aimez à boire un peu de vin?

ARGAN.

Oui, monsieur.

TOINETTE.

Le poumon. Il vous prend un petit sommeil après le repas, et vous êtes bien aise de dormir?

ARGAN.

Oui, monsieur.

TOINETTE.

Le poumon, le poumon, vous dis-je. Que vous ordonne votre médecin pour votre nourriture?

ARGAN.

Il m'ordonne du potage.

TOINETTE.

Ignorant!

ARGAN.

De la volaille.

TOINETTE.

Ignorant!

ARGAN.

Du veau.

TOINETTE.

Ignorant!

ARGAN.

Des bouillons.

TOINETTE.

Ignorant!

ARGAN.

Des œufs frais.

TOINETTE.

Ignorant!

ARGAN.

Et, le soir, de petits pruneaux pour lâcher le ventre.

TOINETTE.

Ignorant!

ARGAN.

Et surtout de boire mon vin fort trempé.

TOINETTE.

Ignorantus, ignoranta, ignorantum. Il faut boire votre vin pur; et, pour épaissir votre sang, qui est trop subtil, il faut manger de bon gros bœuf, de bon gros porc, de bon fromage de Hollande; du gruau et du riz, et des marrons et des oublies, pour coller et conglutiner. Votre médecin est une bête. Je veux vous en envoyer un de ma main; et je viendrai vous voir de temps en temps, tandis que je serai en cette ville.

ARGAN.

Vous m'obligerez beaucoup.

TOINETTE.

Que diantre faites-vous de ce bras-là?

ARGAN.

Comment?

TOINETTE.

Voilà un bras que je me ferois couper tout à l'heure, si j'étois que de vous.

ARGAN.

Et pourquoi?

TOINETTE.

Ne voyez-vous pas qu'il tire à soi toute la nourriture, et qu'il empêche ce côté-là de profiter?

ARGAN.

Oui; mais j'ai besoin de mon bras.

TOINETTE.

Vous avez là aussi un œil droit que je me ferois crever, si j'étois en votre place.

ARGAN.

Crever un œil?

TOINETTE.

Ne voyez-vous pas qu'il incommode l'autre, et lui dérobe sa nourriture? Croyez-moi, faites-vous-le crever au plus tôt : vous en verrez plus clair de l'œil gauche.

ARGAN.

Cela n'est pas pressé.

TOINETTE.

Adieu. Je suis fâché de vous quitter sitôt; mais il faut que je me trouve à une grande consultation qui doit se faire pour un homme qui mourut hier.

ARGAN.

Pour un homme qui mourut hier?

TOINETTE.

Oui : pour aviser et voir ce qu'il auroit fallu lui faire pour le guérir. Jusqu'au revoir.

ARGAN.

Vous savez que les malades ne reconduisent point.

SCÈNE XV. — ARGAN, BÉRALDE.

BÉRALDE.

Voilà un médecin, vraiment, qui paroît fort habile!

ARGAN.

Oui; mais il va un peu bien vite.

BÉRALDE.

Tous les grands médecins sont comme cela.

ARGAN.

Me couper un bras et me crever un œil, afin que l'autre se porte mieux! J'aime bien mieux qu'il ne se porte pas si bien. La belle opération, de me rendre borgne et manchot!

SCÈNE XVI. — ARGAN, BÉRALDE, TOINETTE.

TOINETTE, feignant de parler à quelqu'un.

Allons, allons, je suis votre servante. Je n'ai pas envie de rire.

ARGAN.

Qu'est-ce que c'est?

TOINETTE.

Votre médecin, ma foi, qui me vouloit tâter le pouls.

ARGAN.

Voyez un peu, à l'âge de quatre-vingt-dix ans!

BÉRALDE.

Oh çà! mon frère, puisque voilà votre monsieur Purgon brouillé avec vous, ne voulez-vous pas bien que je vous parle du parti qui s'offre pour ma nièce?

ARGAN.

Non, mon frère : je veux la mettre dans un couvent, puisqu'elle s'est opposée à mes volontés. Je vois bien qu'il y a quelque amourette là-dessous, et j'ai découvert certaine entrevue secrète qu'on ne sait pas que j'aie découverte.

BÉRALDE.

Eh bien, mon frère, quand il y auroit quelque petite inclination, cela seroit-il si criminel? et rien peut-il vous offenser, quand tout ne va qu'à des choses honnêtes, comme le mariage?

ARGAN.

Quoi qu'il en soit, mon frère, elle sera religieuse; c'est une chose résolue.

BÉRALDE.

Vous voulez faire plaisir à quelqu'un.

ARGAN.

Je vous entends. Vous en revenez toujours là, et ma femme vous tient au cœur.

BÉRALDE.

Eh bien, oui, mon frère; puisqu'il faut parler à cœur ouvert, c'est votre femme que je veux dire; et, non plus que l'entêtement de la médecine, je ne puis vous souffrir l'entêtement où vous êtes pour elle, et voir que vous donniez, tête baissée, dans tous les piéges qu'elle vous tend.

TOINETTE.

Ah! monsieur, ne parlez point de madame; c'est une femme sur laquelle il n'y a rien à dire, une femme sans artifice, et qui aime monsieur, qui l'aime... On ne peut pas dire cela.

ARGAN.

Demandez-lui un peu les caresses qu'elle me fait.

TOINETTE.

Cela est vrai.

ARGAN.

L'inquiétude que lui donne ma maladie.

TOINETTE.

Assurément.

ARGAN.

Et les soins et les peines qu'elle prend autour de moi.

TOINETTE.

Il est certain. (A Béralde.) Voulez-vous que je vous convainque et vous fasse voir tout à l'heure comme madame aime monsieur? (A Argan.) Monsieur, souffrez que je lui montre son bec jaune et le tire d'erreur.

ARGAN.

Comment?

TOINETTE.

Madame s'en va revenir. Mettez-vous tout étendu dans cette chaise, et contrefaites le mort. Vous verrez la douleur où elle sera quand je lui dirai la nouvelle.

ARGAN.

Je le veux bien.

TOINETTE.

Oui; mais ne la laissez pas longtemps dans le désespoir, car elle en pourroit bien mourir.

ARGAN.

Laisse-moi faire.

TOINETTE, à Béralde.

Cachez-vous, vous, dans ce coin-là.

SCÈNE XVII. — ARGAN, TOINETTE.

ARGAN.

N'y a-t-il point quelque danger à contrefaire le mort?

TOINETTE.

Non, non. Quel danger y auroit-il? Étendez-vous là seulement. (Bas.) Il y aura plaisir à confondre votre frère. Voici madame. Tenez-vous bien.

SCÈNE XVIII. — BÉLINE; ARGAN, étendu dans sa chaise; TOINETTE.

TOINETTE, feignant de ne pas voir Béline.

Ah! mon Dieu! Ah! malheur! Quel étrange accident!

BÉLINE.

Qu'est-ce, Toinette?

TOINETTE.

Ah! madame!

BÉLINE.

Qu'y a-t-il?

TOINETTE.

Votre mari est mort!

BÉLINE.

Mon mari est mort?

TOINETTE.

Hélas! oui; le pauvre défunt est trépassé.

BÉLINE.

Assurément?

TOINETTE.

Assurément; personne ne sait encore cet accident-là, et je me suis trouvée ici toute seule. Il vient de passer entre mes bras. Tenez, le voilà tout de son long dans cette chaise.

BÉLINE.

Le ciel en soit loué! Me voilà délivrée d'un grand fardeau. Que tu es sotte, Toinette, de t'affliger de cette mort!

TOINETTE.

Je pensois, madame, qu'il fallût pleurer.

BÉLINE.

Va, va, cela n'en vaut pas la peine. Quelle perte est-ce que la sienne? et de quoi servoit-il sur la terre? Un homme incommode à tout le monde, malpropre, dégoûtant, sans cesse un lavement ou une médecine dans le ventre, mouchant, toussant, crachant toujours; sans esprit, ennuyeux, de mauvaise humeur, fatiguant sans cesse les gens, et grondant jour et nuit servantes et valets.

TOINETTE.

Voilà une belle oraison funèbre!

BÉLINE.

Il faut, Toinette, que tu m'aides à exécuter mon dessein; et tu peux croire qu'en me servant ta récompense est sûre. Puisque, par un bonheur, personne n'est encore averti de la chose, portons-le dans son lit, et tenons cette mort cachée, jusqu'à ce que j'aie fait mon affaire. Il y a des papiers, il y a de l'argent, dont je me veux saisir; et il n'est pas juste que j'aie passé sans fruit auprès de lui mes plus belles années. Viens, Toinette; prenons auparavant toutes ses clefs.

ARGAN, se levant brusquement.

Doucement!

BÉLINE.

Ahi!

ARGAN.

Oui, madame ma femme, c'est ainsi que vous m'aimez!

TOINETTE.

Ah! ah! le défunt n'est pas mort!

ARGAN, à Béline, qui sort.

Je suis bien aise de voir votre amitié et d'avoir entendu le beau panégyrique que vous avez fait de moi. Voilà un avis au lecteur qui me rendra sage à l'avenir, et qui m'empêchera de faire bien des choses.

SCÈNE XIX. — BÉRALDE, sortant de l'endroit où il s'étoit caché; ARGAN, TOINETTE.

BÉRALDE.

Eh bien, mon frère, vous le voyez.

TOINETTE.

Par ma foi, je n'aurois jamais cru cela. Mais j'entends votre fille. Remettez-vous comme vous étiez, et voyons de quelle manière elle recevra votre mort. C'est une chose qu'il n'est pas mauvais d'éprouver; et, puisque vous êtes en train, vous connoîtrez par là les sentiments que votre famille a pour vous. (Béralde va se cacher.)

SCÈNE XX. — ARGAN, ANGÉLIQUE, TOINETTE.

TOINETTE, feignant de ne pas voir Angélique.

O ciel! ah! fâcheuse aventure! Malheureuse journée!

ANGÉLIQUE.

Qu'as-tu, Toinette? et de quoi pleures-tu?

TOINETTE.

Hélas! j'ai de tristes nouvelles à vous donner.

ANGÉLIQUE.

Eh! quoi?

TOINETTE.

Votre père est mort.

ANGÉLIQUE.

Mon père est mort, Toinette?

TOINETTE.

Oui. Vous le voyez là, il vient de mourir tout à l'heure d'une foiblesse qui lui a pris.

ANGÉLIQUE.

O ciel! quelle infortune! quelle atteinte cruelle! Hélas! faut-il que je perde mon père, la seule chose qui me restoit au monde; et qu'encore, pour un surcroît de désespoir, je le perde dans un moment où il étoit irrité contre moi! Que deviendrai-je, malheureuse? et quelle consolation trouver après une si grande perte?

SCÈNE XXI. — ARGAN, ANGÉLIQUE, CLÉANTE, TOINETTE.

CLÉANTE.

Qu'avez-vous donc, belle Angélique? et quel malheur pleurez-vous.

ANGÉLIQUE.

Hélas! je pleure tout ce que dans la vie je pouvois perdre de plus cher et de plus précieux : je pleure la mort de mon père.

CLÉANTE.

O ciel! quel accident! quel coup inopiné! Hélas! après la demande que j'avois conjuré votre oncle de lui faire pour moi, je venois me présenter à lui, et tâcher, par mes respects et par mes prières, de disposer son cœur à vous accorder à mes vœux.

ANGÉLIQUE.

Ah! Cléante, ne parlons plus de rien. Laissons là toutes les pensées du mariage. Après la perte de mon père, je ne veux plus être du monde, et j'y renonce pour jamais. Oui, mon père, si j'ai résisté tantôt à vos volontés, je veux suivre du moins une de vos intentions, et réparer par là le chagrin que je m'accuse de vous avoir donné. (Se jetant à ses genoux.) Souffrez, mon père, que je vous en donne ici ma parole, et que je vous embrasse pour vous témoigner mon ressentiment.

ARGAN, embrassant Angélique.

Ah! ma fille!

ANGÉLIQUE.

Ahi!

ARGAN.

Viens. N'aie point de peur, je ne suis pas mort. Va, tu es mon vrai sang, ma véritable fille; et je suis ravi d'avoir vu ton bon naturel[1].

SCÈNE XXII. — ARGAN, BÉRALDE, ANGÉLIQUE, CLÉANTE, TOINETTE.

ANGÉLIQUE.

Ah! quelle surprise agréable! Mon père, puisque, par un bonheur extrême, le ciel vous redonne à mes vœux, souffrez qu'ici je me jette à vos pieds pour vous supplier d'une chose. Si vous n'êtes pas favorable au penchant de mon cœur, si vous me refusez Cléante pour époux, je vous conjure au moins de ne me point forcer d'en épouser un autre. C'est toute la grâce que je vous demande.

CLÉANTE, se jetant aux genoux d'Argan.

Eh! monsieur, laissez-vous toucher à ses prières et aux miennes, et ne vous montrez point contraire aux mutuels empressements d'une si belle inclination.

BÉRALDE.

Mon frère, pouvez-vous tenir là contre?

TOINETTE.

Monsieur, serez-vous insensible à tant d'amour?

---

[1] Ces témoignages d'amour filial et de tendresse paternelle forment une situation intéressante; mais l'attendrissement ne va pas plus loin qu'il ne convient à la comédie. Les pleurs, les plaintes, les regrets d'Angélique sont l'effet d'une ruse qui nous est connue: nous sommes touchés de son bon naturel, sans être affectés de sa douleur, qu'un instant voit disparaître. (Auger.)

ARGAN.

Qu'il se fasse médecin, je consens au mariage. (A Cléante.) Oui, faites-vous médecin, je vous donne ma fille.

CLÉANTE.

Très-volontiers, monsieur. S'il ne tient qu'à cela pour être votre gendre, je me ferai médecin, apothicaire même, si vous voulez. Ce n'est pas une affaire que cela, et je ferois bien d'autres choses pour obtenir la belle Angélique.

BÉRALDE.

Mais, mon frère, il me vient une pensée. Faites-vous médecin vous-même. La commodité sera encore plus grande, d'avoir en vous tout ce qu'il vous faut.

TOINETTE.

Cela est vrai. Voilà le vrai moyen de vous guérir bientôt ; et il n'y a point de maladie si osée que de se jouer à la personne d'un médecin.

ARGAN.

Je pense, mon frère, que vous vous moquez de moi. Est-ce que je suis en âge d'étudier ?

BÉRALDE.

Bon, étudier ! Vous êtes assez savant ; et il y en a beaucoup parmi eux qui ne sont pas plus habiles que vous.

ARGAN.

Mais il faut savoir bien parler latin, connoitre les maladies et les remèdes qu'il y faut faire.

BÉRALDE.

En recevant la robe et le bonnet de médecin, vous apprendrez tout cela ; et vous serez après plus habile que vous ne voudrez.

ARGAN.

Quoi ! l'on sait discourir sur les maladies quand on a cet habit-là ?

BÉRALDE.

Oui. L'on n'a qu'à parler avec une robe et un bonnet, tout galimatias devient savant, et toute sottise devient raison.

TOINETTE.

Tenez, monsieur, quand il n'y auroit que votre barbe, c'est déjà beaucoup ; et la barbe fait plus de la moitié d'un médecin.

CLÉANTE.

En tout cas, je suis prêt à tout.

BÉRALDE, à Argan.

Voulez-vous que l'affaire se fasse tout à l'heure ?

ARGAN.

Comment, tout à l'heure ?

BÉRALDE.

Oui, et dans votre maison.

ARGAN.

Dans ma maison?

BÉRALDE.

Oui. Je connois une Faculté de mes amies, qui viendra tout à l'heure en faire la cérémonie dans votre salle. Cela ne vous coûtera rien.

ARGAN.

Mais moi, que dire? que répondre?

BÉRALDE.

On vous instruira en deux mots, et l'on vous donnera par écrit ce que vous devez dire. Allez-vous-en vous mettre en habit décent. Je vais les envoyer quérir.

ARGAN.

Allons, voyons cela.

SCÈNE XXIII. — BÉRALDE, ANGÉLIQUE, CLÉANTE, TOINETTE.

CLÉANTE.

Que voulez-vous dire? et qu'entendez-vous avec cette Faculté de vos amies?

TOINETTE.

Quel est donc votre dessein?

BÉRALDE.

De vous divertir un peu ce soir. Les comédiens ont fait un petit intermède de la réception d'un médecin, avec des danses et de la musique; je veux que nous en prenions ensemble le divertissement, et que mon frère y fasse le premier personnage.

ANGÉLIQUE.

Mais, mon oncle, il me semble que vous vous jouez un peu beaucoup de mon père.

BÉRALDE.

Mais, ma nièce, ce n'est pas tant le jouer que s'accommoder à ses fantaisies. Tout ceci n'est qu'entre nous. Nous y pouvons aussi prendre chacun un personnage, et nous donner ainsi la comédie les uns aux autres. Le carnaval autorise cela. Allons vite préparer toutes choses.

CLÉANTE, à Angélique.

Y consentez-vous?

ANGÉLIQUE.

Oui, puisque mon oncle nous conduit [1].

---

[1] Voltaire a dit du *Malade imaginaire:* « C'est une de ces farces de Molière dans laquelle se trouvent beaucoup de scènes dignes de la haute comédie. » Ce n'est pas assez dire. Le *Malade imaginaire* est une comédie de caractère où se trouve, il est vrai, un travestissement ridicule, celui de Toinette en médecin, mais du reste supérieurement intriguée, pleine de verve et d'originalité. Auger fait re-

TROISIÈME INTERMÈDE

C'est une cérémonie burlesque d'un homme qu'on fait médecin, en récit, chant et danse. Plusieurs tapissiers viennent préparer la salle, et placer les bancs en cadence. En suite de quoi, toute l'assemblée, composée de huit porte-seringues, six apothicaires, vingt-deux docteurs, et celui qui se fait recevoir médecin, huit chirurgiens dansants et deux chantants, entrent et prennent place, chacun selon son rang [1].

PREMIÈRE ENTRÉE DE BALLET.

PRÆSES.

Savantissimi doctores,
Medicinæ professores,
Qui hic assemblati estis;
Et vos, altri messiores,
Sententiarum Facultatis
Fideles executores,
Chirurgiani et apothicari,
Atque tota compania aussi,
Salus, honor et argentum,
Atque bonum appetitum.

Non possum, docti confreri,
En moi satis admirari
Qualis bona inventio
Est medici professio;
Quam bella chosa est et bene trovata,
Medicina illa benedicta,

marquer avec raison que la grande scène contre la médecine, et l'épreuve qui sert à confondre l'artificieuse Béline, sont des beautés du premier ordre. (Félix Lemaistre.)

[1] Cette réception bouffonne fut une plaisanterie de société, imaginée dans un souper chez madame de la Sablière, où la Fontaine et Despréaux étaient avec Molière. (*Bolæana*.)
Il est probable qu'en composant cet intermède Molière s'est rappelé les détails des cérémonies alors en usage pour la réception des médecins, et dont il avait dû être témoin pendant son séjour à Montpellier. Ici le badinage ne surpasse guère la vérité. Nous citerons à l'appui de cette opinion un passage fort curieux du voyage de Locke à Montpellier, en 1676, trois ans après la mort de Molière; il est ainsi conçu : « Recette pour faire un docteur en médecine. Grande procession de docteurs habillés de rouge, avec des toques noires; dix violons jouent des airs de Lulli. Le président s'assied, fait signe aux violons qu'il veut parler et qu'ils aient à se taire, se lève, commence son discours par l'éloge de ses confrères, et le termine par une diatribe contre les innovations et la circulation du sang. Il se rassied. Les violons recommencent. Le récipiendaire prend la parole, complimente le chancelier, complimente les professeurs, complimente l'Académie. Encore les violons. Le président saisit un bonnet qu'un huissier porte au bout d'un bâton, et qui a suivi processionnellement la cérémonie, coiffe le nouveau docteur, lui met au doigt un anneau, lui serre les reins d'une chaîne d'or, et le prie poliment de s'asseoir. Tout cela m'a fort peu édifié. » (*Life of Locke, by lord King.*) — (Aimé Martin.)

Quæ, suo nomine solo,
Surprenanti miraculo,
Depuis si longo tempore,
Facit à gogo vivere
Tant de gens omni genere.

Per totam terram videmus
Grandam vogam ubi sumus;
Et quod grandes et petiti
Sunt de nobis infatuti.
Totus mundus, currens ad nostros remedios,
Nos regardat sicut deos;
Et nostris ordonnanciis
Principes et reges soumissos videtis.

Doncque il est nostræ sapientiæ,
Boni sensus atque prudentiæ,
De fortement travaillare
A nos bene conservare
In tali credito, voga, et honore;
Et prendere gardam a non recevere
In nostro docto corpore
Quam personas capabiles,
Et totas dignas remplire
Has plaças honorabiles.

C'est pour cela que nunc convocati estis,
Et credo quod trovabitis
Dignam matieram medici
In savanti homine quê voici ;
Lequel, in choisis omnibus,
Dono ad interrogandum,
Et à fond examinandum
Vostris capacitatibus.

PRIMUS DOCTOR.

Si mihi licentiam dat dominus præses,
Et tanti docti doctores,
Et assistantes illustres,
Très savanti bacheliero,
Quem estimo et honoro,
Demandabo causam et rationem quare
Opium facit dormire.

BACHELIERUS.

Mihi a docto doctore

Demandatur causam et rationem quare
    Opium facit dormire.
       A quoi respondeo,
       Quia est in eo
       Vertus dormitiva,
       Cujus est natura
       Sensus assoupire.

CHORUS.

Bene, bene, bene, bene respondere.
    Dignus, dignus est intrare
    In nostro docto corpore.
    Bene, bene respondere.

SECUNDUS DOCTOR.

Cum permissione domini præsidis,
    Doctissimæ Facultatis,
    Et totius his nostris actis
    Companiæ assistantis,
Demandabo tibi, docte bacheliere,
    Quæ sunt remedia
(Tam in homine quam in muliere)
    Quæ, in maladia
    Dite hydropisia,
(In malo caduco, apoplexia, convulsione et paralysia)
    Convenit facere.

BACHELIERUS.

    Clysterium donare,
    Postea seignare,
    Ensuita purgare.

CHORUS.

Bene, bene, bene, bene respondere.
    Dignus, dignus est intrare
    In nostro docto corpore.

TERTIUS DOCTOR.

Si bonum semblatur domino præsidi,
    Doctissimæ Facultati,
    Et companiæ ecoutanti,
Demandabo tibi, docte bacheliere,
    Quæ remedia eticis,
    Pulmonicis atque asthmaticis,
    Trovas à propos facere.

BACHELIERUS.

Clysterium donare,
Postea seignare,
Ensuita purgare.

CHORUS.

Bene, bene, bene, bene respondere.
Dignus, dignus est intrare
In nostro docto corpore.

QUARTUS DOCTOR.

Super illas maladias
Dominus bachelierus dixit maravillas;
Mais, si non ennuyo doctissimam facultatem
Et totam companiam honorabilem,
Tam corporaliter quam mentaliter hic præsentem,
Faciam illi unam quæstionem :
De hiero maladus unus
Tombavit in meas manus,
Homo qualitatis dives comme un Crésus.
Habet grandam fievram cum redoublamentis,
Grandam dolorem capitis,
Cum troublatione spirii et laxamento ventris;
Grandum insuper malum au côté,
Cum granda difficultate
Et pena a respirare :
Veuillas mihi dire,
Docte bacheliere,
Quid illi facere.

BACHELIERUS.

Clysterium donare,
Postea seignare,
Ensuita purgare.

CHORUS.

Bene, bene, bene, bene respondere.
Dignus, dignus est intrare
In nostro docto corpore.

IDEM DOCTOR.

Mais, si maladia
Opiniatria

Non vult se guarire,
Quid illi facere?

BACHELIERUS.

Clysterium donare,
Postea seignare,
Ensuita purgare,
Reseignare, repurgare, et reclysterizare.

CHORUS.

Bene, bene, bene, bene respondere.
Dignus, dignus est intrare
In nostro docto corpore.

PRÆSES.

Juras gardare statuta
Per Facultatem præscripta,
Cum sensu et jugeamento?

BACHELIERUS:

Juro [1].

PRÆSES.

Essere in omnibus
Consultationibus
Ancieni aviso,
Aut bono,
Aut mauvaiso!

BACHELIERUS.

Juro.

PRÆSES.

De non jamais te servire
De remediis aucunis,
Quam de ceux seulement almæ Facultatis,
Maladus dût-il crevare,
Et mori de suo malo?

BACHELIERUS.

Juro.

PRÆSES.

Ego, cum isto boneto
Venerabili et docto,

---

[1] C'est en prononçant ce mot que Molière succomba. (A. M.)

Dono tibi et concedo
Virtutem et puissanciam
Medicandi,
Purgandi,
Saignandi,
Perçandi,
Taillandi,
Coupandi,
Et occidendi
Impune per totam terram.

SECONDE ENTRÉE DE BALLET.

Tous les chirurgiens et apothicaires viennent lui faire la révérence en cadence.

BACHELIERUS.

Grandes doctores doctrinæ
De la rhubarbe et du séné,
Ce seroit sans douta à moi chosa folla,
Inepta et ridicula,
Si j'alloibam m'engageare
Vobis louangeas donare,
Et entreprenoibam ajoutare
Des lumieras au soleillo,
Des etoilas au cielo,
Des flammas à l'inferno,
Des ondas à l'oceano,
Et des rosas au printano.
Agreate qu'avec uno moto,
Pro toto remercimento,
Rendam gratias corpori tam docto.
Vobis, vobis debeo
Bien plus qu'à nature et qu'à patri meo :
Natura et pater meus
Hominem me habent factum ;
Mais vos me (ce qui est bien plus)
Avetis factum medicum :
Honor, favor et gratia,
Qui, in hoc corde que voilà,
Imprimant ressentimenta
Qui dureront in secula.

CHORUS.

Vivat, vivat, vivat, vivat, cent fois vivat,

Novus doctor, qui tam bene parlat!
Mille, mille annis, et manget et bibat,
Et seignet et tuat!

TROISIÈME ENTRÉE DE BALLET.

Tous les chirurgiens et les apothicaires dansent au son des instruments et des voix, et des battements de mains, et des mortiers d'apothicaires.

CHIRURGUS.

Puisse-t-il voir doctas
Suas ordonnancias,
Omnium chirurgorum
Et apothicarum
Remplire boutiquas!

CHORUS.

Vivat, vivat, vivat, vivat, cent fois vivat,
Novus doctor, qui tam bene parlat!
Mille, mille annis, et manget et bibat,
Et seignet et tuat!

Puissent toti anni
Lui essere boni
Et favorabiles,
Et n'habere jamais
Quam pestas, verolas,
Fievras, pluresias,
Fluxus de sang, et dyssenterias!

Vivat, vivat, vivat, vivat, cent fois vivat,
Novus doctor, qui tam bene parlat!
Mille, mille annis, et manget et bibat,
Et seignet et tuat!

QUATRIÈME ENTRÉE DE BALLET.

Les médecins, les chirurgiens et les apothicaires sortent tous, selon leur rang, en cérémonie, comme ils sont entrés.

FIN DES COMÉDIES.

POÉSIES DIVERSES

STANCES

Souffrez qu'Amour cette nuit vous réveille;
Par mes soupirs laissez-vous enflammer;
Vous dormez trop, adorable merveille,
Car c'est dormir que de ne point aimer.

Ne craignez rien; dans l'amoureux empire
Le mal n'est pas si grand que l'on le fait :
Et, lorsqu'on aime et que le cœur soupire,
Son propre mal souvent le satisfait.

Le mal d'aimer, c'est de vouloir le taire :
Pour l'éviter, parlez en ma faveur.
Amour le veut, n'en faites point mystère.
Mais vous tremblez, et ce dieu vous fait peur!

Peut-on souffrir une plus douce peine?
Peut-on subir une plus douce loi?
Qu'étant des cœurs la douce souveraine,
Dessus le vôtre Amour agisse en roi.

Rendez-vous donc, ô divine Amarante!
Soumettez-vous aux volontés d'Amour;
Aimez pendant que vous êtes charmante,
Car le temps passe et n'a point de retour [1].

---

[1] On trouve ces stances à la page 201 de la première partie d'un recueil intitulé *Délices de la poésie galante;* Jean Ribou, 1666; elles sont signées Molière. (Aimé Martin.)

VERS

PLACÉS AU BAS D'UNE ESTAMPE REPRÉSENTANT LA CONFRÉRIE DE L'ESCLAVAGE DE NOTRE-DAME DE LA CHARITÉ.

Brisez les tristes fers du honteux esclavage
Où vous tient du péché le commerce honteux,
Et venez recevoir le glorieux servage
Que vous tendent les mains de la Reine des cieux :
L'un, sur vous, à vos sens donne pleine victoire ;
L'autre sur vos désirs vous fait régner en rois ;
L'un vous tire aux enfers, et l'autre dans la gloire :
Hélas ! peut-on, mortels, balancer sur le choix ?

BOUTS-RIMÉS

COMMANDÉS PAR LE PRINCE.....[1].

SUR LE BEL AIR.

Que vous m'embarrassez avec votre....... grenouille,
Qui traîne à ses talons le doux mot d'..... hypocras !
Je hais des bouts-rimés le puéril........ fatras,
Et tiens qu'il vaudroit mieux filer une..... quenouille.

La gloire du bel air n'a rien qui me....... chatouille ;
Vous m'assommez l'esprit avec un gros..... plâtras ;
Et je tiens heureux ceux qui sont morts à... Coutras,
Voyant tout le papier qu'en sonnets on..... barbouille.

M'accable derechef la haine du.......... cagot,
Plus méchant mille fois que n'est un vieux... magot,
Plutôt qu'un bout-rimé me fasse entrer en... danse !

Je vous le chante clair, comme un........ chardonneret ;
Au bout de l'univers je fuis dans une..... manse.
Adieu, grand prince, adieu ; tenez-vous.... guilleret.

---

[1] Probablement le prince de Condé. — Ce sonnet fut publié pour la première fois à la suite de la *Comtesse d'Escarbagnas*, édition de 1682.

AU ROI

SUR

LA CONQUÊTE DE LA FRANCHE-COMTÉ[1].

Ce sont faits inouïs, GRAND ROI, que tes victoires !
L'avenir aura peine à les bien concevoir ;
Et de nos vieux héros les pompeuses histoires
Ne nous ont point chanté ce que tu nous fais voir.

Quoi ! presque au même instant qu'on te l'a vu résoudre,
Voir toute une province unie à tes États !
Les rapides torrents, et les vents, et la foudre,
Vont-ils, dans leurs effets, plus vite que ton bras ?

N'attends pas, au retour d'un si fameux ouvrage,
Des soins de notre muse un éclatant hommage.
Cet exploit en demande, il le faut avouer.

Mais nos chansons, GRAND ROI, ne sont pas sitôt prêtes ;
Et tu mets moins de temps à faire tes conquêtes
    Qu'il n'en faut pour les bien louer.

SONNET

A MONSIEUR LA MOTHE LE VAYER,

SUR LA MORT DE SON FILS.

1664

Aux larmes, le Vayer, laisse tes yeux ouverts :
Ton deuil est raisonnable, encor qu'il soit extrême ;
Et, lorsque pour toujours on perd ce que tu perds,
La Sagesse, crois-moi, peut pleurer elle-même.

---

[1] On sait que Molière eut plusieurs fois l'honneur de complimenter le roi sur ses conquêtes ; mais aucun de ses compliments n'avait encore été recueilli. Celui-ci fut sans doute prononcé sur le théâtre ; il est resté inconnu à tous les éditeurs de Molière, et ne se trouve que dans l'édition d'*Amphitryon*, publiée en 1670 chez Jean Ribou. (Aimé Martin.)

On se propose à tort cent préceptes divers
Pour vouloir d'un œil sec voir mourir ce qu'on aime ;
L'effort en est barbare aux yeux de l'univers,
Et c'est brutalité plus que vertu suprême.

On sait bien que les pleurs ne ramèneront pas
Ce cher fils que t'enlève un imprévu trépas ;
Mais la perte, par là, n'en est pas moins cruelle.

Ses vertus de chacun le faisoient révérer ;
Il avoit le cœur grand, l'esprit beau, l'âme belle ;
Et ce sont des sujets à toujours le pleurer.

LETTRE D'ENVOI

DU SONNET PRÉCÉDENT.

Vous voyez bien, monsieur, que je m'écarte fort du chemin qu'on suit d'ordinaire en pareille rencontre, et que le sonnet que je vous envoie n'est rien moins qu'une consolation. Mais j'ai cru qu'il falloit en user de la sorte avec vous, et que c'est consoler un philosophe que de lui justifier ses larmes et de mettre sa douleur en liberté. Si je n'ai pas trouvé d'assez fortes raisons pour affranchir votre tendresse des sévères leçons de la philosophie et pour vous obliger à pleurer sans contrainte, il en faut accuser le peu d'éloquence d'un homme qui ne sauroit persuader ce qu'il sait si bien faire.

MOLIÈRE.

LA GLOIRE[1]

DU

DOME DU VAL-DE-GRACE.

1669

Digne fruit de vingt ans de travaux somptueux,
Auguste bâtiment, temple majestueux,

___
[1] Ce mot de *gloire*, qui est le titre du poëme de Molière, signifie, en termes de

Dont le dôme superbe, élevé dans la nue,
Pare du grand Paris la magnifique vue,
Et, parmi tant d'objets semés de toutes parts,
Du voyageur surpris prend les premiers regards.
Fais briller à jamais, dans ta noble richesse,
La splendeur du saint vœu d'une grande princesse [1],
Et porte un témoignage à la postérité
De sa magnificence et de sa piété.
Conserve à nos neveux une montre fidèle
Des exquises beautés que tu tiens de son zèle;
Mais défends bien surtout de l'injure des ans
Le chef-d'œuvre fameux de ses riches présents,
Cet éclatant morceau de savante peinture,
Dont elle a couronné ta noble architecture :
C'est le plus bel effet des grands soins qu'elle a pris,
Et ton marbre et ton or ne sont point de ce prix.

Toi qui dans cette coupe, à ton vaste génie
Comme un ample théâtre heureusement fournie,
Es venu déployer les précieux trésors
Que le Tibre t'a vu ramasser sur ses bords,
Dis-nous, fameux Mignard, par qui te sont versées
Les charmantes beautés de tes nobles pensées,
Et dans quel fonds tu prends cette variété
Dont l'esprit est surpris et l'œil est enchanté.
Dis-nous quel feu divin, dans tes fécondes veilles,
De tes expressions enfante les merveilles;
Quels charmes ton pinceau répand dans tous ses traits;
Quelle force il y mêle à ses plus doux attraits,
Et quel est ce pouvoir qu'au bout des doigts tu portes,
Qui sait faire à nos yeux vivre des choses mortes,
Et, d'un peu de mélange et de bruns et de clairs,
Rendre esprit la couleur, et les pierres des chairs.

Tu te tais, et prétends que ce sont des matières
Dont tu dois nous cacher les savantes lumières,
Et que ces beaux secrets, à tes travaux vendus,

peinture, la représentation du ciel ouvert, avec les personnes divines, les anges et les bienheureux. Tel est, en effet, le sujet qu'a traité Mignard dans le chef-d'œuvre que Molière va célébrer. (Auger.)

[1] Le Val-de-Grâce fut fondé par la reine mère, en accomplissement du vœu qu'elle avait fait de bâtir une magnifique église, si Dieu mettait un terme à la longue stérilité dont elle était affligée, et que fit cesser, après vingt-deux ans, la naissance de Louis XIV (Auger.)

Te coûtent un peu trop pour être répandus ;
Mais ton pinceau s'explique et trahit ton silence ;
Malgré toi, de ton art il nous fait confidence ;
Et, dans ses beaux efforts à nos yeux étalés,
Les mystères profonds nous en sont révélés.
Une pleine lumière ici nous est offerte ;
Et ce dôme pompeux est une école ouverte,
Où l'ouvrage, faisant l'office de la voix,
Dicte de ton grand art les souveraines lois.
Il nous dit fortement les trois nobles parties [1]
Qui rendent d'un tableau les beautés assorties,
Et dont, en s'unissant, les talents relevés
Donnent à l'univers les peintres achevés.

Mais des trois, comme reine, il nous expose celle [2]
Que ne peut nous donner le travail ni le zèle,
Et qui, comme un présent de la faveur des cieux,
Est du nom de divine appelée en tous lieux ;
Elle dont l'essor monte au-dessus du tonnerre,
Et sans qui l'on demeure à ramper contre terre,
Qui meut tout, règle tout, en ordonne à son choix,
Et des deux autres mène et régit les emplois.
Il nous enseigne à prendre une digne matière
Qui donne au feu du peintre une vaste carrière,
Et puisse recevoir tous les grands ornements
Qu'enfante un beau génie en ses accouchements,
Et dont la poésie et sa sœur la peinture,
Parant l'instruction de leur docte imposture,
Composent avec art ces attraits, ces douceurs,
Qui font à leurs leçons un passage en nos cœurs ;
Et par qui, de tout temps, ces deux sœurs si pareilles
Charment, l'une les yeux, et l'autre les oreilles.
Mais il nous dit de fuir un discord apparent
Du lieu que l'on nous donne et du sujet qu'on prend ;
Et de ne point placer, dans un tombeau de fêtes,
Le ciel contre nos pieds, et l'enfer sur nos têtes.
Il nous apprend à faire, avec détachement,
De groupes contrastés un noble agencement,
Qui du champ du tableau fasse un juste partage,
En conservant les bords un peu légers d'ouvrage [3],

---

[1] L'invention, le dessin, le coloris. (Note de Molière.)
[2] L'invention, première partie de la peinture. (Note de Molière.)
[3] L'impropriété des termes obscurcit le sens et le rend difficile à saisir. *Léger d'ouvrage* est là sans doute pour simple. (Note du peintre Guérin, auteur de la *Phèdre* et de la *Didon*.)

N'ayant nul embarras, nul fracas vicieux
Qui rompe ce repos, si fort ami des yeux ;
Mais où, sans se presser, le groupe se rassemble,
Et forme un doux concert, fasse un beau tout ensemble,
Où rien ne soit à l'œil mendié, ni redit [1],
Tout s'y voyant tiré d'un vaste fonds d'esprit,
Assaisonné du sel de nos grâces antiques,
Et non du fade goût des ornements gothiques,
Ces monstres odieux des siècles ignorants,
Que de la barbarie ont produits les torrents,
Quand leur cours, inondant presque toute la terre,
Fit à la politesse une mortelle guerre,
Et, de la grande Rome abattant les remparts,
Vint, avec son empire, étouffer les beaux arts.
Il nous montre à poser avec noblesse et grâce
La première figure à la plus belle place,
Riche d'un agrément, d'un brillant de grandeur
Qui s'empare d'abord des yeux du spectateur ;
Prenant un soin exact que, dans tout son ouvrage,
Elle joue aux regards le plus beau personnage ;
Et que, par aucun rôle au spectacle placé,
Le héros du tableau ne se voie effacé.
Il nous enseigne à fuir les ornements débiles
Des épisodes froids et qui sont inutiles,
A donner au sujet toute sa vérité,
A lui garder partout pleine fidélité,
Et ne se point porter à prendre de licence,
A moins qu'à des beautés elle donne naissance.

Il nous dicte amplement les leçons du dessin [2]
Dans la manière grecque et dans le goût romain ;
Le grand choix du beau vrai, de la belle nature,
Sur les restes exquis de l'antique sculpture,
Qui, prenant d'un sujet la brillante beauté,
En savoit réparer la foible vérité,
Et, formant de plusieurs une beauté parfaite,
Nous corrige par l'art la nature qu'on traite.
Il nous explique à fond, dans ses instructions,
L'union de la grâce et des proportions ;
Les figures partout doctement dégradées,
Et leurs extrémités soigneusement gardées ;

---

[1] Je ne comprends pas *mendié*. (Guérin.)
[2] Le dessin, seconde partie de la peinture. (Note de Molière.)

Les contrastes savants des membres agroupés,
Grands, nobles, étendus, et bien développés,
Balancés sur leur centre en beautés d'attitude,
Tous formés l'un pour l'autre avec exactitude,
Et n'offrant point aux yeux ces galimatias
Où la tête n'est point de la jambe ou du bras;
Leur juste attachement aux lieux qui les font naître,
Et les muscles touchés autant qu'ils doivent l'être;
La beauté des contours observés avec soin,
Point durement traités, amples, tirés de loin,
Inégaux, ondoyants, et tenant de la flamme,
Afin de conserver plus d'action et d'âme [1];
Les nobles airs de tête amplement variés,
Et tous au caractère avec choix mariés;
Et c'est là qu'un grand peintre, avec pleine largesse,
D'une féconde idée étale la richesse,
Faisant briller partout de la diversité,
Et ne tombant jamais dans un air répété;
Mais un peintre commun trouve une peine extrême
A sortir dans ses airs de l'amour de soi-même :
De redites sans nombre il fatigue les yeux,
Et, plein de son image, il se peint en tous lieux.
Il nous enseigne aussi les belles draperies,
De grands plis bien jetés suffisamment nourries,
Dont l'ornement aux yeux doit conserver le nu,
Mais qui, pour le marquer, soit un peu retenu,
Qui ne s'y colle point, mais en suive la grâce,
Et, sans la serrer trop, la caresse et l'embrasse [2].
Il nous montre à quel air, dans quelles actions,
Se distinguent à l'œil toutes les passions;
Les mouvements du cœur, peints d'une adresse extrême,
Par des gestes puisés dans la passion même,
Bien marqués pour parler, appuyés, forts et nets,
Imitant en vigueur les gestes des muets,
Qui veulent réparer la voix que la nature
Leur a voulu nier, ainsi qu'à la peinture.

Il nous étale enfin les mystères exquis
De la belle partie où triompha Zeuxis [3],

---

[1] Tous ces vers sont à peu près inintelligibles. Ce qu'on en comprend est d'un goût douteux. (Guérin.)

[2] Ces six vers sont d'une bonne doctrine en peinture; c'est aux littérateurs à les juger sous le rapport de l'exécution. (Guérin.)

[3] Le coloris, troisième partie de la peinture. (Note de Molière.)

Et qui, le revêtant d'une gloire immortelle,
Le fit aller de pair avec le grand Apelle :
L'union, les concerts, et les tons des couleurs,
Contrastes, amitiés, ruptures et valeurs,
Qui font les grands effets, les fortes impostures,
L'achèvement de l'art, et l'âme des figures.
Il nous dit clairement dans quel choix le plus beau
On peut prendre le jour et le champ du tableau ;
Les distributions et d'ombre et de lumière
Sur chacun des objets et sur la masse entière ;
Leur dégradation dans l'espace de l'air
Par les tons différents de l'obscur et du clair,
Et quelle force il faut aux objets mis en place
Que l'approche distingue et le lointain efface ;
Les gracieux repos que, par des soins communs,
Les bruns donnent aux clairs, comme les clairs aux bruns ;
Avec quel agrément d'insensible passage
Doivent ces opposés entrer en assemblage,
Par quelle douce chute ils doivent y tomber,
Et dans un milieu tendre aux yeux se dérober [1] ;
Ces fonds officieux qu'avec art on se donne,
Qui reçoivent si bien ce qu'on leur abandonne ;
Par quels coups de pinceau, formant de la rondeur,
Le peintre donne au plat le relief du sculpteur ;
Quel adoucissement des teintes de lumière
Fait perdre ce qui tourne et le chasse derrière,
Et comme avec un champ fuyant, vague et léger,
La fierté de l'obscur, sur la douceur du clair
Triomphant de la toile, en tire avec puissance
Les figures que veut garder sa résistance ;
Et, malgré tout l'effort qu'elle oppose à ses coups,
Les détache du fond, et les amène à nous.

Il nous dit tout cela, ton admirable ouvrage :
Mais, illustre Mignard, n'en prends aucun ombrage ;
Ne crains pas que ton art, par ta main découvert,
A marcher sur tes pas tienne un chemin ouvert,
Et que de ses leçons les grands et beaux oracles
Élèvent d'autres mains à tes doctes miracles :
Il y faut des talents que ton mérite joint,
Et ce sont des secrets qui ne s'apprennent point.
On n'acquiert point, Mignard, par les soins qu'on se donne,

---

[1] Je ne comprends pas ces quatre vers. (Guérin.)

Trois choses dont les dons brillent dans ta personne :
Les passions, la grâce, et les tons de couleur
Qui des riches tableaux font l'exquise valeur ;
Ce sont présents du ciel, qu'on voit peu qu'il assemble ;
Et les siècles ont peine à les trouver ensemble.
C'est par là qu'à nos yeux nuls travaux enfantés
De ton noble travail n'atteindront les beautés.
Malgré tous les pinceaux que ta gloire réveille,
Il sera de nos jours la fameuse merveille,
Et des bouts de la terre en ces superbes lieux
Attirera les pas des savants curieux.

O vous, dignes objets de la noble tendresse
Qu'a fait briller pour vous cette auguste princesse,
Dont au grand Dieu naissant, au véritable Dieu,
Le zèle magnifique a consacré ce lieu [1],
Purs esprits, où du ciel sont les grâces infuses,
Beaux temples des vertus, admirables recluses,
Qui dans votre retraite, avec tant de ferveur,
Mêlez parfaitement la retraite du cœur,
Et, par un choix pieux hors du monde placées,
Ne détachez vers lui nulle de vos pensées,
Qu'il vous est cher d'avoir sans cesse devant vous
Ce tableau de l'objet de vos vœux les plus doux,
D'y nourrir par vos yeux les précieuses flammes
Dont si fidèlement brûlent vos belles âmes,
D'y sentir redoubler l'ardeur de vos désirs,
D'y donner à toute heure un encens de soupirs,
Et d'embrasser du cœur une image si belle
Des célestes beautés de la gloire éternelle,
Beautés qui dans leurs fers tiennent vos libertés,
Et vous font mépriser toutes autres beautés !
Et toi, qui fus jadis la maîtresse du monde,
Docte et fameuse école en raretés féconde,
Où les arts déterrés ont, par un digne effort,
Réparé les dégâts des barbares du Nord ;
Source des beaux débris des siècles mémorables,
O Rome ! qu'à tes soins nous sommes redevables
De nous avoir rendu, façonné de ta main,
Ce grand homme, chez toi devenu tout Romain,

---

[1] L'église du Val-de-Grâce était consacrée à Jésus *naissant* et à la Vierge, sa mère ; on lisait sur la frise du portique :

JESU NASCENTI VIRGINIQUE MATRI.

Dont le pinceau, célèbre avec magnificence,
De ces riches travaux vient parer notre France,
Et dans un noble lustre y produire à nos yeux
Cette belle peinture inconnue en ces lieux,
La fresque, dont la grâce, à l'autre préférée,
Se conserve un éclat d'éternelle durée,
Mais dont la promptitude et les brusques fiertés
Veulent un grand génie à toucher ses beautés!
De l'autre qu'on connoît la traitable méthode
Aux foiblesses d'un peintre aisément s'accommode :
La paresse de l'huile, allant avec lenteur,
Du plus tardif génie attend la pesanteur ;
Elle sait secourir, par le temps qu'elle donne,
Les faux pas que peut faire un pinceau qui tâtonne ;
Et sur cette peinture on peut, pour faire mieux,
Revenir, quand on veut, avec de nouveaux yeux.
Cette commodité de retoucher l'ouvrage
Aux peintres chancelants est un grand avantage ;
Et ce qu'on ne fait pas en vingt fois qu'on reprend,
On le peut faire en trente, on le peut faire en cent.

Mais la fresque est pressante, et veut, sans complaisance,
Qu'un peintre s'accommode à son impatience,
La traite à sa manière, et, d'un travail soudain,
Saisisse le moment qu'elle donne à sa main.
La sévère rigueur de ce moment qui passe
Aux erreurs d'un pinceau ne fait aucune grâce ;
Avec elle il n'est point de retour à tenter,
Et tout, au premier coup, se doit exécuter.
Elle veut un esprit où se rencontre unie
La pleine connoissance avec le grand génie,
Secouru d'une main propre à le seconder
Et maîtresse de l'art jusqu'à le gourmander,
Une main prompte à suivre un beau feu qui la guide,
Et dont, comme un éclair, la justesse rapide
Répande dans ses fonds, à grands traits non tâtés,
De ses expressions les touchantes beautés.
C'est par là que la fresque, éclatante de gloire,
Sur les honneurs de l'autre emporte la victoire,
Et que tous les savants, en juges délicats,
Donnent la préférence à ses mâles appas.
Cent doctes mains chez elle ont cherché la louange ;
Et Jules, Annibal, Raphaël, Michel-Ange,
Les Mignards de leur siècle, en illustres rivaux,

Ont voulu par la fresque ennoblir leurs travaux.

Nous la voyons ici doctement revêtue
De tous les grands attraits qui surprennent la vue.
Jamais rien de pareil n'a paru dans ces lieux;
Et la belle inconnue a frappé tous les yeux.
Elle a non-seulement, par ses grâces fertiles,
Charmé du grand Paris les connoisseurs habiles,
Et touché de la cour le beau monde savant;
Ses miracles encore ont passé plus avant,
Et de nos courtisans les plus légers d'étude
Elle a pour quelque temps fixé l'inquiétude,
Arrêté leur esprit, attaché leurs regards,
Et fait descendre en eux quelque goût des beaux-arts.
Mais ce qui, plus que tout, élève son mérite,
C'est de l'auguste roi l'éclatante visite;
Ce monarque, dont l'âme aux grandes qualités
Joint un goût délicat des savantes beautés,
Qui, séparant le bon d'avec son apparence,
Décide sans erreur et loue avec prudence;
LOUIS, le grand LOUIS, dont l'esprit souverain
Ne dit rien au hasard, et voit tout d'un œil sain,
A versé de sa bouche à ses grâces brillantes
De deux précieux mots les douceurs chatouillantes;
Et l'on sait qu'en deux mots ce roi judicieux
Fait des plus beaux travaux l'éloge glorieux.

Colbert, dont le bon goût suit celui de son maître,
A senti même charme, et nous le fait paroître.
Ce vigoureux génie au travail si constant,
Dont la vaste prudence à tous emplois s'étend,
Qui, du choix souverain, tient par son haut mérite
Du commerce et des arts la suprême conduite,
A d'une noble idée enfanté le dessein
Qu'il confie aux talents de cette docte main,
Et dont il veut par elle attacher la richesse
Aux sacrés murs du temple où son cœur s'intéresse[1].
La voilà, cette main, qui se met en chaleur;
Elle prend les pinceaux, trace, étend la couleur,
Empâte, adoucit, touche, et ne fait nulle pause :
Voilà qu'elle a fini; l'ouvrage aux yeux s'expose;

---

[1] Saint-Eustache. (Note de Molière.) — Colbert était de la paroisse Saint-Eustache, et il fut inhumé dans l'église.

Et nous y découvrons, aux yeux des grands experts,
Trois miracles de l'art en trois tableaux divers.
Mais, parmi cent objets d'une beauté touchante,
Le Dieu porte au respect, et n'a rien qui n'enchante;
Rien en grâce, en douceur, en vive majesté,
Qui ne présente à l'œil une divinité;
Elle est toute en ses traits si brillants de noblesse :
La grandeur y paroît, l'équité, la sagesse,
La bonté, la puissance; enfin ces traits font voir
Ce que l'esprit de l'homme a peine à concevoir.

Poursuis, ô grand Colbert! à vouloir dans la France
Des arts que tu régis établir l'excellence,
Et donne à ce projet, et si grand et si beau,
Tous les riches moments d'un si docte pinceau.
Attache à des travaux, dont l'éclat te renomme,
Les restes précieux des jours de ce grand homme.
Tels hommes rarement se peuvent présenter,
Et, quand le ciel les donne, il faut en profiter.
De ces mains, dont les temps ne sont guère prodigues,
Tu dois à l'univers les savantes fatigues;
C'est à ton ministère à les aller saisir
Pour les mettre aux emplois que tu peux leur choisir;
Et, pour ta propre gloire, il ne faut point attendre
Qu'elles viennent t'offrir ce que ton choix doit prendre.
Les grands hommes, Colbert, sont mauvais courtisans,
Peu faits à s'acquitter des devoirs complaisants;
A leurs réflexions tout entiers ils se donnent;
Et ce n'est que par là qu'ils se perfectionnent.
L'étude et la visite ont leurs talents à part.
Qui se donne à la cour se dérobe à son art.
Un esprit partagé rarement s'y consomme,
Et les emplois de feu demandent tout un homme.
Ils ne sauroient quitter les soins de leur métier
Pour aller chaque jour fatiguer ton portier;
Ni partout, près de toi, par d'assidus hommages
Mendier des prôneurs les éclatants suffrages.
Cet amour du travail, qui toujours règne en eux,
Rend à tous autres soins leur esprit paresseux;
Et tu dois consentir à cette négligence
Qui de leurs beaux talents te nourrit l'excellence.
Souffre que, dans leur art s'avançant chaque jour,
Par leurs ouvrages seuls ils te fassent leur cour [1].

[1] Molière s'entendait mieux a peindre le moral de l'homme qu'à décrire les

Leur mérite à tes yeux y peut assez paroître;
Consultes-en ton goût, il s'y connoit en maître,
Et te dira toujours, pour l'honneur de ton choix,
Sur qui tu dois verser l'éclat des grands emplois.
C'est ainsi que des arts la renaissante gloire
De tes illustres soins ornera la mémoire;
Et que ton nom, porté dans cent travaux pompeux,
Passera triomphant à nos derniers neveux.

parties et les procédés de l'art qui a pour objet d'en représenter les formes extérieures. Ces vers sur l'humeur indépendante, et même un peu sauvage, de l'homme de génie, sont énergiques et fiers. Ils ont la couleur du sujet; ils honorent celui qui les a faits, comme celui qui les a inspirés. (Auger.)

FIN DU TROISIÈME ET DERNIER VOLUME.

TABLE DES MATIÈRES

DU TROISIÈME ET DERNIER VOLUME

Monsieur de Pourceaugnac.. 1
Les Amants magnifiques. 55
Le Bourgeois gentilhomme. 99
Psyché. 185
Les Fourberies de Scapin. 249
La Comtesse d'Escarbagnas. 305
Les Femmes savantes. 326
Le Malade imaginaire. 394
Poésies diverses. 489

PARIS. — IMP. SIMON RAÇON ET COMP., RUE D'ERFURTH, 1.

EXTRAIT DU CATALOGUE

DE LA LIBRAIRIE

GARNIER FRÈRES

6, rue des Saints-Pères, et Palais-Royal, 215

DICTIONNAIRE NATIONAL

OUVRAGE ENTIÈREMENT TERMINÉ

MONUMENT ÉLEVÉ A LA GLOIRE DE LA LANGUE ET DES LETTRES FRANÇAISES

Ce grand Dictionnaire classique de la Langue française contient, pour la première fois, outre les mots mis en circulation par la presse, et qui sont devenus une des propriétés de la parole, les noms de tous les Peuples anciens, modernes ; de tous les Souverains de chaque État ; des institutions politiques ; des Assemblées délibérantes ; des Ordres monastiques, militaires ; des Sectes religieuses, politiques, philosophiques ; des grands Événements historiques : Guerres, Batailles, Siéges, Journées mémorables, Conspirations, Traités de paix, Conciles ; des Titres, Dignités, Fonctions, des Hommes ou Femmes célèbres en tout genre ; des Personnages historiques de tous les pays et de tous les temps : Saints, Martyrs, Savants, Artistes, Ecrivains; des Divinités, Héros et personnages fabuleux de tous les peuples ; des Religions et Cultes divers, Fêtes, Jeux, Cérémonies publiques, Mystères, enfin la Nomenclature de tous les Chefs-lieux, Arrondissements, Cantons, Villes, Fleuves, Rivières, Montagnes de la France et de l'Étranger ; avec les Etymologies grecques, latines, arabes, celtiques, germaniques, etc., etc.

Cet ouvrage classique est rédigé sur un plan entièrement neuf, plus exact et plus complet que tous les dictionnaires qui existent, et dans lequel toutes les définitions, toutes les acceptions des mots et les nuances infinies qu'ils ont reçues sont justifiées par plus de quinze cent mille exemples extraits de tous les écrivains moralistes et poètes philosophes et historiens, etc., etc. Par M. Bescherelle aîné, principal auteur de la *Grammaire nationale*. 2 magnifiques vol. in-4 de plus de 3,000 pages, à 4 col., imprimés en caractères neufs et très-lisibles, sur papier grand raisin, glacé, contenant la matière de plus de 500 volumes in-8. . . . . . 50 fr

Demi-reliure chagrin, plats en toile. . . . . 10 fr.

GRAMMAIRE NATIONALE

Ou Grammaire de Voltaire, de Racine, de Bossuet, de Fénelon, de J. J. Rousseau, de Bernardin de Saint-Pierre, de Chateaubriand, de Casimir Delavigne, et de tous les écrivains les plus distingués de la France ; par MM. Bescherelle frères et Litais de Caux 1 fort vol. grand in-8. Complément indispensable du *Dictionnaire national*. . . . . 10 fr

NOUVEAU DICTIONNAIRE CLASSIQUE DE LA LANGUE FRANÇAISE

Comprenant : Les mots du Dictionnaire de l'Académie française, et un très-grand nombre d'autres autorisés par l'emploi qu'en ont fait les bons écrivains ; leurs acceptions propres et figurées et l'indication de leur emploi dans les diffférents genres de style ; — 2° Les termes usités dans les sciences, les arts, les manufactures, ou tirés des langues étrangères ; — 3° La synonymie rédigée sur un plan tout nouveau ; — 4° La prononciation figurée de tous les mots qui représentent quelque difficulté ;—5° Un Vocabulaire général de géographie, d'histoire et de biographie, etc., etc.; par MM. BESCHERELLE aîné, et J. A. PONS, professeur d'histoire. 1 vol. gr. in-8 de 1100 pag. . . . . 10 fr.

GRAMMAIRE ESPAGNOLE-FRANÇAISE DE SOBRINO

Très-complète et très-détaillée, contenant toutes les notions nécessaires pour apprendre à parler et à écrire correctement l'espagnol. Nouvelle édition, refondue avec le plus grand soin, par A. GALBAN. 1 vol. in-8. . . . 5 fr.

GRAMATICA DE LA LENGUA FRANCESA

Para los Españoles, por CHANTREAU, corrigée avec le plus grand soin par A. GALBAN, 1 vol, in-8. . . . . 4 fr.

GRAMMAIRE ITALIENNE

En 25 leçons, d'après VERGANI, corrigée et complétée par C. FERRARI, ancien professeur à l'école normale et à l'Université de Turin, auteur du *Nouveau Dictionnaire italien-français et français-italien*. 1 vol. . . . . 2 fr.

PETIT DICTIONNAIRE NATIONAL

Contenant la définition très-claire et très-exacte de tous les mots de la langue usuelle; l explication la plus simple des termes scientifiques et techniques ; la prononciation figurée dans tous les cas douteux ou difficiles, etc., etc.; à l'usage de la jeunesse, des maisons d'éducation et de tous ceux qui ont besoin de renseignements prompts et précis, par M. BESCHERELLE aîné, auteur du *Grand Dictionnaire national*, etc. 1 fort vol. in-32 jésus, de plus de 600 pag. . . . . 2 fr. 25

PETIT DICTIONNAIRE D'HISTOIRE, DE GÉOGRAPHIE ET DE MYTHOLOGIE

Par J. P. QUITARD, auteur du *Dictionnaire des Proverbes*, faisant suite au *Petit Dictionnaire national* de M. BESCHERELLE aîné. 1 vol. in-32. 1 fr. 75
Les deux ouvrages réunis en 1 fort vol., rel. toile. . . . . 4 fr.

DICTIONNAIRE USUEL DE TOUS LES VERBES FRANÇAIS,

Tant réguliers qu'irréguliers ; par MM. BESCHERELLE frères. 3ᵉ édition. 2 forts vol. in-8 à 2 colonnes. . . . . 12 fr
Ce livre est indispensable à tous les écrivains et à toutes les personnes qui s'occupent de la langue française. La conjugaison des verbes est sans contredit ce qu'il y a de plus difficile dans notre langue, puisqu'on y compte plus de trois cent verbes irréguliers. A l'aide de ce dictionnaire, tous les doutes sont levés, toutes le difficulté vaincues.

PETITS DICTIONNAIRES EN DEUX LANGUES

Avec la prononciation figurée, très-complets et exécutés avec le plus grand soin, contenant chacun la matière d'un fort volume in-8, à l'usage des voyageurs, des lycées, des colléges, de la jeunesse des deux sexes, et de toutes les personnes qui étudient les langues étrangères.

Dictionnaire grec-français, Rédigé sur un plan nouveau, contenant tous les termes employés par les auteurs classiques présentant un aperçu de la dérivation des mots dans la langue grecque et suivi d'un lexique des noms propres, par A. Chassang, maître de Conférences de langue et littérature grecques à l'Ecole normale supérieure. 1 vol. grand in-32 de plus de 1000 pages . . . . 7 fr. 50

Nouveau dictionnaire latin-français contenant tous les termes employés par les auteurs classiques; l'explication d'un certain nombre de mots appartenant à la langue du droit; les noms propres d'hommes et de lieux, etc., par E. de Suckau, chargé du cours de littérature française à la Faculté d'Aix. 1 fort vol. grand in-32. . . . 4 fr. 50

Nouveau dictionnaire anglais-français et français-anglais contenant : Tout le vocabulaire de la langue usuelle, et donnant la *prononciation* figurée de tous les mots anglais, et celle des mots français dans les cas douteux, par M. Clifton. 1 vol. grand in 32, imprimé avec soin. . 4 fr. 50

Nouveau dictionnaire allemand-français et français-allemand du langage littéraire, scientifique et usuel, contenant, à leur ordre alphabétique, tous les mots usités et nouveaux de ces deux idiomes ; les noms propres de personnes, de pays, de villes, etc.; la grammaire et les idiotismes, et suivi d'un Tableau des verbes irréguliers, par K. Rotteck (de Berlin). 1 fort vol. grand in-32 jésus. . . 4 fr. 50

Nouveau dictionnaire de poche français-espagnol et espagnol-français avec *la prononciation* dans les deux langues, rédigé d'après les matériaux réunis par D. Vicente Salva et les meilleurs dictionnaires parus jusqu'à ce jour. 1 fort vol. grand in-32, format dit Cazin, d'environ 1,100 p. . . 5 fr.

Dictionnaire-italien-français et français-italien, contenant tous les mots de la langue usuelle et donnant la prononciation figurée des mots italiens et des mots français, dans les cas douteux et difficiles, par C. Ferrari. 1 fort volume in-32. . . . 4. fr. 50

Dictionnaire de poche français-turc, par A. Calfa. 3ᵉ édition refondue. 1 vol. gr. in-32, relié . . . . 6 fr.

Reliure percaline, tr. jaspée, de chacun de ces quatre dictionnaires. . 0, 60 c.

Les dictionnaires en petit format publiés jusqu'à ce jour sont plutôt des vocabulaires, souvent très-incomplets, qui ne contiennent aucune des indications nécessaires pour aider un commençant à traduire correctement d'une langue dans une autre.

Dans ces dictionnaires que nous recommandons à l'attention du public ami des lettres :

1° Tous les mots, sans exception, sont à leur ordre alphabétique ; pas de liste particulière de noms propres, de mots géographiques, etc.

2° Les diverses acceptions de chaque mot sont indiquées par des numéros. Le premier numéro donne le sens le plus conforme à l'étymologie ; les numéros suivants présentent successivement les sens dérivés, détournés ou figurés. Enfin différents signes typographiques et de ponctuation viennent encore guider l'étranger dans le choix des mots.

3° La prononciation a été figurée avec le plus grand soin et à l'aide des moyens les plus simples.

On voit que nous n'avons rien négligé pour rendre cette publication aussi utile et pratique que possible. Si l'on considère encore que nous donnons également la solution des difficultés grammaticales, relatives, par exemple, à la conjugaison des verbes, des prépositions, etc., on sera forcé de convenir que jamais on n'a présenté autant de matières sous un aussi petit volume.

GRAND DICTIONNAIRE
ESPAGNOL-FRANÇAIS ET FRANÇAIS-ESPAGNOL

Avec la prononciation dans les deux langues, plus exact et plus complet que tous ceux qui ont paru jusqu'à ce jour, rédigé d'après les matériaux réunis par D. Vicente Salva, et les meilleurs dictionnaires anciens et modernes, par F. de P. Noriéga et Guim. 1 fort vol. gr. in-8 jésus, d'environ 1,600 pag., à 3 col. . . . . . . 18 fr.

GUIDES POLYGLOTTES

Manuels de la conversation et du style épistolaire, à l'usage des voyageurs et des écoles. Grand in-32, format dit Cazin, papier satiné, élégamment cartonnés. Prix du vol.. . . . . 2 fr.

Français - anglais, par M. Clifton, 1 vol.
Français-italien, par M. Vitali, 1 vol.
Français-allemand, par M. Ebeling, 1 vol.
Français - espagnol, par M. Corona Bustamente, 1 vol.
Espanol-francés, por Corona Bustamente.
English-french, by Clifton 1 vol,
Hollandsch - fransch, van A. Dufriche, 1 vol.
Espanol-inglés, por Corona Bustamente y Clifton, 1 vol.

English and italian. 1 vol.
Espanol-aleman, por Corona Bustamente Ebeling, 1 vol.
Deutsch-english, von Carolino Duarte, 1 vol.
Espanol-italiano, por M. Corona Bustamente y Vitali, 1 vol.
Italiano-tedesco, da Giovani Vitali et Dr Ebeling, 1 vol.
Portuguez-francez, por M. Carolino Duarte y Clifton, 1 vol.
Portuguez inglez, por Duarte y Clifton, 1 vol.

GUIDE EN SIX LANGUES. Français-anglais-allemand-italien-espagnol portugais. 1 fort in-16 de 550 pages. . . . . 5 fr

GUIDE EN QUATRE LANGUES, français-anglais-allemand-italien, 1 vol. grand in-32, cartonné.. . . . . 4 fr.

Nous appelons d'une manière toute spéciale l'attention sur nos *Guides polyglottes*. Le soin intelligent et scrupuleux qui en a dirigé l'exécution leur assure, parmi les livres de ce genre, une incontestable supériorité. Le texte original a été fait et préparé, avec beaucoup d'adresse et d'habileté, par un maître de conférences à l'École normale supérieure. Les besoins de la conversation usuelle y sont très-heureusement prévus. Les dialogues, au lieu de se traîner dans l'ornière des banalités ennuyeuses, ont un à propos, une vivacité, un sel, qui amusent et réveillent le lecteur. Les traducteurs se sont acquittés de leur tâche avec exactitude et fidélité.

Guide français-anglais, manuel de la conversation et du style épistolaire, avec la *prononciation figurée de tous les mots anglais*, à l'usage des voyageurs. 1 vol. in-16. . . . . . . 4 fr.

Polyglot guides manual of conversation with models of letters for the use of travellers and students. English and French with the figured pronunciation of the French, by MM. Clifton and Dufriche-Desgenettes. 1 volume in-16. . . . . 4 fr.

CODES ET LOIS USUELLES

Classés par ordre alphabétique, édition sans supplément conforme à la législation la plus récente, collationnée sur les textes officiels, contenant en note sous chaque article des codes ses différentes modifications, la corrélation des articles, entre eux, la concordance avec le droit romain, l'ancienne législation française et les lois nouvelles, précédée de la constitution de l'Empire français et accompagnée d'une table chronologique et d'une table générale des matières, par M. A. Roger, avocat à la Cour impériale de Paris, auteur de la 2e édition du *Traité de la Saisie-Arrêt*, et M. A. Sorel, avocat à la Cour impériale de Paris, suppléant du juge de paix du VIIIe arrondissement de Paris. 1 beau v. gr. in-8 raisin de 1,200 pages. Prix, br. . . 15 fr.
La reliure, demi-chagrin.. . . . . 3 fr.

LE MÊME OUVRAGE

Édition portative, format gr. in-32 jésus, en deux parties :

Ire Partie. Les *Codes*. . . . . 4 fr.
IIe Partie. Les *Lois usuelles*. 4 fr.

DICTIONNAIRE DE LA CONVERSATION ET DE LA LECTURE.

52 vol. grand in-8 de 500 pages à 2 col., contenant la matière de plus de 300 vol. . . . . 208 fr.

SUPPLÉMENT AU DICTIONNAIRE DE LA CONVERSATION ET DE LA LECTURE

Rédigé par tous les écrivains et savants dont les noms figurent dans cet ouvrage et publié sous la direction du même rédacteur en chef. 16 vol. in-8 de 500 pages, pareilles à celles des 52 vol. publiés de 1833 à 1839. 80 fr.

Le *Supplément*, aujourd'hui TERMINÉ, se compose de *seize volumes* formant les tomes 53 à 68 de cette Encyclopédie si populaire.

Le *Supplément* a réparé toutes les erreurs, toutes les omissions qui avaien échappé dans le travail si rapide de la rédaction des 52 premiers volumes. Tous les *renvois* que le lecteur chercherait vainement dans l'ouvrage principal se trouvent traités dans le *Supplément*.

Aujourd'hui les seuls exemplaires qui conservent *leur valeur primitive* sont ceux qui sont accompagnés du *Supplément*, en d'autres termes des tomes 53 à 68.

COURS COMPLET D'AGRICULTURE,

Ou Nouveau Dictionnaire d'agriculture théorique et pratique d'économie rurale et de médecine vétérinaire, sur le plan de l'ancien Dictionnaire de l'abbé Rosnier, par MM. le baron de Morogues, membre de l'Institut; Mirbel, professeur de culture au Jardin des Plantes, etc.; le vicomte Héricart de Thury, président de la Société impériale d'agriculture; Payen, professeur de chimie agricole; Mathieu de Dombasle, etc, etc. 4ᵉ édition, revue et corrigée. 20 vol. br. en 19 gr. in-8 à 2 col., avec environ 4,000 sujets grav., relat. à la grande et à la petite culture, à l'économie rurale et domestique, à la description des plantes, etc. Complet. . . . 112 fr.

Chaque volume est orné du portrait d'un des hommes les plus notables des sciences agricoles. Le *Supplément* compte des textes tout récents ; on y voit figurer les noms de MM. Chevreul, Gaudichaud, Boucherie, Paul Gaubert, Polonceau, Fuster, Morin, etc.

DICTIONNAIRE D'HIPPIATRIQUE ET D'ÉQUITATION.

Ouvrage où se trouvent réunies toutes les connaissances équestres et hippiques, par F. Cardini, lieutenant-colonel en retraite. 2 vol. grand in-8, ornés de 70 figures ; 2ᵉ édition, considérablement augmentée. . . 20 fr

NOUVEAU DICTIONNAIRE COMPLET DES COMMUNES DE LA FRANCE

De l'Algérie et des autres colonies françaises, contenant la Nomenclature de toutes les communes, leur division administrative, leur population d'après le dernier recensement; les bureaux de poste; leur distance de Paris; les stations de chemins de fer; les bureaux télégraphiques ; l'industrie; le commerce; les productions du sol; les châteaux et tous les renseignements relatifs à l'organisation administrative, ecclésiastique, judiciaire, universitaire, financière, militaire et maritime de la France, avant et depuis 1789, par A. Gindre de Mancy. 1 fort vol. gr. in-8 d'environ 1,000 p., à deux colonnes avec une carte des chemins de fer, par Charle, géographe. 12 fr.

DICTIONNAIRE PORTATIF DES COMMUNES DE LA FRANCE, DE L'ALGÉRIE ET DES AUTRES COLONIES FRANÇAISES

Précédé de tableaux synoptiques, et accompagné d'une carte de la France, par M. Gindre de Mancy, membre de la Société philotechnique et de plusieurs sociétés savantes. 1 fort vol. in-32 de 750 pages. . . . . 3 fr. 50

DICTIONNNAIRE GÉNÉRAL DES SCIENCES THÉORIQUES ET APPLIQUÉES

Comprenant les mathématiques, la physique et la chimie, la mécanique et la technologie, l'histoire naturelle et la médecine, l'économie rurale et l'art vétérinaire, par MM. Privat-Deschanel et Ad. Focillon, professeurs des sciences physiques et des sciences naturelles au lycée de Louis-le-Grand, avec la collaboration d'une réunion de savants ; 4 parties; vol. gr. in-8. Prix. 30 fr

GÉOGRAPHIE UNIVERSELLE,

Par Malte-Brun. Description de toutes les parties du monde sur un nouveau plan, d'après les grandes divisions du globe; précédée de l'histoire de la géographie chez les peuples anciens et modernes, et d'une théorie générale de la géographie mathématique, physique et politique. 6e édition revue, corrigée et augmentée, mise dans un nouvel ordre et enrichie de toutes les nouvelles découvertes, par J. J. N. Huot. 6 beaux vol. gr. in-8, ornés de 41 grav. sur acier, ... 60 fr.
Avec un superbe Atlas entièrement établi à neuf. 1 vol. in-folio, composé de 72 magnifiques cartes coloriées, dont 14 doubles. . . . . 80 fr.
On peut acheter l'Atlas séparément. . . . . 20 fr.

CHEFS-D'ŒUVRE DE LA LITTÉRATURE FRANÇAISE
21 volumes sont en vente à 7 fr. 50

Cette collection imprimée avec luxe par M. Claye, sur magnifique papier des Voges fabriqué spécialement pour cette édition est ornée de vignettes gravées sur acier, d'après les dessins de Staal.
On tire de chaque volume de la collection 150 *exemplaires numérotés* sur papier de Hollande, avec figures sur chine avant la lettre, au prix de : 15 fr. le vol.

Œuvres complètes de Molière, nouvelle édition tres-soigneusement revue sur les textes orignaux avec un nouveau travail de critique et d'érudition, aperçus d'histoire littéraire, examen de chaque pièce, commentaire, biographie, etc., etc., par M. Louis Moland. 7 vol. in-8 cavalier.

Chefs-d'œuvre littéraires de Buffon, avec une introduction par M. Flourens, membre de l'Académie française, secrétaire de l'Académie des sciences, etc. 2 vol in-8 cavalier.

Histoire de Gil Blas de Santillane, Par le Sage, avec les principales remarques des divers annotateurs, précédée d'une notice par Sainte-Beuve, les jugements et témoignages sur le Sage et sur *Gil Blas*. 2 vol in-8 illustrés de 6 belles gravures sur acier d'après les dessins de Staal.

Imitation de Jésus-Christ. Traduction nouvelle avec des réflexions à la fin de chaque chapitre, par M. l'abbé de Lamennais. 1 vol. in-8.

Essais de Michel de Montaigne, nouvelle édition, avec les notes de tous les commentateurs, choisies et complétées par M. J. V. Le Clerc, ornée d'un magnifique portrait de Montaigne, précédée d'une nouvelle étude sur Montaigne, par M. Prévost-Paradol, de l'Académie française. 4 vol.

Œuvres complètes de Boileau Despréaux, avec un nouveau travail et un commentaire, par M. Géruzez. 4 v.

Œuvres choisies de Marot, accompagnées de notes philologiques et littéraires et précédées d'une étude sur l'auteur, par M. d'Héricault. 1 vol.

EN PRÉPARATION

Œuvres complètes de Racine, avec un travail nouveau, par M. Saint-Marc Girardin, de l'Académie française.

Œuvres complètes de la Fontaine. avec un nouveau travail de critique et d'érudition, par M. Louis Moland.

Nous avons promis, dans le prospectus de *Molière*, de chercher à remettre en honneur les belles éditions de nos auteurs classiques. Les volumes qui ont paru permettent de juger si nous avons tenu parole.
Notre collection contiendra la fleur de la littérature française. Elle se composera d'une soixantaine de volumes environ, imprimés avec le plus grand luxe par Claye, et dignes de tenir une place d'honneur dans les meilleures bibliothèques.

BIBLIOTHÈQUE AMUSANTE

Contenant les meilleurs romans du xviie et du xviiie siècles, et quelques-uns des principaux du xixe. Le volume, grand in-8 cavalier, 3 grav. sur acier d'après STAAL. . . . . 7 fr. 50

Œuvres de madame de la Fayette. 1 vol.

Œuvres de mesdames de Fontaines et Tencin. 1 vol.

Gil Blas, par LE SAGE. 2 vol.

Diable boiteux, suivi de *Estévanille Gonzalès*, par LE SAGE.

Histoire de Guzman d'Alfarache, par LE SAGE.

Vie de Marianne, suivie du *Paysan parvenu*, par MARIVAUX. 2 vol.

Œuvres de madame Riccoboni. 1 v.

Lettres du marquis de Roselle, par madame ÉLIE DE BEAUMONT; **Mademoiselle de Clermont**, par madame DE GENLIS, et la **Dot de Suzette**, par FIÉVÉE. 1 vol.

Chefs-d'œuvre de madame de Souza. 1 vol.

Corinne, par madame de STAEL. 1 vol.

HISTOIRE DE FRANCE PAR ANQUETIL

Avec continuation jusqu'en 1852, par BAUDE, l'un des principaux auteurs du *Million de faits* et de *Patria*. 8 demi-vol. gr. in-8, illustrés de 120 gravures, renfermant la collection complète des portraits des rois, imprimés en beaux caractères, à 2 colonnes, sur papier des Vosges.. . . . . . 50 fr.

HISTOIRE DE FRANCE D'ANQUETIL

Continuée depuis la Révolution de 1789, par LÉONARD GALLOIS. Edition ornée de 50 gravures en taille-douce. 5 vol. gr. in-8 jésus à 2 colonnes, contenant la matière de 40 vol. in-8 ordinaire, 62 fr. 50; net.. . . . . 30 fr.

ŒUVRES COMPLÈTES DE CHATEAUBRIAND

Nouvelle édition, précédée d'une étude littéraire sur Chateaubriand, par M. SAINTE-BEUVE, de l'Académie française. 12 très-forts volumes in-8, sur papier cavalier vélin, ornés d'un beau portrait de Chateaubriand et de 42 gravures exécutées spécialement pour cette édition, et avec le plus grand soin, par MM. F. DELANNOY, G. THIBAULT, OUTHWAITE, MASSARD, etc., d'après les dessins originaux de STAAL, de RACINET, etc.

ON VEND SÉPARÉMENT AVEC UN TITRE SPÉCIAL

Le Génie du christianisme. 1 vol. orné de 5 grav. sur acier.

Les Martyrs. 1 vol. orné de 5 grav. sur acier.

L'Itinéraire de Paris à Jérusalem. 1 vol. orné de 6 gravures.

Atala, René, le Dernier Abencérage, les Natchez, Poésies. 1 vol. orné de 4 grav. sur acier.

Voyage en Amérique, en Italie et en Suisse. 1 vol orné de 4 gravures.

Le Paradis perdu. 1 vol. orné de 4 grav. sur acier.

Histoire de France. 1 vol. orné de 4 grav. sur acier.

Études historiques. 1 vol. orné de 3 grav. sur acier.

Le prix de chaque volume, avec 3, 4 ou 5 gravures, est de   6 fr.
Sans gravures. . . . . 5 fr.

CHATEAUBRIAND ET SON GROUPE LITTÉRAIRE

Sous l'Empire, par M. SAINTE-BEUVE, de l'Académie française. 2 volumes in-8.. . . . . 15 fr.

HISTOIRE DE NAPOLÉON
Par Laurent (de l'Ardèche); illustrée de 500 vignettes, avec les types en noir imprimés dans le texte, par Horace Vernet. 1 vol. gr. in-8. .. 9 fr.
Reliure toile, tranche dorée.. . . . . 4 fr. 50

NOUVEAU TRAITÉ DE BLASON
Ou science des armoiries, d'après le P. Ménétrier, d'Hozier, Ségoing, Scohier, Palliot, H. de Bara, Favin, par Victor Bouton, peintre héraldique et paléographe. 1 vol. in-8 de 500 pag. 460 blasons, 800 noms de familles. 10 fr.

ABRÉGÉ MÉTHODIQUE DE LA SCIENCE DES ARMOIRIES
Suivi d'un glossaire des attributs héraldiques, d'un traité élémentaire des ordres modernes de chevalerie, et de notions sur l'origine des noms de familles et des classes nobles, etc., par M. Maigne. 1 vol. gr. in-18 jésus, orné d'environ 300 vignettes dans le texte, grav. par M. Dufrénoy. 6 fr.

LA SCIENCE DU BLASON
Accompagnée d'un armorial général des familles nobles de l'Europe, publiée par le vicomte de Magny, directeur de l'Institut héraldique. 1 vol. gr. in-8, jésus vélin, enrichi de 2,000 blasons gravés dans le texte, 25 fr.; net. 12 fr.

LE HÉRAUT D'ARMES
Revue illustrée de la noblesse. —Directeur : le comte Alfred de Bizemont.— Gérant : Victor Bouton. Tome I (novembre 1861, à janvier 1863), 30 fr. net. . . . . 12 fr

L'ITALIE CONFÉDÉRÉE
Histoire politique, militaire et pittoresque de la campagne de 1859, par Amédée de Césena. 4 beaux vol. gr. in-8. . . . . 24 fr.
Illustrée de très-belles gravures sur acier, parmi lesquelles un magnifique portrait de l'Empereur et de l'Impératrice, de vingt types militaires coloriés, d'une excellente carte du nord de l'Italie, par Vuillemin; des plans de bataille de Magenta et de Solferino, des plans coloriés de Venise, de Mantoue et de Vérone.

CAMPAGNE DE PIÉMONT ET DE LOMBARDIE
Par Amédée de Césena. 1 vol. gr. in-8 jésus.. . . . . 20 fr
L'ouvrage est orné des portraits de l'*Empereur*, de l'*Impératrice*, et de *Victor Emmanuel*, admirablement gravés sur acier par Delannoy, d'après Winterhalter de plans et de cartes, de types militaires des trois armées et de planches sur acier représentant les batailles; il renferme aussi la liste complète et nominale des décorés et des médaillés de l'armée d'Italie.

HISTOIRE DES DUCS DE BOURGOGNE
Par M. de Barante, membre de l'Académie française ; 7ᵉ édition. 12 vol. in-8, caractères neufs, imprimés sur papier vélin satiné des Vosges, ornés de 104 gravures et d'un grand nombre de cartes. Prix du volume.. . 5 fr.

HISTOIRE UNIVERSELLE
Par le comte de Ségur, de l'Académie française; contenant l'histoire de tous les peuples de l'antiquité, l'histoire romaine et l'histoire du Bas-Empire. 9ᵉ édition, ornée de 30 gravures sur acier, d'après les grands maîtres de l'école française. 3 vol. gr. in-8. . . . . 37 fr. 50
On peut acheter séparément chaque volume, qui forme un tout complet.

LAMARTINE
Histoire de la Révolution de 1848. Nouvelle édition, complètement revue par l'auteur. 2 vol. in-8, papier cavalier vélin, 12 fr.; net. . . . 10 fr.
Raphaël. Pages de la vingtième année. Deuxième édition. 1 v. in-8 cavalier vélin . . . . 5 fr.
Histoire de Russie. Paris. Perrotin, 1856. 2 vol. in-8, 10 fr.; net. . 6 fr.

ŒUVRES COMPLÈTES DE BUFFON
(OUVRAGE TERMINÉ)

Avec la nomenclature linnéenne et la classification de Cuvier ; édition nouvelle, revue sur l'édition in-4 de l'Imprimerie impériale ; annotée par M. Flourens, membre de l'Académie française, secrétaire perpétuel de l'Académie des sciences, professeur au Muséum d'histoire naturelle. Les *Œuvres complètes de Buffon* forment 12 vol. gr. in-8 jésus, illustrés de 163 planches, 800 sujets coloriés, gravés sur acier, d'après les dessins originaux de M. Victor Adam ; imprimés en caractères neufs, sur papier pâte vélin, par la typographie J. Claye. . . . . 120 fr.

M. le ministre de l'instruction publique a souscrit pour les bibliothèques à cette magnifique publication (aujourd'hui complétement achevée), reconnue par les hommes les plus compétents comme une édition modèle des œuvres du grand naturaliste. Le nom et le travail de M. Flourens la recommandent d'une façon toute particulière et lui donnent un cachet spécial.

ŒUVRES DE P. ET TH. CORNEILLE

Précédées de la Vie de P. Corneille, par Fontenelle, et des Discours sur la poésie dramatique. Nouvelle édition, ornée de gravures sur acier. 1 beau vol. gr. in-8, même format que le Racine et le Molière. . . . . 12 fr. 50

ŒUVRES DE J. RACINE

Avec un essai sur la vie et les ouvrages de J. Racine, par Louis Racine ; ornées de 15 vignettes, d'après Gérard, Girodet, Desenne, etc. 1 beau vol. gr. in-8 jésus. . . . . 12 fr. 50

ŒUVRES COMPLÈTES DE BOILEAU

Avec une notice par M. Sainte-Beuve, et les notes de tous les commentateurs ; illustrées de gravures sur acier. Nouv. édit. 1 vol. gr. in-8. . . 12 fr. 50

MOLIÈRE

1 beau vol. gr. in-8, pareil au *Corneille*, au *Racine* et au *Boileau*, orné de charmantes gravures sur acier, par F. Delannoy, d'après les dessins de Staal, et accompagné de notes explicatives, philologiques et littéraires. . . . . 12 fr. 50

MOLIÈRE

Œuvres complètes, précédées d'une notice sur la vie et les ouvrages de Molière, par M. Sainte-Beuve, illustrées de 800 dessins, par Tony Johannot. Nouvelle édit. 1 magnifique vol. gr. in-8 jésus, impr. par Plon frères. 20 fr.

ŒUVRES COMPLÈTES DE CASIMIR DELAVIGNE

Comprenant le *Théâtre*, les *Messéniennes* et les *Chants sur l'Italie*. Nouvelle édition. 1 beau vol. gr. in-8 jésus, illustré de 12 belles vignettes de A. Johannot. . . . . 12 fr. 50

—— **LE MÊME OUVRAGE.** 6 vol. in-8 cavalier. . . . . 42 fr.

ENCYCLOPÉDIE THÉORIQUE ET PRATIQUE DES CONNAISSANCES UTILES

Composée de traités sur les connaissances les plus indispensables, ouvrage entièrement neuf, avec environ 1,500 gravures intercalées dans le texte, par MM. Alcan, L. Baude. Bellanger, Berthelet, Delafond, Deyeux, Dubreuil, Foucault, H. Fournier, Génin, Giguet, Girardin, Léon Lalanne, Elizée Lefèvre, Henri Martin, Martins, Mathieu, Noll, Moreau de Jonnes, Ludovic Lalanne Péclet, Persoz, Louis Reybaud, L. de Wailly, Wolowski, etc. 2 vol grand in-8. . . . . 25 fr.

1.

DICTIONNAIRE HISTORIQUE DE LA MÉDECINE ANCIENNE ET MODERNE

Ou précis de l'histoire générale, technologique et littéraire de la médecine; suivi de la bibliographie médicale du dix-neuvième siècle, et d'un répertoire bibliographique par ordre de matières, par Dezeimeris, docteur en médecine, bibliothécaire à la Faculté de médecine de Paris. 4 tomes en 7 vol. in-8 de 400 pag. chacun, 42 fr.; net. . . . . 10 fr.

DICTIONNAIRE UNIVERSEL DE MATIÈRES MÉDICALES ET DE THÉRAPEUTIQUE GÉNÉRALE

Contenant l'indication, la description et l'emploi de tous les médicaments connus dans les diverses parties du globe, ouvrage complet, par Merat F. et Delens. Paris 1829-1846. 7 forts vol. in-8 de 7 à 800 pag. chacun. 56 fr.; net. . . . . 20 fr.

HISTOIRE DES HOTELLERIES

Cabarets, Courtilles, Hôtels garnis, Restaurants et Cafés, et des anciennes Communautés et Confréries d'hôteliers, de taverniers, de marchands de vins, de restaurateurs, de limonadiers, etc., par Michel Francisque et Fournier Edouard. Paris, Librairie archéologique de Séré, 1854. 2 vol. gr. in-8 jésus vélin, illustrés de 31 grandes vignettes sur bois tirées à part. 30 fr. net. . . . . 12 fr.

RUBENS ET L'ÉCOLE D'ANVERS

Par Michiels. 1 beau vol. in-8, suivi du Catalogue des tableaux de Rubens. 6 fr.; net. . . . . 4 fr.

BIOGRAPHIE UNIVERSELLE

Biographie portative universelle, contenant 29,000 noms, suivie d'une table chronologique et alphabétique, où se trouvent répartis en cinquante-quatre classes différentes les noms mentionnés dans l'ouvrage, par L. Lalanne, L. Renier, Th. Bernard, Ch. Laumier, E. Janin, A. Delloye, etc. 1 vol. de 2,000 col., format du *Million de faits*, contenant la matière de 17 vol. 12 fr.; net. . . . . 7 fr. 50

LETTRES CHOISIES DE MADAME DE SÉVIGNÉ

Avec une magnifique galerie de portraits sur acier, représentant les personnages principaux qui figurent dans la correspondance. 1 très-beau vol. gr. in-8. . . . . 20 fr.

HISTOIRE DE FRANCE

Depuis la fondation de la monarchie, par Mennechet, illustrée de 20 gravures sur acier, d'après les grands maîtres de l'école française, gravées par F. Delannoy, Massard, Outhwaite, etc, 1 vol. gr. in-8 jésus. . . . . 20 fr.

LES FEMMES D'APRÈS LES AUTEURS FRANÇAIS

Par E. Muller. Ouvrage illustré de portraits des femmes les plus illustres, gravés au burin, d'après les dessins de Staal, par Massard, Delannoy, Regnault et Geoffroy. 1 vol. gr. in-8 jésus. . . . . 20 fr.
Ce livre, imprimé avec luxe et orné de très-belles gravures sur acier, contient la fleur de tout ce que les prosateurs et les poëtes français ont écrit de plus original et de plus piquant sur un sujet qui excite éternellement la curiosité.

L'ESPACE CÉLESTE ET LA NATURE TROPICALE

Description physique de la terre et des divers corps que renferme l'espace céleste, d'après des observations personnelles faites dans les deux Hémisphères, par M. Emm. Liais, illustré de nombreuses gravures d'après les dessins de Yan' Dargent. 1 magnifique volume gr. in-8 jésus. . . . 20 fr.

GALERIE DE FEMMES CÉLÈBRES

Tirée des *Causeries du lundi*, par M. Sainte-Beuve, de l'Académie française 1 beau vol. gr. in-8 jésus, orné de 12 magnifiques portraits dessinés par Staal, et gravés sur acier par Massard, Thibault, Gouttière, Geoffroy, Gervais, Outhwaite, etc. . . . . 20 fr.

De magnifiques gravures, une très-belle impression se joignent à un texte charmant pour faire de cet ouvrage, à tous les points de vue, une œuvre d'art très remarquable.

NOUVELLE GALERIE DE FEMMES CÉLÈBRES

Tirée des *Causeries du lundi*, des *Portraits littéraires*, des *Portraits de femmes*. par M. Sainte-Beuve, de l'Académie française. 1 vol. gr. in-8 jésus, semblable au volume que nous avons publié il y a quatre ans, et illustré de portraits inédits. . . . . 20 fr.

Ces volumes se complètent l'un par l'autre et se vendent séparément. Ils contiennent la fleur des *Causeries du Lundi*, des *Portraits littéraires* et des *Portraits de femmes*. Nous ne pouvions offrir à la gravure un cadre meilleur.

CORINNE

Par madame la baronne de Staël. Nouvelle édition, richement illustrée de 250 bois dans le texte, et de 8 grandes gravures sur bois, par Karl Girardet, Barrias, Staal, tirées à part. 1 magnifique vol. gr. in-8 jésus vélin, glacé. . . . . 10 fr.

LES MILLE ET UNE NUITS

Contes arabes, traduits par Galland, illustrés par MM. Francis, Baron, Wattier, etc., etc., revus et corrigés sur l'édition princeps de 1794, augmentés d'une dissertation sur les Mille et une Nuits, par le baron Silv. de Sacy. 1 vol. gr. in-8 de 1,100 pag. . . . . 15 fr.

LES MILLE ET UN JOURS

Contes persans, turcs et chinois, traduits par Pétis de la Croix, Cardanne, Caylus, etc. 1 magnifique vol. gr. in-8 jésus vélin. Edition illustrée de 400 dessins par nos premiers artistes. 15 fr.; net. . . . . 10 fr.

ŒUVRES CHOISIES DE GAVARNI

Revues, corrigées et classées par l'auteur; notices par MM. de Balzac, Th. Gautier, Léon Gozlan, Jules Janin, Alph. Karr. etc. 2 vol. gr. in-8, renfermant chacun 80 grandes vignettes. Prix de chaque vol. . . . 10 fr.

Le Carnaval à Paris. — Paris le matin. — Les Étudiants. 1 vol.
La Vie de jeune homme. — Les Débardeurs. . . . . 1 vol.

COLLECTION DE 16 BEAUX VOLUMES ILLUSTRÉS

Grand in-8 raisin, à 10 fr.

Cette charmante collection se distingue par un grand nombre de gravures sur bois dans le texte et hors texte, exécutées par les premiers artistes. *Jamais livres* édités à ce prix n'ont offert autant de belles illustrations.

Prix de la reliure des seize volumes ci-dessous :
Demi-reliure, maroquin, plats toile, doré sur tranche, le vol. 4 fr.

L'Homme depuis 5,000 ans, par S. Henry Berthoud, illustré d'un grand nombre de vignettes sur bois, gravées par les premiers artistes, d'après les dessins de Yan' Dargent. 1 vol.

Le Monde des Insectes, par S. Henry Berthoud, illustré d'un grand nombre de vignettes sur bois, gravées par les premiers artistes, d'après les dessins de Yan' Dargent. 1 vol.

Contes du docteur Sam, par S. HENRY BERTHOUD, illustrés de gravures sur bois dans le texte et de grandes vignettes hors texte, par STAAL. 1 vol.

Le Magasin des Enfants, ou Dialogues d'une sage Gouvernante avec ses élèves, par Mme LEPRINCE DE BEAUMONT, augmenté d'un Conte du même auteur. Édition revue et corrigée, d'après les plus anciennes et meilleures éditions, précédée d'une notice par Mme S. L. BELLOC, illustré d'un grand nombre de gravures d'après les dessins de STAAL. 1 beau vol.

Contes des Fées, par PERRAULT, Mme D'AULNOY, Mme LEPRINCE DE BEAUMONT et HAMILTON, illustrés par STAAL et BERTALL, contenant tous les contes devenus classiques et reconnus les modèles du genre; 1 très-beau vol.

L'Ami des Enfants, de Berquin, nouvelle édition, illustrée de dessins par STAAL et GÉRARD SÉGUIN. 1 vol.

Œuvres de Berquin. Sandford et Merton. — Le petit Grandisson. — Le Retour de Croisière. — Les Sœurs de Lait. — Les Joueurs. — Le Page. — L'Honnête Fermier. Nouvelle édition illustrée de nombreuses vignettes dessinées par STAAL. 1 vol.

Robinson Suisse, par M. WYSS, avec la suite donnée par l'auteur, traduit de l'allemand par Mme Élise VOIART; précédé d'une Notice de Ch. NODIER. 1 vol. illustré de 200 vign.

Contes de Schmid, traduction de l'abbé MACKER, la seule approuvée par l'auteur. 2 beaux vol. avec de nombreuses vignettes, d'après les dessins de G. STAAL.

Les Animaux Historiques, par ORTAIRE FOURNIER, suivis des LETTRES SUR L'INTELLIGENCE ET LA PERFECTIBILITÉ DES ANIMAUX, par C. G. LEROY, et de *particularités curieuses extraites de Buffon*. 1 vol. illustré par VICTOR ADAM.

Les Veillées du Château, ou Cours de morale à l'usage des enfants, par Mme la comtesse DE GENLIS. Nouvelle édition, illustrée de dessins par STAAL. 1 volume.

Aventures de Robinson Crusoé, par D. DE FOE, ill. par GRANDVILLE. 1 beau volume.

Voyages illustrés de Gulliver. 400 dessins par GRANDVILLE. 1 beau vol., papier glacé.

Le Don Quichotte de la Jeunesse, par FLORIAN, illustré d'un grand nombre de vignettes, etc., d'après les dessins de STAAL. 1 vol.

Fables de Florian, 1 vol. illustré par GRANDVILLE de 80 grandes gravures, 25 vignettes dans le texte.

L'illustration de Florian appartenait de droit au crayon qui venait de peindre avec tant de bonheur les bêtes de la Fontaine.

Découverte de l'Amérique, par J. H. CAMPE, précédée d'un Essai sur la vie et les ouvrages de l'auteur, par CH. SAINT-MAURICE. 1 vol. ill. de 120 bois dans le texte et à part.

Œuvres complètes du comte Xavier de Maistre. Nouvelle édition. Expédition nocturne: le Lépreux de la Cité d'Aoste; Voyage autour de ma chambre; les Prisonniers du Caucase; la Jeune Sibérienne, avec une préface par M. SAINTE-BEUVE, illustrées avec le plus grand soin par STAAL. 1 vol.

FABLES DE LA FONTAINE.

Illustrations de GRANDVILLE. 1 splendide vol. grand in-8 jésus, sur papier glacé, satiné, avec encadrement des pages et un sujet pour chaque fable Édition unique par les soins qui y ont été apportés. . . . . . . 18 fr

GRANDVILLE.

ALBUM de 120 sujets tirés des Fables de la Fontaine. 1 vol. gr. in-8. 6 fr

ALBUM DES RÉBUS.

1 vol. petit in-4 illustré, relié en toile, tranche dorée. . . . . . 5 fr. 50

ŒUVRES DE TOPFFER

Albums formant chacun un grand volume jésus oblong à. . . . . 7 fr. 50

Monsieur Jabot	1 vol.	**Monsieur Pencil**.	1 vol.
Monsieur Vieux-Bois. . . .	1 vol.	**Docteur Festus**.	1 vol.
Monsieur Crépin.	1 vol.	**Albert**	1 vol.

Histoire de Cryptogame. . . 1 vol.

On sait la vogue si méritée des albums de Topffer. Ces œuvres spirituelles et charmantes ont le privilège d'être admises dans tous les salons, d'y figurer sans choquer personne, d'amuser tous les âges, et de pouvoir être offertes aux dames, aux demoiselles, aux adolescents et même aux enfants.

PAUL ET VIRGINIE (ÉDITION V. LECOU),

Suivi de *la Chaumière indienne*, par Bernardin de Saint-Pierre, nouvelle édition richement illustrée de 120 bois dans le texte, et de 14 gravures sur chine tirées à part. 1 vol. grand in-8 jésus. . . . . 7 fr. 50

PREMIERS VOYAGES EN ZIGZAG,
OU EXCURSIONS D'UN PENSIONNAT EN VACANCES DANS LES CANTONS SUISSES ET SUR LE REVERS ITALIEN DES ALPES,

Par R. Töpffer. Magnifiquement illustrés, d'après les dessins de l'auteur, de 53 grands dessins par Calame et d'un grand nombre de bois dans le texte; nouvelle édition. 1 vol. grand in-8 jésus, papier glacé satiné. 12 fr.

NOUVEAUX VOYAGES EN ZIGZAG
A LA GRANDE-CHARTREUSE, AU MONT BLANC, DANS LES VALLÉES D'HERENZ, DE ZERMATT, AU GRIMSEL ET DANS LES ÉTATS SARDES,

Par R. Töpffer. Splendidement illustrés de 48 gravures sur bois tirées à part et de 320 sujets dans le texte, dessinés d'après les dessins originaux de Töpffer, par MM. Calame, Karl Girardet, Français, Daubigny, et gravés par nos meilleurs artistes. 1 volume grand in-8 jésus, papier glacé, satiné. . . . . 12 fr.
Ce second volume est le complément du premier.

LES NOUVELLES GENEVOISES,

Par Töpffer, illustrées, d'après les dessins de l'auteur, d'un grand nombre de bois dans le texte et de 40 hors texte, gravés par Best, Leloir, Hotelin et Régnier. 1 charmant vol. grand in-8 jésus. . . . . 12 fr.

HISTOIRE DE PARIS,

Par Th. Lavallée. 207 vues par Champin. 1 vol. gr. in-8 jésus. . . . 12 fr.

HISTOIRE DE L'EMPIRE OTTOMAN
DEPUIS LES TEMPS LES PLUS ANCIENS JUSQU'A NOS JOURS,

Par M. Théophile Lavallée. 1 magnifique volume grand in-8, accompagné de 18 belles gravures anglaises sur acier, représentant des scènes historiques, des vues, des portraits, etc. . . . . 15 fr.

LA NORMANDIE HISTORIQUE

Pittoresque et monumentale, par M. Jules Janin, illustrée par MM. H. Bellangé, Gigoux, Morel-Fatio, Tellier, Daubigny et J. Noel. Troisième édition, revue et corrigée par l'auteur. 1 volume grand in-8, 15 francs; net. . . . . 12 fr.

LA BRETAGNE HISTORIQUE

Pittoresque et monumentale, par Jules Janin, illustré par H. Bellangé, Giroux, Raffet, Gudin, Isabey, Morel-Fatio, Jules Noel et Daubigny. Deuxième édition, revue et corrigée par l'auteur. 1 vol. grand in-8 jésus vélin, 15 fr., net. . . . . 12 fr.

DON QUICHOTTE DE LA MANCHE

Traduction nouvelle, précédée d'une notice sur la vie et les ouvrages de l'auteur, par Louis Viardot, orné de 800 dessins par Tony Johannot. 1 vol. gr. in-8 jésus, 20 fr.; net. . . . . 15 fr.

PHYSIOLOGIE DU GOUT

Par Brillat-Savarin; illustrée par Bertall. 1 beau vol. in-8, illustré d'un grand nombre de gravures sur bois intercalées dans le texte, et de 8 sujets gravés sur acier, par Ch. Geoffroy. . . . . 8 fr.

HISTOIRE PITTORESQUE DES RELIGIONS

Doctrines. Cérémonies et Coutumes religieuses de tous les peuples du monde, par F. T. B. Clavel; ill. de 29 gravures sur acier. 2. vol. gr. in-8 20 fr.; net. . . . . 12 fr. 50

VOYAGE ILLUSTRÉ DANS LES CINQ PARTIES DU MONDE

Par Adolphe Joanne. 1 vol. in-folio (format de l'*Illustration*), illustré d'environ 700 gravures . . . . 15 fr.

TABLEAU DE PARIS

Par Edmond Texier; ouvrage illustré de 1,500 gravures, d'après les dessins de Blanchard, Cham, Champin, Forest, Français, Gavarni, etc. 2 vol. in-folio, du format de l'*Illustration*, 50 fr.; net. . . . . 20 fr.

CHANTS ET CHANSONS POPULAIRES DE LA FRANCE

Nouvelle édition *avec musique*, illustrée de 339 belles gravures sur acier, d'après MM. E. de Beaumont, Daubigny, Dubouloz, E. Giraud, Meissonnier, Pascal, Staal, Steinheil, Trimolhet, gravées par les meilleurs artistes, et augmentée de la *Marseillaise*, notice par A. de Lamartine. 3 vol. gr. in-8, 54 fr.; net. . . . . 36 fr.

CHANTS ET CHANSONS POPULAIRES DES PROVINCES DE FRANCE (4ᵉ volume)

Notices par Champfleury. Accompagnement de piano par J. B. Wekerlin. Illustrations par Bida, Courbet, Jacques, etc., etc. Paris, 1860. 1 vol. gr. in-8. . . . . 12 fr.

—— LE MÊME OUVRAGE, sans notes et sans musique, avec addition de plus de 800 chansons. Nouvelle édit. ornée des mêmes gravures. 2 beaux vol. gr. in-8, prix de chaque volume. . . . . 11 fr.

LES CONTES DROLATIQUES

Colligez es abbayes de Touraine et mis en lumières par le sieur de Balzac, pour l'esbattement des pantagruélistes et non aultres. Edition illustrée de 425 dessins par Gustave Doré. 1 magnifique vol. in-8, papier vélin, glacé, satiné, 12 fr.; net. . . . . 10 fr.
Reliure toile, *non* rogné. . . . . 1 fr. 50

ENCYCLOPEDIANA

Recueil d'anecdotes anciennes, modernes et contemporaines, etc., édition illustrée de 120 vignettes. 1 vol. in-8 de 840 pages. . . . . . . 4 fr. 50

UN MILLION DE FAITS

Aide-mémoire universel des sciences, des arts et des lettres, par MM. J. Aicard, Desportes, Léon Lalanne, Ludovic Lalanne, Gervais, A. le Pileur, Ch. Martins, Ch. Vergé et Jung. 1 fort vol. portatif, petit in-8 de 1,720 col. orné de gravures sur bois. 12 fr.; net. . . . . 9 fr.

COLLECTION D'OUVRAGES ILLUSTRÉS POUR LES ENFANTS
Jolis volumes grand in-18 anglais à 3 fr.
Reliés en toile, dorés sur tranche, 4 fr. 50 c.

CHAQUE VOLUME FORME UN TOUT COMPLET SANS TOMAISON, ET SE VEND SÉPARÉMENT

Le Livre du premier âge illustré. 1 fort vol. in-18 orné de 250 gravures environ.

Abrégé de l'Ami des enfants et des adolescents, par BERQUIN, illustré de bois dans le texte. 1 vol.

Sandford et Merton, par BERQUIN. Nouvelle édition illustrée d'un grand nombre de vignettes sur bois intercalées dans le texte, dessinées par STAAL. 1 vol.

Le Petit Grandisson, etc., etc., par BERQUIN. Nouvelle édition, illustrée d'un grand nombre de vignettes sur bois intercalées dans le texte, dessinées par STAAL. 1 vol.

Théâtre choisi de Berquin. Illustré de vignettes sur bois intercalées dans le texte. 1 vol.

Contes des Fées, de PERRAULT, Mme D'AULNOY, etc., illustrés de gravures dans le texte. 1 vol.

Contes de Schmid, illustrés de gravures dans le texte. 4 vol.

Paul et Virginie, suivi de la Chaumière indienne, par BERNARDIN DE SAINT-PIERRE, illustrés de vignettes par BERTALL et DEMARLE. 1 vol.

Aventures de Télémaque, par FÉNELON, avec des notes géographiques et littéraires et les Aventures d'Aristonoüs. 8 gravures. 1 vol.

Fables de la Fontaine, avec des notes philologiques et littéraires, par M. FÉLIX LEMAISTRE, et illustrées de 8 gravures. 1 vol.

Mes Prisons, suivi des Devoirs des hommes, par SILVIO PELLICO ; traduction nouvelle par le comte H. DE MESSET, revue par le vicomte ALBAN DE VILLENEUVE. 6 grav. 1 vol.

Le Langage des Fleurs. Édition de luxe, ornée de gravures entièrement nouvelles, coloriées avec le plus grand soin, avec un texte remarquable d'AIMÉ MARTIN, sous le nom de CHARLOTTE DE LA TOUR. 1 vol.

Contes et scènes de la vie de famille, dédiés aux enfants, par Mme DESBORDES-VALMORE, illustrés de nombreuses vignettes. 2 vol.

Le Magasin des Enfants, par Mme LEPRINCE DU BEAUMONT. 2 vol. illustrés d'un grand nombre de vignettes.

Choix de Nouvelles, tirées de Mme DE GENLIS et de BERQUIN, suivies de nouvelles instructives et amusantes par Mme ADAM-BOISGONTIER. 1 vol. orné de vignettes.

Lettres choisies de madame de Sévigné, accompagnées de notes explicatives sur les faits et les personnages du temps et précédées d'observations littéraires par M. SAINTE-BEUVE. 1 vol

Œuvres complètes du comte Xavier de Maistre. Nouvelle édition. L'Expédition nocturne, le Lépreux de la Cité d'Aoste, Voyage autour de ma chambre, les Prisonniers du Caucase, la Jeune Sibérienne, avec une Préface par M. SAINTE-BEUVE. 1 vol.

Alphabet français, nouvelle méthode de lecture en 80 tableaux, illustré de 25 gravures, par Mme DE LANSAC. 1 vol.

60,000 VOLUMES COMPLETS DE L'ILLUSTRATION
DIVISÉS EN 4 CATÉGORIES DE PRIX

COURS ÉLÉMENTAIRE D'HISTOIRE NATURELLE

A l'usage des Lycées et des Maisons d'éducation, rédigé conformément au programme de l'Université. Le cours comprend :

Zoologie, par M. Milne-Edwards, membre de l'Institut, professeur au Jardin des Plantes.
Botanique, par M. A. de Jussieu, de l'Institut, professeur au Jardin des Plantes.
Minéralogie et Géologie, par M. F. S. Beudant, de l'Institut, inspecteur général des études. 5 forts vol. in-12 ornés de plus de 2,000 figures intercalées dans le texte.
Chaque vol. se vend séparément.................... 6 fr.

TRAITÉ DE CHIMIE APPLIQUÉE AUX ARTS

Par M. Dumas, sénateur, ancien ministre, membre de l'Académie des sciences et de l'Académie de médecine, etc. 8 vol. in-8 et 2 atlas in-4, édition de Liége, introduite en France avec l'autorisation de l'auteur..... 150 fr.

Cet ouvrage, dont l'édition française est aujourd'hui totalement épuisée et que recommande si puissamment le nom de M. Dumas, fait autorité dans la science. Il est indispensable aux industriels comme aux savants. C'est un livre essentiellement pratique, où les fabricants puiseront les plus utiles notions sur toutes les applications de la chimie. Le traité de M. Dumas a jeté une vive lumière sur cet intéressant sujet, et son succès est aujourd'hui européen.

COURS ÉLÉMENTAIRE DE MÉCANIQUE THÉORIQUE ET APPLIQUÉE

A l'usage des Facultés, des établissements d'enseignement secondaire, des écoles normales et des écoles industrielles, par M. Delaunay, de l'Institut, ingénieur des Mines, professeur à la Faculté des sciences de Paris, etc. 1 vol. in-18 jésus, illustré de 540 fig. dans le texte. 5e édit. ... 8 fr.

TRAITÉ DE MÉCANIQUE RATIONNELLE

Contenant les éléments de mécanique exigés pour l'admission à l'Ecole polytechnique et toute la partie théorique du cours de mécanique et machines de cette école, par M. Ch. Delaunay, de l'Institut, professeur à l'Ecole polytechnique et à la Faculté des sciences de Paris. 4e édit. 1 vol. in-8. 8 fr.

COURS ÉLÉMENTAIRE D'ASTRONOMIE

Concordant avec les articles du programme officiel pour l'enseignement de la cosmographie dans les lycées, par le même. 1 vol. in-18 jésus, illustré de planches en taille-douce et de vignettes dans le texte. 3e édit... 7 fr. 50

COURS ÉLÉMENTAIRE THÉORIQUE ET PRATIQUE D'ARBORICULTURE

Comprenant l'étude des pépinières d'arbres et d'arbrisseaux forestiers, fruitiers et d'ornements, celle des plantations d'alignement forestières et d'ornement, la culture spéciale des arbres à fruits à cidre, et de ceux à fruits de table, précédé de quelques notions d'anatomie et de physiologie végétales ; par M. A. Du Breuil, professeur d'agriculture et de silviculture, chargé du cours d'arboriculture au Conservatoire impérial des Arts et métiers, membre de la Société d'horticulture de France, correspondant de la Société d'agriculture de France, etc. Cinquième édition, considérablement augmentée. 1 très-fort vol. in-18 jésus, illustré de 811 figures dans le texte et de 5 planches gravées sur acier. Publié en deux parties. 12 fr.

Ouvrage approuvé par l'Université, couronné par les Sociétés d'horticulture de Paris, de Rouen et de Versailles.

INSTRUCTION ÉLÉMENTAIRE POUR LA CONDUITE DES ARBRES FRUITIERS

Greffe. — Taille. — Restauration des arbres mal taillés ou épuisés par la vieillesse. — Culture, récolte et conservation des fruits, par Du Breuil Ouvrage destiné aux jardiniers, aux élèves des fermes-écoles et des écoles normales. 1 vol. in-18 jésus illustré de fig. dans le texte. 6e édit. 2 fr. 50

MANUEL D'ARBORICULTURE DES INGÉNIEURS

Plantations des alignements forestiers et d'ornement.— Boisement des dunes, etc., etc., par Dubreuil, illustré d'un grand nombre de gravures sur bois. 1 vol. gr. in-18.. . . . . 3 fr. 50

CULTURE PERFECTIONNÉE ET MOINS COUTEUSE DU VIGNOBLE

Par A. Dubreuil. 1 vol. gr. in-18 jésus. . . . . 3 fr. 50

COURS ÉLÉMENTAIRE D'AGRICULTURE

Destiné aux élèves des écoles d'agriculture et des écoles normales primaires, aux propriétaires et aux cultivateurs, par MM. Girardin, correspondant de l'Institut, professeur, et Du Breuil, 2 forts vol. in-18 jésus, illustrés de 842 fig. dans le texte. 3e édition. . . . . 16 fr.

ÉLÉMENTS DE BOTANIQUE

Première partie : Organographie, par M. Payer, de l'Institut, professeur de botanique à la Faculté des sciences et à l'Ecole normale supérieure. 1 vol. gr. in-18, avec 668 fig. intercalées dans le texte.. . . . . 5 fr.

NOUVELLE FLORE FRANÇAISE

Descriptions succinctes et rangées par tableaux dichotomiques des plantes qui croissent spontanément en France et de celles qu'on y cultive en grand avec l'indication de leurs propriétés et de leurs usage en médecine, en hygiène vétérinaire, dans les art et dans l'économie domestique, par M. Gillet, vétérinaire principal de l'armée, et par M. J. H. H. Magne, professeur de botaniqu à l'Ecole d'Alfort. 1 beau vol. gr. in-18 jésus orné de 97 planches comprenant plus de 1,200 fig. Prix. . . . . 8 fr.

MANUEL DE GÉOLOGIE ÉLÉMENTAIRE

Ou changements anciens de la terre et de ses habitants, tels qu'ils sont démontrés par les monuments géologiques, par sir Ch. Lyell, membre de la Société royale de Londres, traduit de l'anglais par M. Hugard, 2 forts vol. in-8, illustrés de 720 fig. 20 fr.
—— Supplément au Manuel de géologie.. . . . . 1 fr. 25

GÉOLOGIE APPLIQUÉE

Ou traité du gisement et de l'exploitation des minéraux utiles, par M. A. Burat, ingénieur, professeur de géologie et d'exploitation des mines à l'Ecole centrale des arts et manufactures. 4e édition divisée en deux parties : — *Géologie ; — Exploitation.* 2 forts vol. in-8 illustrés. . . . . 20 fr.

COURS ÉLÉMEMTAIRE DE CHIMIE

Par M. V. Regnault, de l'Institut, directeur de la Manufacture impériale de Sèvres, professeur au Collège de France et à l'Ecole polytechnique. 4 vol. in-18 jésus, ornés de 700 figures dans le texte. 5e édition. . . . 20 fr.

PREMIERS ÉLÉMENTS DE CHIMIE

A l'usage des Facultés, des établissements d'enseignement secondaire, des écoles normales et des écoles industrielles, par M. V. Regnault. In-18 jésus illustré d'un grand nombre de figures dans le texte . . . . 5 fr.

COURS COMPLET DE MÉTÉOROLOGIE

De L. F. Kaemtz, professeur de physique à l'Université de Hall, traduit et annoté par Ch. Martens, professeur agrégé d'histoire naturelle à la Faculté de médecine de Paris, avec un appendice contenant la représentation graphique des tableaux numériques, par L. Lalanne, ingénieur. 1 fort vol. de plus de 500 pages, gr. in-18 jésus, orné de figures.. . . . . 8 fr.

GUIDE DU SONDEUR

Ou traité théorique et pratique des sondages, par MM. Degousée et Ch. Laurent, ingénieurs civils, fabricants d'équipages de sonde, entrepreneurs de sondages. 2ᵉ édition, composée de 2 forts vol. in-8, avec un grand nombre de gravures sur bois intercalées dans le texte, et accompagnés d'un Atlas de 62 pl gravées sur acier, représentant un très-grand nombre de figures, d'outils, coupes de terrains, etc. Prix des 2 vol. brochés et de l'atlas cartonné. . . . . 30 fr.

TRAITÉ ÉLÉMENTAIRE DES CHEMINS DE FER

Par Aug. Perdonnet, ancien élève de l'Ecole polytechnique, directeur de l'Ecole impériale centrale des arts et manufactures. 3ᵉ édit., revue, corrigée et considérablement augmentée, 4 très-forts vol. in-8 avec 1,100 fig. sur bois et sur acier, cartes, tableaux, etc. . . . . 70 fr.

Un ouvrage complet et spécial avait jusqu'à ce jour manqué aux ingénieurs et aux personnes qui s'occupent de chemins de fer. Beaucoup, et des plus compétents, ont écrit sur cette matière ; mais chacun traitait d'une partie séparée de cette grande industrie ; tel s'était attaché spécialement aux travaux d'art, tel autre au matériel, etc., et personnne n'avait tenté de résumer sous une forme compacte ce travail de chacun. M. Perdonnet, qui joint aux connaissances théoriques les plus étendues une très-grande pratique industrielle et administrative des chemins de fer, a pensé qu'un livre qui pourrait être lu par le public, et qui en même temps fournirait aux ingénieurs des renseignements qu'il leur serait à peu près impossible de se procurer ailleurs, serait une chose utile pour combler cette lacune.

Telle est l'importance de ce livre si impatiemment attendu du public, et auquel rien n'a manqué, ni les peines de l'auteur, ni les sacrifices des éditeurs, pour arriver à faire une œuvre consciencieuse.

MANUEL DU CAPITALISTE.

Ou Comptes faits des intérêts à tous les taux, pour toutes sommes, de 1 jusqu'à 366 jours, ouvrage utile aux négociants, banquiers, commerçants de tous les états, trésoriers, receveurs généraux, comptables, aux employés des administrations de finances et de commerce et à tous les particuliers, par Bonnet, ancien caissier de l'Hôtel des Monnaies de Rouen, auteur du *Manuel monétaire*, Nouvelle édition, augmentée d'une Notice sur l'intérêt, l'escompte, etc., par M. Joseph Garnier, professeur à l'École supérieure du Commerce et à l'École impériale des Ponts et Chaussées ; revue, pour les calculs, par M. X. Rymkiewicz, calculateur au Crédit foncier. 1 vol. in-8. . . . . 6 fr.

Ce livre, éminemment commode pour les opérations financières, qui ont pris une si grande extension, est devenu, par le soin extrême donné à sa révision, et par les excellentes additions et corrections qu'on y a faites, un ouvrage de première utilité pour tous les comptables, tous les négociants, tous les banquiers, toutes les administrations financières. Aussi est-il recherché et demandé avec le plus vif empressement.

MANUEL DES FONDS PUBLICS ET DES SOCIÉTÉS PAR ACTIONS,

Par A. Courtois fils, membre de la Société libre d'économie politique de Paris. 5ᵉ édition, entièrement refondue. 1 fort volume grand in-18 jésus, de 750 pages. . . . . 7 fr. 50

ANNUAIRE DE LA BOURSE ET DE LA BANQUE.
uide universel des capitalistes et des actionnaires, par une Société de jurisconsultes et de financiers, sous la direction de M. A. F. DE BIRIEUX, avocat, rédacteur principal. 4 vol. in-12, 20 fr.; net. . . . . 6 fr.

ÉTUDE SUR LA CIRCULATION ET LES BANQUES
Par M. ALFRED SUDRE. 1 vol. grand in-18. . . . . 3 fr. 50

ÉTUDES POUR TOUS DES VALEURS DE BOURSE
Par J. PRUDHAN. Janvier à juin 1865, 1 vol. in-18. . . . . 2 fr.

VIGNOLE. — TRAITÉ ÉLÉMENTAIRE PRATIQUE D'ARCHITECTURE,
Ou étude des cinq ordres, d'après JACQUES BAROZZIO DE VIGNOLE. Ouvrage divisé en 72 planches, comprenant les cinq ordres, avec l'indication des ombres nécessaires au lavis, le tracé des frontons, etc., et des exemples relatifs aux ordres; composé, dessiné et mis en ordre par J. A. LEVEIL, architecte, ancien pensionnaire du roi à Rome, et gravé sur acier par HIBON. 1 vol. in-4. . . . . 10 fr.

Le beau travail de M. Leveil est le plus complet, le mieux exécuté, en même temps que le plus exact qu'on ait publié jusqu'ici d'après BAROZZIO DE VIGNOLE. Les planches se distinguent par une élégance et un fini remarquables. Elles sont d'ailleurs plus nombreuses que dans les autres traités sur la matière. Le texte, au lieu d'être groupé en tête de l'ouvrage, se trouve au bas des pages auxquelles il s'applique; ce qui en rend l'usage infiniment plus commode et plus facile.

OUVRAGES DE M. JOSEPH GARNIER
Professeur d'économie politique à l'École impériale des ponts et chaussées, secrétaire perpétuel de la Société d'économie politique, etc.

ÉCONOMIE POLITIQUE, FINANCES, etc.

Traité d'Économie politique. Exposé didactique des principes et des applications de cette science et de l'organisation économique de la Société — Adopté dans plusieurs Écoles ou Universités. — Cinquième édition, considérablement augmentée. 1 très-fort vol. grand in-18. . . . . 7 fr.

Traité de finances. — L'impôt, son assiette, ses effets économiques et moraux — Catégories et espèces diverses d'impôts. — Les Emprunts et le Crédit public. — Les Dépenses publiques et les attributions de l'État. — Les Réformes financières. — L'Impôt et la Misère. — Notes historiques et documents. 2ᵉ édition, considérablement augmentée. 1 vol. grand in-18. 3 fr. 50

Notes et petits Traités, faisant suite au Traité d'économie politique, et contenant

Éléments de Statistique et Opuscules divers, *faisant suite aux Traités d'Économie politique et de Finances.* 2ᵉ édition, considérablement augmentée. 1 fort vol. grand-18 jésus. . 4 fr. 50

Ces cinq ouvrages constituent un COURS COMPLET d'études pour les questions qu'embrasse l'économie politique; ils sont devenus classiques et font autorité dans la science.

« Un style à la fois ingénieux, simple et correct, un esprit droit et pénétrant, un savoir sérieux et fort étendu, un juste respect pour l'autorité des maîtres, toutes ces qualités ont valu à ses publications un succès mérité... L'économie politique est aujourd'hui une science faite. M. Joseph Garnier aura beaucoup contribué à ce résultat, après J. B. Say, par l'ordre, la méthode et les perfectionnements qu'il a introduits dans l'exposé des théories et dans les démonstrations, par la justesse des analyses, par la précision des termes et par le soin rigoureux qu'il a mis à s'en servir, toujours dans le même sens. »
(Rapport de M. H. Passy, à l'Académie des sciences morales et poliques.)

ENSEIGNEMENT COMMERCIAL

Traité complet d'Arithmétique, théorique et appliquée *au Commerce, à la Banque, aux Finances, à l'Industrie,* contenant un recueil de Problèmes avec les Solutions, Cours professé à l'École supérieure du Commerce. — Nouvelle édition, avec *figures* et trèsconsidérablement augmentée. 1 très-fort vol. in-8. . . . . 7 fr. 50

Ouvrage essentiellement utile à tous ceux qui s'occupent d'affaires, et à tous les jeunes gens qui se destinent aux carrières financières, commerciales, industrielles, agricoles, maritimes.

Traité des Mesures métriques (Mesures. — Poids. — Monnaies.). Exposé succinct et complet du système français métrique et décimal; avec une notice historique, et *gravures* intercalées dans le texte. 1 vol. in-18. 75 c.

ŒUVRES DE ED. MENNECHET

Matinées Littéraires. Cours complet de littérature moderne. Troisième édition. 4 vol. grand in-18. . 14 fr.

Nous n'entreprendrons point ici l'éloge du dernier ouvrage de M. Ed. Mennechet. Quelle louange pourrions-nous en faire qui parlât plus haut que le succès éclatant des leçons dont ce livre offre le recueil? Ces leçons offrent un ensemble intéressant et varié qui instruit et amuse à la fois le lecteur. Ce livre mérite l'attention de tous ceux qui désirent connaître l'histoire de la littérature moderne.

Histoire de France, depuis la fondation de la monarchie. 2 volumes grand in-18 jésus . . . . 7 fr.

Ouvrage dédié aux pères de famille et couronné par l'Académie française.

Cours de lecture à haute voix. 1 vol in-18 broché . . . . 3 fr

BIBLIOTHÈQUE LATINE-FRANÇAISE
PUBLIÉE PAR M. C. L. F. PANCKOUCKE

CHAQUE AUTEUR SE VEND SÉPARÉMENT

Au lieu de 7 fr. . . . . 3 fr. 50 c. le vol.

Papier des Vosges, non mécanique, caractères neufs.

PREMIÈRE SÉRIE

Œuvres complètes de Cicéron, traduites en français. 36 vol. in-8.

Les *Œuvres complètes de Cicéron*, publiées au prix de 7 fr. le volume, ont été jusqu'ici d'une acquisition difficile. Nous avons pensé en assurer le débit et les rendre accessibles à tous les amateurs de la belle et grande latinité, au moyen d'un rabais considérable sur le prix de l'ouvrage. Les *Œuvres de Cicéron* doivent figurer au premier rang dans la bibliothèque de tout homme lettré; mais beaucoup d'acheteurs reculaient devant une acquisition très-coûteuse. En faciliter l'achat et le rendre désirable par l'attrait du bon marché est donc une combinaison qui ne peut manquer de réussir — Cette édition est celle de la Bibliothèque Panckoucke.

Œuvres complètes de Tacite, traduites en français. 7 vol. in-8.

Tacite, signalé par Racine comme le plus grand peintre de l'antiquité, est un des auteurs latins qu'on recherche le plus, et dont les œuvres sont d'un débit constant et assuré. Cette édition est fort estimée, soit pour la traduction, soit pour la correction du texte.

Œuvres complètes de Quintilien, traduites en français, 6 vol. in-8.

Les *Œuvres de Quintilien* font loi en matière de critique comme en matière d'éducation. Elles s'adressent donc à un grand nombre de lecteurs.

Justin, traduction nouvelle par MM. J. Pierrot, ex-proviseur du collége Louis-le-Grand, et Boitard, avec une notice par M. Laya. 2 vol.

Florus, traduction nouvelle par M. Ragon, professeur d'histoire, avec une Notice par M. Villemain, de l'Académie française. 1 vol.

Velleius Paterculus, traduction nouvelle par M. Després. 1 vol.

Valère Maxime, traduction nouvelle par M. Frémion, professeur au lycée Charlemagne. 3 vol.

Pline le Jeune, traduction nouvelle de Sacy, revue et corrigée par M. J. Pierrot. 3 vol.

Juvénal, traduction de M. Dusaulx, revue par M. J. Pierrot. 2 vol.

Ovide, *Métamorphoses*, par M. Gros, inspecteur de l'Académie. 5 vol.

Valerius Flaccus, traduit pour la première fois en prose par M. Caussy de Perceval, membre de l'Isntitut, 1 vol

Stace, traduction nouvelle, 4 vol. :
Tome 1, *Silves*, par MM. RINN, professeur au collège Rollin, et ACHAINTRE.
Tomes 2, 3, 4. La *Thébaïde*, par MM. ACHAINTRE et BOUTTEVILLE.
L'Achilléide, par M. BOUTTEVILLE.

Phèdre, traduction nouvelle par M. E. PANCKOUCKE. — Avec un *fac-simile* du manuscrit découvert à Reims, par le P. SIRMOND, en 1608. 1 vol.

SECONDE SÉRIE, 33 VOLUMES A 7 FR. 50

Les ouvrages suivants nous restent en nombre, 7 fr. 50; net, 3 fr. 50

Les auteurs désignés par un * sont traduits pour la première fois en français
Aulu-Gelle et Sulpice Sévère ne se vendent pas séparément.

Poetæ Minores : ARBORIUS*, CALPURNIUS, EUCHERIA*, GRATIUS FALISCUS, LUPERCUS SERVASTUS*, NEMESIANUS, PENTADIUS*, SABINUS*, VALERIUS CATO*, VESTRITIUS SPURINNA * et le *Pervigilium Veneris*; traduction de M. CABARET-DUPATY, 1 vol.

Jornandès, traduct. de M. SAVAGNER, professeur d'histoire en l'Université. 1 vol.

Censorinus*, traduction de M. MANGEART, ancien professeur de philosophie ; — **Julius Obsequens, Lucius Ampellius***, traduction de M. VERGER, 1 vol.

Ausone, traduction de M. E. F. CORPET. 2 vol.

Pomponius Mela, Vibius Sequester*, Ethicus Ister*, P. Victor, traduction de M. Louis BAUDET, professeur. 1 vol.

R. Festus Avienus*. Cl. Rutilius Numatianus, etc., traduction de M.M. Eug. DESPOIS et Éd. SAVIOT, anciens élèves de l'École normale. 1 vol.

Varron, *Économie rurale*, traduction, de M. ROUSSELOT, professeur. 1 vol.

Eutrope, Messala Corvinus*. Sextus Rufus, traduction de M. N. A. DUBOIS professeur. 1 vol.

Palladius, *Économie rurale*, traduct. de M. CABARET-DUPATY, professeur. 1 vol.

Histoire Auguste. 3 vol.

C. Lucilius, traduction de M. E. F. CORPET ; — **Lucilius Junior, Saleius Bassus, Cornelius Severus, Avianus*, Dionysius Caton**, traduction de M. Jules CHENU. 1 vol,

Sextus Pompeius Festus, traduction de M. SAVAGNER. 2 vol.

S. J. Solin*, traduction de M. Alph. AGNANT, élève de l'École normale, agrégé des classes supérieures. 1 vol.

Vitruve, *Architecture*, avec de nombreuses figures pour l'intelligence du texte; traduction de M. Ch. de MAUFFRAS, professeur au collège Rollin. 2 vol.

Sextus Aurelius Victor, traduction de M. N. A. DUBOIS, professeur. 1 vol.

Pline l'Ancien. *Histoire naturelle*, traduction française, par AJASSON DE GRANDSAGNE. 20 vol. (presque épuisé. Il ne reste plus que quelques exemplaires), par exception, au lieu de 7 fr., le vol., net. . . . . 4 fr.

N. B. Il existe encore dans nos magasins trois ou quatre collections complètes de la Bibliothèque latine, composée de 211 volumes au prix de 1,500 fr. nets, ... 1,200 fr.

Un certain nombre des ouvrages composant la collection, étant épuisés, ne figurent pas sur le Catalogue. Comme il nous rentre de temps en temps des volumes, et que nous sommes disposés a faire l'acquisition de ceux qu'on vient nous offrir, on peut toujours nous adresser J demandes pour les ouvrages mêmes qui ne sont pas indiqués ici.

COLLECTION FORMAT IN-24 JÉSUS (ANCIEN IN-12)

PUBLIÉE SOUS LA DIRECTION DE M. LEFÈVRE

PRIX DE CHAQUE VOLUME, FR. 50 c.

Plaute. Son théâtre, trad. de M. NAUDET, de l'Académie des inscriptions et belles-lettres. 4 vol.

Tacite, trad. de DUREAU DE LA MALLE, revue et corrigée, augmentée de la vie de Tacite, des suppléments de BROTTIER. 3 vol.

Pline l'Ancien. L'Histoire des Animaux traduction de GUÉROULT, augmentée de sommaires et de notes nouvelles. 1 vol. de près de 700 pages.

Morceaux extraits de Pline le Naturaliste, traduction de GUÉROULT, augmentée de sommaires et de notes nouvelles. 1 vol.

Q. Horatii Flacci, Opera omnia, ex recensione Joannis Gasparis Orelli. 1 vol, in-24, édition Lefèvre, 1851. 4 fr.

Édition remarquable par l'exécution typographique et la correction du texte.

BIBLIOTHÈQUE LATINE-FRANÇAISE

RÉIMPRESSION DES CLASSIQUES LATINS DE LA COLLECTION PANCKOUCKE
46 volumes sont en vente, format grand in-18 jésus
TRADUCTIONS REVUES ET REFONDUES AVEC LE PLUS GRAND SOIN

Ces réimpressions, si bien accueillies du public, se poursuivent activement. 44 volumes sont maintenant en vente, et plusieurs autres sont sous presse ou en préparation. Le succès de cette collection est aujourd'hui avéré. Belle impression, joli papier, correction soignée, révision intelligente et sérieuse, rien n'a été négligé pour recommander nos éditions aux amis de la bonne littérature. La modicité du prix, jointe aux avantages d'une bonne exécution, fait rechercher nos *classiques* avec prédilection.

VOLUMES A 4 FR. 50

Œuvres complètes de Virgile, traduites en français (traduction de la collection Panckoucke). Nouvelle édition, refondue par M. Félix Lemaistre, et précédée d'une étude sur Virgile par M. Sainte-Beuve. 1 fort vol.

Confessions de saint Augustin, avec la traduction française d'Arnauld d'Andilly, revue avec le plus grand soin et adaptée pour la première fois au texte latin, par M. Charpentier, inspecteur de l'Académie de Paris. 1 vol.

Les Métamorphoses d'Ovide. Traduction française de Gros, refondue par M. Cabaret-Dupaty, professeur de l'Université, auteur d'ouvrages classiques; et précédée d'une Notice sur Ovide par M. Charpentier. Edition complète en 1 vol.

Les Comédies de Térence, traduction nouvelle par Victor Bétolaud, docteur ès lettres de la Faculté de Paris, ancien professeur de l'Université, traducteur d'*Apulée*. 1 fort vol. de 750 pag.

César, *Commentaires sur la guerre des Gaules et sur la guerre civile*, traduit par M. Artaud. Nouvelle édition, revue par M. Félix Lemaistre, et précédée d'une notice par M. Charpentier. 1 vol.

Claudien, œuvres complètes. 1 vol. Traduit par M. Héguin de Guerle.

VOLUMES A 3 FR. 50

Œuvres complètes d'Horace, traduites en français, nouvelle édition enrichie de notes explicatives, accompagnée du texte latin, précédée d'une étude sur Horace, par H. Rigault, 1 vol.

Œuvres complètes de Salluste, avec la traduction française de du Rozoir, revue par MM. Charpentier, inspecteur de l'Académie de Paris, et Félix Lemaistre; précédées d'un nouveau travail sur Salluste, par M. Charpentier. 1 vol.

Œuvres complètes de Quinte-Curce, avec la traduction française de la collection Panckoucke, par MM. Auguste et Alphonse Trognon. Nouvelle édition, revue avec le plus grand soin par M. E. Pessonneaux, professeur au Lycée Napoléon. 1 vol.

Œuvres de Suétone, traduction française de La Harpe, refondue par M. Cabaret-Dupaty, professeur de l'Université, auteur de divers ouvrages classiques. 1 vol.

Œuvres complètes de Tite-Live, traduites par MM. Liez, Dubois, Verger et Corpet. Nouvelle édition, revue par E. Pessonneaux, Blanchet et Charpentier, et précédée d'une *Étude* sur Tite Live, par M. Charpentier. 6 vol.

Œuvres complètes de Sénèque le philosophe. Nouvelle édition, revue par MM. Charpentier et Félix Lemaistre. 4 vol.

Œuvres complètes de Juvénal et de Perse, suivies des fragments de *Turnus* et de *Sulpicia*, traduction de Dussaulx. Nouvelle édition, revue avec le plus grand soin par MM. Jules Pierrot et Félix Lemaistre. 1 vol.

Œuvres complètes de Justin. Abrégé de l'Histoire universelle de Trogue Pompée, traduction française par MM. Jules Pierrot et E. Boitard. Edition, soigneusement revue par M. Pessonneaux. 1 vol.

Œuvres d'Ovide. **Les Amours, l'Art d'Aimer,** etc. Nouvelle édition, revue par M. Félix Lemaistre, et précédée d'une *Étude sur Ovide et la Poésie amoureuse* par M. Jules Janin. 1 vol.

— **Les Fastes, les Tristes,** nouvelle édition, revue par M. Pessonneaux. 1 v.

Œuvres complètes de Lucrèce, avec la traduction française de Lagrange, revue par M. Blanchet, professeur de rhétorique au lycée de Strasbourg. 1 vol.

Œuvres complètes de Pétrone, traduites par M. Héguin de Guerle, ancien inspecteur de l'académie de Lyon. 1 vol.

Œuvres complètes d'Apulée, traduites en français par Victor Bétolaud, docteur ès lettres de la faculté de Paris, ancien professeur de l'Université, etc. 2 vol.

Catulle, Tibulle et Properce, traduits par Héguin de Guerle, Valatour et Genouille. Nouvelle édition, revue par M. Valatour. 1 vol.

Œuvres complètes d'Aulu-Gelle. Nouvelle édition, revue par MM. Charpentier et Blanchet. 2 vol.

Œuvres complètes de Tacite. Traduction de Dureau de la Malle, revue par M. Charpentier. 2 vol.

Pline le Jeune, Lettr trad. par M. Cabaret-Dupaty. 1 vol.

Tragédies de Sénèque. Traduction française par E. Greslou. Nouvelle édition revue par M. Cabaret-Dupaty, ancien professeur de l'Université. 1 v.

Œuvres complètes de Quintilien. Traduction de la collection Panckoucke par M. C. V. Ouisille. Nouvelle édition, revue par M. Charpentier. 3 vol.

Œuvres complètes de Valère Maxime Traduction française de C. A. F. Frémion. Nouvelle édition, revue par M. Paul Charpentier. 2 vol.

Œuvres complètes de M. V. Martial, avec la traduction de MM. V. Verger, N. A. Dubois et J. Mangeart. Nouvelle édition, revue avec le plus grand soin par M. Félix Lemaistre, et précédée des *Mémoires de Martial*, par M. Jules Janin. 2 vol.

Fables de Phèdre, traduites en français par M. Panckoucke, suivies des *Œuvres d'Avianus*, de *Denys Caton*, de *Publius Syrus*, traduites par Levasseur et J. Chenu. Nouvelle édition, revue par M. E. Pessonneaux, professeur au lycée Napoléon, et précédée d'une *Étude sur Phèdre*, par M. Charpentier. 1 vol.

Cornélius Nepos, avec une traduction nouvelle par M. Amédée Pommier. — **Eutrope,** abrégé de l'Histoire romaine, traduit par M. N. A. Dubois. 1 vol.

Velleius Paterculus, traduction de Després, refondue avec le plus grand soin par M. Guéard, professeur au lycée Bonaparte. — **Œuvres de Florus,** traduites par M. Ragon, précédées d'une notice sur Florus, par M. Villemain. 1 vol.

Lucain. — **La Pharsale,** Traduction de Marmontel, revue et complétée avec le plus grand soin par M. H. Durand, professeur au lycée Charlemagne; précédée d'une *Étude sur la Pharsale*, par M. Charpentier. 1 vol.

En Préparation : **CICÉRON**.

COLLECTION DES CLASSIQUES FRANÇAIS
DIRIGÉE PAR M. A. MARTIN
Format in-24 Jésus (ancien in-12), 2 fr. 50 c. le vol.

Œuvres de Jacques Delille, avec notes de Delille, Choiseul-Gouffier, Féletz. Aimé Martin. 2 vol.

Fleury. Discours sur l'histoire ecclésiastique, Mœurs des Israélites, Mœurs des Chrétiens, Traité des études, etc. 2 vol.

Bossuet. Oraisons funèbres, Panégyriques et sermons. 4 vol.

Bourdaloue. Chefs-d'œuvre oratoires. 1 vol.

Essai sur l'éloquence de la chaire, par le cardinal Maury. 1 vol.

FABLES DE LA FONTAINE

Avec les notes de M. Walckenaer. 2 vol. in-8, cavalier vélin, avec 12 gravure d'après Moreau, 10 fr.; net . . . . 6 fr. 50

LA HENRIADE DE VOLTAIRE

Édition collationnée sur les textes originaux, avec notes et variantes. 1 vol. grand in-18, imprimé par M. Didot sur papier grand raisin vélin, et illustré de 11 gravures. . . . . 2 fr. 50

LES HISTORIETTES DE TALLEMANT DES RÉAUX

Mémoires pour servir à l'histoire du seizième siècle, publiés sur le manuscrit autographe de l'auteur. Deuxième édition, précédée d'une notice, sur l'auteur, augmentée de passages inédits et accompagnée de notes et d'éclaircissements, par M. Monmerqué. 10 tomes brochés en 5 volumes ornés de 10 portraits gravés sur acier. . . . . 17 fr. 50

NOUVELLE COLLECTION DE GUIDES EUROPÉENS

Complets chacun en 1 vol. grand in-18 jésus

TOUS ACCOMPAGNÉS DE CARTES GÉNÉRALES ET SPÉCIALES, DE PLANS DE VILLES, DE PANORAMAS ET DE VUES PITTORESQUES

Nouveau Guide général du Voyageur en France, par Amédée de Césena, avec une grande carte générale des chemins de fer, 5 cartes spéciales, 2 panoramas, 1 vol. . . . . 7 fr. 50

Nouveau Guide complet du Voyageur en Allemagne, par Édouard Simon, avec 3 cartes générales des routes et des chemins de fer, 20 plans de villes et 20 gravures. 1 vol. . . 11 fr.

Nouveau Guide général du Voyageur en Angleterre, par William Darcy, avec une carte générale des routes et des chemins de fer, 15 plans de villes et 75 gravures. 1 vol. . . 11 fr.

Nouveau Guide général du Voyageur en Belgique et en Hollande, par Eug. d'Auriac, avec deux cartes, 12 plans de villes et 60 grav. . . 8 fr.

Ce volume se compose de deux parties qui se vendent séparément :

La Belgique, 4 fr.

La Hollande, 4 fr.

Nouveau Guide général du Voyageur en Espagne et en Portugal, par Lannau-Rolland, avec deux cartes, 9 plans de villes et 20 grav. . . 10 fr.

Nouveau Guide général du Voyageur en Italie, par Edmond Renaudin, avec une carte générale, 40 plans de villes et de musées et 20 gravures, 1 vol. . . . . 10 fr.

Nouveau Guide général du Voyageur aux bords du Rhin ou le Rhin de Constance à Amsterdam. Par Edmond Renaudin, avec 7 cartes, 30 plans de villes et 40 grav. . . 5 fr.

Nouveau Guide général du Voyageur en Suisse, par J. Lacroix, avec une carte générale, 8 plans de villes et 60 gravures. 1 vol. . . . . . 8 fr.

Nouveau Guide général du Voyageur aux Pyrénées, par J. Lacroix, avec une grande carte routière, des cartes particielles et des vues de villes et de montagnes. 1 vol. grand in-18. 7 fr. 50

Nouveau Guide aux Bains de mer des côtes de France, par Eugène d'Auriac, avec une carte de paysages, des vues de villes et des principaux établissements de bains. 1 vol.

Nouveau Guide du Voyageur en Algérie, par Achille Fillias, avec vues des principales villes et des monuments. 1 vol. grand in-18. . . 5 fr.

Le Nouveau Paris, par Am. de Césena. Guide pratique, historique, descriptif et pittoresque. 1 plan, 60 gravures. 1 vol. . . . . 7 fr. 50

Nouveau Guide complet aux Eaux de Vichy, avec une carte des chemins de fer, un plan et des vues pittoresques. 2 fr. Reliure toile. . . 2 fr. 50

Les Environs de Paris, par AM. DE CESENA. Guide pratique, historique, descriptif et pittoresque. 1 carte, 9 plans, 75 gravures. . . . . . 5 fr.
La reliure en percaline rouge se paye 1 fr. 50, à l'exception de celles des Guides de Belgique et de Hollande, 1 fr.

Guide universel et complet de l'Étranger dans Paris, contenant tous les renseignements pratiques, la topographie et l'histoire de Paris, le tableau de ses rues et leurs nouvelles dénominations, etc., et un *Petit Guide des environs de Paris;* par ALBERT MONTÉMONT. 9° édition complétement refondue. Orné de nombreuses vignettes et d'un plan de Paris. 1 vol. in-18. 4 fr.

BIBLIOTHÈQUE CHOISIE

Collection des meilleurs ouvrages français et étrangers, anciens et modernes, format grand in-18 (dit anglais), papier jésus vélin. Cette collection est divisée par séries. La première contient des volumes de 400 à 500 pages, au prix de 3 fr. 50 le volume. La deuxième série renferme plusieurs ouvrages illustrés, et se vend 2 fr. le volume. La troisième série est composée de volumes à 2 fr. dont beaucoup sont ornés d'une vignette ou d'un portrait sur acier.

1re Série. — Vol. à 3 fr. 50

OUVRAGES DE M. SAINTE-BEUVE
DE L'ACADÉMIE FRANÇAISE

Causeries du Lundi.
Ce charmant recueil, contenant une foule d'articles non moins variés qu'intéressants, est complet en 15 volumes. Chaque volume se vend séparément.

Portraits contemporains et divers. Nouvelle édition. 3 forts vol. in-18.

Portraits littéraires et derniers portraits, suivis des *Portraits de Femmes.* Nouvelle édition. 4 vol. in-18.

Chateaubriand, et son groupe littéraire sous l'Empire, 2 vol. grand in-18.

L'Imitation de Jésus-Christ, traduction nouvelle, avec des Réflexions à la fin de chaque chapitre, suivie de la Messe, tirée de Fénelon, et des Vêpres du dimanche. 4 gravures sur acier, Frontispice or et couleur. 1 vol.

Essais de littérature française, par M. GÉRUZEZ. 2 vol. 1er volume : *Moyen âge et Renaissance.* 2e volume : *Temps modernes.* 3° édition.

Les Petites Chroniques de la science, années 1861 à 1866. Par S. HENRY BERTHOUD. 6 vol.

Légendes et traditions surnaturelles des Flandres, par S. HENRY BERTHOUD. 1 vol.

Les Femmes des Pays-Bas et des Flandres, par S. HENRY BERTHOUD. 1 v.

Fantaisies scientifiques de Sam. Par S. HENRY BERTHOUD. Botanique, Reptiles, Mammifères, Oiseaux, Minéralogie, Médecine, Ethnologie, etc., etc. 4 vol.

Diodore de Sicile. Traduction nouvelle avec une préface, des notes importantes et des index, par M. FERDINAND HOEFER. 4 volumes.

Méditations sur l'Évangile, par BOSSUET. Revues sur les manuscrits originaux et les éditions les plus correctes. 1 vol.

Le Livre des Affligés, Douleurs et Consolations, par le vicomte Alban de VILLENEUVE BARGEMONT. 2 volumes ornés de vignettes.

Histoire morale des Femmes, par ERNEST LEGOUVÉ, de l'Académie française. 3° édition. 1 vol.

Histoire de la Révolution de 1848, par LAMARTINE. Quatrième édit. 2 vol.

Œuvres de J. Reboul, de Nîmes. Poésies diverses ; le Dernier Jour, poème. 1 vol. avec portrait.

Chansons et Poésies de Pierre Dupont. Quatrième édition, augmentée de chants nouveaux. 1 vol.

Muse Juvénile, études littéraires, *vers et prose,* par PIERRE DUPONT. 1 vol.

Histoire intime de la Russie sous les empereurs *Alexandre* et *Nicolas,* par J. M. SCHNITZLER. 2 forts vol.

Messieurs les Cosaques, par MM. Taxille Delord, Clément Caraguel et Louis Huart. 2 vol. ill. de 100 vignettes par Cham.

Le Whist rendu facile, suivi des Traités du Whist, de Gand, du Boston de Fontainebleau et du Boston russe; par un Amateur. Deuxième édition. 1 vol.

Correspondance de Jacquemont avec sa famille et plusieurs de ses amis pendant son voyage dans l'Inde (1828-1832). Nouvelle édition, augmentée de lettres inédites et d'une carte. 2 vol.

Mémoires de Beaumarchais, nouvelle édition, précédée d'une appréciation tirée des *Causeries du Lundi*, par M. Sainte-Beuve. 1 vol.

Causeries de Chasseur et de Gourmets, 1 fort vol.

La Musique ancienne et moderne, par Scudo. Nouveaux mélanges de critique et de littérature. 1 vol.

Cours d'hygiène, par le docteur A. Tessereau, professeur d'hygiène ; ouvrage couronné par l'Académie de médecine. 1 vol.

Voyages dans l'Inde et en Perse, par Soltykoff. 1 vol. orné d'une carte.

Souvenirs de l'Orient, par le comte de Marcellus. 3ᵉ édition. 1 vol.

Un mois en Espagne suivi de *Christine*, nouvelle, par E. Chauffard. 1 v.

Souvenirs de la marquise de Créqui (1718-1803). Nouvelle édition, revue, corrigée et augmentée de notes. 10 vol. broc. en 5 vol. avec gravures sur acier.

Excursion en Orient, l'Égypte, le mont Sinaï, l'Arabie, la Palestine, la Syrie, par M. le comte Ch. de Pardieu. 1 vol.

Proverbes sur les Femmes, l'Amitié — l'Amour — le Mariage. Recueillis et commentés, par M. Quitard. 1 vol.

L'Anthologie de l'Amour, choix de pièces érotiques, tirées des meilleurs poëtes français, par Quitard. 1 vol.

L'Amour les Femmes et le Mariage, historiettes, pensées et réflexions glanées à travers champs, par Adolphe Ricard. 4ᵉ édition. 1 vol.

Les Français dans le désert. Journal d'une expédition aux limites du S'ah'ra algérien, par C. Trumelet, capitaine adjudant-major. 1 vol.

Œuvres de Parny. Élégies et poésies diverses. Nouv. éd., avec une préf. de M. Sainte-Beuve. 1 vol.

Les Contes drolatiques, colligez es abbayes de Tourraine et mis en lumière par le sieur de Balzac, pour l'esbattement des pantagruelistes et non aultres. Édition illustrée de vignettes en tête des chap. par Gustave Doré. 1 vol.

Odes d'Horace, traduites en vers, par Henry Vesseron, avocat. 1 vol.

LAVATER ET GALL. — Physiognomonie et Phrénologie, rendues intelligibles pour tout le monde. Exposé du sens moral, des traits de la physionomie humaine et de la signification des protubérances, etc., par A. Ysabeau, ancien professeur d'histoire naturelle, accompagné de 150 figures dans le texte. 1 vol.

Éducation progressive, ou Étude du cours de la vie, par madame Necker de Saussure. 2 vol.
Ouvrage qui a obtenu le prix Montyon.

Lettres adressées à M. Villemain, etc., par M. E. Chevreul, de l'Académie des sciences. 1 vol.

Genèse selon la Science, par Paul de Jouvencel. 3 vol. avec fig. dans le texte.
I. **Les Commencements du Monde** (*résumé des sciences physiques et application à la formation du globe*). Deuxième édition, revue et augmentée. 1 vol.
II. **La Vie** (*sa nature, son origine*). Deuxième édition, revue et augmentée. 1 vol.
III. **Les Déluges** (*développements du globe et de l'organisation*). 1 vol.
Chaque volume se vend séparément.

Légendes du Nord, par Michelet. 1 v.

Mémoires. Correspondance et Ouvrages inédits de Diderot, publiés sur les manuscrits confiés, en mourant, par l'auteur, à Grimm. 2 vol.

EUG. DE LONLAY. Chansons populaires. Nouvelle édition, ornée de portraits. 1 vol.

2ᵉ Série. — Volumes à 3 fr.

PLUTARQUE. — Les Vies des Hommes illustres, traduites en français par Ricard, précédées de la Vie de Plutarque. Nouvelle édition, revue avec le plus grand soin. 4 vol.

Théâtre complet de Racine, avec des remarques littéraires et un choix de notes classiques, par M. Félix Lemaistre. 1 fort vol. de plus de 700 pages.

Œuvres complètes de Molière. Nouv éd., accompagnée de notes tirées de tous les commentateurs, avec des remarques nouv., par M. Félix Lemaistre, précédée de la Vie de Molière par Voltaire. 3 vol.

Œuvres de Boileau, avec notice de Sainte-Beuve et notes de tous les commentateurs. 1 vol.

La Nouvelle Héloïse, par J. J. Rousseau. Nouvelle édition avec des notes explicatives. 1 fort vol.

ÉMILE, par J.-J. Rousseau.

Lettres choisies de madame de Sévigné. Accompagnées de notes explicatives sur les faits et les personnages du Temps et précédées d'observations littéraires par M. Sainte-Beuve. 1 vol.

Romans de Voltaire. Suivis de ses contes en vers. 1 vol. grand in-18.

Histoire de Gil-Blas de Santillane, par le Sage. 1 vol.

Œuvres choisies de Descartes. Discours de la Méthode — méditations métaphysiques. — Règles pour la direction de l'esprit, etc. Nouvelle édition. 1 vol.

Lettres écrites à un Provincial, par Blaise Pascal, précédées d'un Essai sur les Provinciales et sur le style de Pascal. 1 vol.

Discours sur l'histoire universelle, A Mgr le Dauphin, pour expliquer la suite de la religion et les changements des empires, par Bossuet, évêque de Meaux. 1 vol.

Œuvres choisies de Fénelon. — De l'Existence de Dieu. Lettres sur la Religion. Discours pour le sacre de l'Électeur de Cologne. Lettres sur l'Église, etc. Précédés d'observations par le cardinal de Bausset. Nouvelle édition, revue d'après les meilleurs textes. 1 vol.

BERGERAC. (Cyrano de). **Histoire comique des États et Empires de la Lune et du Soleil.** Nouvelle édit., revue sur les éditions originales, accompagnée de notes et précédée d'une Notice biographique, par P. L. Jacob, bibliophile. 1 vol.

— **Œuvres comiques, galantes et littéraires.** Nouvelle édit., revue et publiée avec des notes, par P. L. Jacob, bibliophile. Les Lettres satiriques, les Lettres amoureuses. 1 fort vol.

BONAVENTURE DES PÉRIERS. Le Cymbalum mundi, précédé des Nouvelles recréations et Joyeux devis. Nouvelle édition, revue et corrigée. 1 fort vol.

BUSSY-RABUTIN. Histoire amoureuse des Gaules, suivie de la France galante, romans satiriques du dix-septième siècle, attribué au comte de Bussy; édition nouvelle avec des notes. 2 forts vol.

D'ASSOUCY. Ses aventures burlesques. Nouvelle édition, avec préface et notes, par Émile Colombey. 1 fort v.

DESPORTES (Philippe). **Œuvres poétiques.** Nouvelle édit., revue et publiée avec des Notes et une Introduction par Alfred Michiels. 1 for vol.

LARCHER. Satires et diatribes sur les femmes, l'amour et le mariage. 1 vol.

LÉLUT (membre de l'Institut). **La Phrénologie**, son histoire, ses systèmes et sa condamnation; 2° édition, avec planches. 1 vol.

LEROUX DE LINCY. Le livre des Proverbes français, précédé de recherches historiques sur les proverbes français et leur emploi dans la littérature du Moyen Age et de la Renaissance, par M. Leroux de Lincy. 2° édition, revue, corrigée et augmentée. 2 forts vol.

MERLIN COCCAIE. Histoire macaronique de Coccaie, prototype de Rabelais, où sont traités les ruses de Cingar, le tour de Boccal, les Adventures de Léonard, etc., avec des notes et une notice, par G. Brunet, nouvelle édition, corrigée sur l'édition de 1606. 1 fort vol.

RECUEIL DE FARCES, soties et moralités du quinzième siècle, réunies pour la première fois avec des notices et des notes. 1 fort vol.

PARIS RIDICULE ET BURLESQUE DU DIX-SEPTIÈME SIÈCLE, par Claude, le Pet Berthod,ti, François Colletet, Scarron, Boileau, etc. Nouvelle édition. 1 vol.

QUINET (Edgard). **Fondation de la République des Provinces-Unies.** Marnix Sainte-Aldegonde. 1 volume.

RÉGNIER (Mathurin). **Œuvres complètes**, nouvelle édition, augmentée d'un grand nombre de pièces qui n'avaient pas été recueillies. 1 vol.

SCARRON (Paul). **Le Virgile travesti en vers burlesques**, avec la suite de Moreau de Brasei. Nouvelle édition, revue, annotée et précédée d'une Étude sur le burlesque, par Victor Fournel. 1 fort vol.

SOREL. La Vraie Histoire comique de Francion, composée par Charles Sorel (sieur de Sauvigny). Nouvelle édition, avec Avant-Propos et Notes, par Émile Colombey. 1 fort vol.

TABARIN (Œuvres de), avec les Aventures du capitaine Rodomont, la Farce des Bossus et autres pièces tabariniques. Nouvelle édition, préface et notes, par Georges d'Harmonville. 1 vol. in-16 de plus de 500 pages, figures, papier vergé, collé.

CHRONIQUE DE LA PUCELLE, ou Chronique du Cousinot, suivie de la

Chronique normande de P. Cauchon, de documents inédits relatifs aux règnes de Charles VI et Charles VII, avec notices et notes, par M. Vallet de Viriville, etc. 1 fort vol.

BACHAUMONT. Mémoires secrets, revus et publiés avec des notes et une préface. 1 fort vol.

Œuvres de P.-L. Courier, précédées d'un Essai sur la vie et les écrits de l'auteur, par Armand Carrel. Nouvelle édition, revue d'après les meilleurs textes. 1 fort vol.

Aventures de Télémaque, par Fénelon, avec des notes géographiques et littéraires et les Aventures d'Aristonoüs. 8 gravures. 1 vol.

Œuvres de Millevoye. Précédées d'une notice sur l'auteur, par M. Sainte-Beuve. 1 vol.

LA BRUYÈRE. — Les Caractères de Théophraste, avec les caractères ou les mœurs de ce siècle. 1 vol.

Œuvres complètes du comte Xavier de Maistre, nouvelle édition. Expédition nocturne, le Lépreux de la Cité d'Aoste, Voyage autour de ma chambre, les Prisonniers du Caucase, la Jeune Sibérienne, avec une préface par M. Sainte-Beuve. 1 vol.

Les Confessions de Rousseau. 1 vol.

Corinne, ou l'Italie, par madame de Staël. Nouvelle édition, précédée de quelques Observations par Mme Necker de Saussure et M. Sainte-Beuve. 1 fort volume.

De l'Allemagne, par Mme de Staël. Nouvelle édition, revue d'après les meilleurs textes. 1 fort vol.

Mes Prisons, suivies des Devoirs des hommes, par Silvio Pellico; traduction par le comte H. de Messey, revue par M. le vicomte Alban de Villeneuve, 6 gravures. 1 vol.

Théâtre de Corneille, nouvelle édition. 1 vol.

Fables de la Fontaine, avec des notes philologiques et littéraires, par M. Félix Lemaistre, et illustrées de 8 gravures. 1 vol.

Œuvres de Gresset, précédées d'une appréciation littéraire par la Harpe. Nouvelle édition, revue d'après les meilleurs textes. 1 vol.

Contes et nouvelles de la Fontaine, nouvelle édition revue avec soin et accompagnée de notes explicat. 1 vol.

Jérusalem délivrée, traduction en prose, par M. V. Philipon de la Madelaine; augmentée d'une description de Jérusalem, par M. de Lamartine. 1 vol.

Œuvres de Rabelais, nouvelle édit., revue sur les meilleurs textes, éclaircie, quant à l'orthographe et à la ponctuation, accompagnée d'un glossaire, par Louis Barré. 1 fort vol. papier glacé satiné, de 650 pages.

Contes de Boccace, traduits par Sabatier de Castres. 1 vol.

De l'Education des Femmes, par madame de Rémusat, avec une Préface par M. Ch. de Rémusat. Paris, 1843. 1 v.

L'Heptaméron. Contes de la reine de Navarre. Nouvelle édition. 1 vol.

Les cent Nouvelles nouvelles, text revu avec beaucoup de soin sur le meilleures éditions et accompagné d notes explicatives. 1 vol.

ŒUVRES DE F. DE LAMENNAIS.

Essai sur l'Indifférence en matière de Religion. Nouvelle édition, 4 vol.

Paroles d'un Croyant. — Une voix de Prison. — Le livre du Peuple. — Du passé et de l'Avenir du peuple, etc. 1 vol.

Affaires de Rome. 1 vol.

Les Évangiles, traduction nouvelle avec des notes et réflexions. 3e édition. 1 vol.

De l'Art et du Beau, tiré du 5e volume de l'Esquisse d'une Philosophie. 1 vol.

3e Série. — Volumes, au lieu de 3 fr.; net, 2 fr.

Vies des Dames galantes, par le seigneur de Brantôme. Nouvelle édition, revue et corrigée sur l'édition de 1740. 1 vol.

Curiosités dramatiques et littéraires, par M. Hippolyte Lucas. 1 vol.

Œuvres de Gilbert. Nouvelle édition précédée d'une notice historique sur Gilbert, par Charles Nodier. 1 beau vol.

La Princesse de Clèves, suivie de la **Princesse de Montpensier**, par madame de La Fayette. Nouvelle édition. 1 beau volume.

Raphaël. Pages de la vingtième année. par A. de Lamartine. 3e édition, 1 vol.

Histoire de Manon Lescaut et du chevalier des Grieux, par l'abbé Prévost. Nouvelle édition, collationnée sur l'édition publiée à Amsterdam en

1753, précédée d'une notice historique sur l'abbé Prévost, par Jules JANIN. 1 vol.

HÉGÉSIPPE MOREAU. Œuvres contenant *le Myosotis*, etc. 1 vol.

La Politesse française, manuel des bienséances et du savoir-vivre, par E. MULLER. 1 vol.

Manuel épistolaire à l'usage de la jeunesse, contenant toutes les instructions et un grand nombre d'exemples puisés dans les meilleurs écrivains, par PHILIPON DE LA MADELAINE, dix-septième édition, adopté pour les lycées. 1 vol.

Nouveau siècle de Louis XIV, ou Choix de chansons historiques et satiriques, presque toutes inédites, de 1634 à 1712, accompagnées de notes. 1 vol.

A TRAVERS CHAMPS. — Souvenirs et causeries d'un Journaliste. 1830 à 1847, par TH. MURET. 2 vol.

Le Secrétaire universel, renfermant des modèles de lettres sur toutes sortes de sujets, lettres de bonne année, de fête, de condoléance, lettres d'amour et de mariage, lettres d'affaires et de commerce, etc. ; billets d'invitations, lettres de faire-part; modèles d'actes sous seing privé, etc., etc., par M. Armand DUBOIS. 1 beau vol.

Les petits Mystères de la Destinée. par JOSEPH BALSAMO. Chiromancie ou la science de la main. — Physiognomonie ou la Science du corps de l'homme. 1 vol. illustré d'environ 100 gravures.

Histoire de Napoléon, par Élias REGNAULT, ornée de 8 gravures sur acier d'après Raffet et de Rudder. 4 vol.

Le Japon. Histoire et descriptions; mœurs, coutumes et religion, par M. ED. FRAISSINET. Nouvelle édition, augmentée de trois chapitres nouveaux et d'une carte, par V. A. MALTE-BRUN. 2 volumes.

Ouvrages de M. X. Marmier.
(16 volumes.)

Les Perce-Neige, nouvelles. 1 vol.

Lettres sur la Russie. 2ᵉ édition, entièrement refondue. 1 vol.

Les Voyageurs nouveaux. 3 vol.

Lettres sur l'Amérique, Canada, États-Unis, Havane, Rio-de-la-Plata. 2 vol.

Lettres sur l'Islande et Poésies, Reikiavick, le Geyser et l'Hécla, instruction publique, découverte de l'Islande, 4ᵉ édition. 1 vol.

Voyage en Californie, description de son sol, de son climat, de ses mines d'or, par E. BRYANT, dernier alcade de San Francisco ; traduit par M. X. MARMIER, et augmenté de divers renseignements sur l'état de la Californie. 1 vol.

Lettres sur l'Adriatique et le Monténégro, Saint-Gall, Schwytz, le lac des Quatre-Cantons, le Saint-Gothard, Milan, Venise, Trieste, les Zichi, la Dalmatie, Spalato, Raguse, les bouches du Cattaro, etc. 2 vol.

Du Danube au Caucase, voyages et littérature, 1 vol.

Du Rhin au Nil. Souvenirs de voyages, Tyrol, Hongrie, Provinces Danubiennes, Syrie, Palestine, Egypte. 2 vol.

Lettres sur l'Algérie. 1 vol.

Les Ames en Peine. Contes d'un voyageur. 1 vol.

4ᵉ Série. — Volumes, au lieu de 3 fr. 50 et 1 fr. 75; net, 1 fr. 50

Lettres sur l'Angleterre (SOUVENIRS DE L'EXPOSITION UNIVERSELLE), par Edmond TEXIER. 1 vol.

Mémorial de Sainte-Hélène, par le comte de LAS-CASES. Nouvelle édition, revue par l'auteur. 9 vol. avec gravures.

Fragoletta, par H. DE LATOUCHE. Naples et Paris en 1799. 2 vol.

Une Journée d'Agrippa d'Aubigné, drame en 5 actes, en vers ; par Édouard FOUSSIER. 1 vol.

Inondations de 1856. Voyage de S. M. l'Empereur, par Ch. ROBIN. 1 joli v.

Les Satiriques des dix-huitième et dix neuvième siècles. 1 vol. contenant Gilbert, Despaze, M. J. Chénier, Rivarol.

Comédies de S. A. R. la princesse Amélie de Saxe, traduites par PITRE-CHEVALIER. 1 vol.

BIBLIOTHÈQUE BLEUE

Histoire de Fortunatus, suivie de l'**Histoire des Enfants de Fortunatus**. 1 vol. grand in-18. . . 2 fr.

Histoire des Quatre Fils Aymon, DE JEAN DE CALAIS, ET DE JEAN DE PARIS. 2 vol. à. . . . . 2 fr.

Histoire de Robert le Diable, suivie de **Richard sans Peur**, de **Pierre de Provence** et de la **Belle Maguelonne**. 1 vol. gr. in-18. . . . 2 fr.

BIBLIOTHEQUE DE POCHE

Par une Société de gens de lettres et d'érudits. La bibliothèque de poche, variétés curieuses et amusantes des lettres, des sciences et des arts, se compose des 11 volumes suivants, format grand in-18, le volume. . . . 2 fr.

Curiosités littéraires, par Ludovic LALANNE. 1 vol.

Curiosités bibliographiques, par Ludovic LALANNE. 1 vol.

Curiosités biographiques. 1 vol.

Curiosités militaires. 1 vol.

Curiosités de l'Archéologie et des Beaux-Arts. 1 vol.

Curiosités philologiques, géographiques et ethnologiques. 1 vol.

Curiosités historiques. 1 vol.

Curiosités des Inventions et des Découvertes. 1 vol.

Curiosités anecdotiques. 1 vol.

Curiosités des Sciences occultes, par P. L. JACOB, bibliophile.

Curiosités théologiques, par G. BRUNET, bibliophile. 1 vol.

Curiosités de l'Économie politique, par LOUVET. 1 vol.

JACOB (P. L.). **Curiosités de l'Histoire des Croyances populaires au moyen âge**. Les Superstitions et les Croyances populaires. — Le Juif-Errant, etc.

JACOB (P.L.). **Curiosités de l'Histoire du vieux Paris**, contenant : les Vieilles Rues de la Cité, les Rues honteuses, etc. Bicêtre. 1 vol.

— **Curiosités de l'Histoire des Arts**, contenant : Notice sur le papier et le parchemin. La Reliure avant le seizième siècle, etc. 1 vol.

— **Curiosités de l'Histoire de France**. *Première série*. 1 vol. Contenant : la Fête des Fous, le Roi des Ribauds, les Francs-Taupins, les Fous des Rois de France, etc.

Deuxième série. 1 vol. Contenant le Procès du maréchal de Rais, la Veuve de Molière, les deux Marat, André Chénier, etc.

FOURNEL. (V.). **Curiosités théâtrales**. Contenant : les Origines du théâtre, mise en scène des mystères, moralités, farces et soties, costume au théâtre, etc. 1 vol.

WARÉE. **Curiosités judiciaires historiques et anecdotiques**, recueillies et mises en ordre par B. WARÉE. 1 vol.

VAUX-DE-VIRE D'OLIVIER BASSELIN, poëte normand du quinzième siècle, et de JUAN LE HOUX, poëte virois, suivis d'un choix d'anciens vaux-de-vire et d'anciennes chansons normandes. Nouvelle édition. 1 vol.

ŒUVRES DE M. FLOURENS

Secrétaire perpétuel de l'Académie des Sciences, membre de l'Académie française, etc.

serait inutile d'insister ici sur le mérite des œuvres de M. FLOURENS. Leur succès et leur débit en disent plus que tous les éloges. La vogue populaire ne leur est pas moins assurée que le succès scientifique.

Format grand in-18 jésus à 3 fr. 50

De l'unité de la Composition et du Débat entre Cuvier et Saint-Hilaire. 1 vol.

Ontologie naturelle, ou Étude philosophique des êtres. 3ᵉ édition revue et en partie refondue. 1 vol.

Examen du livre de M. Darwin, sur l'origine des Espèces. 1 vol.

Psychologie comparée, deuxième édition, revue et en partie refondue. 1 vol

De la Phrénologie et des études vraies sur le cerveau. 1 vol.

De la vie et de l'intelligence. 2ᵉ édition. 1 vol.

Circulation du sang (histoire de sa découverte). Deuxième édition, revue et augmentée. 1 vol.

De la Longévité humaine et de la quantité de vie sur le globe. 3ᵉ édition, revue et augmentée. 1 vol.

De l'Instinct et de l'intelligence des animaux. 4ᵉ édition, entièrement refondue et augmentée. 1 vol.

Histoire des travaux et des idées de BUFFON. 2ᵉ édition, revue et augmentée. 1 vol.

Des manuscrits de Buffon, avec des fac-simile de Buffon et de ses collaborateurs. 1 vol.

Cuvier. — Histoire de ses travaux. 3ᵉ édition, revue et augmentée. 1 vol

Éloges historiques, lus dans les séances publiques de l'Académie des sciences. 3 vol.

Même format, volume à 2 fr.

Éloge historique de François Magendie, suivi d'une discussion sur les titres respectifs de MM. BELL et MAGENDIE à la découverte des fonctions distinctes des racines des nerfs. 1 vol.

BIBLIOTHÈQUE DU PUGET
BONS LIVRES POUR TOUS LES AGES
TRADUITS DU SUÉDOIS

Mˡˡᵉ BREMER. Les Voisins. 4ᵉ édition. 1 vol. in-18. . . . . . 3 50
— **Le Foyer domestique** ou chagrins et joies de la famille. 3ᵉ édit. 1 vol. in-18 . . . . 3 50
— **Les Filles du Président.** 3ᵉ édit., 1 vol. in-18. . . . . 3 »
La famille H. 2ᵉ édit. 1 vol. in-18. 3 »
— **Un Journal.** 2ᵉ édition, 1 vol. in-18. 3 »
— **Guerre et paix.** 1 vol. in-18. 1 50
— **Le Voyage de la Saint-Jean.** 1 vol in-18 . . . . 1 50
Mᵐᵉ la baronne KNONRRING. Les Cousins. 2ᵉ édit., 1 vol. in-18. 3 50

Mᵐᵉ E CARLEN. Une femme capricieuse. 2 vol. in-18. . . . . 7 »
L'ONCLE ADAM. L'Argent et le Travail 1 vol 3 50
Mᵐᵉ SCHWARTZ La Veuve et ses enfants. 1 vol. in-18. . . 3 » Charmant roman d'éducation.
Carl. BERNHARD. Les Chroniques du temps d'Érich de Poméranie. 1 vol. in-18. . . . . 3 50
Mˡˡᵉ BREMER. La Vie de famille dans le Nouveau-Monde. Trois vol. Chacun 3 50
— **Abrégé des Voyages de Mˡˡᵉ Bremer dans l'Ancien et le Nouveau Monde, Palestine et Turquie.** 3 »

CLASSIQUES FRANÇAIS
Format in-32, imprimés par MM. Didot, à 1 fr. 50 c. le vol.; net, 75 c.

Esprit des Lois de Montesquieu. 6 vol.
Œuvres diverses de Montesquieu. 2 vol.
Œuvres choisies de Regnard. 4 vol.
Œuvres de Ducis. 7 vol.
Œuvres choisies de Destouches. 3 vol.
La Nouvelle Héloïse. 6 vol.

Œuvres choisies de Saint-Réal. 2 vol.
Épîtres, stances et odes de Voltaire. 2 vol.
Temple du Goût et poésies mêlées, par VOLTAIRE. 1 vol.
Voltaire, poèmes et discours. 1 vol.
Œuvres choisies de J. B. Rousseau. 2 vol.

LE DROIT USUEL OU L'AVOCAT DE SOI-MÊME.

Nouveau Guide en Affaires, contenant toutes les notions de droit et tous les modèles d'actes dont on a besoin pour gérer ses affaires, soit en matière civile, soit en matière commerciale, etc., par DURAND DE NANCY. 1 beau volume grand in-18. 4 fr. 50

NOUVEAU GUIDE USUEL DU PROPRIÉTAIRE

Et du locataire ou fermier, contenant les règles et les formules des baux à loyer, à ferme et à cheptel, la loi sur l'expropriation pour cause d'utilité publique et la solution de toutes les difficultés qui peuvent survenir entre les propriétaires et les locataires ou fermiers, par A. BOURGUIGNON. 1 vol. grand in-18. . . . . 2 fr.

NOUVEAU GUIDE PRATIQUE DES MAIRES,

Des Adjoints, des Secrétaires de mairie et des Conseillers municipaux, contenant l'Exposé des lois, décrets, arrêtés, circulaires et décisions du Ministre de l'intérieur, ainsi que les arrêts du Conseil d'Etat et de la Cour de cassation. 2ᵉ édition, entièrement refondue et augmentée, par DURAND DE NANCY. 1 fort volume grand in-18 de 700 pages. . . . . 5 fr.

DE LA TENUE DES LIVRES DES AGENTS DE CHANGE

Et des courtiers de commerce, par EDMOND DEGRANGE, auteur de plusieurs ouvrages sur le commerce. 1 vol. in-8 de 72 pages. . . . . 4 fr.

LE JARDINIER DE TOUT LE MONDE

Traité complet de toutes les branches de l'horticulture, par A. YSABEAU. 1 fort vol. grand in-18, illustré de gr. sur bois dans le texte. . . . . 4 fr. 50

LE JARDINIER DES APPARTEMENTS

Des fenêtres, des balcons et des petits jardins, suivi d'un aperçu sur la pisciculture et les aquariums, par MAURICE CRISTAL. 1 joli vol. gr. in-18. 2 fr.

LE CUISINIER EUROPÉEN

Ouvrage contenant les meilleures recettes des cuisines françaises et étrangères pour la préparation des potages, sauces, ragoûts, entrées, rôtis, fritures, entremets, desserts et pâtisseries, complété par un chapitre sur les dessertes ou *l'art d'utiliser les restes d'un bon repas;* le service de table, la meilleure manière de faire les honneurs d'un repas, et de servir les vins, les confitures, les sirops, les bonbons de ménage, les liqueurs, les soins à donner à une cave bien montée, par JULES BRETEUIL, ancien chef de cuisine. 1 fort volume grand in-18, illustré d'environ 300 gravures sur bois dans le texte de 800 pages. 2ᵉ édition, entièrement refondue. . 5 fr.

LE CUISINIER DURAND

Cuisine du Midi et du Nord. 8ᵉ édition revue et augmentée par C. DURAND, petit-fils de l'auteur. 1 vol. in-8. . . . . 5 fr.

LA MÉDECINE USUELLE

GUIDE MÉDICAL DES FAMILLES, par YSABEAU. 1 vol. de 500 pages environ. 4 fr. 50

CHOIX DU CHEVAL

Ou description de tous les caractères à l'aide desquels on peut reconnaître l'aptitude des chevaux aux différents services, par J. H. MAGNE, directeur de l'École impériale vétérinaire d'Alfort, professeur de zootechnie à la même école. 1 vol. in-18 jésus, avec vignettes intercalées dans le texte. . 2 fr.

RÉIMPRESSION DES CLASSIQUES LATINS DE LA COLLECTION PANCKOUC

Format grand in-18 jésus. — 3 fr. 50 c. le volume

1. **OEUVRES COMPLÈTES D'HORACE.** Nouv. édit., revue par M. F. LEMAISTRE, précédée d'une *Etude* par H. RIGAULT. 1 vol.
2. **OEUVRES COMPLÈTES DE SALLUSTE.** Traduction par DUROZOIR. Nouv. édition, revue par MM. CHARPENTIER et F. LEMAISTRE ; précédée d'un nouveau travail sur Salluste, par M. CHARPENTIER 1 vol.
3. **OEUVRES CHOISIES D'OVIDE** (LES AMOURS, L'ART D'AIMER, etc.). Nouv. édit., revue par M. F. LEMAISTRE, précédée d'une *Etude*, par M. J. JANIN. 1 vol.
4. **OEUVRES DE VIRGILE.** Nouv. édit., revue par M. F. LEMAISTRE; précédée d'une *Etude* sur Virgile, par M. SAINTE-BEUVE, 1 vol. Par exception. 4 fr. 50
5 à 8. **OEUVRES COMPLÈTES DE SÉNÈQUE LE PHILOSOPHE.** Nouvelle édition, revue par MM. CHARPENTIER et F. LEMAISTRE. 4 vol
9. **CATULLE, TIBULLE ET PROPERCE**, traduits par MM. HÉGUIN DE GUERLE, VALATOUR et GENOUILLE. Nouv. édit., revue par M. VALATOUR. 1 vol.
10. **CÉSAR.** Commentaires sur la *Guerre des Gaules*, avec les réflexions de Napoléon 1er, suivis des Commentaires sur la *Guerre civile* et de la *Vie de César*, par SUÉTONE, traduction d'ARTAUD, nouvelle édition, très-soigneusement revue par M. FÉLIX LEMAISTRE; précédée d'une *Etude* sur César, par M. CHARPENTIER. 1 fort vol. Par exception. 4 fr. 50
11. **OEUVRES COMPLÈTES DE PÉTRONE**, traduites par M. HÉGUIN DE GUERLE. 1 vol.
12. **OEUVRES COMPLÈTES DE QUINTE-CURCE**, avec la traduction de MM. AUG. et ALPH. TROGNON, revue avec le plus grand soin par M. PESSONNEAUX, professeur au lycée Napoléon. 1 vol.
13. **OEUVRES COMPLÈTES DE JUVÉNAL.** Trad. de DUSAULX, revue par MM. JULES PIERROT et F. LEMAISTRE. 1 vol.
14. **OEUVRES CHOISIES D'OVIDE. —** LES FASTES, LES TRISTES. Nouvelle édition, revue par M. E. PESSONNEAUX. 1 vol.
15 à 20. **OEUVRES COMPLÈTES DE TITE-LIVE**, traduites par MM. LIEZ, DUBOIS, VERGER et CORPET. Nouv. édit., revue par MM. E. PESSONNEAUX, BLANCHET et CHARPENTIER, précédée d'une *Etude*, par M. CHARPENTIER. 6 vol.
21. **OEUVRES COMPLÈTES DE LUCRÈCE**, avec la traduction de LAGRANGE; revue avec le plus grand soin, par M. BLANCHET. 1 vol.
22. **LES CONFESSIONS DE SAINT AUGUSTIN.** Traduction française d'ARNAULD D'ANDILLY, très-soigneusement revue et adaptée pour la première fois au texte latin, avec une introduction, par M. CHARPENTIER. 1 vol. Par exception. 4 fr. 50
23. **OEUVRES COMPLÈTES DE SUÉTONE.** Traduction de LA HARPE, refondue avec le plus grand soin par M. CABARET-DUPATY. 1 vol.
24-25. **OEUVRES COMPLÈTES D'APULÉE**, traduites en français par M. VICTOR BÉTOLAUD. Nouvelle édition, entièrement fondue. 2 vo
26. **OEUVRES COMPLÈTES DE JUSTI** traduites par MM. J. PIERROT et E. BOITAR Nouv. édit., revue par M. PESSONNEAUX. 1 vol
27. **OEUVRES CHOISIES D'OVIDE. — L** MÉTAMORPHOSES. Nouvelle édition, revu par M. CABARET-DUPATY, avec une préface par M. CHARPENTIER. 1 fort vol. Par exception. 4 fr. 5
28-29. **OEUVRES COMPLÈTES DE T CITE.** Traduction de DUREAU-DELAMALL revue par M. CHARPENTIER. 2 vol.
30. **LETTRES DE PLINE LE JEUNE**, traduites par MM. DE SACY et J PIERROT Nouv. édit. revue par M. CABARET-DUPATY. 1 vol
31-32. **OEUVRES COMPLÈTES D'AULU GELLE.** Nouv. édit., revue par MM. CHARPENTIER et BLANCHET. 2 vo
33 à 35. **QUINTILIEN.** OEuvres complète traduites par M. C. V. OUIZILLE. Nouvel édition revue par M CHARPENTIER. 3 vol
36. **TRAGÉDIES DE SÉNÈQUE**, trad. par E. GRESLOU. Nouvelle édition revue pa M. CABARET-DUPATY. 1 v
37-38. **VALÈRE-MAXIME.** OEuvres complètes, trad. de C. A. F. FRÉMION. Nouv éd. revue par M. PAUL CHARPENTIER. 2 vol
39. **LES COMÉDIES DE TÉRENCE**, traduction nouv. par M. VICTOR BÉTOLAUD. 1 très-fort vol. Par exception. 4 fr. 5
40-41. **MARTIAL.** OEuvres complètes, av la trad. de MM. V. VERGER, N. A. DUBOI et J. MANGEART. Nouvelle édition revue ave le plus grand soin, par M. F. LEMAISTR M. N. A. DUBOIS, et précédée des *Mémoire de Martial*, par M. JULES JANIN. 2 v
42. **FABLES DE PHÈDRE**, traduites en français, par M. PANCKOUCKE, suivies de œuvres d'AVIANUS, de DENYS CATON, de PUBLIUS SYRUS, traduites par LEVASSEUR et J. CHENU. Nouv. édit. revue par M. E. PESSONNEAUX, et précédée d'une Etude par M. CHARPENTIER. 1 vol.
43. **VELLEIUS PATERCULUS.** Traductio de DESPRÉS, refondue avec le plus grand soin par M. GRÉARD, professeur au lycée Bonaparte Suivi des **OEUVRES DE FLORUS**, Traduites par M. RAGON, précédées d'une *Notice* sur Florus, par M. VILLEMAIN. 1 vol.
44. **CORNÉLIUS NÉPOS**, avec une traduction nouvelle, par M. AMÉDÉE POMMIER. Suivi d'**EUTROPE**. *Abrégé de l'histoire romaine*, traduit par M. N. A. DUBOIS. Nouvelle édition, revue avec le plus grand soin par le traducteur. 1 vol.
45. **LUCAIN. — LA PHARSALE**, traduction de MARMONTEL, revue et complétée avec le plus grand soin, par M H. DURAND, profess. au lycée Charlemagne. précédée d'une étude sur *la Pharsale*, par M. CHARPENTIER. 1 vol.
46. **OEUVRES COMPLÈTES DE CLAUDIEN**, traduites en français par M. HÉGUIN DE GUERLE, ancien inspecteur de l'Université, ancien professeur au lycée Louis-le-Grand. Traduction de la collection Panckoucke, revue avec le plus grand soin. 1 vol. Prix, par exception. 4 fr. 50

www.ingramcontent.com/pod-product-compliance
Lightning Source LLC
Chambersburg PA
CBHW071409230426
43669CB00010B/1493